宝鸡出土商周青铜器铭文研究

辛怡华 编著

陕西新华出版
陕西人民美术出版社
SHAANXI PEOPLE'S FINE ARTS PUBLISHING HOUSE
——西安——

图书在版编目（CIP）数据

宝鸡出土商周青铜器铭文研究 / 辛怡华编著. —西安：陕西人民美术出版社, 2024.6
ISBN 978-7-5368-4012-6

Ⅰ.①宝… Ⅱ.①辛… Ⅲ.①青铜器(考古) – 金文 – 研究 – 宝鸡 – 商周时代 Ⅳ.①K877.34

中国国家版本馆CIP数据核字(2024)第098845号

责任编辑：周佳星　韩宏伟
责任校对：董　洁
装帧设计：曲　敏
责任印制：李　莎

宝鸡出土商周青铜器铭文研究
BAOJI CHUTU SHANGZHOU QINGTONGQI MINGWEN YANJIU

辛怡华　编著

出版发行	陕西人民美术出版社
经　　销	新华书店
地　　址	西安市雁塔区登高路1388号
邮政编码	710061
印　　刷	西安五星印刷有限公司
规格开本	889mm×1194mm　1/16
印　　张	36.75
字　　数	750千字
版　　次	2024年6月第1版
印　　次	2024年6月第1次印刷
书　　号	ISBN 978-7-5368-4012-6
定　　价	268.00元

版权所有·请勿擅用本书制作各类出版物·违者必究
发行电话　029-81205258　　　传真　029-81205299

目录

绪　论 …………………………………………………………… 001

第一章　政治与礼制 …………………………………………… 033

一、祭祀与训诰 ………… 035

　　天亡簋 ………… 036

　　㝬簋 ………… 043

　　何尊 ………… 052

　　大盂鼎 ………… 061

　　毛公鼎 ………… 072

二、册命与赏赐 ………… 084

　　宰兽簋 ………… 085

　　即簋 ………… 093

　　恒簋 ………… 100

　　𢆶簋 ………… 103

　　师克盨 ………… 106

　　柞钟 ………… 111

　　南宫柳鼎 ………… 115

　　公臣簋 ………… 119

　　此鼎 ………… 123

　　此簋 ………… 128

　　逨钟 ………… 133

　　祝鄬簋 ………… 139

　　旗鼎 ………… 143

　　史䐓簋 ………… 147

　　折尊 ………… 152

　　折方彝 ………… 156

　　折觥 ………… 161

　　裘卫簋 ………… 166

　　丕㠯方鼎 ………… 171

　　幾父壶 ………… 174

　　伯克壶 ………… 178

　　㝬盨 ………… 181

　　十三年㝬壶 ………… 184

　　大克鼎 ………… 187

　　克钟 ………… 197

　　夷伯夷簋 ………… 203

　　覭簋 ………… 206

I

三、礼制与德政 ········· 213
　　三年𤼈壶 ········· 214
　　丰尊 ············· 219
　　丰卣 ············· 222
　　昔鸡簋 ··········· 226
　　师𩛥鼎 ··········· 231

第二章　经济与贸易 ········· 239

一、土地交易 ········· 241
　　裘卫盉 ··········· 242
　　五祀卫鼎 ········· 248
　　九年卫鼎 ········· 255
二、商业贸易 ········· 263
　　齐生鲁方彝盖 ····· 264

第三章　军事与外交 ········· 269

一、外交 ············· 271
　　生史簋 ··········· 272
　　眉能王鼎 ········· 276
　　眉能王簋 ········· 280
二、军政 ············· 284
　　𢦏方鼎甲 ········· 285
　　𢦏方鼎乙 ········· 291
　　盠驹尊 ··········· 297
　　盠方尊 ··········· 302
　　盠方彝 ··········· 307
　　小克鼎 ··········· 313
三、战争 ············· 318
　　㝬鼎 ············· 319
　　小盂鼎 ··········· 324
　　㝬簋 ············· 336
　　师同鼎 ··········· 343
　　禹鼎 ············· 348
　　虢仲盨盖 ········· 356
　　虢季子白盘 ······· 359
　　四十二年逑鼎 ····· 366

第四章　法律与诉讼 ········· 377

牧簋 ················· 379
四十三年逑鼎 ········· 386
五年琱生簋 ··········· 393
五年琱生尊 ··········· 400
六年琱生簋 ··········· 405
𠈣匜 ················· 412
矢人盘（散氏盘） ····· 417

第五章　家谱与国史 ········· 429

师㝨钟 ········· 431
墙盘 ········· 437
Ⅰ式㝬钟 ········· 448
Ⅱ式㝬钟 ········· 452
梁其钟 ········· 457
南宫乎钟 ········· 460

师㝨钟 ········· 470
姬寏母豆 ········· 476
逨盘 ········· 479
秦公钟 ········· 487
秦公镈 ········· 494

第六章　婚姻与姓氏 ········· 501

一、父为女作器 ········· 503
　荣有司再鼎 ········· 504
　荣有司再鬲 ········· 507
　王作仲姬方鼎 ········· 509

二、夫为妻作器 ········· 511
　伯公父壶盖 ········· 512
　散伯车父鼎 ········· 515
　散车父簋 ········· 519
　㸗叔山父簋 ········· 522
　函皇父鼎 ········· 525
　函皇父簋 ········· 529
　函皇父匜 ········· 532
　函皇父盘 ········· 534

　憪季遽父尊 ········· 537
　憪季遽父卣 ········· 540
　成伯孙父鬲 ········· 542
　伯夏父鼎 ········· 545
　矢王簋盖 ········· 548
　散伯簋 ········· 553
　丰邢叔簋 ········· 556
　兮吉父簋 ········· 560

三、妻为夫作器 ········· 563
　商尊（庚姬尊）········· 564
　商卣（庚姬卣）········· 568

四、子为母作器 ········· 573
　散车父壶 ········· 574

后　记 ········· 577

绪　论

滔滔不息的渭水，带来黄土高原的泥沙，冲积成了举世闻名的"八百里秦川"。位于八百里秦川西部的宝鸡，巍巍秦岭，矗立南部，嵯峨关陇，雄踞西北。境内山丘并连，川原出乎其间，从这片土地上生长出来的庄稼格外丰茂，即使苦菜也味甘如饴。这里有后稷最先种出的庄稼、古公亶父最早盖起的房屋，我们的祖先还以令人叹服的创造力在此冶炼出吉金，浇铸出享有盛誉的"青铜器之乡"。自西汉以来的两千多年间，这一带出土了数以千计、翠绿斑斑、造型精美的青铜宝器。历史在这里，深耕细耘，长出经、史、子、集……

商周金文，是商周时期的原始记录，也是留存至今的历史档案。商周金文所蕴含的文化信息，反映了中国古代政治、经济、军事、社会生活等方面的成就，极大地弥补了古籍文献的不足，具有重要的学术价值，是不可取代的重要实物资料。宝鸡商周金文上自商代晚期，下至春秋，时间跨度大，这些金文资料的产生年代是中华古代文明发展非常重要的历史阶段，记载了大量的重大历史事件。从商代的神权思想到西周的敬天保民思想的转变，都能从宝鸡出土的商周金文资料中看到其演变轨迹。

宝鸡是周秦文化的发祥地，西周时期为京畿之地，文化、经济发达。扶风、岐山一带的周原遗址是当时的贵族聚集地，周王室的重要祭祀、官员册命活动，都在那里举行。李学勤先生认为，西周存在的年数有275年，但作为都邑的宗周镐京，连同毗邻的丰遗址所出土的青铜器数量却比不上周原，重要的金文也不是很多。今天我们研究西周青铜器及其铭文，主要的依据应该求之于周原，以那里的资料作为代表和标准。因此，宝鸡地区出土的商周金文资料具有代表性和典型性。宝鸡商周金文是中国古代青铜文化的特色和优势，这与宝鸡在当时的特殊地位有关。在相当长的历史时期，青铜铭文担负着文明传承的重要使命，当其他更为便利、低廉的载体如纸张布帛等出现后，青铜铭文便逐渐退出了历史舞台。从内容上讲，宝鸡商周金文资料记载了很多传统史籍所没有记录的史实，真实具体，对补史、证史有重大意义。

宝鸡物华天宝，人杰地灵。沿着中华文明的绵绵长河溯流而上，这里历来是探索早期中华文明的沃土；顺着中华历史的丰茂枝叶凝神回视，这里始终是滋养中华悠久历史的主根。自西汉神爵四年（前58）美阳县（今扶风县法门镇）出土尸臣鼎以来，两千年间宝鸡各县不断有商周青铜器出土。著名的大盂鼎、小盂鼎、毛公鼎、周公东征鼎、禹鼎、天亡簋、何尊、师𩛥鼎、㝬簋、墙盘、逑盘、散氏盘、虢季子白盘、裘卫器、㝬匜、盠驹尊、㺇生尊等西周重器，都出自这里。这些青铜器中有许多是西周王族、卿大夫和诸侯国的宗庙重器，它们除具有艺术价值之外，还具有历史价值和文学价值。宝鸡出土的青铜器铭文内容十分广泛，涉及当时社会生活的各个方面，有统治阶级的政治谋划、征战杀伐、祭祠诰命、册赐宴飨，也有贵族之间的土地转让、刑事诉讼、盟誓契约以及婚嫁礼俗等。这些铭文都是在传世文献中见不到的宝贵史料，对于研究先秦时期政治、经济、军事、法律以及社会文化等方面有着极其重要的意义，同时，它对于研究中国古文字、古代书法艺术、先秦历法和考订先秦年代也有重要的价值。

一、有铭文的青铜器出土概况

（一）地域分布极为不平衡

据《商周金文编——宝鸡出土青铜器铭文集成》，截至2008年年底，在公开出版的资料中，共收集到693件有铭文的青铜器，有具体下落的为607件，其中39件流失海外，568件收藏于国内各博物馆；仅存拓片，器物下落不明的有86件。从地域分布看，各地出土的青铜器数量是不均衡的，在693件有铭文的青铜器中，属于周原地区出土的452件，占总数的65.2%，而这452件中有373件出土于扶风县黄堆乡、法门镇和岐山县京当乡交界地带的周原遗址，也就是说超过一半的有铭文的青铜器出土于周原遗址。宝鸡市区附近出土有铭文的青铜器为143件，占总数的20.6%；其他地区出土的有铭文的青铜器为98件，占总数的14.2%。

周原地区出土的有铭文的青铜器有452件，其中属于扶风县出土的有344件，占周原地区有铭文的青铜器总数的76.1%，而属于岐山县出土的有108件，仅占周原地区有铭文的青铜器总数的23.9%。

即使在县域内，其分布也是极为不均的。扶风县出土的344件有铭文的青铜器中，除17件出土地点不明外，在有明确出土地点的327件有铭文的青铜器中，属于法门镇、黄堆乡出土的达298件，占已知扶风县出土地点明确的有铭文的青铜器的91.1%。

岐山县出土的108件有铭文的青铜器中，除13件出土地点不明外，在有明确出土地点的95件青铜器中，仅出土于京当乡的就达82件，占已知岐山县出土地点明确的有铭文的青铜器的86.3%。

从以上统计可以看出，扶风、岐山两县的有铭文的青铜器出土地点主要集中在两县交界的京当乡、黄堆乡和法门镇，出土有铭文的青铜器占周原地区的50%以上，而这里正是周原遗址的中心区域，从而反映出这里当年的繁华与兴盛。

（二）以西周时期的青铜器为主

学术界一般将西周时期分为三期五段。第一期即西周早期，从武王灭商到昭王世，武王、成王二世为早期前段，康王、昭王二世为早期后段；第二期即西周中期，从穆王到孝王世，穆王、恭王二世为中期前段，懿王、孝王二世为中期后段；第三期即西周晚期，从夷王到宣王世。（见表一）

表一　有铭文的青铜器分时代统计表　　　　　单位：件

	商代	西周			东周	总计
		早期	中期	晚期		
扶风	3	61	107	173		344
	0.9%	17.7%	31.1%	50.3%		
岐山	14	27	24	43		108
	13%	25%	22.2%	39.8%		
合计	17	88	131	216		452
	3.8%	19.5%	29%	47.7%		

1. 商代青铜器仅占 3.8%

在 452 件有铭文的青铜器中，属于商代时期的仅 17 件，占周原地区有铭文的青铜器的 3.8%。而在这 17 件中，属于岐山县出土的有 14 件，属于扶风县出土的仅 3 件。如商代晚期青铜器㚸鼎，1940 年 3 月 9 日出土于扶风县任家村，同时出土青铜器百余件，大部分被军阀倒卖至国外，仅少数几件存陕西省博物馆或被私人收藏。1952 年㚸鼎被陕西省博物馆收藏，该器原铸有铭文 7 字，后又錾刻铭文 2 行，约 10 字。书法与铸文不同，颇近西周晚期字，恐系补刻，惜被锈掩，未能通读。另外 2 件商代青铜器未祖壬卣、作太子尊彝卣出土于周原遗址以南 25 千米的上宋乡。扶风境内的周原遗址中心区仅发现 1 件商代有铭文的青铜器，而同出的绝大多数属于西周中晚期器，这是一个值得注意的现象。

如果我们的视野再大一点的话，在宝鸡地区 693 件有铭文的商周青铜器中，有 49 件属于商代，占总数的 7.1%。而周原地区（扶风、岐山）有铭文的商代青铜器 17 件占其总数的 3.8%；宝鸡市区（金台、渭滨、陈仓）有铭文的商代青铜器占其总数的 9%；其他县区（眉县、凤翔、麟游、陇县、千阳）有铭文的商代青铜器占其总数的 21.4%。就是说周原地区出土的有铭文的青铜器时代普遍较晚。

2. 西周青铜器占96.2%，未发现东周时期有铭文的青铜器

在西周有铭文的青铜器中，以西周晚期的为主，在435件有铭文的西周青铜器中，属于西周晚期的有216件，占总数的49.7%，也就是说，有铭文的西周青铜器几乎一半属于西周晚期铸造。就地域而言，扶风境内的晚期比例稍大一点，岐山相对早期的比例大一点。岐山早期的比例占其商周有铭文的青铜器的25%，而扶风早期的比例仅占其商周有铭文的青铜器的17.7%。

从统计数据看，周原地区有铭文的青铜器以西周时期的为大宗，东周时期有铭文的青铜器未发现一个。从各个时期的有铭文的青铜器在宝鸡各区域内所占的比例来看，宝鸡市区附近东周时期有铭文的青铜器8件，占该区域总数的5.6%；其他区域出土东周时期有铭文的青铜器3件，占该区域总数的3.1%。

总的来说，宝鸡地区的东周时期有铭文的青铜器偏少，而东周时期有铭文的青铜器在周原地区未发现，这与当时的历史是相符的。西周末年，最大的外患是西北方戎狄的入侵。周幽王昏庸无能，又宠爱褒姒，想杀死太子宜臼立褒姒之子。太子宜臼之母是申侯的女儿，申侯勾结犬戎攻周，杀幽王于骊山脚下。秦襄公出兵救周，并护送平王徙都洛邑（今河南洛阳）。作为回报，平王封秦襄公为诸侯，赐以西岐之地。其实，周天子开的是空头支票，西岐之地当时在戎人手里。于是，周原成了秦戎必争之地。在不到20年里，这里发生了几次大规模战役，岐周遭到空前的破坏，致使岐邑城池庙宇被焚毁殆尽。岐邑废弃以后，因列国之争日剧，人们无暇顾及这片废墟，所以，古史很少涉及岐邑在西周以后的情况。

（三）食器是大宗，超过出土有铭文的青铜器总数的一半

宝鸡地区商周青铜器中乐器主要为编钟（包括镈），食器包括鼎、鬲、甗、簋、盨、瑚（簠），酒器包括爵、角、觚、觯、斝、尊、卣、罍、觥、方彝等，水器包括盘、盉、匜。（见表二）

从宝鸡地区出土的器物种类来看，693件器物中，乐器62件，占有铭文的青铜器总数的8.9%；食器398件，占有铭文的青铜器总数的57.5%；酒器170件，占有铭文的青铜器总数的24.5%；水器29件，占有铭文的青铜器总数的4.2%；其他34件，占有铭文的青铜器总数的4.9%。食器是大宗，超过出土有铭文器物总数的一半。

在周原地区出土的276件食器中，簋最多，96件，占总数的34.8%；二是鼎，90件，占总数的32.6%；三是鬲，45件，占总数的16.3%；四是盨，28件；五是甗，9件；六是簠，8件。鼎、鬲、簋三器占总数的83.7%，而甗仅占总数的2.5%，说明当时蒸烹食物不是很流行。

表二　宝鸡地区西周时期有铭文的青铜器数量表　　　　单位：件

	乐器	食器	酒器	水器	其他	总计
周原地区	50	276	91	14	21	452
	11.1%	61.1%	20.1%	3.1%	4.6%	
宝鸡市区	8	70	48	9	8	143
	5.6%	49%	33.5%	6.3%	5.6%	
其他县区	4	52	31	6	5	98
	4.1%	53.1%	31.6%	6.1%	5.1%	
合计	62	398	170	29	34	693
	8.9%	57.5%	24.5%	4.2%	4.9%	

周原地区出土的91件酒器中，相对较多的有爵22件、尊16件、卣13件、壶18件，占总数的75.8%；而角、觚、觯、斝、罍、觥等相对较少，仅占总数的24.2%。

在62件有铭文的乐器（主要是编钟）中，周原地区为50件，占乐器总数的80.6%，令人不解的是这50件有铭文的乐器全部出土于扶风境内，而岐山县未发现有铭文的乐器。扶风出土的有铭文的乐器其时代全部为西周时期；宝鸡市区出土的有铭文的乐器全部为春秋时期秦国的，眉县发现的4件乐器为西周时期的，而其他地区未发现有铭文的乐器。

又据《陕西金文集成》，截至2014年年底，宝鸡地区共搜集到950件商周有铭文的青铜器的信息，属于扶风、岐山出土的579件，占总数的60.9%，而这579件，有413件出土于扶风县黄堆乡、法门镇和岐山县京当乡交界地带的周原遗址。也就是说，宝鸡出土的商周有铭文的青铜器中，有43.5%出土于周原遗址。宝鸡市区附近（金台、渭滨、陈仓）出土的有铭文的青铜器为229件，占总数的24.1%；其他地区出土的有铭文的青铜器为141件，占总数的14.8%。可以看出，虽然青铜器数目有所增加，但反映的各方面的情况趋势基本一致。

二、青铜器窖藏多，特别是周原地区

（一）青铜器窖藏多是周原地区的独特现象

青铜器窖藏多是宝鸡商周青铜器出土情况的一大特色，特别是周原一带。对于周原遗址青铜器窖藏的性质或者说是埋藏的目的主要有社会变动说、社会变动和积攒财富说、祭祀及社会变动和青铜原料储备说、祭祀遗存说等几种看法。郭沫若先生最早对青铜器窖藏的性质做出判断，认为其年代多在西周晚期，很可能是在周平王东迁时，王室贵族们将青铜器埋于地下，此后再也没有机会回来，于是一直到今天留给我们发现。

郭沫若先生的这一说法得到很多学者认同。

周原地区最早发现的西周青铜器，见于《汉书·郊祀志》。西汉神爵四年（前58），当时美阳县（今扶风县法门镇）出土了一件青铜鼎，当地官员献给朝廷。京兆尹张敞好古文字，他释读了铭文："王命尸臣官此栒邑，赐尔旂鸾珮戈，尸臣拜手稽首，曰敢对扬天子丕显休命。"认为是西周名叫尸臣的子孙为了纪念天子褒赐尸臣，而做了这件宝鼎。这件尸臣鼎就成了有文献明确记载的周原出土的第一件西周有铭文的青铜器。

据不完全统计，从清光绪十六年（1890）至今，100多年来，周原发现的青铜器窖藏近百起。这里出土青铜器次数之频繁、时间之长、数量之众、重器之多、造型之精、纹饰之美、铭文之重要、内容之广泛，举世罕见。（见表三。据霍彦儒、辛怡华：《宝鸡出土商周金文集成》，三秦出版社，2009年。）

表三　周原地区青铜器出土情况统计表　　　　单位：件

		窖藏出土	墓葬出土	出土不明	总计	1949年前	1949年后
周原地区	扶风	253	66	25	344	91	253
	岐山	41	19	48	108	25	83
	小计	294	85	73	452	116	336
宝鸡市区		8	83	52	143	36	107
其他县区		52	5	41	98	26	72
合计		354	173	166	693	178	515

周原地区452件有铭文的商周青铜器，其中1949年以前出土的为116件，1949年以后出土的有336件。其中48件不知下落，27件流失海外，377件收藏于国内各博物馆。从青铜器出土情况看，452件中73件出土情况不明，在其余的379件有铭文的青铜器中，294件为窖藏出土，85件为墓葬出土，窖藏出土的占有明确出土情况的青铜器的77.6%，超过总数的2/3，因此窖藏出土青铜器现象成为周原地区的一道独特风景线。

在扶风县344件有铭文的青铜器中，253件为窖藏出土，66件为墓葬出土，25件出土情况不明，窖藏出土的占有明确出土情况的青铜器的79.3%。在岐山县108件有铭文的青铜器中，41件为窖藏出土，19件为墓葬出土，48件出土情况不明，窖藏出土的占有明确出土情况的青铜器的68.3%。

（二）重要的窖藏

1. 任家村窖藏

清光绪十六年（1890）在扶风县任家村东南土壕发现一西周青铜器窖藏，共出土青铜器百余件（一说 70 余件），除少数几件外，大部分现已下落不明。1972 年 9 月至 1976 年，罗西章先生对此曾进行过两次实际调查，据任家村老者任登肖说，此窖藏是其祖父任致远在村东南土壕掘土时发现，共出土青铜器 100 多件。从手头资料看，此窖青铜器主要有两组，一为中义父组青铜器，一为克组青铜器。克器群在重见天日后即被拆散，从此天各一方。晚清的金石大家，如端方、吴大澂等人均曾收藏过小克鼎等克群器物。小克鼎七件为列，克钟五枚成组，另有克镈、克盨等多件器物，而大克鼎是其中最大的一件。大克鼎，也可称作善夫克鼎，腹内壁铸有铭文 290 字，记载周王赏赐克以大量土地和"臣妾"等奴隶，是研究西周土地制度和官制的重要资料。此鼎自 1890 年出土后，历经周转，先归天津人柯氏所有，后来潘祖荫以重金从柯氏手中购得。中华人民共和国成立后不久，潘家后人于 1951 年 7 月 26 日将大克鼎捐献给国家，收藏于上海博物馆。大克鼎的纹饰疏朗畅达，不以细致见工，线条挺拔峻深，凸显铸工的精良。其粗放的装饰与庞大的器身相得益彰，使得大克鼎整体气魄雄浑，威严沉重。铭文字体特大，字迹端正、质朴，笔画均匀遒劲，形体舒展端庄。与众不同的是，大克鼎铭文的前半部分划有整齐的长方形格子，一字一格，所以行款纵横疏密有致，显得行气规整，格局严谨，是西周金文书法艺术中的皇皇巨著。

2. 董家村窖藏

1975 年 2 月，在岐山县董家村发现了一座西周窖藏，出土青铜器 37 件，其中有铭文者 30 件。铭文内容非常丰富，涉及器主十余人，他们之间的血亲及世代关系，一时虽难以具体排定，但多数人应当属于裘卫同一家族的成员无疑。在裘卫家族铜器中，时代最早的当数卫簋，卫簋作于周穆王二十七年，即公元前 951 年。时代较晚的可能是此鼎类，为周宣王十七年器，即公元前 811 年。裘卫家族主要活动于西周中晚期，时间跨度近一个半世纪，是西周中晚期较有影响的一个贵族世家。

卫是裘卫家族的发迹人，也是裘卫家族历史上最早有影响力的人物。如果从时代最早的卫簋（前 950）算起，到窖藏的年代西周末年（前 771），这个家族前后持续了 180 年。180 年间只有 37 件青铜器藏在董家窖藏，数量似乎太少。

从该窖藏所出器物的种类、铭文内容及时间的延续性来看，这是一个比较完整的家族重要铜器的窖藏。从器物种类来看有鼎、簋、鬲、壶、盘、盉、匜、豆等；从时间延续性上看，从穆王到幽王每个时期几乎都有；从铭文内容看，主要涉及册命赏赐、土地交易、法律文书、婚姻关系等家族的重要事物。可见，这批窖藏青铜器的价值不只体现在青铜器本身上，还主要体现在青铜器铭文的内容上。官员任命档案、土地交易凭证、司法文书判词等都是裘卫家族的重要文书档案，与裘卫家族的利益息息相关，因此把它们铭刻在便于保存流传的青铜宝器上，放置宗庙，告祭祖先，虽历经至少一个半世纪而保存下来，一点儿也不奇怪。

一般认为，裘卫，名卫，裘当指卫的官职。《周礼·天官·冢宰》所属有司裘，其职责为"掌为大裘，以供王祀天之服，中秋献良裘，王乃行羽物。季秋献功裘，以待颁赐……凡邦之皮事掌之"。《考工记》有裘氏之职"攻皮之工"。古人以官为氏，卫担任司裘或裘之官职，故称裘卫。

卫被周王任命"司裘"一职之前，其家族并不显赫。追溯其出身，仅出自低等武士家庭。1973年冬，文物部门配合当地平整土地工程，在贺家村西壕发掘清理了10座周墓，其中4座见诸报端。贺家1973M3、贺家1973M5是其中2座。贺家1973M5为一鼎一簋墓，级别是贵族中比较低的。墓中出土的簋铭"卫作父庚宝尊彝"，即"卫"为其父"父庚"所作的祭器。也就是说，此墓是卫的父亲"父庚"之墓。对于贺家1973M5的时代，报告定为成康时期，如果1973M5出现的"卫"与卫簋中的"裘卫"是同一人，显然这个裘卫寿命太长，那么只有一种可能，就是1973M5的年代为穆王时期。从卫作父庚簋铭文字体看，其风格与扶风出土的穆王时期的㝬方鼎、㝬簋极为相似。我们认为贺家1973M5的时代应在穆王时期，而墓主主要活动于康昭时期，卒于穆王早期。1973M5随葬一鼎一簋并出土兵器戈、矛，因此，等级应为低等级武士之墓，墓主为"父庚"，墓中随葬的父庚鼎是其子卫所作，可见裘卫家族早期只是一个低等级武士家族。

裘卫家族发迹于周穆王时期，鼎盛于周宣王时期，在130年间曾两次受到周天子册命，裘卫是裘卫家族历史上最有影响的人物。

卫簋铭文记载穆王二十七年（前951）三月既生魄戊戌那一天，穆王在周（今天的周原）大庙册封裘卫，裘卫为铭记这一大事，作了此祭祀先祖、先父的祭器，用以光祖耀宗。可能由于其祖、父地位低，没有什么影响，所以在记录周王册命这样重大事件文书里，连其祖、父名都不书。

西周王朝的"命服"，以"芾"（韨）和"珩"（衡）作为贵族等级的主要标志，而"芾"和"珩"的等级是以其色彩来区分的，"芾"以朱色为贵，"珩"以葱（青色）为贵。在卫簋中，穆王赏给裘卫"缁韨、朱衡"，表明裘卫的级别并不高，只相当于司工、官司邑人一级的官吏。然而由于他是周王的近臣，其家族通过经商迅速暴富，他们拥有贵重玉器、丝帛织品、裘皮以及豪华的车马，甚至王公大臣朝觐周天子所需的礼物都来自裘卫家族。

共王时期的三年卫盉、五祀卫鼎及九年卫鼎，记载了三次裘卫与人交换田地的情况，这是研究西周中期土地制度和社会经济极其重要的史料。从涉及裘卫的青铜器铭文分析，裘卫主要活动于穆、共之时，活跃了近40年，虽然他的政治地位似乎未有多少上升，但是他的经济实力却非同寻常，这个家族广占田地，拥有巨大财富，是一个经济暴发户。

到膳夫旅伯（此）时，裘卫家族达到鼎盛时期，时为宣王时期，距卫簋已时隔139年。11件此器（其中此鼎3件、此簋8件），记载了宣王对"此"的册命与赏赐。此鼎、此簋作于宣王十七年（前811）。铭文11行111字："唯十又七年十又二月既生霸乙卯，王在周康宫夷宫，旦，王格太室，即位。司土毛叔佑此入门，立中廷。王呼史翏册命此曰：'旅邑人，膳夫！赐汝玄衣黹纯，赤芾朱衡、銮旗。'此敢对扬天子丕显休命。用作朕皇考癸公……"

膳夫，据《周官》乃天官之属，掌王饮食膳馐，为食官之掌。从赏赐的"赤芾朱衡"命服看，此的身份要高于裘卫。此次册命周宣王在场，右者为毛叔，史翏宣读册命书。而139年前对裘卫的册命则是周穆王在场，右者为南伯，内史宣读册命书。

从金文看，作为"右"者都是公卿大臣，有称为"公"和"伯"的，有官为司马、司徒（土）、司工、宰的，"右"者一般与被"右"者有上下级关系。膳夫旅伯鼎为膳夫旅伯（此）为亡妻毛仲姬作祭器，毛仲姬盖毛氏家族某一代人之次女。据传周宣王时期器毛公鼎也出土于董家村一带，该器铭文长达497字，抄录了周宣王对毛公进行的一次长篇训示，其内容是为中兴周室、革除积弊，授予毛公全面掌管西周政务的权力，勉励重臣毛公，要忠心辅佐周王，以免遭丧国之祸。这个毛叔可能与毛公是同宗兄弟。毛仲姬很可能是毛公的二女儿，也不排除是毛叔二女儿的可能性，那么其父可能是"司土毛叔"，毛叔与此可能为岳婿关系。与西周权臣家族结亲无疑是裘卫家族最荣耀的大事，难怪30件有铭文的铜器中，此器超过1/3。

在裘卫家族发展史上，有两位家族成员充当权贵家族家臣，一个是厉王时期的"公臣"主管虢仲家族的手工业，另一个是宣幽时期的"再"担任荣地的有司，兼荣监一职。

公臣簋曰："虢中（仲）令（命）公臣：'司朕百工，易（锡）女（汝）马乘、钟五、金，用事。'公臣拜稽首，敢扬天尹丕显休。用作尊簋，公臣其万年永宝兹休。""百工"一般认为是指各种手工业奴隶，"百工"之官，其职守大约是管理各种官办手工业的。曹玮先生认为虢氏家族是居住在岐周之地为数不多的姬姓家族，他们受周王委派管理这一地区的非姬姓贵族。

随后的裘卫家族与日薄西山的西周王朝一样走向衰败。再虽为荣地有司兼荣监，但裘卫家族经济状况大不比从前，再没有自己的器物保留在宗庙里，只能将女儿的尊器、滕器放置于裘卫家族的宗庙。

在西周乡村地区，邑是构成西周社会的基本单位，一个邑是由一个居住中心、墓地、耕地、林地及沼泽组成。而居住在都邑（周原）的一个家族的财产至少是由居住地、手工作坊、墓地组成。裘卫家族是主要从事车与丝织品制造的手工业家族，他们必定有自己的作坊，但也有进行农业生产的田地。五祀卫鼎云："乃舍寓（宇）于厥邑：厥逆（朔）疆罞（逮）厉田，厥东疆罞（逮）散田，厥南疆罞（逮）散田，罞（逮）政父田，厥西疆罞（逮）厉田。"如果董家铜器窖藏出土点就是当时"乃舍寓于厥邑"的地方，这次交易的400亩土地其东疆、南疆所及的一部分散田有可能就是位于其东南的扶风召陈散伯车父家的田园；南疆一部分与政父田为界；而其北疆和西疆到西周晚期仍无变化的话则应是邦君厉的田。也就是说原来邦君厉的田是与政父、散伯车父家的田为邻的，现在属于裘卫的400亩田显然夹在三家田之中。从这里似乎可以看出像周原这样的大都邑是由各家族的居住地、手工作坊、墓地及田地组成的。裘卫家族在远离都邑的地方也一定拥有其地产，如三年卫盉交易的1300亩显然与五祀卫鼎交易的400亩田地不在一处。

嬴姓裘卫家族在西周中晚期近两个世纪中，虽然政治地位不高，但经济实力却非同寻常，他们广占田地，其影响渗透到西周社会的方方面面。从裘卫靠掌皮裘小吏起家，到公臣投靠权贵虢仲，旅伯官居膳夫一职，展示了裘卫家族不断上升的新兴世族的发家史。裘卫家族发迹于穆王时期，出自低等的武士家庭，因此无论从时代还是贵族级别看，裘卫家族不可能享用距其东北500米的凤雏建筑，也就是说董家窖藏与凤雏建筑遗址没有直接关系。

3. 庄白一号窖藏

1976年12月15日，原扶风县法门公社庄白村村民在村南100米的坡地上平整土地时发现一处西周时期青铜器窖藏。同日周原考古队对其进行了清理发掘，共出土青铜器103件，其中有铭文者74件，铭文最长的墙盘上铸铭文达284字。这是中华人民共和国成立以来出土西周青铜器最多的一次。由于坑小器多，为了充分利用空间，器物的放置是先大后小、先重后轻，大小相套，立卧不一。窖穴的底部、四周和器物之间空隙处，都用草木灰填灌，防止器物损坏，对青铜器起了一定的保护作用。从青铜器器型及铭文看，这批青铜器的制作年代包括西周早期到晚期，涉及的作器者有商、折、陵、丰、墙、痶、孟、伯先父8人。微氏家族从武王伐灭殷商后，微氏烈祖降于周，历经成、康、昭、穆、共、懿、孝、夷、厉诸王世，大约在西周舞台上活跃了200余年。为了进一步弄清窖藏情况，1977年春，周原考古队在窖藏周围进行了钻探和试掘。在窖藏南面60米处，发现了一排南北走向的石柱础6个，柱础间距3米左右。柱础周围的西周文化层内出土有铜削、骨铲、蚌壳、骨料、绳纹陶片和半瓦片等。这些现象说明，这里是一处西周大型建筑遗址，这批青铜器就埋在当时的房屋附近，这个窖藏的主人应是这处建筑的主人。

西周政权自厉王以后已陷入严重的政治危机。厉、宣、幽三代事变相继发生，王室内部扰攘不已，最终导致西周政权的覆灭。许多研究者指出，微氏家族窖藏青铜器中时代最晚的已接近厉王时期，整批青铜器的埋藏方式又杂乱无序，所以这批青铜器的埋藏很可能与厉王奔彘事件相关。国人暴动不仅使王室也使许多大族受到冲击，微氏家族即其中之一，事变后该族已被迫迁往他地，从而丧失了世守的作册之职。微氏后代的流散对其家族来说是个悲剧，但对于文化的传播和发展未尝不是一种幸运和契机，作为一种特殊的文化载体的史官家族，其迁徙与流散必然会扩大其所负载的传统文化的影响。

4. 五郡西村窖藏

2006年11月8日下午，扶风县城关镇五郡村刘银科、刘邦劳、刘锁乾、刘广后、刘东后等6人在村北修水渠时发现一处青铜器窖藏。9日上午，宝鸡市考古研究所对窖藏进行科学发掘。共出土器物27件（组），计有鼎1件、簋2件、尊2件、甬钟5件、斗3件、矛12件、车马器1组（103件）、玉饰1件。两件大口尊，铭文一致，尊内壁铸铭文113字，记载了琱生为了了结因"仆庸土田多刺"而引起的官司，给召姜送礼，召姜以宗君名义，要求从轻处理琱生家族的官司。此次发现的琱生尊铭文将100多年前出土的五年琱生簋、六年琱生簋铭文中所记述的事件完整地串联起来，反映了周厉王时期一场旷日持久的"仆庸土田多刺"官司的详细经过，不能不说是一次重大发现。琱生应是召氏宗族的一员，琱生尊等器的出土表明，琱生家族应是居住在今五郡一带。传世的五年琱生簋、六年琱生簋出土地也可能就在五郡一带。

姬姓周人一般是不用日名的，而与五年琱生尊同出的凤鸟纹簋铭有"父辛"二字。如果用家族之间器物交换来解释，我们认为未免简单化了，是否另有原因呢？召公在西周时期是很有影响力的，《尚书·周书》在述及召公、周公时说："召公为保，周公为师，相成王作右。"召公位于周公之前。有学者认为召公与周公是兄弟，但《史记·燕召公世家》云："召公奭与周同姓，姓姬氏。"这里不直说"召公奭，姓姬氏"而说"召公奭与周同姓，姓姬氏"，这是耐人寻味的。在传世和出土的燕国早期青铜器中，不乏日名者。因此，对于召公、召氏家族采用日名的研究应该引起足够的重视。

5. 杨家村窖藏

眉县杨家村原则上属于大周原的范围，位于眉县西北3.5公里的渭水二级台地上，因1953年盠器群的出土而引起世人注意。其后，1972年、1983年、1985年、2003年，在这一带相继有重要发现，特别是2003年1月19日发现的青铜器窖藏，共出土27件青铜器，计有鼎12件、鬲9件、壶2件，盘、匜、盉、盂各1件，件件有铭文。其中十二年逨鼎、逨盘、逨盉为逨三次册命所作。四十二年、四十三年逨鼎皆为宣王纪年，逨盘铭文交代的是宣王第一次册命，应为宣王前期。逨盉与逨盘同时作，互配用于祭祀，逨盉铭文很短，与逨盘铭皆祭祀始祖先公与圣考，是逨第一次被册命后告于宗庙而作的祭器。逨盘内底铸铭文21行372字，是中华人民共和国成立以来发现的西周青铜器铭文最长的一件。在逨盘铭文中首次看到了当时人记录的西周王室世系，其世系顺序与《史记·周本纪》全然一致，这是21世纪初的空前发现。

从出土的青铜器铭文内容看，它们都是一个家族的遗物，这一带应是单姓的封邑所在地。2003年试掘的11座先周晚期的墓葬，其时代断定为周文王时期，说明单姓在杨家村的居住始于文王时，到周平王时东迁于河南、江苏等地。关于单姓，以前文献记载，单姓为成王幼子臻的一支，从发现的逨盘铭文记述看，单姓在周文王时期就已存在，过去的文献记载是错误的。同时铭文记述了周文王到周宣王时期12个王及对应的单姓八代人的政绩（军功），不但为研究西周的历史提供了重要实物资料，而且确立了一大批西周宣王时期的标准器，为这一时期青铜器的分期断代建立了标尺。

关于杨家村窖藏的性质，张懋镕先生认为，是"礼制祭祀说"的一个最好例子。第一，据报道，此次窖藏形式特别，迥异于以往窖藏。先挖好一个竖坑，然后在底部向南壁掏洞，形成窖坑。竖坑底部四角各有一个柱洞，地面有火烧痕迹。这里存在两种可能：一是竖坑与窖坑没有内容上的关联，竖坑在挖成之后又改变初衷，顺势掏洞，作青铜器窖藏之用；二是两者意义相关，那么此竖坑与窖坑用于祭祀青铜器，性质就很清楚。再说竖坑上部为一西周晚期灰坑所打破，青铜器窖藏的时间并未迟至幽王末年，恐怕与"社会变动说"不合。第二，三处青铜器窖藏可证杨家村一带是单氏一支的居住地，从西周早期至晚期家族兴旺。从逨盘铭可知，这一支第四代是惠仲盠父，他是1956年出土的盠驹尊诸器的主人。此窖藏年代不晚于穆王时期，埋藏时间也应与之相近。此时既未发生重大社会动乱，单氏家族又未遭难，窖藏原因显然与"社会变动说"不符。第三，逨盘诸器与1985年出土的逨钟诸器，这两个窖藏时间即使不是同时，也相距不远。如果是同时埋藏的，试想在西周末年的巨变中，时间仓促，没有必要挖两个坑。如果相距几年，则稍早一次的窖藏必然与"社会变动说"无关。

四十二年逨鼎铭文中记载了宣王末年周王朝与猃狁的一次战争。关于这次战争发生的地点，董珊先生考证铭文里"井阿""历岩""弓谷"等地在今山西中南部附近。而彭裕商先生的《周伐猃狁及相关问题》一文推断"邢阿""历岩""弓谷"的地点当在陕西境内。

铭文"建长父侯于杨"之"长父"，有学者认为就是周宣王子尚父。"杨"，即周时杨国。《新唐书·宰相世系表》十一下："杨氏，出自姬姓，周宣王子尚父，封为杨侯。"《国语·周语》："（宣王）三十九年，战于千亩，王师败绩于姜氏之戎。"

孙庆伟认为，杨国在今山西洪洞县东南，处在镐京、成周与姜氏之戎之间。宣王被姜戎所败，乃封其子尚父于杨以屏镐京、成周。孙先生主张没有姞姓杨国。

王辉认为，从四十二年逨鼎铭文看，无法排除杨国曾为姞姓的可能性，并认为在宣王四十二年封子尚父于杨之前，肯定有一非姬姓的杨国存在。封子尚父于杨，只是以姬姓封国取代非姬姓国，以为成周藩屏，并不是初建杨国。

田率先生认为宣王时期住今山西中南部地区的杨国不是姬姓国家，而是姞姓诸侯，与四十二年逨鼎中的长父所封之杨并非一处。西周时期，扶风、眉县、岐山一带多民族混居，戎、狄、氐、羌各族犬牙交错，与周王朝军事冲突频繁。《国语·周语》载："（宣王）三十九年，战于千亩，王师败绩于姜氏之戎。"所言宣王败于姜氏戎的战役，皆因"宣王不耕籍田，神怒民刚""为戎所伐，战于近郊"（《诗经·小雅·祈父》）。据《左传·庄公十一年》："京师败曰王师败绩于某。"可知宣王与姜戎的这场战争当是发生在王都镐京以西的周原一带，不可能远战晋地。宣王被姜戎所败，乃封其子长父于周原的千亩，以固边防，以屏镐京，是军事上的需要。另外宣王时期猃狁的威胁也来自宗周的西北，宣王派逨去辅佐长父讨伐猃狁，军情紧急，不可能让他跋山涉水去晋地与猃狁作战。考古发掘的有关单逨家族的青铜器多在眉县附近，单逨家族是畿内周原地区的世家旧臣，居邑就在陕西宝鸡眉县。逨奉命辅佐长父立国建军，故长父所封之杨地，就在此批窖藏的出土地不远，正如彭裕商先生所推测的陕西多有名之杨地，如杨家村有可能就是杨国故地。

（三）周原在西周时期的地位

从20世纪40年代起，为寻找并确认文献记载的周代都城，原中央研究院历史语言所对传说中的邰、豳、岐、丰、镐等地进行了考古调查。1949年以后，随着现代考古理论与方法的引进和普及，大规模的考古调查和发掘工作在周原遗址展开，特别是1976年，由陕西省文化局、陕西省文物管理委员会、陕西省博物馆和北京大学历史系考古专业、西北大学历史系考古专业等多家机构共同组成的周原考古队，对周原遗址进行了前所未有的大规模发掘。这次发掘是一次在学术史上具有重大意义的考古活动，特别是发现了岐山县凤雏村西周甲组建筑基址和扶风县召陈村西周建筑群，出土了一大批西周青铜器、玉器和甲骨文等重要文物资料，对西周考古和历史研究产生了广泛而深远的影响。其后20年间，周原大地复归沉寂。到了1999年9月，由中国社会科学院考古研究所、陕西省考古研究所、北京大学考古文博学院联合组成了周原考古队，再次对周原遗址进行了有计划的大规模考古工作，先后发掘了齐家村东北西周遗址、云塘、齐镇大型夯土建筑基址、王家咀先周、西周遗址和齐家村西北玉石作坊遗址等，取得了丰硕的成果，基本上解决了周原遗址西周时期的考古学文化编年问题。

通过几代考古工作者的努力，周原考古取得了一系列成果，特别是在西周家族史的研究方面。我们认为周原地区大量的非姬姓豪族是西周王朝为巩固政权、打压异姓贵族而采取的措施，他们把方国异姓大族迁徙至他们的故土岐下，既便于管理，又可作为人质。因此，周原在西周时期是异姓贵族的聚居地，其地位相当于西汉时五陵原，是其"强本弱末"政策的体现，秦、汉类似的政治措施应源自于周。同时，西周统治者利用非姬姓贵族的长处，让他们世居周原，从事手工业生产，因此，周原在西周时期又是经济中心。

在周原出土的青铜器窖藏中，除个别窖藏看不出与周人有直接关系外，众多的异姓诸族与姬姓都有婚姻联系。联姻是周王朝加强统治的有效手段，同姓为兄弟，异姓为甥舅，形成一个庞大的政治网。这是西周统治者对迁居周原的异姓贵族进行拉拢的方法之一。

武王克殷后，对于殷民的处理，一大部分分给新建的宋，一部分分给了鲁、卫，剩下的则多半是所谓的"多士"，即在原来的殷政权下有深厚基础的权门、势族，则被迁于成周。《尚书·周书·多士》就是处理这部分所谓"殷顽民"问题而发布的软硬兼施的移民文告。周公实行的这种办法，被后世秦始皇、汉高祖作为成功的经验所采用，直接影响了秦汉两代。

这种"强本弱末"的办法，就是刘邦及后继者所实行的"迁豪"政策。其实，秦统一六国后也采取了迁豪这一政治措施，以打击六国贵族。秦始皇在统一过程中消灭了一大批六国权贵，但在各地还散居着相当数量的原六国权贵。这些人手中还掌握有相当多的兵器，他们对于亡国失权是不甘心的。秦始皇为了防止他们称霸一方，把他们和各地富豪十二万户迁居到京城咸阳附近，置于中央政权的直接监视和控制之下。

西周时期的手工业，是在商代手工业的基础上发展起来的。周人在灭商后，收留了商朝手工业者。根据《左传·定公四年》："昔武王克商，成王定之，选建明德，以藩屏周。故周公相王室，以尹天下，于周为睦。"分给鲁公、康叔以殷民，"辑其分族，将其类丑，以法则周公，用即命于周……以供王职"。

迁居到周原的异姓贵族在当时都是有较高文化水平的人，有先进的知识和技能，姬周统治者利用他们的长处，让他们在周原这块土地上发展手工业生产，既起到了打压异姓贵族势力，加强周王朝统治作用，又发展了社会经济。周原地区众多的手工业作坊遗址，是当时发达的手工业生产的体现，也是周原作为西周经济中心的写照。

从古公亶父在周原建立国家，到王季、文王的100多年时间里，周原一直是周人的早期都邑，周先民在这里创造了灿烂的青铜文明。文武时都邑虽迁至丰镐，但这里并未因王室东移而衰落。西周王朝的一些重大政治活动，诸如朝觐、宴享、祭祀、册命、赏赐等，也在这里举行。它与宗周的丰镐、成周的洛邑一样，是西周王朝的政治、经济和文化中心之一。西周末年，当西北方的戎狄大举入侵时，仓皇东逃的贵族由于财物携带不便，遂草率埋藏。东逃的贵族始终没有机会再回来，于是留给我们来发现了。这固然是一个重要原因，但我们认为与周原地区十墓九空也有一定关系。从21世纪初周公庙发掘的西周高规格贵族墓地情况看，早期墓葬的盗掘、破坏，令人触目惊心，如发掘的32号大墓，盗掘者的一把火把一个墓穴烧成了陶窑状。

关于周人早期在周原的活动，我们做了大量的工作，遗憾的是对古公亶父在岐山之下建立的早期都邑具体方位还没有令人信服的结论。

三、宝鸡市区是除周原以外比较重要的地区，青铜器年代普遍较早

宝鸡市区青铜器出土地点主要在竹园沟、茹家庄、纸坊头、斗鸡台、石嘴头、峪泉、五里庙、贾村镇上官村一带。

（一）弸国器物

宝鸡弸国墓地发现于20世纪七八十年代，2003年10月又在纸坊头发现了2座西周早期墓葬。弸国墓地绝大部分保存完整，从纸坊头、竹园沟的西周早期到茹家庄的中期，基本上连续不断，且其文化内涵十分丰富。被发现之后马上引起学术界的关注，已有不少关于这方面的研究论著，如《宝鸡弸国墓地》《弸国玉器》等。由于弸国器物带有很浓厚的地方特色，因此相关的论点集中在地方特色的分析和族属问题上。弸国墓地除了铜容器与其他宝鸡地区、黄河流域的西周墓葬遗存相同以外，其总体面貌是很突出、孤立的。这种带有异族文化，并与周王室看不出有直接关系（分封、册命等）的外族，其墓葬却在西周王畿内享有很高的等级规模。同时如有些学者指出，它所在的地点，即宝鸡地区是中原和西北、西南地区的交通要道，并是周人的发祥地，认真仔细研究弸国遗存的意义在于"揭示西周不同民族、不同文化交流融合的历史"。弸国墓葬中大量发现有一种地域文化特征极强的钵形尖底罐，具有早期巴蜀文化的某些特征，多见于四川新繁、广汉的早期蜀人遗址，但很少见于典型的周人遗址和墓地，据此，我们可以对弸国族人的来龙去脉有一个大致的了解。

弸国人的先人本是生活在秦岭以南巴蜀地区的一个部族，他们约于商周交替时翻过秦岭到了秦岭北麓，迁移至关中西部今宝鸡一带，后被周王室册封为非姬姓诸侯国。弸国国君为了能在周人的京畿之地立足，虽然采取了联姻等手段试图巩固自己的地位，但还是败于错综复杂的宗族斗争，最终难逃国破家亡的厄运。弸国国君被胡乱地葬进了他生前为自己准备好的墓室，无人陪葬，甚至连棺椁都没有；而他的下层族人，很可能再次翻越秦岭，回到他们祖先生存的土地上去了。

尹盛平先生认为，宝鸡㢭国源于城固地区，其生活器具和武器主要继承了原城固地区戈、矛、尖底罐等器物的风格。而当在商末或周初进抵宝鸡地区之后，又受到周文化的强烈影响。《尚书·周书·牧誓》记载，蜀人能够协助周武王灭商，表明在灭商之前，古㢭国大概已成为周的一个属国或附庸国。

城固叟族由汉水流域北上的路线可能由武都经康县、成县、徽县，进抵宝鸡南部凤县和甘肃境内两当县一带；或者循嘉陵江谷道北上，至凤县一带暂时定居下来，然后翻越秦岭，顺清姜河谷道北上发展到宝鸡渭水南岸清姜、益门、竹园沟、茹家庄一带建立古㢭国。移居时代应在商晚期。

宝鸡古㢭国南迁的路线或许与北上路线相同，及至迁到武都、城固地区后，再经由岷江、嘉陵江谷道迁至成都平原，而与古代巴蜀族相融合。

1. 纸坊头墓地

纸坊头墓地位于渭河北岸，隔渭河与茹家庄、竹园沟遥望，两地相距不过5公里。1981年秋，宝鸡市博物馆在此清理了一座西周早期残墓，编号为BZFM1，出土有青铜礼器、车器、装饰品、骨蚌器、陶器等。其中青铜礼器14件，计鼎4件、甗1件、簋5件、鬲2件、罍1件、觯1件，其中6件青铜器带有铭文。2003年9月宝鸡市考古研究所又在此地清理发掘了2座西周早期残墓，依次编为BZFM2、BZFM3。在出土的11件青铜礼器中，有鼎、簋、壶、甗、盉、瓿等，其中5件有铭文，涉及4人。如史父乙盉与1976年在竹园沟㢭国墓地M13中出土的史父乙豆，可能为同一人。

2. 竹园沟墓地

竹园沟墓地坐落在渭河南岸秦岭脚下的竹园沟东一片较陡的山腰坡地上，这片陡坡已被开辟成梯田。有一条东西向的小河将墓地分割成南北两区，两区均有西周墓地。据已发掘和钻探的资料表明，北区墓葬形制较大，且密集。墓地西北是一片较为开阔的清姜河一级台地，这里常有西周陶片、烧土、兽骨出土，可能是当时人们的居址。1976年以来，宝鸡青铜器博物院（原宝鸡市博物馆）曾在这里清理发掘了22座墓葬和3座马坑。所有墓葬都为东南—西北向，相互没有打破关系。大部分墓葬未见有扰乱或早期盗掘现象，其中M13、M7、M1、M4、M8、M20出土有铭文的青铜器，计36件。

3. 茹家庄墓地

茹家庄墓地位于竹园沟墓地以北约2公里的秦岭北麓冯家塬半腰坡形台地上，西面临清姜河。冯家塬和清姜河之间是一片开阔的台地，多年来的考古调查情况表明，这里有比较丰富的古代文化遗存，西周时期的遗物不断出土。西周遗址区与茹家庄墓地水平高差约为 100 米。1974 年 12 月至 1977 年 4 月底，宝鸡市博物馆文物工作者在茹家庄墓地先后两次进行了考古发掘工作，共发掘 3 座大型西周墓葬、1 座小型墓葬、2 座车马坑、1 座马坑。在发掘工作期间，他们对这片墓地周围的多级台地也进行了钻探、调查，没有发现墓葬或其他遗存。根据已出土的资料判断，茹家庄墓地应是一代强伯同一家族的墓地。其中 M1、M2 出土带铭文青铜器，计 32 件。

（二）五里庙与蒋家庙周城

1958 年，金台区长寿乡柳沟五里庙村发现西周早期竖穴土坑墓 1 座，出土青铜甗、鼎、鬲等。甗腹内壁有铭文四字"伯作旅甗"，鼎腹内有铭文五字"叔作宝尊彝"，鬲沿铭"父癸"。1979 年 9 月，宝鸡县金河公社石桥大队农民在村旁挖土时，发现商代青铜鼎 1 件、簋 2 件，同坑出土还有一件陶罐。鼎，立耳，柱足，腹较圆，口沿下饰夔龙纹，腹饰斜方格乳钉纹，均用云雷纹填地。簋一，敞口，平沿，圈足较高，口沿下及圈足饰平雕夔龙纹，腹饰斜方格乳钉纹。簋二，侈口，鼓腹，圈足，兽首双耳，下具长垂珥，口沿下及圈足饰圆涡纹和四瓣花纹，腹饰直棱纹。均有商代晚期风格。据民国十一年（1922）《宝鸡县志》金陵川车路民国四年知事方大柱重修条，民国四年（1915）筑路工人在金陵川石家桥掘得古铜器物多件，督工谭善述等送至县署验过送省。

蒋家庙、石桥、葛家河滩均位于五里庙以北约 3 公里的金陵河西岸二阶台地上，这里临河倚塬，古文化遗迹异常丰富。2005 年和 2007 年冬宝鸡市考古研究所与北京大学考古文博学院在这里调查时，曾发现多处夯土建筑遗迹。蒋家庙遗址位于宝鸡市金台区金河乡石桥村，北距宝鸡市区约 5 公里，西距贾村镇约 7 公里，涉及石桥村蒋家庙、石家桥、尚家头、黎沟 4 个自然村。蒋家庙遗址坐落在金陵河西岸、陵原东坡的河岸至原面边缘，坡面略陡，从河床至陵塬的高差约 230 米，平均坡度约 10 度。遗址中部有一条东西向贯穿遗址的深沟，沟南为蒋家庙，沟北西部为尚家头，沟北东部为石家桥，石家桥北金陵河西为黎沟。其中蒋家庙城址坐西面东，平面呈梯形，西临石桥沟，东抵金陵河畔，西至陵塬塬顶，西墙长约 135 米，北墙长约 1300 米，南墙长约 820 米，东墙长约 1100 米，面积约 50 万平方米。整个城址倚塬临河，城墙沿陡峭的断崖而筑，防御功能显著。城墙的建筑方法独特，即在断崖处夯土紧贴崖面，如同砌砖一样，既保护崖面又起防御功能，在平缓地带挖壕筑基起墙，墙基宽约 6 米。夯土土质较纯，极为坚硬，版筑夯层清晰，每层约 20 厘米，夯窝明显，直径 2—3 厘米。城墙叠压在"红腰带"土（春秋战国时期形成的古土壤）之下，在其北墙东段的夯土层下发现先周时期的灰坑。东墙与西墙相对高差达 200 多米，夯法及选址地理形势与凤翔水沟城墙无二，遗憾的是在夯土墙内未发现重要遗迹。蒋家庙的性质与曾出土的青铜器之间的关系，目前还不清楚，五里庙城址与石桥夯土台基遗址的关系也有待进一步研究。

矢国当时在宝鸡一带具有相当大的势力，反映在考古学文化上就是高等级的规模较大的遗址。陇县南坡与贾村上官一带分别发现有西周早期及西周中晚期的遗存，被认为是矢国居址所在，但规模等级不明。目前来看，此区域内等级较高的聚落仅蒋家庙遗址一处，然而金陵河流域尚未发现过与矢有关的青铜器，所以其为矢国所筑的可能性不大。

蒋家庙遗址的性质和等级及其与周边聚落的关系，仍有待于我们对周边更大范围内西周遗址分布状况的了解和比对。城墙内部罕见周代遗存的现象，值得我们注意，这种状况很可能与其作为军事防御与应急设施有关。

西周时期依坡筑城的方式，近年来在周原以西地区有多次发现，如周公庙遗址、凤翔水沟遗址。这三处遗址的城墙建筑方式较为接近，城墙用土多经过筛选，较为纯净，版筑而成，夯层不甚清晰，夯窝较小。三处时代基本接近，年代在西周时期的可能性较大。不同的是，水沟遗址内部有较为丰富的商末周初遗存，周公庙城墙内亦有西周大型墓葬发现。相同的是，这三处遗址都有青铜器出土，可见以青铜器作为入手点寻找并确认遗址，进而探讨西周时期聚落及社会结构，并反推青铜器的等级性在遗址中的具体表现，是研究区域社会状况及其在西周王朝发展中的地位和意义的途径之一。

（三）戴家湾与石鼓山

1. 戴家湾铜器

斗鸡台是十里铺地区和戴家湾一带的泛称。其范围大约北以贾村塬南坡为界，南临渭河，西起刘家沟以西的陕棉十二厂，东至杨家沟，为东西略长，南北稍窄的渭河二级台地。1936年，陇海铁路向宝鸡延伸，为了保护古陈仓城的文化遗迹，杨虎城将军亲笔题写名称的"斗鸡台隧道"，就从当时戴家湾村子南边凸出的断崖上穿过。因此，在有些相关的文物事件中，斗鸡台和戴家湾往往指的是一个地区。抗日战争爆发后，由于荣氏家族纺织工厂内迁到了这里，斗鸡台的名字也由于现代工业的崛起而颇具影响。20世纪初以来，宝鸡斗鸡台一带先后发生了三次重大的文物事件，从此，宝鸡斗鸡台和戴家湾便引起了历史界、考古界和文物界的密切关注。一是清光绪二十七年（1901），戴家湾村农民王奎在村北的坡地上挖地时，挖出了青铜器30多件，其中有一件青铜禁属首次发现，后来流失美国。这批青铜器是窖藏还是墓葬不清楚，由于其数量大，造型优美，故轰动一时。二是1925—1926年，盘踞凤翔的军阀党玉琨征发宝鸡、凤翔、岐山等县的民众上千人在戴家湾沟大肆盗掘文物。盗掘从1925年11月开始，到1926年7月结束，历时9个月，共盗得青铜器1000余件，其中完整的740件。出土青铜器有青铜禁3件，其他有鼎、簋、爵、觯、罍、甗、方彝，以及兵器、车马器。

这批青铜器出土后，党玉琨令其部下运回凤翔城中。1926年9月，冯玉祥在五原誓师，率部取道甘肃、陕西，东出潼关参加北伐战争，令其下属陕西省主席宋哲元负责陕西境内大小军阀。1928年初，宋哲元率部围攻凤翔，8月25日用200千克炸药将城墙炸开，击毙党玉琨，掳获全部青铜器，将一部分送给冯玉祥，其余全部运到天津藏在英租界宋哲元家中。此后又将一部分卖到国外，如告田觥等，其余仍藏在家中。抗日战争时期，宋哲元逃奔四川。1941年太平洋战争后不久，日本占领天津英租界，查抄了宋家，青铜器遂落日军之手。后来，宋哲元三弟宋慧泉索回一小部分，其中就有著名的夔纹禁等，其余便下落不明。这批青铜器见于著录的仅有夔纹禁、告田觥、甲簋、周公东征方鼎（塑鼎）等数件。

2. 石鼓山墓葬

2012年3—6月，渭滨区石咀头村村民在开挖房屋地基时，前后发现三批（分属三座墓葬）青铜器。石鼓山考古队对其进行了发掘，确认这些青铜器出自商周时期的墓葬。随后对墓葬所处台地进行了全面的考古调查与勘探。2013年8—12月，陕西省考古研究院、宝鸡市考古工作队、渭滨区博物馆联合对11座商周墓葬进行了考古发掘。

在清理的14座商周墓葬中，有6座墓葬出土青铜礼器，不仅数量多，种类丰富，而且铸工精湛，总计有92件。其中M3、M4的形制最大，墓葬东、北、西三侧的墓壁均有壁龛，共出土青铜礼器81件，高领袋足鬲2件。高领袋足鬲的发现，改变了以往此类鬲不可能晚到西周的观点，为探讨该区域姜姓戎人与姬姓周人的文化交流，提供了较为系统的资料。

2012年发掘清理的M3所有青铜礼器都放置在壁龛里，有6个龛，共出土青铜礼器31件，其中酒器18件，占58.1%；可分14类，其中酒器类11种，占78.6%。3号龛出土器物最多，共出土青铜礼器10类，16件，均为酒器，有铜禁2件、方彝1件、卣5件、壶1件、罍1件、尊1件、盉1件、爵1件、觯1件、斗2件。从这里可以看出酒器在当时青铜礼器中的重要地位，也反映出酒文化对于西周社会的影响。

3. 戴家湾与石鼓山比较

首先，戴家湾M16与石鼓山M3墓葬都具有葬俗中最显著的特征——壁龛。

壁龛设置从表面上看，是起扩大墓室空间的作用，其实质也可能含有一定的族属或特定的葬俗意义。因此，石鼓山、戴家湾墓葬壁龛有葬俗意义上的一致性。

其次，墓葬等级旗鼓相当，器物组合高度一致。

石鼓山M3壁龛内出土器物主要是青铜礼器，共14类31件，计有鼎6件、簋6件、卣6件、禁2件、彝1件、尊1件、壶1件、甗1件、罍1件、盉1件、盘1件、爵1

件、觯1件、斗2件。如果不算斗，就是13类29件。（见表四）

表四 戴家湾M16与石鼓山M3出土器物比较　　　　　单位：件

墓葬 器物类型	鼎	鬲	簋	甗	禁	彝	罍	卣	壶	尊	爵	觚	觯	盉	盘	小计
戴家湾M16	6	4	3	2	2	1		2		1	2	1	1	1	2	28
石鼓山M3	6		6	1	2	1	1	6	1	1	1		1	1	1	29

从出土的礼器种类及数量上看，两墓葬基本相当。在青铜礼器方面：戴家湾M16有13类28件，石鼓山M3有13类29件。鼎、禁、彝、尊、觯、盉这几类礼器两墓数目相同，特别是铜禁都是一大一小。簋、甗、卣、爵、盘两墓数量稍有区别。在器物方面，戴家湾缺罍与壶，而石鼓山缺鬲与觚。石鼓山卣为6件，戴家湾仅2件，却多出4件鬲。因此，从器物组合及器物时代风格看，两者的时代应相差不远，从等级看墓葬等级旗鼓相当。

最后，两地青铜器的风格有惊人的一致性。张懋镕先生和任雪莉博士对石鼓山和戴家湾两处墓地出土的青铜器做了详尽的对比分析。

无论从葬俗、墓葬等级，还是器物组合及青铜器风格等方面比较，戴家湾墓地与石鼓山墓葬有惊人的一致性。因此，它们应是同一时期、同一文化或族群的两个墓地。

戴家湾青铜器中出现的族徽共有28种，其中单一族徽18种，复合族徽10种。自张懋镕先生提出"周人不用日名说"和"周人不用族徽说"后，学术界多将其作为划分商周两系青铜器的一个标准。张懋镕先生曾对于戴家湾与石鼓山这两处墓地青铜器进行了研究，认为虽然从表面来看，商式青铜器数量很多，但是它并不代表戴家湾青铜器群的文化取向。

姬姓召公家族的青铜器中有使用日名的现象。从出土青铜器铭文看，商周时期至少有部分姜姓贵族也是有用日名的习惯的。同样的现象也反映在古文献中，《史记·齐太公世家》云："盖太公之卒百有余年，子丁公吕伋立。丁公卒，子乙公得立。乙公卒，子癸公慈母立。""丁公""乙公""癸公"都为日名。可见，有一部分姜姓家族是有使用日名的习惯的。

李济先生曾经将安阳发掘未经盗扰墓葬出土的青铜器与斗鸡台端方铜器做对比，他认为端方酒器上的扉棱比安阳青铜器发达，且带有亚字形符号的觚、爵和觯的形制与殷墟地区典型的发掘品不一样。李先生对造成青铜器间差异的原因进行了地理及历史的因素分析，认为"青铜器类型的地方性的分歧可能早在殷商时代便已存在了"。

石鼓山发掘报告认为宝鸡石鼓山 M3 是姜姓户氏家族墓地，时代为成王时期。张天恩先生同意石鼓山墓地为姜姓的户氏家族墓地。张懋镕先生认为戴家湾与石鼓山两地铜器的主人都是宝鸡地区的土著部落。实际上，从文献及考古材料看，在商周时期今宝鸡一带，最有影响的土著部落就是姜戎人。因此，我们认为戴家湾墓地与石鼓山墓地属于同一部族，他们都是姜姓的宝鸡土著部族墓地。

戴家湾 M16 出土的鲁侯熙鬲铭文曰："鲁侯熙作彝，用享鼎厥文考鲁公。"这件铜鬲是鲁侯熙所作，用来享祭亡父鲁公伯禽。鲁侯熙即鲁炀公，他是鲁国第一代国君伯禽的小儿子，为第二代（第三任）鲁国国君。

根据《史记·鲁周公世家》，武王灭商后，遍封功臣同姓戚者。封周公旦于少昊之墟曲阜，是为鲁公。周公因在朝中辅佐周王，并未去曲阜就封，成为第一代鲁国国君的是他的儿子伯禽。故鲁公被封时间应在公元前 1045 年。

伯禽在位年数，《史记·鲁周公世家》没有明确记载。但其中有伯禽以后诸公的在位年数，并明确记载："真公十四年，周厉王无道，出奔彘，共和行政。"这就是说，鲁真公十四年为公元前 841 年，以此为基点，我们可以推算伯禽在位的大致年数。

根据《史记·鲁周公世家》，伯禽于公元前 1045 年至前 998 年在位，年数为 48 年，鲁炀公于公元前 993 年至前 988 年在位。鲁侯熙鬲的制作年代应该在炀公在位时期，即公元前 993 年至前 988 年之间（此时为西周昭王三年至八年）。因此，戴家湾 M16 的绝对年代也应在西周昭王初年（前 995）。

禽簋云："王伐奄侯，周公谋，禽祝，禽有角祝。王赐金百孚。禽用作宝彝。"《书序》："成王东伐淮夷，遂践奄。"器铭"王伐奄侯"，这里的王指成王。《左传·定公四年》："因商奄之民，命以伯禽，而封于少皞之墟。"《说文·邑》："郯，周公所诛，郯国在鲁。"学者一般认为，禽簋的器主禽即伯禽，周公旦长子。禽簋与戴家湾 M16 出土的塑鼎（周公东征方鼎）反映的历史事件应该发生在同一时期，也就是发生在周公东征期间。塑参加了周公东征，且是周公手下的将领，我们推测塑与伯禽应是同辈人，在对付共同敌人的战斗中，与伯禽一定有交集，他们自然有私交。

在西周金文中有上下级家族之间联姻的例子。岐山董家村窖藏出土的此簋与膳夫旅伯鼎表明，毛叔为此的上级，此娶了毛氏家族之女，学者认为毛叔与此可能为岳婿关系。我们推测塑与伯禽年纪相仿且同辈，因平叛东夷立下战功，得到周公赏识，于是与周公家族结亲。

伯禽是朝廷封到东夷地盘做鲁公的，在东夷叛乱中肯定吃尽了苦头，受到惊吓，叛乱平息后自然感激立功的将士，与他们结亲也是找了一个有军事实力的靠山。如果周公东征时塑 20 多岁，他死亡时超过 70 岁，也算长寿之人了。塑死后，远在千里之外的鲁国国君鲁侯熙，把其父伯禽的祭器作为助葬之器放置于其父好友塑的墓里，在当时是符合礼制的事。

在古代，贵族之间的联姻更多的是被赋予了政治因素。后来刚立足于汧渭之会（戴家湾一带）的秦国，为了提高自己的政治地位，也曾与千里之外的鲁国联姻，如秦宪公就娶了鲁国王室之女鲁姬。但由于鲁姬娘家势力太大，干预秦国内政，导致了秦国内部的"外戚"与"朝臣"之间的权力争斗，致使鲁姬所生的小儿子即位后不久被杀。

（四）夨国青铜器

夨国青铜器在宝鸡地区屡有发现，据学者统计，经科学发掘或有确切出土地点的夨器14件，传世夨国青铜器和铭文涉及夨国的青铜器17件。这批夨国青铜器集中出土于宝鸡地区，清楚表明夨国地域范围是在汧水流域的陇县、千阳、宝鸡县（今陈仓区）一带。汧水是流经夨国境内最主要的一条河流。汧水下游的宝鸡贾村镇所属扶托村、上官村、灵陇村均发现夨国青铜器，特别是在上官村发现夨王簋盖。贾村、上官、灵龙、扶托等地是一片南北长约2公里，东西宽约1公里的西周居住遗址区。这里曾发现西周窖穴、灰坑、陶窑和较大面积的建筑遗迹。夨王簋的出土和较大面积的建筑遗迹联系在一起，表明这里曾是西周夨国活动的中心区域，即夨国都邑所在地，历代夨王应世居于此，但目前探究有关夨国在此活动的考古工作做得太少。

宝鸡市区附近比较重要的遗址一般都在渭河两岸的小河旁边，如桑园堡位于清姜河西岸，竹园沟、茹家庄位于清姜河东岸，纸坊头墓葬以西紧临玉涧河，峪泉遗址墓地以东紧挨瓦峪河，五里庙、石桥遗址东临金陵河，斗鸡台南临渭河，其周围塬（贾村塬）脚下有丰富的泉水。宝鸡市区附近塬面不少，在渭河北岸有西平塬（贾村塬）、陵塬、紫草塬，渭河南岸有冯家塬。但唯有在贾村塬（上官一带）发现比较重要的商周时期遗存，从贾村塬西周遗址的地理方位看，汲水方便是古人选址的首要因素。

四、麟游县九成宫镇蔡家河一带值得关注

麟游县出土的商周青铜器虽然数量少，但时代较早。1988年7月，麟游县九成宫镇后坪村村民在村北四岭山犁地时，发现一组青铜器，共出10件，其中8件有铭文，计有甗1件、鼎1件、爵1件、尊1件、觯1件、盉1件、卣3件、斗1件。经麟游县博物馆文物工作者现场调查，认为是同一窖藏所出，估计原本埋藏较深，因历年水土流失，窖口距地表只有30多厘米。后坪村东距麟游县城3.5公里，南北依山，中为一川，杜水河由西向东流过。青铜器出土点向西约100米处的二级台地上，有一处先周文化遗址，内涵丰富。与此遗址隔河相望的马鞍山村附近，20世纪70年代曾出土过7件西周青铜器。

麟游县境内多山，其间河溪纵横，地跨两个水系，北部为泾河水系，南部为漆水河水系。《诗经·大雅·绵》曰周人"民之初生，自土沮漆"。有学者认为"周族起源于漆水河流域"，所以，地处漆水河上游和泾河上游的麟游县自然就成为探讨先周文化等重大课题的重点地区。由于以往麟游县早期古文化遗址的科学发掘工作开展较少，该地区古文化面貌一直不甚清楚。为填补这一空白，结合教学实习，北京大学考古学系与宝鸡市考古工作队组成联合考古队，于1991年秋至1992年夏在麟游县进行了调查和试掘，重点发掘了蔡家河遗址。

蔡家河村的东侧有一条从北向南流淌的小河，村因小河而得名，小河在村南汇入自西向东的漆水河，漆水是渭河中游一条比较重要的河流，在武功县境内汇入渭河。蔡家河遗址就在小河西侧的山梁上，东西约500米，南北约400米，地势北高南低，现地貌为多级梯田。断崖上随处可见大小不等的灰坑，地表及断面上多能采到新石器时代及商周时期的陶片、石器等。遗址隔蔡家河与东边的后坪遗址相望，后坪遗址曾发现过商周时期青铜器窖藏。

北京大学考古学系与宝鸡市考古工作队联合组成考古队的发掘工作分两个阶段进行。1991年10—11月，发掘面积50平方米；1992年3—6月，发掘面积100平方米。为了以较少的工作更多地了解遗址内涵，探方未集中分布。通过发掘，对麟游境内相当于庙底沟二期文化时期的龙山早期遗存的面貌，获得了一个初步的认识，填补了地区性古文化一个重要阶段的空白。因为过去的学者曾认为，关中西部庙底沟二期文化有发展成为客省庄二期文化双庵类型的演变关系。

蔡家河遗址客省庄二期文化双庵类型遗存的发现，使我们清楚地认识到麟游地区属于双庵类型的分布区，扩大了对双庵类型的认识范围。关中西部夏代考古学文化的寻找与识别是学术界长期关注的重要研究课题，这不仅牵扯到地区文化序列的建立，文化谱系的认识，而且是了解夏文化向西分布的范围，探寻先周文化的来源以及地区文明起源等重大研究课题的关键。以蔡家河为代表的客省庄文化最晚遗存的发现，为这一方面的研究注入了新的活力。

2008年9月，宝鸡市第三次全国文物普查队在麟游县西约5公里的蔡家河发现一处不晚于龙山时期的城址。该城址位于蔡家河村西北300米处的杜水河北岸二、三级台地上，地势西北高东南低，呈缓坡状。东为断崖，断崖下为蔡家河，西为台塬，北至山顶。残存城墙东西长约100米，宽6米，残高1.7米。城址呈东南—西北走向，间有中断。依断崖而建，五花土夯实，夯层夯窝不清。在城址西北端发现有一座陶窑打破城墙，陶窑直径1.3米，残高1米，在陶窑内采集有龙山文化的陶罐残片。该城址时代不晚于龙山文化，是宝鸡地区目前发现时代最早的城址。

后坪位于蔡家河东约1公里的鳖盖塬下，这里为商周时期的墓地，2000年以来曾多次遭到大规模盗掘，墓地遭破坏严重。我们推测1988年出土的10件青铜器原本应是墓葬之物。九成宫镇蔡家河后坪一带今后应密切关注。

五、有关商周社会方方面面的宝鸡商周青铜器铭文

青铜器铭文内容分类只是相对而言。从铭文内容来看，礼仪祭祀类占大多数，凡涉及尊器，有"追孝""享孝"等词，晚辈为长辈铸造的器物我们都归于礼仪祭祀类。涉及册命、记述事件与王室、大臣有关的都归于史书纪事类，如威方鼎甲虽有"享孝"一词，但涉及王妃及大臣在堂师赏赐事件，故归其于史书纪事类。涉及三代以上世袭且有明确族谱的，如Ⅰ式疢钟："追孝于高祖辛公、文祖乙公、皇考丁公……"也归入史书纪事类。如果一篇家族史合铸在数件器物上，我们按青铜器的件数计，如Ⅲ式疢钟一套6件，我们按6件计。（见表五。据霍彦儒、辛怡华：《商周金文编——宝鸡出土青铜器铭文集成》，三秦出版社，2009年。）

表五　铭文内容分类统计表　　　　　　　　单位：件

	政治、经济、军事	法律	礼仪、祭祀	婚媾	史书、纪事	其他	合计
扶风	4	4	102	44	62	128	344
岐山	6	1	25	18	23	35	108
总计	10	5	127	62	85	163	452

（一）大量有铭文的青铜器内容是有关礼仪祭祀的

从表五可知，有关礼仪祭祀内容的青铜器计127件，占总数的28.1%，近1/3。周王朝是一个礼仪之邦，而祭祀是商周社会一件很重要的事情，可谓国之大事之一。从王室到一般中小贵族都要隆重祭祀自己的祖先。青铜器是祭祀祖先的礼器，青铜器铭文便是书写祭祀内容、颂扬祖先功德的最好形式。

同样，史书纪事类、反映婚媾关系内容的青铜器也占一定比例，分别有85件、62件，占总数的18.8%、13.7%。奴隶主贵族通过婚姻来巩固自己家族或宗族的权势和地位，因此其相互间的联姻是一种政治上的联姻，其政治意义大于婚姻关系。

在452件有铭文的青铜器中，内容涉及政治、军事、经济、法律的只有15件，占总数的3.3%。而涉及法律的只有5件，仅占总数的1.1%。

（二）有关重大历史政治事件的两件青铜器——天亡簋和何尊

传清道光末年天亡簋与毛公鼎同出土于陕西岐山。天亡簋自发现以来，一直受到学术界的广泛重视。到目前为止，已有30多位学者发表过关于天亡簋铭文考释以及史实探讨方面的专题文章。虽然其年代问题目前观点已基本趋于一致，绝大多数学者都认为是武王时器，但究竟是武王克殷前还是克商后，学术界仍有争论。学者或认为铭文记载的是武王伐纣始发之前的礼祀活动，或认为铭文记载的内容与武王克商后西归宗周所举行的礼祀活动有关，或认为铭文所记载的内容与武王牧野克商前后所举行的礼祀活动均无关，而与武王东土度邑有关，即记载了度邑而后的定宅仪式，与周初的重大历史事件有关。

1963年出土于宝鸡陈仓区贾村镇的何尊，铭文大意是说：成王五年四月，周王开始营建成周都城。丙戌日周王在京宫大室对宗族小子何进行训诰，内容讲到何的先父公氏追随文王，文王受上天大命统治天下。周王赏赐何贝30朋，何因此作尊，以作纪念。这是周成王的一篇重要的训诫勉励的文告。铭文记载了周成王继承武王的遗训，营建东都成周之事，与《尚书·周书·召诰》《逸周书·度邑》等古代文献相合，具有重要的史料价值，引起了学术界的极大关注。同时，"中国"两字作为词组，首次在何尊铭文中出现。

（三）有关军事的重要青铜器有小盂鼎、伐器、禹鼎、师同鼎、虢季子白盘、四十二年逨鼎等

小盂鼎与大盂鼎于清道光初年同出土于岐山县京当乡礼村沟岸。吴式芬说："器出陕西岐山县，安徽宣城李文翰令岐山，得之。"陈梦家说："传此器亡佚于太平天国之际，而另一说则以为项城袁氏实藏此器，重埋入土，今不知所在。"今据岐山宋家后代宋彦奎说，小盂鼎出土后，与大盂鼎同为宋家所有。宋金鉴的侄子宋世男曾将此鼎送给陕西巡抚，捐官出任山东省东阿县县令。此后就不知下落。小盂鼎详细记载了康王时期盂受命征伐鬼方，战役前后进行了两次，最后攻克了鬼方国都。两次战斗共擒鬼方酋长4人，杀敌近4000人，俘虏14000余人，缴获战车100多辆，马100多匹，牛羊近400头。双方参战兵士当在两三万人，可见战争规模之大。

1975年3月出土于扶风法门公社庄白村的伐簋、伐方鼎记载穆王时伯伐在堂师抵御淮戎，在械林大获全胜，获敌首100人，抓俘虏2人，缴获各种兵器135件组，夺回被掠取的边民114人。伯伐墓的一些考古学现象显示出浓厚的非周文化的特点。残存的伯伐墓呈西北—东南方向，不是周人墓葬典型的南北朝向。出土的4件兵器除了1

件戈为西周墓葬中的常见兵器外,其余 3 件都是周人墓葬中极罕见的。这 3 件兵器分别是殳、锤斧和有銎锯齿形兵器。在西周早中期,殳是非常罕见的兵器,墓葬出土的殳,除了伯𢦏墓的这一件之外,只有宝鸡竹园沟 M13 曾出土 1 件。锤斧是北方青铜器的典型器物,是由北方地区石质有孔锤斧演变而来,中原地区极为罕见。伯𢦏墓的这件锤斧基本保留了典型的北方锤斧的形制,而在周人墓葬中几乎见不到这类器物,有銎锯齿形兵器更是仅此一件。3 件形制罕见的非中原式青铜兵器都有銎,具有浓厚的北方青铜文明色彩,殷墟青铜文化受到北方青铜文化的影响,这是比较显著的考古学现象。

通过对相关铭文的梳理,伯𢦏家族可能是一个较重视军事才能的家族。从伯𢦏墓出土的青铜器铭文所透露的信息看,其一,𢦏应当是承袭了自己的父亲甲公的职事,其父甲公也是一位武将;其二,𢦏初承父职,首次出征,应该还是一个年轻人。𢦏簋铭文记载了这次征伐淮夷战争的结果:在𢦏的指挥下,这场激烈的战役取得胜利,𢦏本人也没有受伤。作为一场追击战,其俘获的战利品不少,说明战斗规模并不算小。伯𢦏首次出征能在一场规模不小的战役中取得这样的成就,显然是受到了长期良好的军事训练。他虽然年轻,但既勇武又擅长指挥。如果不是生长在一个以武事为重的家族里,是很难拥有这样的军事才能的。

西周时期文武职官虽未严格分开,但领兵出征尤其是大规模战役,需要将领有娴熟的军事技巧。指挥战役是一类技术性很强的工作,需要长期的训练和积累才能胜任,就如同作册和史官一样。伯𢦏继承父职担任军事统帅,年纪轻轻就可以指挥较大规模的防御追击战役,且取得了胜利。伯𢦏家族可能是以能征善战著称的武将世家。伯𢦏的家族在商代就存在,其祖先曾受到商王赏赐,应当有一定的地位。商周之际,其家族臣服于周王室,遂被迁往周原。到穆王时期,伯𢦏本人受周王重用,担任重要的军事统帅职位。伯𢦏及其家族的境遇可以反映商遗民在西周时期的典型境遇。

1940 年 3 月 9 日,扶风任家村窖藏出土的西周晚期的禹鼎,记载了征伐南淮夷的事件。在消灭方国鄂侯的战争中,周王此次是下了决心的,手段也是十分残忍的,竟三令五申不论敌方老幼皆杀无遗。由于鄂侯这次军事行动是联合了淮夷、东夷,势力强大,做了充分准备,周王动用的宿卫军西六师和殷八师竟伐鄂不克。于是武公又命禹率领自己的战车 100 乘,甲士 200 名和步兵 100 名,配合西六师、殷八师协同作战,并重申军令。结果直捣鄂国,擒获其君驭方,伐鄂大捷,彻底制服了鄂侯。

1981 年年底,扶风下务子出土的西周晚期的师同鼎,有铭文 54 字。鼎铭文起句突兀,内容虽然记述的是一场战争,但也提到当时北方民族的历史文化,因此弥足珍贵。师同鼎的铭文不完全,铭首没有纪年月,和当时常见文例不合。估计还有一半在同形的另一器上。从师同鼎铭文看,它是一篇记述器主师同战功的铭文,由于内容不全,对战争的详细情况无法了解。师同此次从征,其敌即鼎铭所谓的"戎",当指居住在周朝西北的少数民族。师同从征的战绩，"斩首执讯"，未记具体数字。鼎铭所记师同俘获的戎人青铜器有四项：金胄30件、戎鼎20件、铺50件、剑20件，共120件。金胄、戎鼎、铺、剑都是北方少数民族使用的青铜器，师同在一次战争中获取这些青铜器120件，足以说明当时戎人生活中的青铜器比较普遍。

清道光年间出土于陕西省宝鸡县（今宝鸡陈仓区）虢川司的虢季子白盘，至今也未能考证出其确切出土地点。其铭文内容记述虢季子白征伐少数民族猃狁，斩首500人，俘虏50人，受到周宣王赏赐之事，为研究西周与北方少数民族关系的重要史料。据兮甲盘铭文，宣王五年（前823）曾伐严允（猃狁）于洛水东北（今陕西白水东北）。宣王十二年（前816）虢季子白又伐严允于洛水之阳。两次伐严允的地点都在洛水之阳，可知当时严允入侵的主要地区是在洛水之阳。

（四）有关经济的青铜器主要有三年卫盉、五祀卫鼎、九年卫鼎、齐生鲁方彝

裘卫家族3件青铜器于1975年2月出土于岐山董家村一西周窖藏，同出土的青铜器有37件，其中有铭文者30件，铭文内容非常丰富。这3件器物铭文记载了裘卫三次与人交换田地的情况，是研究西周中期土地制度和社会经济极其重要的出土文献史料。作于共王三年（前920）的卫盉，铭文记载了共王在丰京举行建旗大典，矩伯两次向裘卫要了朝觐所需的瑾璋等玉饰、礼服多件，作价应付裘卫田地1300亩。裘卫将此事上报于伯邑父等五位执政大臣，执政大臣命三有司会同矩伯、裘卫现场移交。

两年后，五祀卫鼎记载裘卫和邦君厉之间的一桩土地交换活动。铭文大意是正月上旬庚戌那天，裘卫把邦君厉带到执政大臣邢伯等人面前，说厉要卖给裘卫土地500亩。经执政大臣邢伯等人核实，厉的确打算要卖给裘卫500亩土地。于是执政大臣命三有司及内使现场办理了土地交换仪式，最终核准400亩，并勘定了四界。现场不仅有执政大臣派来的三有司、当事人厉及裘卫，还有裘卫管家及家人，裘卫最后举行宴会并送礼，场面甚是热闹。

九年卫鼎铭文大意是裘卫用一辆车和车马用具、各种皮裘、帛、铜等大量实物换取属于矩和颜氏家族的一大片林地的事件。从铭文可知，西周中期林地的交易和田地交易不一样，田地交易必须上报大臣，得到官方认可，而林地交易只是通过实物交换和送礼，即可私下易主。

一般情况下，作为不动产的土地不经登记不能转移所有权，但是物权登记制度是为确定权利归属以及便利所有权转移，而西周土地交换中的不经程序不能转移土地所有权则更多的是周王对土地所有权控制的表现。周王通过程序规定将土地交换的过程控制在自己可掌控的范围之内，以保障自己对土地的所有权。

卫盉中土地交换程序包括受田和设宴迎接。可见土地交换兴起之时，有着比较严格的程序要求。而五祀卫鼎中的土地交换的程序则更加严格和程序化，当中涉及勘踏边界和设立边界标志，除到场给付和设宴迎接，还另加了赠送礼物的仪式。九年卫鼎也记录了复杂的交换程序。

卫盉铭文是西周时期土地交换较为典型的实例。从出土的金文资料看，从商代就有给臣属赐予土地的现象。周王灭商后，为巩固统治，于武王和成王时期曾先后几次进行了大规模分封，将商之国土分封给先圣之后和同姓与异姓的子弟及有功之臣。西周初年周王主要分官、赐土、赐田、赐宅，康昭时期周王转封土地，到恭懿时期出现贵族之间以物品交换耕地或林地的现象。土地交换的产生改变了西周原有土地制度的性质，成为一种新土地制度的开始。

传世文献对周代土地制度的性质展现不够明确，而出土的周代金文资料中的土地交换现象则比较清晰地揭示了周代土地的私有性质。当时存在着土地交换但还并未形成完备的土地私有制度，在频繁的土地交换过程中，西周君王和官员始终起着一定的作用，也就是说土地交换是在土地国有的框架内进行。尽管如此，随着土地交换的发展，土地所有权逐渐下移，原因多样化的呈现，交换程序不断简化以及交换过程中官方参与度不断减弱，不完全土地所有权向周王以下各阶层的完全土地所有权转化，西周土地制度的私有性逐渐加强，国有性式微，为后期地主土地所有制度的确立创造了条件。

宗法分封制度下的两周社会，周天子通过设立分封确立贡赋、"申命"不断强化王权对诸侯及其下等级的控制、保护世家大族来彰显王权，虽享有最高的土地所有权，但是周王的土地权利却并不包含实际的占有和使用，而仅享有处分的决定权和收益权。各级宗主虽然实际占有土地，却并不能对土地进行随便处置。分封制度下的西周土地所有权对于各阶层来说都是不完全的，处分权、占有权以及使用权是分离的。

西周中后期土地国有制度的式微无非以周天子为代表的土地所有权向各级宗主的完全的土地所有权转化，其中处分权是核心。考察金文资料中的土地交换，除去个别篇目的当事人身份不易考察，综合金文还是可以得出比较清晰的土地所有权下移的脉络。

1981年春出土于岐山县祝家庄流龙嘴村的齐生鲁方彝盖，盖内铸铭文6行50字，字数虽然不算多，但明确记载着齐生鲁个人经商获大利的信息，在商周青铜器中是比较罕见的。铭文大意说：八年十二月某天，齐生鲁经商获得大利，齐生认为与其已故的父亲乙公的教诲是分不开的，为了感恩，故给其父亲作了这件祭祀用的宝器。

（五）周王与记载周王世系青铜器的发现

1978年5月出土于扶风县法门公社齐村的㝬簋，是西周王器中唯一确知其具体出土地点的青铜器，也是现知商周青铜簋中最大的一件，有"簋王"之称。其腹底铸有铭文12行124字，是周厉王为祭祀先王而自作的一篇祝词。仔细体会铭文的文势与语气，铭文实际上包括两个方面的内容，一是纪言，一是叙事。西周晚期的厉王时代，盛极一时的礼乐文明开始走向衰败，种种所谓不合古制的失礼行为频频发生。《礼记·礼运》云："祝嘏辞说藏于宗祝巫史，非礼也，是谓幽国。"厉王将其用于宗庙祭祀的飨神祝词铸于铭文，公布于天下而不藏于宗祝巫史处，其用意或许在于垂范天下以匡救助时病。西周时代各个阶层制作用于祭祀典礼的有铭铜器，通例是在铭文中说明为谁、因何而作此礼器，皆不俱载祭祀时的飨神祝词，而㝨簋铭文突破通例，既载飨神祝词冠于叙述之前，又在叙事部分说明作器之缘由，正可窥厉王用心之良苦。

1982年10月，陕西省博物馆征集到罕见的西周王室重器编钟一件，即五祀㝨钟。经调查，据说此钟是1981年2月扶风县法门镇庄白村农民在村北土壕内挖土时发现的。因钟体锈迹斑斑，铭文漫漶不清，经除锈，铭文隐约可识，铸有铭文共89字。它是继传世器㝨钟（又名宗周钟）和1978年5月出土的㝨簋之后，发现的第三件周厉王铸作的祭器。

涉及周王与秦公世系的有1976年12月15日扶风周原庄白出土的史墙盘、1978年1月下旬陈仓（原宝鸡县）杨家沟出土的秦公镈、2003年1月19日眉县杨家村出土的逨盘等。在逨盘铭文中，我们撇开逨的家族的发家史不谈，就其记录的西周王室世系，与先秦古籍的传说及司马迁《史记·周本纪》的记载全然一致，这是21世纪初的空前发现。

另外，其他类青铜器有163件，虽然占总数的36.1%，但普遍史料价值有限，或为族徽，或仅一个字，或作某某器等，也有个别比较重要的，如反映八卦、作器目的或用途的，如1991年岐山县京当双庵出土的六一七六一六鼎、1978年岐山京当贺家凤雏出土的六六一六六一甗。在以往的金文、甲骨文中，此类铭词屡有所见。近年学者对此有两种见解，一种认为相当于《周易》六十四卦的阴阳爻卦符号，奇数代表阳爻，偶数代表阴爻；一种认为相当于"筮数"，也就是占筮时揲蓍六次所得数字的总记录。

1974年12月5日，扶风县黄堆公社云塘大队强家生产队社员平整强家沟西土地时，发现西周青铜器窖藏。此窖藏共出土青铜器7件，其中最重要的就是师𩵦鼎。该鼎腹内铸有铭文19行196字。师𩵦鼎铭文中对"德"有不少叙述，如"用乃孔德""引正乃辟安德""肇淑先王德""弗忘公上父胡德""溥由先祖烈德""孙子一任皇辟懿德""用厥烈祖介德"，可以说全铭贯穿着"德"的思想。这件鼎是研究西周"德"这一观念的发展最有价值的例证。"用乃孔德"，"孔德"即美德，《说文·乙部》："孔，通也。从乙从子。乙，请子之候鸟也。乙至而得之，嘉美也。古人名嘉字子孔。"后面的"安德""王德""胡德""烈德""懿德""介德"等都是大德、美德的意思。只是古人为了不使一词重复出现，而用同义词或近义词替换。一篇铭文中"德"字反复出现了7次，可见周人对德的崇尚。

六、从宝鸡商周青铜铭文可以欣赏西周金文书法发展演变

甲骨文、金文之所以能开创中国艺术独立发展的道路，其秘密正在于它们把象形的图画模拟逐渐变为纯粹化的、抽象的线条和结构，不再是一般的图案花纹的形式美、装饰美，而是具有真正意义的有意味的形式。青铜器铭文书法正是运用这些艺术的技巧，才创作出了不同风格的不朽之作。商周时代出现在青铜器上的铭文，可以说是金文发展演变到成熟的重要标志，在宝鸡出土的青铜器上表现出各种各样的风格面貌。

（一）金文书风

西周初期书法作品代表作有天亡簋、何尊、大盂鼎铭文，这一时期的金文是承袭期，造型结体基本沿袭甲骨文形式，文字笔画除比甲骨文稍粗外，没有多大的变化，瘦硬通神，遒劲朴茂。如何尊中的"天""帝"字全如甲骨文；大盂鼎中的"四"字横画起笔与"有"字捺笔顿按沉重，是西周初期金文书法中的典范。

成王、康王之后，社会安宁，文化、经济兴旺发达，书法慢慢趋于文静端庄、含蓄平和的状态。如西周孝王时期的大克鼎，文字平正，笔画圆润，意象宽和；恭王时期的墙盘从地域、书风上基本与大克鼎相近，都趋向端庄静穆、婉丽和谐的韵味。

西周后期的散氏盘、毛公鼎，用笔恣肆放逸，线条浑厚舒展，多弯曲，有流动感；结体开阔，形方势圆，横不平，竖不直。但左右相倚，上下相形，变不平为平，不直为直，奇姿迭出，妙趣横生。

而春秋时期的秦公钟、秦公镈两器皆为秦武公时器，已是大篆成熟后逐渐向小篆演化发展时期的先秦书风。铭文字体整饬严谨，微曲中求动，表现出强悍雄风，也是春秋时期秦国的传神写照。

（二）代表作品

在金文书法中，被人们称为西周时期"四大国宝"的大盂鼎、散氏盘、毛公鼎、虢季子白盘，它们全都出土于宝鸡。

散氏盘用笔以中锋为主，字体形态造型方圆对比，在结点、笔画长短及线与线距离对比方面都包含了"黄金分割率"的应用。运笔节奏感较强，毛笔提按的关系更为明显，在提按笔法的运用过程中充分体验二分笔、三分笔力量所具有的厚重、绵密之特性；加之中侧锋并用，使得毛笔与纸的接触所呈现的点画形态（即"笔触"）密实而凝重，透出一种苍茫、雄浑之气息。毛公鼎用笔上圆隽精严，少的是二、三分笔的提按顿挫，而更多运用二分笔，中锋圆笔圆意、圆笔尖意之相互转化，力求线条细腻

而典雅，给人一种稳重、高古、静穆之庙堂气息。

由于青铜铭文通过浇铸而成，基于线条空间物质形态而来，会使线条的转折处和相交处出现"粘并"，产生圆浑苍润的美感。有学者将这种"粘并"称之为"焊接点"，表现这种焊接的方法是加强转折处和笔画相交处的提按顿挫，写得慢一些，让水墨多渗透一些，就能较好地体现青铜铭文浇铸线条交叉部位的浑圆、厚重、饱满的体积感。古人论书强调筋骨血肉，这种"粘并"好比其中的"血"，血要润，润了才有生命的感觉。"焊接笔法"的运用在散氏盘中可谓体现得淋漓尽致。

毛公鼎线条形状婉转流畅，粗细基本均匀，提按变化不大，基本以二分笔运用为主，线质刚柔相济，富有张力。在字法字构方面，毛公鼎结体精严，取平正之势为主，纵横有序，其字构内空间圆转委婉，疏密基本均匀。散氏盘内空间呈不规则形状并且线条对空间分割不甚均匀，转折处方圆兼备。与毛公鼎相比，散氏盘属于动感较强的一类，在潇洒率意的整体风格下，它为我们诉说着自己独特的魅力。

在章法上，散氏盘章法朴拙茂密，大开大合，字形豪放率意，有金文之凝重，也有草书之流畅，开"草篆"之端。毛公鼎在布势上，不像散氏盘较紧密，有错落感，而是强调一种字与字的间距感，给人以静谧安详之美。以鼎腹布势，纵横有序，在其宏伟的整体视觉效果中显现出其庄重威严同时又不乏高贵的气势，被人称为金文中的庙堂之作。

（三）书法体势

西周金文书法的基本体势以纵势为主，至西周中、晚期，也见横势、欹势。散氏盘（矢人盘）、克鼎、毛公鼎、虢季子白盘等，体势兼有纵、横，而以纵势金文为主。李学勤先生根据周原甲骨，指出"商朝末年商人与周人应用着基本相同的文字，而商周两代的文字完全是一脉相承，其间不能割出明显的分界"。商代铭文，以一字至五六字为多，商代后期青铜器铭文字虽有增加，但也不超过50字。张光直先生认为"西周早期青铜器与商代晚期青铜器往往无法区别"。西周早期的金文作品，见于武王、成王、康王、昭王时期的青铜器。李学勤先生以成王初年为界，把西周早期的金文书法分为两种风格：武王到成王初年的铭文，字体仍接近商代，一般来说笔画粗细均匀，例如宝鸡戴家湾出土的周公东征方鼎。到成王时候，开始出现一种新的书写特点，在某些方面有点类似秦代兴起的隶书的"波磔"。宝鸡贾村出土的何尊，是成王五年所作，已具有这种风格，康王二十三年的大盂鼎，也属同一类的风格。

西周早期金文的体势，主要表现为纵势的特征。以何尊、大盂鼎为例来看，很多"波磔"状笔画，都是强调用笔提按的结果。重按轻提，不仅加强了笔画的遒劲与力度，而且笔力与笔意强化了向下的纵势，奠定了西周金文的纵势特征。作为西周早期金文的代表作，大盂鼎的铭文也取纵势。虽然大盂鼎与何尊都取纵势，两者也都有明确的"波磔"类肥腹笔画，但何尊书法错落有致、无拘无束；而大盂鼎的书法就行列整齐、中规中矩，表现出西周金文书法纵势的不同风貌。

厉、宣、幽时期，曲线美得以确认，出现了为使字形整齐美观的拖长线条，笔法也明显呈现出"中含内敛""力弇气长"的特征，注意行气章法的风气也随之蔓延开来。㝬簋是西周晚期纵势金文的代表性作品，字形结体讲究对称，线条趋于工整均匀，有较强的装饰性。从体势上来看，随着纵向"引"出线条的加长，铭文的纵势更加明显。

大克鼎铭文字体圆润工整，端庄典雅，是西周金文书法的杰作。大克鼎铭文明显取纵势，这从其纵向的长方形风格即可看出。不仅字形形体加长，而且仍见纵向肥腹式的提按用笔，加强纵向的力量，强调纵势。

西周金文书法的体势，有纵势、横势与欹势。纵势在西周金文书法中占主要地位，它是商代晚期金文书法的笔法与体势传统的延续。横势与欹势在西周金文书法体势中居于次要地位。散氏盘不是横势与纵势同出，而是横势与欹势并存，作者自然随意、不计工拙的风格，也许反映了西周金文走向草简的趋势，或为后世书风逸笔草书的滥觞。

第一章 政治与礼制

中国被称为礼仪之邦，礼在中国社会的政治文化生活中占有极其重要的地位。礼起源于早期的祭祀活动，祭祀必有其程序和仪式，于是就产生了礼的最初规范，或可称为礼制。礼与否，关系到上天和祖先的喜怒，关系到是否能得到神灵的庇护，关系到生者的幸福与否和氏族的兴衰。从商人的甲骨卜辞中，也可以印证人类伊始对天意的敬畏与遵从。

西周是一个礼制发达的时代，而真正成熟的礼制，是在西周成王、周公的时代才完成。周代礼制的核心，是确立血缘与等级之间的同一秩序，将划定血缘亲疏远近次第的"家"和确定身份等级上下的"国"重叠起来。

《左传》曰："国之大事在祀与戎。"除了军事征伐的"权力"之外，西周时期最大的权力就是祭祀通神的"文化"，祭祀仪式的秩序、规范和礼节即所谓的"礼"几乎是当时人们思考、观察和信仰的全部内容。传世古书关于先秦礼制的记载主要集中于三礼，然三礼的成书年代已晚至战国秦汉时期，其对前代礼俗的描述难免有不实之处。事实上，金文中不乏种种礼仪的实录，宝鸡出土青铜器铭文涉及礼制的内容颇为可观。

一、祭祀与训诰

祭祀绝对是商周时期的头等国事。周人祭祀，是以上帝为中心包括百神（自然神）和祖先神在内的祭祀。祭祀对象分为天神、地祇、人神三类，而祭祀有严格等级，天神地祇由君主祭，诸侯大夫祭山川，士庶祭祖先和灶神。通过祭祀，可趋吉避凶、趋福避祸。

祭祖是周人极为注重的礼仪，它不仅意在祈求祖先的神灵保佑，而且可以溯祖追宗，表明自己身份地位的渊源，以维持宗法权利的结构与秩序。古代中国还有"神不歆非类，民不祀非族"之说。

《礼记·祭统》云："凡治人之道，莫急于礼。礼有五经，莫重于祭。"意思是凡治理人的办法，没有比礼更重要的，礼有五个方面，没有比祭礼更重要的。由此可见，祭礼在古人生活中是极其重要的。西周时期的祭礼多为临时祭告，仪节没有后世礼书记载的复杂。如鈇簋："鈇其万年䵼实多御，用桒寿，匄永命。""御"，祭祀礼的一种，以祈免灾祸。从金文材料看御祭的对象为祖先，目的主要是祈求免除灾祸的，行御者可以是王。古代天子、诸侯凡因事外出，如征战、朝觐、会盟等，都要先到宗庙告祭，返回后也需要告祭。这就是所谓的"告祭礼"。《尚书·周书·武成》："厎商之罪，告于皇天后土；所过名山大川。曰：'惟有道曾孙周王发，将有大正于商。'"说武王伐商前告祭皇天后土、名山大川。何尊铭文"廷告于天"，是说武王因克商成功而告祭上天。甲骨文中的告祭，内容相当广泛，凡是敌对的方国来侵犯、商王出兵征伐、外出田游、巡行视察，以及有关的灾害疾病等都一一上告鬼神，以求得福佑，去除灾难。大盂鼎有"有柴蒸祀无敢扰"之语。"柴"，烧柴焚燎以祭天神。柴祭是燔柴祭天，方式是柴上加牲及玉帛燔之，使烟气上升。甲骨文中借"此"表示，可用来祭祀祖先，也可用来祭祀天神。"凡祭"见于天亡簋。有学者认为天亡簋"凡四方"，就是"望四方"，据此，"凡"作为祭名，就相当于文献中的望祭。望祭，祭祀天下名山大川。《周礼·地官·牧人》："望祀，各以其方之色牲毛之。"即祭祀东方之山川以青色牲，祭祀西方之山川以白色牲，祭祀南方之山川以赤色牲，祭祀北方之山川以黑色牲。根据上面的理解，望祭的对象是自然神，望祭时会根据祭祀对象的不同而用不同的牺牲。

天亡簋

◆ **器物介绍**

西周武王时期，窖藏出土。此簋出土后，最初为山东潍县陈介祺收藏。根据陈氏的记录，知道是清道光(1821—1850)末年与毛公鼎同出土于陕西岐山。《簠斋吉金录》说："武王时器，四耳方座，簋名不见文，以形称之，余藏此器三十年，今日定为毛公聃季敦。癸酉（1873）七月二十九日乙亥陈介祺记。"陈介祺在《聃敦释说》中说："余得是器于关中苏兆年三十年矣。"孙稚雏先生考证，陈氏于同治癸酉（1873）七月三十日"审释"是器，八月三日写成"释说"一文，据此上推三十年，知陈氏得器之年当为1843年，出土之时应在这以前不久，以后不知去向。1965年，北京琉璃厂振寰阁古物店从上海周姓收藏者处购得，后归故宫博物院。现藏于中国国家博物馆。

天亡簋自发现以来，一直受到学术界的广泛重视。因器铭文中有"天亡又"句，故名。又因铭文中有"王又大丰"，又称大丰簋。大丰（豐），即大礼（禮），指盛大的典礼。古"豊"字常与"豐"字相乱。到目前为止，已有30多位学者发表过关于天亡簋铭文考释以及史实探讨方面的专题文章。虽然其年代问题的认识目前已基本趋于一致，绝大多数学者认为是武王时器，但究竟是武王克殷前，还是克殷后，学术界仍有争论。天亡簋高24.2厘米，口径21厘米，方座边长18.5厘米。四耳做兽首形，有珥，方座，腹及方座皆饰卷体夔龙纹。其造型庄重，装饰华丽，制作精致。器内壁铸有铭文8行78字（含合文1）。

关于内容，学者或认为铭文记载的是武王伐纣始发之前的礼祀活动；或认为铭文记载的内容与武王克殷后，西归宗周所举行的礼祀活动有关；或认为铭文所记载的内容与武王牧野克殷前后所举行的礼祀活动均无关，而与武王东土度邑有关，即记载了度邑而后的定宅仪式，与周初的重大历史事件有关。近来李学勤先生著文，认为该器作于武王克商后不久，铭文所记是武王祭天与文王的大礼。器主名退，当为朝中乐官。成王五年时何尊铭中所叙武王告天，可能与簋铭为一事。

天亡簋文字笔画凝重，时有块状圆点，没有大量使用粗厚的捺笔，字形取势向右下方倾斜，突显理性、沉稳。字体大小不等，错落有致，在拙朴散乱中显示运动与和谐之美，有轻有重的笔画在某种程度上有自然书写带来的笔墨痕迹。由于铭文残泐严重，反而更添一种似断似续的独特风格。其铭文用韵协调，为商代卜辞和金文所未见，开千古辞赋先河，也是我国韵文的最早表现形式。

◆ **铭文释文**

乙亥，王又（有）大豊，王凡三（四）方。王祀于天室，降，天亡又（佑），王衣（卒）祀，于王不（丕）显考文王，事喜（熹）上帝。文王监才（在）上，不（丕）显王乍（作）眚，不（丕）肆王乍（作）庸，不（丕）克乞（迄）衣（卒）王祀。丁丑，王飨大宜，王降，亡勋，爵退囊。唯朕又（有）蔑，每（敏）启王休于尊簋。

◆ **铭文注解**

此器铭文见各家著录，但命名尚未统一。陈介祺《簠斋吉金录》称毛公聃季敦，吴大澂《愙斋集录》称聃敦，徐桐柏《从古堂款式学》称祀刊敦，吴式芬《捃古录》称大丰敦，刘心原《奇觚室吉金文述》称天无敦，刘体智《小校经金文》、罗振玉《三代吉金文存》均称大丰敦，郭沫若《两周金文辞大系考释》称大丰簋，唐兰称朕簋。杨亚长同意于省吾先生观点：天亡依照经传的读法则作"太亡"，即"太望"，也就是"太公望"。周初无望字，早期金文中"朢"字到了西周末期孳化为"望"，"望"从"亡"声，故"亡"与"望"通。此外，太望辅周伐纣，国舅元勋，称之为"太公望"，系尊敬之意。周人以公字为尊称，因此铭文不自称太公望而称天亡或亡，当然是合理的。杨先生还做了进一步阐述。其一，名字相合。因为从金文与典籍来看，西周时期"天""太"不分，而亡又与望通，故天亡即太望矣。太望在文王与

天亡簋铭文拓片

武王时官为太师，而太师在当时又为三公之一，故太望可以官职称太公望。簋铭之所以省称太望，是因为簋为太望所做，铭文不自称为公，当属谦逊之态。其二，王世相合。根据典籍记载，太公望主要生活在文王、武王和成王三世，因此，天亡簋的年代与太公望生活的年代亦相符合。第三，身份相符。典籍记载太公望为文王、武王的太师，位至三公；而天亡簋铭文则记载天亡辅佑武王举行祭祀大礼，并且夸赞说武王继承了文王之业而终止了殷王的天命祭祀。以如此之高的等级身份来看，当时除了周公、召公、太公以外，恐怕不会再有他人。因此，从名字、时代、身份三方面来看，天亡应当就是太公望。而李学勤认为，该器作于克商后不久，铭文所记是武王祀天与文王的大礼，器主名退，当为朝中乐官。成王五年时何尊铭中所叙武王告天，可能与簋铭为一事，李先生主张当改称退簋。

"王又（有）大豊"

冯时先生云，《礼记·乐记》："大乐与天地同和，大礼与天地同节。和，故百物不失；节，故祀天祭地。"《左传·文公三年》："君贶之以大礼，何乐如之！"皆以大礼兼盛祭大飨之礼，是铭文大礼正言祭天，后文"王飨大宜"也是大礼之仪节。

"王凡三（四）方"

于省吾先生以"凡"为祭名，凡四方，即四方之祭。林沄先生释"凡"为《诗经·周颂·般》之"般"。《般》曰："陟其高山，嶞山乔岳，允犹翕河。"实言升陟中岳（嵩山）而望秩四方。中岳古名"天室"，而洛邑营于其下。《说文·舟》："般，辟也。"般辟乃四方之祭，殊于他祭，故名祭曰"般"。"王凡三（四）方""王祀于天室"连起来考虑，可理解为武王以太室（嵩山）上为宏伟祭坛祭天，同时在山顶上望祭四方山川，可谓名副其实的大礼了。

"祀于天室"

历来考释家均以为"天室"是某种宫室。杨树达在《积微居金文说》中指出，"天室"与《逸周书·度邑》及《史记·周本纪》所记载武王言"定天保，依天室"相合，认为"依天室"的"依"字是殷祀之殷的一声之转，把"依天室"解释为在周庙的祭室中殷祀文王。唐兰在《西周青铜器铭文分代史征》一书中，重申了古文字和古文献中"天"字和"太"字通用的现象，指出《逸周书·度邑》和《史记·周本纪》中的"天室"应该是"太室山"，但唐兰认为"太室山"是"京宫的太室"。武家璧、夏晓燕先生赞同"祀于天室"当在中岳嵩山的太室山举行，是一次重大的封禅或祭天活动，并认为天亡簋铭的"祀于天室"与何尊铭的"廷告于天"不是同一事件。原因有六：（1）祭祀地点不同："祀于天室"的地点在中岳太室山，"廷告于天"的地点在周庙。（2）祭祀目的不同："廷告于天"的目的，是通过献鼎、献俘向上帝报告克殷的捷报。"祀于天室"

的目的是"迄殷王祀"即终止殷王祭天的权利。（3）祭祀配享的对象不同：天亡簋铭记载"祀天"的对象为"上帝"，配祭者仅有文王。《世俘》记载"告天"的对象为"天宗上帝"，配享的对象为列祖：太王、太伯、王季、虞公、文王、邑考等。（4）后续祭祀不同：《世俘》记载"告天"祭祀五天之后，又举行了告祭祖先的"告庙"之祭。而冬至祭天与祭祖是完全分离的。（5）祭祀时节不同："告天"因战胜而告捷，不拘时节；而祭天一般在冬至日举行。（6）祭祀日期不同：《世俘》《武成》记载武王"告天"在辛亥、壬子、癸丑三日，天亡簋铭记载武王"祀天"在乙亥、丙子、丁丑三日。总之，武王在生时举行过两次盛大的祭天活动，一次是伐纣胜利后在周庙举行的"告天"祭祀活动，另一次是在中岳太室山举行的冬至"祀天"活动。

1991年，曲英杰在《先秦都城复原研究》一书中提出天亡簋中的天室是指嵩山。天亡簋中"王祀于天室"后紧接一个"降"字，过去学者对这个在别的祭祀场合从未出现的"降"字均未有令人满意的解释。林沄在《天亡簋王"祀于天室"新解》一文中认为，把"祀于天室"的天室理解为山名是完全合理的，并认为在山上祭祀后要下山，所以特别提到"降"，这样文从字就顺了。但"王祀于天室"之前"王凡三方"一语，就不得其意。徐同柏、于省吾曾指出，"三"字是积画的"四"脱落了一画，"凡"字刘晓东认为可以读"磐"。这样，林先生认为"凡四方"从字面上可以理解为"转折朝四面望"，但在本铭文中，"凡"应理解为周代的一种祭祀，并认为《诗经·周颂·盘》这首周王望祭四方山川的颂诗，可以作为天亡簋"王凡四方"的最好注解。我们认为天亡簋记述的是武王克殷返周途中，在嵩山之巅举行封禅和望祭山川之礼。武王克殷后举行的这次封禅礼，是名副其实的开国大典，实际意义在秦始皇封禅泰山之上。而且，正是武王在嵩山顶封禅祭山川时选定了靠近嵩山的地点筹建新都，这对整个周代历史有长远的影响。因此天亡簋铭文记述的是因年代悠远而久已湮没无闻的一件周初重大史事——周武王在克殷返周途中，曾在嵩山之巅举行封禅和望祭山川之礼。

◆ 铭文大意

武王克殷返回周的途中，乙亥这天，登上嵩山，举行大典礼。武王环顾四方，祈求普天下山川的神灵，都聚集在这里，伴随天帝接受祭享，周邦所受的天命地久天长。从嵩山下来，太公望伴行。武王又大祭他显赫的父亲文王，用酒食来进行大祭。有德行的文王在天国看到了武王终止殷王朝命运的功绩。丁丑这天，也就是武王举行大典礼后两天，举行飨礼，设有大俎。武王从那里下来，没有劳累。等待武器退藏于库，保管起来。朕是有功劳的，受到了表扬，于是作了尊簋，把这件事记了下来。

◆ 相关文献目录

罗振玉：《三代吉金文存》9.13.2，民国二十六年影印本；孙诒让：《古籀余论》3.12，载《古籀余论·大丰敦》（卷中），中华书局，1989年，25页；周名辉：《大丰簋铭考释》，《学原》第2卷第4期，1948年8月；郭沫若：《大丰簋韵读》，载《殷周青铜器铭文研究》，人民出版社，1954年，第29页（又见郭沫若：《大丰簋韵读》，载《殷周青铜器铭文研究》，科学出版社，1961年）；杨树达：《关涉周代史实的铭文五篇》，《历史研究》1954年第2期；闻一多：《大丰簋考释》，载《古典新义》，古籍出版社，1956年；张克忠：《朕簋（大丰簋）》，《故宫博物院院刊》1958年第1期；孙作云：《说"天亡"为武王灭商以前铜器》，《文物参考资料》1958年第1期（又见《诗经与周代社会研究》，中华书局，1966年）；唐兰：《朕簋》，《文物参考资料》1958年第9期；钱柏泉：《"说天亡为武王灭商以前铜器"一文的几点商榷》，《文物参考资料》1958年第12期；孙作云：《再论"天亡簋"二三事》，《文物》1960年第5期；殷涤非：《试论"大丰簋"的年代》，《文物》1960年第5期；黄盛璋：《大丰簋铭制作的年代、地点与史实》，《历史研究》1960年第6期；于省吾：《关于天亡簋的几点论证》，《考古》1960年第8期；李平心：《周伐商唐新证——"大丰簋铭"中周伐商唐的确证》，《文汇报》1960年11月25日；岑仲勉：《天亡簋诠释》，《中山大学学报》1961年第1期；孙常叙：《天亡簋问字疑年》，《吉林师范大学学报》1963年第1期（又见《孙常叙古文字学论集》，东北师范大学出版社，1998年）；白川静：《大丰簋の时代》（立命馆文学二〇〇号纪念文集）；张光直等：《商周青铜器与铭文的综合研究》（史语所专刊之六十二），1973年；洪家义：《谈谈天亡簋所记史事的性质》，中国古文字研究会第五届年会论文；劳干：《释武王征商簋与大丰簋》，载《屈万里先生七十纪念专刊》，1978年；孙稚雏：《天亡簋铭文汇释》，载《古文字研究》第三辑，中华书局，1980年；黄盛璋：《大丰簋历史与地理问题》，载《历史地理与考古论丛》，齐鲁书社，1982年；严一萍编：《金文总集》2777，艺文印书馆，1983年；刘晓东：《天亡簋与武王东土度邑》，《考古与文物》1987年第1期；蔡运章：《周初金文与武王定都洛邑——兼论武王伐纣的往返日程问题》，《中原文物》1987年第3期；吴镇烽：《陕西金文汇编》传182，三秦出版社，1989年；庞怀靖：《岐山县文物志》（初稿），岐山县文化局印，1990年；张玉春：《天亡簋"王又大丰"与"王凡三方"试解》，《东北师范大学学报》（哲学社会科学版）1990年第4期；林沄：《天亡簋"王祀于天室"新解》，《史学集刊》1993年第3期（又见《天亡簋"祀于天室"新解》，载《周秦文化研究》，陕西人民出版社，1998年；收入《林沄学术文集》，中国大百科全书出版社，1998年）；董莲池：《天亡簋铭的重新考察》，载《中国古文字研究》第一辑，吉林大学出版社，

1999年；江学旺：《天亡簋新韵新读》，《史学集刊》2000年第11期；于少特：《天亡簋为武王灭商以前铜器——兼驳"先周无铜器论"》，《宝鸡社会科学》2004年第1期；张润棠：《大丰簋——道光时出土188件中之宝器》，载《宝鸡青铜器》，三秦出版社，2005年；刘雨：《商周金文总目录表》，中华书局，2008年；李学勤：《"天王"簋试释及有关推测》，《中国历史研究》2009年第4期；霍彦儒、辛怡华：《商周金文编——宝鸡出土青铜器铭文集成》440，三秦出版社，2009年；中国社会科学院考古研究所：《殷周金文集成》04261，中华书局，2007年；杨亚长：《天亡簋与太公望》，《文博》2010年第1期；冯时：《天亡簋铭文补论》，《出土文献》（第一辑），2010年8月；吴镇烽：《商周青铜器铭文暨图像集成》05303，上海古籍出版社，2012年；郑杰祥：《周初铜器铭文"王在阑师"与"王祀于天室"新探》，《中原文化研究》2013年第4期；武家璧、夏晓燕：《〈天亡簋〉祀天"大豐"与天象年代》，《三代考古》（6），2015年；刘锋、苏墨：《天亡簋》，《环球人文地理》2015年第13期；张天恩主编：《陕西金文集成（2）·宝鸡卷·岐山扶风》0123，三秦出版社，2016年；陈立柱：《周原刻辞"乍天立"与朕簋"王祀于天室"合说》，《中原文化研究》2016年第4期。

㝬簋

◆ 器物介绍

西周厉王世，窖藏出土。现藏于陕西省扶风县博物馆。1978年陕西省扶风县法门公社在齐村修筑陂塘，存储从冯家山水库北干渠引来的千河之水，用于灌溉农田。为了加快工程进度，公社组织群众采用大会战的形式，不分白天黑夜，挑灯夜战。5月5日凌晨，推土机前一声"咔嚓"，推出了文物。工地负责人闻讯赶来，把群众捡出的青铜器残片收集起来，送回工地指挥部。5月6日清早，扶风县博物馆的文物干部罗西章奉命赶到齐村陂塘指挥部，在那里看到了收集到的全部青铜器残片，根据多年文物经验判断，该青铜器原本应是一件完整器物。但经现场拼对，却发现缺失很多。后来罗西章在指挥部工作人员的协助下，走访当晚在现场劳动的社员，通过宣传文物法规，兑现奖励政策，在近半个月的时间内，征集大小不等的铜器残片，为以后的文物修复奠定了坚实的基础。

1978年夏收结束后，罗西章先生提出了文物修复方案，征得了博物馆领导同意。修复工作是在扶风县城关公社农机修配厂进行的，罗西章先生与修配厂的氧焊高手李义民老师傅经过20多天的努力，使这件西周王室重器揭开了它神秘的面纱。㝬簋，通高 59 厘米，口径 43 厘米，腹深 23 厘米，最大腹围 136 厘米；双耳呈象首形，耳长 43 厘米，宽 18 厘米，厚 5 厘米，两耳间最大距离 75 厘米；器身下有方座，座长 45 厘米，高 21 厘米，经修复后重 60 千克。形体魁伟，造型上面似鼓，下面若平台，上圆下方，象征"天圆地方"。两耳飞扬跋扈，简洁中露出大方，神秘中露出狰狞。腹及方座饰直棱纹，如虎皮身上的斑纹。方座四角饰兽面纹。此簋铸于厉王十二年（前 867），是西周王器中唯一确知其具体出土地点的青铜器，也是现知商周青铜簋中最大的一件，有"簋王"之称。

腹底铸有铭文 12 行 124 字，是周厉王为祭祀先王而自作的一篇祝词，但并非通篇皆是祝词。仔细体会铭文的文势与语气，铭文实际上包括两个方面的内容，一是记言，二是叙事，多数学者认为铭文中记言之语止于"再蠡先王、宗室"。到西周晚期的厉王时期，盛极一时的礼乐文明开始走向衰败，种种所谓不合古制的失礼行为频频发生。《礼记·礼运》云："祝嘏辞说藏于宗祝巫史，非礼也，是谓幽国。"厉王将其用于宗庙祭祀的飨神祝词铸于铭文，公布于天下而不藏于宗祝巫史处，其用意或许在于垂范天下以匡救助时病。西周时代各个阶层制作用于祭祀典礼的有铭青铜器，通例是在铭文中说明为谁、因何而作此礼器，皆不俱载祭祀时的飨神祝词。而㝬簋铭文突破通例，既载飨神祝词冠于叙述之前，又在叙事部分说明作器之缘由，正可窥厉王用心之良苦。

此铭文笔势圆润，精敦内涵，筋骨端庄，闲雅有堂皇正大气象，可谓王室作器题铭之典范，也是西周晚期纵势金文的代表性作品。字体结体讲究对称，线条趋于工整均匀，有较强的装饰性，所谓"篆引"的特征更加明显。从体势上来看，随着纵向"引"出线条的加长，有的铭文如"王""曰"的纵势被强调到近乎夸张的程度。也有个别字趋于横式，如"至""我"字形显然多见横意。但就整体而言，其纵势特征是被反复强调的。

文献中记载最早的改革家，大概要数周厉王了，"厉始革典"出自《国语·周语下》。但周厉王的出名，是与公元前 841 年所谓的"国人暴动"分不开的，与历史上其他改革家所不同的是，厉王是以"反面人物"的形象被记入历史档案里的。然而与文献记载相反的是，出土文物所记录的厉王自白却向人们展现了另一个古代明君的形象。

◆ 铭文释文

王曰："有余佳（唯）小子，余亡康昼夜，至（经）雍先王，用配皇天，簧（横）瀞（致）朕心，墬（施）于四方。肆余以餘士献民，再（称）蠡先王、宗室。"㝬作䵼彝宝簋，用康惠朕皇文剌（烈）祖考，其各歬（前）文人，其濒（频）在帝廷陟降，囋貅皇帝大鲁命，用令保我家、朕位、㝬身。地=降余多福，宪蒸宇慕远猷。㝬其万年䵼实多御，用㭒寿，匄永命，畯在位，作疐在下，唯王十又二祀。

㝬簋铭文拓片

◆ 铭文注解

"亡康"

"康",张政烺先生认为在此义为空或荒。根据上下文,"亡康"之义为虔敬朕祀。

"巠(经)雍先王"

张政烺先生认为,"巠(经)",循常;"雍",疑读擁(拥),义为抱持,犹今言拥护。此句概言遵循常规拥护先王政令。

"𤞷"

作器者名,也即周王之名,唐兰先生认为是周厉王胡。

"䵼彝"

是周代彝器之类名,与宗彝对言,宗彝指酒器,䵼彝指烹煮及容盛食品之器。

"皇文剌(烈)祖考"

金文中的美称一般常见于人称词前缀的修饰语。如"皇""文""剌(烈)""圣"等词来修饰祖先或其他颂扬对象,以表达对他们的崇拜。"皇"字的使用频率最高,"皇高祖""皇祖""皇考""皇高考""皇父""皇妣""皇母""皇公""皇兄"等,都表达了颂扬对象的伟大。"文"表示有文德之义,也常用为赞美之辞,有"前文人""文祖""文考""文妣""文母""文姑"。《尚书·周书》中的《大诰》《君奭》有"前宁人""宁武""宁考""宁王"等,清代学者利用金文指出古"文"字或从"心",与"宁"形近因而致误。"剌"通"烈",《诗经·周颂·雝》:"既右烈考,亦右文母。"郑玄《笺》:"烈,光也。"《左传·哀公二年》:"烈祖康叔",杜预《注》:"烈,显也。""剌(烈)"字为显赫、光明的意思。值得注意的是,"剌(烈)"一般不修饰女性祖先,可见"剌(烈)"是专用男性祖先的颂扬词。

从𤞷簋铭文的叙事部分来看,厉王制作此器的目的是"用康惠朕皇文剌祖考,其各前文人"。"各"读为"格","格"训为"来",在铭文中用作使动词,则"其各前文人"就是使前文人来到人间歆飨祭祀的意思。《尔雅·释诂下》云:"康,安也。"《释言》云:"惠,顺也。"可将铭文中的"康惠"释为"安顺"。贾海生等认为,𤞷簋铭文可与文献《礼记·祭统》记载合观互证,在铭文呈现的语境中,以"安顺"或"乐和"释铭文中的"康惠",就不仅仅是训诂,自然会使人联想到设礼祭祀祖考的情景。实际上,铭文中的"康惠"作动词用,就是追生时之养、继生时之孝的祭祀。"康惠"是传达礼义的动词,"祭祀"则是表现仪式的动词,因祭祀仪式有安顺或乐和祖考之义,而厉王在铭文中重在传达安于心、顺于道的礼义,就径直用了传达礼义的"康惠"一词，而没有用"祭祀"之类表示仪式的语词。

关于商周祖先崇拜与上帝崇拜，学术界有不同的见解。郭沫若认为商代的"帝"既是至上神，也是祖宗神；侯外庐说商代是祖宗一元神崇拜，周代是天神与祖宗神并存的二元神崇拜；任继愈等先生则认为商代是"天神与祖宗神分离的二元神崇拜"；李世平先生认为周代的"以自然至上神（天）崇拜和祖先神崇拜为基础的二元宗教观"是以祖先崇拜为中心的。

周人在文献中经常讲自己的先祖升天后"配天"，如《诗经·大雅·文王》"文王陟降，在帝左右"，《诗经·大雅·下武》"三后在天"，《诗经·周颂·清庙文什思文》"思文后稷，克配彼天"。"三后"是指太王、王季、文王。在周初的统治者看来，他们的先祖太王、王季、文王以及后稷死后升天，并且在上帝左右陪伴着。周人的上帝与殷人一样，是指帝喾。

西周时代，天子至于列士祭祀祖考，因主人的地位身份有高低贵贱之别，故礼典的规模、排场的大小、鼎簋的数量、器物的华素、牲牢的多寡、笾豆的丰省等各个方面皆有严格的等级规定。周人祭祀，设祝官与神明交接，祝为主人飨神之辞称为祝词，祝为神致福主人之辞称为嘏辞。周人的宗庙祭祀既是为了追生时之养、继生时之孝，故对飨神祝词还有另一项原则规定，即《礼运》所言"祝以孝告"。正因为祭祀时要求"祝以孝告"，故祝官代主人飨神时就称其为孝孙、孝子。厉王祭祀祖考飨神时虽然没有自称"孝王"，但也自述身为小子，不敢安逸，日夜勤勉，发扬光大先王美德，经营先王开创的业绩，此即《中庸》所谓"夫孝者，善继人之志，善述人之事者也"，可见厉王的飨神祝词仍然是追养继孝的一种表述，体现了"祝以孝告"的精神。

在中国历史上，有文献记载最早的改革家大约是周厉王了，不过他却是以"反面人物"的形象被记入历史档案里的。历史果真如此吗？

周厉王，名胡。周夷王的儿子，西周第十任君主。关于周厉王主要记载为《史记·周本纪》："夷王崩，子厉王胡立。""居彘，有汾水焉，故又曰汾王。"吴虎鼎铭文称他为刺王。厉王胡有二子，为周宣王静和郑桓公友。他在位期间，剥夺了一些贵族的权力，实行"专利"，将社会财富和资源垄断起来，因此招致了贵族和平民的不满。他还不断南征荆楚，西北方面又防御游牧部落。"国人暴动"后逃出镐京，渡过黄河，逃到彘（今山西霍县东北）。周共和十四年（前828）死在异乡，谥号厉王。

厉王暴政的内容是什么？查遍史料，除了"暴"字外，找不出亡国之君荒淫残暴的具体史实。其"暴政"主要内容是因为"好利，近荣夷公"（《史记·周本纪》）。

关于西周中期的历史，传世文献大体上均侧重于描写此时王权的衰微和周王的无能。西周从昭王起就已"王道微缺"了，穆王时"王道衰微"（《史记·周本纪》），懿王时，"戎狄交侵，中国被其苦，暴虐中国。诗人始作，疾而歌之，曰：靡室靡家，狁狁之故"（《汉书·匈奴传》）。

此时土地买卖、抵押、交换、赔偿等现象已大量出现。商业与手工业有了长足发展，原来"工商食官"的制度被打破，官营商业和手工业占主导地位的形式发生逆转，私人商业和家庭手工业开始强势崛起。这个时期由于私田不向国家纳税，私人商业和家庭手工业也不向国家纳税，山林川泽资源纷纷被贵族侵吞，大小诸侯领主热衷于抢夺土地，土地纠纷频频发生。这一切都严重地冲击了国家财政，导致"王室微，诸侯或不朝，相伐"（《史记·楚世家》）的局面。

同时，王臣变为大贵族的私臣的倾向十分突出，从卯簋铭文可以清楚地看到，荣伯对其家臣卯的册命典礼，其程序以及措辞都和王室册命典礼相同。周厉王面临的是一个在政治上将要失去共主地位，经济走向崩溃的局面，楚公然称王，哪里还把周天子放在眼里？不景气的王室经济，还要承担日渐频繁的周边战争的费用。在厉王面前只有两条路：要么继续烂下去，以至于亡国；要么革陋除弊，恢复政治、经济上的共主地位。

有学者认为《周礼》应出于厉王革典，是厉王在革除旧典的同时所拟颁行的新政典。还有学者指出，周厉王革典就是经济上的专利和政治上的专权，一言以蔽之，也就是他在谋取专制的王权。更有学者进一步认为，为了维持政权，重振王权威严，厉王在中国历史上第一次尝试建立君主专制体制，尊君卑臣，周厉王可称得上中国历史上第一位专制君主。

厉王改变了周、召二公"世为卿士"的惯例，起用了荣夷公和虢公长父，起用善于理财、时称"好利而不知大难"的荣夷公作"卿士"，主持财政工作。

对山林川泽等自然资源实行专利的改革，这是厉王革典的重要内容。历史学家许倬云先生认为，厉王时，西周王室颇有紧迫的情形。外有国防需要，内有领主的割据。周室可以措手的财源，大约日渐减少。费用多，而资源少，专利云乎，也许只是悉索敝赋的另一方面。这是时势造成的情况，厉王君臣未必应独任其咎。

西周中期以后，淮夷是其主要的外患，有时竟窜至周王朝的腹地伊水、洛河之间，并掠杀无辜平民，抢夺财物。反映厉王时期征伐南土的相关青铜器较多，从青铜器铭文看，凡涉及对淮夷的讨伐战争，厉王几乎都亲自挂帅，深入敌方腹地，其军队也横穿了整个南淮夷地区，直抵长江北岸。

通过厉王数次的亲征，彻底改变了周边少数族群屡次入侵周土的状况，许多大小邦国纷纷归附周王朝。"南夷、东夷具见，廿又六邦。"（《㝬钟》）战争是衡量一个国家国力的试金石，很难想象，一个昏庸无能、残暴异常的君王能在对外战争中屡次打败势力异常强大的对手。

膳夫山鼎铭文表明，在厉王三十七年（前842）的正月，厉王还在周原主持册命大典，西周王朝的国家机器还在按部就班地运作。对于周王室内这场戏剧性的政变，李峰先生根据金文材料认为，共伯和确实继任了周王的位置，他曾经是周都地区的禁卫部队的统领，不但从厉王下台中获益，同时可能还参与其事。

西周是在武王伐商与周公东征两次征伐后建立起来的。面对辽阔的疆土，周王朝采用了与商不同的统治模式，这就是分封制。该制度本质就是"恩惠换忠诚"，随着时间推移必然导致西周政治危机，一是周王室与东部地方封国之间的关系疏远，二是王权与陕西畿内贵族家族权力对抗。

在西周，政府官员是没有定期俸禄的，周王只是不定期地给予其官员各种形式的赏赐，其中最重要的就是地产。由于这种地产只能在渭河谷地一带有限的王室土地资源中分割，这种被学者称之为"自杀式"的管理方法不可避免地削弱了西周的经济基础，导致周王室的贫困化。西周也未能形成将东部封国也包括进来的中央集权的财政体制，王室绝大部分收入都来自陕西渭河谷地及东部洛邑（今洛阳）周围的一小片政治核心区，王室的日常花费及军费支出都要依靠它们。

当时的情景是东部广阔的土地已经分封殆尽，周王可以用来赏赐官员的土地就局限于渭河谷地和洛邑附近的一小片地域了。当一片地产从王室所有转为一个贵族家庭所有时，对周王而言，这片地产便从此丧失了生产力。周王的这种行为是将他自己的资本分发给周围的经济竞争者。只要土地继续流向贵族家庭，那么这种土地赏赐政策就会极大地缩减王室财产的规模，从而破坏西周的经济基础。

在西周早期，金文里通常见到的是一片完整土地的授予，如召圜器铭文记载召得到毕地，面积为方圆五十里。然而到了西周晚期，只能看到零碎的土地授予。大克鼎铭文提到，周王赏赐给克的七块田地竟然位于七个不同的地方，且每处只有一田。这表明，西周中期以后，王室的财产变得十分零碎。如果土地赏赐制度一天不停止，那么周王室的经济，乃至整个国家的国力就不可避免地走向衰退，这就是西周必然走向衰亡的根本原因。

如果说西周中期是一个政局不稳和军事软弱逐步积累的时期，那么刚进入西周晚期，也就是周厉王时期，西周国家便遭遇到全面的危机。西周国家实行两百年的土地赏赐政策导致周王室一天天贫困下去。在这样的历史环境中再来看周厉王"专利"，可能只不过是为了挽救王朝衰亡而增强王室财政的一种努力而已。但要达到此目的，同渭河流域既得利益的强势贵族阶级发生冲突在所难免。

实际上，厉王出奔可能就是一场宫廷政变，表面上是厉王与贵族之间的权力争斗，实际上是厉王改革触动了贵族的既得利益，由于西周政权结构性的危机无法避免，在王权与权贵的争斗中，王权必然处于下风，即使是像厉王这样强势的君王也不能例外。

公元前841年的事件最好的解释应该是当时周厉王与一些有影响力的宗族之间的

一场争斗，在这些宗族的逼迫下，周厉王失去了自己的权力，而并非所谓民众推翻暴君的一场革命。因此，公元前841年的反叛与其说是被剥削阶级推翻贵族阶级的一次胜利，不如说是贵族力量战胜王权，抑或是王权重建的一次失败更具说服力，是与既得利益交锋的一次彻底失败。

厉王"革典"被指责施行"暴政"，被唾骂了几千年。然而，厉王面对的是一个"积重难返"的局面，他的对立面是强大的旧贵族，衰微的王权显然不是经济膨胀起来的贵族们的对手。改革虽然取得成效，改革者却被赶下台。几千年来，厉王以暴君闻名于世，虽然他是历史文献中记载的第一位改革家，但是被以"反面人物"写入了中国历史的档案。对于历史人物的功过是非，后世是否客观、公正，谁也左右不了。对此，陆游曾在《小舟游近村舍舟步归》一诗中无奈地写道："斜阳古柳赵家庄，负鼓盲翁正作场。身后是非谁管得？满村听说蔡中郎。"对于一个人、一个历史事件的评价，不能只看史书怎么写，他人怎么说，而要历史地、客观地、辩证地分析，是否有利于整个国家，是否有利于社会发展，是否顺应历史潮流，而不能一时一事孤立地看，这也是"厉始革典"对今天的启示。

◆ **铭文大意**

厉王说："我作为晚辈，在位上却昼夜不敢贪图安逸享受。我遵循常规拥护先王政令，践行皇天帝王之道，想做一个称职的君主，恩泽万民，施惠四方。于是我起用社会贤达及入仕于周的殷商世家大夫，就是为了更好地继承先王的事业，永续宗室的庙堂香火。因此，特意制作了这样一件青铜宝簋，用以祭告我伟大而有文德的显赫的先祖和先父，以及那些为了国家做出贡献的先贤们。他们经常来往于上帝的天庭，继续恪守着皇天旨意，以好好保护我家周室、我的王位、我的身体。希望先祖高高兴兴地施降我们多福，教导我们图谋伟业的智慧。我将永远诚祭虔祀，用来祈求长寿永命。长在王位，就得从眼前脚下做起。（厉）王十二年。"

◆ **相关文献**

罗西章：《陕西扶风发现西周厉王㝬簋》，《文物》1979年4月；王慎行：《㝬簋铭文考释》，《人文杂志》1980年第5期（又见《古文字与殷周文明》，陕西人民教育出版社，1992年）；张政烺：《周厉王㝬簋释文》，载《古文字研究》第三辑，中华书局，1980年；陕西省考古研究所、陕西省博物馆、陕西省文物管理委员会：《陕西出土的商周青铜器》（三），文物出版社，1980年；张亚初：《周厉王所作祭器㝬簋考——兼论与之相关的几个问题》，载《古文字研究》第五辑，中华书局，1981年

1月；何琳仪、黄锡全：《㝬簋考释六则》，载《古文字研究》第七辑，中华书局，1982年6月；严一萍：《金文总集》2834，艺文印书馆，1983年；吴镇烽：《陕西金文汇编》419，三秦出版社，1989年；陈秉新：《害即㝬簋之㝬本字说》，《考古与文物》1990年1期；罗西章：《扶风县文物志》，陕西人民教育出版社，1993年5月；罗西章：《周厉王㝬簋的出土与修复》，载《宝鸡重大考古文博纪实》（宝鸡文史资料第16辑），宝鸡市政协学习与文史资料委员会、宝鸡市文物事业管理局编，2001年；任周方：《厉王作㝬簋铸宣言，欲续周祀近成空》，载《国宝纪事》，陕西人民出版社，2003年；张润棠：《罗西章李义民精心修复周厉王簋——㝬簋》，载《宝鸡青铜器》，三秦出版社，2005年；霍彦儒、辛怡华：《商周金文编——宝鸡出土青铜器铭文集成》265，三秦出版社，2009年；中国社会科学院考古研究所：《殷周金文集成》04317，中华书局，2007年；吴镇烽：《商周青铜器铭文暨图像集成》05372，上海古籍出版社，2012年；张天恩主编：《陕西金文集成（5）·宝鸡卷·扶风》0506，三秦出版社，2016年；辛怡华：《"厉始革典"悲剧是西周土地赏赐制度的必然结果》，载《秦始皇帝陵博物院（2016年总陆辑）》，陕西师范大学出版总社，2016年；贾海生、杜佳：《周厉王㝬簋铭文所见飨神祝词》，《人文论丛》（辑刊），2017年5月31日。李峰著，徐峰译，汤惠生校：《西周的灭亡》，上海古籍出版社，2007年，第122—123页。孙景坛：《〈周礼〉的作者、写作年代及历史意义新探》，《南京社会科学》1997年第10期。刘家和：《论中国古代王权发展中的神化问题》，《古代王权与专制主义》第24页，中国社会科学出版社，1993年。李若晖：《厉始革典——中国专制君权之萌生》，《政治思想史》2011年第1期（总第5期）。许倬云：《西周史》，生活·读书·新知三联书店，1994年，第307—308页。

何尊

◆ 器物介绍

西周成王世，1963年出土于宝鸡县（今宝鸡市陈仓区）贾村镇。现收藏于宝鸡青铜器博物院。1963年深秋，陕西省宝鸡县贾村公社贾村大队第二生产队农民陈堆在自家后院崖上发现，其兄陈湖于1965年8月以废铜卖给宝鸡市龙泉巷金台人民公社废品回收门市部。同年9月3日宝鸡市博物馆佟太放、王光永征集回博物馆。器物通高39厘米，口径28.6厘米，腹围61.6厘米，重14.6千克。造型凝重浑厚，工艺精湛。体侧有四道镂空脊梁棱，把器物分成四等份。通体饰有纹饰，上部以芭蕉叶和蛇纹点缀。腹上纹饰分上下两部分，上部以两个对称的脊棱为中线，饰两个大饕餮，围其腹一周。饕餮的眼、眉、鼻、口角均突出器外，状如浮雕。角有节，卷曲成涡纹形，角尖部分镂空，高高翘出。角下为两道粗眉。眼珠突出，中心有小圆孔。下部亦为饕餮纹，形状大体和上部分相同，唯小些。当时未发现铭文，被称作饕餮纹铜尊，发表于《文物》1966年第1期。

何尊铭文的发现，众说纷纭。一种说法是由时任中国历史博物馆馆长的俞伟超先生发现的，也有说是由故宫博物院的青铜器专家唐兰先生发现的，最流行的说法是由上海博物馆馆长马承源先生发现的。

2020年，年近八十岁的国家文物局文物科技专家组成员、中国文化遗产研究院研究员徐毓明先生发帖《我是青铜器文物何尊的保护处理者和何尊铭文（文字）的发现者》，说何尊是他进行保护处理的第一件青铜器文物，铭文也是由他在处理过程中发现，并最后完整地清理出来的。"1963年在陕西宝鸡出土的一件西周早期的青铜器'何尊'，距今已有三千多年的历史，由于被锈层和泥土覆盖着，很难看出它的原貌，甚至连器底的铭文都被掩盖了。1975年秋，当准备将它和其他一批铜器送出国外展览时，我们对它进行了保护性处理。首先用机械的方法剔去有害的锈蚀。在局部去锈的过程中意外地发现在何尊的器底上有铭文，于是便进一步应用硫酸和重铬酸钾配制成的去锈液于铭文所在位置做局部处理，结果发现了122个有十分重要历史价值的文字，追记了周武王推翻商朝以后，确定在今洛阳地区建立新都的史实。"（徐毓明：《艺术品和图书、档案的保养法》，科学普及出版社，1985年1月，第83页。）徐毓明先生强调说，唐先生和马先生都是青铜器专家，和俞先生一样都是考古学家或者是青铜器铭文和金文研究专家。何尊按严格的科学方法保护处理并发现了文字之后，交由这些专家和学者们研究是顺理成章的事，尤其是马承源先生毕生研究此段铭文，令人敬佩。

何尊器底铸有铭文12行122字。这是周成王的一篇重要的训诫勉励的文告。铭文记载了周成王继承武王的遗训，营建东都成周等事，与《尚书·周书·召诰》《逸周书·度邑》等古代文献相证，具有重要的史料价值，引起了学术界的极大关注：一是证实了周武王灭商后，就谋划了在伊洛这个天下中心建立都城、一统天下的战略意图；二是此器作于周成王五年，作为实物证据，为解决周公摄政的七年是否包括周成王在位年数之内的历史课题，提供了新的直接资料；三是证实了周成王要迁居成周并付诸行动这样一个史料不详的重大事件；四是铭文中"中国"二字作为一个词组第一次出现，尽管它与现在的"中国"一词不是同一个概念，但其意义十分重大。

何尊铭文书法具有"浑厚""苍茫""率意"的风格。之所以说"浑厚"，是从其铭文线条风格、字形对比来体现的，每个字形中浑实圆劲的线条较多，而在细线的对比下，更显其敦实。以"苍茫"之风格来概括，是着眼于铭文整体风格和通篇章法而言，因其铭文在器物内底，捶拓难度极大，加之锈蚀严重，从而拓出的铭文给人一种历史的"苍茫"之感，加之字距、行距茂密章法的衬托，为铭文增添了神秘的意味，书法审美上营造出古老的"朦胧美"。谈起"率意"之感，是从其字形行气和曲直线来呈现的。如第七行的"中国"二字，构形率意恣肆，加之部分字形直线的排布和通篇铭文上下左右每行始末的参差安排，率性而为的感觉从容而来。

◆ 铭文释文

唯王初鄹（迁）宅于成周，复禀珷（武）王丰福自天。在四月丙戌，王诰宗小子于京室，曰："昔在尔考公氏，克逑（仇）玟（文）王，肆玟（文）王受兹【大命】。唯珷（武）王既克大邑商，则廷告于天，曰：'余其宅兹中或（国），自兹乂民'。呜呼！尔有唯小子亡（无）戠（识），视于公氏，有爵于天。啟（徹）命苟（敬）享哉！叀王恭德裕天，训我不敏。"王咸诰。何易（锡）贝卅朋，用作□公宝尊彝。唯王五祀。

◆ 铭文注解

"鄹"

因字漫漶不清，据马飞先生梳理，对此字的解释主要有7种观点：（1）破读为"壅"，意即推土造城，营建洛阳。此观点以马承源先生为代表。（2）破读为"省"，即《尚书》中《洛诰》《召诰》的"相宅"。此观点以张政烺先生为代表。（3）破读"禋"，乃祭祀之名，并把铭文首句断读为"唯王初禋，宅于成周"。此观点李学勤先生主之。（4）隶为"迁"字，迁宅即徙都改邑。唐兰、严一萍、王恩田、王辉等学者有此种看法。（5）读为"迁"，"初迁"即说成王初次升登阼阶，初登王位。此观点杨宽先生主之。（6）"迁宅"主要内容是迁殷顽民于洛邑。李仲操先生有此观点。（7）"迁宅"于洛邑，理解为是成王将常住于成周以理朝政，也是当时西周王朝政治中先的迁转。此观点朱凤瀚先生主之。马飞先生认为7种观点中，就"迁宅"的具体性质来讲，朱凤瀚先生的说法最优。

"复禀珷（武）王丰福自天"

王占奎先生说，何尊之王禀武王在四月，而德方鼎在三月，都在成周，何尊之"复"可以理解作又一次。禀者，受也。此处指王举行某种仪式祈求武王的福佑。"丰福"，应是厚福。有学者释福作丰。王先生认为对比文献记载，释作福，获得了古文献学者的支持。

"王诰宗小子于京室"

关于器主人何的身份，可由铭文推知。铭文说："王诰宗小子于京室。"这里所谓的"宗小子"，是相对于周王室而言的，是从周王本宗分化出来的小宗分支。西周金文中"某小子"，是表示以"某"作为本宗而独立出去，另立家户者的称谓。此类"小子"在宗法关系上相对于整个家族之长（即大宗）是小宗，另立家户，但在居住形式上以及经济、政治生活中未必皆独立出去。这些贵族家族中的"小子"，大多同时又被作为宗子的大宗所支配，有的还担任大宗家族官吏。何与周王同宗，是从王室分立

何尊铭文拓片

出去的小宗，但在政治生活中还需参与王室的活动。

周王为什么在诰诫何的时候要提到文王、武王呢？这是因为古代实行世官之制，父子职官常常相袭，何是职司祭祀的官，他的父亲也是同样的官。文王受命，武王告天，均与祭祀有关。成王追叙这两件大事，正是表扬何的父亲的功绩，对何提出的要求是要像其父亲一样，不忘初心，勤谨事王，传达天命，敬慎祭祀。

何的父亲是哪一位公？可惜"公"字上面那个字周框中间笔画不清，不能辨识，留下一个千年之谜。唐兰先生断其应是虢公，理由是宝鸡当时是虢的封地。马承源先生认为"何的父考公氏就是被祭的□公，曾跟随文王，是王室宗族，成王说他有勋劳于天，应该参加过克商的战争"。但这个公到底是谁并未说出。李学勤先生说，何尊出土在宝鸡，周初当地的诸侯国，我们只知道西虢。西虢的始封人是文王之弟、武王之叔虢叔。但尊铭末行不识的字肯定不是"虢"，也不是与"虢"相通的"郭"，又不能在常见谥号中找到。看起来何的父亲大约是与西虢邻近的另一诸侯。

何尊这件重器为什么会在贾村发现？文物工作者一直在思索这个问题。何尊入藏宝鸡市博物馆后，业务人员曾多次到贾村进行考古调查。文物保管组的胡智生先生曾对陈家后院方圆几百米钻探，没有发现西周墓葬。因此，只能按窖藏去考虑。后进一步了解贾村地形地貌，发现贾村塬古遗址分布很多。贾村村落就建在古遗址上，千百年来居民建房修路挖土等早把文化层（由于古代人类活动而留下来的痕迹、遗物和有机物所形成的堆积层）破坏了。

1974年，在今贾村北1.5公里的上官村，社员交给宝鸡市博物馆3件青铜器。其中"夨王"簋盖有铭曰17字："夨王作奠姜尊簋，子子孙孙其万年永宝用。"这是有确切出土地点的夨国器物，还是夨国国王为其妻所作的器物，一下子拉近了寻找夨国地望的坐标。

目前，经科学发掘或有确切出土地点的夨器约14件，传世夨国青铜器和铭文涉及夨国的青铜器17件。这些夨器集中出土于宝鸡地区，从具体出土地点可以大致勾勒出夨国的范围，今陇县、千阳、陈仓区贾村一带属古夨国范围。汧（千）水是流经夨国境内最主要的一条河流。

在今天的贾村、上官、灵龙、扶托等地一片南北长约2公里，东西宽约1公里的区域，是一处重要的西周遗址区，断崖上随处可以看到西周时期的陶片。这里还发现了西周时期的居址和墓地，尤其是夨王簋盖及夨王嫁女媵器的发现，说明这里曾是西周时期夨国活动的重要地区。学者认为，3000年前贾村一带是夨国都邑所在地，而夨国是岐周（西周的三都之一，即今天的扶风、岐山交界处的周原）以西的与周天子同姓，而称王的地方小国，并与西周王室有着十分密切的联系。在何尊铭文里，何自称为"宗小子"，其父亲曾辅弼文王，有西周王室血统的姬何，真可谓根正苗红。何尊出土于贾村，也并非无本之木，可能与周王同姓的夨国有关。

"遶"

或释作"遫"，或读作"弼"。陈剑先生根据郭店楚简读作"仇"，训为"匹"。其中"仇匹"之"匹"即裘锡圭先生言为匹配之义。古人对于臣对君的关系也多用"仇""匹""妃（配）耦（偶）"等语。"仇匹"是义同连用，传世文献多见，"克仇"即"能匹耦"，马飞先生认为，将遶破读为仇，其证据充分，已为学者信从。

"则廷告于天"

《说文》："廷，朝中也。"在金文中廷字常见。"告于天"是说武王因克商成功而告祭于天。古代天子、诸侯凡因事外出，如征战、朝觐、会盟等，都要先到宗庙告祭，返回后也须告祭。

"中或（国）"

这里指周王朝疆域的中心，即洛邑（今天的河南洛阳一带），后来就在这里建立成周。

"五祀"

就是五年。古代先民们根据农作物的生长周期发现了春夏秋冬四季交替的规律，由此有了"年"的概念。但"年"的名称出现较晚。《尔雅》记载，尧舜时称年为"载"，夏代称年为"岁"，商代称年为"祀"，直到周代才称为"年"。

"中"字见于殷墟卜辞，形状像有旒的旗子，这是它的本义。商王有事，常立"中"以召集士众，众人围绕在"中"的周围听命，故"中"又引申为中间的"中"。"国（國）"字本作"或"，最早见于周初的金文，后孳乳为"域""国（國）"。如毛公鼎"康能四或（域）""是丧我或（国）"，穆王时期的录威卣："淮夷敢伐内或（国）。"1978年宝鸡县太公庙村出土的秦公镈，是历年发现秦国青铜器中最重要的一批，镈有铭文135字，其中有："商（赏）宅受或（国）。""受或"即受国，秦公镈"赏宅受国"，是指公元前771年，秦襄公率兵救周，护送周平王东迁洛邑，作为回报，平王封襄公为诸侯，并赐给西岐之地，从此，秦国与东方诸国才平起平坐。

从文献看，中国一词则最早见于《尚书》《诗经》等古籍。《尚书·周书·梓材》云："皇天既付中国民越厥疆土于先王，肆王惟德用，和怿先后为迷民，用怿先王受命。"《诗经·大雅·民劳》云："民亦劳止，汔可小康。惠此中国，以绥四方。"据《史记·管蔡世家》，武王有同母兄弟十人，除了其长兄伯邑考早死外，其余八人都是武王之弟，康叔封排位老九。武王推翻殷商统治后，分封殷纣王的儿子武庚禄父于商旧都，还把商遗民交给他管理，并让其三弟管叔鲜、五弟蔡叔度协助武庚禄父。武庚禄父在武王去世后勾结管叔、蔡叔叛周。周公奉成王之命兴师伐殷，杀死武庚禄父、管叔，流放蔡叔，封其弟康叔于卫，继续管理商代遗民。卫之地望在今黄河、淇水之间，为故商代的京畿之地。《梓材》一篇正是周公对康叔的诰词，其时代大致与何尊时代相当，这里的中国一词，显然是指商曾经统治的中心地区。

何尊铭文中"中或（国）"，当时指成周洛邑。成王诰诫宗小子时引用武王的话，旨在表明目前在洛邑营建新都是秉承了武王的遗志。武王克商之后，为了统治商人，就有了在东方建都的想法，他在返回周都丰的途中，在洛邑做了一番考察，决定在此营建新都，并托付给弟弟周公姬旦。因此，唐兰先生说"中国"当指西周王朝的疆域中心，即以成周洛邑为中心的区域。

《史记·周本纪》中周公营筑成周，云："此天下之中，四方入贡道里均。"周人认为成周位于四方的中心，这一观念见于《尚书》等文献，也由何尊的发现证实了。成周是天下之中心，这是地理意义的，也是政治意义的，因为成周是东都，是周朝向四方征取贡赋的中心，四方入贡的财物都要输送到那里，道里均等。西周晚期的兮甲盘铭文所说"成周四方积"，"积"据《礼记·儒行》疏为"积聚财物"，就是指四方的贡物而言。

但我们认为，商周之际周人心目中的"中国"并非仅限于洛邑一带，而应该包括从安阳到伊洛流域的广大区域，即今河南北部黄河沿岸以及邻接的山西东南端、河北南端、山东西南端这一区域，也就是此前商人的势力范围（商王的直辖区）。

为什么周人会把今河南北部黄河沿岸以及邻接的山西东南端、河北南端、山东西南端这一区域看作"中国"呢？因为这一区域是历史上夏人和商人建国的地区，而周人自认为是夏人的后裔，同时又是商人的附庸。

夏末的国都正在伊洛地区。而周人与夏人有一定的渊源关系。《国语·周语上》云："昔我先王世后稷，以服事虞、夏。及夏之衰也，弃稷不务，我先王不窋用失其官，而自窜于戎、狄之间。"这是说周人的先祖曾世袭虞夏二朝的"农业部长"，到不窋这一代，夏朝衰落（当是商人灭了夏），他就逃到了戎狄地区。可知商代的周人（周族）是中原夏族移民与西北戎狄部落融合的结果，所以周人有时也自称为"夏"。商人的活动范围也正在这一区域。汤灭夏前，居于今山东曹县，是为"北亳"；灭夏后，就把首都迁到夏都即伊洛地区的偃师，并把"亳"的名称也带过来，是为"西亳"。这些也已经被河南偃师二里头遗址的发掘所证实。

此后，商人又先后迁都于嚣、相、耿、庇、奄、殷等地，分别在今河南荥阳、河南内黄、河北邢台、山东郓城、山东曲阜、河南安阳等。自盘庚把国都迁到殷后，两百多年未再迁都。

虽然周族的领导阶层是中原夏族移民，而其族众却大多来源于戎狄部落，故习俗近于戎狄。周族自古公亶父起，从戎狄中分化出来，在与先进民族商族的交往过程中，文明程度遂不断提高。周人十分清楚自己的地位。《尚书·周书·大诰》云："天休于宁王，兴我小邦周，宁王惟卜，用克绥受兹命。"（上天嘉奖文王，使我们这个小小的周国兴盛起来。文王通过占卜，继承了上帝所授给的大命。）这反映了周人的一种复杂心理，他们一方面有受天命入主中原的自豪感，同时有长期寄人篱下的自卑感，而另一方面又想将这种自卑感转化为戡乱时的敌忾和建国时的动力。

我们可以看出，对于商周之际的周人，不论从他们的族源、他们的文化水平还是他们与商的隶属关系来考察，他们把前述夏人和商人的建国区域当作"中国"，都是顺理成章的事。"中国"最初之意是周人指商的"中央之邑"，并逐渐扩大到整个商人的势力范围。与之相应，周人一直将自己的本土岐、镐、丰一带称为"西土"，而从不以"中国"自居。

随着西周王朝的建立和巩固，中国一词的外延也相应变化，如《尚书·周书·康诰》云："惟时叙，乃寡兄勖，肆汝小子封在兹东土。"（我们的大兄武王继承了文王的事业，更加勤奋，因此，你这年幼的封，才被封在商的旧地——东土之上。）《康诰》的背景是，周公在平定了三监及武庚禄父之乱后，把康叔封在殷地，以统治殷余民。这篇诰文便是康叔上任前，周公对小弟康叔的训诫之词。这里称康叔的封地卫（原商代国都）为"东土"。

可以看出，随着西周政权的稳固和成周新都的建成，周人心目中"国"的方位大概也起了一些变化，即向统治中心丰镐（宗周）、洛邑（成周）这边移动了一些，而曾经的中国中心区域却被称作东土，这是以周王朝统治中心区域为中国中心而言的。

◆ 铭文大意

周王开始在成周营建都城，再次举行仪式，在天室对武王进行福祭，祈求武王的福佑。成王于四月丙戌这天在京室诰训宗族小子们，说："过去你们的父亲能服侍文王。文王接受天命，武王战胜了大邑商，就向天下卜告说：'我要住在中央地区，由这里治理民众。'唉，你们这些年轻人虽然没有见识，但你们要效法父亲，像他们那样有爵位在天上。你们要通晓我的命令，恭敬地祭献你们的父亲吧！王有礼有德，顺从天意，开导了我的愚钝。"武王诰训完，赏赐何贝30挂，何因此作尊，以作纪念。这是周成王五年（前1038）的事。

◆ 相关文献

王光永：《宝鸡市博物馆新征集的饕餮纹铜尊》，《文物》1966年第1期；唐兰：《何尊铭文解释》，《文物》1976年第1期；张政烺：《何尊铭文解释补遗》，《文物》1976年第1期；马承源：《何尊铭文初释》，《文物》1976年第1期；李学勤：《何尊新释》，《中原文物》1981年第1期；李民：《何尊铭文补释——兼论何尊与〈洛诰〉》，《中州学刊》1982年第1期；陈昌远：《有关何尊的几个问题》，《中原文物》1982年第2期；严一萍编：《金文总集》4891，艺文印书馆，1983年；马承源：《何尊铭文和周初史实》，载《王国维学术研究论集（第一辑）》，华东师范大学出版社，1983年；何幼琦：《关于〈何尊〉的年代问题》，《中原文物》

1983年第4期；杨宽：《释何尊铭文兼论周开国年代》，《文物》1983年第6期；陕西省考古研究所、陕西省博物馆、陕西省文物管理委员会：《陕西出土的商周青铜器（四）》，文物出版社，1984年；刘蕙孙：《宗周与成周——兼探〈何尊〉"隹王初迁宅于成周"的含义》，《人文杂志》1984年第1期；孙斌来：《何尊铭文补释》，《松辽学刊（社会科学版）》1984年第2期；唐兰：《西周青铜器铭文分代史征》（卷二上·六），中华书局，1986年；高次若、刘明科：《国宝何尊发现始末》，《中国文物报》1988年3月18日；吴镇烽：《陕西金文汇编》562，三秦出版社，1989年；李民：《何尊铭文与洛邑——中国古代文明探索之二》，《郑州大学学报（哲学社会科学版）》1991年第6期；陈福林：《关于何尊铭文的几点新补证》，《贵州社会科学》1991年第8期；杨福仁：《从何尊铭文看档案的价值》，《陕西档案》2000年第5期；李仲操：《何尊的发现及史料价值》，载《宝鸡重大考古文博纪实》（宝鸡文史资料第16辑），宝鸡市政协学习与文史资料委员会、宝鸡市文物事业管理局编，2001年；任周方：《熔铜铸尊铭国史，营建洛邑治殷顽——何尊》，载《国宝纪事》，陕西人民出版社，2003年；段德新：《国宝何尊与"中国"》，《文博》2005年第6期；张润棠：《陈堆在后院发现的镇国之宝——何尊》，载《宝鸡青铜器》，三秦出版社，2005年；高次若、刘明科：《何尊原始出土地再思考》，载《宝鸡考古撷萃》（"陈仓文化丛书"第一辑），三秦出版社，2006年；朱凤瀚：《〈召诰〉〈洛诰〉、何尊与成周》，《历史研究》2006年第1期；高次若、刘明科：《斗鸡台墓地出土青铜器与周公家族问题的思考——兼谈何尊原始出土地》，《宝鸡社会科学》2006年第1期；中国社会科学院考古研究所：《殷周金文集成》06014，中华书局，2007年；翟慧萍：《国宝何尊》，《收藏界》2008年第2期；翟慧萍：《国之重器——何尊》，载《听我讲宝鸡》，宝鸡市文物事业管理局编，三秦出版社，2009年；霍彦儒、辛怡华：《商周金文编——宝鸡出土青铜器铭文集成》569，三秦出版社，2009年；涂白奎：《说何尊的"复……自天"及相关问题》，《考古与文物》2010年第11期；王占奎：《何尊铭文的释读与营建成周的纪年问题》，《考古学研究》（第8辑）2011年6月；武家璧：《周初"宅兹中国"考》，《考古学研究》（第8辑）2011年6月；何振鹏：《何尊铭文中的"中国"》，《文博》2011年第6期；吴镇烽：《商周青铜器铭文暨图像集成》11819，上海古籍出版社，2012年；李守奎：《出土文献中"迁"字的使用习惯于何尊"迁宅"补说》，《出土文献》（辑刊）2013年12月；张天恩主编：《陕西金文集成（7）·宝鸡卷·凤翔陈仓金台》0123，三秦出版社，2016年；陈明远：《从甲金文说"中·或·域·国·國"与"中国"》，《社会科学论坛》2016年第5期。唐兰：《西周青铜器铭文分代史征》（卷二上·六），中华书局，1986年，第76页。

大盂鼎

◆ 器物介绍

　　西周康王世，窖藏出土。清道光初年出土于陕西省岐山县京当乡礼村沟岸。出土后，先为岐山宋家收藏，后被岐山县令周赓夺去，流落北京。清道光三十年（1850），宋金鉴上京赴试，得点翰林。他在北京出银三千两，把大盂鼎赎到手，运回岐山。其后宋家中衰，其后代宋允寿于同治年间将此鼎运往西安，以七百两银卖给袁保恒，袁以之献左宗棠。

　　清咸丰六年（1856）皇帝下令欲将左宗棠正法，时年仅27岁的翰林院侍读学士潘祖荫连续三次向咸丰皇帝写了奏疏，力陈"国不可一日无湖南，即湖南不可一日无左宗棠"。就是这三道奏疏，救了左宗棠一命。左宗棠为报答潘祖荫之恩，将大盂鼎赠与潘祖荫。潘祖荫去世后，鼎由其弟潘祖年运回到苏州老家。一直对大盂鼎垂涎三尺的两江总督端方，不断派人纠缠，直到辛亥革命爆发，端方被派往四川镇压保路运动而丧命。

　　潘祖年死后，潘家成年男子也都相继去世，潘家的珍贵收藏由孙媳妇潘达于掌管看护。抗日战争爆发后，为了不让宝鼎落入日军之手，潘家将大鼎和其他古玩埋于大宅后院的中央大厅中，之后举家迁往上海。日军占领苏州后，在潘家多次搜查，但一直未能找到。

1949年中华人民共和国成立后，潘家经过商议，潘达于上书华东文化部希望由国家收藏大盂鼎。1951年7月26日，上海文管会从苏州南石子街的潘宅挖出大盂鼎和大克鼎。1951年9月13日，时任中华人民共和国文化部部长沈雁冰亲笔签署嘉奖令："潘达于先生家藏周代盂鼎、克鼎，为祖国历史名器，六十年来迭经兵燹，保存无恙，今举以捐献政府，公诸人民，其爱护民族文化遗产新爱国主义精神至堪嘉尚，特予表扬。"1952年上海博物馆开馆时，大盂鼎和大克鼎与公众见面。1959年由中国历史博物馆（现中国国家博物馆）收藏。

大盂鼎高101.9厘米，口径77.8厘米，腹深49.4厘米，重153.5千克。铸铭文19行291字（含合文5）。铭文用较多的文字说明商人酗酒是周兴起商灭亡的原因，赞扬了周代文武二王的盛德，告诫盂要效法祖先，忠心辅佐王室。其内容可以和《尚书·周书·酒诰》相对照。西周早期青铜器铭文逐渐摆脱殷商镌刻的风格，用笔开始变得厚重起来，出现了起笔重顿的现象，弯曲的笔画增加，大盂鼎把这种风格推向了一个高峰。其铭文书写上仍留有殷商甲骨契刻遗风，起止出锋，爽利劲挺，书法体势严谨，字形、布局都十分质朴平实，用笔方圆兼备，是西周早期金文书法的代表作。

◆ 铭文释文

唯九月，王在宗周，令（命）盂，王若曰："盂，不（丕）显玟（文）王受天有大令（命），在（载）珷（武）王嗣玟（文）作邦，辟氒（厥）匿，匍有（佑）四方，畯正氒（厥）民，在（载）雩（于）御事，酓酉（酒）无敢酖，有紫蒸祀无敢扰，古（故）天异（翼）临子，法保先王，□有四方。我闻殷述（坠）令（命），佳（唯）殷边侯田（甸），雩（粤）殷正百辟，率肆（肆）于酉（酒），古（故）丧师巳（已、矣）。女（汝）妹（昧）辰又（有）大服，余佳（唯）即朕小学，女（汝）勿克余乃辟一人。今我唯即井（型）稟于玟（文）王正德，若玟（文）王令（命）二三正。今余唯命女（汝）盂绍荣，苟（敬）雍（拥）德至（经），敏朝夕入谏（谏），享奔走，畏天畏（威）。"王曰："而（耐），令（命）女（汝）盂井（型）乃嗣且（祖）南公。"王曰："盂，乃绍夹死司戎，敏谏（敕）罚讼，凤夕昭我一人烝四方，雩（粤）我其遹省先王受民受疆土。易（锡）女（汝）鬯一卣，冂衣，市（韨）、舄、车、马。易（锡）女（汝）且（祖）南公旂，用兽（狩）。易（锡）女（汝）邦司四白（伯）、人鬲自驭至于庶人，六百又五十又九夫，易（锡）夷司王臣十又三白（伯）、人鬲千又五十夫。逑寰□自氒（厥）土。"王曰："盂，若苟 （敬）乃正，勿废朕令（命）。"盂用对王休，用乍且（祖）南公宝鼎。佳（唯）王廿又三祀。

大盂鼎铭文拓片

◆ 铭文注解

"王若曰"

是西周时期青铜器铭文中常见的一种格式，常被译为"王如此说"或"王是这样说的"，或者认为"若"在这里没有实际意义。"若"字在甲骨文作"㞢"形，似一长发者跪在地上，仰望上天，双手举起，做祈求状。金文增口作"㘴"形。口字在甲骨文、金文作"ㅂ"形，日本学者白川静先生认为"ㅂ"即载书的器具，代表祷词或祈祷文，这是为了探听神意进行祈祷的文字。

商周的宗教形式主要表现为巫教，信仰的最高神是上帝。上帝又有帝、天、皇天、昊天等称呼，上帝是主宰天国和人间的至高无上的宇宙大神，日月星辰、风雨雷电、水旱丰荒、兴衰治乱都被认为是上帝意志的体现。商周最高统治者自命为"天子"，受天命而治臣民，如《左传·定公四年》："君命，天也。"商王则假托为"上帝"的代表，来实现对臣民的统治，他既是"神意"的传达者，又是沟通"神"与"人"的联络者。商代统治者对人民发号施令，往往借助上帝，处理各种事务也常常向上帝请示。在君权神授的社会里，统治者的一言一行，也就是上帝意志的体现，被蒙上了神秘的色彩，而人们的一举一动自然必须听命于天。"若"最初之义是为了探听神意进行祈祷的活动或者仪式，"若"与神或上天有关，以至于后来"若"字常常与王或与王有关的事项连在一起，以证明统治者行为的合法性，这在宗教迷信思想盛行的古代社会，具有极大的欺骗性和威慑力。

在商周青铜器铭文中，"若"字的出现常与王或与王有关的事项连在一起，不只大盂鼎，另外师虎簋、牧簋、乖伯簋、蔡簋、询簋等都涉及"王若曰"。被誉为晚清出土的四大国宝之一的毛公鼎云："王若曰'……丕显文王，皇天引厌厥德，配我有周，膺受大命……'"毛公鼎记载周王对毛公的册命，开头追述周文王、武王的功绩，皇天授予大命，赐予周朝。接着讲到时局的祸乱，即厉王晚年的国人暴动，厉王被迫奔彘以来的国家大事。周王对毛公非常信任，委命他管理王朝的重大事务，并加以告诫。最后详记周王对毛公的各项赏赐，赐物达20余种。在西周，赐物的数量之不同与爵位身份及重视程度有关，像弭簋只有两种，静簋才一种，可见周王对毛公此次册封之重视。

也有"王曰"格式者，但两者叙述的内容是有区别的。如作于孝王元年（前891）的师询簋。师询簋开门见山云："王若曰：'师询！丕显文武爰受天命'……"周王首先缅怀文武二王的文治武功及师询的祖先为姬周王朝的建立及巩固所做出的功绩，然后笔头一转，"王曰：'师询，哀哉，今日，天疾，降丧……'"表明上一王末年周室曾经发生祸患，即《史记·周本纪》所载的"懿王之时，王室遂衰，诗人作刺"。这一事件《汉书·匈奴传》也有反映："懿王时，王室遂衰，戎狄交侵，中国被其苦，诗人始作疾，而歌之曰："靡室靡家，俨狁之故。"

不难看出，"王若曰"是一种固定格式，它的出现一定是涉及王朝大事。"若"最初之义是为了探听神意进行祈祷的活动或者仪式，"若"与神或上天有关。"王若曰"最初可能源于对所谓上天意志的转达，以证明统治者行为的合法性，后来逐渐成为一种固定格式，用来叙述王朝重大的事件，相当于后世的"奉天承运，皇帝诏曰"之类的套语。

"畯（畯）正乓（厥）民"

裘锡圭先生认为，大盂鼎的"畯正厥民"与墙盘中"达殷畯民"是一个意思，"畯"似当读为"悛"，《国语·楚语》："有过必悛。"韦昭注："悛，改也。""畯正厥民"就是使民改正向善，跟《尚书·周书·康诰》"作新民"的意思相近。也有学者认为"畯民"就是安定人民的意思。涂白奎先生认为这种解释不仅辗转迂曲，而且结论也是靠不住的。金文中"畯"作"畯"，在文献中作"骏""俊"或"峻"，以"骏"字多见。《尔雅·释诂上》："永、畯、引、延、融、骏，长也。"《方言》："骏、融、延，长也。"长，依《说文》之释则为久远。徐中舒先生在《金文嘏辞释例》中结合文献，释"畯"当作"长"讲。涂先生结论是，在金文及文献材料中的"畯"字，都只能是取"长"义更为准确。"正"，匡正，治理。

"女（汝）妹（昧）辰又（有）大服"

古代举行重要的祭祀、盛典、朝会等均在天未明将明之时，如《伪书·太甲上》："先王昧爽丕显，坐以待旦。"《国语·吴语》："昧明，王乃秉枹，亲就钟鼓，丁宁，錞于振铎。"因此，按古代举行盛典的时间习惯，可以推知"妹辰"，"妹"与"昧"属同音通假。"辰"字在这里不能看成是十二支的第五位，即不是指上午七至九点的"辰"，而是像《诗经·大雅·桑柔》中的"我生不辰，逢天僤怒"以及《仪礼·士冠礼》中的"吉月令辰，乃申尔服"一样，作"时刻、时运"讲。这里的"妹辰"可以译为"天将明未明的时刻"，又因古人常在这个时刻举行重大活动，所以又可将其译为"庄严神圣的时刻"。全句可以理解为你在这个庄严神圣的时刻又受重任。

"女（汝）勿克余乃辟一人"

罗建中先生认为，"勿"当"无"讲，如《诗经·豳风·东山》："勿士行枚。""克"则作"好胜"。《论语·宪问》篇曰："克、伐、怨、欲不行焉，可以为仁矣？"原注："克，好胜；伐，自矜。"根据全文内容看，是康王宣布对孟授予新职时的告诫之词，所以这里的"辟"字应按"犯法者，则执法以罪之"的意义讲解为"任命""拜官"，在这里具体释为征召，如"群公休之，遂辟司徒掾"（《文选·汉蔡伯喈（邕）部有道碑文序》）以及"宪初举孝廉，又辟公府"（《后汉书·黄宪传》）即是。因此，这里的"辟",罗先生说他理解是康王授盂为"对犯法者"可以"执法以罪之"的权人。据此,全句应重新标点为"汝勿克,余乃辟(汝)一人。"构成一条件复句。可译为:"(只要)你不好胜逞能,我就只任命(你)一人。"康王的言下之意是说:只要你服从我,不自立门户,我就授你一人独掌军政大权,而不任命另外的人来牵制、掣肘你。

"今余唯命女(汝)盂绍荣,苟(敬)雍(拥)德巠(经)"

"绍",《史记·鲁仲连邹阳传》中《索隐》:"绍者,继也。"《尚书·商书·盘庚上》:"天其永我命于兹新邑,绍复先王之业底绥四方。"这里的"绍"字就是作"承继"讲。罗建中先生认为,从大盂鼎铭文全文看,"荣"是主持敬德事宜的文官,夹是主持军务的武将,而盂不可能既是文官"荣"的副员,又是武将夹的副员,且从康王举行锡命仪式之隆,赏赐之厚看,也绝不是要盂做两个人的副职,而是要任命他取代荣和夹的职务,为集军政大权于一身,代表康王独当一面的封疆大吏。

"夙夕昭我一人烝四方"

罗建中先生认为句中的"烝"应作"进"讲,即视为动词,释为"推进"的意思。全句可译为:"日夜宣扬传播我的威德,将其推进到四方去。"

"雩(雩)我其遹省先王受民受疆土"

"遹",就是遵循、遵照。省,善。此句是说康王是在按照先王的指示来行事,所以继续实行"授民授土"的分封制。大臣盂因为继承了先祖的事业,侍奉周王而得到了周王的一系列赏赐,这些赏赐中包括土地。这实际上就是一次大面积的分封,依旧围绕着授命授疆土为中心,成千的庶人,以及他们耕作的土地被一并赏赐给了盂。

"市(韨)"

金文中,"市"的赏赐颇多,主要有"市""赤市""虢市""幽市""载市""叔市"等。其中以赐"赤市"与"载市"最多。《说文》:"市,韨也,上古衣蔽前而已,市以象之,天子朱市,诸侯赤市,大夫葱衡,从巾,一象连带之形。"金文及典籍中所谓的"市",是指当时服饰中的蔽膝。"市"的诸多异名同物之字,实由形体演变、音读相近或方言等因素而产生,意义上与"市"并无多大差异,均指蔽膝。金文中单称"市"的仅见于几件西周早期铜器,而西周中晚期所赐的"市"前则常有各种修饰词,表明随着社会发展,作为社会地位和等级象征的"市"的名称也日益丰富。朱市、赤市使用的等级规范并不严格,天子、诸侯都可以使用朱市;诸侯、大夫都可以使用赤市。但比较而言,朱市使用者的地位甚高,且使用朱市之诸侯比使用赤市之诸侯地位显赫。

"冂衣"

"冂"学者或释为"冕""冋""帽",从此字的形体和释义上看,释"冕"最合理。

"冂衣"即"冕"和"衣"。此物的赏赐，仅见于西周早期。

"舄"

古代足服之一，即今天意义上的鞋。根据文献，屦为单底之鞋，而舄为双底之鞋。《古今注·舆服》："舄，以木置屦下，干腊不畏泥湿也。"可见，舄的穿着是为了能使鞋保持干爽。不同等级者享用的舄亦不相同，主要根据其颜色来区分，赤色舄享用等级较高。

"易（锡）女（汝）且（祖）南公旂，用兽（狩）"

西周官职世袭，其服饰器用亦为世袭，周王在赐盂其祖南公旂之后，勉励以之"用狩"，服饰世袭，并为行使职权、处理事务的依据，是非常清楚的。

"邦司"与"夷司"

大盂鼎铭文中有"锡汝邦司四伯、人鬲自驭至于庶人，六百又五十又九夫。锡汝夷司王臣十又三伯，人鬲千又五十夫"。从铭文看，康王赏赐给盂的人分两类：一是"王臣"，二是"人鬲"。学者认为"王臣"称伯，"人鬲"称夫，他们虽然都是周王赏赐给盂的人，但二者身份不同。王臣是人鬲的管理者，人鬲是接受王臣直接管理的奴隶；王臣虽被奴隶主贵族从奴隶中选拔上来，但已经不再属于奴隶阶级的成员，心甘情愿依附主子，完全成了替统治阶级站岗放哨，管理事务，或监督奴隶生产的服务者。在西周赏赐制度中，一般或人随土地转移，或土地随人转移，康王把"王臣""人鬲"连同"疆土"一起赐予盂，所有权和人的归属转移了，但"王臣""人鬲"的身份仍未改变。

"邦司"和"夷司"是管理"人鬲（奴隶）"的两个机构名称。具体说，"邦司"分管周族奴隶，"夷司"分管外族奴隶。

渭河谷地的王畿地区地方群体的领袖是不同宗族的宗主，他们通常被称作"伯"。"伯"是家族中最年长者，不同于那些位于东方被称为"侯"的西周地方封国的国君。

周王一次赏赐给盂 17 个伯（17 个宗族）以及 1709 名奴隶。其中 4 位伯是周的同姓，另外 13 位伯是异族，这些人员从王族的财产中直接转入了南宫家族。

在西周，世族由于与世官制相应，故一般情况下其族长只要能守住世袭的官职，其家族土田、人民即不会被无故剥夺。南宫家族在西周晚期，其政治地位还是很高的，出土的金文资料表明其成员主管着西周王朝的军事、外交及民族政策。如驹父盨铭文说周宣王十八年正月，南仲邦父命驹父出使南方诸侯小国，率领高父往南淮夷催纳贡赋。并告诫驹父，要谦敬淮夷风俗习惯。于是淮夷不敢不对王命表示敬畏，恭迎驹父，献纳贡赋。而在无叀鼎中，周王任命军队将领时，南仲作为右者，表明南仲是一位主管军队的高级官员。从大盂鼎铭文我们大致可以了解到，西周时期的一个宗族的平均人数大约为100人，姬姓宗族人数可能多一些，约160人，异姓少一些，约80人。康王赏赐给南宫家族的17伯（宗族），不可能全在贺家一带，但他们当中的一部分居住于贺家则是可能的，姬姓南宫家族自然是这一带的管理者。

南宫家族的族属

关于南宫家族的族属问题，过去学术界争论不休。杨亚长与呼林贵先生认为该家族非姬姓的可能性最大。曹玮先生在其《周原的非姬姓家族与虢氏家族》一文中并未涉及南宫家族，这样重要的家族不可能是被忽略了，有可能暗示南宫家族不是非姬姓家族。白川静认为大盂鼎铭末纪年用"祀"，属东方氏族之传统形式，故疑盂之族本是东方之氏族，很早即归服于周王朝，而受封于关中之地。而朱凤瀚举例周厉王㝬簋铭末仍记"唯王十又二祀"，表明用祀纪年虽然可能始于商人，但周族未必不可使用。再者，从大盂鼎铭文内容看，康王在训诰盂时，回顾周开国之初文武先王之政绩，分明是以周人圣王之德行来教育同姓之弟，而且以殷人酗酒以至于亡国之例来告诫盂，其情类似于《尚书·周书·酒诰》周王诫唐叔，亦不像是对殷人的口气。所以朱先生怀疑盂是周王姓贵族，南宫氏似为姬姓。在所发现的明确是南宫家族的青铜器中，从未发现有用日名称呼的习惯。在几个大姓中，子姓是以日名称呼的，嬴姓有用日名的现象，姜姓也有用日名的现象。因此，在几个显赫的大姓中，南宫家族不可能是子姓，也不可能是嬴姓或姜姓。2013年在湖北随州叶家山西周墓地的第二次发掘中，在第111号大墓中的一件方簋座上发现了"犺作烈考南宫宝尊彝"铭文。铭文显示这件簋应是曾侯犺为其父南宫所作的祭器。大多数学者认为，叶家山墓地应是姬姓曾国的墓地，曾侯犺就是南公之子，那么南宫家族必然为姬姓。

从大盂鼎铭文可知，盂受康王册命而作为荣伯的副手，官司军政，深受周王信任。小盂鼎铭文记述了征伐鬼方大胜后在周庙举行献俘庆赏之礼的全过程。

从宝鸡茹家庄𢐗国墓地出土的青铜器分析，昭穆之世𢐗国贵族与南宫家族存在婚姻关系。昭王时期的中方鼎铭有"唯王命南宫伐虎方之年"语作为时间概念，表明伐虎方是当时的一件大事，大事的主要参与者自然是重要的人物。

董家村窖藏出土卫簋铭文记述穆王二十七年（前950）三月戊戌这天在周的大室册命裘卫，当时的右者为南伯。

夷王时期的《南宫柳鼎》，出土于宝鸡虢镇。南宫柳系南宫氏，名柳，所司之职与西六师有关。文献中的"六师"，在西周金文中称"六𠂤"。于省吾先生根据金文中"六𠂤""八𠂤"设有"冢司土""司藉""司牧""司佃事"等官职，以掌管土地和有关生产事务，认为这是我国历史上最早出现的军事屯田制。王册命柳负责掌管这些管理六师牧场、羲夷田耕的小吏。"羲夷阳（场）佃史（吏）"，可能是管理"羲夷场"田耕的小吏。"羲夷"即在"羲"地从事田耕的夷人。

厉宣时期，南宫氏家族依然活跃于政治舞台，南仲见于宣王时期的无叀鼎和驹父盨，驹父盨1974年出土于陕西武功回龙。驹父盨铭文表明，驹父出使南方各诸侯国是南仲邦父直接命令的，并交代了民族政策，而无叀鼎中周王任命军队将领时，南仲作为右者，表明南仲是无叀的上司。

厉王时期的《南宫乎钟》中的南宫乎，官居司徒。可能是宣王时期的司徒南仲的后代。

从商末周初到西周末年，在文献或出土的金文资料里，我们都能看到南宫家族成员的影子，该家族自然是西周具有重要影响的家族之一。南宫家族青铜器出土地点比较明确的有岐山礼村、扶风豹子沟、宝鸡虢镇，主要在今周原一带，礼村一带无疑是最重要的地点。从岐山贺家礼村以南到东西两沟交汇之处，是一个相对独立的地理单元，面积约0.75平方公里，占贺家一带的1/3。这里地理位置好，土地肥沃，既有天然边界，又取水方便。如果这里是南宫家族的属地，我们认为在西周相当一段时间内，礼村一带是他们的重要根据地，也是南宫家族的世居之地。

◆ 铭文大意

这是九月，王在宗周（西周时期的王都，在今陕西省长安区西北），命令盂。王说："盂啊！显赫的文王从上天那里得到了大命，武王继续文王的事业，建立了邦国，翦除了顽凶奸恶，取得了对四方疆域的统治。要长久地统治老百姓，治理国家则必须依靠执政用事之臣，对他们要求则是不得酗酒，祭祀不敢不恭敬。有文采的冬天的祭祀，没有敢喝到迷乱的。是故，上天帮助并照临他的儿子，保护先王（武王），拥有四方土地。我听说殷朝丢失它的天命，是因为殷朝疆界里的诸侯们和殷朝执政的百官，都经常酗酒，所以丧失群众。唉！你在这个庄严神圣的时刻又应受重任，我要到我的小学，（只要）你不好胜逞能，我就只任命（你）一人。现在我就效仿文王品德，像文王那样命令执政者们。今我命令你盂，接续荣伯的职责，发扬恭敬和穆的德行，坚强而敏锐，早晚来规谏，勤勤恳恳，畏惧天威。"康王又说："啊！命令你盂，效法你的祖先南公。"康王还说："盂！你承继夹的职务，主持好军事工作，严明赏罚和诉讼，日夜宣扬传播我的威德，将其推进到四方去。我像先王一样，给你百姓，给你疆土。赏给你香草酒一壶，罩巾、上衣、围腰和鞋子，车子和马匹。赏给你祖父南公的旂，用来狩猎。赏赐给你，畿内四伯及其属下的奴隶、从赶马的到种田的庶人六百五十九名；赏赐夷人管事属于王家的臣十三个头目及属下的奴隶一千零五十名。"康王最后说："盂！你敬业你的政事，不要荒废我的命令。"盂赞美康王，为先祖南公做了这件宝鼎。这是康王二十三年的事。

◆ 相关文献

罗振玉：《三代吉金文存》4.42.1，民国二十六年影印本；朱人瑞：《大盂鼎铭文"妹辰"的涵义及其源流演变》，《学术月刊》1957年第8期；平心：《〈大盂鼎铭〉"女妹辰又大服"解》，载《中华文史论丛》第五辑，中华书局，1964年；赵光贤：《〈大盂鼎〉的"伯""人鬲""庶人"释义》，载《周代社会辨析》，人民出版社，1980年；严一萍编：《金文总集》1328，艺文印书馆，1983年；李学勤：《大盂鼎新论》，《郑州大学学报》1985年第3期；罗建中：《大盂鼎铭文蠡度》，《乐山师专学报（社会科学版）》1988年第2期；吴镇烽：《陕西金文汇编》（传八七），三秦出版社，1989年；庞怀靖：《岐山县文物志》（初稿），岐山县文化局印，1990年；黄盛璋：《西周铜器中服饰赏赐与职官及册命制度关系》，《传统文化与现代化》1997年第2期；涂白奎：《"畯正厥民"解》，《史学月刊》1997年第3期；潘勇：《历经磨难的西周大盂鼎和大克鼎》，《天津集邮》2001年第4期；李博：《古鼎避难》，《经济日报》2002年2月24日；郑重：《克、盂二鼎的发现、流传和捐献》，《文汇报》2004年2月22日；沈伟东：《大盂鼎、大克鼎及潘家逸事——记上海文史馆员、百岁老人潘达于》，《人民政协报》2005年3月13日B5—6版；刘恒：《大盂鼎铭文释读及其他》，《北方论丛》2005年第4期；张润棠：《大盂鼎——日寇为掠此器费尽心机》，载《宝鸡青铜器》，三秦出版社，2005年；辛怡华：《"若"字初意试探》，《华夏文化》2006年第3期；吴红松：《西周金文赏赐物品及其相关问题研究》，安徽大学博士学位论文，2006年；中国社会科学院考古研究所：《殷周金文集成》02837，中华书局，2007年；刘传宾：《西周青铜器铭文土地转让研究》，吉林大学硕士论文，2007年；霍彦儒、辛怡华：《商周金文编——宝鸡出土青铜器铭文集成》421，三秦出版社，2009年；李山、李辉：《大小盂鼎制作年代康王说质疑》，《北京师范大学学报（社会科学版）》2012年第2期；吴镇烽：《商周青铜器铭文暨图像集成》02514，上海古籍出版社，2012年；周鹏：《大盂鼎铭文"已"字辨析》，《南华大学学报（社会科学版）》（第14卷第4期），2013年8月；吕友者：《探析清末潘祖荫的鉴藏逸事》，《文物鉴定与鉴赏》2013年第9期；黄凤春、胡刚：《说西周金文中的"南公"——兼论随州叶家山西周曾国墓地的族属》，《江汉考古》2014年第2期；樊森、黄劲伟：《西周早期"南公"家族世系探略》，《西南大学学报（社会科学版）》（第42卷第5期），2016年9月；张天恩主编：《陕西金文集成（1）·宝鸡卷·岐山》0047，三秦出版社，2016年；叶先闯：《关于荣簋等五器与西周荣氏家族联系的一点意见》，《文史博览（理论）》2016年11月；《〈大盂鼎〉〈毛公鼎〉注释》，《书法》2018年第2期。高明：《论商周时代的臣》，《容庚先生百年诞辰纪念文集》，广州人民出版社，1998年，第103页。白冰：《青铜器铭文研究——白川静金文著作的成就与疏失》，学林出版社，2007年，第261页。李峰：《西周的灭亡》，上海古籍出版社，2007年，第68页。曹玮：《周原的非姬姓家族与虢氏家族》，《陕西历史博物馆馆刊》第七辑，2000年。白川静：《金文通释》六一，大盂鼎。朱凤瀚：《商周家族形态研究》（增订本），天津古籍出版社，2004年，第339页。辛怡华：《宝鸡石鼓山 M3 墓主及其相关问题》，《西部考古》第九辑。黄凤春、胡刚：《说西周金文中的"南公"——兼论随州叶家山西周曾国墓地的族属》，《江汉考古》2014年第2期（总131）。于省吾：《略论西周金文中"六𠂤"和"八𠂤"及其屯田制》，《考古》1964年第3期。

毛公鼎

◆ 器物介绍

西周宣王世。清道光末年出土于陕西省岐山县，现收藏于台北故宫博物院。它与大盂鼎、虢季子白盘、散氏盘被金石家誉为晚清出土的"四大国宝"。

关于毛公鼎的出土情况，据贺世明先生考证，是由岐山董家村村民董春生在村西地里挖出来的。古董商人闻讯前来看货，见鼎内有密密麻麻的一大篇古文字，当即以白银三百两购得。但当把鼎运至村南时，被村民董治官拦下，说这鼎位于他和董春生两家相交的地界上，他也有一份，买卖没有做成。

古董商遂以重金行贿知县，董治官被逮下狱，以私藏国宝治罪，并用铁链吊拷了一个多月，迫令招供藏鼎何处，然后派武人去藏处取出。此鼎后被运到县府，古董商即出重金悄悄买走。据说当时名画家张燕昌之子张石瓠曾见过毛公鼎，把鼎内铭文摹绘成双钩图，寄给时年69岁的浙江嘉兴名士徐同柏。徐见到铭文拓片时年已八旬，写了《周毛公鼎考释》一文。

清咸丰二年（1852），毛公鼎辗转落入西安古董商苏亿年之手，他向北京的著名金石学家兼收藏家陈介祺发函告知，陈接信后马上汇来白银一百两，让苏雇车专程送来。陈见此宝鼎价值超出他的预想，极为高兴，又赏苏白银一千两，将此鼎深藏于密室，鲜为人知。

毛公鼎入陈家之后屡经变故，据王殿英、王厚宇等学者调查，陈介祺病故后，1912年其后人卖出此鼎，归两江总督端方所有。端方被派到四川镇压保路运动，后被革命军所杀。端方之妾将毛公鼎典押给天津俄国人开办的华俄道盛银行。英国记者辛浦森出美金5万元向端家购买，端家嫌钱太少，不肯割爱。当时有爱国人士极力呼吁保护国宝，毛公鼎辗转至当时担任北洋政府交通总长的叶恭绰手中，存入大陆银行。

1937年抗日战争爆发，叶恭绰避走香港，毛公鼎未能带走，藏在了上海的寓所里。由于叶恭绰是用假名买走的毛公鼎，致使日本人无法查知它的下落。叶恭绰嘱咐其侄叶公超："美国人和日本人两次出高价购买毛公鼎，我都没有答应。现在我把毛公鼎托付给你，不得变卖，不得典质，更不能让它出国。有朝一日，可以献给国家。"毛公鼎几经易手，甚至差点被日本军方夺走，叶恭绰为救侄子，制造了一件假鼎上交日军。叶公超被释放后，于1941年夏密携毛公鼎逃往香港。不久，香港被日军攻占，叶家托德国友人将毛公鼎辗转运回上海。后来因生活困顿，将毛公鼎典押给银行，由巨贾陈咏仁借资赎回。抗日战争胜利后，第三战区司令员及叶恭绰、沈兼士等致电政府对陈咏仁移交毛公鼎给予褒奖，不料此鼎却被视为逆产，陈氏亦被幽禁，经多方解释方得和解，至此毛公鼎不再是私人财物而被收归国有。另一种说法是，陈咏仁并没有如叶恭绰所愿交给国家，而是经一个姓刘的老人之手落入了戴笠的手中，戴笠死后，其部下将此鼎交给"上海敌伪物资管理委员会"，经徐伯璞、徐森玉的努力，才将此物移交当时的"国立中央博物院"。1948年，国民党退守台湾，大量珍贵文物南迁至台北，毛公鼎亦在其中。毛公鼎现在收藏于台北故宫博物院。

毛公鼎造型朴素，腹如半球状，足呈马蹄形。口下饰重环纹一周，下加一道弦纹。鼎通高53.8厘米，口径47厘米，腹深27.2厘米，重34.7千克。腹内铸有铭文32行499字（含合文9重文9），为现存商周时期青铜器铭文最长的一件。主要内容为周王为中兴周室，革除积弊，策命重臣毛公，要他忠心辅佐周王，以免遭丧国之祸，并赐以器物。毛公深为感动，特铸鼎以纪之。

毛公鼎铭文书法形体修长而工整，线条呈"圆"，回曲蜿蜒，坚韧纤徐，笔之起收处常呈尖状，笔触长短互用，轻重有别，而且在书写中其力度的大小与速度的快慢，对比明显而出现起伏跌宕，奇逸飞动，气象浑穆。结字常故意破坏轴对称结构，使字的形体丰富多变、生动活泼。环状与斜向的线条，充满了运动感，参差的外廓体现了力量的外张。一种貌似极为随意的章法，却表现了数千年前书篆的匠心，虽是写在"不规则"的载体上（鼎腹内），却处置井然有序，和谐统一，且生动多姿。

◆ 铭文释文

王若曰："父厝，丕显文、武，皇天引厌氒（厥）德，配我有周，膺受大命，率怀不廷方，亡不闲于文、武耿光。唯天将集厥命，亦唯先正襄乂厥辟，龔（恭）堇（勤）大命。肆皇天亡斁，临保我有周，丕巩先王配命。敃（旻）天疾威，司余小子弗彶，邦将害（曷）吉？翩翩四方，大纵不静（靖）。呜呼！趯余小子圛湛于艰，永巩（恐）先王。"王曰："父厝，今余唯肇经先王命，命汝乂我邦我家内外，惷于小大政，屏朕立（位），虩许上下，若否于四方，死（尸）母（毋）动余一人才（在）立（位），引唯乃智，余非庸又昏，女（汝）母（毋）敢妄（荒）宁，虔夙夕惠（助）我一人，雍我邦小大猷，母（毋）折缄，告余先王若德，用印（仰）邵（昭）皇天，䲣貊（申恪）大命，康能四或（国），俗（欲）我弗乍（作）先王忧。"王曰："父厝，雩（粤）之庶出入事于外，尃（敷）命尃（敷）政，埶小大楚（胥）赋，无唯正昏，引其唯王智，廼唯是丧我或（国），历自今，出入尃（敷）命于外，氒（厥）非先告父厝，父厝舍命，母（毋）又敢惷尃（敷）于外。"王曰："父厝，今余唯䲣（申）先王命，命汝亟（极）一方，弘我邦、我家，母（毋）挃于政，勿雍律庶民贾。母（毋）敢龏橐，龏橐廼侮鳏寡，善效乃友正，母（毋）敢洵于酒，汝母（毋）敢坠，才（在）乃服，貊（恪）夙夕敬念王畏不赐。女（汝）母（毋）弗帅用先王乍明井（型），俗（欲）女（汝）弗以乃辟陷于艰。"王曰："父厝，已曰及兹卿事寮、大（太）史寮于父即尹，命女（汝）兼司公族，雩（与）叁有司、小子、师氏、虎臣雩（与）朕亵事，以乃族干（捍）吾（敔）王身，取赍卅乎（锊）。易（锡）女（汝）秬鬯一卣，祼圭瓒宝，朱市（韨）、恖黄（衡）、玉环、玉瑹、金车、桒缜毂、朱鞹圂（靬）靳、虎冟（幎）熏裹、右厄（轭）、画轉、画鞯、金甬（鍚）、造（错）衡、金踵（踵）、金𧆞（䡎）、䩸𩣡、金簟弼、鱼箙、马四匹、攸勒、金咥、金膺、朱旂二铃，易（锡）女（汝）兹膡，用岁用政。"毛公厝对扬天子皇休，用乍尊鼎，子子孙孙永宝用。

◆ 铭文注解

"母（毋）敢龏橐，龏橐廼侮鳏寡"

此处有两种读法"母（毋）敢龏橐龏橐，廼侮鳏寡"或"母（毋）敢龏橐，龏橐廼侮鳏寡"。"龏橐"一词，诸家争议颇大，迄无定论。此词也见于四十三年逨鼎，李学勤先生认为与贪污受贿有关。《诗经·小雅·鸿雁》："爰及矜人，哀此鳏寡。"毛传："老无妻曰鳏，偏丧曰寡。"《孟子·梁惠王下》："老而无妻曰鳏，老而无夫曰寡。"《左传·昭公元年》："不侮鳏寡。"杜注："侮，陵也。"可理解为欺凌。

"兹卿事寮、大（太）史寮于父即尹，命女（汝）兼司公族"

寮字在甲骨文中作"㙓"形，与寮字初文相比多了字符，该字符通常用作意符，表示房屋的含义。《周礼·秋官司寇》记载司烜氏之执掌曰："凡邦之大事，共坟烛庭燎。"《金文诂林》引高田忠周之语曰："下之燎，其意盖官人执事夜以继日之处也。"高田忠周认为寮字的含义是官员办公的场所。对比寮字由甲骨文到金文的字形演变情况，不难看出，金文寮字在甲骨文的基础上添加了吕符，王治国先生认为这里的吕符或即宫字之下半，只是在讹变为日之后，才有了后来的寮字，声符的变化与寮字的含义并无太大关系。因此，西周金文寮字的含义亦当与甲骨文所见一脉相承，有宫署之义，也可指代在同一官署办公的官员。如此，卿事寮的含义是卿士及其僚属，而太史寮则应包含太史及其属官在内。

西周金文出现有公族这一称谓的青铜器铭文主要有中觯、师酉簋、牧簋、番生簋、毛公鼎等。王治国先生认为，以上铭文中公族的含义大致可分为两种情况：一是作为个体称谓出现，如师酉簋铭中的公族瑪釐，牧簋铭中的公族及晋侯苏钟铭文中的公族；二是作为集合名词使用，主要例证有中觯、番生簋盖和毛公鼎等铭文。这两种情况又是个体与整体的关系。师酉有权管理邑人、虎臣，邑人即文献中的国人，平时务农，战时出征，为王朝主体战斗力量。虎臣则相当于周王的禁卫军，在战争中往往充当先锋作用。管理邑人、虎臣就等于控制着西周王朝大部分的武装力量，若非心腹重臣，当不会担此大任。而牧则曾为司士，可以"辟百僚"，有权监察弹劾百官。右者又称傧右，在册命礼仪中出现的右者身份通常比被右者要高，因而，这里的公族瑪釐、公族应为公族之长。晋侯苏钟铭文中所见之公族虽非以傧右身份出现，但其能够整顿王朝军队，地位自然非同一般，也应是公族之长。除了这些以个人身份出现的公族之外，中觯、番生簋和毛公鼎铭中的公族则为集体称谓，所代表的对象为一个群体。谢维扬先生认为先秦时期的公族为公室后裔；张亚初、刘雨两位先生则指出："西周金文中的公族，是既指公之族又指管理公族的人而言的，公之族是与周王血缘关系亲近的同姓贵族。"

从出现"公族"的青铜器铭文来看，目前所见年代最早者是师酉簋铭，为孝王前后器，可见，经过康、昭、穆、恭、懿等王世，西周王室子孙食邑王畿之内者当已颇具规模。随着时间的推移，在西周立国之前便已分宗别氏的贵族们与王室贵族之间的血缘关系渐行渐远，因此，西周中期设置公族一职的主要目的当是为了管理王畿之内历代周王之子孙。周人立国后，为维系宗族间的血缘关系，特别强调亲亲和尊尊，"亲亲"即所谓"殷道亲亲"，是说殷人重母统，太子死立弟不立嫡孙；"尊尊"即所谓"周道尊尊"，是说周人重父统，重直系轻旁系，重子而轻兄弟，太子死立嫡孙不立弟。亲亲重血缘与家族，尊尊别等级与贵贱。殷周相比，殷代较重视血缘关系，周代较重视政治关系。虽不能说殷代只要血缘不讲政治，周代只讲政治不论血缘，但是周代在讲

毛公鼎铭文拓片

血缘关系的同时，加入了"尊尊"的内容，周代的血缘关系经过人为改造，使之符合"尊尊"的原则，从而产生了封建宗法制和嫡长子继承制。尊尊则是各宗族分支以长宗为尊，天下各族以姬姓贵族为尊，姬姓贵族则以周王核心家族一支为尊，总体的尊卑次序视与周王血缘远近而定。这种关系体现在官制体系中的表现是，公族可与卿事寮、太史寮地位相当，而且按番生簋铭的叙事语序来看，其地位似还要高于卿事寮、太史寮。毛公鼎铭也是将公族放在首要地位，地位高于其他官员。鉴于公族的崇高地位，有学者认为西周时期存在卿事寮、太史寮和公族寮三寮。如此，番生簋盖铭文中所载之公族与卿事寮、太史寮实为并列关系。但这种三分的体系并未维持太久，从宣王早期的毛公鼎铭我们可以看到公族已是和三有司、小子、师氏、虎臣等相并列了，按照语序来看，此时的公族成了卿事寮的属官。总体来看，公族作为王朝官制体系中的一分子，自西周中期出现在王朝政坛伊始，其长官便在册命礼仪中充当重要大臣的右者，但其在王朝官制体系中的地位并非一成不变，由厉王时的番生簋盖铭和宣王时的毛公鼎铭对比来看，公族在厉宣之际的地位似有下降。王治国先生认为，这种情况当与其间王权的衰落有关，厉王实行专利政策，被部分大族联合驱逐，厉王被迫流亡于彘，并终老于此。在厉王被驱逐之后，西周王朝中央甚至出现大族代行天子执政的局面，大族势力在此时达到顶峰。毛公鼎铭记载宣王初即位，依然对往事心怀畏惧，反复要求执政的毛公要勤勉政事，尽力辅佐，周王对大族势力的依赖由此可见一斑。臣强则君弱，私家大族势力的强盛对王权来讲无疑是一种掣肘，但此时的周王又离不开这些大族的辅佐，因此，宣王即位后对大族的态度表现为既拉拢又限制，一方面给在王朝任职的大族代表（如毛公）以优厚的待遇，甚至抬高这些大族代表在王朝官制体系中的地位，具体的表现就是周王近亲家族人员被纳入卿事寮系统，这样公族的地位实际上有所降低。

"虎臣"

裘锡圭先生结合文献和金文中的用法，对虎臣做了很好的研究，认为其跟"仆"的性质比较接近，通常用于战斗、守卫等工作，其来源于俘获或降服的夷、狄等族人。

"桼緐較"

"較"，车两旁高出轼者。"桼緐較"是指較上包有革质或丝织物的較。

"虎冟（幎）熏裏"

"虎冟（幎）"，绘有虎纹的丝织物的车盖。"熏裏"修饰"虎冟（幎）"，义为浅绛色的虎冟之里。

"画鞞"

"鞞"即轭里，"画鞞"指有纹饰的革质轭里侧的衬垫。金文中，言赐"鞞"，一般与"轭"同赐，而"鞃"总在"轭"的后面，说明了"鞃"与"轭（厄）"的关系确实非常密切。

"画鞃"

"鞃"指用来捆缚伏兔的革带，"画鞃"，即经过髹漆用来捆缚伏兔的革带。而所谓的伏兔是多为屐形或长方形的居车轸和车轴间的车构件之一，有保护轴、轸木及减震等作用。

"金甬（甬）"

郭沫若先生释作銮铃，属轭衡之物。与"金甬（甬）"的銮铃之义相同的还有"銮旂"的"銮"。前者为车上之铃，后者为旂上之铃，即毛公鼎铭文中"朱旂二铃"。实际使用中其义似为郑注《礼记·经解》中的"形步则有环佩之声，升车则有銮和之音"时所云"升车则马动，马动则銮鸣，銮鸣则和应。所云为车行节也"。由此可知，金甬是车上一种具有礼仪性质的饰物。

"𩰫（错）衡"

"衡"，车前用来缚轭的横木。"𩰫（错）衡"指衡上饰有纹饰的铜质饰件。出土实物中，衡的形状多不相同，且多有铜质装饰物分布其上。这些铜饰件被研究者多称为"衡饰"，其作用是为了使衡更加坚固，进而使缚于其上的轭也更加稳固，最终有利于行驾车之事。

"金豙（𫐌）"

为止车行之器，类似于今天的刹车，是车上构件之一。

"金膺"

"膺"，马前的装饰，革质，为束马之用具，因其附有铜饰，故称为"金膺"。

铭文分五段，每段均从"王若曰"起，内容记述周宣王对毛公的诰诫，是一篇完整的册命。第一段：追述周代文、武二王因德高望重，受到皇天的青睐，得以在人间作上帝之配，接受了统治天下的大命，君臣相得，政治清平。接着用伤怀时事的语言，描述作鼎时时局并不宁靖。第二段：宣王册命毛公治理邦家内外，专擅大大小小的政事，屏卫王位，考绩四方官吏，保证周王王位不可动摇。第三段：给予毛公以宣示王命的权力，包括出纳王命，对外发布政令，制定各种徭役赋税。并且告诫毛公择善而从，不能一味献媚周王，如果这样，是可以造成亡国的！第四段：周王对作器者的告诫勉励之辞。宣王重申先王的命令，要求毛公要做政治上的楷模，担起复兴周室的重担。叮咛不要荒怠政事，不要壅塞庶民言论，不要让官员中饱私囊，不要欺负鳏寡孤独。并要好好教导僚属，恭恭敬敬地记住守业不易的遗训。第五段：再次明确毛公的权力，最后详记周王对毛公的各项赏赐，赐物达 20 余种，是在商周册命铭文中赏赐最多的一次。

《左传·僖公二十四年》："鲁、卫、毛、聃，文之昭也。"这里的毛，即指周文王之子毛叔郑初封之国邑名，其后世便以邑名为氏，形成姬姓毛氏家族。毛公其人，当即毛氏家族之后代而作官王室，位居卿士。1975 年岐山县京当乡董家村出土的此鼎与毛公鼎都是宣王时器，庞怀靖认为此鼎中提到的"司徒毛叔"有可能与毛公是同一个人。董家村出土的善夫旅伯鼎铭文提到的"毛仲姬"，一般认为她是毛氏家族的次女而嫁给善夫旅伯。

过去，学者对毛公鼎铭"邦将害（曷）吉"中"吉"的理解，可以说是大同小异。徐同柏将鼎铭中"吉"训为"善"，学者大多从其说。也有学者训"吉"为"好"或为"吉利"，二者虽然用词不同，但实际的意思却是一致的。寇占民认为鼎铭中的"吉"字，应训为"稳固""安定"。（寇占民：《毛公鼎铭文补释》，《华夏考古》2015 年第 4 期。）"吉"字出现很早，在殷商甲骨文中已经大量存在。以前解释"吉"字，多受《说文》影响，但对此字的形义解说始终没有中的。20 世纪以来，随着出土文献材料的增多，特别是对甲骨文、金文的深入研究，对《说文》中的这一解说，学者们提出了不同的见解。裘锡圭先生对"吉"字进行了总结，他说学者过去认为"吉"所从的像兵器，"吉"有坚实之义，这两点是可取的。由此可知，"吉"字的本义就是坚实。吉利之义究竟是"吉"字的引申义还是假借义有待研究。裘锡圭先生认为"坚实"是"吉"字的本义，确不可易。但大多学者都认为"吉"上部所从之形像兵器，寇先生认为是有问题的。依据近年来花园庄东地出土的甲骨材料来看，"吉"的上部分可以独立成字，可读为"圭"，"土"与"圭"乃同源字。"圭"为玉石，"吉"从"圭"得坚实之义是极为自然的。而在殷周金文中，"吉"字作后世常用"吉利"讲的几乎没有。铭文常见的"吉金""其金孔吉"中的"吉"，都应为"坚固""坚硬"。至于"永终于吉"和"吉康"这一句中的"吉"字，解作"安泰"比解作"吉祥"更符合文义。因此，把毛公鼎铭"邦将害（曷）吉"中的"吉"释为"好""吉利"，与上下文气不通，文义较为牵强。而释为"稳固""安定"，不仅与前文"肆皇天无斁，临保我有周，丕巩先王配命"中追述先祖在上天的保佑下，"丕巩先王配命"相衔接，又与后文"四方，大纵不静（靖）"所述国家动荡不安相照应。将"邦将害（曷）吉"理解为"国家怎么能够安定"，要比理解为"国家怎么能够吉利"更符合铭文意图。

据张正霞先生研究，毛公鼎全文 501 个字，248 个词，其中有 209 个单音词，39 个复音词。单音词占总数的 84.6%，复音词占总数的 15.4%。复音词主要是双音节，有 36 个，有三音节 2 个，四音节 1 个。复音词的结构主要是连绵式、联合式、偏正式、综合式。总之，当时的词汇主要以单音词为主，复音词有一定发展，基本的结构方式已经奠定，词性构成比较简单，主要是名词，动词、形容词都比较少。

◆ 铭文大意

周宣王对毛公说:"父厝啊!伟大英明的文王和武王,皇天很满意他们的德行,君臣相得,政治清平,衷心地接受了皇天的伟大使命,安抚怀柔了那些不来朝聘的方国,使之沐浴在文王、武王的光辉恩泽之中。这样,老天爷就收回了殷人的天命而给了我们周人。这也是先辈大臣们奉天大命,勤勤恳恳辅佐他们主君的结果。所以皇天不懈监护着我们周国,极大巩固了赋予先王的天命。但是威严的上天突然发出震怒,我没来得及领略天威,国家怎样才能够安定?四方不宁,国家动荡。唉!我真害怕沉陷在艰难之中,永远给先王带来忧惧。"

宣王说:"父厝啊!我郑重地遵守先王的命令,命令你治理我们国家和我们家族的里里外外,专擅大大小小的政事。屏卫我的王位,协调上下关系,考绩四方官吏,始终使我的王位不动摇。这需要发挥你的智慧。我并不是那么平庸而昏聩的,你也不能懈怠苟安,时刻虔诚地惠助于我,维护我们国家大大小小的谋划,不要闭口不说话。经常告诉我先王的美德,以便我能符合天意,继续勉力保持大命,使四方诸国康强安定,使我不给先王造成担忧!"

宣王说:"父厝啊!这些众官出入王命,对外发布政令,制定各种徭役赋税,不管错对,都说是我的英明,这样是可以造成亡国的!从今以后,出入或颁布命令,没有事先报告你,或不是你叫他们颁布的,就不能对外发布政令!"

宣王说:"父厝啊!现在我重申先王的命令,命令你做一方的政治楷模,光大我们的国家和家族。不要荒怠政事,不要壅塞庶民言论,不要让官员中饱私囊,不要欺凌鳏寡孤独。好好教导你的僚属,不能酗酒。你不能从你的职位上坠落下来,要时刻勉力啊!恭恭敬敬地记住守业不易的遗训。你不能不以先王所树立的典型为表率,你不要让你的君主陷入困难境地!"

宣王说:"父厝啊!我已对这些卿事僚、太史僚说过,叫他们归你管束。还命令你兼管公族和三有司、小子、师氏、虎臣,以及我的一切官吏。你率领你的族属捍卫我。取资三十乎,赐你香酒一卣、祼祭用的圭瓒宝器、红色蔽膝加青色横带、玉环、玉笏、金车、有装饰的车上曲购、蒙以兽革的车轼、画以虎纹的车盖幕、彩绘的车饰、四匹马及饰有铜饰的革质马笼头等。赐你这些器物,以便你用来岁祭和征伐。"

毛公厝为了报答天子的辉煌美德,因而铸造了这个宝鼎子子孙孙永远宝用。

◆ 相关文献

罗振玉:《三代吉金文存》4.46.2,民国二十六年影印本;商承祚:《毛公鼎铭释》，载《古器物铭释》，中山大学油印本，1927年；林泰辅著、明朝译：《毛公鼎铭考》，《中山大学语言历史研究所周刊》第10集第114期，1930年1月；鼎堂：《毛公鼎之年代》，《东方杂志》第28卷第13期，1931年7月；鼎堂：《〈毛公鼎之研究〉追记》，《东方杂志》第28卷第16期，1931年8月；吴其昌：《驳郭鼎堂先生毛公鼎之年代》，《东方杂志》第30卷第23期，1933年12月；张之纲：《毛公鼎拓本跋》，《瓯风杂志》1934年第11期；温廷敬：《毛公鼎之年代》，《史学专刊》第1卷第3期，1936年4月；陈小松：《释毛公鼎取证——周礼"以两剂禁民狱入钧金"新证之七》，《文物周刊》第46期，1947年8月；谭旦冏：《毛公鼎之经历》，《大陆杂志》第5卷第9期，1952年；董作宾：《毛公鼎考年注译》，《大陆杂志》第5卷第8期，1952年1月；高鸿缙：《毛公鼎集释》，《师大学报》第1期，1956年7月；《毛公鼎和散氏盘》，《新民晚报》1960年2月25日；梓溪：《毛公鼎》，《人民日报》1960年3月1日；唐兰：《毛公鼎"朱韍、葱衡、玉环、玉瑹"新解——驳汉人"葱珩佩玉"说》，《光明日报》1961年5月9日（又见《唐兰先生金文论集》，紫禁城出版社，1995年）；杨绍萱：《宗周钟散氏盘与毛公鼎所记载的西周历史》，《北京师范大学学报》1961年第4期；唐兰：《怀念毛公鼎、散氏盘和宗周钟——兼论西周社会性质》，《光明日报》1962年2月2日（又见《唐兰先生金文论集》，紫禁城出版社，1995年。）；沈文倬：《对扬补释》，《考古》1963年第4期；林𪻐、张亚初：《对扬补释质疑》，《考古》1964年第5期；张光远：《西周重器毛公鼎——驳论澳洲巴纳博士诬伪之说》，《故宫季刊》第7卷第2期，1972年；于豪亮：《说"引"字》，《考古》1977年第5期；高亨：《毛公鼎铭笺注》，载《文史述林》，中华书局，1980年；万家保：《毛公鼎的铸造及相关问题》，《大陆杂志》第60卷第4期，1980年4月；张世贤：《从商周铜器的内部特征试论毛公鼎的真伪问题》，《故宫季刊》第16卷第4期，1982年；严一萍编：《金文总集》1332，艺文印书馆，1983年；刘阶平：《陈簠斋先生与毛公鼎》，《故宫文物月刊》第1卷第12期，1984年3月；李学勤：《铭文最长的西周青铜器是什么？》，《文物天地》1985年第2期；谭旦冏：《毛公鼎的浅识》，《故宫文物月刊》第4卷第4期，1986年7月；王殿英：《国宝毛公鼎的沧桑》，《中国文物报》1986年12月12日第4版；王厚宇：《毛公鼎追寻入藏记》，《中国文物报》1989年2月24日；张光裕：《论两篇伪作的毛公鼎铭文》，载《雪斋学术论文集》，艺文印书馆（台北），1989年9月；罗宏才：《陈介祺如何得以收藏毛公鼎？》，《中国文物报》1989年7月7日第4版；吴镇烽：《陕西金文汇编》传91，三秦出版社，1989年；陈继揆：《毛公鼎旧事》（上），《文物天地》1991年第6期；陈继揆：《毛公鼎旧事》（下），《文物天地》1992年第1期；刘运兴：《毛公鼎铭文"康能四或俗我弗乍先王忧"考释》，《烟台师范学院学报》1992年第2期；唐复年：

《毛公鼎铭斠补》，载《第二届国际中国古文字学研讨会论文集》，香港中文大学，中国语言及文学系，1993年；张世贤：《从毛公鼎的真伪鉴别展望中国古器物学的研究》（上），《文物保护与考古科学》第6卷第2期，1995年；张世贤：《从毛公鼎的真伪鉴别展望中国古器物学的研究》（下），《文物保护与考古科学》第7卷第1期，1995年；石业华：《稀世国宝毛公鼎》，《知识窗》1995年第9期；宋伯良：《毛公鼎的收藏家》，《纵横》1996年第8期；庞怀靖：《岐山县文物志》（初稿），岐山县文化局印，1990年；徐伯璞：《毛公鼎得失》，《钟山风雨》2001年第6期；《稀世瑰宝毛公鼎的坎坷命运》，《石狮日报》2003年7月23日；方一戈：《叶公超与"毛公鼎"的一段生死机缘》，《文史天地》2003年第12期；张正霞：《〈毛公鼎〉构词法研究》，《大理学院学报》第3卷第6期，2004年11月；张润棠：《毛公鼎——铜器铭文字数之最多数第一》，载《宝鸡青铜器》，三秦出版社，2005年；吴红松：《西周金文赏赐物品及其相关问题研究》，安徽大学博士学位论文，2006年；梁德水：《皇皇金文说〈毛公〉》，《青少年书法（少年版）》2007年第8期；中国社会科学院考古研究所：《殷周金文集成》02841，中华书局，2007年；刘洪洋：《从〈毛公鼎〉看金文的临摹与创作》，《青少年书法（青年版）》2007年第11期；梁丽红：《一个半世纪来毛公鼎研究史回顾》，《中国史研究动态》2008年第4期；张林：《国宝重器毛公鼎》，《贵阳文史》2008年第6期；张长寿、闻广：《跋落照堂藏毛公鼎拓本》，《文物》2009年第2期；霍彦儒、辛怡华：《商周金文编——宝鸡出土青铜器铭文集成》441，三秦出版社，2009年；张长寿、闻广：《毛公鼎出土年份的一则讹传》，《文物》2012年第4期；吴镇烽：《商周青铜器铭文暨图像集成》02518，上海古籍出版社，2012年；王治国：《金文所见西周王朝官制研究》，北京大学博士研究生学位论文，2013年5月；程邦雄、马婷婷：《再说"𢆉"》，《语言研究》第33卷第4期，2013年10月；寇占民：《毛公鼎铭文补释》，《华夏考古》2015年第4期；石帅帅：《毛公鼎铭文集释》，吉林大学硕士学位论文，2016年4月；张天恩主编：《陕西金文集成（2）·宝鸡卷·岐山扶风》0130，三秦出版社，2016年；刘颜涛：《〈墙盘〉与〈毛公鼎解析〉（上）》，《书法》2017年第10期；刘颜涛：《〈墙盘〉与〈毛公鼎解析〉（中）》，《书法》2017年第11期；刘颜涛：《〈墙盘〉与〈毛公鼎解析〉（下）》，《书法》2017年第12期；《〈大盂鼎〉〈毛公鼎〉注释》，《书法》2018年第2期。王治国：《金文所见西周王朝官制研究》，北京大学博士研究生学位论文，2013年5月。

二、册命与赏赐

商周时期，职官就任，必先册命，周王通过将官员册命制度化来加强他对政权的控制。一篇完整的西周册命金文，一般包括册命的时间、地点、傧者、宣命、赐物、委派职责等。根据金文，完整的册命主要仪式流程可概括为：（1）周王到达。仪式通常在日出时举行，周王第一个进入"宫"的建筑，面向南。（2）受册命者入。从大门进入，站在庭院中央，面向北。（3）宣布命令。命书一般是提前制作好的。制作命书与宣布册命分属不同的史官。（4）表达谢意。受册命者向周王拜手稽首。（5）文件交接。当仪式完成时，内史将竹简文件交给受命者。（6）舍奠于庙。接受册命者回去之后，将册命之书刻铸成青铜器铭文，以永志不忘，垂教后世。

西周时举行册命仪式之前，先择取吉日，由筮者通过占卜决定。与商代相比，有以下几个特点：（1）西周的册命仪式程式化。商人注重内容，周人强调仪式感。册命的时间中加入月相，是周人的突出特色。时间包含月份、月相、干支三要素。（2）譬喻修辞减少，政治套语大量涌现。到周成王以后，"勿废朕命""敬夙夕"等套语大量出现，政治意味浓重，而语言略显呆板。（3）思想主旋律的变化。上帝是商人的至上神，鬼神崇拜占据着他们的思想世界。自周成王以后，册封时一般要追溯文王、武王之德，叙述受命者祖先或本人辅佐周王的功绩。周代册命巫鬼色彩明显减弱，而人文理念升腾。册命的内容多强调因先祖（或本人）辅佐周天子有功、德行出众而受到册命。敬天保民、褒德赏功，已经成为西周册命理念的主旋律。

宰兽簋

◆ 器物介绍

西周中期，窖藏出土。1997年出土于陕西省扶风县段家乡大同村，4件同出。宝鸡市周原博物馆收藏1件，其余3件被陕西历史博物馆收藏。

大同村的西侧是宝鸡峡主干渠南北向流经的地方，这里有一处西周文化遗址。干渠两侧的断崖上暴露着不少大小不等的西周灰坑，内含绳纹罐、鬲和素面束腰豆等陶器残片。从器型看多见西周中晚期特征。主干渠的西侧断崖上还暴露着3座西周墓葬，从分布走向看，渠道内原来可能也有墓葬存在。主干渠东侧堆积着大量从渠道内挖出的泥土，此青铜簋就出土在被堆积泥土压着的原来为地面的一个自然小坑内。据此推测，此簋是1971年前后开渠时从渠底墓葬中出土，而后临时埋葬在那里，直到1997年7月第2次出土。

据肖秋生先生文，扶风县段家乡大同村有一家兄弟4人，母亲因病去世早，老小从小体弱多病，加上生性懦弱，家境远不如3个兄长。改革开放以后，他承包了村里的小卖部，但经营得并不好。父亲帮他成了家，他们一家就一直跟着父亲住在老屋里。父亲帮他看店，也到责任田帮他劳作。1987年，73岁的父亲得了一场重病，卧床不起。

一天晚上，他给父亲喂饭，老人拉着他的手说："爹这辈子亏待了你这从小没娘的孩儿。爹有几件东西留给你，就埋在柴房西南角。不到万不得已别出手。"老人告诉小儿子，那东西，是1971年农业学大寨搞农田基本建设，挖水渠时无意中发现的。当时，没声张，悄悄地用土盖住。晚上，趁着月光，把东西挖出来，让水渠恢复原样。今天挖一件，明天挖一件，一共挖了4件，弄回来埋在柴房里。老人让儿子守住秘密，别说。

10年后的1997年，因其子（老人的孙子）要与村里的几个年轻人结伴去广东打工，他家却凑不足盘缠。他就到柴房挖出1件，送到周原博物馆，拿到了些奖励，解了燃眉之急。这一回，是给儿子盖房娶媳妇，父子俩一起想到了家里藏的宝贝。儿子在外面打工，开了眼界，知道了文物能值大价钱，嫌父亲两年前得到的奖励太少，就请人拍了照片，到陕西历史博物馆去鉴定。

宰兽簋，通高37.5厘米，口径24.5厘米，腹深13厘米，方座正面长24.8厘米，侧面长25.3厘米，高12.5厘米，重14.4千克。有盖，身微矮，侈口，束颈，唇棱角尖锐，腹中部外鼓，两侧有兽首形耳，圈足，下设方座，平底。盖中央有圆形捉手，直径10.5厘米，高3.3厘米。捉手外和口沿处饰以云雷纹衬地的变形兽面纹两周，间以高突的覆瓦纹。口沿和圈足饰以云雷纹衬地的兽目交连纹，腹部饰高突的覆瓦纹。耳部兽首双角呈螺旋状，略高出器口，屈舌上饰重环状鳞纹，下有象鼻状垂耳。方座四隅饰兽面纹，四面饰壸门形兽面纹，兽面以方座四角为鼻。主纹为高浮雕，以纤细的云雷纹衬地。方座内顶部有挂铃的索状半环钮，铃已失。此簋纹饰的布局方格，在周原出土的西周青铜器中是首次见到。另外，该器盖上有四道范缝痕迹，器身至方座上有四道贯通的范缝痕迹，可见此两部分在铸造时均使用了四块外范。两耳部各有一穿孔，似为分铸耳部时所设之浇口。器盖内铭文外侧有一周数枚较明显的垫片痕迹。

盖内铸有铭文12行129字，是西周册命制度最完整的铭文之一，对周王册命臣下的仪式、命辞、程序，都做了比较详细的记载。这一套制度在共王时期已经定型，首先是王到某宫、庙、大室即位，由某位大臣作"右"，引觐见周王的人，再由内史或作册尹、作册内史宣读册命，宣告封官、赏物，被赐者受册以出，返纳瑾璋，成礼。这套仪式，一直沿用到春秋齐桓公、晋文公时。

◆ 铭文释文

唯六年二月初吉甲戌，王在周师录宫。旦，王各（格）大（太）室，即立（位）。司土荣白（伯）右宰兽内（入）门立中廷，北乡（向）。王乎（呼）内史尹中（仲）册命宰兽曰："昔先王既命女（汝），今余唯或（又）䚈（申）虉乃命，更乃祖考事。敃（兼）司康宫王家臣妾、奠庸外入（内）毋敢无闻知。易（锡）女（汝）赤市（韨）、幽亢、攸（鋚）勒，用事。"兽拜稽首，敢对扬天子不显鲁休命，用作朕剌（烈）祖幽仲、益姜宝匜簋。兽其万年子子孙孙宝用。

◆ 铭文注解

罗西章先生从簋的形制、纹饰和铭文及涉及的人名分析，认为该器时代定在夷王六年比较合适。理由是，首先它与庄白一号窖藏出土的孝王时期的簋、齐村窖藏出土的厉王㝬簋的器形、纹饰方格基本相似。从宰兽簋方座上兽面的眼睛看，已不是西周早期、中期所流行的臣字形眼，而是在靠鼻的一端下垂弯曲得特别突出。簋方座上的直棱纹，已有壸门式的味道，而宰兽簋的方座兽面纹已为壸门式了。宰兽簋纹饰中的变形兽面纹、重环形鳞纹、座四隅纹饰均和痪簋、㝬簋基本相同，这表明它们的时代大体相当。宰兽簋的铭文，其字形、字体都是西周中晚期的作风，没有早期的孑遗。再从铭文中出现的人名荣伯来看，恭王时的永盂、卫盉中的荣伯名前未冠官职，而在宰兽簋中冠以司土之职。另就代宣王命册命兽的内史尹，也不见于恭、懿、孝、厉时的青铜器。罗先生据上理由判断，宰兽簋的年代上限不会超过孝王，下限不会晚于厉王，定在夷王比较确切。

吴镇烽先生认为，罗西章先生将宰兽簋的时代断为夷王之世失之过晚。吴先生认为，宰兽簋侈口有盖，盖、口沿及圈足饰无目的窃曲纹，腹部及盖的主体花纹是覆瓦纹，与恒簋盖相同，方座上饰窃曲纹。这些纹饰都是西周恭王以后，特别是懿孝时期流行的纹饰。再从铭文中反映的人名和周王在师录宫太室册命宰兽来看，荣伯见于恭王时期的永盂、五祀卫鼎、卫盉、应侯钟、卯簋、康鼎和懿王时期的弭耳簋、同簋等，最晚的是孝王时期的十月敔簋。荣伯和邢伯、益公是当时周王朝的执政大臣，从宰兽簋知荣伯是司土，那么益公当是司工。再结合这个时期周王经常在师录宫太室册命大臣的情形看，宰兽簋的时代定在懿王时期较为合适，最迟不得晚于孝王。

陈公柔、王世民、张长寿等先生则将宰兽簋置于孝王前后。从宰兽簋的纹饰来看，其腹部、盖上瓦纹、窃曲纹与痪簋腹部、盖上直棱纹、重环方格俨然有别，而痪簋腹部、方座饰的直棱纹与㝬簋腹部、方座所饰的直棱纹方格一致，故痪簋的年代接近㝬簋年代，而宰兽簋距㝬簋较远；另外，从铭文风格看，簋铭文的书写行气十足，字体方方正正，与㝬簋的书体风格如出一辙；而宰兽簋铭文的书写风格与穆王时期的彧簋书写风格相近，天然自成。孝王即位虽然位于懿王之后，是西周第八位天子，但他是穆王的儿子。彧簋的年代为穆王时期，因此我们认为宰兽簋的年代应在孝王时期。

张懋镕先生认为，对于宰兽簋这样一件非标准器，要敲定它的具体年代是比较困难的，仅靠考古学手段是不够的，还得从金文历谱入手。编制、选择怎样的一份金文历谱，取决于对西周青铜器年代的整体把握，又直接影响到西周诸王年代的判定，以及每件青铜器的王世归属问题，这是两个相辅相成、互为依赖的问题。要编制一份比

宰兽簋甲铭文拓片

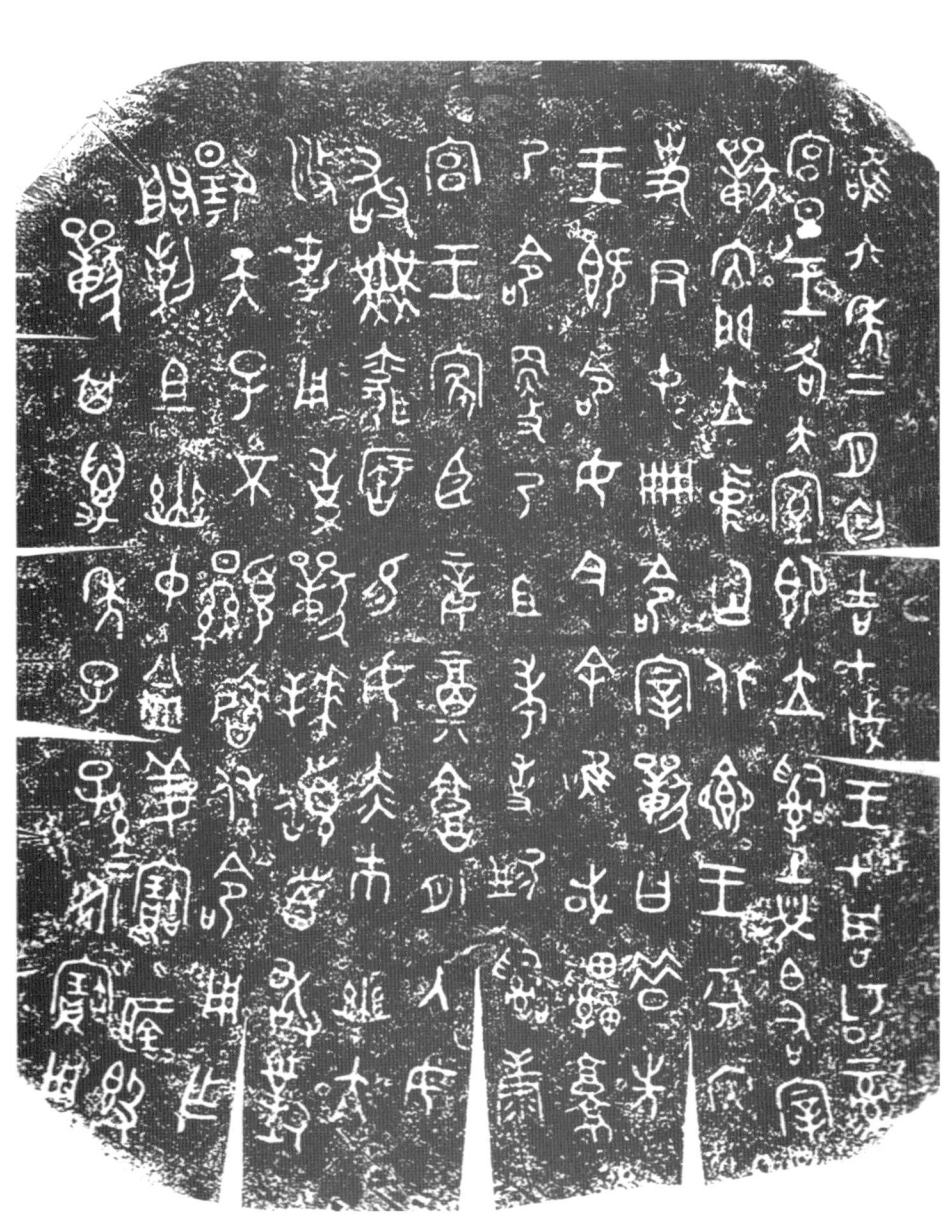

宰兽簋乙铭文拓片

较合适的金文历谱，大致要从以下几个方面考虑：一是要确定西周中期后段懿、孝二王及西周晚期前段夷王的在位年数；二是要推定大致属于这三个王世的青铜器；三是由以上两点再制定出几份金文历谱，比较优劣，最后选定某种金文历谱。经张先生研究，宰兽簋应为周夷王六年（前880）器，与罗西章先生的推断不谋而合。

"王在周师录宫"之"周"，指位于陕西扶风、岐山两县交界处的周原，金文中称为周。师录宫是建在周原的著名宫室之一，周王常在这里册命、赏赐臣下。

对于西周金文中常提到的周，学术界有不同看法。曹玮认为，西周时期的册命赐物的活动主要在周地的宗庙进行，"示不敢专也"。并认为在西周金文中作为具体地名的"周"，是西周王朝的宗庙所在地，具体指文王在殷商之丰地建立的都城，金文中被称之为"周"。它是西周三京之一，与武王之宗周、成王之成周共同构成了西周时期的政治中心。

刘士莪、尹盛平在《微氏家族青铜器群研究》一文中认为，岐山之阳地区古代叫作"周"，又因为是一片高而平的广大原野，所以又叫作周原。太王迁居周原后，以居地为号，称为周。《史记·正义》云："因太王所居周原，因号曰周。"岐山凤雏遗址出土的甲骨卜辞有"周方伯"，证明周人居岐时是以居地为国号的。周人从此不仅以居地为国号，而且其都邑也沿用"周"的名称不变。《尚书·周书·召诰》说："王朝步自周，则至于丰。"说明"周"与丰京相距甚近。成王把洛邑建成后，照例要用先王所居地名——"周"来命名新邑。此时"周"已有了两个，一是岐山之阳的"周"，一是镐京的"周"。成王为了区别几个地域不同的"周"，就把自己在洛邑所营新邑命名为"成周"，表示是成王自己的"周"。成王改镐京的"周"为宗周。周人在岐山之阳的居地本来就叫"周"，为先王所居之地，自然不能改动，仍旧叫作"周"，史称岐周。所以，成王五年以后，金文中的"周"是指岐周。

刘、尹两位先生进一步指出，在西周金文中，成周、宗周、周三个都邑，性质有所不同。周初金文中多涉及王臣在成周殷见东方诸侯之事，殷见实际是视察的性质，说明成周只不过是周朝的陪都而已。西周一代，宗周的地位十分重要，西周早期的金文多涉及诸侯在宗周朝见和服事周王之事，说明宗周是国都，金文中的宗周是镐京无疑。岐周是周人老家，是西周许多重要王臣世族聚居之地，成王五年以后金文中的"周"就是岐周，周王室的宗庙始终未废，周王常来这里召见、册命、赏赐岐邑的世族王臣。笔者同意刘、尹两位先生的观点。

司土亦称司徒，西周金文常见，活跃于西周行政的不同层级和不同地方，是王室职务最高的执政大臣之一，担负土地行政管理和有关土地的责任，有时还负责征伐徒役。

荣伯早见于恭王时的永盂、卫盉，到夷王时已历四朝天子50余年。罗西章先生怀疑宰兽簋中的荣伯与永盂、卫盉中的荣伯不是同一个人，若此，这个荣伯当时承袭先辈爵位的荣氏后代，很可能就是周厉王时实行"专利"引发国人暴动的荣夷公。

"右"

为傧右，有引导、陪同之义。

"宰"

为官名，其职大可到百官之首，小可到贵族家臣之长。宰兽之宰应是管理康宫的长官。

"或（又）䚜（申）亯乃命"

"䚜（申）亯"有重申之义，加"或"字，则义为再次重申是命。

"敊（兼）司"

金文常见，罗先生认为，从字形看是收拢、捆缚禾秆之形。从句义看，有"兼""并"之义，就是除本职工作外还要兼管些其他事情，可能就是"兼"字初义。

"幽亢"

上古音中，"亢""黄"二字音近可通。金文赏赐物中的"亢""黄"指的是同一物品。均为系市（蔽膝，大概与围裙差不多）的带子。"幽"即"黝"，为黑色之义。"幽亢"，指黑色的系在市上的带子，其赏多为西周中期。

从铭文内容看，宰兽的官职是"先王（孝王）"任命，夷王重新予以任命，而且是承袭其祖父、父亲的官职。但为什么不在夷王元年（前885），而是夷王六年（前880）重新册命，不得而知。这几件簋是宰兽为其祖父、祖母作的，也许其爵位根源于祖父吧。从其祖母"益姜"之名看，宰兽家族有可能是姬姓。

◆ 铭文大意

孝王六年二月初吉甲戌这天，王在周（今陕西扶风岐山两县交界处的周原）的师录宫，一大早，王来到太室就位。司土荣伯引导宰兽进门，站在中廷，面朝北。王招呼内史尹仲册命宰兽，说："过去先王已经册命了你，今天我重申你继续你祖父、先考的职事，兼掌管康宫王家内外之事，你不敢不向王室上报奏事啊。赏赐给你赤色的围裙连同黑色的绶带、铜装饰的马笼头，履行你的职责去吧。"宰兽跪倒，双手相拱至地，俯首至手，感谢赞颂天子的册命，为其烈祖幽仲、烈祖母益姜作了这件宝尊，宰兽的万年子子孙孙都要把它作为宝贝享用。

◆ **相关文献**

罗西章：《宰兽簋铭略考》，《文物》1998年第8期；施谢捷：《宰兽簋铭补释》，《文物》1999年第11期；陈公柔、王世民、张长寿等：《西周青铜器分期断代研究》，文物出版社，1999年；吴镇烽：《宰兽簋小议》，载《陕西历史博物馆馆刊》（第7辑），三秦出版社，2000年；刘启益：《六年宰兽簋的时代与西周纪年》，载《古文字研究》第22辑，中华书局，2000年；北京大学考古文博学院、北京大学古代文明研究中心：《吉金铸国史——周原出土西周青铜器精粹》44，文物出版社，2002年；张懋镕：《宰兽簋王年试说》，《文博》2002年第1期；霍彦儒、辛怡华：《商周金文编——宝鸡出土青铜器铭文集成》320、321，三秦出版社，2009年；吴镇烽：《商周青铜器铭文暨图像集成》05376、05377，上海古籍出版社，2012年；张天恩主编：《陕西金文集成（5）·宝鸡卷·扶风》0539，三秦出版社，2016年。曹玮：《也谈金文中的"周"》，载《周原遗址与西周青铜器研究》，科学出版社，2004年，第123页。刘士莪、尹盛平：《微氏家族青铜器群研究》，载《西周微氏家族青铜器群研究》，文物出版社，1992年，第93—108页。

即簋

◆ 器物介绍

西周恭王世，窖藏出土。1974年12月5日，扶风县黄堆公社云塘大队强家生产队社员平整强家沟西土地时发现西周铜器窖藏，陕西省文物管理委员会扶岐考古工作站闻讯后即前往现场进行了调查。铜器出土于强家村西稍北300米处，出土青铜器7件，计鼎1件、钟1件、簋2件、簋盖2件、镂空豆1件。据社员反映，它们出土于一个窖穴内，窖口上距地表约1.2米，鼎口向上，放在窖穴中部偏北，簋、簋盖和镂空豆放在鼎内，钟放在鼎外南侧。经现场勘查，出土地点没有墓葬痕迹，也无其他遗物发现，窖穴开口在周代地层，没有晚期人为扰动的迹象。出土文物收藏于陕西历史博物馆。即簋，高15厘米，口径23厘米，重3.8千克。盖佚，底内铸有铭文7行，行10字，重文2，共72字。

◆ 铭文释文

唯王三月初吉庚申，王在康宫，格大室，定伯入右即。王乎："命汝赤市（韍）、朱黄（衡）、玄衣黹（黼）屯（纯）、銮旅（旂）。曰：司琱官人、虢稻，用事。"即

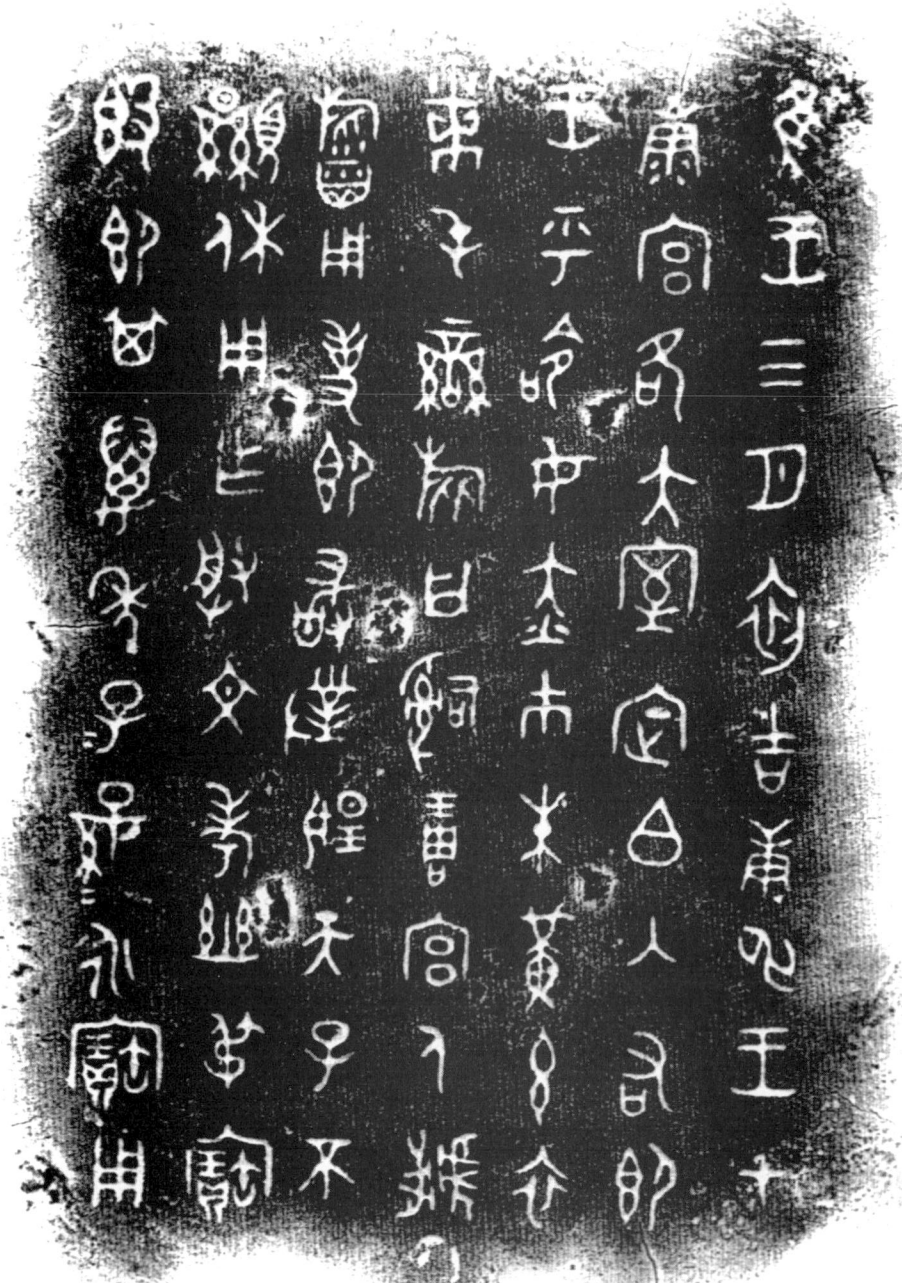

即簋铭文拓片

敢对扬天子丕显休，用作朕文考幽叔宝簋，其万年子子孙孙永宝用。

◆ 铭文注解

西周青铜器断代中的"康宫说"又称为"康宫原则"。这一原则由唐兰先生提出，指的是铭文中凡是出现"康宫"字样的铜器，其年代一定在康王之后。在西周青铜器铭文中，言及"康宫"一词的，大体上可以分为两类：一类是单言康公的，如卫簋（《商周金文编——宝鸡出土青铜器铭文集成》4209-4212）"王格于康宫"；另一类是言康某宫、康宫某宫、康宫某大室的，如克钟（《商周金文编——宝鸡出土青铜器铭文集成》204）"王在周康剌宫"。

前一类有的称"康公"，有的称"周康宫"，其重心不离"康宫"；后一类有的称"康宫某宫"，有的称"康某宫"，康宫成了限定空间范围的词语，中心词则是昭宫、穆宫、剌宫、新宫等。

1955年陈梦家先生在《西周铜器断代》中对唐兰先生的"康宫"说提出了质疑。他反对"康宫说"的理论根据是"宫是生人所住的地方"。徐仲舒、郭沫若也是反对"康宫说"的代表人物。郭沫若提出"康宫"中的"康"是尊美之词。陈梦家提出的"康宫"之"宫"并非"宗庙"，而是生人所住的地方。

1962年唐兰先生在《西周铜器断代中的"康宫"问题》一文中，对质疑其"康宫"的观点进行了全面反驳，是研究西周青铜器断代的重要著作。

2002年，杜勇、沈长云先生在其《金文断代方法探微》一书中，对唐兰先生"康宫说"进行了逐条分析，并提出了反对意见。对于康宫的性质，杜、沈结论是康宫虽有宗庙性质的建筑，但未必就是专设的王室宗庙；康宫或康某宫的主要功能当为周王的寝宫，以供时王居住并处理政务；共懿之后，仿新宫之例，康宫续有厉、夷、昭、穆诸宫的增建，仍属王之宫寝性质的建筑，以满足后嗣周王在东都理政的多种生活需要。

李刚先生在《唐兰的青铜器及铭文研究》（吉林大学博士学位论文，2016年6月。）一书中总结说，从目前的研究成果看，还没有新出土的材料能够说明"康宫说"是错误的。并引用刘雨先生对唐兰先生的"康宫"原则评价："他指出金文中的'康宫'即康王之庙，凡记有'康宫'的铜器应定为康王身后之器，并与昭王南征的记载联系起来。根据这一原则，金文中所计'康宫'中的'夷宫''厉宫'，应为夷王、厉王之庙，金文中凡记有夷、厉二宫之器，自应是夷王、厉王身后之器。他的这些分析，到目前为止，尚未发现与考古发掘出土的器物时代相矛盾者，并不断被新出土的青铜器铭文所肯定。因而，他的'康宫说'逐渐为多数学者所接受。近年国家进行的'夏商周断代工程'，在讨论西周青铜器断代时，就使用了'康宫'原则，这一方法对铜器断代之学做出了新的贡献。"

"玄衣㡀（黼）屯（纯）"

"玄衣"之赐，金文习见，其后常附有"㡀（黼）屯（纯）"等修饰词。"㡀（黼）屯（纯）""㡀（黼）"，《说文》："白与黑相次文。""纯"，《说文》："缘，衣纯也。"《广雅·释诂》："纯，缘也。"可见，"㡀屯"指在衣缘饰以黑白相间的黼纹。金文中，"玄衣"后的"㡀屯"是说明玄衣的衣缘有黑白相间的纹饰。

"虤"

像两虎对争之形。《说文》有"虤"字，释"虎怒也，从二虎"。商承祚说："虤，即许书贙之本字，后世传写误正成虤，遂加贝字以别虤，微此几晦其初形。"《说文》："贙，分别也。从虤对争贝，读若回。"《尔雅·释兽》："贙有力。"郭注："出西海大秦国，有貗者，似狗多力，犷恶。"

吴镇烽先生认为即簋的时代在共王时期。作器者即，称其父为文考幽叔，与奥似系一家。根据铭文考证，即为虢季后代。虢氏家族是居住在岐周之地为数不多的姬姓家族。即之官职为"司雕宫人"。"雕"当指器物出土地、现在的周原一带。"宫"，金文中常见，《说文》以"室"释宫，学者以为作宗庙讲。两种意思在金文中都不乏其例，但这里的"宫"当居室讲更为恰当。"雕宫"应当是于雕地的居住区。"司雕宫人"，当时管理雕地居住区的官吏，这一官吏的担当者恰好是作为姬姓的虢氏家族人。在周原地区铜器虢伯、仲、叔、季都有，但文献所记，仅有虢仲、虢叔，他们是王季之子，文王之弟。

虢国是西周初年的姬姓封国，斗转星移，沧海桑田，岁月模糊了其本来面目，致使先秦两汉的文献中先后出现了五个虢国。

《汉书·地理志·弘农郡》陕县下班固自注云："陕，故虢国。有焦城，故焦国。北虢在大阳，东虢在荥阳，西虢在雍州。"这是最早记录四个虢国的文献。《水经·河水注》卷四："昔周、邵分伯，以此（陕）城为东西之别，东城即虢邑之上阳也。虢仲之所都为南虢，三虢此其一焉。其大城中有小城，故焦国也。"这里又把班固所讲的"陕县之虢"称之谓南虢。《史记·秦本纪》载：武公十一年（前678）"灭小虢"。于是便有了西周春秋时期有东、西、南、北和小虢五个虢国。

自东汉以来，史学界围绕它们的分封、地望、迁徙及其相关问题，展开了激烈的争论。多数学者认为，西周初期，周王所封只有二虢，一为东虢，封邑荥阳，公元前767年为东迁的郑国所灭；二为西虢，封地宝鸡。西周晚期，西虢东迁，族人一支滞留原地，史称小虢，公元前687年为秦武公所灭；另一支则东迁到今三门峡、平陆一带，因其地跨黄河南北，隔河相望，故有南虢、北虢之称，今人则一般称其虢国，公元前655年亡于晋国。

虽然目前学术界似乎厘清了历史上五个虢国族属源流的纠葛，但还没有解决西虢东迁的原因和时间问题，更没有解决虢国（南虢、北虢）的起源、建国年代和开国君主等问题。

对虢仲、虢叔，谁封在西虢，谁封在东虢，历来说法不一。东汉贾逵、马融和唐代张守节以为虢仲封东虢，虢叔封西虢。而西晋杜预、唐孔颖达等主张恰恰相反。限于材料，这个问题始终未能理出头绪。1972年，班簋实物的再发现，似乎为问题解决创造了可能。郭沫若先生考订铭文中的虢公就是西虢的始封者。黄盛璋先生根据《国语·郑语》史伯对郑桓公说"子男之国，虢、郐为大，虢叔恃势，郐仲恃险"，桓公依其建议迁于新郑，二年灭郐，四年灭虢，认为虢叔必为东虢，而虢仲就只能是西虢，《太康地记》《水经注》《通典》等书说宝鸡之西虢为"虢叔之国"就不对了。清道光年间虢季子白盘出于宝鸡之虢川司，即西虢之故地，而虢季子孙"即"与"师兑"之器同出扶风强家村，虢仲臣下公臣所作公臣簋出自岐山董家村，皆说明虢季、虢仲原来在西，幽王之乱，重器不能尽带，因而藏于西周旧都岐周附近。西支随平王东迁于上阳，所以上村岭虢国墓地出土有虢季氏子段鬲，是完全可以解释的。

陕西凤翔出土的金文资料不仅说明虢仲始封于西虢，而且还说明西虢在西周时期习惯称为城虢，以区分东虢。也就是说，虢仲封于西虢。

周是一个兴起于西土的民族，周人对西土的经营可以上溯到周王朝建立之前的先周时期。西周建立后，周人对西土的经营始终没有停止过，并颇有成效。周人与西部少数民族不仅能和平共处，并且西部少数民族还经常派军队帮助周王东征。牧野之战中的周军队中就有不少西部少数民族的军队。东方则不然。周以"小邦周"攻克"大邦殷"，殷商遗民的顽强反抗和东夷等少数民族的侵扰，一直是西周初期周王室棘手的主要问题。因此，周灭商后始终将东方地区作为其大规模政治军事经营的重点区域，不断向东方开拓经营。除周公三年东征这种大规模的征伐外，以宗周王室军队为主力，在东方的战争时有发生。从出土的金文资料看，在东方战争中虢仲及其率领的军队堪称一支劲旅。

文王以降，西虢国君或贵族大多在周王室任职，历任卿士，世代为公，而东虢国为子爵或男爵的小国。所以，在朝廷任职的虢君均出自西虢，由此可见，在实力及影响上，东虢远不及西虢。

李学勤先生则认为，师兑钟与师𩵦鼎为同一家族器物。而即簋与师兑钟同出一窖藏，自然是一家族之器。师𩵦鼎"𩵦"字当读为"郭"，古书中郭、虢通用，因此师𩵦的父亲"郭季易父"就是师兑的"烈祖虢季"。传世青铜器有师望鼎，器主自称"大师小子望"，称其皇考为宄公，而师𩵦鼎铭文也自称是"伯太师"的"小子"。李先生将这一家族的世系排定为：

郭季易父→师龢（亮公）→师望（幽叔）→即（德叔）→师㝨

1992年9月，扶风县召公镇海家村村民在村南取土时发现一处西周青铜器窖藏，出土青铜器4件，其中最重要的有青铜爬龙和师㝨钟。李学勤先生在《论西周王朝中的齐太公后裔》一文中，指出师㝨钟为姜太公家族之器。

师㝨家族的世袭为：太公、郭（墉）公、献（执）公、鲁仲、宪伯、孝公、静公、师孟八代。

李学勤先生指出，把师㝨钟等世系和师㝨钟等世系并列对比，不难看出其间的关系。前者的第一代是大（太）公，后者的第一代是公上父。按齐太公《史记·三代世表》作"太公尚"，《诗经·大明》及《逸周书·克殷》作"师尚父"，《战国策·秦策》《荀子·王霸》作"吕尚"，最近发现的清华大学藏战国简《耆夜》则作"邵（吕）上父"。由此证明铭文的"公上父"就是太公。师㝨钟等世系的第二代是郭公，系太公之子，师㝨钟等世系第二代郭季应为郭公之弟，太公的儿子。

按照西周宗法制及分封制惯例，同姓和异性功臣外封为诸侯者，往往是长子代父赴国就封，世代相继为侯，次子留守王室继承父亲的爵位和国都近畿之采邑。武王灭商后，其母弟周公旦受封于鲁，其长子伯禽赴鲁，子孙相继为鲁侯（公）。周之同姓召公奭受封于燕，长子就封，而次子留周室代为召公。

李学勤先生认为，太公封齐，长子吕伋之后世为齐君，同时还有两子留于朝，封在畿内郭地一支继承太公的大师职位，幼弟郭季一支也在大师属下。这在一定程度上，同周公、召公家族的情形是相似的。幼弟郭季一支其居住地应该在强家村窖藏一带。

◆ 铭文大意

龚王三月初吉庚申这天，王在康宫，就位大室。定伯引导即进来。王招呼说："赏赐给你赤色的围裙、朱色绶带、有针刺花纹边的黑色上衣、车上的鸾铃和旗子。"王又说："册命你管理周宫人搓稻的工作。"即赞美天子的恩赐，作了文考幽叔的宝簋，祈求子子孙孙万年宝用。

◆ 相关文献

吴镇烽、雒忠如：《陕西省扶风县强家村出土的西周铜器》，《文物》1975年第8期；陕西省考古研究所、陕西省博物馆、陕西省文物管理委员会：《陕西出土的商周青铜器》（三），文物出版社，1980年；严一萍编：《金文总集》2773，艺文印书馆，1983年；黄盛璋：《扶风强家村新出西周铜器群与相关史实之研究》，《西周史研究》人文杂志丛刊（第二辑）1984年；吴镇烽：《陕西金文汇编》397，三秦出版社，1989年；

罗西章：《扶风县文物志》，陕西人民教育出版社，1993年；曹玮：《周原的非姬姓家族与虢氏家族》，载《周原遗址与西周铜器研究》，科学出版社，2004年；中国社会科学院考古研究所：《殷周金文集成》04250，中华书局，2007年；霍彦儒、辛怡华：《商周金文编——宝鸡出土青铜器铭文集成》8，三秦出版社，2009年；李学勤：《论西周王朝中的齐太公后裔》，《烟台大学学报（哲学社会科学版）》第23卷第4期，2010年10月；吴镇烽：《商周青铜器铭文暨图像集成》05290，上海古籍出版社，2012年；张天恩主编：《陕西金文集成（5）·宝鸡卷·扶风》0479，三秦出版社，2016年。杜勇、沈长云：《金文断代方法探微》，人民出版社，2002年。刘雨、卢岩：《近出殷周金文集录》，中华书局，2002年。

恒簋

◆ **器物介绍**

西周恭王时期，窖藏出土。1974年12月5日，扶风县黄堆公社云塘大队强家生产队社员平整强家沟西土地时，发现西周青铜器窖藏，陕西省文物管理委员会扶岐考古工作站闻讯后立即前往现场进行了调查。青铜器出土于强家村西稍北300米处，共出土青铜器7件，计鼎1件、钟1件、簋2件、簋盖2件、镂空豆1件。据社员反映，它们出土于一个窖穴内，窖口上距地表约1.2米，鼎口向上，放在窖穴中部偏北，簋、簋盖和镂空豆放在鼎内，钟放在鼎外南侧。经现场勘查，出土地点没有墓葬痕迹，也无其他遗物发现，窖穴开口在周代地层，没有晚期人为扰动的迹象。出土文物收藏于陕西历史博物馆。恒簋，2件，均失器，盖高6厘米、口径19.7厘米。盖内铸有铭文5行51字。

◆ **铭文释文**

王曰："恒，令（命）女（汝）更裘克司直鄙，易（锡）女（汝）銮旂，用事。夙夕勿废朕令（命）。"恒拜稽，敢对扬天子休，用乍（作）文考公弔（叔）宝簋，

恒簋铭文拓片

其万年世子子孙虔宝用。

◆ 铭文注解

恒簋仅有盖，黄盛璋认为恒簋盖和即簋相配而用，必为一家之器。

"直鄙"

即直地之鄙。《左传》昭公二十三年："夏四月乙酉，单子取訾，刘子取墙人、直人。"杜注："三邑属子朝者，訾在河南巩县西南。"黄盛璋认为，直确址虽不可考，但可知必在成周洛阳附近伊洛水流域，应去訾不远。此铭意思是说，王因要恒管理直鄙，所以令恒更换于地，以便管理。

"銮旂"

就是柄首有铃且縿（古时旌旗的正幅）面有交龙图案之旗。在金文所赐之"旂"中，称"銮旂"者远多于单称"旂"的。其中单言"旂"的赏赐里有"乃祖旂""乃祖南公旂"的称法，是指受赐者得到的"旂"乃先祖之物。

◆ 铭文大意

王说："恒，命令你更换于地，以便管理直鄙，赏赐你车上的銮铃和旗子，好好行使职责，时刻不要忘记我的命令。"恒跪后两手相拱至地，伏首至手，感谢天子，作了文考公叔的宝簋，祈求子子孙孙万年宝用。

◆ 相关文献

吴镇烽、雒忠如：《陕西省扶风县强家村出土的西周铜器》，《文物》1975年第8期；陕西省考古研究所、陕西省博物馆、陕西省文物管理委员会：《陕西出土的商周青铜器》（三），文物出版社，1980年；严一萍编：《金文总集》2778、2729，艺文印书馆，1983年；黄盛璋：《扶风强家村新出西周铜器群与相关史实之研究》，《西周史研究》人文杂志丛刊（第2辑）1984年；吴镇烽：《陕西金文汇编》375，三秦出版社，1989年；罗西章：《扶风县文物志》，陕西人民教育出版社，1993年；中国社会科学院考古研究所：《殷周金文集成》04199、04200，中华书局，2007年；霍彦儒、辛怡华：《商周金文编——宝鸡出土青铜器铭文集成》9-10，三秦出版社，2009年；吴镇烽：《商周青铜器铭文暨图像集成》05218、05219，上海古籍出版社，2012年；张天恩主编：《陕西金文集成（5）·宝鸡卷·扶风》0480、0481，三秦出版社，2016年。

𢑬簋

◆ 器物介绍

西周恭王世。仅存簋盖。《考古图》云："得于扶风。"原藏于河南张氏景元。子口，盖面隆起。上有圈状捉手。饰瓦纹。通高约8.3厘米，腹深约4.7厘米，径约23厘米。铸有铭文8行72字（含重文2）。

◆ 铭文释文

唯正月乙子（巳），王各（格）于大（太）室。穆公入右𢑬立中廷，北乡（向）。王曰："𢑬，令（命）女（汝）乍（作）司土（徒），官司耤田，易（锡）女（汝）戠衣、赤⊗市（韍）、銮旗、楚走马，取𧵽（徵）五乎（锊），用事。"拜𢑬稽首，对扬王休，用乍（作）朕文考宝簋，其子子孙孙永用。

載簋銘文摹本

◆ 銘文注解

"官司耤田"

"耤田"即"籍田",古代天子、诸侯征用民力耕种之田。甲骨文中耤字,像人侧立推耒,举足刺地之形,故籍之本义为蹈,为履,"籍""耤""藉"古通用字,蹈、履为籍字正解,引申为"荐于他物之下"。籍田本义是耕田,后引申为借民力耕田。籍田礼是春秋两季,天子率三公九卿,躬耕国家籍田的农业仪式。

周代的籍田是周王占有收益的田地,简称"王田",籍田是西周独立而庞大的王室经济的重要表现。在金文中,可得知周天子拥有大量的籍田,王亲自在某地籍田,如《令鼎》"王大籍农于諆田";或周天子命令其下属监督籍田上耕作,如《庚午父乙鼎》"王寑农省北田四品"。

由于周王室的籍田分布广泛，需要设立专门管理籍田的官职。被册命为司徒，负责管理籍田工作。专门负责监督、管理庶民劳作的官吏，《诗经》称为"田畯"，《周语》作"司徒"，金文作"司土"。

"䆨"

织也。"䆨衣"，是用染丝制成的衣，即文献的"丝衣"，可能是祭祀时穿着的命服。金文中言赐䆨衣，受赐者均为司徒类官职。司徒、司马、司空属三有司之列，地位十分重要，䆨衣非普通人所能得到的赏赐物。

"取䘏（徵）五寽（锊）"

"徵"，即征税。"取徵五寽"有学者认为是领取五寽铜作为办公经费，有的说是领取俸禄，后者的可能性大。

◆ 铭文大意

正月乙子（巳）这天，王就位于大室。穆公引导䆨进来，站在中廷，面朝北。王说："䆨，册命你作司土，管理籍田。赏赐给你染丝织成的祭服、用枲麻制作染成赤色的围裙、銮旗以及掌养马的小胥吏，领取俸禄，履行你的职责去吧。"䆨跪倒，双手相拱至地，俯首至手，感谢天子的册命。为我的文考作了这件宝簋，祈求子子孙孙永远宝用。

◆ 相关文献

郭沫若：《两周金文辞大系图录考释》143，科学出版社，1957年；严一萍编：《金文总集》2770，艺文印书馆，1983年；唐兰：《西周青铜器铭文分代史征》（附件1.6.41），中华书局，1986年；吴镇烽：《陕西金文汇编》181，三秦出版社，1989年；中国社会科学院考古研究所：《殷周金文集成》04255，中华书局，2007年；霍彦儒、辛怡华：《商周金文编——宝鸡出土青铜器铭文集成》342，三秦出版社，2009年；吴镇烽：《商周青铜器铭文暨图像集成》05289，上海古籍出版社，2012年；张天恩主编：《陕西金文集成（5）·宝鸡卷·扶风》0575，三秦出版社，2016年。

师克盨

◆ 器物介绍

　　西周晚期，窖藏出土。清光绪十六年（1890）发现于扶风县任家村东南土壕，共出土青铜器 100 余件（一说 70 余件），大部分已下落不明。1972 年 9 月至 1976 年罗西章先生对此曾进行过两次实地调查，据任家村老者任登肖说，此窖藏青铜器是其祖父任致远在村东南土壕掘土时发现，共出土青铜器 100 多件。从目前资料看，此窖青铜器主要有三组，一为中义父组青铜器（14 件），一为克组青铜器（18 件），一为仲姞组青铜器（13 件）。克组青铜器在重见天日后即被拆散，并从此天各一方。晚清的金石大家，如端方、吴大澂等人均曾收藏过小克鼎等克组青铜器。总计有小克鼎 7 件为列，克钟 5 枚成组，克镈 1 件、师克盨 3 件（其中 1 件器佚）、膳夫克盨 1 件。师克盨器盖 1957 年由西安商业学校教员熊本周捐献给陕西省博物馆。原为其祖父熊步龙遗物。熊步龙，湖北人，清光绪年间曾任三原味经书院山长。熊家久以此盖为火盆，故铭多有磨损。该盨盖高 8.5 厘米，口宽 19.8 厘米，口长 27.6 厘米。铸有铭文 13 行 147 字。现藏故宫博物院的师克盨，有盖，器口连边缘计，宽 19.5 厘米，长 27.4 厘米；盖口不连边计，宽 19.5 厘米，长 27 厘米。器、盖同铭，铸 14 行 148 字。郭沫若认为，故宫博物院所藏一器一盖，盖略小于器，是张冠李戴。陕西省博物馆藏盖应为故宫博物院藏器之盖，盖与器分离了，故宫博物院藏盖，才是把器失掉了，并建议把它们调配一下，使延津剑合、合浦珠还。

◆ 铭文释文

王若曰："师克，不（丕）显文武，膺受大令（命），匍（敷）有四方，则繇唯乃先且（祖）考又（有）奉于周邦，干害王身，乍（作）爪牙。"王曰："克，余唯巠（经）乃先且（祖）、考克嶅臣先王。昔余既令（命）女（汝），今余唯䍙（申）橐乃令（命），令（命）女（汝）更乃且（祖），考兼司左又（右）虎臣。易（锡）女（汝）秬鬯一卣，赤巿（韍）、五黄（衡）、赤舄、牙茶、驹车、贲较、朱虢䩶靳、虎冟（幎）、熏裏、画轉、画𬨎、金甬（鋪）、朱旂、马四匹、攸勒、素戈（钺）。敬夙夕勿废朕令（命）。"克敢对扬天子不（丕）显鲁休，用乍（作）旅盨，克其万年子子孙孙永宝用。

◆ 铭文注解

师克之器传世者有克壶、克盨、克钟、大克鼎、小克鼎等，郭沫若先生认为克盨作于厉王十八年。克曾任善夫及作册尹（史长官）之职，为王左右之近臣，并兼处理军事，如小克鼎云："王命善夫克舍（释）命于成周，遹正八师。"此铭复命继其祖与考"摄司虎臣"，是世袭武官，故又称为师克。师是师氏之师，掌管军事者。

"干害王身，乍（作）爪牙"

毛公鼎作"干吾王身"，"干吾"即捍御之义。"害"本"盖"之初文，有掩护义，"干害"犹言捍护之义。

"巠（经）"

经之初文，像机织中的经线形，金文行文常与典字同用。细细体会，似犹言从历史上加以考察。

"克嶅臣先王"

克，非人名，能也。"嶅"字本义不详，"嶅臣先王"当与"畯臣天子"之义相近。此句意即能够尽心竭力以从王事。

"秬鬯"

"秬"，黑黍，谷物的一种；"鬯"，香草也。"秬鬯"，加以一种香草以秬为原料酿成的酒。

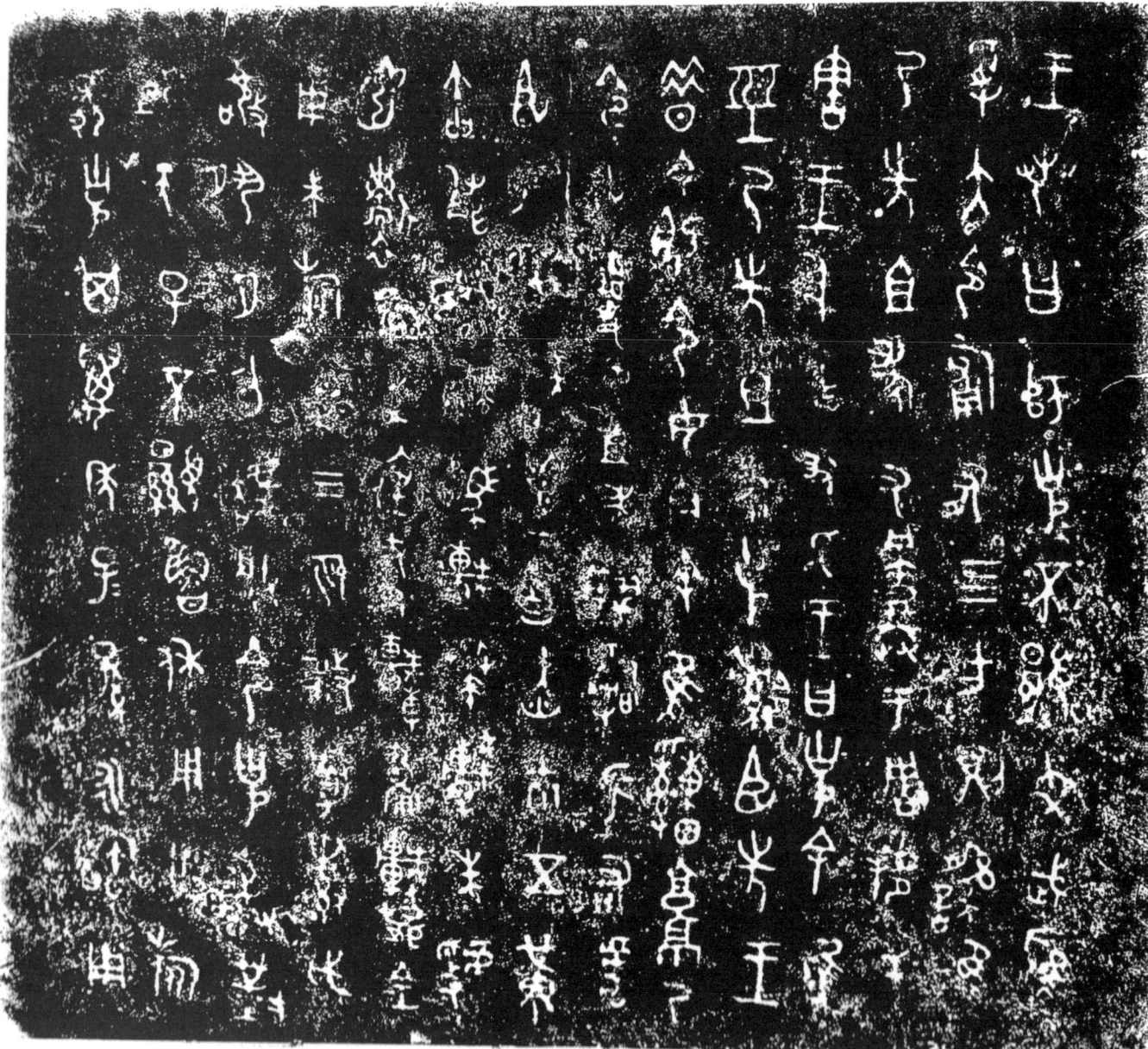

师克盨铭文拓片

"赤市（韍）、五黄（衡）"

"市"，在文献中又有"芾""韍""绂""韠""茀"等多种写法，如《礼记·玉藻》"再命赤韍幽衡"，金文中则作"赤市幽黄"。"五黄"从郭沫若先生说，乃"葱黄""苘黄"之异称，五断非数目。金文中赏赐"亢""黄"指的是同一物品。据唐兰先生考证，"亢""黄"均系"市"（祭服的蔽膝）。"黄"典籍或作"衡""珩"。"葱黄"，就是青色的带子，因其为三命所授予的物品，故在诸"黄"类物品中最为珍贵。

"驹车"

据典籍，驹为年幼的马，需经过执驹等程序才能正式进入服马之列而用于驾车。因此，以年幼尚需调教的马驾车是很难用于乘行乃至战争的。洪家义先生认为指"少壮之马拉的车子，引申为快车"。马承源先生释为"鉤车"，为舆曲前栏的车。李义海先生释为"鞠车"，是一种四马驾驭的双辕、勾軶且有鸾铃的可用于战争的车。从金文材料看，凡言"驹车"的赏赐，几乎都以"马四匹"与之同赐。这说明王在赏赐驹车的同时，也提供驾车的马。驹车是一种很贵重的物品，周王一般给嗣其先祖之职的臣子赏赐。从王对师克赏赐的物品看，师克深得周王的宠幸。

◆ 铭文大意

王命说："师克，伟大的文王、武王当受天之大命，成为四方之主。过去你的祖父、父亲有功劳于国家，保卫王的安全，作王的卫士。"王说："克，从历史上看，你的先祖和父亲，都能尽心竭力地效命于先王。过去我曾任命过你，现在我要提拔你，重申前命，命你在继承你父祖职位的同时，还兼管王的近卫部队左右侍卫之臣。赐你一卣，用于盛浸过香草祭祀的酒。赐命服一套：大红色的围裙和相配的青色饰带，大红色的鞋子和便行泥路的牙屐。赐驹车一辆以及用髹漆装饰过的车较（车輢之上高出轼的部分）、朱色皮革制成的韔（装弓的袋子）及绥（登车时所执的带子）、画以虎纹里衬为浅绛色的车盖外罩、缚牢车辕和车舆的彩绘革带、经过髹漆处理用来捆缚伏兔（伏于车轴上，用以保护车轴和车舆的部件）革带、车衡上的鸾铃、大红色的旗子。赐你四匹马和马头上的皮笼头。赐一把没有纹饰的钺。你要日夜敬奉你的职事，不可荒废了我对你的信任和任命。"克为答谢和宣扬天子伟大厚重的美意，做了这件用于祭礼的盨，克的后人万年永远宝用此盨。

◆ 相关文献

段绍嘉：《师克盨盖考释》，《人文杂志》1957年第3期；陕西省博物馆、陕西省文物管理委员会：《陕西省博物馆陕西省文物管理委员会藏青铜器图释》，文物出版社，1960年；段绍嘉：《对师克盨盖和鼎铭文鉴别的商榷》，《文物》1960年第8、9期；郭沫若：《师克盨铭考释》，《文物》1962年第6期；于省吾：《"师克盨铭考释"书后》，《文物》1962年第11期；严一萍编：《金文总集》3088、3089，艺文印书馆，1983年；吴镇烽：《陕西金文汇编》（449），三秦出版社，1989年；李学勤：《记新出现的师克盨》，《文物天地》1990年第2期；李学勤：《论克器的区分》，载《夏商周年代学札记》，辽宁大学出版社，1999年；杨晓能：《美国圣路易斯市私藏师克盨的再考察》，《考古》1994年第1期；霍彦儒、辛怡华：《商周金文编——宝鸡出土青铜器铭文集成》194、195，三秦出版社，2009年；吴镇烽：《商周青铜器铭文暨图像集成》05680-05682，上海古籍出版社，2012年；张天恩主编：《陕西金文集成（4）·宝鸡卷·扶风》0390-0392，三秦出版社，2016年；白冰：《金文词"爪牙""簋"补证》，《五邑大学学报（社会科学版）》第20卷第1期，2018年2月；马承源：《商周青铜器铭文选》，载《中国青铜器研究》，上海古籍出版社，2002年12月；洪家义：《金文选注绎》，江苏教育出版社，1988年；李义海：《〈兮甲盘〉续考》，《殷都学刊》，2003年。

柞钟

◆ 器物介绍

西周晚期，窖藏出土。1960年10月11日，陕西省文管会在扶风县齐村钻探发现，窖口距地表深1.1米，呈圆袋状，口径0.8米、底径1.25米、深1.44米。出土青铜器39件，计有鼎2件、簋8件、鬲1件、罍2件、壶4件、盘1件、匜1件、甗2件、筐1、盂1件、编钟2套16件，其中有铭文者28件。此窖青铜器全部藏于陕西历史博物馆。柞钟一套共8件，形制、纹饰基本相同，大小递减，前4件各铸一篇相同内容铭文，后3件分铸一篇铭文，最小的1件无铭文。体呈合瓦形，甬中空，钲篆之间以凸棱为界格，两面各饰长枚6组。鼓部饰回首夔凤纹，篆间饰三角变形兽体纹，舞上饰粗线变形夔纹。腔内壁有6道调音槽。完整铭文者钲间和左鼓铸铭文6行48字（含重文3）。通高25.5—52厘米，鼓间8.4—24.5厘米，铣间13.5—33厘米，重3.25—26.65千克。

◆ 铭文释文

唯王三年四月初吉甲寅，中（仲）大（太）师右柞，柞易（锡）载、朱黄（衡）、銮，司五邑甸人事。柞拜手，对（注：以上为钲间）扬中（仲）大（太）师休，用乍（作）

柞钟左鼓铭文拓片　　　　　　柞钟钲间铭文拓片

大林钟，其子子孙孙永宝。（注：以上为鼓部）

◆ 铭文注解

"中（仲）大（太）师"

"仲"当是姓氏。窖藏所出的青铜器如中义钟、中友父簠、中友父盘匜、中伐父甗等，作器者均为中氏。因为器物的时代相近，有可能是同一家族之器。《周礼·秋官》柞氏，注云："柞除木之名。"《周礼·秋官司寇下》曰："柞氏掌攻草木及林麓。"根据《周礼》所记，柞氏掌管砍杀草木和整治林麓。夏至以后，命令砍伐山南面的草木，并用火焚烧。冬至以后，命令砍伐山北面的草木，并用水淹浸。如果想让这些土地变得肥美，就在秋季用水浸渍焚烧过的地方，春季把用水浸过的草木烧掉。凡是砍伐树木的人，柞氏掌理他们的政令。此钟作器者的柞，或世代掌柞氏之官，而以官名氏者，今又令之管理五邑之处甸人职务。

"大（太）师"属于武职类军事长官，仲大师当是朝廷重臣，周王召见柞，而仲大师为右，其地位之高可见。根据西周册命制度，右者与被右者一般有上下级关系，柞钟的主人与仲大师应有上下级关系。齐村窖藏能出土8件编钟，显示出柞家族显赫地位和经济实力。中伐父甗铭云："中伐父作姬尚母旅甗，其永宝。"这是中伐父为其母作的祭器，其母来自姬姓家族，可见中氏家族非姬姓。"中（仲）大（太）师"称谓还见于庄白二号窖藏（仲）太师盨铭文中，我们曾分析庄白二号窖藏这支主人最有可能是从中（仲）大师家族析出的小宗。根据庄白二号窖藏同出的密姒簠，二号窖藏主人应为姒姓家族，相距不远的齐村窖藏的主人也应为姒姓家族。密姒簠的意义在于我们在周原地区发现了姒姓家族的踪迹，这对于研究周原诸多青铜器窖藏的族属及大宗与小宗经济差距、异姓家族分布、居所密度等有一定的意义。

"司五邑甸人事"

五邑，应该不是指《周礼·地官司徒·小司徒》"四井为邑，四邑为丘"的邑，当指特定的范围或单位。许倬云和林嘉琳认为五邑可能是《史记·周本纪》所记载的岐、程、丰、镐、西郑及槐里中的五个城市。目前对五邑仍没有一个确定的结论，但毫无疑问，它们是渭河平原最重要的五个城市。

西周金文中有"甸人"一词，还有"佃人""田人""畋臣"等词，甚至可以省作"佃"。"佃""田""畋"诸字悉从"田"得声，且词义均与"田"字相关，故相互间应该能够通用。习惯上，研究者大多读作"甸人"，陈絜认为读作"佃人"似乎更符合西周用词习惯。过去学者一般认为就是《周礼》《左传》等东周文献中所见的"甸师"与"甸人"。但从现有的西周青铜器铭文看，当时的"佃人"是受专人管制的。柞钟铭文记载西周晚期隶属于王室的五个邑中的"甸人"，则归"柞"管理。一种合理的推测便是，西周金文"佃人"若非庶民便属役之徒，其身份等级当在仆庸、驭、牧、场、百工之间。

陈先生认为，西周金文中的"佃人"就是《诗经·小雅·甫田》等文献中所见的"农人"，是与土地紧密相连的农业人口。他们有自己的土地、农作工具等私产，在王朝田官或贵族家臣等有关人员的带领下，或服侍于王室，或依附于卿大夫之家，以耕作各级贵族"公田"的劳役为主要形式，受各级统治者盘剥，甚至还要负责像"量田"这样专门"生产军粮或其他行道所用之粮的公田之上的农作"。

◆ **铭文大意**

周王三年四月初吉甲寅这天，仲大师引导柞，赏赐柞雀色皮革制成的围裙和相配的大红色饰带、銮铃，管理渭河平原五座城市与农业有关的事物。柞跪倒，双手相拱至地，俯首至手，感谢仲大师。作了这件大林钟，子子孙孙永远宝用。

◆ **相关文献**

陕西省博物馆、陕西省文物管理委员会：《陕西省博物馆、陕西省文物管理委员会藏青铜器图释》，文物出版社，1960年；陈公柔：《记几父壶柞钟及其同出的铜器》，《考古》1962年第2期；陕西省博物馆、陕西省文物管理委员会：《扶风齐家青铜器群》，文物出版社，1963年；陕西省考古研究所、陕西省博物馆、陕西省文物管理委员会：《陕西出土的商周青铜器》（二），文物出版社，1980年；严一萍编：《金文总集》7062-7068，艺文印书馆，1983年；吴镇烽：《陕西金文汇编》20，三秦出版社，1989年；罗西章：《扶风县文物志》，陕西人民教育出版社，1993年；中国社会科学院考古研究所：《殷周金文集成》00133-00136，中华书局，2007年；霍彦儒、辛怡华：《商周金文编——宝鸡出土青铜器铭文集成》280-286，三秦出版社，2009年；陈絜：《西周金文"佃人"身份考》，《华夏考古》2012年第1期；吴镇烽：《商周青铜器铭文暨图像集成》15343-15349，上海古籍出版社，2012年；张天恩主编：《陕西金文集成（3）·宝鸡卷·扶风》0344-0349，三秦出版社，2016年。

南宫柳鼎

◆ 器物介绍

　　西周夷王世。1949年以后出土于宝鸡县虢镇，1952年陕西省历史博物馆收集，现藏于中国国家博物馆。通高38.8厘米，口径40厘米，腹深21.9厘米，重10.4千克。双立耳，平折沿，三蹄足，深腹圜底。口下饰垂冠回首夔龙纹。腹内铸铭文8行79字。大意是作器者南公柳接受周王册命，管理"六师牧场"和"羲夷场"的田赋，并得到命服等赏赐物。

◆ 铭文释文

　　唯王五月初吉甲寅，王在康庙。武公有（佑）南宫柳，即立（位）中廷，北卿（向）。王呼作册尹册令（命）柳："司六𠂤（师）牧阳（场）大囗，司羲夷阳（场）佃史（吏），易（锡）女（汝）赤市（韍）、幽黄（衡）、攸（鋚）勒。"柳拜稽首，对扬天子休，用朕烈考尊鼎，其万年子子孙孙永宝用。

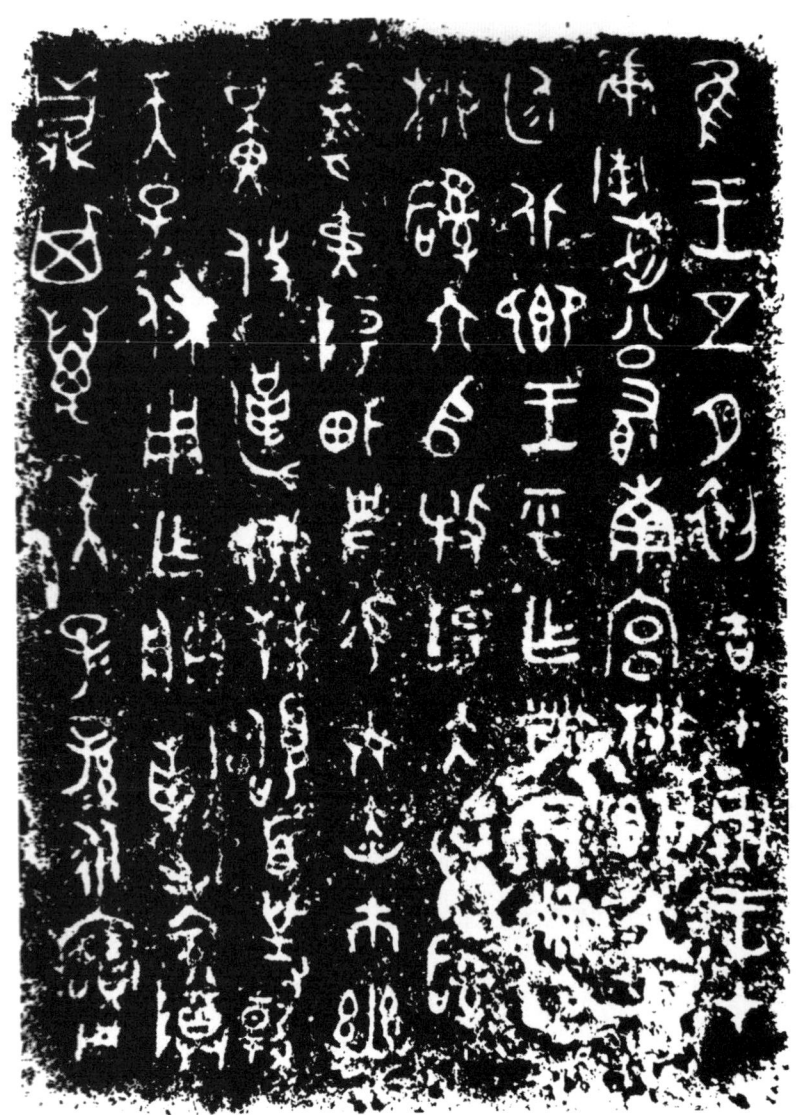

南宫柳鼎铭文拓片

◆ 铭文注解

"南宫柳"

系南宫氏，名柳，所司之职则与西六师有关。武公主要活动于厉王时期，为王室执政大臣之首，相当于大司马一职。杨亚长推测武公应当是召公（伯）虎，可能为又一代召公，名虎，字武公，谥号益公。

"六𠂤（师）"

即西六师。文献中的"六师"，在西周金文中称"六𠂤"。因屯驻于西土的都城丰镐，主要戍守西土，兵员来自周人，故称"西六师"。后来周公在平叛过程中，认为有必要扩建国家直属武装力量，于是对三监的武装力量进行了收编，又建立了一支八师的军事编制，兵员由周人、殷人组成，八师的戍守区在殷地，故称"殷八师"。后因其长期驻守成周，故又称"成周八师"。于省吾根据金文中"六𠂤""八𠂤"设有"冢司土""司蓺""司牧""司佃事"等官职，以掌管土地和有关生产事务，学界认为这是我国历史上最初出现的军事屯田制。

在"司六𠂤（师）牧阳（场）大囗，司羲夷阳（场）佃史（吏）"一句中，"六𠂤（师）牧阳（场）"对应"羲夷阳（场）"，"佃史（吏）"对应"大囗"。"佃史（吏）"即文献中"佃人"，掌田之官。柞钟："司五邑佃人事。"《左传·成公十年》："晋侯欲麦，使佃人献麦。"注："甸人，主为公田者。"《国语·周语中》："虞人入才，甸人积薪。"注："甸人掌薪蒸之事也。"因此，"佃史（吏）"应是管理田耕的小吏。同样，"大囗"也应是管理六师牧场的小吏。而王册命柳负责掌管这些管理六师牧场、羲夷田耕的小吏。

我们曾对眉县杨家村一带出土的青铜器分析，得出这一带在西周时期是为西六师、殷八师培养战马的基地。西周时期，眉县东李村、杨家村一带，属于京畿之内，这里北依坡原，南临渭河，地势向阳，川原兼得，水资源丰富，自然条件优越，宜于牧马。周穆王册命盠管理西周京畿内马政，为西六师、殷八师以及周王出行培育所用之良马，与这里得天独厚的自然条件有一定的关系。《史记·秦本纪》云："非子居犬丘，好马及畜，善养息之。犬丘人言之周孝王，孝王召使主马于汧渭之间，马大蕃息。"东李村一带，属于广义上的"汧渭之间"。可以说，后来孝王把"汧渭之间"作为西周王朝的养马基地，与盠早期的开拓是分不开的，因此西六师在关中西部渭河一带有牧场，自然顺理成章，而柳当时正是负责此事的最高长官。

"羲夷阳（场）佃史（吏）"

可能是管理"羲夷阳（场）"田耕的小吏。西周时期，关中西部是西迁诸夷的主要生息地，由于他们来自东方，周人通称他们为夷，又由于他们散居各处，因此，夷字前冠以地名以示区别。"羲夷"即在"羲"地从事田耕的夷人。

◆ 铭文大意

周王五月初吉甲寅这天，王在康庙。武公引导南宫柳进门，站在廷中央，面朝北。王叫作册尹册命柳，说："管理负责西六师牧场及羲夷田耕事务的小吏，赏赐给你红色的围裙，连同黑色的饰带，以及皮革制成的马笼头。"柳跪倒，双手相拱至地，俯首至手，感谢天子的册命。为死去的显赫父亲做了这尊鼎，祈求万年子子孙孙永远宝用。

◆ 相关文献

陕西省博物馆、陕西省文物管理委员会：《陕西省博物馆、陕西省文物管理委员会藏青铜器图释》，文物出版社，1960年；于省吾：《略论西周金文中"六自"和"八自"及其屯田制》，《考古》1964年第3期；严一萍编：《金文总集》1300，艺文印书馆，1983年；陕西省考古研究所、陕西省博物馆、陕西省文物管理委员会：《陕西出土的商周青铜器》（四），文物出版社，1984年；吴镇烽：《陕西金文汇编》162，三秦出版社，1989年；辛怡华：《敔——周王朝的良马繁殖基地》，《文博》2003年第2期；辛怡华：《西周时期关中西部的"秦夷"及相关问题》，载《秦文化论丛》（第10辑），三秦出版社，2003年；杨亚长：《金文所见之益公、穆公与武公考》，《考古与文物》2004年第6期；中国社会科学院考古研究所：《殷周金文集成》02805，中华书局，2007年；霍彦儒、辛怡华：《商周金文编——宝鸡出土青铜器铭文集成》582，三秦出版社，2009年；吴镇烽：《商周青铜器铭文暨图像集成》02463，上海古籍出版社，2012年；张天恩主编：《陕西金文集成（7）·宝鸡卷·凤翔陈仓金台》754，三秦出版社，2016年。

公臣簋

◆ 器物介绍

　　西周厉王世，窖藏出土。1975 年 2 月 1 日（农历腊月二十三），陕西省岐山县京当乡董家村社员在村西农田基本建设中，发现了西周青铜器，他们保护好现场，由时任生产队副队长董宏哲报告给陕西省文物管理委员会岐山扶风考古工作站，考古工作者及时进行了清理发掘。

　　窖藏位于董家村西 150 米外的西周居住遗址北边，略呈椭方形，挖筑草率，四壁没有经过修整。窖深 1.14 米，窖口上距地表 0.35 米。窖略呈圆形，器物均按大小相互套置存放。出土青铜器 37 件，计鼎 13 件、簋 14 件、壶 2 件、鬲 2 件、豆 2 件、盘 1 件、盉 1 件、匜 1 件、䍃 1 件。均收藏于岐山县博物馆。这批青铜器中 30 件铸有铭文。铭文内容非常丰富，涉及问题很多。器主 10 余人，他们之间的血亲及世代关系，一时虽难以具体排定，但多数人当属于裘卫同一家族的成员无疑。在裘卫家族青铜器中，时代最早的当数卫簋，卫簋作于穆王二十七年（前 950），有明确纪年时代较晚的可能是此鼎类，为宣王十七年（前 811）器。裘卫家族主要活动于西周中晚期，时间跨度近一个半世纪，是西周中晚期较有影响的一个贵族世家。报告认为，这批青铜器不是一个时期的器物，其下限可到宣王末幽王初，因此，窖藏的时间可能在西周末年。

对于周原遗址青铜器窖藏的性质或说是埋藏的目的主要有社会变动说、社会变动和积攒财富说、祭祀及社会变动和青铜原料储备说、祭祀遗存说等几种看法。郭沫若先生最早对青铜器窖藏的性质做了判断，认为其年代多在西周晚期，很可能是在平王东迁时，王室贵族们将青铜器埋于地下，此后再也没有机会回来，于是一直埋藏到今天被我们发现。郭沫若先生的这一说法得到很多学者认同。董家窖藏的背景也应是西周末年那场突如其来的社会变动，即公元前771年的犬戎入侵。

公臣簋共出4件，形制、纹饰铭文基本相同。鼓腹弇口，兽首衔环耳，圈足下有三个兽面附足，盖面隆起，上有圈状捉手，盖沿和器沿饰变形兽体纹（窃曲纹），腹部饰瓦纹。器内底铸铭文6行43字。唯有一器铭文中将"天尹"作"天君"，一器失盖。带盖高21.5厘米，口径19.8厘米，腹深11厘米，重3.2千克。

◆ 铭文释文

虢中（仲）令（命）公臣："司朕百工，易（锡）女（汝）马乘、钟五、金，用事。"公臣拜稽首，敢扬天尹丕显休，用作尊簋。公臣其万年用宝兹休。

◆ 铭文注解

在裘卫家族发展史上，有两位家族成员充当权贵家族家臣，一个是厉王时期的"公臣"主管虢仲家族的手工业，另一个是宣幽时期的"冉"担任荣地的有司，兼荣监一职。

"百工"

一般认为是指各种手工业奴隶，"百工"之官，其职守大约是管理各种官办手工业的。虢仲是厉王时期的执政大臣，深得厉王赏识，曾跟随厉王征伐南淮夷。从虢仲册命公臣来看，虢仲的地位很高。

曹玮先生认为虢氏家族是居住在岐周之地为数不多的姬姓家族，他们受周王委派管理这一地区的非姬姓贵族。

公臣簋中"天尹"，指虢仲。"司百工"之官是虢仲家族内臣还是王朝之官，我们无法知道，但从"司朕百工""敢扬天尹丕显休"看，似乎是虢仲的家臣。因此，只赏赐了"马乘、钟五、金"等实用物，而没有"命服"。

裘卫被穆王册命，应是朝廷官员，大概掌司大裘，以供周王祭祀之服。裘卫家族擅长手工业，也是以经营手工业发家的，厉王时期权臣虢仲也许是看上这一点，才任命裘卫家族成员公臣为其家臣管理家族手工业。公臣担任权臣家臣后，深感荣耀，于是作庙器以告祭祖先神灵。

公臣簋铭文拓片

◆ 铭文大意

虢仲命令公臣说："掌管百工，赏赐给你四匹马，五枚编钟，还有铜料，履行你的职责吧。"公臣跪倒，双手相拱至地，俯首至手，感谢天尹的册命。用铜料铸造了这套簋，永远记住这一荣宠。

◆ 相关文献

庞怀靖、吴镇烽、雒忠儒：《陕西省岐山县董家村西周铜器窖穴发掘简报》，《文物》1976年第5期；陕西省考古研究所、陕西省博物馆、陕西省文物管理委员会：《陕西出土的商周青铜器》（一），文物出版社，1979年；严一萍编：《金文总集》2700-2702，艺文印书馆，1983年；唐兰：《西周青铜器铭文分代史征》（附件一·厉王·2），中华书局，1986年；吴镇烽：《陕西金文汇编》373，三秦出版社，1989年；庞怀靖：《岐山县文物志》（初稿），岐山县文化局印，1990年；中国社会科学院考古研究所：《殷周金文集成》04185-04187，中华书局，2007年；霍彦儒、辛怡华：《商周金文编——宝鸡出土青铜器铭文集成》358-361，三秦出版社，2009年；张天恩主编：《陕西金文集成（1）·宝鸡卷·岐山》0076-0079，三秦出版社，2016年。

此鼎

◆ 器物介绍

西周宣王世，窖藏出土。1975年2月1日（农历腊月二十三），陕西省岐山县京当乡董家村农民在村西农田基本建设中，发现了西周青铜器，他们保护好现场，由时任生产队副队长董宏哲报告给陕西省文物管理委员会岐扶考古工作站，考古工作者及时进行了清理发掘。

经勘察，这是一个青铜器窖藏，窖藏口距地表约0.35米，窖略呈圆形，器物均按大小相互套置存放。出土青铜器37件，计鼎13件、簋14件、壶2件、鬲2件、豆2件、盘1件、盉1件、匜1件、盨1件。均收藏于岐山县博物馆。这批青铜器中30件铸有铭文，铭文内容非常丰富，涉及问题很多。器主10余人，他们之间的血亲及世代关系，一时虽难以具体排定，但多数人当属于裘卫同一家族的成员无疑。在裘卫家族青铜器中，时代最早的当数卫簋。卫簋作于穆王二十七年，即公元前950年，有明确纪年较晚的可能是此鼎类，为宣王十七年器，即公元前811年。裘卫家族主要活动于西周中晚期，时间跨度近一个半世纪，是西周中晚期较有影响的一个贵族世家。

此鼎共出3件，形制、纹饰全同，大小相次，应是列鼎。该器体呈半球形，平沿方唇，口沿上有一对立耳，圜底三蹄足。口沿下饰弦纹两道，腹部素面。通高 33—42.1 厘米，口径 34—40 厘米，腹深 17—22.2 厘米，重 10.8—19.75 千克。庞怀靖认为，这套列鼎，其全数应有 5 个，唯因窖藏时已失散其二。腹内壁铸铭文 11 行 111 字。此鼎作于宣王十七年（前 811），记载了周王对此的册命，从赏赐的"赤市（韍）朱衡"命服看，此的身份要高于裘卫。

◆ 铭文释文

唯十又（有）七年十又（有）二月既生霸乙卯，王才（在）周康宫㪤宫。旦，王各（格）大（太）室，即立（位）。司土（徒）毛㫃（叔）右此入门立中廷，王乎（呼）史翏册令（命）此曰："旅邑人善（膳）夫，易（锡）女（汝）玄衣、黹屯（纯）、赤市（韍）、朱黄（衡）、鉴旅（旂）。"此敢对扬天子不（丕）显休令（命），用乍（作）朕皇考癸公尊鼎，用享孝于文申（神），用匄眉寿，此其万年无疆，畯臣天子霝（令）冬（终），子子孙永宝用。

◆ 铭文注解

在董家村窖藏青铜器里，裘卫是该家族中最有影响的人物之一，活跃于穆王至共王时期。其事迹最早见于穆王二十七年（前 950）的卫簋，最晚见于共王九年（前 914）的此鼎，裘卫家族期间大量购买土地和林地，是其经济暴发的时期。

"仲南父"

见于仲南父壶。仲南父壶 2 件，为仲南父所作祭祀用器。吴镇烽先生定为孝王时期。

"𠈹"

见于𠈹匜，因其腹底和盖部合铸一篇长达 157 字的罕见判词而著名。

"公臣"

见于公臣簋、公臣簋 4 件，为权贵虢仲家臣，掌治百工。时代为厉王时期。

"膳夫旅伯、膳夫伯辛父、此"

见于膳夫旅伯鼎、膳夫伯辛父鼎、此鼎、此簋。吴镇烽先生认为膳夫旅伯与伯辛父是同一人，旅是国族，伯为伯仲之伯，辛父是其字。笔者同意此观点，并认为此簋的器主"此"是膳夫旅伯之名，也就是说，膳夫旅伯、膳夫伯辛父、此是同一人的不同称谓。

此鼎铭文拓片

"旅仲"

见于旅仲簋。旅仲是旅伯之弟，排行老二。报告认为旅仲簋与此簋如出一范，说明它们出自一个作坊，很可能出自一个匠人之手。那么"旅仲"与"此"两人必为同一时期人物，同理，"旅伯"与"此"也应为同时期的人物。在一个家族、同一时期而且同为膳夫官职，这种情况只有一种可能，即膳夫此就是膳夫旅伯。此鼎、此簋的制作时间为宣王十七年，即公元前811年。那么膳夫旅伯鼎、膳夫伯辛父鼎、旅仲簋的年代也应在公元前811年前后。

窖藏出土两件形制相同的荣有司再鬲和成伯孙父鬲，1973年贺家村三号周墓出土了一件荣有司再鼎。两件器物虽出自两处，但应是有联系的。学者认为荣有司再鬲、成伯孙父鬲两器的器主都是再的女儿，一个是荣有司再为其女儿所作的媵器，一个是成伯孙父为其亡妻浸嬴所作的祭器。荣有司再女儿的媵器同时出现在贺家村墓地和董家村窖藏中是一个非常值得注意的现象，而董家村窖藏没有发现再的器物，令人费解。

"仲涿父"

见于仲涿父鼎，此鼎为仲涿父所作的宗庙祭祀之器。时代为西周晚期。

"庙孱"

见于庙孱鼎，此鼎为庙孱作的日常生活实用器。时代为西周晚期。

"旅邑人善（膳）夫"

庞怀靖疑旅为此的封邑名，邑人为官名，"邑人""善夫"是此被册命的官职。唐兰认为，"旅"是排列次序。

◆ 铭文大意

宣王十七年十二月既生霸乙卯这天，王在周的康宫里的夷王庙。早晨，王到太室，就位。司徒毛叔陪此进门，站在廷中央。王叫史翏册命此，说："旅邑的膳夫（此）。赏给你有针刺花纹的玄色上衣，火红的围裙连同大红色的饰带，车子上的铃和旗子。"此敢赞扬天子显赫的恩赐，用以做我的父亲癸公的宝鼎，用来享祀祖先，用来祈求长寿。此万年无止境，尽力臣事天子，善终，子子孙孙永远宝用。

◆ 相关文献

庞怀靖、吴镇烽、雒忠儒：《陕西省岐山县董家村西周铜器窖穴发掘简报》，《文物》1976年第5期；陕西省考古研究所、陕西省博物馆、陕西省文物管理委员会：《陕西出土的商周青铜器》（一），文物出版社，1979年；严一萍编：《金文总集》1312-

1314，艺文印书馆，1983年；唐兰：《西周青铜器铭文分代史征》（附件一·宣王），中华书局，1986年；吴镇烽：《陕西金文汇编》165，三秦出版社，1989年；庞怀靖：《岐山县文物志》（初稿），岐山县文化局印，1990年；中国社会科学院考古研究所：《殷周金文集成》02821-02823，中华书局，2007年；霍彦儒、辛怡华：《商周金文编——宝鸡出土青铜器铭文集成》365-372，三秦出版社，2009年；吴镇烽：《商周青铜器铭文暨图像集成》02484-02486，上海古籍出版社，2012年；辛怡华：《西周裘卫家族初步研究》，载《秦始皇帝陵博物院》2015年总5辑，陕西师范大学出版社，2015年；张天恩主编：《陕西金文集成（1）·宝鸡卷·岐山》0063-0065，三秦出版社，2016年；李峰：《古代的复制与书体的变异：西周同铭青铜器研究》，载《青铜器和金文书体研究》，上海古籍出版社，2018年。

此簋

◆ **器物介绍**

  西周宣王世，窖藏出土。1975年2月1日（农历腊月二十三），陕西省岐山县京当乡董家村农民在村西农田基本建设中，发现了西周青铜器。他们保护好现场，由时任生产队副队长董宏哲报告给陕西省文物管理委员会岐扶考古工作站，考古工作者及时进行了清理发掘。经勘察，这是一个青铜器窖藏，窖藏口距地表约0.35米，窖略呈圆形，器物均按大小相互套置存放。出土青铜器37件，计鼎13件、簋14件、壶2件、鬲2件、豆2件、盘1件、盉1件、匜1件、盨1件。均收藏于岐山县博物馆。这批青铜器中30件铸有铭文，铭文内容非常丰富，涉及问题很多。器主10余人，他们之间的血亲及世代关系，一时虽难以具体排定，但多数人当属于裘卫同一家族的成员无疑。在裘卫家族青铜器中，时代最早的当数卫簋。卫簋作于穆王二十七年，即公元前950年，有明确纪年时代较晚的可能是此鼎类，为宣王十七年器，即公元前811年。裘卫家族主要活动于西周中晚期，时间跨度近一个半世纪，是西周中晚期较有影响的一个贵族世家。

  此簋共出8件，形制、纹饰铭文基本相同，大小略有差异。造型、纹饰是西周晚期厉王、宣王时期流行的形式。该器弇口鼓腹，盖冠做圈状，盖沿下折，兽首耳，有珥，圈足下有三兽面扁足。盖沿、口沿及圈足均饰重环纹，盖上和腹部饰瓦纹。通高25.5厘米，口径20厘米，腹深12.5厘米，重6.1千克。器、盖对铭，各铸铭文10行112字。除将"鼎"字改作"簋"字外，内容与此鼎相同。

此鼎（3件）、此簋（8件）铭文内容差异很小，鼎铭文"尊鼎"在簋中被替代成"尊簋"。有的铭文中的"癸公"被替换成了"朱癸"。李峰先生认为，此鼎、此簋的11篇铭文由3种书体写成，也就是说，铭文至少包括了3位书手的作品。通过对此鼎、此簋金文书体的研究使我们看到其原初组合并不是过去学者所认为的"九鼎八簋"，而可能是3套"五鼎四簋"的组合。并认为这3套铭文首先由一个史官起草，然后这篇文稿被送到青铜器作坊，由3位书手分别书写上模，可能由3组工匠分别铸造。

◆ **铭文释文**

唯十又（有）七年十又（有）二月既生霸乙卯，王才（在）周康宫䙴宫。旦，王各（格）大（太）室，即立（位）。司土（徒）毛弔（叔）右此入门立中廷，王乎（呼）史翏册令（命）此曰："旅邑人善（膳）夫，易（锡）女（汝）玄衣、黹屯（纯）、赤市（韨）、朱黄（衡）、銮旅（旂）。"此敢对扬天子不（丕）显休令（命），用乍（作）朕皇考癸公尊鼎，用享孝于文申（神），用匄眉寿，此其万年无疆，畯臣天子霝（令）冬（终），子子孙永宝用。

◆ **铭文注解**

"王乎（呼）史翏册令（命）此曰：'旅邑人善（膳）夫，易（赐）女（汝）玄衣、黹屯（纯）、赤市（韨）、朱黄（衡）、銮旅（旂）。'此敢对扬天子不（丕）显休令（命）……"

唐兰先生认为"旅"是排列次序，"旅邑人善（膳）夫"是"排列邑人和膳夫的次序"。我们认为"旅邑人善（膳）夫"就是"此"的称呼，"旅邑"是其的邑籍，相当于今天履历表中的"籍贯"。"善（膳）夫"是"此"的官职。理由：首先，从膳夫旅伯鼎看，旅伯曾担任膳夫一职，如果说此次册命仅仅是让"此"排列邑人和膳夫的次序，这不符合膳夫一职的职责；其次，青铜器上的册命文书的本质属于文书档案，它复制了册命仪式上的正式文告。"旅邑人善（膳）夫"是册命文书里对"此"的称呼，这里面既有"此"的邑籍，也有"此"的官职。如果说"旅邑人善（膳）夫"这是史官临时加进维持秩序一类的口语，在周王亲临这样严肃的册命场合，史官是不可能随便加话的，即使随便加话，被册命人在抄录册命文书内容铸造青铜器时也是不会采用的。

因此，旅就是邑籍或族氏。"旅邑"或因居住的"旅氏"家族而得邑名，或者"旅

此簋铭文拓片

氏"是因裘卫家族居住于"旅邑"而得名。总之董家村窖藏一带在当时是旅氏裘卫家族居住所在邑。

裘卫家族发迹于卫，而在卫被周王任命"司裘"一职之前，其家族并不显赫。追溯其出身，仅仅出自低等武士家庭。

1973年冬，文物部门配合当地平整土地工程，在贺家村西壕发掘清理了10座周墓，4座见诸报道。贺家1973M3、贺家1973M5是其中2座，上文已分析，贺家1973M3为裘卫家族成员"冉"之墓葬，那么贺家1973M5必为裘卫家族成员墓葬。贺家1973M5南北长3.4米、宽2.55米、深5.7米，葬具一棺一椁。随葬器物有一鼎、一簋及戈、矛、衔、镳、当卢、马饰等。规模小于贺家1973M3南北长4.9米，宽3米，深6.85米。M5为一鼎一簋墓，级别是贵族中比较低的。墓中出土的簋铭："卫作父庚宝尊彝。"即"卫"为其父"父庚"所作的祭器。也就是说，此墓是卫的父亲"父庚"之墓。同出的鼎铭："羊庚兹作其文考叔宝尊彝。"两器的"庚"字写法有别，鼎上的文字更族徽化些。笔者认为，鼎是名叫"兹"的晚辈给裘卫家族长辈"庚"作的祭器，而墓主"庚"排行其兄弟行列的"叔"辈，"兹"称呼"庚"为"叔"，即"兹"是"庚"的侄儿。侄儿给叔叔作随葬器，可能是看好墓主的儿子（卫）的未来。

对于贺家1973M5的时代，报告定为成康时期，如果1973M5出现的"卫"与卫簋中的"裘卫"是同一人，显然这个裘卫寿命太长，那么只有一种可能，就是1973M5的年代为穆王时期。从卫作父庚簋铭文字体看，其风格与扶风出土的穆王时期的方鼎、簋极为相似。笔者认为贺家1973M5的时代应在穆王时期，而墓主主要活动于康昭时期，卒于穆王早期。

1973M5随葬一鼎一簋并出土兵器戈、矛，因此，等级应为低等级武士之墓，墓主为"父庚"，墓中随葬的父庚鼎是其子卫所作，可见裘卫家族早期只是一个低等级武士家族。

裘卫家族发迹于穆王时期，鼎盛于宣王时期，在130年间两次受到周天子册命，裘卫、此是裘卫家族历史上最有影响力的人物。

卫簋铭文记载穆王二十七年（前950）三月，即生魄戊戌那一天，穆王在周（今天的周原）大庙册封裘卫，裘卫为铭记这一大事，作了此祭祀先祖、先父的祭器，用以光祖耀宗。可能由于其祖、父地位低，没有什么影响，所以在记录周王册命这样重大事件文书里，连其祖、父名都不书。

一般认为，裘卫，名卫，裘当指卫的官职。《周礼·天官冢宰》所属有司裘，其职责为"掌为大裘，以供王祀天之服，中秋献良裘，王乃行羽物。季秋献功裘，以待颁赐……凡邦之皮事掌之"。《考工记》有裘氏之职"攻皮之工"。古人以官为氏，担任司裘或裘氏之官职，故称裘卫。

西周王朝的"命服"，以"巿（韨）"和"珩（衡）"作为贵族等级的主要标志，而"巿（韨）"和"珩（衡）"的等级是以其色彩来区分的，"巿"以朱色为最贵，"珩"以葱色（青色）为最贵。穆王赏给裘卫"缁韨、朱衡"表明裘卫的级别并不高，只相当于司工、官司邑人一级的官吏。然而由于他是周王的近臣，通过经商，其家族迅速暴富，他们拥有贵重玉器、丝帛、织品和裘皮，以及豪华的车马，以至于王公大臣朝觐周天子所需的礼物，都来自裘卫家族。

◆ 铭文大意

宣王十七年十二月既生霸乙卯这天，王在周的康宫里的夷王庙。早晨，王到太室，就位。司徒毛叔陪此进门，站在廷中央。王叫史翏册命此，说："旅邑人膳夫（此），赏给你有针刺花纹的玄色上衣，火红的围裙连同大红色的饰带，车子上的铃和旗子。"此敢赞扬天子显赫的恩赐，用以做我的父亲癸公的宝鼎，用来享祀祖先，用来祈求长寿。此万年无止境，尽力臣事天子，善终，子子孙孙永远宝用。

◆ 相关文献

庞怀靖、吴镇烽、雒忠儒：《陕西省岐山县董家村西周铜器窖穴发掘简报》，《文物》1976年第5期；陕西省考古研究所、陕西省博物馆、陕西省文物管理委员会：《陕西出土的商周青铜器》（一），文物出版社，1979年；严一萍编：《金文总集》2818-2825，艺文印书馆，1983年；唐兰：《西周青铜器铭文分代史征》（附件一·宣王），中华书局，1986年；吴镇烽：《陕西金文汇编》，三秦出版社，1989年；庞怀靖：《岐山县文物志》（初稿），岐山县文化局印，1990年；中国社会科学院考古研究所：《殷周金文集成》04303-04310，中华书局，2007年；霍彦儒、辛怡华：《商周金文编——宝鸡出土青铜器铭文集成》365-372，三秦出版社，2009年；吴镇烽：《商周青铜器铭文暨图像集成》05354、05361，上海古籍出版社，2012年；辛怡华：《西周裘卫家族初步研究》，载《秦始皇帝陵博物院》2015年总5辑，陕西师范大学出版社，2015年；张天恩主编：《陕西金文集成（1）·宝鸡卷·岐山》0066-0073，三秦出版社，2016年；李峰：《古代的复制与书体的变异：西周同铭青铜器研究》，载《青铜器和金文书体研究》，上海古籍出版社，2018年。

逑钟

◆ 器物介绍

西周晚期，窖藏出土。1985年眉县杨家村出土10件编钟。现分别收藏于陕西眉县文化馆、陕西历史博物馆、中国国家博物馆、美国克利夫兰美术博物馆、美籍华人范季融先生首阳斋等处。

1985年8月25日，杨家村砖场李全正、张乖乾在村北坡取土，约莫正午，最后两镢头竟挖出了一个圆柱状的金属物。他们小心翼翼地用手扒开器物表面的浮土，器物的轮廓显露出来，当时并不知道那就是西周青铜编钟。他俩商定由李全正继续挖掘，并负责看护现场，张乖乾用架子车将13件器物分3次拉运回家里。消息不胫而走，文物通讯员王宽礼迅速将此事向眉县文化馆做了电话报告。那天是星期日，接到电话的杨益民馆长正好看见文物专干刘怀君从外地回来。听杨益民馆长讲述后，他立即骑着自行车火速赶往魏家堡渡口。时值8月下旬，渭河水流湍急，摆渡十分困难，刘怀君苦苦等待3个多小时后，到下午6点多才有船渡到对岸。这时，忽然下起了雨，他摸黑来到了村口，见王宽礼已在那里等候多时。张乖乾家院中吊了一个500瓦的大灯泡，围观的群众很多。大件器物摆在房檐下的台阶上，小件器物摆在屋里的柜子上。为了保护文物，刘怀君向群众宣传了国家文物保护的法规法令，叮嘱张乖乾、李全正一定要保护好文物的安全，然后直奔眉站邮电所，请求值班人员拨打加急电话。杨益民知道事关重大，急忙同县文教局文化股汪积友两人一起到县政府向正在值班的廉惠民副县长当面做了汇报。廉副县长指派政府办公室负责调集车辆，绕道蔡家坡，于凌晨1点30分到达杨家村。经各级领导反复宣讲文物法规及有关奖励政策，两人同意将13件器物逐一登记，逐件称重、装车，13件器物总重量340千克。随后连夜运回县文化馆入库保管，此时为凌晨3点40分。

第三天，宝鸡市考古工作队张天恩和眉县文化馆文物人员一同到现场勘察，经调查证实，文物出土于一座窖藏内，窖藏开口于距今地表2.1米下，打破生土层。其上地层可分为三层。第一层为现代耕土层，厚30厘米；第二层为历年来水土流失堆积层，土质松散，呈颗粒状分布，土色黄褐色，厚140厘米；第三层为西周晚期文化层，灰褐色土，内含物不多，厚40厘米。窖藏开口于第三层，为一口小底大，长1.6米、宽1米、深0.9米的坑。据发现人李全正介绍，器物在坑内放置整齐，分上下两层，清理时在坑壁和器物上发现有芦席印痕。

13件器物中有甬钟10件，镈3件，总重量340千克，其中4件逨钟有铭文。4件逨钟中，3件大钟铭文一致，均为129字，另有重文符号12个，在个别字上有异。1件小钟铭文19字，重文符号2个。3件大钟通高61—65厘米，重44—50千克。小钟铸铭文19字，重文符号2个。通高23厘米，重5千克。

从窖藏器特征看，甲组钟所饰阳线联珠纹为边的云雷纹，多见于商末西周初年；乙组镈钟，其用语方法与传世的宗周钟接近，时代应属夷、厉之世；丙组器物从其形制、纹饰看，都与西周晚期出土的钟雷同。西周镈至目前还发现不多，上海博物馆藏有一件四虎镈，定为西周中期。丁组编镈形制与其接近，但从花纹观察，要较四虎镈稍早。从清理情况看，窖藏开口处地层中采集有西周晚期常见的浅盘豆、仿铜陶鬲等，故埋藏时代应为西周晚期。另外，从地层看，窖藏开口较高，与原地表接近，这些青铜器亦可能为祭祀或其他原因所埋。这批窖藏所出的青铜乐器对西周史和音乐史的研究提供了重要实物资料。

从乙、丙两组钟来看，器物不是原所铸的全部。以乙组说，3件大钟铭文各成一体。1件小钟仅是大钟铭文的最后17字和2个重文符号，其前面尚有100字和9个重文符号未见。从尺寸上看，差距也很大。为解决这一问题，县文化馆领导多次与张乖乾、李全正两人共同或单独见面，询问是否还有文物没有上交，同时向他俩进一步宣传国家文物法令，并且承诺只要将其他文物上交，一定会得到公正对待，并加大奖励力度。这些努力未能见到效果。到1987年冬季，从眉县公安局内保股得到消息，有人在齐镇763部队招待所交易杨家村出土编钟。逨钟的缺环使大家认识到彻查这一线索的必要性，文化馆配合公安局摸排线索，先后传唤 2 人，调查 10 余人，但是由于线索中断，无果而终。

1990 年冬季，从事古音乐史研究的德籍美国人罗泰先生为了解杨家村出土编钟的情况，与刘怀君在法门寺见面交谈。罗泰先生讲在美国俄亥俄州克利夫兰博物馆见到过逨钟，馆方告诉他逨钟是从中国眉县杨家村流失出去的。事后经公安机关破案证实，原来出土的不是 13 件器物，而是 18 件，另 5 件被多次盗卖转移出境，后据李某某交代，当时，张乖乾将第一车器物拉走后，其族侄李某某突然来到现场，发现此事，心起歹意：这是发财的大好机会呀。于是便纠缠、怂恿其叔父让其藏匿部分器物，然后寻机转手倒卖，承诺卖得赃款保证给李某某好处。李某某经不住金钱的诱惑，最终答应并协助其将 5 件器物搬到窖藏西边一片玉米地里藏匿起来。这 5 件珍品文物后被李芳勾结城关镇王家庄曹某某等人盗卖给文物贩子，最后转移出境。现已证实，被盗卖的 5 件文物已经有 2 件在美国露面。据陕西省考古研究院张天恩研究员得到的信息，另外 3 件器物可能在香港，但一直未见露面。

◆ 铭文释文

逨曰：丕显朕皇考，克明厥心，帅用厥先祖考政德，（注：以上右鼓）宫辟先王。逨御于厥辟，不敢豕（坠），虔夙夕敬厥死事天子。至（经）朕先祖服多，易（锡）逨休令（命），敟（兼）司四方吴（虞）麓。逨敢对天子丕显鲁休扬。用（注：以上钲间）作朕皇考龚叔龢钟，鎗鎗恖恖，雝雝雖雖，用追孝邵各（格）喜侃前文人，前文人严才（在）上，豐豐虡虡降余多福，康虡屯右永令（命），逨其万年眉寿，畯臣天子，子子孙孙永宝。（注：以上左鼓）

◆ 铭文注解

"鎗鎗恖恖，雝雝雖雖"

钟声也。"雝雝雖雖"，叠韵连语词，唐兰先生疑即"肃雝"，钟声之和美。《清庙》："肃雝显相。"《有声》："喤喤厥声，肃雝和鸣。"《礼记·少仪》："鸾和之美，肃肃雝雝。"

"前文人严才（在）上"

在西周晚期金文中，作器者在向先人祈求福佑，称颂其先人时，常使用"严才（在）上"之类套语。郭沫若先生说："人受生于天曰命……死后其灵不灭曰严。""严、俨古字通，《释名·释言语》：'严、俨也，俨然人惮之也。'灵魂不灭如在，故谓之严"。即"严在上"，就是祖先的灵魂在上。近年来，王人聪先生认为郭沫若将金文"严"

逨钟钲间铭文拓片

迷钟左鼓铭文拓片　　　　　　迷钟右鼓铭文拓片

字解释为灵魂,于训诂无据,也与古人的灵魂观念不符。在先秦典籍中从未见有"严"字作灵魂解的例证。古人认为魂魄是附于人身上的阴阳两种精灵或精气,魂属阳,魄属阴。附于人的肉体的精气叫作魄,附于人的精神的精气叫作魂。人死后,魂魄仍然能够独立存在。王先生认为,"严在上"之"上"是指上天。《诗经·大雅·文王》:"上天之载,无声无臭。"亦即上帝。《诗经·大雅·皇矣》:"皇矣上帝,临下有赫。"上帝也可省称为帝。如《诗经·大雅·文王》:"文王陟降,在帝左右。"上天或上帝,是周人所崇拜的至上神。由猎钟铭文:"先王其严,在帝左右。"可知"严在上"也是指在上帝左右的意思。在金文中,上帝所在的地方叫帝所,也叫帝廷,馭簋:"其濒在帝廷陟降。"据前所述,王先生认为,严字在句中应训为敬。故此器"前文人严在上",意思就是有文德的祖先恭敬地在上帝周围。

西周金文中出现"严在上"这类套语,是与周人的祖先神观念密切相关的。在周人的宗教信仰中,对祖先的崇拜与对至上神——上天或上帝的崇拜具有同样重要的意义。《史记·封禅书》说:"周公既相成王,郊祀后稷以配天,宗祀文王于明堂以配上帝。"天亡簋:"衣祀于王丕显考文王,事喜上帝。"周人认为他们的祖先死后都成为神,称之为文神或皇神祖考。如追簋:"用孝于前文人。"此鼎则说:"用享孝于文神。"可知文人即文神。

周人认为,其先王是上帝的元子,在上帝那里就必须恭恭敬敬,为上帝效劳。这样才能得到上帝的庇护，从而降福给自己的子孙。《诗经·大雅·文王》："文王在上，於昭于天……文王陟降，在帝左右。"《诗经·大雅·大明》："维此文王，小心翼翼，昭事上帝，聿怀多福。"

◆ 铭文大意

逨说："我伟大显赫的先父，耳聪心明，以先祖的政德为表率，祭祀先王。逨侍奉于周室，不敢懈怠，日夜都在忠于自己的职守，孝敬于天子。天子册命逨继承我的先祖职事，兼司四方的林业、农业。逨冒昧地感谢天子的册命，为我显赫的先父龚叔作了这件能发出美妙和谐的和钟，用来追念前世有文德的先人，他们恭敬地在上帝周围，期望先祖蓬蓬勃勃降给逨多福，心怀宽绰，并给我康和永命。期望逨长寿万年，永远作为天子的忠臣，子子孙孙永远宝用。"

◆ 相关文献

刘怀君：《眉县出土一批西周窖藏青铜乐器》，《文博》1987年第2期；张润棠：《历经磨难的杨家村编钟——逨钟》，载《宝鸡青铜器》，三秦出版社，2005年；方建军：《美国收藏的逨钟及相关问题》，《天津音乐学院学报》2007年第2期；陕西省考古研究院、宝鸡市考古研究所、眉县文化馆：《吉金铸华章——宝鸡眉县杨家村单氏青铜器窖藏》，文物出版社，2008年；霍彦儒、辛怡华：《商周金文编——宝鸡出土青铜器铭文集成》502—504，三秦出版社，2009年；吴镇烽：《商周青铜器铭文暨图像集成》15634-15638，上海古籍出版社，2012年；刘怀君：《逨钟出土多磨难》，载《眉县文物稽古》，太白文艺出版社，2016年，第23—30页；张天恩主编：《陕西金文集成（6）·宝鸡卷·麟游千阳陇县眉县凤翔》0638-0643，三秦出版社，2016年。

祝郡簋

◆ 器物介绍

西周夷王时期。传宋嘉祐年间出土于陕西扶风，藏于京兆孙氏。通高约 18.3 厘米，腹深约 13.3 厘米，径约 19.7 厘米。仅有铭文拓片，10 行 106 字。

◆ 铭文释文

唯二年正月初吉，王才（在）周邵（昭）宫。丁亥，各（格）于宣射。毛白（伯）内（入）门立中廷，右祝郡。王乎（呼）内史册命郡，王曰："郡，昔先王既命女（汝）作邑，㪣（兼）五邑祝。今余唯䌛（申）豪乃命，易（锡）女（汝）赤市（韨）、冋（絅）緀黄（衡），䜌旂，用事。"郡拜稽首，敢对扬天子休命。郡用作朕皇考龏伯尊簋。郡其眉寿万年无疆，子子孙孙永宝用享。

◆ 铭文注解

"宣射"

祝鄬簋铭文摹本

盖（摹本）

应是宫室名，大约是天子行大射礼，考试贡士的场所。询簋有："唯王十又七祀，王在射日宫。"

"祝鄂"

《周礼·春官·宗伯》："大祝：掌六祝之辞，以事鬼神祇，祈福祥，求永贞。"六祝："一曰顺祝（祈求丰年），二曰年祝（祈求历年得正命），三曰吉祝（祈求福祥），四曰化祝（祈求消除灾害兵祸），五曰瑞祝（祈求风调雨顺），六曰册祝（祈求远罪疾。书写文辞于简册以告神，故以册为名）。"鄂应是司掌大祝一类的官。

"作邑，欪（兼）五邑祝"

"五邑"与柞钟"司五邑甸人事"之"五邑"应是同一含义。一般学者理解为一个具体邑名。但许倬云和林嘉琳认为五邑可能是《史记·周本纪》所记载的岐、程、丰、镐、西郑及槐里中的五个城市。目前对五邑仍没有一个确定的结论，但毫无疑问的是它们是渭河平原最重要的五个城市。"作邑，欪（兼）五邑祝"，"作邑"似乎可以理解为修筑城邑，那么，这个城邑应该就是五邑。柞钟与祝鄂簋所涉及的"五邑"，也应该是同一地方，两器时代也应相近。

◆ 铭文大意

周王二年正月初吉，王在周昭宫。丁亥这天，王来就位宣射宫。毛伯引导鄂进门立中廷。王招呼内史册命鄂，王说："鄂，从前先王已经命令你修筑五邑，兼五邑的大祝。今天我重申册命，继续原来的职责。赏赐给你大红色的围裙，连同交织有纹饰的饰带，銮旗。履行你的职责去吧。"鄂跪倒，双手相拱至地，俯首至手，感谢赞颂天子的册命。鄂为其死去的父亲靠伯作这尊簋，祈求长寿万年，子子孙孙永远享用。

◆ 相关文献

吕大临：《考古图》3.10.2；薛尚功：《历代钟鼎彝器款式法帖》14.11；严一萍编：《金文总集》2809，艺文印书馆，1983年；唐兰：《西周青铜器铭文分代史征》（附件一·夷王·一），中华书局，1986年；吴镇烽：《陕西金文汇编》188，三秦出版社，1989年；中国社会科学院考古研究所：《殷周金文集成》04297，中华书局，2007年；霍彦儒、辛怡华：《商周金文编——宝鸡出土青铜器铭文集成》340，三秦出版社，2009年；吴镇烽：《商周青铜器铭文暨图像集成》05342，上海古籍出版社，2012年；张天恩主编：《陕西金文集成（5）·宝鸡卷·扶风》0573，三秦出版社，2016年。

旟鼎

◆ 器物介绍

西周康王世，窖藏出土。现藏于陕西历史博物馆。1972 年 5 月 28 日，陕西省眉县眉站公社杨家大队饲养员王双海、王五儿在村西北约 300 米处的土壕边给饲养室挖土时，发现一件青铜器。当时传说神奇，有人说宝物出土时光芒四射，有人说夜晚还闪光有声。其实器物是王五儿在半崖先发现的，王双海担粪回来，看了很惊奇，就一溜烟跑到大队告知党支部、生产大队。杨栓录书记带人把器物挖出抬回大队部，放在戏楼上，派了十几个民兵持枪看守，并向上级报告。6 月 1 日陕西省文管会派人员现场勘察，出土时鼎斜卧于一灰坑内，距地表约 1 米，除鼎外，同坑未曾出现其他器物。该器敛口，鼓腹，双立耳，柱足。口沿下饰饕餮纹，细雷纹填地，足饰一大饕餮面，耳的两侧有两个相对的夔龙。鼎腹底部有三个直径 11.5 厘米、深约 4 厘米的圆窝，窝下系鼎足。圆窝周围有明显的足与腹合铸时留下的一圈铸缝。腹外壁及足部淤结一层厚厚的烟炱。鼎通高 77 厘米，口径 56.5 厘米，最大腹围 187 厘米，重 78.9 千克。口沿内有铭文 4 行 28 字。

◆ 铭文释文

唯八月初吉，王姜易（锡）旟田三于待刈，师橹酤兄（贶），用对王休，子子孙其永宝。

◆ 铭文注解

"易（锡）旟田三于待刈"

是说将三个田和田中有待收获的禾穗一并授予。铸器的时期是在八月初吉，还未到秋收的时节。《诗经·豳风·七月》言"十月获稻"，又言"十月纳禾稼"，可见距收获还早两个月。

旟鼎铭文拓片

"师櫨酤兄（贶）"

郭沫若先生说，师櫨当是人名。酤读为阔，兄读为贶。"阔贶"犹言厚馈也。旟既得到王姜的赐田，又得到师櫨的厚惠，故作鼎以为纪念。

王姜的时代有各种不同的说法。郭沫若最初把令簋定为成王，王姜就成了成王之后。1972 年，陕西眉县出土了旟鼎，郭先生改订王姜为武王之后邑姜，太公望之女。大多学者把旟鼎的年代定在康王时期，倘若如此，则王姜既是一位生活中的常青树，也是政治权力上的不老松。

邑姜是商周之交一个光彩照人的女性形象。有关她的身份，《左传·昭公元年》说："当武王、邑姜方震大叔，梦帝谓己：'予命而子曰虞，将与之唐，属诸参而繁育其子孙。'及生，有文在其手，曰'虞'。遂以命之。及成王灭唐，而封大叔焉。故参为晋星。"类似的内容，《史记·晋世家》里说得更加详细：晋国的祖先唐叔虞，是周武王的儿子，成王的幼弟。当初武王与叔虞母会合时，虞母梦见天神对武王说："我命你生这个儿子取名为虞，我将以唐这块土地给他。"当儿子出生以后，手心上有个"虞"字，因此就名为"虞"。后来武王崩，成王立，唐城有乱，周公于是灭了唐。有一回，成王与叔虞做游戏，曾将桐叶削成圭状，送给叔虞，并说："以这个封你。"史佚因此恭请选择吉日立叔虞。成王说："我只是跟他开玩笑而已。"史佚说："天子无戏言。任何言谈史官都会加以记载。"于是遂封叔虞于唐。唐这个地方位于黄河与汾水之东，方圆一百里，因此称为唐叔虞。 成书于西晋初年的《春秋经传集解》里说："邑姜，晋之妣也。"杜预注："邑姜，齐太公女，晋唐叔之母。"比杜预稍早的皇甫谧，在他的《帝王世纪》也说："武王妃，太公之女，曰邑姜。修教于内，生太子诵。" 以上史料表明，邑姜是周武王的王妃，并为武王生了成王和晋国的开国君主唐叔虞。

目前学术界普遍认为王姜即武王之后，也叫邑姜。虽然在传世文献中并不多见西周王妃的事迹，但在青铜器铭文中有对西周后妃的丰富记载。在西周早期的青铜器中，以"王姜"活动最为频繁，如旟鼎、令簋、叔卣、不寿簋等。

旟鼎记载王姜赏赐给旟三块田和田内未收割的禾稼。可见王姜对土地有一定的支配权。

不寿簋记载王姜赏赐贵族不寿名贵的皮袭。王姜赏赐的内容有土地、田产、货物。这些物品涉及社会生产的各个方面，这表明，王姜在社会生产方面有一定的领导权。

在对外战争中，王姜起到了安抚诸侯、稳定后方的作用。令簋："唯王于伐楚白，在炎……作册矢令宜于王姜，姜商令贝十朋、臣十家、鬲百人……"铭文大意说，作册矢令作为出征的主帅伯懋父的使者来见王姜，王姜对他进行了赏赐。赏赐内容相当丰富：贝、臣、鬲，涉及财物和奴隶。从铭文看，王征楚，王姜赏赐戍边的将领，王姜在周王征伐事件中扮演了安定人心的重要角色，所起的作用不容忽视。

叔卣说王在宗周举行大祭，王姜遣史官叔到太保那里参与祭祀，太保赏赐叔白金等礼品。可见，像祭祀这样的国家大事，王姜同样也有发言权。

《尚书·周书·泰誓》武王言："……天其以予乂民，朕梦协朕卜，袭于休祥，戎商必克。受有亿兆夷人，离心离德；予有乱臣十人，同心同德。虽有周亲，不如仁人。"《孔传》《蔡传》皆言："十人，指周公旦、召公奭、太公望、毕公、荣公、太颠、闳夭、散宜生、南宫适、邑姜。""乱臣"，善于治理国家的臣子。这里把邑姜与周公、召公、太公等相比，显示了邑姜显赫的身份和出类拔萃的能力，表明她在周初是一位相当有政治影响力的人物。

◆ **铭文大意**

这是八月上旬，王姜赏赐给旟侍刘地方的三百亩田，又得到师櫨的厚馈。旟感谢王的恩惠，子子孙孙永以为宝。

◆ **相关文献**

史言：《眉县杨家村大鼎》，《文物》1972年第7期；郭沫若：《关于眉县大鼎铭词考释》，《文物》1972年第7期；陕西省考古研究所、陕西省博物馆、陕西省文物管理委员会：《陕西出土的商周青铜器》（三），文物出版社，1980年；刘启益：《西周金文中所见的周王后妃》，《考古与文物》1980年第4期；严一萍编：《金文总集》1206，艺文印书馆，1983年；唐兰：《西周青铜器铭文分代史征》（卷四上·昭王·十），中华书局，1986年；唐兰：《论周昭王时代的青铜器铭刻》，载《古文字研究》第2辑，中华书局，1981年；吴镇烽：《陕西金文汇编》151，三秦出版社，1989年；张润棠：《王五儿王双海挖土发现的"大货"——旟鼎》，载《宝鸡青铜器》，三秦出版社，2005年；刘传宾：《西周青铜器铭文土地转让研究》，吉林大学硕士论文，2007年；中国社会科学院考古研究所：《殷周金文集成》02704，中华书局，2007年；陕西省考古研究院、宝鸡市考古研究所、眉县文化馆：《吉金铸华章——宝鸡眉县杨家村单氏青铜器窖藏》，文物出版社，2008年；霍彦儒、辛怡华：《商周金文编——宝鸡出土青铜器铭文集成》601，三秦出版社，2009年；吴镇烽：《商周青铜器铭文暨图像集成》02321，上海古籍出版社，2012年；张天恩主编：《陕西金文集成（6）·宝鸡卷·麟游千阳陇县眉县凤县》0637，三秦出版社，2016年。

史䜌簋

◆ 器物介绍

　　西周康王世，岐山县京当乡贺家村周墓出土。现收藏于陕西历史博物馆。贺家村及周围地区西周遗址范围相当广，文化层堆积丰富，村西是一个墓葬区，曾发现过青铜器和车马坑。1966年12月岐山县京当公社贺家村群众取土时发现一座西周墓葬。该墓土圹竖穴，东西向，长4.1米，宽2米，上距现地表5.5米。有二层台，随葬青铜器依其大小排列在南侧的二层台上。墓底有朱砂痕迹，出土有铜泡、戈、矛、弓形器、銮铃、盖弓帽、贝币等。此墓出土的青铜器有簋、鼎、罍、角、甗、尊等17件，其中有铭文的青铜礼器6件，史䜌簋是其中一件。高17.2厘米，口径23.3厘米，腹深12.6厘米，重4.2千克。此器侈口鼓腹，圈足下沿有较高的边圈，兽首形双耳，下有较长的垂珥。腹饰下卷角兽面纹，颈及圈足饰夔龙纹，颈的前后增饰浮雕兽头。内底铸铭文4行23字。

◆ 铭文释文

乙亥，王诰毕公，廼易（锡）史䛗（諿）贝十朋。䛗（諿）古于彝，其于之朝夕监（鉴）。

◆ 铭文注解

作器者史䛗的"䛗"字，《说文》作"諿"，在言部，"䛗也。从言臣声。读若指"。唐兰先生认为"䛗"为"諿"的别体。

毕公为文王之子毕公高，为周初权要。康王时曾任作册之官。王国维考证"史为掌书之官，自古为要职"，而"秩以内史为尊……此官周初之作册"。（《观堂集林》卷六《释史》）依此，作册为内史之别名，是史官之最尊者，史官諿为毕公之属吏，当然在毕公任作册官职之时，史諿簋当为康王时器。

周初称毕公的，武王时有毕公高。毕公原与武王同辈，所以《史记·周本纪》说："武王即位，太公望为师，周公旦为辅，召公、毕公之徒，左右王师。"武王克商后去商纣宫时，"周公旦把大钺，毕公把小钺，以夹武王。"武王还"命毕公释百姓之囚"。但是，以后就再不见毕公了。在《顾命》里，召公与毕公分领西方和东方诸侯，但在六卿次序中，毕公名列第四，名在芮伯、彤伯之下。当时只有召公奭是以老寿著名的，此外，如吕伋、王孙牟、燮父、禽父等都是下一代。唐兰先生认为这个毕公肯定不是武王时期的毕公高，而应是第二代的毕公了。《书序》："康王命作册毕分居里城周郊。"作册是史官，史諿应是他的僚属。此铭反映康王在诰教毕公时，作为毕公的下属受到了赏赐。

"䛗（諿）古于彝"

"古"与"肆"同义，《尔雅·释诂》："治、肆、古，故也。"《说文》："故，使为之也。"《广雅·释诂》："故，事也。"这些字都有作为或从事的意思。《说文》又说"肆，极陈也"。《周颂·时迈》有"肆于时夏"。郑玄笺："肆，陈也……陈其功于是夏而歌之。"唐兰先生认为，"古于彝"和"肆于彝"有为之于彝、陈述之于彝的意思。

该墓出土的6件带铭文的青铜器，分属史諿、史逨、尹丞三人。史諿簋年代最早。学者推断属康王时期。报告认为史逨方鼎和史逨角的时代较史諿簋稍晚，但这群青铜器的下限，不会晚于穆王时期。尹丞鼎铭虽只有"尹丞"二字，却可以把三位器主联系起来。史逨方鼎铭曰："史逨作宝方鼎。"逨与諿均为史，古者史官传袭，史逨可能是史諿之嫡族，史諿、史逨又世袭史职，胡新生先生认为三位器主必同属尹氏家族。从庄白一号窖藏出土的痶钟铭文看，痶家族世代为史官，协助尹氏。而痶是尹叔的助手，尹叔是尹氏家族的一员。

史喦簋铭文拓片

尹氏，在商周时期担任史官。文王即位后"仿于辛、尹"，其中与"辛"并列的"尹"是指尹佚。尹佚在其他文献中又被称为作册逸或史佚、史逸。作册即作册内史，所以尹佚的职位是内史或内史尹。与辛氏相似，尹氏最早也在商朝任职，商代晚期尹光鼎铭文记载商王征伐井方之年，尹光因侍宴敬恪无怠受到商王赏赐；《逸周书》等说周武王时有"尹氏八士"；学者认为这些尹氏贵族与尹佚当属同一个家族。武王入殷第二日举行隆重的代殷受命仪式，尹佚在仪式中负责宣读受命文书，此后尹佚又与南宫百达共同主持"迁九鼎三巫"之礼。（《逸周书·克殷》）武王克殷后返回宗周举行燎祭，"乃俾史佚繇书于天号"，以示"荐俘于天"之义。（《逸周书·世俘》）周公建城东都洛邑后返政成王，成王在"新邑"祭祀文王武王，"命左册逸祝"；继之"王命周公后，作册逸诰"。（《尚书·周书·洛诰》）尹佚经常参与主持周初重大典礼，其地位之高不言而喻。

周宣王时期的名臣尹吉甫也出自尹氏家族。尹吉甫又称兮甲，兮伯吉父，曾多次率师征伐猃狁，又曾奉命征办"成周四方"之委积，并特别责令南淮夷缴纳贡物。（王国维：《观堂集林·别集·兮甲盘跋》）《诗经》中《崧高》《烝民》两篇可以证实为尹吉甫的作品。春秋时期尹氏家族一直在王朝中世袭内史尹一类官职。城濮之战后，周襄王亲至践土，"命尹氏及王子虎、内史叔兴父策命晋侯为侯伯"（《左传·僖公二十八年》）。这里的尹氏就是一位正任内史的尹氏贵族。周景王死后，尹氏首领尹固支持王子朝争夺王位，失败后与王子朝及其党羽一起"奉周之典籍以奔楚"（《左传·昭公二十六年》），尹氏家族世为王朝史官的历史至此才告一段落。

王国维《兮甲盘跋》一文考证兮甲与文献中的尹吉甫为一人。胡新生先生认为这个论断合理可信，但他对该文提出的尹吉甫的"尹"只是官职而"兮"才是氏称的说法是错误的。他认为，作为官名的"尹"和作为氏称的"尹"确实常混淆在一起，但不能因此否认春秋时期周王朝中一直存在一个尹氏家族。西周中期的尹叔鼎铭云"尹叔作隈姞媵（媵）鼎"；西周晚期的蔡姞鼎铭云"蔡姞作皇兄尹叔尊鬶彝"；西周中晚期的尹姞鼎、宗仲盘、宗仲匜铭文中都提到称为"尹姞"的贵族妇女。这些材料有力地证明，西周中晚期的尹氏是一个姞姓大族。《诗经·都人士》有"彼君子女，谓之尹吉"之句，参照有关金文可以断定这里的"尹吉"是"尹姞"的异写。

金文、《诗经》所反映的姞姓尹氏与宣王时地位显赫的尹吉甫时代相近或相同，尹吉甫显然就是这一姞姓尹氏家族的成员或首领。尹氏、兮氏都属姞姓。尹吉甫的姓氏既已明确，整个春秋时期的尹氏就可由此连贯为一系。东迁后尹氏的活动最早见载于《左传·隐公五年》，当时是周桓王二年（前718），与尹吉甫之间只隔幽、平两代，这个尹氏必与尹吉甫一脉相承。

史臨曾为毕公的僚属，而伯夏父鼎铭记伯夏父为毕姬作器。毕姬无疑是姬姓女子，毕公家族之人，伯夏父当是毕姬的丈夫，非姬姓。传世的伯夏父鬲大约有 10 件，伯夏父一次为妻子制作至少 10 件鬲，一方面表明伯夏父有较强的经济实力，另一方面也显示毕姬身份的显赫。我们推测伯夏父很有可能是史䢅的后人，他们家族的墓葬在这里，自然他们的青铜器窖藏会在这里发现。

◆ 铭文大意

乙亥这天，王诰教毕公，于是赏给史䢅贝十朋（或说十贝为一朋，或谓五贝为一朋）。䢅把这作为大事，记载在彝器上，以便早晚可以鉴赏勉励。

◆ 相关文献

长水：《岐山贺家出土的西周铜器》，《文物》1972 年 6 期；唐兰：《史䢅簋铭考释》，《考古》1972 年第 3 期；陕西省博物馆、陕西省考古研究所、陕西省博物馆、陕西省文物管理委员会：《陕西出土的商周青铜器》（一），文物出版社，1979 年；严一萍编：《金文总集》2587，艺文印书馆，1983 年；唐兰：《西周青铜器铭文分代史征》（卷三下·康王·二十六），中华书局，1986 年；吴镇烽：《陕西金文汇编》348，三秦出版社，1989 年；庞怀靖：《岐山县文物志》（初稿），岐山县文化局印，1990 年 11 月；胡新生：《异姓史官与周代文化》，《历史研究》1994 年第 3 期；中国社会科学院考古研究所：《殷周金文集成》04030，中华书局，2007 年；霍彦儒、辛怡华：《商周金文编——宝鸡出土青铜器铭文集成》398，三秦出版社，2009 年；吴镇烽：《商周青铜器铭文暨图像集成》04987，上海古籍出版社，2012 年；张天恩主编：《陕西金文集成（1）·宝鸡卷·岐山》0010，三秦出版社，2016 年。

折尊

◆ **器物介绍**

西周昭王世，1976年12月扶风县法门镇庄白村窖藏出土。现藏宝鸡市周原博物馆。1976年12月15日上午10时许，陕西周原考古队驻召陈发掘队已布置完全天的工作任务。这时，原庄白大队革委会副主任陈长年来告知考古队：早上白家生产队村民白新恩等人在村南平整土地时，偶然发现了一堆青铜器。青铜器一露头，他们立即停工保护好现场，并及时向当地有关部门报告了情况。现已露出的青铜器个体很大，数目不清，希望考古队派人前往处理。听闻这一消息，周原考古队罗西章、刘士莪先生立即随同陈长年赶赴现场，以便弄清真实情况，进行清理保护。

白家村位于召陈村西南约1千米，同属法门公社庄白大队。沿田埂小路，他们步行了约15分钟就到达。途中，他们联想到1975年3月在白家村西南250米处田间出土的伯戜所属鼎、簋等青铜器共18件。他们到达时，平整土地的村民认识到这是国家的重宝，停工待命，围着露出青铜器的坑边谈笑议论。罗西章、刘士莪先生从坑的东侧观察了窖藏青铜器露出的叠压埋藏现状，看到有盘、尊、簋等十余件青铜器横竖叠压在一起。在一坑之内竟显露出如此密集众多的青铜器，这是一次重大考古发现，必须严谨、慎重、一丝不苟地按照科学发掘规程。罗西章、刘士莪先生对如何抢救发掘交换了意见，并就清理、照相、绘图、编号、记录和安全保护，均一一做了精心分工和具体安排。经过他们细心地反复探查，确知这是一座埋藏丰富而完整无损的西周青铜器窖藏，编号为1976年扶风庄白一号青铜器窖藏（76FZHl）。15日下午，周原考古队抽调了数名亦工亦农考古培训班的学员和西北大学考古专业实习学生，共同组成发掘小组，并在白家村社员群众的热情支持下，按计划开始进行清理工作。窖口距地表0.3—0.45米，直接压在耕土层下，打破了西周晚期文化堆积层。坑穴挖造比较简单，四壁略加修整，窖藏本身及周围没有后代扰动的迹象。从窖穴所在的地形来看，原来地面是比较高的，埋藏较深，由于长年的土地耕作和水土流失，致使西周晚期之后的地层堆积大部分被冲刷掉了，故形成了坑口直接压在现代耕土层下的现象。

窖藏共出土青铜器103件。青铜器造型瑰玮，大小有差，纹饰富丽，种类繁多，主要是生活用器和礼乐器，但不见兵器和车马器。现依据青铜器的功能和类别可分为6大类：烹煮器19件，盛食器11件，酒器36件，水器3件，挹取器6件，乐器28件。

折尊，三段式筒状尊，侈口，鼓腹，高圈足。颈、腹、足分别饰以四道扉棱。口沿下饰蕉叶纹，颈、足饰顾首花冠龙纹，腹饰展体式兽面纹。雷纹为地，主体花纹上又雕刻阴线。属三层满花风格。此类三段式筒状尊及三层花装饰属西周早期青铜器的风格。通高32.8厘米，口径25.9厘米，腹围53.5厘米，腹深24.7厘米，重7.85千克。腹底有铭文6行40字，内容与折觥铭文相同。

◆ 铭文释文

唯五月，王在斥，戊子，令（命）作册折兄（贶）望土于相侯，易（锡）金、易（锡）臣，扬王休。唯王十又（有）九祀用作父乙尊其永宝。木羊册。

◆ 铭文注解

"折"

李学勤、刘启益释为"忻"，唐兰、黄盛璋、尹盛平厘定为"旂"，伍仕谦释为"旗"。关于折尊的年代，以唐兰、李学勤、尹盛平、伍仕谦等为代表，认为"唯王十又（有）九祀"应指昭王十九年（前977），故折尊应为昭王时器。黄盛璋、刘启益等认为"唯王十又（有）九祀"应指康王十九年（前1002），故折尊应为康王时器。

"王在斥"

疑与1955年陕西眉县李家村出土的盠驹尊中"王初执驹于厈"是同一地点。2003年眉县杨家村1月19日出土的单氏家族青铜器，被认为与1955年李家村出土的盠器

折尊铭文拓片

组是同一家族的器物，从逨盘铭文可知，盠供事于昭王、穆王之时。如果"王在斥""王初执驹于斥"是同一地点，那么，折尊的年代最大可能应是昭王时期。

◆ 铭文大意

这是五月，王在斥地，戊子这天，命令作册折把望土送给相侯，赏给了铜，赏了奴隶。折感谢王的休美。这是王的十九年。用来做父乙的祭器，永以为宝。木羊册。

◆ 相关文献

陕西周原考古队：《陕西扶风庄白一号西周青铜器窖藏发掘简报》，《文物》1978年第3期；黄盛璋：《西周微家族窖藏铜器群初步研究》，《社会科学战线》1978年第3期；唐兰：《略论西周微氏家族窖藏铜器群的重要意义——陕西扶风新出墙盘铭文解释》，《文物》1978年第3期（又见《唐兰先生金文论集》，紫禁城出版社，1995年。）；刘启益：《微氏家族铜器与西周铜器断代》，《考古》1978年第5期；李学勤：《西周中期青铜器的重要标尺——周原庄白、强家两处青铜器窖藏的综合研究》，《中国历史博物馆馆刊》1979年第1期；伍仕谦：《微氏家族铜器群年代初探》，载《古文字研究》第5辑，中华书局，1981年1月；陕西省考古研究所、陕西省博物馆、陕西省文物管理委员会：《陕西出土的商周青铜器》（三），文物出版社，1980年；严一萍编：《金文总集》4875，艺文印书馆，1983年；唐兰：《西周青铜器铭文分代史征》（卷四下·昭王·五十），中华书局，1986年；吴镇烽：《陕西金文汇编》558，三秦出版社，1989年；陕西周原考古队、尹盛平：《西周微氏家族青铜器群研究》，文物出版社，1992年6月；罗西章：《扶风县文物志》，陕西人民教育出版社，1993年5月；北京大学考古文博学院、北京大学古代文明研究中心：《吉金铸国史——周原出土西周青铜器精粹》3，文物出版社，2002年6月；中国社会科学院考古研究所：《殷周金文集成》06002，中华书局，2007年；霍彦儒、辛怡华：《商周金文编——宝鸡出土青铜器铭文集成》81，三秦出版社，2009年；吴镇烽：《商周青铜器铭文暨图像集成》11800，上海古籍出版社，2012年；张天恩主编：《陕西金文集成（2）·宝鸡卷·岐山扶风》0154，三秦出版社，2016年；宝鸡市周原博物馆：《周原——庄白西周青铜器窖藏考古发掘报告》，科学出版社，2016年。

折方彝

◆ 器物介绍

  西周昭王世，1976年12月扶风县法门镇庄白村窖藏出土。现藏宝鸡市周原博物馆。1976年12月15日上午10时许，陕西周原考古队驻召陈发掘队已布置完全天的工作任务。这时，原庄白大队革委会副主任陈长年来告知考古队：早上白家生产队村民白新恩等人在村南平整土地时，偶然发现了一堆青铜器。青铜器一露头，他们立即停工保护好现场，并及时向当地有关部门报告了情况。现已露出的青铜器个体很大，数目不清，希望考古队派人前往处理。听闻这一消息，周原考古队罗西章、刘士莪先生立即随同陈长年赶赴现场，以便弄清真实情况，进行清理保护。

  白家村位于召陈村西南约1千米，同属法门公社庄白大队。沿田埂小路，他们步行了约15分钟就到达。途中，他们联想到1975年3月在白家村西南250米处田间出土的伯戜所属鼎、簋等青铜器共18件。他们到达时，平整土地的村民认识到这是国家的重宝，停工待命，围着露出青铜器的坑边谈笑议论。罗西章、刘士莪先生从坑的东侧观察了窖藏青铜器露出的叠压埋藏现状，看到有盘、尊、簋等十余件青铜器横竖叠压在一起。在一坑之内竟显露出如此密集众多的青铜器，这是一次重大考古发现，必须严谨、慎重、一丝不苟地按照科学发掘规程。罗西章、刘士莪先生对如何抢救发掘交换了意见，并就清理、照相、绘图、编号、记录和安全保护，均一一做了精心分工和具体安排。经过他们细心地反复探查，确知这是一座埋藏丰富而完整无损的西周青铜器窖藏，编号为1976年扶风庄白一号青铜器窖藏（76FZHl）。15日下午，周原考古队抽调了数名亦工亦农考古培训班的学员和西北大学考古专业实习学生，共同组成发掘小组，并在白家村社员群众的热情支持下，按计划开始进行清理工作。窖口距地表0.3—0.45米，直接压在耕土层下，打破了西周晚期文化堆积层。坑穴挖造比较简单，四壁略加修整，窖藏本身及周围没有后代扰动的迹象。从窖穴所在的地形来看，原来地面是比较高的，埋藏较深，由于长年的土地耕作和水土流失，致使西周晚期之后的地层堆积大部分被冲刷掉了，故形成了坑口直接压在现代耕土层下的现象。

窖藏共出土青铜器103件。青铜器造型瑰玮，大小有差，纹饰富丽，种类繁多，主要是生活用器和礼乐器，但不见兵器和车马器。现依据青铜器的功能和类别可分为6大类：烹煮器19件，盛食器11件，酒器36件，水器3件，挹取器6件，乐器28件。

与折尊等同窖藏出土。盖仿庑殿式屋顶，盖钮呈硬山屋顶形。腹壁外鼓，方圈足，圈足与腹有明显分界。彝体四角及中线皆有镂雕扉棱，周身布满三层花纹，云雷纹为地。盖顶和盖钮饰倒置的兽面纹，腹部四面饰兽面纹，盖脊两侧、器沿及圈足均饰顾首卷尾夔龙纹。通高40.7厘米，口纵19.2厘米，口横24厘米，腹深19.2厘米，重13千克。器、盖同铭，铸铭文6行42字，内容与折尊同。

◆ 铭文释文

唯五月，王在斥，戊子，令（命）作册折兄（贶）望土于相侯，易（锡）金、易（锡）臣，扬王休。唯王十又（有）九祀用作父乙尊其永宝。木羊册。

◆ 铭文注解

"王在斥"

郭沫若认为"斥"在奄地，当今山东潍县境内。刘士莪、尹盛平则认为此地距丰邑辟雍不远，又认为当是昭王伐楚时的驻军之所。"王在斥"疑与1955年陕西眉县李家村出土的盠驹尊中"王初执驹于厈"是同一地点。如果说青铜器出土点一带当初是其主人居住地，且"厈"地就在青铜器出土点一带，那么可以认为，今天的眉县东礼村一带应该是西周王朝的养马基地。

"兄（贶）望土"

借为贶。《说文》："贶，赐也"。赐，赠。望土地名，所在不详。

折方彝器铭文拓片

折方彝盖铭文拓片

"相"

此字从木从目,释为相。相,先秦之相有数地。《史记·殷本纪》:"河亶甲居相。"张守节《正义》引《扩地志》云:"故殷城在相州内黄县东南十三里,河亶甲所筑都之,故名殷城也。"春秋宋邑,《水经注校·卷二十四·睢水》:"睢水又东迳睢阳县故城南,周武王封微子启于宋以嗣殷,后为宋都也。"故城在今安徽宿县西北,因境内有相山得名。此铭"昭王十九年伐楚",此或是安徽之相。昭王赐相侯以望土,有学者认为或是为了拉拢与楚相近的侯伯。刘士莪、尹盛平认为此字从木从臣,柩,臣声,当读为陈蔡之陈。臣、陈同属真韵,故得相通。陈地在今河南淮阳一带。

◆ 铭文大意

这是五月，王在厈地，戊子这天，命令作册折把望土送给相侯，赏给了铜，赏了奴隶。折感谢王的休美。这是王的十九年。用来做父乙的祭器，永以为宝。木羊册。

◆ 相关文献

陕西周原考古队：《陕西扶风庄白一号西周青铜器窖藏发掘简报》，《文物》1978年第3期；黄盛璋：《西周微家族窖藏铜器群初步研究》，《社会科学战线》1978年第3期；唐兰：《略论西周微仕家族窖藏铜器群的重要意义——陕西扶风新出墙盘铭文解释》，《文物》1978年第3期（又见《唐兰先生金文论集》，紫禁城出版社，1995年）；刘启益：《微氏家族铜器与西周铜器断代》，《考古》1978年第5期；李学勤：《西周中期青铜器的重要标尺——周原庄白、强家两处青铜器窖藏的综合研究》，《中国历史博物馆馆刊》1979年第1期；伍仕谦：《微氏家族铜器群年代初探》，载《古文字研究》第5辑，中华书局，1981年1月；陕西省考古研究所、陕西省博物馆、陕西省文物管理委员会：《陕西出土的商周青铜器》（三），文物出版社，1980年；严一萍编：《金文总集》4976，艺文印书馆，1983年；唐兰：《西周青铜器铭文分代史征》（卷四下·昭王·五十），中华书局，1986年；吴镇烽：《陕西金文汇编》621，三秦出版社，1989年；陕西周原考古队、尹盛平：《西周微氏家族青铜器群研究》，文物出版社，1992年6月；罗西章：《扶风县文物志》，陕西人民教育出版社，1993年5月；北京大学考古文博学院、北京大学古代文明研究中心：《吉金铸国史——周原出土西周青铜器精粹》5，文物出版社，2002年6月；中国社会科学院考古研究所：《殷周金文集成》09895，中华书局，2007年；霍彦儒、辛怡华：《商周金文编——宝鸡出土青铜器铭文集成》82，三秦出版社，2009年；吴镇烽：《商周青铜器铭文暨图像集成》13542，上海古籍出版社，2012年；张天恩主编：《陕西金文集成（2）·宝鸡卷·岐山扶风》0155，三秦出版社，2016年；宝鸡市周原博物馆：《周原——庄白西周青铜器窖藏考古发掘报告》，科学出版社，2016年。

折觥

◆ 器物介绍

西周昭王世，1976年12月扶风县法门镇庄白村窖藏出土。现藏宝鸡市周原博物馆。1976年12月15日上午10时许，陕西周原考古队驻召陈发掘队已布置完全天的工作任务。这时，原庄白大队革委会副主任陈长年来告知考古队：早上白家生产队村民白新恩等人在村南平整土地时，偶然发现了一堆青铜器。青铜器一露头，他们立即停工保护好现场，并及时向当地有关部门报告了情况。现已露出的青铜器个体很大，数目不清，希望考古队派人前往处理。听闻这一消息，周原考古队罗西章、刘士莪先生立即随同陈长年赶赴现场，以便弄清真实情况，进行清理保护。

白家村位于召陈村西南约1千米，同属法门公社庄白大队。沿田埂小路，他们步行了约15分钟就到达。途中，他们联想到1975年3月在白家村西南250米处田间出土的伯乍所属鼎、簋等青铜器共18件。他们到达时，平整土地的村民认识到这是国家的重宝，停工待命，围着露出青铜器的坑边谈笑议论。罗西章、刘士莪先生从坑的东侧观察了窖藏青铜器露出的叠压埋藏现状，看到有盘、尊、簋等十余件青铜器横竖叠压在一起。在一坑之内竟显露出如此密集的青铜器，这是一次重大的考古发现，必须严谨、慎重、一丝不苟地按照科学发掘规程。罗西章、刘士莪先生对如何抢救发掘交换了意见，并就清理、照相、绘图、编号、记录和安全保护，均一一做了精心分工和具体安排。经过他们细心地反复探查，确知这是一座埋藏丰富而完整无损的西周青铜器窖藏，编号为1976年扶风庄白一号青铜器窖藏（76FZH1）。15日下午，周原考古队抽调了数名亦工亦农考古培训班的学员和西北大学考古专业实习学生，共同组成发掘小组，并在白家村社员群众的热情支持下，按计划开始进行清理工作。窖口距地表0.3—0.45米，直接压在耕土层下，打破了西周晚期文化堆积层。坑穴挖造比较简单，四壁略加修整，窖藏本身及周围没有后代扰动的迹象。从窖穴所在的地形来看，原来地面是比较高的，埋藏较深，由于长年的土地耕作和水土流失，致使西周晚期之后的地层堆积大部分被冲刷掉了，故形成了坑口直接压在现代耕土层下的现象。

窖藏共出土青铜器103件。青铜器造型瑰玮，大小有差，纹饰富丽，种类繁多，主要是生活用器和礼乐器，但不见兵器和车马器。现依据青铜器的功能和类别可分为6大类：烹煮器19件，盛食器11件，酒器36件，水器3件，挹取器6件，乐器28件。

与折尊等同窖藏出土。体呈长方形，前有流，后有鋬，分为器盖和器身两部分。盖的头端呈昂起的兽首形，高鼻鼓目，两齿外露，长有两只巨大的曲角，两角之间夹饰一个兽面，从头顶处开始在盖脊正中延伸一条扉棱，直到尾部，颈部这段的扉棱作龙形，两侧各有一条卷尾顾首的龙。盖的后半部装饰有一个饕餮纹面，饕餮的头端加铸了两只立体的兽耳。器身曲口宽流，鼓腹，每边的中线和边角都饰有透雕的扉棱式脊，组成几组饕餮纹面。纹饰通体分三层，以兽面纹、夔纹为主纹，云雷纹为地纹。其间配以象、蛇、鸮、蝉等。觥体后部有一鋬手，采用雕塑手法，上部做成龙角兽首，中部为鸷鸟，下为垂卷的象鼻，两侧还有凸出的象牙。圈足扉棱饰顾首夔龙纹。器底可见明显的对角线交叉的范痕。通高28.7厘米，口纵11.8厘米，口横7厘米，腹深12.5厘米，重9.1千克。器、盖同铭，唯行款稍异，铭文6行40字，内容同折尊。

◆ 铭文释文

唯五月，王在斥，戊子，令（命）作册折兄（貺）望土于相侯，易（锡）金、易（锡）臣，扬王休。唯王十又（有）九祀用作父乙尊其永宝。木羊册。

◆ 铭文注解

"王在斥"

"斥"的地望至今意见不一，《西周微氏家族青铜器群研究》中认为，麦尊"廏"与折觥"斥"为同一地名，距丰邑辟雍不远。唐兰先生考证其所记事件可以与中方鼎、

折觥器铭文拓片

作册折卣和折尊铭文相印证,在西周昭王第二次南下伐楚之前,此年的下半年昭王伐楚而不返。

宋以来,青铜著录书籍一般把这种形体的器物称之为"匜",王国维首次指出宋以来称之为"匜"的器物有一部分是觥,即古代之兕觥。觥的出土数量较少,流行时代约在殷代中期至西周早期,觥的器型大体口沿分为两种:一种觥作四足,整体呈兽形,殷代晚期这种四足觥作椭圆形腹;另一组觥作圈足,其腹足截面呈椭圆形,或腹足截面呈长方形。这件觥是折为他的父乙做的器物,时代属西周昭王时期。

折觥盖铭文拓片

◆ **铭文大意**

这是五月，王在斥地，戊子这天，命令作册折把望土送给相侯，赏给了铜，赏了奴隶。折感谢王的休美。这是王的十九年。用来做父乙的祭器，永以为宝。木羊册。

◆ **相关文献**

陕西周原考古队：《陕西扶风庄白一号西周青铜器窖藏发掘简报》，《文物》1978年第3期；黄盛璋：《西周微氏家族铜器群初步研究》，《社会科学战线》1978年第3期；唐兰：《略论西周微氏家族窖藏铜器群的重要意义——陕西扶风新出墙盘铭文解释》，《文物》1978年第3期（又见《唐兰先生金文论集》，紫禁城出版社，1995年）；刘启益：《微氏家族铜器与西周铜器断代》，《考古》1978年第5期；伍仕谦：《微氏家族铜器群年代初探》，载《古文字研究》第5辑，中华书局，1981年1月；李学勤：《西周中期青铜器的重要标尺——周原庄白、强家两处青铜器窖藏的综合研究》，《中国历史博物馆馆刊》1979年第1期；陕西省考古研究所、陕西省博物馆、陕西省文物管理委员会：《陕西出土的商周青铜器》（二），文物出版社，1980年；严一萍编：《金文总集》4928，艺文印书馆，1983年；吴镇烽：《陕西金文汇编》619，三秦出版社，1989年；陕西周原考古队、尹盛平：《西周微氏家族青铜器群研究》，文物出版社，1992年6月；罗西章：《扶风县文物志》，陕西人民教育出版社，1993年5月；北京大学考古文博学院、北京大学古代文明研究中心：《吉金铸国史——周原出土西周青铜器精粹》6，文物出版社，2002年6月；任周方：《龙龟神鸟通天地，铸得饕餮戒人间》，载《国宝纪事》，陕西人民出版社，2003年；张润棠：《折觥——融百余动物图案为一体的艺术奇观》，载《宝鸡青铜器》，三秦出版社，2005年；韩云：《艺术瑰宝——折觥》，宝鸡市文物事业管理局编，载《听我讲宝鸡》，三秦出版社，2009年；中国社会科学院考古研究所：《殷周金文集成》09303，中华书局，2007年；霍彦儒、辛怡华：《商周金文编——宝鸡出土青铜器铭文集成》83，三秦出版社，2009年；吴镇烽：《商周青铜器铭文暨图像集成》13665，上海古籍出版社，2012年；张天恩主编：《陕西金文集成（2）·宝鸡卷·岐山扶风》0156，三秦出版社，2016年；宝鸡市周原博物馆：《周原——庄白西周青铜器窖藏考古发掘报告》，科学出版社，2016年。

裘卫簋

◆ 器物介绍

西周穆王世，窖藏出土。1975年2月1日，陕西省岐山县京当乡董家村农民在村西农田基本建设中，发现了青铜器，他们保护好现场，由时任生产队副队长董宏哲报告给陕西省文物管理委员会岐扶考古工作站，考古工作者及时进行了清理发掘。经勘察，这是一个青铜器窖藏，窖藏口距地表约0.35米，窖略呈圆形，器物均按大小相互套置存放。出土青铜器37件，计鼎13件、簋14件、壶2件、鬲2件、豆2件、盘1件、盉1件、匜1件、盨1件。均收藏于岐山县博物馆。这批青铜器中30件铸有铭文，铭文内容非常丰富，涉及问题很多。器主10余人，他们之间的血亲及世代关系，一时虽难以具体排定，但多数人当属于裘卫同一家族的成员无疑。在裘卫家族青铜器中，时代最早的当数裘卫簋。裘卫簋作于穆王二十七年（前950），有明确纪年时代较晚的可能是此鼎类，为宣王十七年器（前811）。裘卫家族主要活动于西周中晚期，时间跨度近一个半世纪，是西周中晚期较有影响力的一个贵族世家。

裘卫簋，侈口，有盖。长舌兽耳，有珥，下腹微向外倾垂，颈部饰以云雷纹填地的窃曲纹，两组窃曲纹之间附丽浮雕首头，其下有阳弦纹一道，盖上饰窃曲纹。通高

23厘米，口径22.6厘米，腹深11.4厘米，重5.7千克。器、盖对铭，各铸有铭文7行73字。

◆ 铭文释文

唯廿又（有）七年三月既生霸戊戌，王才（在）周，各（格）大（太）室，即立（位）。南白（伯）入右裘卫入门，立中廷，北卿（向），王乎（呼）内史易（锡）卫缁市（韨）、朱黄（衡）、銮。卫拜稽首，敢对扬天子不（丕）显休。用乍（作）朕文且（祖）考宝簋，卫其子子孙孙永宝用。

◆ 铭文注解

裘卫事迹主要见于二十七年卫簋、三年卫盉、五祀卫鼎及九年卫鼎，另外1973年京当乡贺家村M5出土的卫簋与裘卫被认为是同一人。

二十七年卫簋铭文记载穆王二十七年（前950）三月既生魄戊戌这一天，穆王在周（今天的周原）大庙册封裘卫，裘卫为铭记这一大事，作了此祭祀先祖、先父的祭器。

一般认为，裘卫，名卫，裘当指卫的官职。《周礼·天官冢宰》所属有司裘，其职责为"掌为大裘，以供王祀天之服，中秋献良裘，王乃行羽物。季秋献功裘，以待颁赐……凡邦之皮事掌之"。《考工记》有裘氏之职"攻皮之工"。古人以官为氏，担任司裘或裘氏之官职，故称裘卫。

西周王朝的"命服"，以"芾（市）"（韨）和"珩"（衡）作为贵族等级的主要标志，而"芾"和"珩"的等级是以其色彩来区分的，"芾"以朱色为贵，"珩"以葱色（青色）为贵。西周中后期以后的"命服"制度有着下列的等级：首先是"朱芾葱珩"，是赏给公爵的执政大臣的；其次是"赤芾"，是赏给卿一级和诸侯的；"赤⊖芾"是赏给大夫一级的；再次是"缁芾"，是赏给司工、官司邑人的官吏的；最后是"叔芾"（白芾），是赏给小官吏的。穆王赏给裘卫"缁韨、朱衡"表明裘卫的级别并不高，只相当于司工、官司邑人一级的官吏，但他是周王的近臣，非同一般。

共王时期的三年卫盉、五祀卫鼎及九年卫鼎记载了裘卫三次与人交换田地的情况。这是研究西周中期土地制度和社会经济极其重要的史料。作于共王三年（前920）的卫盉，铭文记载了共王在丰京举行建旗大典，矩伯两次向裘卫要了朝觐所需的瑾璋等玉饰、礼服多件，作价应付裘卫田地1300亩。裘卫将此事上报伯邑父等五位执政大臣，执政大臣命三有司会同矩伯、裘卫现场移交。

两年后，五祀卫鼎记载裘卫和邦君厉之间的一桩土地交换活动。对于五祀卫鼎的具体内容，目前解释虽然还有分歧，但可以肯定，这是一宗土地交换事件。铭文大意

裘卫簋器铭文拓片

裘卫簋盖铭文拓片

是正月上旬庚戌那天，裘卫把邦君厉带到执政大臣邢伯等人面前，说厉要卖给裘卫土地500亩。经执政大臣邢伯等人核实，厉的确打算要卖给裘卫500亩土地。于是执政大臣命三有司及内使现场办理了土地交换仪式，最终核准400亩，并勘定了四界。现场不仅有执政大臣派来的三有司、当事人厉及裘卫，还有裘卫管家及家人，裘卫最后举行宴会并送礼,场面甚是热闹。

九年卫鼎铭文大意是裘卫用一辆车和车马用具、各种皮裘、帛、铜等大量实物换取属于矩和颜氏家族的一大片林地的事件。从铭文可知,西周中期林地的交易和田地交易不一样,田地交易必须上报大臣,得到官方认可,而林地交易只是通过实物交换和送礼,即可私下易主。

从涉及裘卫的青铜器铭文分析,裘卫主要活动于穆、共王时,活跃了近40年,虽然他的政治地位似乎未有多少上升,然而他的经济实力却非同寻常,这个家族广占田地,拥有巨大财富,是一个暴发户。

◆ 铭文大意

穆王二十七年,三月既生霸戊戌这天,王在周(今陕西扶风、岐山交界的周原一带),就位太室的王位。南伯引导裘卫进来,站在大厅中央,面朝北。王让内史赏赐卫黑色的围裙连同大红色的饰带,銮铃。卫跪倒,双手相拱至地,俯首至手,感谢天子的赏赐。为我的有文德的祖父、先父作了这件宝簋。卫的子子孙孙永远宝用。

◆ 相关文献

庞怀靖、吴镇烽、雒忠儒:《陕西省岐山县董家村西周铜器窖穴发掘简报》,《文物》1976年第5期;周瑗:《矩伯、裘卫两家族的消长与周礼的崩坏——试论董家青铜器群》,《文物》1976年第6期;陕西省考古研究所、陕西省博物馆、陕西省文物管理委员会:《陕西出土的商周青铜器》(一),文物出版社,1979年;戚桂宴:《董家村西周卫器断代》,《山西大学学报》(哲社)1980年第3期;严一萍编:《金文总集》2775,艺文印书馆,1983年;吴镇烽:《陕西金文汇编》401,三秦出版社,1989年;庞怀靖:《岐山县文物志》(初稿),岐山县文化局印,1990年;李学勤:《试论董家村青铜器群》,载《新出青铜器研究》,文物出版社,1990年;辛怡华:《西周时期的嬴姓显祖——裘卫家族》,载宝鸡青铜器博物馆编《周秦文明论丛》(第1辑),陕西人民出版社,2006年;中国社会科学院考古研究所:《殷周金文集成》04256,中华书局,2007年;霍彦儒、辛怡华:《商周金文编——宝鸡出土青铜器铭文集成》347,三秦出版社,2009年;吴镇烽:《商周青铜器铭文暨图像集成》05293,上海古籍出版社,2012年;辛怡华:《西周裘卫家族初步研究》,载《秦始皇帝陵博物院》2015年总5辑,陕西师范大学出版社,2015年;张天恩主编:《陕西金文集成(1)·宝鸡卷·岐山》0052,三秦出版社,2016年。

丕椲方鼎

◆ 器物介绍

西周昭王世，墓葬出土。1971年冬，扶风县齐镇村农民在村东北土壕发现3座西周墓，出土青铜器9件，其中礼器6件，兵器3件。M1出土青铜器2件（鼎1件、鬲1件），M2出土青铜器2件（鼎1件、鬲1件），M3出土青铜器5件（鼎2件、短剑1件、戈2件）。均收藏于扶风县博物馆。丕椲方鼎2件，出自M3，大小基本相同，通高21.9厘米，口径宽13.9厘米，长18厘米，腹深10厘米，重3千克。直耳，柱足，腹四角起棱脊，口沿下饰变体夔纹，细雷纹为地。内壁铸有铭文4行34字（含合文1）。

◆ 铭文释文

唯八月既望戊辰，王才（在）上侯应，荣裸，丕椲易（锡）贝十朋，丕椲拜稽首，敢扬王休，用乍（作）宝䵼彝。

丕𣄰方鼎铭文拓片

◆ 铭文注解

"应"

金文中的"应"多与周王的行至相连。关于"应"的释读，郭沫若、马承源先生厘定为"居"；陈梦家先生释为"寏"；唐兰先生读为"位"；孙常叙先生作"次"。虽然各家不同，但都认为是王的临时行宫。从金文看，"应"的某些作用近似王宫，可以册命、赏赐、祭祀。

"祓祼"

"祓"，文献作"祓"，除灾求福之祭。"祼"，以圭瓒酌鬯酒灌地以降神，常用于宗庙祭祀。《周礼·春官·大宗伯》："以肆、献、祼享先王。"郑玄注："祼之言灌，灌以鬯酒。"鬱是郁金香草，鬯是用黑黍酿成、味道香醇的酒。郁金香合以鬯酒，叫作鬱鬯。

◆ 铭文大意

这是八月的既望戊辰这天，王在上侯的行宫举办宴飨，以圭瓒酌鬯酒灌地以降神，除灾求福。王赏赐给丕楷贝十朋。丕楷跪倒，双手相拱至地，俯首至手，感谢天子的赏赐，用来作煮肉的宝器。

◆ 相关文献

周文：《新出的几件西周铜器》，《文物》1972年第7期；唐兰：《论周昭王时代的青铜器铭刻》，载《古文字研究》第2辑，中华书局，1981年；陕西省考古研究所、陕西省博物馆、陕西省文物管理委员会：《陕西出土的商周青铜器》（三），文物出版社，1980年；严一萍编：《金文总集》1235、1236，艺文印书馆，1983年；唐兰：《西周青铜器铭文分代史征》（卷四下·昭王·三十一），中华书局，1986年；吴镇烽：《陕西金文汇编》154，三秦出版社，1989年；罗西章：《扶风县文物志》，陕西人民教育出版社，1993年；中国社会科学院考古研究所：《殷周金文集成》02735、02736，中华书局，2007年；霍彦儒、辛怡华：《商周金文编——宝鸡出土青铜器铭文集成》38、39，三秦出版社，2009年；张秀华：《西周金文六种礼制研究》，吉林大学博士论文，2010年；吴镇烽：《商周青铜器铭文暨图像集成》02361、02362，上海古籍出版社，2012年；李春艳：《西周金文中的天子礼仪研究》，陕西师范大学博士论文，2016年；张天恩主编：《陕西金文集成（5）·宝鸡卷·扶风》0491、0492，三秦出版社，2016年。

幾父壶

◆ 器物介绍

西周中期后段，窖藏出土。1960年10月11日，陕西省文管会在扶风县齐村钻探发现。窖口距地表深1.1米，呈圆袋状，口径0.8米、底径1.25米、深1.44米。出土青铜器39件，计有鼎2件、簋8件、鬲1件、甗2件、壶4件、盘1件、匜1件、觚2件、筐1件、盂1件、编钟2套16件，其中有铭文的青铜器28件。此窖青铜器全部藏于陕西历史博物馆。幾父壶共出2件，形制、纹饰、大小基本相同。双耳为牺首垂环，颈肩处有弦纹带，将整个器界为三段，每段皆以波浪纹为主体。盖和圈足上为窃曲纹通高59—60厘米，口径16厘米，腹深44—45厘米，重16.7—17.6千克。口内铸有铭文10行57字，唯壶甲铭文末尾作"子子孙孙永宝用"，壶乙铭文末尾作"孙孙子子永宝用"。

◆ 铭文释文

唯五月初吉庚午，同中（仲）窬（宄）西宫，易（锡）幾父𠦜莱（被）六、仆三（四）家、金十匀（钧），幾父拜稽首，对扬朕皇君休，用乍（作）朕剌（烈）考尊壶，幾父用追孝，其迈（万）年子子孙孙永宝用。

幾父壺銘文拓片

◆ 铭文注解

"同中（仲）窞（宄）西宫"

"同仲"，人名，亦见于元年师兑簋："同仲右师兑，入门立中廷。"可见同仲的地位不低。"西宫"，在金文中或用作氏族名称，如散氏盘"西宫襄"；或作为宫室名称，如夷伯簋"夷伯夷于西宫益贝十朋"，可知为宫室。从铭文看，西宫在周（周原）。"窞（宄）"在金文中或作氏族名，或作宫室名，这里当作动词用，陈公柔先生认为当"才、格、客"讲。大概是同仲到西宫视察，幾父很可能主事西宫有成绩，故得到同仲赏赐。

金文中常出现"东宫"一词，谭戒甫、李学勤等认为东宫是王的太子。张懋镕认为到西周中期，东宫已经成为官职名，西宫亦如此。同仲是西宫官僚机构的总管，当时管理西宫的是男性官员。

张懋镕还认为"西宫"当为王之妃嫔所居。《左传·僖公二十年》："西宫灾。"注："西宫，公别宫也。"《公羊传·僖公二十年》："西宫灾。西宫者何，小寝也。"注："西宫者，小寝内室，楚女所居也。《礼记》：诸侯娶三国女，以楚女居西宫。"这虽是东周的制度，未必全同于西周，但相距时代较近，不会有大的变化。西宫是王室重地，因此对西宫官僚机构负责人的选择很严格。因为管理西宫十分重要，所以必须选择可靠的人。

"仆三（四）家"

西周金文中，有仆御连称的，也有仆射连称的，也有称宰仆、尸仆的。尸仆指战争中俘获的夷。此壶所记的究竟系何种性质，尚不能肯定。西周金文中，记所赏赐的人，以"家"为单位的最常见的例子是臣，如"臣十家""臣五家"等。而仆则与人鬲一样以夫为单位。一夫是一个单身的人，不包括家室妻子在内。从被作为赏赐来说，其身份当然是奴隶。

◆ 铭文大意

五月初吉庚午这天，同仲主事西宫，赏赐给幾父有纹饰的披肩六件，奴仆四家，铜料十钧。幾父跪倒，双手相拱至地，俯首至手，感谢赏赐。为显赫的先父做了这尊壶。幾父要用来追念先人的善德，祈求子子孙孙万年宝用。

◆ **相关文献**

陈公柔：《记幾父壶、柞钟及其同出的铜器》，《考古》1962年第2期；陕西省博物馆、陕西省文物管理委员会：《扶风齐家青铜器群》，文物出版社，1963年；陕西省考古研究所、陕西省博物馆、陕西省文物管理委员会：《陕西出土的商周青铜器》（二），文物出版社，1980年；严一萍编：《金文总集》5793、5794，艺文印书馆，1983年；吴镇烽：《陕西金文汇编》607，三秦出版社，1989年；张懋镕：《"夷伯尸于西宫"解》，《考古与文物》1992年第4期；罗西章：《扶风县文物志》，陕西人民教育出版社，1993年；中国社会科学院考古研究所：《殷周金文集成》09721、09722，中华书局，2007年；霍彦儒、辛怡华：《商周金文编——宝鸡出土青铜器铭文集成》267、268，三秦出版社，2009年；吴镇烽：《商周青铜器铭文暨图像集成》12438、12439，上海古籍出版社，2012年；张天恩主编：《陕西金文集成（3）·宝鸡卷·扶风》0342、0343，三秦出版社，2016年。

伯克壶

◆ 器物介绍

西周夷王世。此器最早见于宋人吕大临《考古图》卷四,传得于岐山,共两件。据《博古图》云,此器"高一尺五寸五分,深一尺三寸三分,口径四寸六分,腹径一尺"。今原器不知何在,仅留图录存世。铭文11行56字。

◆ 铭文释文

唯十又六年七月既生霸乙未,白(伯)大(太)师易(锡)白(伯)克仆卅(三十)夫,白(伯)克敢对扬天右(君)王,白(伯)友用乍(作)朕穆考后中(仲)尊壶。克用匄眉老无彊(疆),克克(及)其孙孙永宝用言(享)。

◆ 铭文注解

郭沫若先生考证,作器人伯克与克鼎之克当系同一个人,供事于夷、厉两世。

白(伯)大(太)师还见于扶风强家出土的师𮧯鼎。𮧯是白(伯)大(太)师向王

伯克壶铭文摹本

保任的，作为王官而臣属于太师。铭文记王赏赐完毕之后，㪅首先感谢白（伯）大（太）师，显然是因白（伯）大（太）师的保任。㪅被白（伯）大（太）师保任作为太师的属官，所以王赏赐他最后面的赏赐物为"太师金膺，攸勒"，皆为车马器，王赏赐臣工之物，后加太师之物，此在青铜器中尚为仅见，㪅所任官职必与太师属官有关。铭文说感谢白（伯）大（太）师保任他作皇辟的臣属。可见白（伯）大（太）师权位之高。

从大克鼎铭文看，因为克的祖师华父曾辟事恭王，辅弼王室，安定边远，和洽内地，所以周王念其功绩任命师华父的孙子克为出传王命、入达下情的宫廷大臣。仪式是在宗周的穆庙中举行的，申季佑导克进入宫廷，周王命尹氏册命克。在册命辞中周王重申了对克的任命，并赏赐以礼服、土地和奴隶。这些土地包括今陕西西部直到甘肃东部的泾水流域，是块相当大的封地。这篇铭文历来被认为是研究西周奴隶制的重要史料。

◆ 铭文大意

十六年七月既生霸乙未这天，白（伯）大（太）师赏赐给伯克奴仆三十人。伯克感谢天君王赏赐。为我端庄恭敬的先父后仲做了这尊壶。克用来祈求长寿无疆，克的子子孙孙永远宝用。

◆ 相关文献

邹安：《周金文存》五·二，民国五年（1916）石印本；严一萍编：《金文总集》5795，艺文印书馆，1983年；唐兰：《西周青铜器铭文分代史征》（附件一·四），中华书局，1986年；吴镇烽：《陕西金文汇编》传267，三秦出版社，1989年；庞怀靖：《岐山县文物志》（初稿），岐山县文化局印，1990年；中国社会科学院考古研究所：《殷周金文集成》09725，中华书局，2007年；霍彦儒、辛怡华：《商周金文编——宝鸡出土青铜器铭文集成》445、446，三秦出版社，2009年；吴镇烽：《商周青铜器铭文暨图像集成》12440，上海古籍出版社，2012年；张天恩主编：《陕西金文集成（2）·宝鸡卷·岐山扶风》0146、0147，三秦出版社，2016年。

痶盨

◆ 器物介绍

西周懿王世，1976年12月扶风县法门镇庄白村窖藏出土。现藏宝鸡市周原博物馆。与商尊等同窖藏出土。同出者两件，形制、纹饰、铭文皆相同。腹椭圆微鼓，兽首耳。圈足下有四矮足，两侧有小孔用以系绳。子母口，失盖。颈部饰鸟纹，共4组，每组3只，以云雷纹为地。腹部为宽带状凸起。四块外范、内范铸成。腹部可见多处修补痕迹。通高12.7—13.1厘米，腹深8.6—9.1厘米，口纵17厘米，口横23.5—23.8厘米，重3.3—3.35千克。内底有铭文6行60字。

◆ 铭文释文

唯四年二月既生霸戊戌，王才（在）周师录宫，各（格）大（太）室即立（位）。司马共右痶，王乎（呼）史年册易（锡）叀袭、虢敝（巿，韨）、攸（鋚）勒。敢对扬天子休，用乍（作）文考宝簋。痶其万年。子子孙孙其永宝。木羊册。

痹盨铭文拓片

◆ 铭文注解

盨的形体近簋,用途也相同,只是器作圆角长方形。自名常与簋相混,可能由簋而来。该器自称为簋。盨盛行于西周晚期,到春秋早期已经罕见,流行时间短,故变化不大。

"既生霸"

用月相纪日名称,王国维认为指月从上弦到月望之间的一段时间。

"周师录宫"

周地的宫室名,周即今天的周原一带,时代有懿王和厉王二说,此处定为懿王。

"虢韨（市，韍）"

《说文》："虢，虎所攫画明文也。""韨"即市（韍）之异体，亦作"芾"。汉以后又称"蔽膝"。商周至元明的一种祭服。形似围裙，系在腰间，其长蔽膝，为跪拜时所用。"虢韨"即绘有虢文之市。

"攸（鋚）勒"

"鋚"是辔首铜饰，"勒"是马头络衔。

◆ **铭文大意**

四年二月既生霸戊戌这天，周王在周师录宫，就位于太室。司马共引导。王招呼史年赏赐给痪皮革制成的登车所执的带子，画有纹饰的围裙，以及皮革制成的马笼头。痪冒昧地感谢天子的赏赐，为先父作了这件宝簋（盨）。痪祈求万年子子孙孙永远宝用。木羊册。

◆ **相关文献**

陕西周原考古队：《陕西扶风庄白一号西周青铜器窖藏发掘简报》，《文物》1978年第3期；刘启益：《微氏家族铜器与西周铜器断代》，《考古》1978年第5期；伍仕谦：《微氏家族铜器群年代初探》，载《古文字研究》第5辑，中华书局，1981年；陕西省考古研究所、陕西省博物馆、陕西省文物管理委员会：《陕西出土的商周青铜器》（二），文物出版社，1980年；严一萍编：《金文总集》3083、3084，艺文印书馆，1983年；吴镇烽：《陕西金文汇编》446、447，三秦出版社，1989年；陕西周原考古队、尹盛平：《西周微氏家族青铜器群研究》，文物出版社，1992年6月；罗西章：《扶风县文物志》，陕西人民教育出版社，1993年5月；北京大学考古文博学院、北京大学古代文明研究中心：《吉金铸国史——周原出土西周青铜器精粹》16，文物出版社，2002年6月；中国社会科学院考古研究所：《殷周金文集成》04462、04463，中华书局，2007年；霍彦儒、辛怡华：《商周金文编——宝鸡出土青铜器铭文集成》110、111，三秦出版社，2009年；吴镇烽：《商周青铜器铭文暨图像集成》05671、05672，上海古籍出版社，2012年；张天恩主编：《陕西金文集成（2）·宝鸡卷·岐山扶风》0184、0185，三秦出版社，2016年。

十三年瘐壶

◆ 器物介绍

西周孝王世，1976年12月扶风县法门镇庄白村窖藏出土。现藏于宝鸡市周原博物馆。与三年瘐壶等同窖藏出土。同出两件，形制、纹饰、铭文、大小基本相同。壶长颈，垂腹，圈足，有盖。盖冠做圈状，盖缘饰重环纹，盖顶饰卷体式翘尾回首长冠凤纹。兽首衔环，兽角做螺状。颈饰花冠分尾凤鸟，长冠下垂。腹部有四条竖带重环纹，上与横贯耳部的花纹带相交，下与垂腹最大径处四个菱形凸起相交，四个菱形凸起之间也是一周重环纹带，圈足饰波曲纹。通高59—59.4厘米，腹围108—108.5厘米，腹深43.4—44厘米，口径16.6—16.8厘米，重15.6—15.7千克。器、盖同铭，唯行款稍异。盖为14行56字，颈外壁为11行56字。

◆ 铭文释文

唯十又三年九月初吉戊寅，王才（在）成周，司土（徒）淲公各（格）大（太）室，即立（位），徲父右瘐，王乎（呼）乍（作）册尹册易（锡）瘐画裘、牙镈（展）、赤舄。瘐捧（拜）稽首，对扬王休。瘐其万年永宝。

◆ 铭文注解

"画裦"

即"画靳（绥）"，"绥"，古代登车时所执的带子，画绥，有纹饰的登车时所执的带子。秦始皇帝陵一号铜车马的车轼上，就缀着分作左右的两根绥，其长为37厘米，而从轼到舆后轸的距离还不足此数，登车者可以抓着。

"牙蠡（屦）"

陈剑否定旧说释为"衣领"，释为"牙棘"，认为此物是"邪幅"，类似于近代的"绑腿"，冯时释为"牙蠡（屦）"，屦有二齿，乃象屦底之刺，行于泥路，二齿刺地以防滑。木屦又名"齿屦"，齿乃屦所具齿牙之象。此观点最合理。

◆ 铭文大意

十三年九月初吉戊寅这天，王在成周（今河南洛阳）司徒淲宫，来到太室就位。夷父引导痪。王让作册尹册赏赐给痪有纹饰登车时所执的带子、便于行走泥路的牙屦及大红色的鞋子。痪跪倒，双手相拱至地，俯首至手，感谢天子的赏赐。痪万年宝用。

十三年痪壶颈外壁铭文拓片

十三年瘐壶盖铭文拓片

◆ 相关文献

陕西周原考古队：《陕西扶风庄白一号西周青铜器窖藏发掘简报》，《文物》1978年第3期；刘启益：《微氏家族铜器与西周铜器断代》，《考古》1978年第5期；伍仕谦：《微氏家族铜器群年代初探》，载《古文字研究》第5辑，中华书局，1981年；李学勤：《西周中期青铜器的重要标尺——周原庄白强家两处青铜器的综合研究》，《中国历史博物馆馆刊》1979年第1期；陕西省考古研究所、陕西省博物馆、陕西省文物管理委员会：《陕西出土的商周青铜器》（二），文物出版社，1980年；严一萍编：《金文总集》5792，艺文印书馆，1983年；吴镇烽：《陕西金文汇编》605，三秦出版社，1989年；陕西周原考古队、尹盛平：《西周微氏家族青铜器群研究》，文物出版社，1992年；罗西章：《扶风县文物志》，陕西人民教育出版社，1993年；北京大学考古文博学院、北京大学古代文明研究中心：《吉金铸国史——周原出土西周青铜器精粹》20，文物出版社，2002年；中国社会科学院考古研究所：《殷周金文集成》09724，中华书局，2007年；霍彦儒、辛怡华：《商周金文编——宝鸡出土青铜器铭文集成》119、120，三秦出版社，2009年；吴镇烽：《商周青铜器铭文暨图像集成》12436、12437，上海古籍出版社，2012年；张天恩主编：《陕西金文集成（2）·宝鸡卷·岐山扶风》0191、0192，三秦出版社，2016年；陈剑：《西周金文"牙僰"小考》，载《语言》第四卷，首都师范大学出版社，2003年；冯时：《西周木屦考》，《考古》2019年第6期。

大克鼎

◆ 器物介绍

西周孝王时期,窖藏出土。清光绪十六年(1890)发现于扶风县任家村东南土壕,共出土青铜器100余件(一说70余件),大部分已下落不明。1972年9月至1976年罗西章先生对此曾进行过两次实地调查。据任家村老者任登肖说,此窖藏青铜器是其祖父任致远在村东南土壕掘土时发现,共出土青铜器100多件。从目前资料看,此窖青铜器主要有三组,一为中义父组青铜器(14件),二为克组青铜器(18件),三为仲姞组青铜器(13件)。克组青铜器在重见天日后即被拆散,并从此天各一方。晚清的金石大家,如端方、吴大澂等人均曾收藏过小克鼎等克组青铜器。计有小克鼎7件为列,克钟5枚成组,另有克镈、克盨等多件器物,而大克鼎就是其中最大的一件。克鼎7件,它们的形制、纹饰与大克鼎相同,唯小于大克鼎甚多,且大小相次递减,是为列鼎,其铭文内容亦不同于大克鼎,但器主同为西周贵族克。为将它们区分开来,习惯上将大鼎称为大克鼎,7件小鼎称为小克鼎。

大克鼎,又名克鼎、善夫克鼎,此鼎自1890年出土后,历经周转,先归天津人柯氏所有,后来潘祖荫以重金从柯氏手中购得。中华人民共和国成立后不久,潘家后人潘达于1951年7月26日将大克鼎捐献给国家，收藏于上海博物馆。潘达于，1906年3月出生于苏州，原姓丁，1923年出嫁到潘家。因丈夫潘承镜早逝，为了掌管门户，改姓潘，名达于。日本人占领苏州时，为了得到大克鼎和大盂鼎，在潘家掘地三尺，但由于潘达于的周密保护，他们未能得到。1949年5月，苏州、上海相继解放，8月即成立了上海市文物管理委员会，颁布了一系列保护文物的法令和政策。1951年7月，已从苏州移居到上海的潘达于致函华东军政委员会文化部，将大克鼎和大盂鼎献给国家。之后在子女的支持下，潘达于又分批向国家献了大量文物，保存在上海博物馆和南京博物院的就有1956年献的字画99件，1957年献的字画150件，1959年献的字画161件。

大克鼎通高93.1厘米，口径75.6厘米，重201.5千克。口部微敛，折沿方唇，腹略鼓，腹壁厚实，方唇宽沿，立耳，蹄足。大克鼎是鼎中重器，虽然百多年来考古发现成果斐然，但迄今仍与大盂鼎同为有铭文青铜圆鼎中最大的两件。其造型宏伟古朴，底部三足已开始向西周晚期的兽蹄形演化，显得沉稳厚重，充分表现了青铜鼎威严、庄重的礼器特性。大克鼎的器型应该是由商代晚期戍嗣子鼎的形制逐步发展而来的，从考古资料来看，戍嗣子鼎出现了厚沿、蹄足的形式，改变了长期以来圆鼎作薄沿、柱足的式样，使鼎的器型显得沉稳厚重，并成为西周早期圆鼎，特别是大圆鼎的常见形式。

大克鼎的颈部饰有三组变形兽面纹，间隔以六道棱脊，这种兽面纹的颜面和体躯形象已严重变形，仅兽目仍保持了原先的神采。鼎腹饰宽大的波曲纹，这种纹饰旧称环带纹，意为带状与环状的结合。现在有的学者认为波曲纹乃是一种变形兽体纹饰，是龙蛇体躯变形后的图案，波曲纹的出现是青铜器纹饰的一大发展，也是西周时期审美观念的一大变化。商代及西周早期青铜器纹饰多以威严神秘、狰狞可怖的兽面纹为主，它一般是以独体对称的形式将动物的颜面装饰于青铜器的主体部分，产生出强烈的庄重肃穆的宗教气氛。波曲纹的出现打破了兽面纹的对称规律，摆脱了长期以来青铜器纹饰的静态装饰。它运用两方连续的带状纹样，形成连续反复，产生一种韵律感，给人以活泼舒畅的感受，并成为西周中晚期的青铜器上非常流行的装饰主体。大立耳的外侧饰有相对的龙纹，龙纹的结构比较新颖。它以"S"形作构图，两端是两个俯首的龙头，中间也有一个龙首，在其头顶有一条俯首曲体的小龙歧出，作为该龙首的角，在上端的龙首和中间的龙首之间，盘绕了一条小龙。这种结构的龙纹，被此后的青铜器装饰广泛运用，并逐渐发展成为春秋战国时期广为流行的蟠龙纹、蛟龙纹等。大克鼎的纹饰疏朗畅达，不以细致见工，线条挺拔峻深，凸显铸工精良。其粗放的装饰与庞大的器身相得益彰，使得大克鼎整体气魄雄浑，威严庄重。

腹内壁铸有铭文28行，基本上每行10字，仅一行为11字，其中合文2字，重文7字，共290字。内容大意可分为两段，第一段是克赞扬其祖师华父有谦逊的心地、宁静的性格和美好的德行，能够保安其君主恭王，辅弼王室，施恩惠于万民，安定边远，和洽内地。所以周王念其功绩任命师华父的孙子克为出传王命、入达下情的宫廷大臣。第二段则详细记载了周王册命克的仪式以及赏赐的内容。仪式是在宗周的穆庙中举行的，申季佑导克进入宫廷，周王命尹氏册命克。在册命辞中周王重申了对克的任命，并赏赐以礼服、土地和奴隶。这些土地包括今陕西西部直到甘肃东部的泾水流域，是块相当大的封地。这篇铭文历来被认为是研究西周奴隶制的重要史料，它反映出在西周奴隶制社会由盛而衰时期世官世禄的现象依然存在，大奴隶主贵族靠他们祖先的余荫仍享有种种特权，并可获取大量的财物赏赐，是研究西周土地制度和官制的重要资料。

大克鼎铭文字体特大，铭文字体圆润工整，端庄典雅，强调纵势，是西周金文书法的杰作。与众不同的是，大克鼎铭文的前半部分划有整齐的长方形格子，一字一格，所以行款纵横疏密有致，显得行气规整，格局严谨，是西周金文书法艺术中的皇皇巨篇。

◆ 铭文释文

克曰："穆穆朕文且（祖）师华父，恖（匆）襄氒（厥）心，宁（宇）静于猷，盉（淑）悊（哲）氒（厥）德，肆克龏（恭）保氒（厥）辟龏（恭）王，谏辪（乂）王家，叀（惠）于万民，䫻（柔）远能效（迩），肆克□于皇天，琐于上下，得屯（纯）亡敃（愍），易（锡）贅（釐）无彊（疆），永念于氒（厥）孙辟天子，天子明哲，显孝于申（神），巠（经）念氒（厥）圣保且（祖）师华父，勴（諭）克王般（服），出内（纳）王令（命），多易（锡）宝休。不（丕）显天子，天子其万年无彊（疆），保辪（乂）周邦，畯尹三（四）方"。王才（在）宗周，旦，王各（格）穆庙，即立（位），䚦（申）季右（佑）善（膳）夫克入门立中廷，北卿（向）。王乎（呼）尹氏册令善（膳）夫克，王若曰："克，昔余既令女（汝）出内（纳）朕令，今余唯䚦（申）橐乃令，易（锡）女（汝）叔（素）市（韍）、参冋（絅）中恖（匆）。易（锡）女（汝）田于埜（野），易（锡）女（汝）田于渒，易（锡）女（汝）井寓氡田于峻以（与）氒（厥）臣妻，易（锡）女（汝）田于康，易（锡）女（汝）田于匽，易（锡）女（汝）田于䧅原，易（锡）女（汝）田于寒山，易（锡）女（汝）史小臣䨳鼓钟，易（锡）女（汝）井、逩、橐人敳（兼）易（锡）女（汝）井人奔于量。敬夙夜用事，勿废朕令。"克拜稽首，敢对扬天子不（丕）显鲁休，用乍（作）朕文且（祖）师华父宝䵼彝。克其万年无疆，子子孙永宝用。

◆ 铭文注解

"䚦（申）季右（佑）善（膳）夫克入"

徐雁宇先生认为，大克鼎、伊簋、五祀卫鼎中之申季应属于西申，是与申侯关系比较近、又长期在王朝供职的申氏一支的重要分支，其中几代申季分别担任过恭王、夷王或厉王、宣王册命之"右"。

从文献得知，西周的灭亡是由于申侯勾结缯、西夷犬戎造成的，传统认为申国的地望在河南省西南部的南阳盆地。如此必然导向这样一种结论，即西周国家的灭亡是因渭河谷地的周王室和河南西南南阳盆地中一组地方封国之间的政治和军事冲突所引起的。然而这与西戎的地理位置形成了矛盾。早在清代，史学家崔述就提出疑问："申在周之东南千数百里，而戎在周西北，相距辽越，申侯何缘越周而附于戎！"

关于周幽王太子宜臼的出逃，《古本竹书纪年》云："平王奔西申。"而并不是简单地被称作"申"，这意味着在幽王时期，周的西部地区存在另一个申，叫西申。最近披露的清华简《系年》第二章开头即说："周幽王娶妻于西申，生平王。"可知幽王的申后本系西申之女。接着简文说，幽王嬖爱褒姒："王与伯盘逐平王，平王走西申。幽王起师，围平王于西申，申人弗畀。缯人乃降西戎，以攻幽王，幽王及伯盘乃灭。"

《国语·郑语》史伯回答郑桓公时曰："申、缯、西戎方强。王室方骚，将以纵欲，不亦难乎？王欲杀太子以成伯服，必求之申，申人弗畀，必伐之。若伐申，而缯与西戎会以伐周，周不守矣！"

董珊先生认为与西申、犬戎共灭幽王的"缯"，其位置应在宗周、西申附近，根据所处方位，这个缯可以称为"西缯"。

因此，从古文献看，在历史上应该存在过西申、西缯这两个方国，是他们联合犬戎，灭掉了西周。

金文资料研究表明，在西周王朝的宗周西部曾存在过一个申国。陕西岐山董家窖藏出土的五年卫鼎铭文中曾提到一个"厉有司"叫"𩂇（申）季"的人，根据金文铭文惯例，称一个人时常冠以他所在宗族之名或者国名，此人很可能来自申国。五年卫鼎为恭王五年（前918）器，也就是说早在公元前918年，就存在一个申国。

而河南南阳盆地确实也有一个申，却始封于宣王时期，《诗经·大雅·崧高》中对此还作了赞颂。1981年，河南南阳市一座西周晚期墓葬中出土了两件青铜器，作器者是南申伯太宰仲爯父。仲爯父簋的发现不但确认了与这些青铜器同时期的南阳申的具体位置，更重要的是它还同时显示了这个申在西周晚期被称作"南申"。

西周中期的金文资料证实在宣王重建申（南申）于南阳盆地之前，早就存在着一个申（西申）。文献资料表明在南申建立之后，西申继续存在。最显而易见的证据是《古本竹书纪年》曰周幽王太子宜臼在幽王八年（前777）奔往西申。李峰相信，从目前可利用的证据显示，平凉地区很可能便是西申的位置所在。

大克鼎铭文拓片（一）

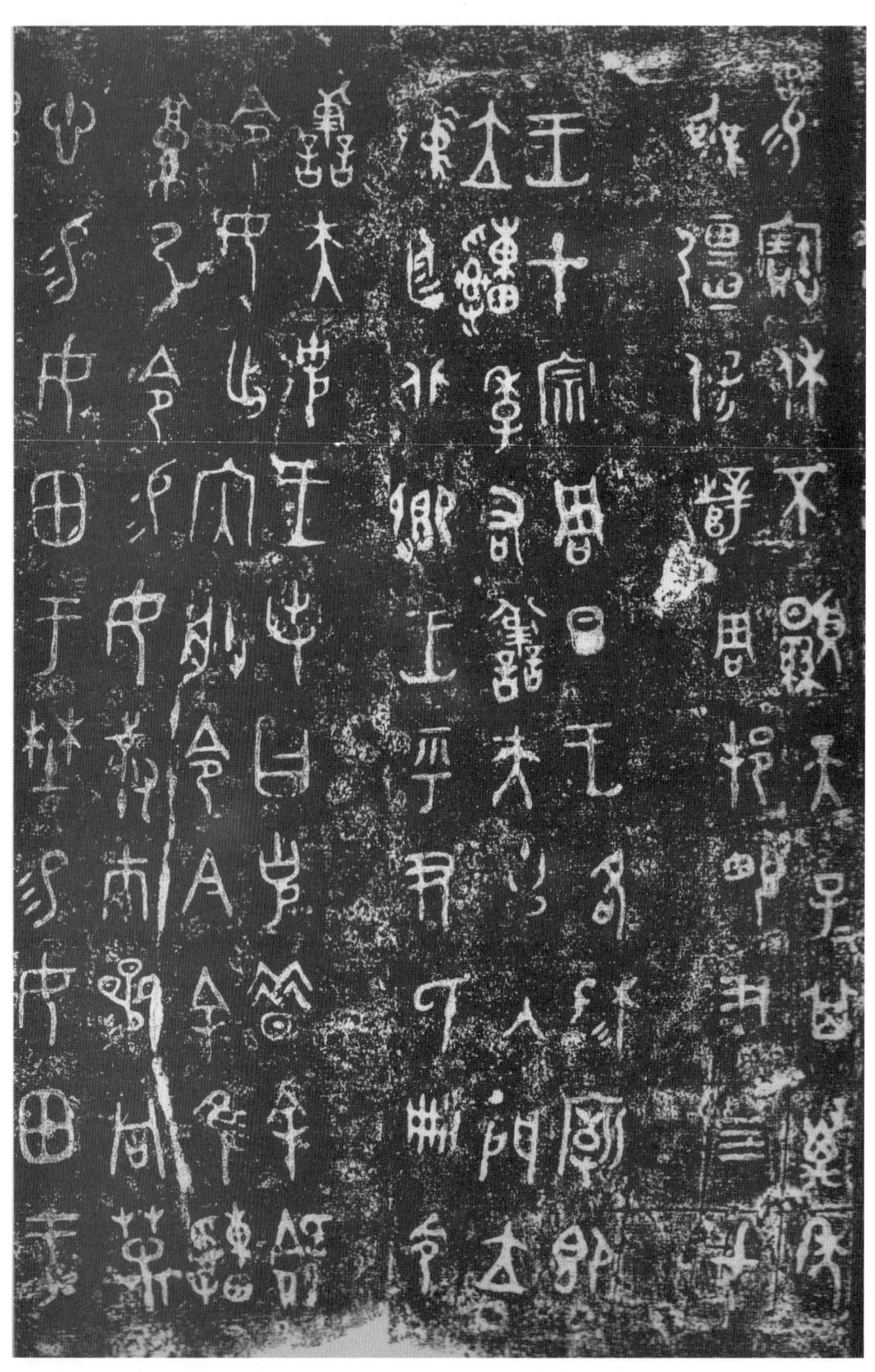

大克鼎铭文拓片（二）

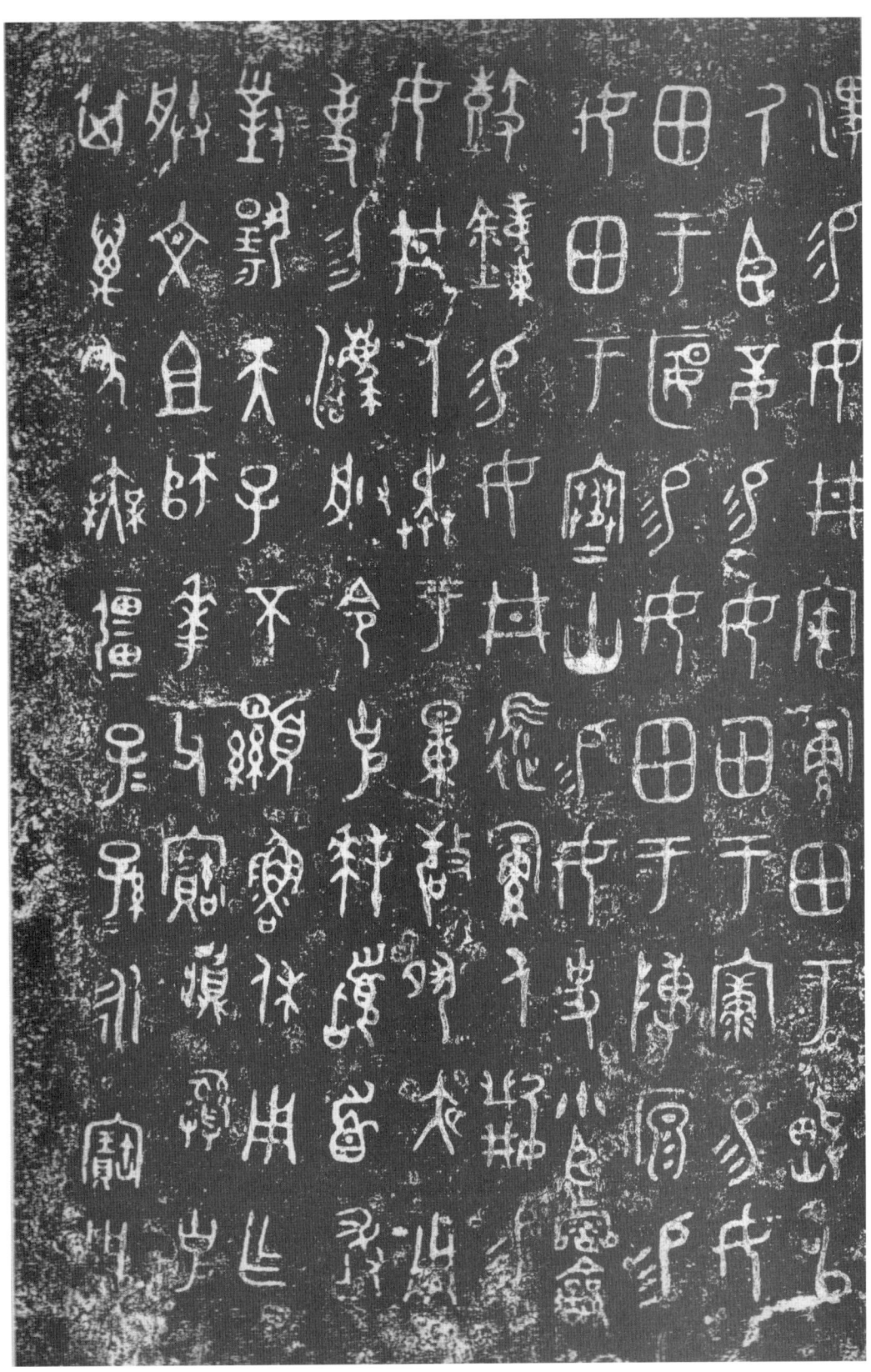

大克鼎铭文拓片（三）

《国语·郑语》史伯回答郑桓公时曾把申、缯、西戎并列，作为西周的主要对手。如果主导灭周的西申地望在今平凉一带，那么协助它灭周的西缯应距它不远，也应在泾河上游一带的平凉地区。也就是说，西申、西缯与猃狁为邻，由于他们相邻，自然接触最多，由于某种利益而结成同盟的可能性是存在的。我们通过文献及出土金文、考古资料分析，认为参与灭周的缯国（西缯）地望应在今甘肃崇信县汭河谷地一带，于家湾墓地很可能就是缯国墓地。

"史小臣霝鼓钟"

郭沫若先生认为克鼎之"霝就是靈，也就是巫。龠是籥师。鼓钟是司鼓钟的官"。该字也见于者减钟，施谢捷隶为"霝"，读作"靈"，此处的"霝"指的是乐音。陈英杰先生认为，此字隶为"霝"是对的，高田忠周云："按旧释霝龠合文，霝龠即霝龢也。然今审此铭（郑井叔钟）文字摆布，此篆与他字均齐配列，断非合文，而单字也。"据传抄古文资料，可知其与"靈"通用。此字当是一个专造字，专门为表示乐音而造的一个字，"龠"乃表乐器之义符。"玲珑"或"珑玲"盖由霝、令声系衍化而成。《文选·东都赋》："凤盖棽丽，龢銮玲珑。"李善注引《埤苍》："玲珑，玉声。"玲珑由明见、明亮义引申指声音之清越、空灵、美妙。

陈先生认为"霝钟"乃是形容钟声之清越、空灵，"霝"字乃是形容钟声之音色质感的一个修饰语。乐器自名修饰语中的"钖""雷""余"均是具体说明乐钟音色的词语，"钖"指钟声高亢飞扬，"雷"指钟声如雷鸣般响亮，"余"指钟声舒缓平和。至于"龢钟""协钟"之"龢""协"，严格说来，并非形容钟之声，而是说明乐钟本身音乐性能的。

"龢"对应《尚书·虞书·尧典》的"律龢声"，而"协"对应于《尧典》的"八音克谐"。"声"指的是五声（宫、商、角、徵、羽）或七声（五声加上变宫、变徵），在实际音乐中，它们的音高要用律来确定，"龢钟"之"龢"是说乐钟之音阶调试准确。八音指金（钟镈）、石（石磬）、土（埙）、革（鼓）、丝（琴瑟）、木（柷敔）、匏（笙）、竹（管箫）。"协钟"指的是乐钟与其他乐器配合演奏时声律和谐有次而不相侵乱。当然，"龢""协"的使用也寄托着作器者对"神人以和"的祈愿。

克鼎的赏赐物顺序是服饰、田、史小臣霝鼓钟、民人。"史小臣霝鼓钟"断句、释读分歧严重。金文中"小臣"多见，大多单用，在为数不算少的赏赐铭文中，"史""小臣"均没有作为赏赐物赏赐给诸侯或王臣。陈英杰先生认为"史小臣"是小臣的一种，不应析为"史""小臣"。金文中赏赐物一般都是以类相从，秩序井然。如果认为"史小臣"是作为一种人来赏赐的，那么"霝鼓钟"前后都是人，它自身很难被理解为指物，而应该指掌管鼓钟的人，是一种乐官。陈先生认为"史小臣霝鼓钟"是一个整体性名词结构，"史小臣"修饰"霝鼓钟"，意即史小臣掌管的霝鼓钟，"霝"字的使用意在表明克所受赐之钟的优良品种。

大克鼎是克为其祖父师华父作的祭器。克是周孝王的膳夫，专管天子的饮食，属于天官。鼎铭文内容第一部分是克对祖父师华父的颂扬与怀念，赞美他有谦虚的品格、美好的德行，能辅协王室，仁爱万民，管理国家。英明的周天子铭记着师华父的伟绩，提拔他的孙子克担任王室的重要职务膳夫，负责传达周天子的命令。第二部分是册命辞，周天子重申对克官职的任命，还赏赐给克许多礼服、田地、男女奴隶、下层官吏和乐队，克跪拜叩首，愉快地接受了任命和赏赐，乃铸造大鼎歌颂天子的美德，祭祀祖父的在天之灵。此鼎系周孝王时期铸器，历见著录，流传有序，是研究西周奴隶制度的珍贵资料。

◆ 铭文大意

克说："端庄恭敬有文采的祖父师华父，心胸谦虚淡泊，宣扬安定国家的谋略，睿智有德，所以能够保驾恭王，直言规劝王室，施惠民众，安远善近。故能够得到上天的保佑，上下的拥护，所得者美，没有忧愁，赏赐无限。永远惦念子孙侍奉天子。天子贤明智慧，安事于神。常念我祖师华父，（因为他的庇荫）克得以提拔为王官，出入宣召王的命令，多次地蒙受王的恩赐。光明正大的天子，万年无疆。保护和治理周邦，长久地统治天下。"

王在宗周镐京，天明，王到达穆庙，就位。申季佑导膳夫克，入门，立在廷中，面朝北。王招呼史官之长尹氏册命膳夫克。王曰："克，从前我命令你，出入宣召朕的命令，今天我还是重申此令。赐给你祭服。赐给你野地的田，赐给你渒地的田，赐给你井邑𤲞人耕种的田于峻地，还有其地上的奴隶，赐给你匽地的田，赐给你康地的田，赐给你溥原的田，赐给你寒山的田。赐给你史小臣霝鼓。赐给你井邑的微人和𤲞人。你要早晚尽职尽守的工作，不要荒废了朕的法令。"克拜稽首，称扬天子的光明正大的美意，为文祖师华父铸造宝器，克祈愿万年无穷尽，子子孙孙永宝用。

◆ 相关文献

罗振玉：《三代吉金文存》4.40，民国二十六年（1937）影印本；孙诒让：《克鼎释文》，《国粹学报》第六卷第六十六期，1910年4月；俞静安：《大克鼎铭文之研究》，《山西师范学院学报》1957年第1期；严一萍编：《金文总集》1327，艺文印书馆，1983年；陈佩芬：《大盂鼎和大克鼎的第二次出土》，《文物天地》1987年第3期；吴镇烽：《陕西金文汇编》传88，三秦出版社，1989年；罗西章：《扶风县文物志》，陕西人民教育出版社，1993年；郑重：《潘达于与大克鼎》，《鉴赏家》（中国台湾）1997年第1期；马今洪：《大克鼎》，《中国文物世界》第138卷，1997年；李学勤：《论克器的区分》，载《夏商周年代学札记》，辽宁大学出版社，1999年；邓飞：《试析大克鼎铭文中"显孝于申"之"申"——兼谈"申"的动词来源》，《黔东南民族师范高等专科学校学报》2002年第5期；要刚：《稀世青铜宝鼎遇险记》，《人民政协报》2003年2月27日；周亚：《再读大克鼎》，《上海文博论丛》2004年第1期；郑重：《克、盂二鼎的发现、流传和捐献》，《文汇报》2004年2月22日；张润棠：《大克鼎——光绪年出土120件中之珍奇》，载《宝鸡青铜器》，三秦出版社，2005年；陈平：《国宝大盂鼎和大克鼎的留传记》，《中国信用卡》2008年第3期；中国社会科学院考古研究所：《殷周金文集成》02836，中华书局，2007年；刘传宾：《西周青铜器铭文土地转让研究》，吉林大学硕士论文，2007年；吴杰：《大克鼎》，《西部大开发》2007年第7期；霍彦儒、辛怡华：《商周金文编——宝鸡出土青铜器铭文集成》180，三秦出版社，2009年；谭德睿：《大克鼎——器形雄伟、纹饰婉转流畅的重器》，《特种铸造及有色合金》2009年第2期；陈正奇：《大克鼎捐赠记》，《唐都学刊》2012年第3期；吴镇烽：《商周青铜器铭文暨图像集成》02513，上海古籍出版社，2012年；陈英杰：《郑井叔钟之"臑钟"正义——兼说大克鼎之"史小臣臑鼓钟"》，《中国文字研究》第17辑，2013年3月；吕友者：《探析清末潘祖荫的鉴藏逸事》，《文物鉴定与鉴赏》2013年第9期；张天恩主编：《陕西金文集成（4）·宝鸡卷·扶风》376，三秦出版社，2016年；徐雁宇：《申季诸器年世与宣王组器》，《考古》2016年第9期；崔述：《崔东壁遗书》，上海古籍出版社，1983年，第246页；李学勤：《清华简〈系年〉及有关古史问题》，《文物》2011年第3期；董珊：《从出土文献谈曾分为三》，载《出土文献与古文字研究》（第5辑），上海古籍出版社，2013年，第154—161页；李峰：《西周灭亡》，上海古籍出版社，2007年，第388—392页、第164—218页、第251—260页；辛怡华：《崇信于家湾墓地与西缯》，《文博》2018年第2期。

克钟

◆ 器物介绍

西周晚期。窖藏出土。清光绪十六年（1890）发现于扶风县任家村东南土壕，共出土青铜器 100 余件（一说 70 余件），大部分已下落不明。1972 年 9 月至 1976 年罗西章先生对此曾进行过两次实际调查。据任家村老者任登肖说，此窖藏青铜器是其祖父任致远在村东南土壕掘土时发现，共出土青铜器 100 多件。从目前资料看，此窖青铜器主要有三组，一为中义父组青铜器（14 件），二为克组青铜器（18 件），三为仲姞组青铜器（13 件）。克组青铜器在重见天日后即被拆散，并从此天各一方。晚清的金石大家，如端方、吴大澂等人均曾收藏过小克鼎等克组青铜器。计有小克鼎 7 件为列，克钟 5 枚成组，另有克镈、克盨等多件器物，而大克鼎就是其中最大的一件。克鼎 7 件，它们的形制、纹饰与大克鼎相同，唯小于大克鼎甚多，且大小相次递减，是为列鼎，其铭文内容亦不同于大克鼎，但器主同为西周贵族克。为将它们区分开来，习惯上将大鼎称为大克鼎，7 件小鼎称为小克鼎。

传世克钟共 5 件，当属编钟。其中上海博物馆藏 2 件，天津艺术博物馆、故宫博物院（原藏日本奈良宁乐美术馆，近年流回国内）和日本东京藤井有邻馆各藏 1 件。

以故宫博物院藏品最大，上海博物馆藏品中有一器最小。克钟铭文全篇共79字，分刻2器，每钟半篇，上海博物馆、故宫博物院藏器为上半篇铭文，天津艺术博物馆和日本东京藤井有邻馆所藏为下半篇铭文，上海博物馆藏克钟与天津博物馆藏克钟可连读，故宫博物院藏克钟与日本东京藤井有邻馆藏克钟可衔接，据此可知克钟至少还应有一件。另外天津艺术博物馆藏有一器，器形为镈，但自铭为钟，其铭文与克钟全同，且全篇铭文铸于一器之上。

现藏于上海博物馆的克钟，原藏潘祖荫、端方，后归李荫轩。通高54厘米，铣间32.3厘米，鼓间23厘米，舞纵19.7厘米，舞横27厘米，重30.7千克。钟体较宽，甬、干、旋齐全。干饰重环纹，舞部饰对称龙纹，篆间饰窃曲纹，鼓部有相背式卷体夔龙纹，右边增饰鸾凤一只。钲间和左鼓共铸铭文5行40字，铭文未完，可与天津博物馆藏钟连读。天津博物馆藏钟原藏丁麟年，后藏天津艺术博物馆。通高51.1厘米，铣间29.4厘米。钟体较宽，甬、干、旋齐全。干饰重环纹，舞部饰对称龙纹，篆间饰窃曲纹，鼓部有相背式卷体夔龙纹，钲间和左鼓共铸铭文6行41字（含重文2）。

◆ 铭文释文

唯十又六年九月初吉庚寅，王才（在）周康剌（厉）宫，王乎（呼）士智召克，王亲令克遹泾东至于京𠂤（师），易（锡）克佃（田）车、马乘，（注：上海博物馆藏器）克不敢氶（坠），叀奠王令（命），克敢对扬天子休，用乍（作）朕皇且（祖）白（伯）宝林钟，用匄屯（纯）叚（嘏）、永令（命），克其万年，子子孙孙永宝。（注：天津艺术博物馆藏器）

◆ 铭文注解

"周康剌（厉）宫"

有学者认为，剌即"烈"，是说康王祖先的威武功烈。宫、室二字古通用。"周康剌宫"当指康王庙中有"武世室"。据文献记载，周王庙中有"武世室"，有"文世室"。"世室"即"太庙"。"康宫"，在南宫柳鼎中又称"康庙"。康宫（康庙）中的宫室名字很多，"周康剌宫"的"剌（烈）宫"，也是康王庙中一个宫室的名字。眉县杨家村窖藏发现的逨盘厉王作"剌王"，那么，"周康剌宫"即"周康厉宫"，也就是康宫中的厉王庙，如此，则此钟时代为宣王时期，宣王十六年即公元前812年。

"王亲令克遹泾东至于京𠂤（师）"

《诗经·大雅·韩奕》"王亲命之"，可与此铭"王亲令克"相参证。"遹"，循，循行，巡视。《汉书·宣帝纪·地节四年》："遣使者循行郡国，问民之疾苦。"循行,《礼记·月令·季春之月》:"是月也,命司空曰:'时雨将降,下水上腾,循行国邑,周视原野,修利堤防,道达沟渎,开通道路,毋有障塞。田猎罝罦,罗网毕翳,喂兽之药,毋出九门。'"也就是说,这个月,天子对司空下命令说:"多雨的时候就要到来,地下水开始上涌。要亲自巡视都城,对郊区的广大田野都要普遍进行考察,修理加固堤防,疏通沟渠,修通道路,沟渠和道路都不要有阻塞。田猎用的捕兽的网、捕鸟的网、长柄的网和射猎用的隐蔽工具,毒害野兽的毒药,一概不能出各个城门。"克钟中王册命克"遹泾",从《礼记》这段相关记载可以得知,由于克掌管的是关系民生的大事,所以由王亲自向克交代。"泾",疑泾水。京𠂤(师),距京城不远驻扎军队的一个地点,应在泾水下游今西安一带。有学者认为,铭文记载了周宣王命令克巡视从泾水河谷东岸通往镐京的道路情况。李仲操先生认为,王命克"遹泾东至于京师"的目的是防范狁犭入侵。

"佃(田)车"

"佃车"即田车,田猎所用之车。"田车",见于《诗经·小雅·车攻》"田车既好"。《石鼓·田车》云"田车孔安"的"田车",与文献记载相符。"田车"的赏赐,仅见克钟一器,与此同赏的还有意为四匹马的"马乘",与石鼓文《田车》"田车孔安,鋚勒马马,四介既简"之"四介"相同。商代卜辞有殷王以两匹马为田车之驾的记载。可见,古代田猎之车有以二马或四马为驾的两种情形。

《说文解字》:"佃,中也;从人,田声。《春秋》传曰:乘中佃,一辕车。"古载物大车双辕,乘车一辕当中也。孔颖达说:"盖以四马为上乘,两马为中乘。"(《左传·哀公十七年》疏。)王所赐的佃车,是一辕当中之车。王所赐的马乘,可能是中乘二马。

"马乘"

"乘",古战车一乘四马,因以"乘"为四马的代称。"马乘",就是马四匹。

"尃奠王令(命)"

《说文解字》:"尃,布也。"《玉篇》:"奠,定也。"尃奠王令(命),是说布定王命。廿三年克鼎:"王在宗周,王命膳夫克舍令(命)于成周。""尃奠王令(命)"及"舍命",就是《诗经·大雅·烝民》"出纳王命"的"出命"。郑玄说:"出王命者,王口所自言,承而施之也。"

◆ 铭文大意

这是十六年九月初吉庚寅日,王在周康剌宫,王让士𠭰召见克。王亲自册命克巡视泾河东岸一直到镐京的道路状况。并赏赐给克田猎所用的车及四匹马。克不敢懈怠,

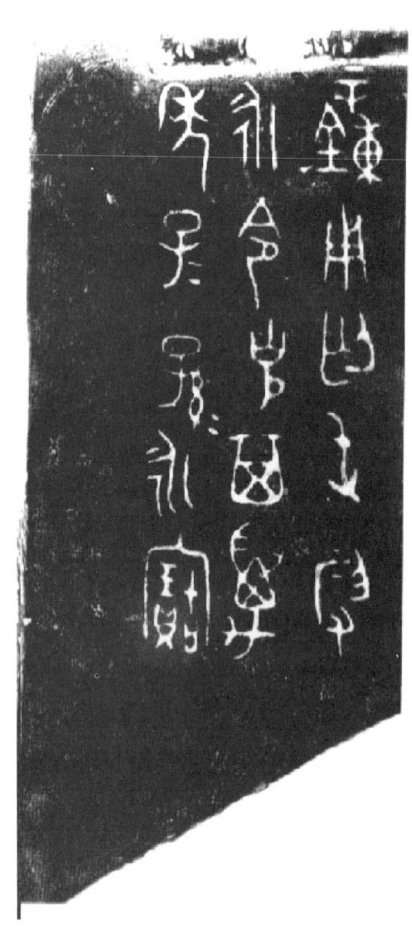 

左鼓铭文拓片　　　　钲间铭文拓片

克钟（天津艺术博物馆藏）

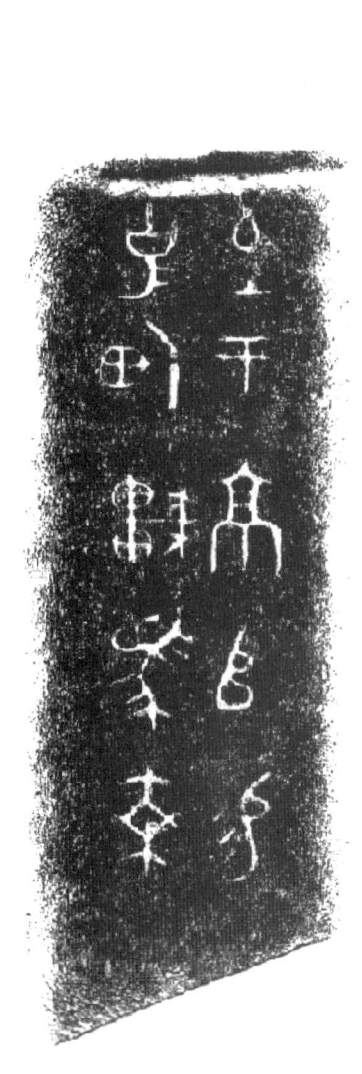

左鼓铭文拓片　　　　钲间铭文拓片

克钟（上海博物馆藏）

兢兢业业恪守职责。克感谢天子的赏赐，为我的伟大的祖父、先父作了这件宝钟，祈求大福永命。克要万年子子孙孙永远宝用。

◆ **相关文献**

罗振玉：《三代吉金文存》1.21.2，民国二十六年（1937）影印本；陈邦怀：《克镈简介》，《文物》1972年第6期；严一萍编：《金文总集》7040、7043，艺文印书馆，1983年；吴镇烽：《陕西金文汇编》传2，三秦出版社，1989年；李学勤：《论克器的区分》，载《夏商周年代学札记》，辽宁大学出版社，1999年；中国社会科学院考古研究所：《殷周金文集成》00206、00207，中华书局，2007年；霍彦儒、辛怡华：《商周金文编——宝鸡出土青铜器铭文集成》190、191，三秦出版社，2009年；吴镇烽：《商周青铜器铭文暨图像集成》15292—15296，上海古籍出版社，2012年；李春艳：《西周金文中的天子礼仪研究》，陕西师范大学博士论文，2016年3月；张天恩主编：《陕西金文集成（4）·宝鸡卷·扶风》0368、0369，三秦出版社，2016年。

夷伯夷簋

◆ 器物介绍

西周晚期。墓葬出土。1981年8月4日，周原考古队在扶风县黄堆乡强家村之沟西断崖边，发掘了一座西周墓，编号81强M1。该墓西南距1974年12月出土的师𩰥鼎等青铜器窖藏约30米，附近有西周房屋建筑基础散水、灰坑、墓葬和车马坑。此墓被压在西周晚期地层之下，并打破了西周早期的灰坑。土圹竖穴，方向4°，一棺一椁，无腰坑，仰身直肢，为一成年男性。出土铜、陶、玉、珍珠、玛瑙、料珠、金箔等文物600余件，其中陶器5件，玉器550件，铜车马器25件，青铜礼器18件，均藏于宝鸡市周原博物馆。夷伯夷簋，分甲、乙簋，形制、大小、纹饰相同，乙簋唯底铭文缺"辰在壬寅"。带盖，鼓腹，一对兽首曲舌耳，下有长方形垂珥，圈足下有三个兽面扁足，盖的捉手做圈状。盖沿和器口沿饰云雷纹填地的垂冠回首夔龙，口沿的前后增饰浮雕兽头，盖和器腹均饰瓦纹。通高21厘米，口径17.2厘米，腹径22.6厘米，腹深11.3厘米，重4千克。器、盖同铭，铸有铭文5行38字。

◆ 铭文释文

唯王征（正）月初吉，辰才（在）壬寅，尸（夷）白（伯）尸（夷）于西宫益贝十朋，敢对扬王休，用乍（作）尹姑宝簋，子子孙孙永宝用。

◆ 铭文注解

金文中常出现"东宫"一词，谭戒甫、李学勤等认为东宫是王的太子。《诗经·卫风·硕人》疏曰："太子居东宫，因以东宫表太子。"张懋镕认为到西周中期，东宫已经成为官职名，西宫亦如此。在幾父壶铭里，同仲是西宫官僚机构的总管，当时管理西宫的是男性官员。

张懋镕还认为"西宫"当为王之妃嫔所居。《左传·僖公二十年》："西宫灾。"

夷伯夷簋器铭文拓片

夷伯夷簋盖铭文拓片

注："西宫，公别宫也。"《公羊传·僖公二十年》："西宫灾。西宫者何，小寝也。"注："西宫者，小寝内室，楚女所居也。《礼》：诸侯娶三国女，以楚女居西宫。"这虽是东周的制度，未必全同于西周，但时代相距较近，不会有大的变化。

西宫是王室重地，因此对西宫官僚机构负责人的选择很严格。夷国族早在昭王时即嫁女于王而为王妃，与周王室关系密切。到了西周中期，作为夷国族人的本簋之夷伯又荣任王妃居住的西宫的管事。因为管理西宫十分重要，所以必须选择可靠的人，而王室选舅家人来承担，是再合适不过了。张先生以为"尸"字直解，不必求助于通假。文献中于"尸"字多释为"主"，《尚书·康王之诰》："康王既尸天子，遂诰诸侯，作康王之诰。"传曰："尸，主也，主天子之正号。"《诗经·召南·采纪》："谁其尸之，有齐季女。"笺曰："尸，主。"《诗经》与《尚书》都是比较早的作品，应该说比较接近西周时期的用语习惯。"夷伯尸于西宫"即夷伯主持西宫事务，因管理有方，故受到周王的赏赐。

◆ 铭文大意

王正月上旬壬寅这天，夷伯主事西宫，受到十朋贝的赏赐。夷伯感谢王的赏赐，为其妻尹姞作了这件宝簋，期望子子孙孙永远宝用。

◆ 相关文献

李学勤：《西周中期青铜器的重要标尺——周原庄白、强家两处青铜器窖藏的综合研究》，《中国历史博物馆馆刊》，1979年；穆海亭、郑洪春：《夷伯簋铭文笺释》，载《中国考古学研究论集——纪念夏鼐先生考古五十周年》，三秦出版社，1987年；吴镇烽：《陕西金文汇编》364，三秦出版社，1989年；张懋镕：《"夷伯尸于西宫"解》，《考古与文物》1992年第4期；罗西章：《扶风县文物志》，陕西人民教育出版社，1993年；霍彦儒、辛怡华：《商周金文编——宝鸡出土青铜器铭文集成》111，三秦出版社，2009年；张天恩主编：《陕西金文集成（5）·宝鸡卷·扶风》0482、0483，三秦出版社，2016年。

親簋

◆ 器物介绍

西周穆王时期。2005年中国国家博物馆征集。据原收藏者透露，此簋是1949年前其祖父用一间小中药铺换来的，据说是清末或民国初年出土于陕西宝鸡。圈足与镂空式连山形底座连在一起，是极为罕见的器、座结合方式。上部的簋体口沿微侈，腹壁稍外倾，圈足架在连山式器座顶部的内侧。腹部两侧的半环形器耳由鸟身弯曲而成，鸟首上双冠直立，圆眼凸出，尖喙有力。器物表面饰上下两层花纹，颈部为顾首飘冠的瘦长体形凤鸟纹，相向的对鸟分列鼻状兽首两侧；腹部为肥硕的凤鸟纹，鸟首顶部有弯曲向前的长垂冠，硕大肥厚抵地，向后的短垂冠飘逸至鸟体上方，鸟尾上翘并在弯曲处延伸出平直的长尾，长尾下又有与之分开的向下的卷尾。成对的硕体鸟纹亦相向而立。此簋口径22厘米，支架高6.5厘米，通高19.5厘米。内底铸铭文11行110字。王年、月、月相、日（干支）四项要素俱全，是研究西周王年历谱和金文断代的重要资料。

◆ 铭文释文

唯廿又四年九月既望庚寅，王在周，各大室，即立（位），司工（空）遥入右覤立中廷，北向，王呼作册尹册申命覤曰："更（赓）乃祖服，作冢司马。汝乃谏讯有粦，取征十寽。赐汝：赤市（韨）、幽璜、金车、金勒、旂。汝乃敬夙夕勿法（废）朕命。汝肇享。"覤拜稽首，敢对扬天子休，用作朕文祖幽伯宝簋，覤其万年，孙子其永宝用。

◆ 铭文注解

器主名"覤"，该字见于《说文》，云："笑视也。"

根据铭文，覤刚刚接续祖辈的官职，成为朝廷的司马之官。覤以司马为职衔的，还见于其他几件青铜器铭文中。1963年陕西武功北坡村发现的师瘨簋盖，铭文有"王在周师司马宫，格大室，即位，司马井伯覤右师瘨入门，立中廷"等语，由此知道覤称井伯。另一件传世走簋铭文云："司马井伯覤右走。王命作册尹，册命走。"三件器物铭文的覤均以司马为官衔，必为一人无疑。从覤初"更乃祖服，作冢司马"，到以司马身份作"右者"佑导师瘨和走接受册命，可知覤已是朝廷中资历颇深的重臣。

"司工（空）遥入右覤立中廷"

右者司工遥，此前未见，他官居王朝司工，并可引见，刘源先生认为其政治地位应在伯仲之间，若与裘卫盉等三器铭所载之王朝重臣联系的话，除荣伯为司土，尹氏为史，师俗父为师氏，遣仲为小宗，可以排除之外，或许是伯邑父、定伯、瑗伯、单伯中的一人。伯邑父为字，与"某（氏名）伯"之宗子的称呼不同，未详其氏，推测与伯俗父的身份类似，均为师氏，或有伯大师、仲大师之分。之所以如此考虑，是因为西周金文中，王朝大师多以字称，以官为氏，如伯雍父又称师雍父，伯俗父又称师俗父，等等。西周早期的伯懋父，统帅成周师氏，应也是王朝大师。如伯邑父为王朝大师之说可行的话，也可排除他是司工。那么定伯、瑗伯、单伯三人中，定伯排名最前，可能就是司工。

"王呼作册尹册申命覤曰：'更（赓）乃祖服，作冢司马。'"

"更（赓）乃祖服，作冢司马"，冢司马即大司马。这里覤所担任的是王的司马，在六卿之列。王册命时称"申命"，是覤原有官职，到这时改任司马。李学勤先生认为覤赓续其祖的职务，当指铭文讲到的"文祖幽伯"，也曾任王朝的司马，看来覤的父亲并未任职司马。幽伯也不知是覤的祖父，还是更早的祖先，如是祖父，覤的父亲早卒，他直接承袭祖父的世职，尽管这种事情少见，但仍是可能的。

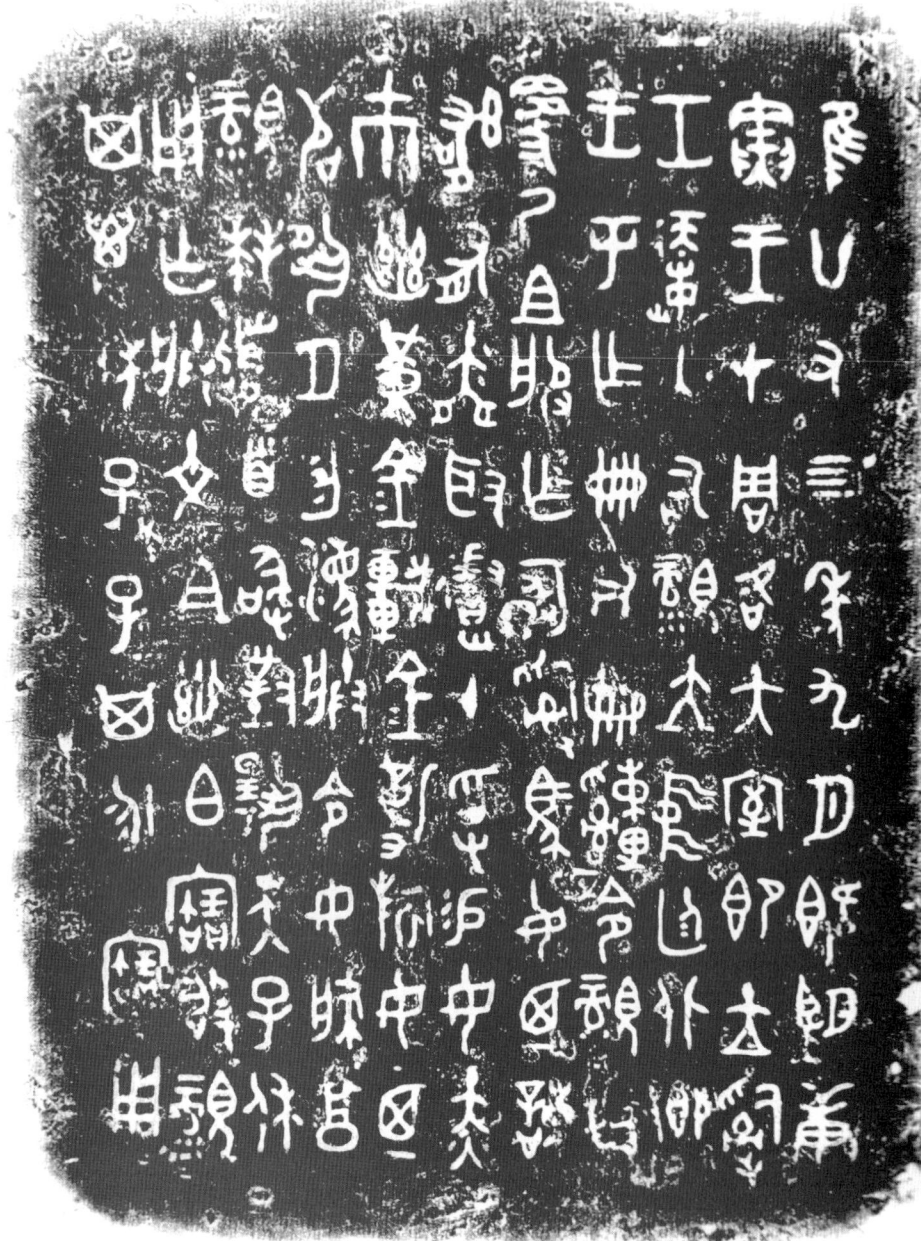

覴簋铭文拓片

文献或金文的"王家",有时通指"王室",如《尚书·顾命》"保乂王家",大克鼎"谏乂王家"。有时则指王室宗室的政治实体或经济实体,如蔡簋:"蔡,昔先王既命汝作宰,司王家,今余唯申就乃命,命汝……死司王家外内。"

亲被册命为冢司马,即师瘨簋盖铭中的"司马井伯",以井氏宗子(井伯)身份担任王朝大司马,从五祀卫鼎、师永盂等器铭文来看,其政治地位很高,位居三有司等重臣之首,仅次于益公。然据簋铭文来看,虽身居冢司马之高位,仍能遵循贵族礼制,言行谨慎,如称其文祖为幽伯,而未称幽公,这可能是井氏在当时保持政治势力的一个原因。

"谏讯有粦,取徵十寽"

亲的主要职责是"谏讯有粦",其待遇是"取徵十寽"。《说文》:"谏,证也。""讯,讯问。"《周礼·秋官·司寇》:"用情讯之。""有粦",唐兰先生释"友邻",谓即《周礼·太宰》"以九两系邦国之民……八曰友,以任得民",注:"友谓同井相合耦耕作者。"和《尚书大传》"古者八家为邻"之"邻",指王家经济庄园内管理农民的邻里组织。李学勤先生读"有嫌",谓"谏讯有粦"即传讯有嫌疑的人。王冠英先生认为"粦"字当读"吝",《方言·第十》:"凡贪而不施谓之鄙……或谓之吝。"古籍中邻、甐、吝、㖪、㗲等字音近常可通假,如《汉书·王莽传》"莽好空言……性实遴啬",桓宽《盐铁论·刺复》"谦卑而不鄰",遴、邻都是"吝"的借字。"谏讯有粦",即审讯有贪吝罪行或阻难礼法政策施行的人。正因为如此,金文言及"谏讯有粦",也常要求执行这个任务的官员"明型"、守法,不能作弊。牧簋:"王曰:汝毋敢□□先王,作明型用,雩乃讯庶右粦,毋敢不明不中不型。"金文"谏讯有粦"也常跟"取徵"相连言。"徵",即徵税。"取徵十寽",有学者认为是领取十寽铜作为办公经费,有的说是领取俸禄,笔者看来后者的可能性大。

周王册命,取十寽,已是较高的数量,反映了井伯是当时身居高位的重臣。西周晚期,番生簋盖、毛公鼎铭载天子册命番生、毛公,分别取廿寽、卅寽,数量很大,当与其统摄群臣的地位有关(番生司公族、大史寮、卿事寮,毛公司卿事寮、大史寮、公族、三有司、小子、师氏、虎臣)。取低于这二人,也是合理的,因为亲的官职只是冢司马,当时政治地位在其上者还有益公。

关于三有司

三有司(司土、司马、司工),是西周王朝官制中较为独特的设置。亲簋记载了周王对冢司马的册命,很有助于研究西周王朝任用三有司的问题。结合裘卫器、师永盂等器铭文来看,西周中期恭懿孝之世,王朝三有司由若干贵族家族的大宗宗子,如井、荣、定诸氏的族长井伯、荣伯、定伯来担任,其助手(副职)则由其他家族的大宗或小宗宗子担任，如瑱伯、单伯、遣仲等，这些下属也有机会升迁担任正职，如单伯亦曾任司徒。王朝三有司一般会同大史、大师合议处理政事，再颁命给相关的地方三有司、史官、师氏执行，并监督其进展和完成情况。

刘源先生认为三有司的设置，反映了当时贵族社会的运作机制，在春秋时代的贵族政治中继续沿用，在战国秦汉的官僚体系亦可见到其沿革与影响。由于学界对西周王朝任用三有司的情况还有若干模糊的认识，也导致对五祀卫鼎、裘卫盉、师永盂等器中"某伯"一类贵族身份的误解。从金文材料看，西周王朝的内外服、中央与地方，设置有不同层级的三有司。张亚初、刘雨《西周金文官制研究》已注意从三有司材料中分出"诸侯"三有司，其"诸侯"的内涵实际上较广泛，并不局限于外服的侯，也包含内服贵族，如该书所举"诸侯有司"之例，有见于散氏盘与裘卫器铭文之司土、司马、司工。李峰《西周的政体》亦进一步指出，西周政府除王朝卿事寮设置三有司外，在主要城市与地方驻军，也置三有司，即三有司职官被扩大与分层。

最能体现西周王朝三有司之出身及其施政状况的材料，是西周中期偏晚的五祀卫鼎、裘卫盉与师永盂铭文。这几篇铭文的内容都记载天子付予贵族土田，并由王朝大臣监督执行之事，涉及的人物较多，既包括周王、摄政大臣（公）、王朝三有司、史、师等官，又包括地方三有司、史、师等官。

井伯、伯邑父、荣伯等贵族，学者过去多统称他们为"执政大臣"，或者认为他们组成了一个凌驾于王朝官僚体系之上的重臣"委员会"。这些看法指出当时贵族政治之运作，有重臣合议的制度。从春秋时代诸侯公室的贵族政治状况看，执政、参政的卿、大夫也各有其官，并有职务上的分工。

刘源先生认为親簋中的親，当时的井氏宗子（即"井伯"），所任之官为王朝家司马，即司马类职官之长，进一步证明裘卫盉等三器铭文中的荣伯、井伯等贵族确实担任王朝三有司等职，他们之所以未称其所任之官，是由于当时王朝史官更重视其族氏及其宗子身份；至于此三器铭文中提及的司土、司马、司工等官，实际反倒是地方职官，不可误认为是王朝三有司。近年，有学者曾仔细地考察井伯这批执政贵族在王朝所居之官位及其政治地位，如韩巍先生指出益公为最高军政长官，井伯为家司马，荣伯为司土，尹氏是史官之长，师俗父曾任司寇，单伯曾任司徒，等等，其官、职的重要程度是排名先后的依据。

因缺乏足够的信息，尹氏与定伯、瑱伯、单伯之间的排序，以及伯俗父与单伯的位次先后，无法遽定。这组人物基本是以"氏名"为称呼，如井伯、遣仲之类，均是"氏名+排行"的结构，但某伯之伯，显然又兼有宗子之义；伯邑父、伯俗父（师俗父）未称氏，可能是以官（师）为氏，故不强调其族氏；尹氏为史，未称其排行。从其职官看，这批王臣兼有三有司、史官和师氏，符合白川静先生提出的西周官制分为"司、师、史三系"的看法。具体而言，井伯为冢司马，荣伯为司土（宰兽簋），定伯或为司工；虢伯、单伯、遣仲则有可能是三有司的副职（即"左右""胥"三有司者），据扬簋铭，周王册命扬为司工，司徒单伯为其右者，此时单伯很可能已升任正职。

井伯等贵族之所以参与裘卫、师永等贵族土地交换和赏赐事，一方面与其王朝三有司、内史、大师等执政大臣的身份有关，另一方面，也与他们分别统辖地方的三有司、史、师系职官有关。铭文所载的土地交换及赏赐事，最终要由地方三有司、史、师氏落实完成，王朝三有司等大臣有颁命、监督之责。裘卫器、师永盂所载土地交换、赏赐之过程中，王朝与地方的三有司、史、师氏有较明显的统属、对应关系。李学勤先生曾指出卫盉铭文说，伯邑父等五位大臣为矩伯向裘卫交付土地指定了三有司，五祀卫鼎也提到三有司。由此可见，土地的转让常须有三有司参加。我们知道，司徒管理土地户口，司马管理军赋，司空管理土地度量，他们在土地转让中都有关涉。这里讲的三有司，当然不是周王朝的大臣，而是当地的官吏，如散氏盘记的就是散邑的三有司。

五祀卫鼎等三器铭文所记载的地方三有司、史官、师氏的官职、名称等资料中蕴含着丰富的历史信息。如"司工邑人服""司土邑人""师氏邑人奎父"等，是典型的"官＋邑人＋名（字）"的形式，其中的"邑人"之邑，应是被交换或被赏赐的土田所属之邑，这些邑中的司工、司土、师氏参与土地交换和赏赐之事，不仅仅因为其职责与管理土田有关，还与他们负责土田上庶人的服役与军事训练有关。这些材料说明西周王朝三有司统领着地方、基层的三有司，后者与各邑的师氏、史官一起承担着土田、庶人的具体管理事务。

◆ 铭文大意

（穆王）二十四年九月既望庚寅这天，王在周（岐周，今周原）的太庙即位，司空遜作为佑者引親进入中廷，朝北站着。周王命令作册尹册命親说："接续你的祖父命服，做大司马。你审讯有贪吝罪行或阻难礼法政策施行的人，领取十寽铜作为俸禄。赐给你火红的围裙连同黝黑色的饰带、金车、铜装饰的马笼头和旗子。你要时时刻刻尽职尽责，不要忘记我的册命。履行你的职责去吧。"親跪倒，双手相拱至地，俯首至手，感谢赞颂天子的册命，为其文祖幽伯作了这件宝簋，親的万年子子孙孙都要把它作为宝贝享用。

◆ 相关文献

王冠英：《親簋考释》，《中国历史文物》2006年第3期；李学勤：《论簋親的年代》，《中国历史文物》2006年第3期；夏含夷：《从親簋看周穆王在位年数及年代问题》，

《中国历史文物》2006年第3期；张永山：《親簋作器者的年代》，《中国历史文物》2006年第3期；张闻玉：《親簋及穆王年代》，《中国历史文物》2007年第4期；叶正渤：《亦谈親簋铭文的历日和所属年代》，《中国历史文物》2007年第4期；吴镇烽：《商周青铜器铭文暨图像集成》05362，上海古籍出版社，2012年；张天恩主编：《陕西金文集成（8）·宝鸡卷·渭滨其他》0965，三秦出版社，2016年；刘源：《从親簋铭浅谈西周王朝三有司的任用》，载北京大学出版文献研究室编《青铜器与金文（第一辑）》，上海古籍出版社，2017年；张亚初、刘雨：《西周金文官制研究》，中华书局，1986年，第9、13、24页；李峰：《西周的政体》（中译本），生活·读书·新知三联书店，2010年，第100页；李学勤：《西周金文中的土地转让》，载《李学勤集》，黑龙江教育出版社，1989年，第107页。

三、礼制与德政

尊贤尚德的等级尊卑社会秩序早在西周时期就已形成。三年瘭壶为我们研究"乡饮酒礼"提供了珍贵的金文资料。所谓的"乡饮酒礼",是周代乡学中举行酒会的礼节,秦汉以后曾长期为士大夫所沿用,直到清代道光二十三年(1843),才命令废止。乡饮酒礼充分表现了周代长老的威信和为人所尊敬,目的在于分别贵贱、长幼的等次,以求维护当时贵族的统治秩序和特权。这种由国君主持的礼,不仅具有酒会的性质,而且具有议会的性质。由于飨礼是一种高级的乡饮酒礼,礼节加重,陈设铺张,花色添增,更加形式化。

丰尊、丰卣铭文让我们看到金文中的"殷覜之礼"与文献记载的差异。"殷覜"文献亦作"殷眺",是周代诸侯定期派使臣朝见天子的礼制。《周礼·春官·大宗伯》:"时聘曰问,殷眺曰视。"《周礼·秋官·大行人》:"时聘以结诸侯之好,殷眺以除邦国之慝。"2014年周原遗址出土的昔鸡簋、卣等透露了西周"婚媵礼"情况。昔鸡本人曾作为周王朝的使者,奉命去燕国迎接芮姞,而此芮姞则是即将嫁入周王室的女子。据《左传》等记载,诸侯娶妇须派使卿出境迎迓,而卿大夫以下娶妇则要亲迎。昔鸡至燕地为周王迎妇,说明周王室娶妇同样需要遣派卿大夫一级的使者前往途中迎接,与诸侯迎亲的礼节近似,这为我们了解周王室婚姻礼仪提供了新的资料。

师𫊻鼎铭文中对"德"有不少叙述,这是研究西周"德"这一观念的发展最有价值的例证。西周实行原本意义上的封建制,较秦以后的君主专制,地方上有更多的自主权。为了维系庞大的封建国家,西周的思想家们大力提倡以德治国。德,尤其是大德,为社会所广泛推崇。周人之"德",就是孝顺父母,友爱兄弟,并身体力行,成为个人自觉行为。德政的实行,使君与臣、上下级、贵族与平民关系都相对和谐。

三年㝬壶

◆ 器物介绍

西周孝王世，1976年12月扶风县法门镇庄白村窖藏出土。现藏宝鸡市周原博物馆。与商尊等同窖藏出土。同出两件，形制、纹饰、铭文、大小基本相同。长颈，垂腹，圈足外侈，兽首衔环耳，盖顶作圈足。通体三层花，以雷纹为地，壶体用两组弦纹分割成上中下三段，每段皆饰波折纹，波纹间填以三角、口、目等形。盖顶饰团鸟纹，周边围以瓦纹，盖缘及圈足饰兽体卷曲纹。通高64.7—65.4厘米，腹围129—129.5厘米，腹深48.4—48.9厘米，口径19.7—20.1厘米，重26—27.2千克。盖舌铸铭文12行60字。

◆ 铭文释文

唯三年九月丁子（巳），王才（在）奠（郑）卿（飨）醴（礼），乎（呼）虢吊（叔）召㝬，易（锡）羔俎；己丑，王才（在）句陵卿（飨）逆酉（酒），乎（呼）师寿召㝬，易（锡）麂俎。捧（拜）稽首，敢对扬天子休，用乍（作）皇且（祖）文考尊壶。㝬其万年永宝。

三年㝬壶铭文拓片

◆ 铭文注解

"奠（郑）"

西周中期有两个郑，一为东土郑，即郑虢，也就是成王时期的虢城，在今河南省新郑、成皋一带；一为西土郑，即西郑，在今陕西省凤翔一带。《汉书·地理志》："周自穆王以下都于西郑。"《天平御览·天部》引《汲冢纪年书》曰："懿王元年，天再旦于郑。"一般认为指西土郑。

"卿（飨）醴（礼）"

当时天子、诸侯、卿大夫招待贵宾的一种隆重礼节。《左传·庄公十八年》杜注："王之觐群后，始行飨礼，先置醴酒，示不忘古。"杨宽先生认为从其历史发展过程来看，飨礼起源于乡饮酒礼，实际上是一种高级的乡饮酒礼。

根据《仪礼·乡饮酒礼》，其程序繁复。

首先，由主人（乡大夫）就乡先生（庠中教师）商谋宾客名次，分为宾、介（陪客）、众宾三等；再由主人亲自告知宾客；同时布置酒席的席次，陈列酒尊和洗（水盆）等；届时，主人带同一"相"（傧相）在庠门外迎接，经过三揖三让，把宾迎入庭中堂上。在宾客迎入后，先由主人取酒爵到宾席前进献，叫作"献"；次由宾取酒爵到主人席前还敬，叫作"酢"；再由主人把酒注觯，先自饮，劝宾随着饮，叫作"酬"。这样的"献""酢""酬"，合称为"一献"之礼。献酒时，必须有食物陈设，陈设有干肉片和肉酱与折俎（盛有折断的牲体的俎）。其间伴以作乐唱歌，用来表示对宾客的尊敬和慰劳，并使宾客欢乐。最后，由主人之吏举觯向宾敬酒，司正奉主人之命请宾客升坐。随即将原来陈列的折俎撤去，称为"彻俎"，以便宾客坐下。宾主脱履坐下，即进牲肉，于是连续不断地举爵饮酒，不计其数，醉而后止，叫作"无算爵"。同时乐工不断地陪奏和歌唱，不计其数，尽欢而止，叫作"无算乐"。

最早"乡人饮酒"，一般在"庠"（乡的学校）举行，由乡大夫主持；随着国家机构的成立，适应国家统治上的需要，这种礼也举行于国都中，国都附近的大学——辟雍、泮宫也成为举行这礼的场所，天子、诸侯也成为行礼的主人，所以《说文》在"靡"字下说："天子飨饮辟靡。"在"泮"字下又说："诸侯飨射泮宫。"在西周金文中，确实有周王在辟雍中举行乡饮酒礼的，如周穆王时期的遹簋："唯六月既生霸，穆王才（在）旁京，乎（呼）渔于大池，王乡酉（酒）。"

杨宽先生指出，过去考释金文的学者，都读"乡"为"飨"，认为"乡酒"就是飨礼，其实不然。金文中称"乡酒"的应指乡饮酒礼，称"乡醴"的才是飨礼，《左传》《国语》等书除单称飨礼为"飨"或"享"以外，也称飨礼为"飨醴"。"乡""飨""卿"原是一字，"乡"原是指共食的氏族聚落，那么，称为"乡"或"飨"的乡饮酒礼，一定也起源于氏族聚落会食的礼仪。其所以要由乡大夫来主持，因为乡大夫原本就是一乡之长。乡饮酒礼原来就是周族在氏族社会末期的习惯，在这个礼中充分表现了长老的威信和为人尊敬。周族自从进入中原，建立王朝，其父系家长制已转化成为宗法制度，原来习惯上应用的礼仪也转化为维护宗法制度和贵族特权的手段，乡饮酒礼也就成为维护贵族统治的一种手段。

很明显，举行乡饮酒礼其目的在于分别贵贱、长幼的等次，以求维护当时贵族的统治秩序和特权。这种由国君主持的礼，不仅具有酒会的性质，而且具有议会的性质。既要通过酒会的仪式，表示对贵者、长者的尊敬，分别贵贱、长幼，又要通过议会的方式商定国家大事，特别是"定兵谋"。

因此，飨礼中献宾用的是"醴"，和乡饮酒礼献宾用"酒"不同，所以古文献上或称乡饮酒礼为"乡人饮酒"，或称飨礼为"飨醴"。

西周金文称乡饮酒礼为"乡酒"，而称飨礼为"乡醴"。《说文》说："醴，酒一宿熟也。"《周礼·酒正》郑注说："醴犹体也，成而汁滓相将，如今恬酒矣。"《吕氏春秋·重己》高注说："醴以蘖与黍相体，不以曲也，渴而甜耳。"可知醴是用蘖（麦芽）酿造成的甜白酒，糖化的程度大而酒化的程度小，而且是连酒糟在一起的。醴常被用在仪式上，只是给嘴里啐一下，不是用来喝的。

由于飨礼是一种高级的乡饮酒礼，礼节加重，陈设铺张，花色添增，更加形式化。乡饮酒礼具有酒会和议会的性质，目的在于尊敬宾客，分别贵贱、长幼的等次，以求维护贵族的统治秩序和特权,更重要的是要商定国家大事。飨礼举行的目的也是如此。

三年㝨壶说周王在奠（郑）举行卿（飨）禮（礼），虢叔作为招呼人,相对于介（陪客）,而㝨为宾,最重要的宾客。奠（郑）,指西郑,一般认为在今陕西凤翔境内,曾一度作为西周的国都,《竹书纪年》:"穆王以下都于西郑。"虢叔应出自西虢。李仲操先生认为,㝨壶出土于周原扶风庄白村南,㝨为微氏家族中的一代人,而微氏家族几代人的青铜器全出庄白村南,可证微氏家族世居周原。虢叔由郑地去周原召㝨来郑饮酒,则郑距周原必不太远。虢叔为西虢国君,则西虢必在郑旁。此西虢在今宝鸡县虢镇和凤翔县郭店、虢王乡一带,它与郑相邻,则郑应当就是今凤翔县地。《史记·秦本纪》《史记·秦始皇本纪》都记载秦德公居"雍城大郑宫"。雍城即凤翔县城,此城里秦公所筑宫名称"大郑宫",也证明"郑"确在凤翔县境。这里当宗周之西,故亦称"西郑"。

"羔俎"

平而长条形两端有脚的置羔的器。羔俎是特指置羔之俎。下文彘俎即置猪之俎。彘俎是置全牲的大俎。《说文》:"俎,礼俎也。"《左转·隐公五年》:"鸟兽之肉,不登于俎,皮革齿牙骨角毛羽,不登于器,则公不射。"俎是古人祭祀、宴享时所使用的一种礼器。《仪礼·少牢·馈食礼》云:"佐食上利执羊俎,下利执豕俎。""羊俎"和"豕俎"对举而述,与金文所记相同。在很短时间里,㝨在参加王主持的两次飨礼的同时,还受到"羔俎""彘俎"的赏赐,可见其受王之恩宠甚为明显。

"句陵"

地名,未详所在。白川静《字统》第884页"陵"字下说:"声符夌是迎神的建筑物……金文字形多有下部增土者,土为土主即社神,陵为迎接神灵降下以举行祭祀之处。这个祭祀之处由于接近山陵的平坦处,故'陵夷'指坡度小的慢坡,亦称为坂。古代多于坂上营建陵墓,以后陵字作为陵墓之陵。"句陵之地名疑与举行祭祀之处有关,应该与郑地相距不是太远,在散氏盘中有"陵"作为地名。我们怀疑"句陵"应在今陕西凤翔一带,或许与畤祭有关。雍地畤祭有着悠久的历史渊源,可以追溯到黄帝时期。《路史·后纪》说黄帝崇拜炎帝,在陈这个地方对他进行祭祀。古人认为,雍州地势高阜而平坦,与上天神灵接近,按规定时间祭祀上帝,各种神灵都会集中到这里。

"逆酉（酒）"

迎也。逆酒是指接风酒。或释逆酒为受酒,《仪礼·聘礼》曰"众介皆逆命不辞",郑玄注:"逆犹受也。"

◆ 铭文大意

三年九月丁子（巳）这天，王在郑地举行飨礼，王觐见群臣后，先置醴酒，表示不忘古人。王叫虢叔召见痶，赐给痶羔俎（平而长条形两端有脚的置羔的器具）。三十二天后，即己丑这天，王在句陵举行接风酒。王让师寿召见痶，赐给痶猪俎。痶跪倒，双手相拱至地，俯首至手，感谢天子的赏赐。作了祭祀皇祖先父的尊壶。痶要世世代代作为宝器。

◆ 相关文献

陕西周原考古队：《陕西扶风庄白一号西周青铜器窖藏发掘简报》，《文物》1978年第3期；刘启益：《微氏家族铜器与西周铜器断代》，《考古》1978年第5期；伍仕谦：《微氏家族铜器群年代初探》，载《古文字研究》第5辑，中华书局，1981年；李学勤：《西周中期青铜器的重要标尺——周原庄白强家两处青铜器的综合研究》，《中国历史博物馆馆刊》1979年第1期；陕西省考古研究所、陕西省博物馆、陕西省文物管理委员会：《陕西出土的商周青铜器》（二），文物出版社，1980年；严一萍编：《金文总集》5797、5798，艺文印书馆，1983年；吴镇烽：《陕西金文汇编》605，三秦出版社，1989年；陕西周原考古队、尹盛平：《西周微氏家族青铜器群研究》，文物出版社，1992年；罗西章：《扶风县文物志》，陕西人民教育出版社，1993年；李仲操：《谈西郑地望》，《文博》1998年第5期；北京大学考古文博学院、北京大学古代文明研究中心：《吉金铸国史——周原出土西周青铜器精粹》19，文物出版社，2002年；任周方：《四朝元老痶年迈，夷王恩典赐祭案》，载《国宝纪事》，陕西人民出版社，2003年；吕亚虎：《周都"西郑"地望考》，《中国历史地理论丛》（第22卷第2辑），2007年4月；中国社会科学院考古研究所：《殷周金文集成》09726、09727，中华书局，2007年；霍彦儒、辛怡华：《商周金文编——宝鸡出土青铜器铭文集成》117、118，三秦出版社，2009年；吴镇烽：《商周青铜器铭文暨图像集成》12441、12442，上海古籍出版社，2012年；张天恩主编：《陕西金文集成（2）·宝鸡卷·岐山扶风》0191、0192，三秦出版社，2016年；李仲操：《谈西郑地望》，《文博》1998年第5期；白冰：《青铜器铭文研究——白川静金文学著作的成就与疏失》，学林出版社，2007年，第208—209页。

丰尊

◆ 器物介绍

西周穆王世，1976年12月扶风县法门镇庄白村窖藏出土。现藏宝鸡市周原博物馆。与商尊等同窖藏出土。器身低矮，侈口，束颈，垂腹，最大径已接近腹底，圈足外侈，显得丰满而沉稳。除圈足光素外，通体以三种不同姿态的凤鸟纹构成两纹饰相同的口部、颈部及腹部三层纹饰。口缘外壁饰四瓣仰叶状对鸟纹，两鸟相对而立，尾部向上曲垂于鸟首之前；颈部以两组带状垂冠分尾凤鸟纹装饰，两只凤鸟为一单位，两小组间以浮雕兽面为中心，鸟首相对；垂鼓的腹部以四只两两相对的垂冠分尾凤鸟构成，鸟的冠羽垂至胸前，翎尾翻卷于身后，为全器的主要纹饰。纹饰带内的空白处均以细密的云雷纹填地。通高16.8厘米，腹深14.6厘米，口径16.8厘米，重1.7千克。腹底铸有铭文5行31字，其中重文2。

◆ 铭文释文

隹（唯）六月既生霸乙卯，王才（在）成周，令（命）丰寢（殷）大矩，大矩易（锡）丰金、贝，用乍（作）父辛宝蹲（尊）彝。木羊册。

◆ 铭文注解

"王才（在）成周"

"成周"即洛邑，今河南洛阳。今岐山之阳一带在古代叫作"周"，又因为是一片高而平的广大原野，所以又叫作周原。太王迁居周原后，以居地为号，称为周。成王把洛邑建成后，照例要用先王所居地名——"周"来命名新邑。但此时"周"已有了两个，一是岐山之阳的"周"，一是镐京的"周"。成王为了区别几个地域不同的"周"，就把自己在洛邑所营新邑命名为"成周"，表示是成王自己的"周"。成王改镐京的"周"为宗周。周人在岐山之阳的居地本来就叫"周"，为先王所居之地，仍旧叫作"周"，史称岐周。

丰尊铭文拓片

在西周金文中，成周、宗周、周三个都邑，性质有所不同。周初金文中多涉及王臣在成周殷见东方诸侯之事，殷见实际是视察的性质，说明成周只不过是周朝的陪都而已。西周一代，宗周的地位十分重要，西周早期的金文多涉及诸侯在宗周朝见和服事周王之事，说明宗周是国都，金文中的宗周是镐京无疑。岐周是周人老家，是西周许多重要王臣世族聚居之地，成王五年以后金文中的"周"就是岐周，周王室的宗庙始终未废，周王常来这里召见、册命、赏赐岐邑的世族王臣。

"寴（殷）"

指殷眺之礼。天子畿外六服，每十二年中，元年、七年、十一年只有一服来朝，故众诸侯派卿以聘礼来朝天子，天子以礼见之。《周礼·秋官·大行人》："时聘以结诸侯之好，殷眺以除邦国之慝。""时聘"，天子有事，诸侯使卿来聘，天子以礼见之。在青铜器铭文中，多系重臣受王命殷眺下属诸侯，与《周礼》所言有异。

◆ 铭文大意

这是六月既生霸乙卯这天，王在成周，命丰聘见大矩，大矩赐给丰铜、贝。丰为谥号为辛的先父作了这件宝尊，作为祭器。木羊册。

◆ 相关文献

陕西周原考古队：《陕西扶风庄白一号西周青铜器窖藏发掘简报》，《文物》1978年第3期；陕西省考古研究所、陕西省博物馆、陕西省文物管理委员会：《陕西出土的商周青铜器》（三），文物出版社，1980年；唐兰：《略论西周微史家族窖藏铜器群的重要意义——陕西扶风新出墙盘铭文解释》，《文物》1978年第3期（又见《唐兰先生金文论集》，紫禁城出版社，1995年）；严一萍编：《金文总集》4781，艺文印书馆，1983年；吴镇烽：《陕西金文汇编》557，三秦出版社，1989年；陕西周原考古队、尹盛平：《西周微氏家族青铜器群研究》，文物出版社，1992年；罗西章：《扶风县文物志》，陕西人民教育出版社，1993年；北京大学考古文博学院、北京大学古代文明研究中心：《吉金铸国史——周原出土西周青铜器精粹》9，文物出版社，2002年；中国社会科学院考古研究所：《殷周金文集成》05996，中华书局，2007年；霍彦儒、辛怡华：《商周金文编——宝鸡出土青铜器铭文集成》87，三秦出版社，2009年；吴镇烽：《商周青铜器铭文暨图像集成》11796，上海古籍出版社，2012年；张天恩主编：《陕西金文集成（2）·宝鸡卷·岐山扶风》0160，三秦出版社，2016年。

丰卣

◆ 器物介绍

西周穆王世，1976年12月扶风县法门镇庄白村窖藏出土。现藏宝鸡市周原博物馆。与商尊等同窖藏出土。器身低而腹垂鼓，腹部最大径接近腹底。盖上有圈状捉手，盖的左右各有一直立犄角。提梁两端饰圆雕羊首，梁上饰四组变形蝉纹，其间以菱形凸起区隔。盖面饰四对蟠蛇回首凤鸟纹。器身口沿下方为八只垂冠分尾凤鸟纹装饰，两只凤鸟为一小组，两小组间以浮雕兽面，鸟兽相对；腹部以四只两两相对的垂冠分尾凤鸟构成全器最主要纹饰。纹饰带的空白处均以细密的云雷纹填地。圈足光素。通高21厘米，口纵11.2厘米，口横7.8厘米，腹深12厘米，重2.5千克。器、盖同铭，唯行款稍异，5行31字，其中重文2。

◆ 铭文释文

隹（唯）六月既生霸乙卯，王才（在）成周，令（命）丰寂（殷）大矩，大矩易（锡）丰金、贝，用乍（作）父辛宝蹲（尊）彝。木羊册。

丰卣盖铭文拓片

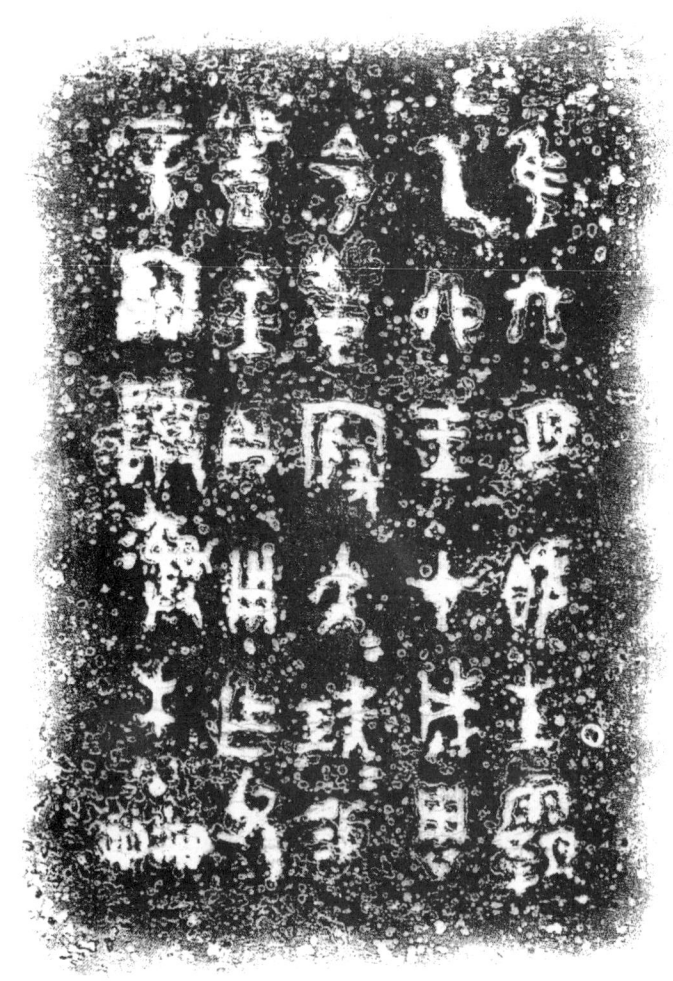

丰卣器铭文拓片

◆ **铭文大意**

这是六月既生霸乙卯这天，王在成周，命丰聘觅大矩，大矩赐给丰铜、贝。丰为谥号为辛的先父作了这件宝尊，作为祭器。木羊册。

◆ **相关文献**

陕西周原考古队：《陕西扶风庄白一号西周青铜器窖藏发掘简报》，《文物》1978年第3期；黄盛璋：《西周微氏家族铜器群初步研究》，《社会科学战线》1978年第3期；唐兰：《略论西周微史家族窖藏铜器群的重要意义——陕西扶风新出墙盘铭文解释》，《文物》1978年3期（又见《唐兰先生金文论集》，紫禁城出版社，1995年）；刘启益：《微氏家族铜器与西周铜器断代》，《考古》1978年第5期；伍仕谦：《微氏家族铜器群年代初探》，载《古文字研究》第5辑，中华书局，1981年；李学勤：《西周中期青铜器的重要标尺——周原庄白强家两处青铜器的综合研究》，《中国历史博物馆馆刊》1979年第1期；陕西省考古研究所、陕西省博物馆、陕西省文物管理委员会：《陕西出土的商周青铜器》（二），文物出版社，1980年；严一萍编：《金文总集》5480，艺文印书馆，1983年；吴镇烽：《陕西金文汇编》582，三秦出版社，1989年；陕西周原考古队、尹盛平：《西周微氏家族青铜器群研究》，文物出版社，1992年6月；罗西章：《扶风县文物志》，陕西人民教育出版社，1993年；北京大学考古文博学院、北京大学古代文明研究中心：《吉金铸国史——周原出土西周青铜器精粹》10，文物出版社，2002年；中国社会科学院考古研究所：《殷周金文集成》05403，中华书局，2007年；霍彦儒、辛怡华：《商周金文编——宝鸡出土青铜器铭文集成》88，三秦出版社，2009年；吴镇烽：《商周青铜器铭文暨图像集成》13253，上海古籍出版社，2012年；张天恩主编：《陕西金文集成（2）·宝鸡卷·岐山扶风》0161，三秦出版社，2016年。

昔鸡簋

◆ 器物介绍

　　2014年冬出土于陕西岐山县京当镇贺家村北墓地。2014年下半年，周原考古队在凤雏建筑基址南侧的贺家村北进行考古发掘，发现墓葬25座，其中M11保存完整，规模较大，为一东西向的土圹竖穴墓，有一椁两棺，四周有活土二层台，墓底有腰坑。出土青铜容器17件，原始瓷器、陶器等20余件，青铜礼器有16件，其中有铭文的青铜器10件：鼎2件、簋2件、尊1件、卣1件、罍1件、爵2件、觯1件。2件簋大小、形制基本相同。口微侈，窄沿，方圆唇，束颈，下腹外鼓，腹外有对称的半环状耳，下有钩珥，平底，圈足微外侈。颈部及圈足饰中部以凸棱分隔边界弦纹的细云纹带，耳上端为圆雕牺首，体饰云纹。口径19.8厘米，腹径20.6厘米，高13.8厘米，重3.6千克，内底铸铭文4行24字，含重文1。黄益飞先生认为昔鸡簋铭文内容为嫁偪姞于韩，昔鸡为送者，故韩侯用贝、马偿赠昔鸡，与《仪礼·士昏礼》相合。

◆ 铭文释文

王姒乎（呼）昔奚（鸡）逌（御）芳姞于燕，燕侯宾用贝、马，敢扬王休，用乍（作）尊彝。

◆ 铭文注解

"王姒乎（呼）昔奚（鸡）"

章宁先生认为，此"王姒"或为成王王后。首先，M11的时代是西周早中期之际。其次，西周早期王后而姒姓者，唯文王之太姒及成王王姒两例，此王姒与器主昔鸡有直接互动，显非太姒，而当与寓鼎、保侃母壶、叔㚄像方彝等器所见之"王姒"，为同一人，即成王之妃王姒。最后，从其铭文字体上看，呈现出康昭时代的特征，器主和王姒有联系，而康王在位时间较长，王姒应不至在昭王时期还有活动。故通过以上

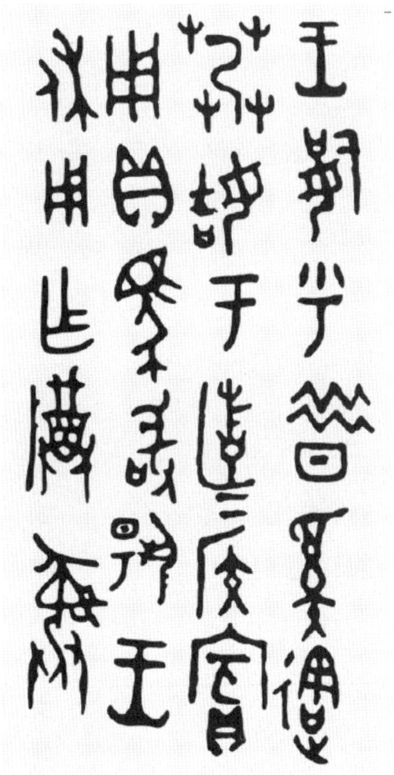

昔鸡簋铭文摹本　　　　　　昔鸡簋铭文照片

对王姒的认识，结合其他特征，器主的作器时代应较西周中期前段为宜，定为康王器。黄锦前先生认为昔鸡簋、卣应系昭王时器。黄益飞先生则认为，昔鸡簋之年代在西周昭王、穆王之际，簋铭所见王姒究系时王之后，抑或先王之后，还需再做讨论。

昔为周代氏族，系周大夫所封。《风俗通义·佚文·姓氏》："昔氏，周大夫封昔，因氏焉。汉有昔登为乌伤令。"黄益飞先生认为，昔氏封地或在今河北邢台巨鹿县、南宫市境内。《路史·国名纪·周世侯伯》："巨鹿故昔城，一云贝丘。"昔氏或出夕侯，《路史·国名纪·周世侯伯》："昔作夕，故有夕侯，后有昔氏、夕氏。"夕与昔古音相同，可互用。

章宁先生认为昔鸡当是殷遗民。其一，所用"姒"字字形多见于殷代器物，而周人所书者少见单从"司"为声符者。其二，其墓东西向，所出器物中，见族徽，所出青铜器中重酒器组合。其三，同墓出一卣一尊，器主亦为昔鸡，卣铭言"隹三月乙酉，夒白易昔鸡贝，用对夒白休，用乍父丁尊彝"。夒伯之族即臣服于周王之殷遗一支，在西周早期颇受重视，能参加王所主持的礼仪活动。同时，昔鸡能直承王姒之命行事，且直接受到夒伯赏赐，可见器主在殷遗中社会身份等级较高。故昔鸡的身份应从属于王室，当是服事工室的小臣一类的职官。

"遣（御）芳姞于燕"

昔鸡簋铭文中，对于昔鸡出访之国有韩、燕之说。解读的关键在于对簋铭中表示行为动作的"遣"字的认识。《陕金》读为"会"，取会见之义。章宁先生同意此观点，并以"会、合音近"，认为铭文昔鸡此行的任务是受王姒派遣"会芳姞韩"。而黄益飞先生认为整理者读为会，害与会古同属匣纽月部字，古音相同，通假无碍。然读"遣"为会，字形、义训则颇多龃龉。

付强曾认为"遣"当释为"达"，读为"如"，训为"致、送"，意思为昔鸡送芳姞回韩。并推测韩侯夫人芳姞可能到周王室参加活动，故此王姒派昔鸡护送芳姞回国。吴镇烽基本同意其解读，同时提出，将"遣"读为"介"。害与介、匄、割、曷古相通用，在此铭文中取"相助之义"，意为昔鸡护送芳姞回到韩国。

谢乃和先生认为上述诸说对"遣"字不同层面意思的释读，虽各有一定的依据，但都无法对甲骨金文中相关辞例做出合理疏通。何景成先生考察了自甲骨文到金文"害"与"遣"的字形与通假关系，指出"遣"字应读为"御"字。此说亦有金文材料作补证。谢先生认为昔鸡簋铭文中"遣"字读为"御"，训为"迎、迓"，为迎娶之义。

"芳"，地名，见于穆王时器师旂鼎。唐兰先生引《大雅·云汉》之诗序云："云汉，仍叔美宣王也。"认为此"芳"即与"仍"通，并引静簋铭文指出"仍叔当是食采于芳"，认为其地当在宗周附近。章宁先生认为"芳姞"为姞姓之女。据静簋，芳地当去宗周及豳不远。两周时之"豳"多见于金文，当在今陕西省彬州市一带。穆王时有鼎，言穆王命"为盩师冢司马","冢司马"即大司马,又言"密叔又(右)"。以密叔为右者,一方面固然体现重视此任命,另一方面或与其地望相关。章先生认为姞姓所居地在今甘肃省灵台县、泾川县附近,与盩地、宗周相去皆不远。故此姞姓之"芮",亦当在今陕、甘交界附近。黄益飞先生认为"芮"似可读为偪。晋襄公之母亦名偪姞,《左传·文公六年》:"八月乙亥,晋襄公卒,灵公少。晋人以难故,欲立长君。……赵孟曰:'杜祁以君之故,让偪姞而上之。以狄故,让季隗而已次之,故班在四。'"杜预《注》:"杜祁,杜伯之后祁姓也。偪姞,姞姓之女生襄公为世子,故杜祁让,使在己上。"章炳麟谓偪即密须氏之密,密在今甘肃灵台县附近,地适在西。黄先生认为章氏之论可备一说。

"燕",学者多释读为"韩"。谢乃和先生认为铭文中的字形与"韩"字古文字字形有着很大差异,该字可读作"偃",用作地名或诸侯名号时,则应读为"燕"。周代有姬姓燕国,又有姞姓燕国,也就是文献中的南燕国。昔鸡簋铭文中的国名及族姓皆与传世文献相吻合。《路史·国名纪》"伯爵伯修国后稷妃南燕姞氏也,亦尝曰东燕",《汉书·地理志》"东郡燕"本注"南燕国,姞姓,黄帝后"。《左传·庄公二十年》有"燕仲父",因助王子颓伐周,故为郑国所执。杜预注为"南燕伯",正义引服虔注也称之为"伯",而《世本》称"燕国侯"。关于南燕地望,陈槃据《大清一统志》,记南燕国都在"今河南卫辉府东南三十五里废胙城县"。杨伯峻考之认为在今河南省延津县东北约四十五千米,俗呼为城上,去成周不远,毗邻卫国、宋国、郑国。

在昔鸡簋中其通婚对象应为王朝大夫芮氏与南燕国的姞姓女子。《左传·宣公三年》记载"郑文公有贱妾曰燕姞","燕姞"即南燕之女。又载石癸言曰:"吾闻姬、姞耦,其子孙必蕃。"可见,姬、姞二姓有密切的婚姻关系。据曹兆兰的统计,姞姓女子在金文女性称谓中的数量比例为7.7%,仅次于姜姓和妘姓,是周王室以婚姻为纽带着重笼络的"贵姓"。

"燕侯宾用贝、马"

谢乃和先生认为芮姞来自姞姓燕国,且应为国君之女。《春秋经》记载,《桓公八年》"祭公逆王后于纪",《襄公十五年》"刘夏逆王后于齐",句式结构皆为"主语(卿大夫)+谓语(迎迓)+宾语(某女)+地点(于某国)",即所娶为国君之女,地点均为本国国名。昔鸡簋中周王后派昔鸡迎迓,地点直接称国名"燕",昔鸡本人又受到燕侯赏赐,可知芮姞为燕侯之女。

根据《仪礼》《周礼》,周王朝为了控制地方贵族,在国家典制中设置了以王后统帅内外服贵族命妇的制度。如《丧服·经》"大夫命妇",郑玄注曰:"命者加爵服之名,自士至上公凡九等,君命其夫,则后夫人亦命其妻矣。"由于王后掌内治,故也有为诸侯大夫等贵族选妻室的权力。

昔鸡簋所载史事是芮氏与姞姓燕国的联姻,但昔鸡迎迓的任务却是由周王后派遣,且昔鸡受赐于燕侯,竟然不赞颂燕侯而是称扬王休,说明昔鸡是受王命出使的王臣,昔鸡簋对周王及王后地位的突出,揭示了周王室在这一历史事件中的关键作用,一方面体现了"后掌内治"模式下王后对周代贵族婚姻的督导。昔鸡簋铭文虽是周王室内服大夫与外服诸侯的政治联姻的记录,却体现了西周早期王权通过婚姻加强对地方贵族控制的制度史实。从昔鸡簋看,西周王朝不仅设置了宏大的宗法分封体制来纲维早期王权,也通过婚姻这种柔性政治文化来实现对内外服地方贵族的软控制。

◆ **铭文大意**

王姒命昔鸡去南燕迎娶芮姞。燕侯赠送给昔鸡贝、马,昔鸡感谢王休,作了这件尊彝。

◆ **相关文献**

张天恩主编:《陕西金文集成(1)·宝鸡卷·岐山》0028、0029,三秦出版社,2016年;黄锦前:《岐山贺家村M11出土昔鸡簋、卤铭文读释》,《陕西历史博物馆馆刊》第24辑;章宁:《近出昔鸡簋铭文考释》,《石家庄学院学报》(第19卷第2期),2017年3月;杨亚长:《浅说金文新见之韩侯》,《文博》2018年第3期;黄益飞:《略论昔鸡簋铭文》,《中国国家博物馆馆刊》2018年第3期;谢乃和:《近出昔鸡簋铭文及相关史实考论》,《古代文明》2019年第13卷第2期;《商周金文编——宝鸡出土青铜器铭文集成》9646;《商周金文编——宝鸡出土青铜器铭文集成》9888;《集成》2809;《集成》4288。

师𫊻鼎

◆ 器物介绍

西周共王世，窖藏出土。1974年12月5日，扶风县黄堆公社云塘大队强家生产队社员平整强家沟西土地时，发现西周铜器窖藏，陕西省文物管理委员会岐扶考古工作站闻讯后即前往现场进行了调查。青铜器出土于强家村西北300米处，共出土青铜器7件，计鼎1件、钟1件、簋2件、簋盖2件、镂空豆1件。据调查，它们出土于一个窖穴内，窖口上距地表约1.2米，鼎口向上，放在窖穴中部偏北，簋、簋盖和镂空豆放在鼎内，钟放在鼎外南侧。经现场勘查，出土地点没有墓葬痕迹，也无其他遗物发现，窖穴开口在周代地层，没有晚期人为扰动的迹象。出土文物收藏于陕西历史博物馆。师𫊻鼎，通高85厘米，口径64.5厘米，最大腹围205厘米，重105千克。腹内铸有铭文19行196字。师𫊻鼎铭文中对"德"有不少叙述，如"用乃孔德""引正乃辟安德""肇淑先王德""弗忘公上父胡德""溥由先祖烈德""孙子一任皇辟懿德""用厥烈祖介德"，达7处，可以说全铭贯穿着"德"的思想，这篇铭文是研究西周"德"这一观念的发展最有价值的例证。

◆ 铭文释文

唯王八祀正月，辰才（在）丁卯，王曰："师𬴊，女（汝）克盡（賹）乃身，臣朕皇考穆王，用乃孔德逊屯，乃用心弘正乃辟安德，叀（唯）余小子，肇盝（淑）先王德，易（锡）女（汝）玄衮黼屯（纯）、赤市（韍）、朱横（衡）、銮旂、大（太）师金膺、攸勒。用井（型）乃圣且（祖）考隣（邻）明，繇（令）辟肯（前）王，事余一人。"𬴊捧（拜）稽首，休白（伯）大（太）师肩（夗）册，𬴊臣皇辟，天子亦弗忘公上父款德，𬴊蔑历，白（伯）大（太）师不（丕）自乍（作），小子夙夕专由先且（祖）剌（烈）德，用臣皇辟。白（伯）亦克款（款）由先且（祖），蠢（盡）孙子一册皇辟懿德，用保王身。𬴊敢髻王，卑天子（万）年，𥀢𡘙（范围）白（伯）大（太）师武，臣保天子，用厷（厥）剌（烈）且（祖）介德，𬴊敢对王休，用妥（绥）乍（作）公上父尊于（与）朕考𩰬（郭）季易父敇（新）宗。

◆ 铭文注解

"臣朕皇考穆王"

从当时周王的话可以推断，其父亲为穆王，之所以称"皇考"，说明穆王已过世，恭王当政。

"易（锡）女（汝）玄衮黼屯（纯）"

周王对师𬴊所赏赐之物品，主要有"玄衮黼屯（纯）、赤市（韍）、朱横（衡）、銮旂、大（太）师金膺、攸勒"等，在这些物品中最能体现师𬴊身份的就是"玄衮黼屯（纯）"和"大（太）师金膺"，其中大（太）师金膺之赐可直接表明师𬴊的职位为大师。王治国先生认为周王对师𬴊所赐之"玄衮黼屯"应当是"玄衮黼纯"，这即与《诗经·小雅·采菽》"玄衮及黼"的记载相吻合，认为"玄衮黼屯"属于玄衮衣的一种，而玄衮衣则是衣中最高等级的命服，这也与师𬴊太师的身份相符合。同时，我们在金文中见到的册命赏赐中，銮旂之赐通常出现在周王对臣下的初次册命之中，因而，王先生认为师𬴊当是在此次册命中开始接替伯太师的职位的。

"隣（邻）明"

即"明哲"，为歌颂之词。

"繇（令）辟肯（前）王"

"繇（令）"，从"素"从"令"，黄盛璋先生认为从"素"为音符，从"令（命）"为声符，而"素"有"常""永""一直"等义。

"肩（夗）册"

郭沫若先生认为"肩"是"宛"的异文，读为"爰"，又见梁其钟："虔夙夕辟天子，天子吏（使）梁其身邦君大正，用天子宠蔑梁其历。""肩吏"读为"爰使"。黄盛璋认为"册"从册，甚声，"册"表意，"甚"表声，据音、义推求，当是"保任"之"任"的本字。《说文》："任，保也。"

"皇辟"

黄盛璋先生认为是伯太师，不是王。"皇辟"铭文三见，其中"蠡（盉）孙子一册皇辟懿德，用保王身"，"皇辟"与"王"分举，显为二人。麦尊、麦彝都称其主为"辟井侯"，献彝称其主为"朕辟天子献伯"，又戒鼎也称"王唯念朕辟剌考甲公"，"辟"都是其直接的上司、主子，而不是王。

"天子亦弗忘公上父獣德，叡蔑历，白（伯）大（太）师不（丕）自乍（作）"

由文意可知，伯太师当为师匋家族的宗子，其在本家族中的地位在师匋之上。于豪亮先生认为匋与伯太师同祖不同父，二人为从兄弟关系，伯太师从公上父那里继承了太师的职位。李学勤先生亦认为这个伯太师应为师匋的兄长，而师匋则为其属官。

黄盛璋先生认为，匋是伯太师向王保任的，作为王官而臣属于太师。铭文记王赏赐完毕之后，匋首先感谢伯太师，显然是因伯太师的保任。匋被伯太师保任作为太师的属官，所以王赏赐他最后面的赏赐物为"大（太）师金膺，攸勒"，皆为车马器，王赏赐臣工之物，后加太师之物，此在青铜器中尚为仅见，匋所任官职必与太师属官有关。"休白（伯）大（太）师肩（宛）册，匋臣皇辟"，意思是说"感谢伯太师保任他作皇辟的臣属"，皇辟不是王而是伯太师，是他保任匋作太师属官，而匋被保任的官职大约是太师小子。太师小子当是王官，虽是太师属官，但地位甚高，或仅次于太师，所以必须上报并经王准允，传世有太师小子师望鼎云"望肇帅型皇考，虔夙夜出纳王命"。太师小子能"出纳王命"，就非太师一般属下，而是一种王官。

"匋敢对王休，用妥（绥）乍（作）公上父尊于（与）朕考韦（郭）季易父教（新）宗"

此鼎系作给公上父的祭器而陈设在父亲的新宗庙内。其父韦（郭）季或新死不久，新作宗庙，所以新作这件公上父祭器即陈于新宗庙内，一同向祖考祈福。尊彝为专用祭器，陈设于宗庙中，一般皆不搬动，故重器皆为尊彝，旅彝与尊彝不同，较轻便，可以搬动，祭祀毕可移作他用，如用于征行，以盛稻粱等。师匋鼎体积很大，重达105千克，正是陈设于宗庙中的尊彝作公上父祭器，而又陈设于其父韦（郭）季的新宗庙里，公上父必远在韦（郭）季之前。公上父不仅是一位祖先，并且还是有功勋于周王室的一个人，所以王才不忘他的"獣德"，而也因公上父的"剌（烈）德"（功德）、"介德"（大德），所以为公上父铸造这样一件大鼎，说明公上父必为其祖先中非常有影响力的人物。

以往研究者多据铭末的韦（郭）季易父的称谓，认为师匋家族为姬姓之虢氏。李学

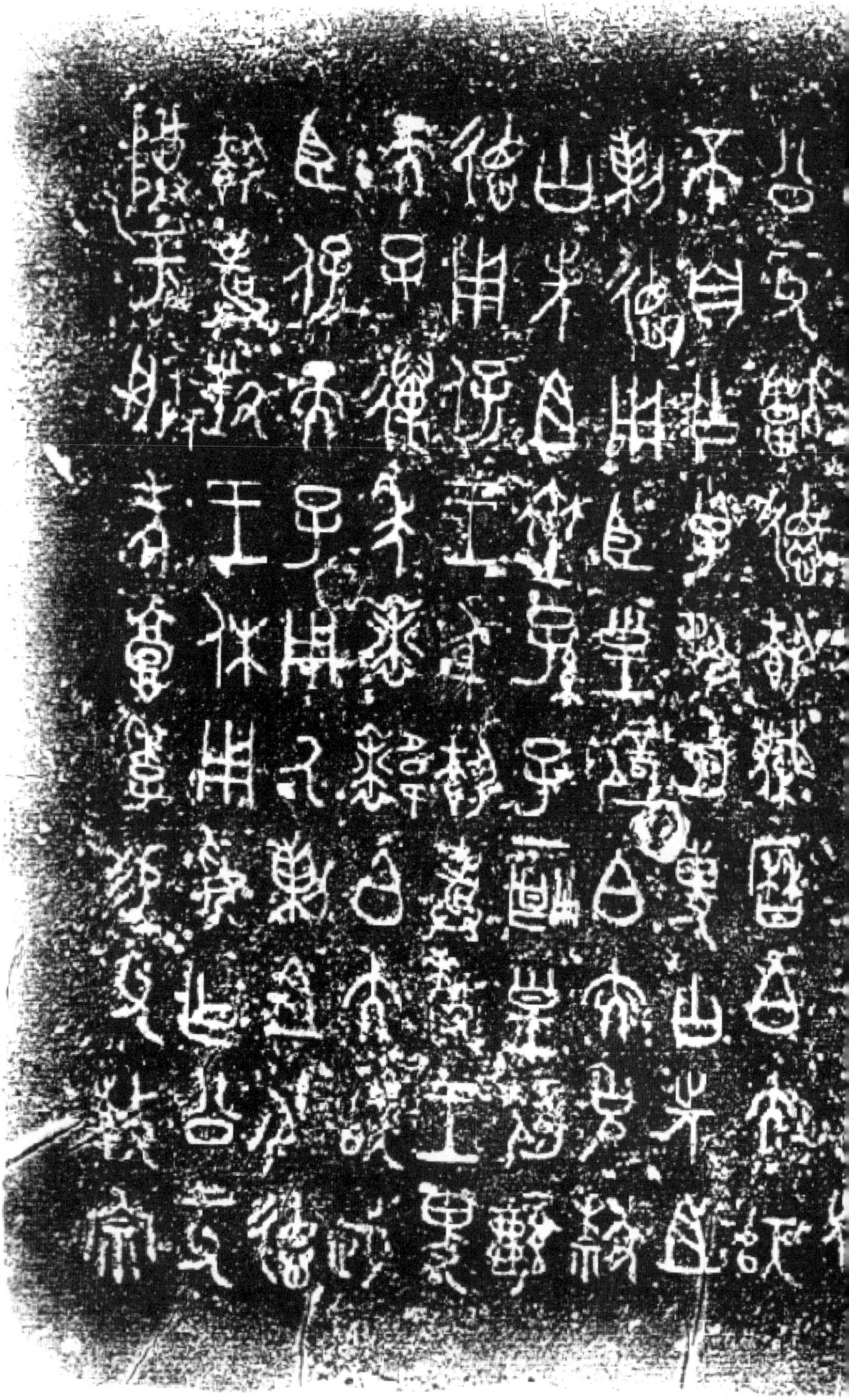

第一章 政治与礼制

师𩛥鼎铭文拓片

勤先生则据清华简《耆夜》篇所出现的吕上父提出新见，认为本句中的公上父即文献中的师尚父。李先生还认为姬寏母豆及扶风海家出土的师害钟铭文中的大公即太公，亦即师尚父，如此，师𩵥家族则为姜姓。

西周时期采取世卿世禄制，一些大族因此而长盛不衰，直到春秋早期仍活跃在王朝的政治舞台上。作为姬姓贵族最亲密的联盟者——姜姓贵族自先周时期便和姬姓贵族一起开疆拓土、翦灭商国。文献记载，西周建国伊始，姜姓贵族的代表人物吕尚即被授予大师这一显职，其后世也多有担任这一职务的。

"孔德"

铭文中的"孔德"即美德，《说文·乙部》："孔，通也。从乙从子。乙，请子之候鸟也。乙止而得之，嘉美也。古人名嘉字子孔。"后面的"安德""王德""胡德""烈德""懿德""介德"等都是大德、美德的意思。只是古人为了不使一词重复出现，而用同义词或近义词替换。

"德"在商代卜辞中已出现，作"徝"，没有心字底，与"直"字通，并没有完全具备"外得于天，内得于己"（《说文解字》）的道德含义。至西周，"德"才作为一个重要的道德规范的含义出现，何为"德"？也许历方鼎能给我们一些答案。历方鼎为西周早期青铜器，现收藏于上海博物馆。器内壁铸有铭文4行19字，其铭曰："历肇对元德，考（孝）友唯刑，作宝尊彝，其用夙夕将享。"吴铭先生对此铭文有精辟的论述。

"肇"

《尔雅·释言》："肇，敏也。"《汉书·东方朔传》："敏行而不敢怠也。"颜师古注："敏，勉也。"勉即努力的意思。对，《广雅·释诂四》："对，扬也。"《逸周书·祭公》："扬文武大勋，弘成康昭考之烈。"扬即弘扬的意思。元，《广韵·元韵》："元，大也。"《尚书·周书·酒诰》有"元德"一语与本铭相同，元德即大德。《尚书·周书·毕命》："惟文王武王敷（布）大德于天下。"《诗经·小雅·谷风》："忘我大德，思我小怨。"

孝字在金文中像子承老之形，表示养老。由孝顺父母，引申为美德之通称。《买簋》："其用追孝于朕皇祖帝考。"传世典籍多有"孝友"一语。《诗经·小雅·六月》："侯谁在矣，张仲孝友。"《仪礼·士冠礼》："孝友时格。"注："善父母为孝，善兄弟为友。""孝友唯刑"，刑，《尔雅·释诂上》："刑，法也。"《礼记·礼运》："刑仁讲让，示民有常。"郑玄注："刑犹则也。"刑即法则的意思。"孝友唯刑"，以孝友为法则。

历方鼎首句写历的人生追求，努力弘扬大德。次句写大德的内涵，何为大德？孝顺父母，友爱兄弟是法则。这就把大德的人生追求落到了实处，既有宏观把握，又有具体运作。他的铭文的第一个字是他自己的名，名后的话都是他要自己身体力行去做的。他说无论是大德还是孝友，都不是拿来教训别人的。1976年12月扶风庄白一号窖藏出土的史墙盘铭文中就有："孝友史墙，夙夜不弛，其日蔑历。"就是说，追求大德（即孝友）的墙，不论白天还是夜晚，从不敢懈怠。先秦思想家孟子曰："老吾老以及人之老，幼吾幼以及人之幼。"推己及人，首先自己必是楷模。

儒家创始人孔子以西周社会为理想社会。他说："如有用我者，吾其为东周乎？""东周"意思是使西周社会在东方再现。西周实行原本意义上的封建制，较秦以后的君主专制，地方上有更多的自主权。为了维系庞大的封建国家，西周的思想家们大力提倡以德治国。德，尤其是大德，为社会所广泛推崇。周人之"德"，就是孝顺父母，友爱兄弟，并身体力行，成为个人自觉行为。德政的实行，使君与臣、上下级、贵族与平民关系都相对和谐。

◆ 铭文大意

周恭王八年正月丁卯这天，王对𩰬说："师𩰬啊，你能够献身王室，我的皇考穆王，用你的大德、忠厚纯正之心，匡弘辅正其位。不才的我继承了先王的德行，赐给你镶着彩边的玄色衮衣，赤色围裙和朱红色的宽带，还有銮旂及太师级享用的有铜泡的马带和络头衔镳。希望你效法你祖父、父亲的明哲、衷心，永远臣事我一人。"师𩰬感谢伯太师保任自己作为太师的属官臣事穆王；天子也没忘记公上父的美德，因而他被蔑历（伐阅记功）获准使他能作为伯太师自己的小子，朝夕都能遵循先祖的功德，用作皇辟（伯太师）的臣下。师𩰬祝福天子，并以伯太师的行为规范自己，以先祖之德奉侍臣保天子。师为了感谢周王的美德，铸造了这件祭祀祖父的大鼎，放在父亲虢季易父新立宗庙里。

◆ 相关文献

吴镇烽、雒忠如：《陕西省扶风县强家村出土的西周铜器》，《文物》1975年第8期；唐兰：《用青铜器铭文来研究西周历史——综论宝鸡市近年发现的一批青铜器的重要历史价值》，《文物》1976年第6期；裘锡圭：《说"㝬簋白大师武"》，《考古》1978年第5期；王慎行：《师𩰬鼎铭文通释译论》，《求是学刊》1982年第4期（又见《古文字与殷周文明》，陕西人民教育出版社，1992年）；叶保民：《西周铭文〈师𩰬鼎铭〉的修辞技巧》，《修辞学习》1982年第2期；于豪亮：《陕西扶风县强家村出土虢季家族铜器铭文考释》，载《古文字研究》（第9辑），中华书局，1984年；

李学勤：《西周中期青铜器的重要标尺——周原庄白强家两处青铜器窖藏的综合研究》，《中国历史博物馆馆刊》总1期；李学勤：《师㝨鼎剩义》，载《新出青铜器研究》，文物出版社，1990年6月；陕西省考古研究所、陕西省博物馆、陕西省文物管理委员会：《陕西出土的商周青铜器》（三），文物出版社，1980年；严一萍编：《金文总集》1323，艺文印书馆，1983年；黄盛璋：《扶风强家村新出西周铜器群与相关史实之研究》，《西周史研究》（《人文杂志丛刊》第2辑），1984年；吴镇烽：《陕西金文汇编》167，三秦出版社，1989年；罗西章：《扶风县文物志》，陕西人民教育出版社，1993年；任周方：《上父弘德荫子孙，太师尽力荐师㝨》，载《国宝纪事》，陕西人民出版社，2003年；张润棠：《强家村平整土地挖出窖藏宝器——师㝨鼎》，载《宝鸡青铜器》，三秦出版社，2005年；吴铭：《西周贵族崇尚大德一例》，《中国文物报》2007年11月14日第七版；辛怡华、杨水田：《从周原出土的师㝨鼎看周人对"德"之崇尚》，《宝鸡社会科学》2009年第1期；连劭名：《金文所见周代思想中的德与心性学说》，《文物春秋》2009年第2期；辛怡华：《周人眼里的"德"》，《寻根》2012年第4期；中国社会科学院考古研究所：《殷周金文集成》02830，中华书局，2007年；霍彦儒、辛怡华：《商周金文编——宝鸡出土青铜器铭文集成》6，三秦出版社，2009年；吴镇烽：《商周青铜器铭文暨图像集成》02495，上海古籍出版社，2012年；王治国：《金文所见西周王朝官制研究》，北京大学博士研究生学位论文，2013年5月；张天恩主编：《陕西金文集成（5）·宝鸡卷·岐山扶风》0447，三秦出版社，2016年。

第二章 经济与贸易

在中国古代社会里，农业经济始终是占主导地位的，商品经济在整个社会经济中只是起到一定的补充和调节作用。西周时期商品交易这一新兴的行业，主要由奴隶主贵族所掌握，并为他们的需要服务。商业在《周礼》中被列为"九职"之一，主要作用在于通四方之珍异。在西周市场贸易中，占突出地位的仍然是地区之间土特产品的交流。在宝鸡旭光村西周早期墓葬中发现的料珠样品，经鉴定其料珠制作工艺受埃及费昂斯（Faience）工艺影响或由埃及传入；金饰制品带有明显的北方草原文化特征；原始瓷器应来自南方江浙一带。表明当时商品流通极为发达。

商周社会的土地所有制是奴隶主的土地国有制。在西周，全部土地属于以周天子为代表的奴隶主国家所有。周武王灭商以后，把土地和臣民分封给诸侯。诸侯在国内又按照宗法关系，分封采邑给卿大夫。奴隶主贵族的最低等级是士，士一般都有禄田。这种自上而下的分封构成了土地占有的等级结构，但所有分封的土地按照规定既不能买卖，也不能私相授受。所以《诗经·小雅·北山》说："溥天之下，莫非王土；率土之滨，莫非王臣。"《礼记·王制》说："田里不鬻。"而岐山县董家窖藏发现的西周青铜器铭文，记述西周中期的租田易地及判决书涉及西周时期的土地交易、纠纷和诉讼，是研究奴隶制社会后期的宝贵史料。

一、土地交易

　　周天子在名义上是全国土地和人民的最高主宰者。西周时期主要生产资源便是土地，这也是西周时期主要的经济来源之一。西周初年周王主要分官、赐土、赐田、赐宅，规定土地不得私自买卖，也不能相互交换使用。当时的土地制度，是针对奴隶主贵族土地国有制，因为周王把大多土地都赐给诸侯以及有功的大臣们，让他们世世代代享用，有一点不能变，那就是土地的所有权归国家。康昭时期周王转封土地，到恭懿时期出现贵族之间以物品交换耕地或林地的现象。土地交换的发生，改变了西周原有土地制度的性质。土地可以转让，表明土地私有化成为一种新土地制度的开始。卫盉记录的土地交换过程中，还要把交易物品折合成当时通行的货币——贝，这就更接近于等价交换了。当事人为矩伯和裘卫，矩伯为当时的贵族阶层，是掌握周王室政权的大贵族，而裘卫是当时掌管皮裘生产的小官，在当时，该家族地位是不高的，因此，土地是从大贵族流向小贵族的。五祀卫鼎中的土地交换的程序则更加严格和程序化，当中涉及勘踏边界和设立边界标志，除到场给付和设宴迎接，还另加了赠送礼物的仪式。九年卫鼎也记录了其复杂的交换程序。

　　传世文献对周代土地制度的性质展现不够明确，而出土的西周金文资料中的土地交换现象则比较清晰地揭示了西周土地的私有性质。当时存在着土地交换但并未形成完备的土地私有制度，在频繁的土地交换中，西周君王和官员始终起着一定的作用，也就是说土地交换是在土地国有的框架内进行的。

裘卫盉

◆ 器物介绍

西周恭王世，窖藏出土，收藏于岐山县博物馆。1975年2月1日，陕西省岐山县京当乡董家村农民在村西农田基本建设中，发现了青铜器，他们保护好现场，由时任生产队副队长董宏哲报告给陕西省文物管理委员会岐扶考古工作站，考古工作者及时进行了清理发掘。经勘察，这是一个青铜器窖藏，窖藏口距地表约0.35米，窖略呈圆形，器物均按大小相互套置存放。出土青铜器37件，计鼎13件、簋14件、壶2件、鬲2件、豆2件、盘1件、盉1件、匜1件、盨1件。这批青铜器中30件铸有铭文，内容丰富，涉及问题很多。器主10余人，他们之间的血亲及世代关系，一时虽难以具体排定，但多数人应属于裘卫同一家族的成员。在裘卫家族青铜器中，时代最早的当数裘卫簋，裘卫簋作于穆王二十七年（前950）；有明确纪年时代较晚的可能是此鼎类，为宣王十七年器（前811）。裘卫家族主要活动于西周中晚期，时间跨度近一个半世纪，是西周中晚期较有影响力的一个贵族世家。

裘卫盉，分裆，束颈，口沿边外翻，下为三深袋形腹，有鋬与盖相套接，下有柱足。盖缘与器颈均饰回首龙纹一周，腹部饰双线V形纹，流饰三角雷纹，鋬首为浅浮雕兽首，下饰卷云纹。通高29厘米，口径20.2厘米，重7.1千克。盖内铸有铭文12行132字。

◆ 铭文释文

唯三年三月既生霸壬寅，王禹旂于丰，矩白（伯）庶人取堇章（瑾璋）于裘卫，才（财）八十朋，厥（厥）贾（价），其舍田十田。矩或（又）取赤虎（琥）两、麀韍（韍）两、茅韐一，才（财）廿朋，其舍田三田。裘卫迺（乃）皨（矢）告于白（伯）邑父、荣（荣）白（伯）、定白（伯）、琼白（伯）、单白（伯），白（伯）邑父、荣（荣）白（伯）、定白（伯）、琼白（伯）、单白（伯）迺（乃）令（命）参（三）有司：司土（徒）散（微）邑、司马单旟、司工（空）邑人服（服），爱（逮）受田燹趞。卫小子逆者其乡（向）。卫用乍（作）朕文考惠孟宝盘（盘），卫其万年永宝用。

◆ 铭文注解

"禹旂"

《说文》："禹，并举也，从爪菁省。"禹也可作俱、称。《广雅·释诂》云："俱，举也。"《尚书·牧誓》"称尔戈"，孔传："称，举也。"《尚书·商书·汤誓》："非台小子，敢行称乱。"孔传："称，举也。"因此"禹旂"可释为"举旂""建旂"。唐兰先生认为"禹旂"当是朝会诸侯；卢连成先生也认为建旂之礼为周天子会四方诸侯的大礼；许倬云先生认为旌旗为狩猎所必需，王行建旂大典可能与狩猎活动有关；李学勤先生认为建旂是大阅一类的盛典。李春艳先生赞同李学勤先生的观点，引《周礼·司常》："及国之大阅，赞司马颁旗物：王建大常，诸侯建旂，孤卿建旜，大夫士建物。"贾公彦疏曰："大阅，谓仲冬无事，大简阅军礼。"认为建旂是大阅一类的大典。因此，西周时期，举行大阅之类大典要建大旂，来会的诸侯群臣都要向王觐见。

"麀韍（贡）""茅韐"

据张羽先生研究，"韐"字有9种义项。其一，从卉声，古拜字所从。其二，读为斑，义为纹饰、装饰、修饰。其三，从食之饙字，文献作饙，读为饭。两周金文习见饙字，常置于青铜器名称前面，作定语使用，学者释为饭字。其四，读为仇，有匹配、辅助义。何尊："昔在尔考公氏，可逮文王。"乖伯簋："乃祖克逮先王。"其五，读如弼，训为辅助。郭沫若、张政烺先生读韐为弼。其六，读为祷，义为祈祷。叔卣："唯王韐于宗周。"卫鼎："用韐寿，匄永福。"其七，读为麻。韐屦或即麻鞋或草鞋。其八，读为百。金文中常见惯用语"百世子孙"，在趩簋作"韐世孙子毋敢坠"。其九，读为蔽。"麀韐"，即"麀贡"为车服，也包括车兵。《尔雅·释器》云："舆革，前谓之鞎，后谓之笰。"车舆周边以及顶部常用兽皮作装饰，起遮

裘卫盉铭文拓片

蔽的作用，统称为舆革，其中相对于车后门的兽皮门帘叫第。根据文献，车之蔽曰第，虎贲是用虎皮制成的门上的门帘，其实就如车所穿的衣服，故称为车服。"麂贲"就是用麂皮制成的车舆后门上的门帘。麂像鹿，腿细而有力，善于跳跃，皮很软可以制革，通称"麂子"。"秦韐"为赤色皮蔽膝。蔽膝是古代贵族所必需的一种服饰，在穿戴上大致和现代人们穿西装佩戴领带一样，需要与其主体衣服的颜色搭配得当，因此一人可以拥有多件，为的是可以轮换着穿用。

"矩白（伯）庶人取堇章（瑾璋）于裘卫"

卫盉记录的土地交换的当事人为矩伯和裘卫，矩伯为当时的贵族阶层，是掌握周王室政权的大贵族，而裘卫是当时掌管皮裘生产的小官，在当时，其家族地位是不高的，因此，土地是从大贵族流向小贵族的。

一般情况下，作为不动产的土地不经登记不转移所有权，但是物权登记制度是为确定权利归属以及便利所有权转移，而西周土地交换中的不经程序不转移土地所有权则更多的是周王对土地所有权控制的表现。周王通过程序规定将土地交换的过程控制在自己可掌控的范围之内，以保障自己对土地的所有权。

卫盉中土地交换程序包括受田和设宴迎接。可见土地交换兴起之时，有着比较严格的程序要求。而五祀卫鼎中的土地交换程序则更加严格和程序化，当中涉及勘踏边界和设立边界标志，除到场给付和设宴迎接，还另加了赠送礼物的仪式。九年卫鼎也记录了其复杂的交换程序。

卫盉铭文是西周时期土地交换较为典型的实例。从出土的金文资料看，从商代就有给臣属赐予土地的现象。周人灭商后，为巩固统治，于武王和成王时期曾先后几次进行了大规模分封，将商之国土分封给先圣之后和同姓与异姓的子弟及有功之臣。西周初年周王主要分官、赐土、赐田、赐宅，康昭时期周王转封土地，到恭懿时期出现贵族之间以物品交换耕地或林地的现象。土地交换的发生，改变了西周原有土地制度的性质，成为一种新土地制度的开始。

传世文献对周代土地制度的性质展现不够明确，而出土的周代金文资料中的土地交换现象则比较清晰地揭示了周代土地的私有性质。当时存在着土地交换但还并未形成完备的土地私有制度，在频繁的土地交换中，西周君王和官员始终起着一定的作用，也就是说土地交换是在土地国有的框架内进行。尽管如此，随着土地交换的发展，出现了土地所有权逐渐下移、土地交换原因多样化、交换程序不断简化以及交换过程中官方参与度不断减弱的现象，不完全的土地所有权向周王以下各阶层的完全土地所有权转化，西周土地制度的私有性逐渐加强，国有性式微，为后期地主土地所有制度的确立创造了条件。

黄震云、吴晓波先生认为，当时土地交换的制度背景是在不完全的土地所有权下进行的。西周社会一个最大的特点就是宗法分封，土地所有权的等级分布与宗法分封制度是相契合的。西周土地分封制度的具体内容是"授民授疆土"，把土地连同土地上的民众以及有关的器物分授给各支宗主贵族。并不全然如我们所想象的那样全部由周王所有并且支配，但所谓诸侯和卿大夫土地所有权实际上也是周王权力的下放，象征着周王权的分布，通常情况下，西周土地的等级分封被称为土地的"国有"或者"王有"。

宗法分封制度下的两周社会，周天子通过设立分封确立贡赋、"申命"不断强化王权对诸侯及其下等级的控制、保护世家大族来彰显王权，虽享有最高的土地所有权，但是周王的土地权却并不包含实际的占有和使用，而仅享有处分的决定权和收益权。各级宗主虽然实际占有土地，却并不能对土地随便进行处置。分封制度下的西周土地所有权对于各阶层来说都是不完全的，处分权、占有权以及使用权是分离的。

西周中后期土地国有制度的式微无非是以周天子为代表的土地所有权向各级宗主的完全的土地所有权转化，其中处分权是核心。考察金文资料中的土地交换，除去个别篇目的当事人身份不易考察，综合金文还是可以得出比较清晰的土地所有权下移的脉络。

◆ 铭文大意

三年三月既生霸壬寅这天，恭王在丰邑举行祭旂大典，矩伯庶人在裘卫那里取了朝觐用的玉璋，作价八十朋，可以给田一千亩。矩伯庶人又取了两个赤玉的琥，两件麂皮披肩，一件杂色的椭圆围裙，作价贝二十朋，可以给田三百亩。裘卫详细地告知伯邑父、荣伯、定伯、𤲞伯、单伯等执政大臣，伯邑父、荣伯、定伯、𤲞伯、单伯就命令三有司司徒微邑、司马单旟、司空邑人服，到现场付田给裘卫。卫小子迎接他们，并设宴招待。卫为我有文德的先父惠孟作了这件宝盘（盉），万年宝用。

◆ 相关文献

庞怀靖、吴镇烽、雒忠儒：《陕西省岐山县董家村西周铜器窖穴发掘简报》，《文物》1976年第5期；唐兰：《陕西省岐山县董家村新出西周重要铜器铭词的释文和注释》，《文物》1976年第5期；林甘泉：《对西周土地关系的几点新认识——读岐山董家村出土铜器铭文》，《文物》1976年第5期；周瑗：《矩伯裘卫两家族的消长与周礼的崩坏——试论董家青铜器群》，《文物》1976年第5期；陕西省考古研究所、陕西省博物馆、陕西省文物管理委员会：《陕西出土的商周青铜器》（一），文物出版社，1979年；赵光贤：《从裘卫诸器铭看西周的土地交易》，《北京师范大学学报》（社会科学版）1979年第6期；戚桂宴：《董家村西周卫器断代》，《山西大学学报》1980年第3期；黄盛璋：《卫盉、鼎中"贮"与"贮田"及牵涉的西周田制问题》，《文物》1981年第9期；严一萍编：《金文总集》4449，艺文印书馆，1983年；王人聪：《谈卫盉、卫鼎铭所反映的西周田制》，《香港中文大学中国文化研究所学报》第十六卷，1985年；陈复澄、王辉：《几件铜器铭文中反映的西周中叶的土地交易》，《辽海文物学刊》1986年第2期；唐兰：《西周青铜器铭文分代史征》（附件1.共王·43），中华书局，1986年；李学勤：《试论董家村青铜器群》，载《新出土青铜器研究》，文物出版社，1990年；李零：《西周金文中的土地制度》，载《李零自选集》，广西师范大学出版社，1998年；吴镇烽：《陕西金文汇编》648，三秦出版社，1989年；庞怀靖：《岐山县文物志》（初稿），岐山县文化局印，1990年；北京大学考古文博学院、北京大学古代文明研究中心：《吉金铸国史——周原出土西周青铜器精粹》38，文物出版社，2002年；任周方：《裘卫职微掌皮业，换得土地成巨商》，载《国宝纪事》，陕西人民出版社，2003年；张润棠：《卫盉——中国第一部土地交易地契》，载《宝鸡青铜器》，三秦出版社，2005年；辛怡华：《西周时期的嬴姓显祖——裘卫家族》，载宝鸡青铜器博物馆编《周秦文明论丛》（第1辑），陕西人民出版社，2006年；吴红松：《西周金文赏赐物品及其相关问题研究》，安徽大学博士论文，2006年5月；刘传宾：《西周青铜器铭文土地转让研究》，吉林大学硕士论文，2007年；中国社会科学院考古研究所：《殷周金文集成》09456，中华书局，2007年；袁水清：《中国货币史之最（十一）》，《收藏》2008年第9期；张朝晖：《王土私有化的见证——卫盉》，载《听我讲宝鸡》，三秦出版社，2009年；霍彦儒、辛怡华：《商周金文编——宝鸡出土青铜器铭文集成》348，三秦出版社，2009年；史红庆：《从金文资料看西周土地管理的多重性》，陕西师范大学硕士论文，2009年5月；张羽：《试棶释字》，《中原文物》2014年第1期；黄震云、吴晓波：《土地交换之下的西周土地私有性考察——以金文资料为对象》，《河南财经政法大学学报》2015年第5期（总第151期）；仝蕊：《浅析裘卫四器铭中的人物身份》，《群文天地》2012年第5期；吴镇烽：《商周青铜器铭文暨图像集成》14800，上海古籍出版社，2012年；辛怡华：《西周裘卫家族初步研究》，《秦始皇帝陵博物院》2015年总5辑；李春艳：《西周金文中的天子礼仪研究》，陕西师范大学博士学位论文，2016年3月；张草：《从金文看西周的土地制度》，河北大学硕士论文，2016年6月；张天恩主编：《陕西金文集成（1）·宝鸡卷·岐山》0053，三秦出版社，2016年；《西周三年卫盉铭文》，《中国书法》2018年第2期（总324期）；徐恩伟：《西周金文所见土地转让原因分析》，《青春岁月》2018年第5期。

五祀卫鼎

◆ 器物介绍

　　西周恭王世，窖藏出土，现收藏于岐山县博物馆。同裘卫盉等于1975年2月1日出土同一窖藏。窖藏位于董家村西150米西周居住遗址北边，略呈椭方形，挖筑草率，四壁没有经过修整。深1.14米，窖口上距地表0.35米。共出青铜器37件，计鼎13件、簋14件、壶2件、鬲2件、豆2件、盘1件、盉1件、匜1件、盨1件。报告认为，这批青铜器不是一个时期的器物，其下限可到宣王末幽王初，因此，窖藏的时间可能在西周末年。器物通高36.5厘米，径34.3厘米，腹深19.5厘米，重11.5千克。口立耳，柱足，平沿外折，下腹向外倾垂，外底烟炱较厚。口沿下饰窃曲纹，以细云雷纹填地。腹内壁铸有铭文19行207字。对于五祀卫鼎铭文的具体内容，目前解释虽然还有分歧，但大多数学者认为这是一宗土地交换事件。王晶先生则认为西周时期没有专门的法律条文，五祀卫鼎铭文是一篇西周时期的涉法铭文，铭文涉及西周时期因土地补偿而引起的违约案件的审理程序。

◆ 铭文释文

唯正月初吉庚戌，卫㠯（以）邦君厉告于井（邢）白（伯）、白（伯）邑父、定白（伯）、琼白（伯）、白（伯）俗父，曰："厉曰：余执恭王恤工（功）于邵（昭）大（太）室东逆（朔），燮（营）二川。曰：余舍女（汝）田五田。"正乃（乃）讯厉曰："女（汝）寅（赎）田不（否）？"厉乃（乃）许，曰："余审寅（赎）田五田。"井（邢）白（伯）、白（伯）邑父、定白（伯）、琼白（伯）、白（伯）俗父乃（乃）令颙（讲）。吏（使）厉誓。乃（乃）令（命）参（三）有司：司土（徒）邑人赹、司马颈人邦、司工（空）随矩、内史友寺刍帅履裹卫厉田四田。乃舍寓（宇）于厥邑：厥逆（朔）疆眔（逮）厉田，厥东疆眔（逮）散田，厥南疆眔（逮）散田，眔（逮）政父田，厥西疆眔（逮）厉田。邦君厉眔（逮）付裹卫田。厉吊（叔）子夙、厉有司臣（申）季、庆癸、燹表、荆入敢、井（邢）人偊屎。卫小子者逆其乡（飨）鬯（䱜）。卫用乍（作）朕文考宝鼎。卫其万年永宝用。佳（唯）王五祀。

◆ 铭文注解

铭文中的恭王是生称，铭末"佳（唯）王五祀"，故知此器铸于恭王五年。

"邦君厉"

"邦君"见于《尚书·周书·大诰》《尚书·周书·酒诰》《尚书·周书·梓材》，《孔传》释为诸侯。"邦君厉"当是王畿里面的小诸侯。

"恤工（功）"

唐兰先生认为"恤功"是忧勤政事的意思。"恤"，救济。《周礼·地官·大司徒》："二曰六行：孝、友、睦、姻、任、恤。"注："恤，振忧贫者。"《礼记·月令》：孟冬之月"恤孤寡"。《后汉书·卷六五·张奋传》："瞻恤宗亲，虽至倾匮而施与不息。""恤工"，即安民救济、救荒之事。

"逆（朔）"

读为"朔"，朔方即北方，"东朔"即东北；后文的"逆（朔）疆"即北疆。

"二川"

唐兰先生说，二川指邻近宗周的泾水和渭水。王辉先生说，二川，两条河流，大约在岐山、扶风一带。

"舍"

在这里就是给予的意思。"余舍女（汝）田五田"是卫转述邦君厉对他的所作的许诺。

五祀卫鼎铭文拓片

第二章 经济与贸易

"余"是指邦君厉,"汝"指卫。这句话的意思是"我给你五百亩田(作为补偿)"。

"正"

王辉先生认为指长官,此正即指上文提到的五位执政大臣。

"賨(赎)"

即"贮",也就是"贮"。刘宗汉先生认为,"贮"字的字义与文献中的赎字相当,应读"赎"。此处有交换、抵偿之义。

"帅履"

即勘察地界。

"司土(徒)邑人趞、司马頯人邦、司工(空)隋矩、内史友寺刍"

王辉先生认为"趞"可能就是裘卫盉铭文中的燹趞,他在五年时地位有所上升。"司马頯人邦"即担任司马的名叫邦的頯国(或氏族)人。"内史友"为内史僚属,见《尚书·周书·酒诰》。寺,寺人,《周礼·天官冢宰·寺人》:"寺人掌王之内人及女宫之戒令,相导其出入之事而纠之。若有丧纪宾客祭祀之事,则帅女官而致于有司,佐世妇治礼事。"寺人为内宫之阉官,世妇的助人,管理宫女。本铭寺人刍参加土地交易,可见其活动不限于宫内。"内史友寺刍",王辉先生认为是内史的僚属寺人名叫刍的。

"寓(宇)"

唐兰先生认为,寓字在《说文》里是宇字的籀文。《左传·昭公四年》杜预注说:"于国则四垂为宇。"四垂就是四境。此处指田的四至。

王晶先生认为五祀卫鼎反映的是因土地补偿而引起的违约案件,其程序为(1)原告上诉并陈辞。在铭文中,卫作为原告把邦君厉控告到执政五大臣那里,并作了陈辞。(2)司法官讯问被告厉,内容是:"你补偿田地还是不补偿?"(3)被告厉陈辞:"我确实要补偿卫五百亩田。"(4)司法官对案件做出裁决,经五执政大臣合议,由原来的补偿五百亩改为补偿四百亩。(5)司法官命令三有司勘察田界并定下了四界。(6)被告方到场付田,并由家臣辅佐完成付田仪式。(7)受田方的家臣出面宴请并送礼参与此事者。(8)史官将案件登记在案。与三有司一起勘察田界的内史友寺刍,应该就是负责案件登记工作的。内史友见于《尚书·周书·酒诰》,在金文中寮与友并称,寮友都是部署、助手之称。(9)受田方将契约铸造在青铜器上。

◆ 铭文大意

正月上旬庚戌这天,卫把邦君厉控告到邢伯、伯邑父、定伯、𤼈伯、伯俗父执政大臣那里，卫说："厉说：'我执行恭王安民救荒的事务，在昭王的太室东北面，治理两条大河（要占用你的田地）。所以，我可以给予你五百亩田（作为补偿）。'"执政大臣讯问厉说："你补偿田地还是不补偿？"厉承诺说："我确实要补偿给他田五百亩。" 邢伯、伯邑父、定伯、琼伯、伯俗父就此事做了裁决，并让厉立了誓。于是命令三有司：司徒邑人赵、司马颂人邦、司空随矩和内史友寺刍带领着大家去踏勘给裘卫的厉所管辖田四百亩。于是划分了四界：北界到厉的田，东界到散的田，南界到散的田和政父的田，西界到厉的田。邦君厉到现场付给裘卫田。厉叔子夙、厉的管事的申季、庆癸、燹表、荆人敢、邢人偈屖等在场，卫小子者举行了宴会并送礼。卫为有文德的先父作了这件宝鼎。这是王五年（发生的事）。

◆ **相关文献**

庞怀靖、吴镇烽、雒忠儒：《陕西省岐山县董家村西周铜器窖穴发掘简报》，《文物》1976年第5期；唐兰：《陕西省岐山县董家村新出西周重要铜器铭词的释文和注释》，《文物》1976年第5期；林甘泉：《对西周土地关系的几点新认识——读岐山董家村出土铜器铭文》，《文物》1976年第5期；周瑗：《矩伯裘卫两家族的消长与周礼的崩坏——试论董家青铜器群》，《文物》1976年第5期；唐兰：《用青铜器铭文来研究西周史——综论宝鸡市近年发现的一批青铜器的重要历史价值》，《文物》1976年第6期；赵光贤：《从裘卫诸器铭看西周的土地交易》，《北京师范大学学报》（社会科学版）1979年第6期；陕西省考古研究所、陕西省博物馆、陕西省文物管理委员会：《陕西出土的商周青铜器》（一），文物出版社，1979年；戚桂宴：《董家村西周卫器断代》，《山西大学学报》（哲社）1980年第3期；黄盛璋：《卫盉、鼎中"贮"与"贮田"及牵涉的西周田制问题》，《文物》1981年第9期；严一萍编：《金文总集》1325，艺文印书馆，1983年；王人聪：《谈卫盉、卫鼎铭所反映的西周田制》，《香港中文大学中国文化研究所学报》第十六卷，1985年；陈复澄、王辉：《几件铜器铭文中反映的西周中叶的土地交易》，《辽海文物学刊》1986年第2期；唐兰：《西周青铜器铭文分代史征》（附件1.共王·44），中华书局，1986年；庞怀靖、吴镇烽：《陕西金文汇编》170，三秦出版社，1989年；《岐山县文物志》（初稿），岐山县文化局印，1990年11月；任周方：《卫器铭录易租田，天下王土已成空》，载《国宝纪事》，陕西人民出版社，2003年；王长丰：《五祀卫鼎新释》，《殷都学刊》2004年第4期；辛怡华：《西周时期的嬴姓显祖——裘卫家族》，载宝鸡青铜器博物馆编《周秦文明论丛》（第1辑），陕西人民出版社，2006年；王辉：《五祀卫鼎》，载《商周金文》，文物出版社，2006年；中国社会科学院考古研究所：《殷周金文集成》02832，中华书局，2007年；吴杰：《五祀卫鼎》，《西部大开发》2008年第10期；霍彦儒、辛怡华：《商周金文编——宝鸡出土青铜器铭文集成》349，三秦出版社，2009年；王晶：《五祀卫鼎铭文集释及西周土地违约案件审理程序窥探》，《贵州师范大学学报（社会科学版）》2011年第6期（总第173期）；仝蕊：《浅析裘卫四器铭中的人物身份》，《群文天地》2012年第5期；吴镇烽：《商周青铜器铭文暨图像集成》02497，上海古籍出版社，2012年；辛怡华：《西周裘卫家族初步研究》，《秦始皇帝陵博物院》2015年总5辑；张草：《从金文看西周的土地制度》，河北大学硕士论文，2016年6月；张天恩主编：《陕西金文集成（1）·宝鸡卷·岐山》0050，三秦出版社，2016年；徐恩伟：《西周金文所见土地转让原因分析》，《青春岁月》2018年第5期；刘宗汉：《金文贮字研究中的三个问题》，载《古文字研究》（第15辑），中华书局，1986年。

九年卫鼎

◆ **器物介绍**

西周恭王世，窖藏出土，现收藏于岐山县博物馆。同裘卫盉等于1975年2月1日出土同一窖藏，窖藏位于董家村西150米西周居住遗址北边，略呈椭方形，挖筑草率，四壁没有经过修整。深1.14米，窖口上距地表0.35米。共出青铜器37件，计鼎13件、簋14件、壶2件、鬲2件、豆2件、盘1件、盉1件、匜1件、盨1件。报告认为，这批青铜器不是一个时期的器物，其下限可到宣王末幽王初，因此，窖藏的时间可能在西周末年。此器宽体、斜壁、垂腹、立耳、柱足。颈部饰窃曲纹，以雷纹衬地。底部有补助痕迹。通高37.2厘米，口径34.5厘米，腹深20厘米，重12.25千克。腹内壁铸有铭文19行195字。

◆ **铭文释文**

隹（唯）九年正月既死霸庚辰，王才（在）周驹宫，各（格）庙，眉敖者肤为吏（使），见于王。王大黹（致）。矩取眚（省）车较（轹）、莘（贲）、䡇（鞃）、虎冟（幎）、希（豨）韨（帏）、画转、佥（鞭）、帀（席）、韐、帛（白）綅乘、金䧹（膺）鋚。

舍矩姜帛三两。迺（乃）舍裘卫林晉里。𫊸厥隹顏（颜）林，我舍顏（颜）陈大马两，舍顏（颜）姒虡咨（咬），舍顏（颜）有司寿商貈（貉）裘、盠冟（幎）。矩迺（乃）眔（暨）濂𨻰令（命）寿商眔（暨）啻（億）曰：“顜（讲）。”履付裘卫林晉里。则乃成夆（封）四夆（封），顏（颜）小子具唯夆（封），寿商𠭯，舍盠冒梯羝皮二、𦨡（貔）皮二、业舄踊皮二，朏帛（白）金一反（钣），厥吴喜（鼓）皮二。舍濂虡冟（幎）、㻑䊂（贲）𩍐𩏑（鞃），东臣羔裘，顏（颜）下皮二。眔（逮）受，卫小子家逆者其䞘，卫臣虣朏。卫田乍（作）朕文考宝鼎。卫其万年永宝用。

◆ 铭文注解

按铭文的意思，王在周驹宫庙内，眉敖的使者觐见于王，“王大黹（致）”当是周王对使者的觐见所做的一种接见的礼仪。

五年卫鼎铭文中有“余执恭王恤工”之句，简报主张器为恭王五年之器，九年卫鼎当为恭王九年（前914）所作。但学者的看法有所不同，李学勤以为“卫盉记载的这宗土地交易，发生于周懿王三年（前890）”；李零认为恭王当是死谥，向后推一年，亦是懿王；戚桂宴主张“恭王”二字不能连读，所以五年卫鼎铭文并无其作于恭王时期的内证。

颜氏与农村公社

裘卫诸器中，裘卫盉与九年卫鼎的铭文都记述了裘卫向矩伯购置土地的事件，但两者程序有明显不同之处。裘卫盉铭文所记载的购地方式是由当事人双方商定一致后，报告王朝登记认可，最后宴请各方人员。但九年卫鼎在行文之末出现了一组新人物，即颜氏成员。当裘卫收取林里中的“颜林”的时候，颜氏成员陆续登场。首先出现的人物叫颜陈，他似乎是颜氏成员的首领。裘卫赠予颜陈两匹大马，同时赠予他的妻子颜姒一件青黑色的衣服。从铭文中看，颜氏集团是一个有行政机构的组织，和王朝及诸侯、贵族家庭一样，颜氏集团行政机构称为“有司”。随后矩伯和濂邻命令颜有司敲定此事。王沛先生认为“濂邻”当是王朝权力的象征。濂，西周畿内族名，金文中濂家族成员中有担任西周早期王朝执政大臣的，有曾陪同周王在諆田大藉农的，举行射礼的，也有担任过王朝太史的。

“顜（讲）”，根据上下文，王先生当有公正判决之义，为金文中的法律术语。伊藤道治先生指出，颜陈是以山林为生活基础的共同体的族长，而此山林正以颜氏为名。王先生认为，颜氏部族并非规模很大，即使它等同于林晉里，也应当人口稀少。《周礼·遂人》中说“五家为邻，五邻为里”，一里有25个家庭，人数最多100有余。这样一个部族，在当时应当属于从事劳作的最基层公社组织。从铭文看，它也拥有自己的首领及公共机构（有司），其首领正是本族之族人（颜陈）。从氏名看，公社为颜氏部族。有学者认为，颜氏与颜氏的前领主矩伯属于同一族姓，甚至属于姬姓的可能性很大。从金文资料可以发现，与矩族联姻的家族，通常为姜姓。颜氏部族首领的妻子娘家为姒姓，姒姓在周初时地位甚高，多与姬姓通婚，嫁于王室者不乏其人。推测颜氏部族为矩伯所属姬姓国人的农村公社。同时可以确定的是，裘卫并非姬姓，而是地位卑微的嬴姓。裘卫对颜陈赠以礼物，是对即将成为自己属下之人表示信赖和恩宠。

眉敖与乖国

九年卫鼎铭文特别提到正月眉敖派使者来朝之事，而乖伯簋铭文说同年九月益公受命征眉敖，第二年二月眉敖来朝献賮。二器所载史实遥贯，时间也相衔接。九年卫鼎作于恭王九年（前914），与九年卫鼎铭文内容密切相关的乖伯簋，也应同为恭王时器。

眉敖亦见乖伯簋，说："唯王九年九月甲寅，王命益公征眉敖，益公至，告（诰）。二月眉敖至，见，献赋。"唐兰先生认为，该铭所记是恭王九年九月到第二年二月的事。眉敖来朝是当时一件大事。郭沫若先生认为其属地在南："眉敖当及微国之君，其故地当在今重庆市巴南区，正与秭归接壤。"李学勤先生认为眉敖在北："眉敖就是乖伯，是周的属邦，在今甘肃灵台一带。"

过去，学者认为乖伯簋所涉及的乖国在今长江流域，并认为"敖"是楚国未为王的君长之号。甘肃灵台姚家河发现的M1虽然规模不是很大，但它所透露出的信息很重要，为长期以来关于乖伯簋的出土地点提供了重要信息。

李峰先生认为，把"归"当作乖伯本国国名是由于对乖伯簋铭文的误读。因为乖伯明显是乖国的国君，并且他的父亲被称作"乖王"，故"归"不可能是乖伯的国名。而"归夆"是乖伯的字，他在铭文开头也被称作"眉敖"。另外，这个位置显然同历史和考古背景不合，因为周在长江中游的控制仅限于汉水以东，长江以北。

以前的研究认为，乖伯簋这件青铜器属于湖北三峡地区秭归的归国。但从器物时代分析，无论是从形制、纹饰，还是从铭文字体、内容方面看，乖伯簋都应是周共（恭）王时器。罗运环先生认为乖伯簋所涉及的乖国与长江流域的归国毫不相干，并作了详尽考证。

长江流域归（夔）国的首创者为楚君嫡嗣熊挚。《左传·僖公二十六年》载："夔（归）子不祀祝融与鬻熊，楚人让之。对曰：'我先王熊挚有疾，鬼神弗赦，而自窜于夔。吾是以失楚，又何祀焉？'秋，楚成得臣、斗宜申帅师灭夔，以夔子归。"这是熊挚建夔最早的也是唯一的原始记录。

一般认为熊挚是楚君熊渠中子挚红（《史记·三代世表》写作"挚红"），时期在周夷王、周厉王之世。活动于共王时期的乖伯在世时，熊挚还没有降生，更谈不上创建归（夔）国。由此可见，强以乖伯为芈姓归国的国君，仅就时间而言，也是说不通的。

1972年甘肃省灵台县什字公社（今什字镇）饮马咀大队姚家河生产队社员在劳动

九年卫鼎铭文拓片

第二章 经济与贸易

时发现了一座西周墓葬。1973 年甘肃省博物馆派人进一步调查，又清理了四座墓葬，均为长方形土圹竖穴墓，出土有西周陶鬲、陶罐等器物。姚家河是灵台县达溪河的支流，两岸为十字塬，河谷狭窄陡峭。姚家河村位于姚家河北岸，东南距姚家河与达溪河汇合处约 7.5 千米，五座墓葬共处在村东的一个台地上。

姚家河西周墓葬，大致可以定为西周早期，约当康王时期。M1 墓葬出土青铜鼎 1 件（乖叔鼎）。立耳柱足，鼓腹圜底。颈饰一周四叶纹间圆涡纹。腹内铸有铭文三字："乖叔作。"李峰先生认为，这三个字告诉我们这件器物是由某位乖叔所作，乖叔是乖氏宗族或者乖国的第二代世系。

乖叔鼎的发现表明乖国故地如果不是在达溪河谷，则有可能是泾河上游某处。乖叔鼎铭文虽然只有"乖叔作"三个字，但却非常重要。此"乖叔"，第一个字是国名，第二个字表明是乖氏宗族或者乖国的第二代世系。这与乖伯簋的"乖伯"可以互相印证。简报将乖叔鼎"定为西周早期，约当康王时期"。可见，乖国在西周早期就已存在。

乖伯簋铭文记乖伯在受册命后的感激颂扬之辞曰："天子休！弗忘小裔邦。""用作朕皇考武乖几王尊簋。"乖伯不仅自称"小裔邦"，乖伯还称其朕皇考为"武乖几王"。凡此种种，表明乖伯是自立为王的异姓诸侯。

眉敖簋盖铜质冶炼不精，花纹粗陋，文字草率，是青铜器铭文中最罕见的一例。铭文中不享追孝先祖父母，只言子孙永宝，孝享祖先的念头在作器者的意识中相当淡薄，表明其是与中原文化迥异的一种文化。从已发现的乖国青铜器铭文看，周王严格地将乖视为不同于其他西周地方封国的"他邦"。这与铭文中眉敖称他的父亲为"几王"，在地位上与周王平等这个事实也是相一致的。另外一个可以补充说明乖外族起源的因素是眉敖的名字，"眉敖"这两个字听起来似乎是一个外族名字的中文音译。乖伯簋提供给我们的信息是十分清晰的：乖国，虽然政治上与周有联系，但仍然保持着一定的独立性，并且可以与周平起平坐。这种关系在周王与眉敖谨慎的相互馈赠的过程中彰显无遗。

从先周开始，乖就是周人的老同盟，曾协助周人克商。在乖伯簋铭文中周共王曾对乖伯说："乖伯，朕丕显祖玟珷，应受大命，乃祖克弼先王，翼自他邦，有芇于大命。"表明乖伯是来自"他邦"，是周王"享邦"的对象；其先祖曾经辅翼过周文王、武王。

灵台向南翻过乔山（岐山），就是周原，是当年古公亶父率领周人发迹之地。乖人与周人当早有交往，其后又出兵助周灭商，以致"有功于周"，这也是情理之中的事。《史记·周本纪》载："（周武王）九年，东观兵，至于盟津。""是时，诸侯不期而会盟津者八百诸侯。"两年后，"乃遵文王，遂率戎车三百乘，虎贲三千人，甲士四万五千人，以东伐纣"。然文献所记载者也仅有"庸、蜀、羌、髳、微、纑、彭、濮人"等，而大量"诸侯"失载。看来，乖伯的先祖，当属于这些众多失载的诸侯之一。

乖伯簋云："惟王九年九月甲寅，王命益公征眉敖，益公告至。二月，眉敖至见，献賞。"表明乖国曾有一段时间与周交恶，才有周王派益公伐乖，很可能益公制服了乖，这才有了乖伯五个月后对周室的朝访。

九年卫鼎铭文开头云："隹（唯）九年正月既死霸庚辰，王才（在）周驹宫，各（格）庙，眉敖者肤为吏（使），见于王。"而其后面的主要内容则是裘卫用一辆车和车马具、各种皮裘、帛等大量实物换取属于矩和颜氏家族的一大片林地的土地交易事件。显然"眉敖者肤为吏（使），见于王"之事与铭文主要内容可谓风马牛不相及。可见，眉敖来朝是当时一件大事。

令人不解的是共王九年一月眉敖曾派遣一个使团前去周室，但九月周王却派益公讨伐眉敖，似乎表明乖国与周王朝交恶。可是，到了第二年二月眉敖又亲自来到周朝，并献贡赋。由于金文资料有限，目前我们对其中的缘由还无法做出具体的解释。

从已发现青铜器的铭文来看，虽然乖国是周的老同盟，但关系可能时好时坏。早在先周时期，乖国就是周人的同盟军，西周中期曾有一段时间交恶，西周晚期则不清楚。李峰先生认为，眉敖簋铭文中记述了戎给子牙父上缴了成百车的金属，随后子牙父又将它们奖赏给了眉敖，眉敖可能在某些方面曾援助周人在边境事务中处理同戎人的关系。

◆ 铭文大意

恭王九年正月既生霸庚辰这天，王在周（今陕西扶风、岐山交界一带的周原）驹宫的宗庙里，眉敖的使者肤觐见周王，王举行了盛大的接见仪式。矩向裘卫取了一辆精美的车子，附带车旁的钩子、髹漆制成的皮帐（装弓的袋子）、虎皮做的车顶罩盖、长毛狸皮的车幔、有纹饰的皮制车厄里侧的衬垫、鞭子、皮革绳索、四套白色的缰绳、铜的马嚼等。又给矩姜（矩伯的妻子）三两帛。矩伯于是将他的林䚄里给裘卫，由于土地上的林木是颜氏的，裘卫又给颜陈大马两匹，给颜姒（颜的妻子）一件青黑色的衣服，给了颜家管事（有司）的寿商一件貉皮袍子和罩巾。矩伯和溓邻命令寿商与億（音意）办成这件事。于是寿商与億现场踏勘、付给了裘卫林䚄里的土地，并在四面堆起土垄为界。颜的下属参加起垄工作，寿商协助。为了答谢参与者，给了蠡冒梯两张公羊皮，两张一岁小猪皮（或两张羔羊皮）；给业两块鞋筒子皮；给胐一块银饼；给吴喜两张皮；给了溓邻虎皮车罩子，柔软皮制成的帐；给东臣羔羊皮袍；给颜两张五色的皮。到场受田的是卫小子宽，接待的、送礼的是卫臣㪤朏。卫为有文德的先父作了这件宝鼎。卫要一万年宝用。

◆ 相关文献

庞怀靖、吴镇烽、雒忠儒：《陕西省岐山县董家村西周铜器窖穴发掘简报》，《文物》1976年第5期；唐兰：《陕西省岐山县董家村新出西周重要铜器铭词的释文和注释》，《文物》1976年第5期；林甘泉：《对西周土地关系的几点新认识——读岐山董家村出土铜器铭文》，《文物》1976年第5期；周瑗：《矩伯裘卫两家族的消长与周礼的崩坏——试论董家青铜器群》，《文物》1976年5期；唐兰：《用青铜器铭文来研究西周史——综论宝鸡市近年发现的一批青铜器的重要历史价值》，《文物》1976年第6期；陕西省考古研究所、陕西省博物馆、陕西省文物管理委员会：《陕西出土的商周青铜器》（一），文物出版社，1979年；赵光贤：《从裘卫诸器看西周的土地交易》，《北京师范大学学报》（哲社）1979年第6期；戚桂宴：《董家村西周卫器断代》，《山西大学学报》（哲学社会科学版）1980年第3期；黄盛璋：《卫盉、鼎中"贮"与"贮田"及牵涉的西周田制问题》，《文物》1981年第9期；严一萍编：《金文总集》1322，艺文印书馆，1983年；王人聪：《谈卫盉、卫鼎铭所反映的西周田制》，《香港中文大学中国文化研究所学报》第十六卷，1985年；陈复澄、王辉：《几件铜器铭文中反映的西周中叶的土地交易》，《辽海文物学刊》1986年第2期；唐兰：《西周青铜器铭文分代史征》（附件1.共王·45），中华书局，1986年；马承源：《商周青铜器铭文选》（三），文物出版社，1988年；吴镇烽：《陕西金文汇编》171，三秦出版社，1989年；庞怀靖：《岐山县文物志》（初稿），岐山县文化局印，1990年；任周方：《卫器铭录易租田，天下王土已成空》，载《国宝纪事》，陕西人民出版社，2003年；辛怡华：《西周时期的嬴姓显祖——裘卫家族》，载宝鸡青铜器博物馆编《周秦文明论丛》（第1辑），陕西人民出版社，2006年；中国社会科学院考古研究所：《殷周金文集成》02831，中华书局，2007年；王文耀：《西周林田交易的记载——九年卫鼎》，载宝鸡市文物事业管理局编《听我讲宝鸡》，三秦出版社，2009年；霍彦儒、辛怡华：《商周金文编——宝鸡出土青铜器铭文集成》350，三秦出版社，2009年；王沛：《裘卫器铭中的公社与礼制——西周时期法律关系设立的再思考》，《上海师范大学学报（哲学社会科学版）》2011年第5期；仝蕊：《浅析裘卫四器铭中的人物身份》，《群文天地》2012年第40卷第5期；吴镇烽：《商周青铜器铭文暨图像集成》02496，上海古籍出版社，2012年；龚军：《九年卫鼎新析》，《华夏考古》2014年第2期；辛怡华：《西周裘卫家族初步研究》，《秦始皇帝陵博物院》2015年总5辑；张草：《从金文看西周的土地制度》，河北大学硕士论文，2016年6月；张天恩主编：《陕西金文集成（1）·宝鸡卷·岐山》0051，三秦出版社，2016年；李秀亮：《西周时期"里"的性质补释》，《海岱学刊》（辑刊），2016年12月；辛怡华：《甘肃灵台姚家河墓地与古乖国》，《宝鸡文理学院学报（社会科学版）》2017

年第2期；徐恩伟：《西周金文所见土地转让原因分析》，《青春岁月》2018年第5期。罗运环：《论乖伯簋的年代及其国别》，载《楚文化研究论集》第二集，湖北人民出版社，1994年；李峰著、徐峰译、汤惠生校：《西周的灭亡——中国早期国家的地理和政治危机》，上海古籍出版社，2007年，第59—60页。

二、商业贸易

在西周时期，国家已设有专门进行商业贸易的市，国家对商业贸易的管理是很严格的，这一点也可以从金文中得到印证。作于宣王五年（前823）的兮甲盘是研究西周与淮夷商业贸易极为珍贵的金文资料，其中记录了西周对南淮夷贡赋及商贾政策。从兮甲盘铭文看，周人要求淮夷商贾"毋敢不及次及市"，这里的"市"就是贸易，"次"是政府设置专管市场商业贸易的基层机构，犹如秦汉时期的市亭。其行政长官为司市，总管市场的治、教、政、刑事务及市场管理法令的实施。又说"敢不用令，则即刑扑伐"。铭文讲到淮夷商贾必须到规定的市场上进行交易，否则"则即刑扑伐"。"刑"一般指杀头，"扑伐"就是以武力讨伐。铭文还说到周人方面的诸侯百姓，其贾人也必须到市场上去，"毋敢或入宄贾，则亦刑"。

西周金文中，罕见涉及商业贸易的内容，大概是所谓君子言义不言礼之缘故吧！而1981年岐山祝家庄流龙嘴村出土的齐生鲁方彝盖，其铭文明确记载了齐生鲁个人经商获大利的信息，反映了当时个体经济的发展情况。

齐生鲁方彝盖

◆ 器物介绍

西周中期前段，收藏于岐山县博物馆。1981年春，岐山县祝家庄乡流龙嘴村西出土，器身未见。盖呈庑殿式屋顶形，钮呈硬山屋顶形。四坡均饰鸟纹和倒置的外卷角兽面纹，纹饰粗犷，无地纹。盖高29厘米，口长31.5厘米，口宽16厘米，重8.5千克。盖内铸铭文6行50字，重文2。

◆ 铭文释文

唯八年十又二月初吉丁亥，齐生（甥）鲁肇贾休多赢，唯朕文考乙公永启余。鲁用作朕文考乙公宝尊彝。鲁其万年子子孙孙永宝用。

◆ 铭文注解

"齐生（甥）鲁肇贾休多赢"

"齐生（甥）鲁"，以张亚初先生的观点，"鲁"为其私名，"生"应释作"甥"。

齐生鲁方彝盖铭文拓片

甥，生也，女子外适所生也。鲁为齐女外嫁后之所生，故称"齐生（甥）鲁"。李学勤先生认为，齐生鲁应为齐氏，系齐国公族。李先生推测，齐生鲁之父乙公应即齐丁公吕伋之子乙公得。

"肇"是金文中出现频率颇高的一个字，一直以来，学界对该字形考辨、字义释读都较为关注。从释读方面看，视为语气词和释为"始"是比较集中的两种意见。此处应释作"始，开始"之义。如晨簋："晨肇贾，用作父乙宝尊彝。"

《说文》："贾，市也，从贝西声。一曰坐卖售也。"又："市，买卖所之也。"凡市场上的货物交易行为便称之贾。然而长期以来，在古文字里未能找到对应的"贾"字，而常见的一个"賈"字，多释为"贮"字。杨树达先生曾在《格伯簋跋》一文中曾疑此字读为贾，即今价值之价的繁体字"價"。随着考古新材料的发现，学者们已经逐步认识出此字就是"贾"字。李学勤先生在《重新估价中国古代文明》一文中指出"賈"就是"贾"字。刘翔先生在《贾字考源》一文中对"贾"字起源进行了详尽的考释。

在商代甲骨文中，提到延见多贾，并以多贾的香酒祭祀的事。由此可见，在商代，商业活动就很发达。

贾字的起源与"&"、"出"有关，"&"就是贝字，贝曾是中国最早的货币，"出"应是交易符号。

通过对商周时期的甲骨文、金文研究，我们就会发现，大规模的、最早的交易发生在固定的交易市场上或交通路口。把市场划成若干个部分，"贾"字作为商品贸易交换的最初本义是，线状为通径或分隔的区域边界，在交通枢纽摆设摊点形成市场。

在西周时期，国家已设有专门进行商业贸易的市，国家对商业贸易的管理是很严格的，这一点也可以从金文中得到印证。作于宣王五年（前823）的兮甲盘是研究西周与淮夷商业贸易极为珍贵的金文资料，其中记录了西周对南淮夷贡赋及商贾政策。兮甲盘铭文要求淮夷商贾"毋敢不及次及市"，这里的"市"就是贸易，"次"是政府设置专管市场商业贸易的基层机构，犹如秦汉时期的市亭。其行政长官为司市，总管市场的治、教、政、刑事务及市场管理法令的实施。又说"敢不用令，则即刑扑伐"。铭文讲到淮夷商贾必须到规定的市场上进行交易，否则"则即刑扑伐"。"刑"一般指杀头，"扑伐"就是以武力讨伐。铭文还说到周人方面的诸侯百姓，其贾人也必须到市场上去，"毋敢或入宄贾，则亦刑"。"入宄"即阑入，指乱入市场；"宄贾"的"宄"训为奸，指非法交易。为什么对不到指定市场上进行交易的商贾要处以杀头之刑，甚至对淮夷要以战争威吓呢？

《礼记·王制》云："古者，公田籍而不税，市廛而不税。"注："廛，市场邸舍，税其舍而不税其物。"《周礼·廛人》云："廛人，掌敛市次布"。据郑玄注，廛人是负责征收市场交易税性质的政府官吏。这种具有赋税性质的市赋主要有商人进市交易时，须先按规定将货物存贮于公家所设的邸舍，由政府加以管理，收取一定的栈租，即称之为"敛布"的摊铺税；商人交易货物时，须经公家过秤重量，征收称之为"总布"的计量衡器劳物性质的牙税等。西周时期的商品市场管理与税收体制有着密切的关系，税收是国家财政的源泉，而西周国家收入的相当一部分来源于征商，特别是对四方邦国商人的征取。可见当时征商是与市场管理密切配合的。

《说文》："得，行有所得也。"应是持货币去交通要道进行交易，得到所需的东西。金文中就有这种形象的反映。如"䙷"（严一萍，《金文总集》0136）、"䙷"（严一萍，《金文总集》6064）、"䙷"（严一萍，《金文总集》5534）。"彳""卜"表示交通路口，"凸"表示交易活动，"𠂇"是手持货币（贝币），而中国的最早货币就是贝币。汉字是古代语言的形象化，"得"字的最初字形就是持币去交通要道进行交易。

◆ 铭文大意

八年十二月上旬丁亥这一天，齐生鲁念他经商获得厚利，是受其先父乙公启迪教诲的结果，于是铸此祭祀亡父的宝尊彝。鲁期望其万年子子孙孙永远宝用。

◆ 相关文献

祁健业：《岐山县博物馆近几年来征集的商周青铜器》，《考古与文物》1984年第5期；张亚初：《西周铭文所见某生考》，《考古与文物》1983年第5期；李学勤：《鲁方彝与西周商贾》，《史学月刊》1985年第1期；吴镇烽：《陕西金文汇编》622，三秦出版社，1989年；庞怀靖：《岐山县文物志》（初稿），岐山县文化局印，1990年；杨树达：《格伯簋跋》，载《积微居金文说》（增订本），上海古籍出版社，2007年，第26页；李学勤：《重新估价中国古代文明》，《人文杂志》增刊《先秦史论文集》，1982年；刘翔：《贾字考源》，载《甲骨文与殷商史》第2辑，上海古籍出版社，1986年；辛怡华：《从"贾"字起源看早期货币与市场交易》，《华夏文化》2002年第3期；中国社会科学院考古研究所：《殷周金文集成》09896，中华书局，2007年；霍彦儒、辛怡华：《商周金文编——宝鸡出土青铜器铭文集成》427，三秦出版社，2009年；吴镇烽：《商周青铜器铭文暨图像集成》13543，上海古籍出版社，2012年；张天恩主编：《陕西金文集成（2）·宝鸡卷·岐山扶风》0116，三秦出版社，2016年；武振玉：《周金文"肇"之词义试探》，《中山大学学报（社会科学版）》2016年第4期（第56卷，总262期）；刘雨、卢岩，《近出殷周金文集录》第二册，455页。

第三章

军事与外交

征伐是与祭祀同等重要的国家大事，商周金文多见，是研究国家军事与民族关系的重要史料。周天子的权力只能直接影响王畿附近的地方，其他的地方都是间接影响，但周天子是全国军队的最高统帅，各诸侯国的军队并不由国君掌握，诸侯必须服从天子的命令，否则要受到惩罚，直至武力征服。贵族是军队的骨干，他们从小就接受军事教育。在周王出征前夕，常以狩猎方式检验军队的战斗力。

军队主要由两部分组成，一部分是周王掌控的"王师"，一部分是诸侯国的地方武装。西周的王师主要有两支，一支是驻扎在宗周（今西安）地区的"西六师"，这支军队早在文王时期就已经建立，后来武王曾率领"西六师"灭纣。"西六师"的主要任务是保护宗周安全，抵御西北的戎狄。一支是在洛阳的"成周八师"，主要是由商朝贵族组成，因而又称为"殷八师"。殷八师是周公东征后建立，驻扎于成周，主要任务是控制东方各诸侯国。师是西周军队的最大编制单位，在师之下尚有旅、卒、两、伍等编制单位，《周礼·地官·司徒》云："五人为伍，五伍为两，五两为卒，五卒为旅，五旅为师。"相应的军事将领有师氏、亚、旅、千夫长、百夫长等。

从西周开始，各个民族与部落不断融合，其他还有夷、蛮、越、戎狄、肃慎、东胡等诸多少数民族，在这期间，华夏族逐步形成，成为汉族的前身。周朝建立以后，仍不断用兵，常和荆楚、鬼方、猃狁、东夷、淮夷等邻邦发生战争，互有胜负。

在有关西周晚期的文献中，一系列旨在重建周人与边远封国之间联系的外交努力也有记载。《诗经·大雅·韩奕》中便提到韩侯的一次重要来访。这次韩侯不仅受到周王礼遇和赏赐，同时还娶到了蹶父的女儿，也就是厉王的侄女为妻。2014年出土于岐山县贺家村的昔鸡簋铭文记载，周王妃命昔鸡迎迓芮姞于燕侯，这是通过婚姻这种柔性政治文化来实现对内外服地方贵族的软控制。

一、外交

周原甲骨文中就有"楚子来告"的信息，从生史簋看，西周中期穆王时期楚国与西周关系较好，召伯还派出使者生史出访楚。周原出土的楚公钟为幽王时期器，可见楚一直与周原有瓜葛，很可能楚在周原有它的办事机构。《国语·晋语八》云："昔成王盟诸侯于岐阳，楚为荆蛮，置茅蕝，设望表，与鲜牟守燎，故不与盟。"根据《史记·楚世家》记载，周文王为西伯时，楚国首领鬻熊就以"子"的身份归附于周，周公平定三监叛乱后，还卑躬屈膝参与成王在岐阳召集的会盟，得以进入诸侯之列。九年卫鼎铭文特别提到某年正月眉敖派使者来朝之事，乖伯簋铭文记载同年九月益公受命征眉敖，第二年二月眉敖来朝献。李学勤先生认为："眉敖就是乖伯，是周的属邦，在今甘肃灵台一带。"眉敖簋盖铭文中不享追孝先祖父母，只言子孙永宝，孝享祖先的理念在作器者的意识中相当淡薄，表明是与中原文化迥异的一种文化。

生史簋

◆ 器物介绍

西周中期前段，墓葬出土。1980 年 4 月 26 日，陕西省扶风县黄堆村村民在村东土壕取土时，发现西周青铜器 8 件，交到陕西周原考古队。经考古队现场勘察，查明这批青铜器系一座西周墓葬出土。附近的断崖上和壕底还暴露出一些墓葬和车马坑。为了确保地下文物安全，遂对该墓地进行了小面积的钻探，并对即将被破坏的残墓做了抢救性的清理。1980 年 9 月 3 日，周原考古队在扶风县黄堆老堡子村东南土壕内，发掘了一座西周时期墓葬，编号 M4。墓葬呈长方形，土圹竖穴墓，四周有熟土二层台，无腰坑，一椁一棺，填土内随车两辆，该墓曾被盗扰，骨架散乱，葬式不明。但还出土了 20 多件器物，其中玉器 2 件，车马器 17 件，戈 1 件，铜鼎 1 件，簋 2 件，小编钟 1 件。均藏于宝鸡市周原博物馆。生史簋，高 13 厘米，口径 17 厘米，腹深 11.5 厘米，重 1.85 千克。腹底铸有铭文 4 行 27 字。另一簋与此簋大小、形制、铭文相同，只是底部铭文磨损较严重。

◆ 铭文释文

召白（伯）令（命）生史吏（使）于楚，白（伯）锡宾，用作宝簋，用事氒（厥）叔（祖）日丁，用事氒（厥）考日戊。

◆ 铭文注解

据杨宽先生研究，召公之后不见世袭为"公"的，周公之后也只见一代世袭为"公"（春秋时除外）。从铭文字体看，生史簋应为穆王时期，召伯可能是第一代召公之后。楚，国名。《史记·楚世家》："熊绎当周成王之时，举文武勤劳之后嗣而封熊绎于楚蛮，封以子男之田，姓芈氏，居丹阳。"熊绎受封于周成王，立国于荆山一带，都丹阳。金文常称荆楚，与东夷一样，是西周的大患，时常臣服，时常反叛。周原甲骨文中就有"楚子来告"的信息，从生史簋看，此时（西周中期，穆王时期）与西周关系较好，召伯还派出使者生史出访楚；周原出土的楚公钟为幽王时期。可见楚一直与周原有瓜葛，也许在周原有它的办事机构。

周原甲骨文记载："曰今秋楚子来告。"

《国语·晋语八》："昔成王盟诸侯于岐阳，楚为荆蛮，置茅蕝，设望表，与鲜牟守燎，故不与盟。"

根据《史记·楚世家》记载，周文王为西伯时，楚国首领鬻熊就以"子"的身份归附于周，周公平定三监叛乱后，还卑躬屈膝参与成王在岐阳召集的会盟，得以进入诸侯之列。

不过，楚的分封与其他诸侯国不同。楚早已存在于荆山地区，周的分封仅仅是追认既成事实，在表面上确立从属关系而已，加之姬姓贵族认为楚是荆蛮，对楚十分歧视，楚君参加此次会盟，只是布置会场、与东夷族的鲜牟之君一起守望火炬而已，实际没能坐到议席上，在会盟中的地位十分低下。因此这种从属关系并不稳固。

成王初年，周、楚之间的关系还算和好。但很快双方就产生激烈冲突，西周为压制楚国，一方面在南阳和汉阳地区分封诸侯，封锁楚国向北、向东的扩展，另一方面直接出兵南下讨伐。

西周对楚的封锁线有两道：第一道是异姓诸侯，如曼姓的邓（今湖北襄樊北）、允姓的鄀（今湖北钟祥西北）、妫姓的卢（今湖北襄樊西南）等；第二道封锁线是姬姓的同姓诸侯，即所谓"汉阳诸姬"如随（今湖北随县）、唐（今湖北随县西北）等。西周对楚的征伐，掠取铜矿资源是重要目的之一。南方产铜，楚国的矿产冶炼技术比较进步，因此成为西周的掠夺对象。

生史簋铭文拓片

然而,西周压制楚国的策略并未成功。昭王时征伐楚国大败,昭王本人也被杀死在汉水中。到夷王时,西周王朝走向衰落,楚国熊渠自称王,攻取长江中游地区。"宣王中兴"时,西周曾南胜淮夷,北胜猃狁,但后来"丧南国之师",当也是败于楚国。到西周末年,楚国已是南方第一强国。西周、东周交际时,申、曾两国一度强大,向南方扩展,楚国的力量暂时受到压制,但元气未伤,很快进入了春秋大扩张的时期。《国语·郑语》记载西周末年史伯对成周四方诸侯国力量进行分析,说"当成周者,南有荆蛮、申、吕、应、邓、陈、蔡、随、唐",将楚国排在第一。

1998年7月17日,召陈村村民在平整土地时,用推土机推出西周甬钟1件,即交宝鸡市周原博物馆。经实地勘察得知,甬钟出土于召陈遗址甲区西周大型建筑群基址西侧的土壕断崖内，距地面1.2米。甬钟系一窖藏出土。罗西章先生认为当系周室东迁或战乱时贵族逃跑前埋入的。钲间铸铭文2行共17字："楚公豪自作宝大林龢钟孙孙子子永宝用。"楚公豪钟，《三代吉金文存》已著录过4件，铭文互有微异。另外，湖南还出土过1件楚公豪戈。"豪"字在楚帛书、楚简中屡见，曾借为"嫁"字。郭沫若先生在《两周金文辞大系考释》中说："楚公豪即熊鄂（楚公逆）之子熊仪。豪盖'为'字之异，公豪当熊鄂之子熊仪，仪、为古同歌部。"罗西章先生认为熊仪即若敖，《万姓统谱》载："若敖者，楚尹熊仪字也，或言楚国尊者称敖。"若敖在周宣王三十八年即位，卒于平王七年，在位二十七年。从楚公豪钟的造型、纹饰以及铭文的字形体看，它铸造的时代在幽王之时，正是熊仪在位年限之内，由此可见郭沫若先生的所言是正确的。

"用事氒（厥）鼒（祖）日丁，用事氒（厥）考日戊"

从此句看，生史之祖父为日丁，其父为日戊，言考表明作器时其父已去世。日名表明其家族非姬姓。

◆ 铭文大意

召伯命令生史出使楚国，召伯还赏赐给生史物品。生史用来作了这件宝簠，来侍奉先祖日丁，侍奉先父日戊。

◆ 相关文献

陕西周原考古队：《扶风黄堆西周墓地钻探清理简报》，《文物》1986年第8期；吴镇烽：《陕西金文汇编》362，三秦出版社，1989年；罗西章：《扶风县文物志》，陕西人民教育出版社，1993年；中国社会科学院考古研究所：《殷周金文集成》04101，中华书局，2007年；霍彦儒、辛怡华：《商周金文编——宝鸡出土青铜器铭文集成》4，三秦出版社，2009年；吴镇烽：《商周青铜器铭文暨图像集成》05076，上海古籍出版社，2012年；张天恩主编：《陕西金文集成（3）·宝鸡卷·扶风》0291、0292，三秦出版社，2016年。

眉能王鼎

◆ 器物介绍

又叫师眉鼎，西周中期前段。口径 19.9 厘米，腹深 12.8 厘米，高 23.2 厘米，重 2.9 千克。传清同治初年（一说光绪年间）凤翔县出土，原藏于吴大澂，后由吴湖帆捐献给国家，现收藏于南京博物院。传世有眉能王鼎、眉能王簋，鼎、簋文同，行款式异。鼎铸铭文 5 行 28 字。唐兰认为此铭书法秀丽，应是穆王前期所作。作者应是氏族国家之君长而为周臣者，所以自称为王，而称其祖先为帝考。

◆ 铭文释文

兄罤（厥）师眉能王为周客，易（锡）贝五朋，用为宻（宝）器：鼎二、簋二，其用享于罤（厥）帝考。

◆ 铭文注解

"兄"

眉能王鼎铭文拓片

唐兰先生曰此处释"只"，通"枳"，是西北的氏族国家名。

"眉能王"

应是氏族国家之君，在周朝为师氏武官。

岐山董家村窖藏出土的九年卫鼎铭文特别提到正月眉敖派使者来朝之事，而乖伯簋铭说同年九月益公受命征眉敖，第二年二月眉敖来朝献贾，二器所载史实有关联。眉敖来朝是当时一件大事。李学勤先生认为眉敖就是乖伯，是周的属邦，在今甘肃灵台一带。

1972年甘肃灵台县什字公社（今什字镇）饮马咀大队姚家河生产队社员在劳动时发现了一座西周墓葬。1973年甘肃省博物馆派人进一步调查，又清理出了四座墓葬，均为长方形土圹竖穴墓，出土有西周陶鬲、陶罐等器物。姚家河是达溪河的支流，两岸为十字塬，河谷狭窄陡峭。姚家河村位于姚家河北岸，东南距姚家河与达溪河汇合处约7.5千米，五座墓葬共处在村东的一个台地上。

姚家河西周墓葬大致可以定为西周早期，约当康王时期。M1出土铜鼎1件。立耳柱足，鼓腹圜底。颈饰一周四叶纹间圆涡纹。腹内铸有铭文三字："乖叔作。"乖叔鼎铭文虽然只有"乖叔作"三个字，但却非常重要。此"乖叔"，第一个字是国名，第二个字表明是乖氏宗族或者乖国的第二代世系。这与乖伯簋的"乖伯"可以互相印证。简报将乖叔鼎"定为西周早期，约当康王时期"。可见，乖国在西周早期就已存在。乖伯不仅自称"小裔邦"，还称其朕皇考为"武乖几王"。凡此种种，表明乖伯是自立为王的异姓诸侯。

眉敖簋盖铭文中不享追孝先祖父母，只言子孙永宝，孝享祖先的观念在作器者的意识中相当淡薄，表明是与中原文化迥异的一种文化。从已发现的乖国青铜器铭文看，周王严格地将乖视为不同于其他西周地方封国的"他邦"。这与铭文中眉敖称他的父亲为"几王"，在地位上与周王平等这个事实也是相一致的。另外一个可以补充说明乖外族起源的因素是眉敖的名字，"眉敖"这两个字听起来似乎是一个外族名字的中文音译。

唐兰先生认为，"眉能王"，应是氏族国家之君，在周朝为师氏武官。从器形、纹饰看，眉能王鼎与九年卫鼎时代接近，断代同属西周中期前段，我们怀疑或眉能与眉敖同为乖国首领，或就是同一人。眉能王被周王任用为周朝师氏武官。而乖国地望在今甘肃灵台。

灵台向南翻过乔山（岐山），就是周原，是当年古公亶父率领周人发迹之地。乖人与周人当早有交往，其后又出兵助周灭商，以致"有功于周"，这也是情理之中的事。《史记·周本纪》载："（周武王）九年，武王上祭于毕，东观兵，至于盟津"，"是时，诸侯不期而会盟津者八百诸侯"。两年后，"乃遵文王，遂率戎车三百乘，虎贲三千人，甲士四万五千人，以东伐纣"。然文献所记载者也仅有"庸、蜀、羌、髳、微、纑、彭、濮人"等，而大量"诸侯"失载。看来，乖伯的先祖当属于这些众多失载的诸侯之一。

从已发现的青铜器铭文来看，虽然乖国是周的老同盟，但关系可能时好时坏。早在先周时期，乖国就是周人的同盟军，西周中期曾有一段时间交恶，至于西周晚期则不清楚。李峰先生认为，眉敖簋铭中记述了戎给子牙父上缴了成百车的金属，随后子牙父又将它们奖赏给了眉敖，眉敖可能在某些方面曾援助周人在边境事务中处理同戎人的关系。

◆ 铭文大意

枳氏族眉能王作为周王朝的宾客，受到五朋贝的赏赐。眉能用此作了宝器，两个鼎、两个簋，用来祭祀称帝的祖先。

◆ 相关文献

罗振玉：《三代吉金文存》4.10.1，民国二十六年（1937）影印本；严一萍编：《金文总集》1207，艺文印书馆，1983年；唐兰：《西周青铜器铭文分代史征》（卷五上·穆王·十七），中华书局，1986年；吴镇烽：《陕西金文汇编》传68，三秦出版社，1989年；中国社会科学院考古研究所：《殷周金文集成》02705，中华书局，2007年；霍彦儒、辛怡华：《商周金文编——宝鸡出土青铜器铭文集成》655，三秦出版社，2009年；吴镇烽：《商周青铜器铭文暨图像集成》02315，上海古籍出版社，2012年；张天恩主编：《陕西金文集成（7）·宝鸡卷·凤翔陈仓金台》0713，三秦出版社，2016年；辛怡华：《甘肃灵台姚家河墓地与古乖国》，《宝鸡文理学院学报（社会科学版）》2017年第2期。

眉能王簋

◆ 器物介绍

西周中期前段。传清光绪年间凤翔县出土,吴清漪捐,现收藏于上海博物馆。传世有眉能王鼎、眉能王簋,鼎、簋文同,行款式异。簋通高13.5厘米,口径20.3厘米,重2.39千克。侈口束颈,鼓腹,圈足外撇,一对兽首耳,下有方形垂珥。颈部饰浮雕虎耳小兽头,两侧配置分尾长鸟纹,以云雷纹衬底,圈足饰两道弦纹。簋铸铭文4行28字。唐兰先生认为此铭书法秀丽,应是穆王前期所作。作者应是氏族国家之君长而为周臣者,所以自称为王,而称其祖先为帝考。

◆ 铭文释文

兄毕(厥)师眉能王为周客,易(锡)贝五朋,用为宝(宝)器:鼎二、簋二,其用享于毕(厥)帝考。

眉能王簋铭文拓片

◆ 铭文注解

唐兰曰释"只",通"枳",是西北的氏族国家名。"眉能王"应是氏族国家之君,在周朝为师氏武官。九年卫鼎铭文特别提到正月眉敖派使者来周朝拜一事,乖伯簋铭说同年九月益公受命征眉敖,第二年二月眉敖来朝献,二器所载历史背景可能有关联。李学勤先生认为眉敖就是乖伯,是周的属邦,在今甘肃灵台一带。乖叔鼎出土于灵台县什字镇姚家河的一座西周墓葬,李峰先生认为乖国故地如果不是在达溪河谷,则有可能坐落在泾河上游某处。可见,乖国在西周早期就已存在的古国。

郭沫若先生曾指出,有学者怀疑眉敖簋(集成4213)铭文中涉及的子牙父为周穆王时期的君牙,并说古文《尚书》中有《君牙篇》,书序云:"穆王命君牙为周大司徒,作《君牙》。"君牙此人虽然在《史记·周本纪》中没有提到,但在《汉书·古今人表》里却有君牙其人,与穆王姬满、吕侯、伯囧、蔡公谋父等同列于"中上"。穆王时期是西周强盛时期,穆王拒绝了蔡公谋父的反对,无端征伐过犬戎,君牙是大司徒,受百金车很合乎身份。这些都可以说是君牙的有力证据。不过郭沫若先生最终从青铜器制作粗陋,铜质不纯,花纹简陋,铭文潦草等方面分析,从时代上否定了子牙父为君牙的可能性。

从眉敖簋盖纹饰看,应属于西周中期流行的纹饰,再联系到古文《尚书》中有《君牙篇》,书序云:"穆王命君牙为周大司徒,作《君牙》。"从古人名字规范看,"子牙父"中的"子""父","君牙"中"君",均没有实质性意义,大都为敬称。"君牙"的时代、官职很符合"子牙父"角色。

乖伯称其朕皇考为"武乖几王",表明乖伯是自立为王的异姓诸侯。从器形、纹饰看,眉能王鼎与九年卫鼎时代接近,断代同属西周中期前段。"眉能王为周客"表明,眉能也称王,眉能与眉敖应都为乖国首领,或就是同一人。

从泾河上游的考古发现来看,今甘肃灵台一带是西周时期一个重要的聚落中心。至迟从西周初期,这里的贵族和非贵族层面均出现与周人中心地区颇为一致的文化面貌。据不完全统计,仅在黑河与达溪河之间的狭长地带,就有9处地点发现了西周墓葬(9处墓葬分别是:白草坡西周墓群、姚家河墓群、崖湾墓群、洞山墓葬、百里乡寺沟西周墓、塬老屲墓葬、独店镇西岭西周墓群、独店镇景村西周墓群、坷台墓群)。达溪河北岸的姚家河M1出土的西周早期青铜器不仅提供了该墓地的国别,也为长期未决的乖伯簋的出土地点提供了重要线索,是研究周与西北边境文化群体之间关系的重要信息。

西周国家的西北边疆是一个极其复杂的政治和文化系统。虽然在西周早期,由于周的扩张,致使周文化因素在西北边疆占据了主导地位,但在整个西周时期,寺洼文化也作为一个重要文化与周文化共存。泾河上游地区青铜器文化中还有一些非周文化元素，它们显然与北方草原地区有着关联。从灵台一带出土的青铜器铭文中可以得知，沿着泾河的诸支流广泛分布着一群周文化团体，或者军事营地。同时，那里可能还存在着一些外族起源的小国，它们有一定的独立性，同时又在一定程度上为周人服务小国，乖国就是其中的一个。因此，研究这个地区复杂的考古学文化无疑对研究西周时期西北边疆复杂而多变的政治关系有着重要的意义。

◆ 铭文大意

枳氏族眉能王作为周王朝的宾客，受到五朋贝的赏赐。眉能用此作了宝器，两个鼎、两个簋，用来祭祀称帝的祖先。

◆ 相关文献

罗振玉：《三代吉金文存》8.31.3，民国二十六年（1937）影印本；唐兰：《西周青铜器铭文分代史征》（卷五上·穆王·17），中华书局，1986年；吴镇烽：《陕西金文汇编》传172，三秦出版社，1989年；中国社会科学院考古研究所：《殷周金文集成》04097，中华书局，2007年；霍彦儒、辛怡华：《商周金文编——宝鸡出土青铜器铭文集成》656，三秦出版社，2009年；吴镇烽：《商周青铜器铭文暨图像集成》05089，上海古籍出版社，2012年；张天恩主编：《陕西金文集成（7）·宝鸡卷·凤翔陈仓金台》0714，三秦出版社，2016年；郭沫若：《眉敖簋考释》，《考古》1973年2期。

二、军政

　　盠方尊、盠方彝铭文记述了周王对盠职司的册命，盠驹尊记述了周王亲自参加"执驹"礼。"执驹"礼是西周一种养马礼制，就是在两岁的小马离开母马而升入朝廷服马时，初系马具所行之礼。在西周非常重视此礼，以至于届时，天子亲自参加。从盠驹尊铭文分析，在西周时期，眉县东李村一带应是周王朝的良马繁殖基地。盠相当于《周礼》中庾人的角色，管理西周王畿内的马政。彝盖铭记录了周王在周庙对盠掌治京畿内马政职务的册命。

　　小克鼎铭文反映王命膳夫克在成周行施政令，巡视、考核、校阅"成周八师"。而周公东征鼎则反映周公征伐东夷凯旋，在周庙里向祖先报告出征情况。从金文看，西周边戍武将中有许多是非姬姓的，这或许也体现了西周统治者以夷制夷的分封原则。

㺇方鼎甲

◆ 器物介绍

西周穆王世,西周时期墓葬出土。现藏于陕西省扶风县博物馆。1975年3月15日(据刘连山先生文说是3月13日),陕西省扶风县法门公社庄白村村民在村西南约260米的"西二台"深翻刚刚平整过的土地时发现一批西周青铜器。扶风县博物馆工作人员于3月18日前往调查时青铜器已全部取离现场,放在生产队仓库内保管。后在出土地点捡到贝币和蚌泡数枚,并发现棺椁板的痕迹、朱砂及墓的残壁一段,方向为315°。墓底距地表约0.5米。

据社员反映,这块地方原来较高,因长期挖土,被逐渐削平。1974年冬修水渠时,又下挖1米多深。这次犁地时因铧尖碰坏,因而继续挖掘,取得铜盘、小方鼎、圆鼎、盉、爵、觯、饮壶、甗等14件青铜器。出土时圆鼎与甗并列,爵与小方鼎放在圆鼎东侧,再东为盉,大饮壶与盘放在圆鼎与小方鼎上。在距离这些青铜器东北约0.8米的地方,又挖得壶、大方鼎、簋,附耳簋放在壶侧。器物出土地点虽属庄白村,但西北距刘家村只有约160米,水渠西即为刘家村的南土壕。这一带是周原遗址的中南部,分布着许多西周墓葬,过去曾出土过不少青铜器。1972年陕西省文物管理委员会曾在土壕内发掘西周丰姬墓一座，出土青铜礼器十多件。

彧方鼎甲，圆角方形，两立耳，四柱足，平盖。鼎腹口小底大，垂腹，底近平。鼎盖两端各有一长方形孔，恰与两立耳相套接，不使鼎盖错动。盖中央有一环钮，以便揭提。盖顶的四隅各有一个矩形立扉，倒置成足，可使鼎盖变成俎案。全器仅在颈部饰有带状纹饰，纹饰由四组构成，每面相对一组，由两个呈对称的顾首夔龙纹组成。其下界饰以弦纹。器通高27.5厘米，口径26×17厘米，腹深15厘米，重6.5千克。器、盖各铸有相同铭文8行65字。铭文已脱离西周早期金文"书中肥而首尾出锋"的风格，字体风格处在由"波磔体"（书中肥而首尾出锋）向"玉箸体"（书圆而首尾如一）开始过渡的时期，笔道比较均匀。

◆ **铭文释文**

唯九月既望乙丑，才（在）堂自（师），王姐姜吏（使）内史友员易（锡）彧玄衣朱褎（襮）袷（衿），彧捧（拜）稽首，对扬王姐姜休，用作宝䵼尊鼎，其用夙夜享孝于氒（厥）文且（祖）乙公于（与）文妣日戊，其子子孙孙永宝。

◆ **铭文注解**

赏赐者称"某姜"而冠之以"王"，当是王后。同墓所出鼎、簋铭文记载彧曾伐淮戎，学者认为此事可与文献记载穆王伐徐夷、淮夷相符合，故"王姐姜"当是周穆王王后。

"玄衣朱褎（襮）袷（衿）"

裘锡圭先生认为，袷是衿、襟的古字，《说文》："袷，交衽也。""褎"字从衣从戲，从古书和古文字资料来看，戲应该是虣字的古体。古代称搏虎为暴。古书里有时把疾暴的暴写作虣，例如在《周礼》中"暴"字就大都写作虣。从字形上看，虣字从虎，应该就是暴虎之暴字。裘先生指出，"褎"字显然是从衣虣声的形声字，应该就是古书里的"襮"字的异体。《说文》："襮，黼领也。从衣，暴声。"《尔雅·释器》："黼领谓之襮。"毛传："襮，领也。诸侯绣黼丹朱中衣。""袷（衿）"在古代也训为领。"朱襮袷（衿）"应该是指以黼（古代礼服上绣的半黑半白的花纹）纹装饰的有丹朱边缘的下连于衿的斜领。而"玄衣朱襮衿"是指带有从斜领到襟用朱色刺绣作为边缘的玄衣。

古代以册命赐服代表官位，西周时代以服饰的颜色来表示等级差异。《仪礼·士冠礼》郑注："上士玄衣，中士黄裳，下士杂裳。"可见彧的身份只相当于上士。《周礼·大宗伯》载："一命受职，再命受服。"彧簋铭文记述彧奉命抗击淮戎，可谓"一命受职"。三个月后，王姐姜派内史友员到堂师赐"玄衣朱褎（襮）袷（衿）"，这大概是表彰彧在棫林之战的功绩。

伯彧诸器

涉及伯彧其人的青铜器大都有重要的长篇铭文，记录了较多的历史信息。但到目前为止，学者在伯彧族属等一些重要问题上仍存在争议。刘卓异先生认为，出土和传世与伯彧相关的器物大致可分为四组：第一组是1975年扶风县庄白村西周墓出土的伯彧器群，作器者称"伯彧"或"彧"；第二组是作器者为"彔"的器物；第三组仅有一件，即传世器彔伯彧簋盖，作器者称"彔伯彧"；第四组是庄白村西周墓中与伯彧器群同出的伯雝父盘，加上一批铭文涉及"伯雝父"的传世器物。

早期研究者将作器者分别为"彧""彔"和"彔伯彧"的三组器物混在一起不加区分，认为是同一人所作。盛冬玲先生在辨析金文中的同名现象时认为，彔与彧、彔伯彧应当分开，因为彔伯彧的"彔"是国名而彔卣等器的作器者"彔"是私名。李学勤先生首先指出，彧与伯雝父互为名字，彧读为"终"，雝读为"雍"，都有终结闭塞之义。由此将"伯彧"和"伯雝父"两组器物联系在一起。多数学者认可这一观点。

20世纪80年代末，汪中文先生汇总诸家之说，进行了一次总检讨。汪先生认为"彔""彧"和"彔伯彧"是三个不同的人，不应合并在一起考察。上海博物馆收藏的一件传世彧簋（《集成》3865），刘卓异先生认为这件彧簋与庄白村墓葬出土的伯彧诸器是同一人所铸，作器者彧的家族就在扶风一带。

"蔑历"

"蔑历"一词为殷文化产物，周代贵族一般弃而不用。以十干为祭名的风气，也盛行于有商一代。一般说来，青铜器铭文中出现日名者，可推定非周氏族人。与彧家族有关的铭文都有"蔑历"一词，涉及的人名也以十干为祭名。彧墓出土兵器的一个显著特点就是带銎，如銎鳞纹斧、齿状兵器、殳。苏联学者列·谢·瓦西里耶夫认为管銎类的兵器一般不是殷人和周人的典型兵器，周初便不再使用了，代之而起的是兼斧、匕特点的戈。林沄先生认为带銎兵器为中国北方系青铜器特征之一，而殷墟文化中也存在北方系青铜器。

西周初期分封制，曾封微子启于宋治理部分殷民，即以殷治殷。西周边戍武将中有许多是非姬姓的，这或许也体现了西周统治者以夷制夷的分封原则。

◆ 铭文大意

九月望日（农历每月十五）后乙丑这天，在堂师（驻扎军队的地方），王姐姜命令内史友员赏赐给彧带有从斜领到襟用朱色刺绣作为边缘的黑色上衣。彧跪倒，双手相拱至地，俯首至手，感谢赞颂王姐姜的赏赐，作了这件宝鼎，用来早晚祭祀他有文

戜方鼎甲器铭文拓片

彧方鼎甲盖铭文拓片

德的祖父乙公和有文德的祖母日戊。期望子子孙孙永远宝用。

◆ 相关文献

吴镇烽、罗西章、尚志儒：《陕西省扶风出土西周伯䍙诸器》，《文物》1976年第6期；裘锡圭：《说"玄衣朱襮裣"——兼释甲骨文虣字》，《文物》1976年第12期；唐兰：《用青铜器铭文来研究西周史——综论宝鸡市近年来发现的一批青铜器的重要历史价值》，《文物》1976年第6期；李学勤：《西周中期青铜器的重要标尺——周原庄白、强家两处青铜器窖藏的综合研究》，《中国历史博物馆馆刊》第1期，1979年（又见《新出青铜器研究》，文物出版社，1990年）；陕西省考古研究所、陕西省博物馆、陕西省文物管理委员会：《陕西出土的商周青铜器》（二），文物出版社，1980年；黄盛璋：《录伯䍙铜器及其相关问题》，《考古与文物》1983年第5期；严一萍编：《金文总集》1285，艺文印书馆，1983年；唐兰：《西周青铜器铭文分代史征》（附件1.穆王.29），中华书局，1986年；吴镇烽：《陕西金文汇编》161，三秦出版社，1989年；汪中文：《"伯䍙"与"录""录伯䍙"诸器间系联问题之检讨》，《大陆杂志》1989年第3期；罗西章：《扶风县文物志》，陕西人民教育出版社，1993年；辛怡华：《扶风庄白伯䍙墓族属考》，《考古与文物》2001年第4期；刘连山：《西周伯䍙青铜器群出土记》，载宝鸡市政协学习与文史资料委员会、宝鸡市文物事业管理局编《宝鸡重大考古文博纪实》（宝鸡文史资料第16辑），2001年；北京大学考古文博学院、北京大学古代文明研究中心：《吉金铸国史——周原出土西周青铜器精粹》40，文物出版社，2002年6月；张润棠：《白明科犁地犁出窖藏宝器群——伯䍙器》，载《宝鸡青铜器》，三秦出版社，2005年；中国社会科学院考古研究所：《殷周金文集成》02789，中华书局，2007年；霍彦儒、辛怡华：《商周金文编——宝鸡出土青铜器铭文集成》156，三秦出版社，2009年；刘连山：《扶风庄白出土西周"伯䍙"铜器群始末》，载《我的回忆录——崎岖连山路》，陕内资图批字（2010）CB31号，2011年；崔睿华、龙剑辉：《宝鸡地区出土青铜器简介》，《宝鸡文理学院学报》（社会科学版）2011年第6期；吴镇烽：《商周青铜器铭文暨图像集成》02448，上海古籍出版社，2012年；赵燕娇：《小议录伯䍙、录诸器及伯诸器之关系》，《华夏考古》2014年第1期；[日]近藤晴香：《大周原地区铸铜遗存与西周的政体》，《三代考古》（六）2015年；刘卓异：《伯䍙族属及家族研究》，《殷都学刊》2016年第1期；张天恩主编：《陕西金文集成（3）·宝鸡卷·扶风》0230，三秦出版社，2016年。

或方鼎乙

◆ 器物介绍

西周穆王世,西周时期墓葬出土。现藏于陕西省扶风县博物馆。1975年3月15日(据刘连山先生文说是3月13日),陕西省扶风县法门公社庄白村村民在村西南260多米的"西二台"深翻刚刚平整过的土地时发现一批西周青铜器。扶风县博物馆工作人员于3月18日前往调查时青铜器已全部取离现场,放在生产队仓库内保管。后在出土地点捡到贝币和蚌泡数枚,并发现棺椁板的痕迹、朱砂及墓的残壁一段,方向为315°。墓底距地表约0.5米。

据社员反映,这块地方原来较高,因长期挖土,被逐渐削平。1974年冬修水渠时,又下挖1米多深。这次犁地时因铧尖碰坏,因而继续挖掘,取得铜盘、小方鼎、圆鼎、盉、爵、觯、饮壶、甗等14件青铜器。出土时圆鼎与甗并列,爵与小方鼎放在圆鼎东侧,再东为盉,大饮壶与盘放在圆鼎与小方鼎上。在距离这些青铜器东北约0.8米的地方,又挖得壶、大方鼎、簋,附耳簋放在壶侧。器物出土地点虽属庄白村,但西北距刘家村只有约160米,水渠西即为刘家村的南土壕。这一带是周原遗址的中南部,分布着许多西周墓葬,过去曾出土过不少青铜器,1972年陕西省文物管理委员会曾在土壕内发掘西周丰姬墓一座，出土青铜礼器十多件。

 㺇方鼎乙与㺇方鼎甲同墓葬出土。椭方形，附耳，柱足，失盖。全器仅在颈部饰有带状纹饰，纹饰由四组构成，每面相对一组，由两个呈对称的顾首夔龙纹组成。其下界饰以弦纹。在鼎腹四壁的四角可见合范痕迹，底、足连范，由四范合成，在每一鼎足的内侧可见明显的范痕。通高22.5厘米，口径16×21.2厘米，腹深13.5厘米，重3.9千克。内壁铸铭文11行116字。

◆ 铭文释文

 㺇曰："乌（呜）虖（呼）！王唯念㺇辟剌（烈）考甲公，王用肇吏（使）乃子㺇達（率）虎臣御滩（淮）戎。"㺇曰："乌（呜）虖（呼）！朕文考甲公、文母日庚弋休，嗣（则）尚（常）安永宕乃子㺇心，安永袭㺇身，氒（厥）复享于天子，唯氒（厥）吏（使）乃子㺇万年辟事天子，母（毋）又（有）䍙（戟）于氒（厥）身。"㺇捧（拜）稽首，对扬王令（命），用乍（作）文母日庚宝尊饎彝，用穆穆凤夜尊享孝妥（绥）福，其子子孙孙永宝兹剌（烈）。

◆ 铭文注解

 㺇辟剌考甲公，辟即君，古代有封邑之君均可称为辟。甲公是㺇之父死后的谥号，张懋镕认为，姬姓周人一般不用日名，那么㺇家族应该非姬姓，多数学者认为为迁居周原的殷遗民。

 㺇方鼎乙与㺇簋、㺇方鼎甲内容有联系。从所记事件的前因后果分析，即制作㺇簋、㺇方鼎甲时，㺇之父还在人世。㺇方鼎乙透露了㺇之父甲公刚死不久的信息，其一呼三叹为殷周金文所仅见，其铭文语气万分悲痛。"王唯念㺇辟剌（烈）考甲公"（㺇方鼎乙）指㺇之父录曾作为一员大将率成周师氏驻守于叶自（今河南省叶县南之故县），戍守西周的东南大门一事。"㺇達（率）虎臣御滩（淮）戎"（㺇方鼎乙）指㺇簋所记"棫林之战"，那次战斗，㺇出尽了风头，并受到王妃的赏赐。种种迹象表明，棫林之战时㺇之父还在人世，所以㺇认为，棫林之战胜利是由于其母日庚之灵的保佑。三个月后，王祖姜赏㺇玄衣是有意起用㺇的开始（㺇方鼎甲），㺇把这样重大的事件告诉了其亡祖（文祖乙公）、亡母（文妣日庚）。因此，㺇方鼎乙的制作时间应晚于㺇方鼎甲，制作㺇方鼎乙时正是㺇之父录死后不久，心情沉痛可以想见，铭文通篇是感激亡父、亡母给予他机遇与恩泽，字里行间流露出㺇继承父志效忠周天子的决心。

彧方鼎乙铭文拓片

戎的家族世系

戎为录之子。录称其父为文考乙公（录卣），其祖为文祖辛公。戎称其祖为文祖乙公，妣为文妣日戊，又称其父为朕文考甲公，母为文母日庚。西周金文中大臣称公有两种情况，一种是活着的时候称公，一种是死后子孙称其谥号为公。按商周人名之惯例，这里显然是谥号（庙号）。在西周宗法制度下，天子、诸侯以至于卿大夫士都必须遵守父死子继的原则，即舍弟而继子，舍庶而立嫡，嫡子始尊。西周宗庙之祭在宗法的制约下是非常严格的，对先祖行孝而庙祭，必须是宗族中的宗子（孝子）即嫡长子才有资格。戎之祖为文祖乙公，录之父为文考乙公，必然是同一人，戎应为录之子。戎方鼎有"朕文考甲公"句，那么录的谥号为甲公。戎的家族世系表如下：

生　称	谥号（庙号）	对应器物	同时代人	年　代
	辛公			
	乙公—日戊	子父乙爵		
录	甲公—日庚	录卣 录簋	伯雍父、竞、遇	遇甗（穆王九年六月）
戎		戎簋 戎方鼎	王姐姜、友员	戎方鼎（穆王二十八年九月）

戎簋、戎方鼎甲、戎方鼎乙的制作年代

据夏商周年表，戎簋记述的棫林之战发生于穆王二十八年（前949）六月，戎方鼎所述王姐姜使人赏赐戎之事于穆王二十八年九月，地点都在堂自。《周礼·大宗伯》："一命受职，再命受服。"戎簋："戎遂（率）有司、师氏奔追御戎于棫林，博（搏）戎獣（胡）。"表明奉戎命抗击淮戎，可谓"一命受职"。戎认为那场棫林之战的胜利是受到母日庚亡灵的保佑，值得注意的是未提到其父，这是耐人寻味的现象。三个月以后，王姐姜派内史友员在堂自赐戎"玄衣朱襮（襮）袷（衿）"，"玄衣朱襮（襮）袷（衿）"是指带有从斜领到襟用朱色刺绣作为边缘的玄衣。这大概是表彰戎在棫林之战的功绩，王姐姜又称王姜，为穆王之妃。赐物数量之不同与爵位身份有关，毛公鼎赐物达20余种，但弭簋只有两种，静簋只有一种，可见戎的身份并不很高，而且还是王妃派内史赏赐的。

古代以册命赐服代表官位，西周时代以服饰颜色表现等级不同。《仪礼·士冠礼》郑注："上士玄裳，中士黄裳，下士杂裳。"可见戎当时的身份只相当于上士。同样有趣的现象是这样荣幸的大事，戎只告知其文祖乙公与文妣日戊之灵。如何解释？戎方鼎乙告诉了我们原委，就是制作戎簋、戎方鼎甲时，戎之父还在人世。戎方鼎乙向我们流露了𢓊之父甲公刚死不久的信息。"𢓊曰：乌（呜）虖（呼）！王唯念𢓊辟剌（烈）考甲公，王用肇吏（使）乃子𢓊逺（率）虎臣御濰（淮）戎"。"𢓊曰：乌（呜）虖（呼）！……"一呼三叹为殷周金文所仅见，其铭文语气万分悲痛。"王唯念𢓊辟剌（烈）考甲公"指𢓊之父录曾作为一员大将率成周师氏驻守于叶自，戍守西周王朝的东南大门一事。"𢓊逺（率）虎臣御濰（淮）戎"指𢓊簋所记"棫林之战"。那次战斗，𢓊出尽了风头，并受到王妃赏赐。种种迹象表明，棫林之战时𢓊之父还在人世，所以𢓊认为那次胜利是得益于其母日庚之灵的护佑。三个月后，王姐姜赏𢓊玄衣是有意起用𢓊的开始，𢓊把这样大的事件告诉了其亡祖、亡母。因此𢓊方鼎乙制作时间应晚于𢓊方鼎甲，当时正是𢓊父录死后不久，心情沉痛可以想见，铭文通篇是感激亡父、亡母给予他机遇与恩泽，字里行间流露出𢓊继承父志效忠周天子的决心。

从庄白伯𢓊诸器分析，𢓊之父录死于穆王二十八年（前949）九月以后。据《仪礼》和《礼记》，周代男子到了20岁就为"弱冠之年"，须在宗庙中由父亲主持举行一系列仪式，经过冠礼以后，就正式成人，获得社会的承认。从宗法承祧来说，他开始获得宗族的继承权并可以娶妻生育后代，贵族则从此可以"治人"，享有统治者特权。如果假定录开始以成周师氏戍于叶自时为20—30岁（约穆王九年），那么录死年为40—50岁（约穆王二十八年）。𢓊之家族世代为将，事奉周朝。考虑到当时人们的寿命及生育男女概率，代际间隔约为25年。如果以新用事（穆王二十八年）上溯甲公（录）、乙公、辛公三代事奉周朝六七十年，可历康王、昭王、穆王三世。

◆ 铭文大意

𢓊说："呜呼！王看在我的父亲甲公的份上，初次派他的儿子𢓊带领武将们抵御淮戎。"𢓊说："呜呼！由于我有文德的先父甲公、有文德的先母日庚余荫，常常开拓其儿子𢓊的心智，并恩泽其身，才有了事奉天子的机会。这样可以使你们的儿子𢓊一万年事君天子，而没有差错。"𢓊跪倒，双手相拱至地，俯首至手，感谢天子的重用，为有文德的母亲日庚作了这件祭器，恭恭敬敬地早晚祭祀求福，子子孙孙永远记住这个荣耀。

◆ 相关文献

吴镇烽、罗西章、尚志儒：《陕西省扶风出土西周伯𢓊诸器》，《文物》1976年6期；唐兰：《用青铜器铭文来研究西周史——综论宝鸡市近年来发现的一批青铜器的重要历史价值》，《文物》1976年6期；李学勤：《西周中期青铜器的重要标尺——周原庄白、强家两处青铜器窖藏的综合研究》，《中国历史博物馆馆刊》第1期，1979年；

陕西省考古研究所、陕西省博物馆、陕西省文物管理委员会：《陕西出土的商周青铜器》（二），文物出版社，1980年；裘锡圭：《论㪬簋的两个地点——棫林和胡》，《古文字论集（一）》（《考古与文物丛刊》第二号），1983年11月；黄盛璋：《录伯㪬铜器及其相关问题》，《考古与文物》1983年5期；严一萍编：《金文总集》1316，艺文印书馆，1983年；唐兰：《西周青铜器铭文分代史征》（附件1.穆王.30），中华书局，1986年；吴镇烽：《陕西金文汇编》163，三秦出版社，1989年；罗西章：《扶风县文物志》，陕西人民教育出版社，1993年5月；辛怡华：《扶风庄白伯㪬墓族属考》，《考古与文物》2001年第4期；刘连山：《西周伯㪬青铜器群出土记》，载宝鸡市政协学习与文史资料委员会、宝鸡市文物事业管理局编《宝鸡重大考古文博纪实》（宝鸡文史资料第16辑），2001年；北京大学考古文博学院、北京大学古代文明研究中心：《吉金铸国史——周原出土西周青铜器精粹》41，文物出版社，2002年6月；任周方：《伯㪬率师战戎胡，孝子祭母作鼎簋》，载《国宝纪事》，陕西人民出版社，2003年；张润棠：《白明科犁地犁出窖藏宝器群——伯器》，载《宝鸡青铜器》，三秦出版社，2005年；中国社会科学院考古研究所：《殷周金文集成》02824，中华书局，2007年；霍彦儒、辛怡华：《商周金文编——宝鸡出土青铜器铭文集成》157，三秦出版社，2009年；刘连山：《扶风庄白出土西周"伯㪬"铜器群始末》，载《我的回忆录——崎岖连山路》，陕内资图批字（2010）CB31号，2011年；吴镇烽：《商周青铜器铭文暨图像集成》02489，上海古籍出版社，2012年；赵燕娇：《小议录伯㪬、录诸器及伯诸器之关系》，《华夏考古》2014年第1期；刘卓异：《伯㪬族属及家族研究》，《殷都学刊》2016年第1期；张天恩主编：《陕西金文集成（3）·宝鸡卷·扶风》0231，三秦出版社，2016年。

盠驹尊

◆ 器物介绍

西周穆王世，窖藏出土，1955 年 3 月出土于眉县火车站乡东李家村，现藏于国家博物馆。1957 年 1 月 17 日，陕西省眉县马家镇李家村村民李焜给陕西省博物馆送来 3 件青铜器，2 件是彝，1 件是牺尊。陕西省博物馆于次日派人前往了解，并带回 1 件尊和 3 件陶鬲。据李家村的李含章说，这些文物是他哥在 1955 年 3 月挖苜蓿时发现的，出土后取回放在自家楼上，一直没有动，也未让别人知道；后来他侄儿李焜说"文物应该交给政府"，这才把文物送来博物馆。2 月 19 日陕西省博物馆又派专员去青铜器出土点进行实地调查，青铜器出土点在李家村北的半塬上。这里是古代人类居住的遗址区，断崖上的一些灰坑中有新石器时代、西周时期的陶片和秦汉时期的砖瓦陶片。青铜器就出土于周秦遗址附近，经钻探后，未发现墓葬。由于遗址情况极复杂，面积很大，短期无法探明。此窖出土 5 件文物，根据铭文内容，为同一人所铸，可分两组，二方彝及尊为一组，牺尊及另一牺尊残盖为另一组。从铭文得知，方彝应是盠为其祖父益公作的宝尊彝，可称此组窖藏器为盠尊组器。

盠驹尊，有盖。通体作马驹形象，昂首站立，竖耳垂尾。腹腔中空，以容酒浆。

通高 32.4 厘米，通长 34 厘米，重 5.68 千克。胸前铸有铭文，9 行 94 字，背上有一兽系盖可以启闭，铸字 4 行 11 字。盠驹尊作骡马形，为殷周青铜器所仅见。盖铭 4 行 11 字，器铭 9 行 94 字。该铭重要之处在于反映了西周时期的"执驹"礼制。

◆ 铭文释文

隹王十又二月，辰才（在）甲申。王初执驹于岸，王乎（呼）师豦召盠，王亲旨盠驹，易（锡）两朴。拜稽首，曰：王弗望（忘）氒（厥）旧宗小子，蛰（懋）皇盠身。盠曰：王倗下不（丕）其（基），则万年保我万宗。盠曰：余其敢对扬天子之休，余用乍朕文考大中宝尊彝。盠曰：其万年世子子孙孙永宝之。（注：以上为器铭）王䡛驹岸，易（锡）盠驹𥭧雷骓子。（注：以上为盖铭）

◆ 铭文注解

执驹礼

是西周一种养马礼制。《周礼·夏官·司马》校人："春祭马祖，执驹。"《夏小正》载四月"执陟攻驹"，戴德传云："执也者，始执驹也。执驹也者，离之去母也，执而升之君也。"《说文》："马二岁曰驹。"《周礼·夏官·司马》庾人："掌十有二闲之政教，以阜马、佚特、教𪓰、攻驹，及祭马祖、祭闲之先牧，及执驹散马耳、

盠驹尊盖铭文拓片

盠驹尊器铭文拓片

圉马。正校人员选……"说庾人的职责是掌理十二闲的政令和教治之法，第一使马健壮，第二不让马过分辛劳，第三是教习马匹服役，第四是阉割性情暴烈的马，第五是祭马祖，第六是祭先牧（最先养马者），第七是拘执未成年的马，等等。

学者认为所谓的"执驹"礼，就是在两岁的小马离开母马而升入朝廷服马时，初系马具所行之礼。用今天通俗的话来说就是两岁的小马离开其母，开始服役时举行的一种仪式。在西周非常重视此礼，以至于届时，天子亲自参加。

"王初执驹于岸，王乎（呼）师豦召盠，王亲旨盠驹，易（锡）两朴。"

"岸"，金文作"𢈪"，裘尊："唯王十又九年，王在厈。"《说文》："厂，山石之厓岩，人可居，象形。""岸""厈"或为同一地名，或为两地，但从字形分析，它们的地理条件，宜于挖窑住人。也有将"岸"字释作"岸"字。东李村位于眉县西北渭河北岸，与杨家村相距不远，这里北依坡原，南临渭河，地势向阳，川原兼得，水资源丰富，自然条件优越，黄土宜于挖窑居住，又位于渭河北岸，按古人说法为水之阳。"岸"的两种解释都与这里的环境相符。

"王初执驹于岸"，就是周王亲莅"执驹"现场，参加仪式。"易（锡）两朴"，"朴"，古有朴马之称。《荀子·臣道》："若驭朴马，若养赤子。"注："朴马，未调习之马。"周王亲自临"岸"，参加一年一度的"执驹"大典，并赏赐给盠两匹未经调习之马。盠尊组器的时代属于昭王、穆王时期。穆王时期的免簋载："唯三月既生霸乙卯，王在周，命免作司徒，司奠、寰廩暨虞暨牧……"根据学者研究，奠、寰（县）是周王朝最早的直辖地域，属于"王土"。在西周金文中，"王在周"一般指王在周原。穆王亲临周原，册命免管理王畿内农业、林业及牧业。眉县以北的渭河北岸，在周原的范围内，显然属于畿内。

◆ 铭文大意

十二月甲申这天，穆王在岸举行第一次执驹礼，王召唤师豦召见盠，王亲自赏赐给盠未调教的小马驹两匹。盠拜谢说："王没有忘记过去宗室的小子盠本人。"盠说："承蒙王这样看重，那么可以保佑我们万代。"盠又说："我要颂扬天子的恩惠，因此为我的先父大仲作了这件宝尊。"盠最后说："我的子子孙孙万年都要珍惜这件宝尊。"

◆ 相关文献

李长庆、田野：《祖国历史文物的又一次重要发现——陕西眉县发现出四件周代铜器》，《文物参考资料》1957年第4期；郭沫若：《盠器铭考释》，《考古学报》

1957年第2期；罗福颐：《眉县铜器铭文试释》，《文物参考资料》1957年第5期；史树青、石志廉：《盠尊、盠彝和騂驹罍释文》，《文物参考资料》1957年第6期；李学勤：《眉县李家村铜器考》，《文物参考资料》1957年7期；陈邦怀：《盠作騂尊跋》，《人文杂志》1957年第4期；周萼生：《眉县周代铜器铭文初释》，《文物参考资料》1957年第8期；吴世昌：《对"盠器铭考释"一文的几点意见》，《考古通讯》1958年第1期；陕西省博物馆、陕西省文物管理委员会：《陕西省博物馆、陕西省文物管理委员会藏青铜器图释》，文物出版社，1960年；于省吾：《略论西周金文中"六𠂤"和"八𠂤"及其屯田制》，《考古》1964年第3期；陕西省考古研究所、陕西省博物馆、陕西省文物管理委员会：《陕西出土的商周青铜器》（三），文物出版社，1980年；严一萍编：《金文总集》4888，艺文印书馆，1983年；吴镇烽：《陕西金文汇编》559，三秦出版社，1989年；辛怡华：《𢦏——周王朝的良马繁殖基地——眉县东李村盠尊（驹尊）组器再研究》，《文博》2003年第2期；韩巍：《眉县盠器群的族姓、年代及相关问题》，《考古与文物》2007年第4期；中国社会科学院考古研究所：《殷周金文集成》06011，中华书局，2007年；何景成：《盠驹尊与昭王南征——兼论相关铜器的年代》，《东南文化》2008年第4期；陕西省考古研究院、宝鸡市考古研究所、眉县文化馆：《吉金铸华章——宝鸡眉县杨家村单氏青铜器窖藏》，文物出版社，2008年10月；张润棠：《李喜娃挖出的"金马驹"——盠驹尊》，载《宝鸡青铜器》，三秦出版社，2005年；霍彦儒、辛怡华：《商周金文编——宝鸡出土青铜器铭文集成》596，三秦出版社，2009年；吴镇烽：《商周青铜器铭文暨图像集成》11812，上海古籍出版社，2012年；白光琦：《惠仲盠父与盠不是一人》，《考古与文物》2012年第3期；白于蓝：《金文校读三则》，《考古与文物》2013年第6期；张天恩主编：《陕西金文集成（6）·宝鸡卷·麟游千阳陇县眉县凤翔》0674，三秦出版社，2016年。

盠方尊

◆ 器物介绍

  西周穆王世，窖藏出土，1955 年 3 月出土于眉县火车站乡东李家村，现藏于陕西历史博物馆。1957 年 1 月 17 日，陕西省眉县马家镇李家村村民李焜给陕西省博物馆送来 3 件青铜器，2 件是彝，1 件是牺尊。陕西省博物馆于次日派人前往了解，并带回 1 件尊和 3 件陶鬲。据李家村的李含章说，这些文物是他哥在 1955 年 3 月挖苜蓿时发现的，出土后取回放在自家楼上，一直没动，也未让别人知道，后来他侄儿李焜说"文物应该交给政府"，这才把文物送来博物馆。2 月 19 日陕西省博物馆又派员去青铜器出土点进行实地调查，青铜器出土点在李家村北的半塬上。这里是古代人类居住的遗址区，断崖上的一些灰坑中有新石器时代、西周时期的陶片和秦汉时期的砖瓦陶片。青铜器就出土于周秦遗址附近，经钻探后，未发现墓葬。由于遗址情况极复杂，面积很大，短期无法探明。此窖出土 5 件文物，根据铭文内容，为同一人所铸，可分两组，二方彝及尊为一组，牺尊及另一牺尊残盖为另一组。从铭文得知，方彝应是盠为其祖父益公作的宝尊彝，可称此组窖藏器为盠尊组器。

  盠方尊，口圆体方，四角有扉棱凸起，腹两侧有向上卷曲的象鼻形捉手，长垂耳。

腹正中饰涡纹，两旁各饰一夔纹，颈部夔纹处在仰叶之内，圈足饰窃曲纹，通体以云雷纹填底。高17.4厘米，口径17厘米，足宽11.1厘米，重2.75千克。器内底铸有铭文10行108字。

◆ **铭文释文**

唯八月初吉王各（格）于周庙，穆公右盠立于中廷，北卿（向）。王册令（命）尹，易（锡）盠赤市（韍）、幽亢（衡）、攸（鋚）勒，曰：用司六𠂤（师）、王行、参（骖），参有司：司土、司马、司工。王令（命）盠曰：䜌司六𠂤（师）眔八𠂤（师）𢩵（执、艺），盠拜稽首，敢对扬王休，用作朕文且（祖）益公宝尊彝。盠曰：天子不（丕）叚（假）不（丕）其（祺），万年保我万邦，盠敢拜稽首，曰：刺（烈）朕身，䣙（更）朕先宝事。

◆ **铭文注解**

从盠驹尊铭文分析，在西周时期，眉县东李村一带应是周王朝的良马繁殖基地，以至于周天子亲临这里一年一度的"执驹"大典。盠相当《周礼》中的庚人的角色，管理西周王畿内的马政。

彝盖铭文记录了周王在周庙对盠掌治京畿内马政职务的册命。"易（锡）盠赤市（韍）、幽亢（衡）、攸（鋚）勒"，从西周青铜器铭文所载册命礼看，周王赏赐给臣属的命服，以"赤市"最多，与"赤市"相配的，以"朱黄"最多，其次为"幽黄"。

"用司六𠂤（师）、王行、参（骖），参有司：司土、司马、司工。王令（命）盠曰：䜌司六𠂤（师）眔八𠂤（师）𢩵（执、艺）"

此句最难理解。由于知道了盠的身份，"参"重文，第一个"参"通假"骖"。《尔雅》释畜"玄驹拟骖"，注："玄驹，小马别名；拟骖耳，或曰此即腰拟，古之良马名。拟，奴了切。骖，音参。"因此，"骖"即良马也。这里的"三有司"，令人费解，可能是省句。可断为"用司六𠂤（师）王行参（骖），参有司，司土、司马、司工"。大意是周王册命盠负责六师、王出行所需良马的培育工作，可能还有三有司的用马。三有司是西周政府行政的重要官员，包括司土、司工、司马，存在于西周政府的不同层位，作为卿事寮（见于令方彝、番生簋、毛公鼎）的主要官员，出现于五年裘卫鼎、裘卫盉，统称为"三有司"。

盠作为周人军队（六师和八师）体系中的行政官员，出现于盠方尊和盠方彝。

司土（徒）担负土地行政管理和有关土地的事务，活跃于西周行政的不同层级和不同地方。作为中央官员，出现于䵼簋（掌管籍田之礼）、此簋（作为右者出现）、五年裘卫鼎（参与土地交易）。可能作为东部都城成周的司土，出现于十三年痶壶（作

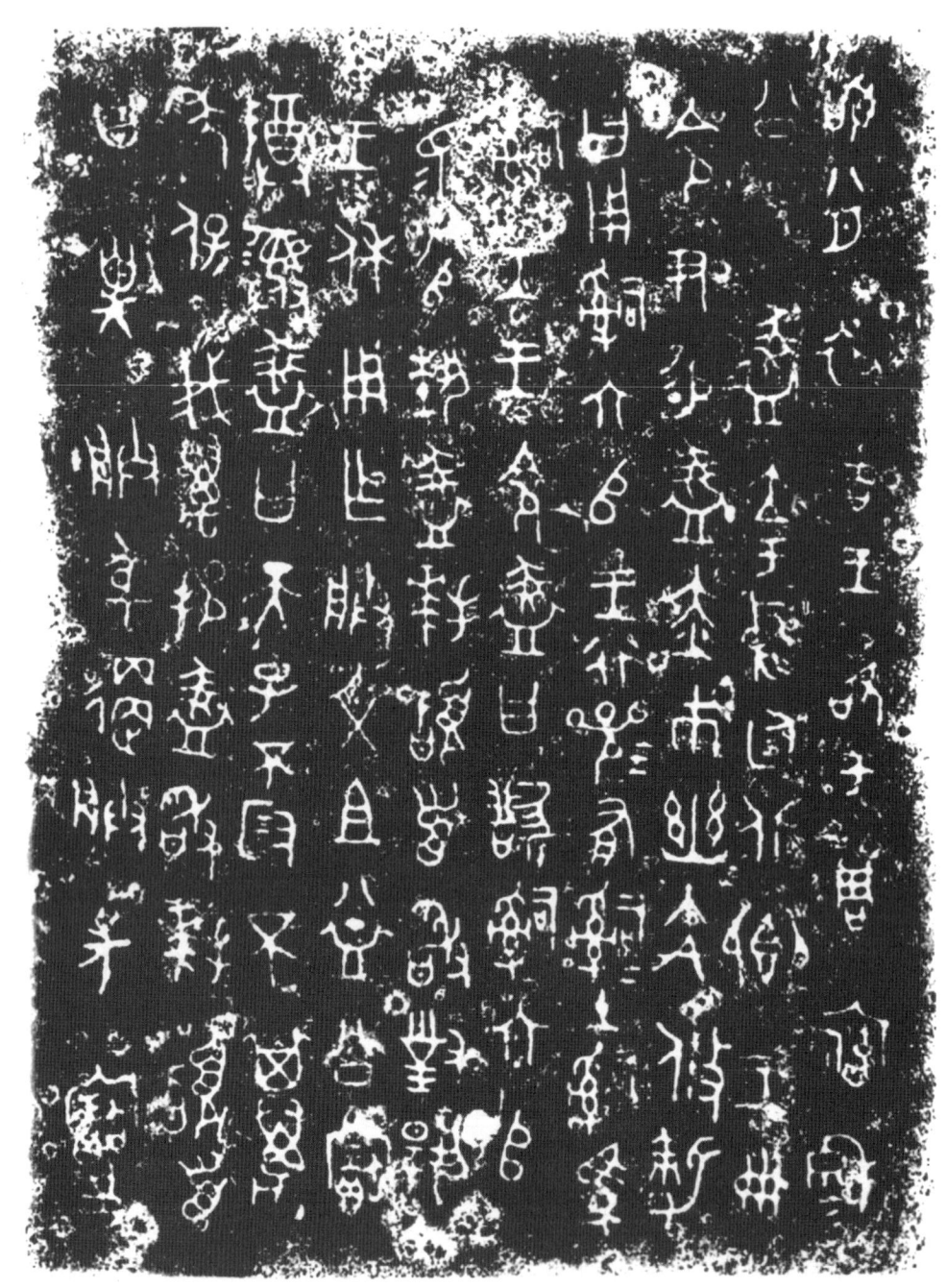

盠方尊铭文拓片

为建筑物宫名前的官员）。作为周人军队系统的行政官员，出现于杨家村出土的盠方尊和盠方彝。作为主要城市的行政官员，见于免簠（免受命为司土，负责有关郑郊森林、沼泽、牧场）。作为地方邦的官员，见于散氏盘。

司工负责建筑和公共工程项目。

司马负责与军事有关的事务。

"默司六𠂤（师）眔八𠂤（师）𩁹（埶、艺）"

于省吾先生认为"𩁹"是"蓺"的初文，并认为王令盠掌管六师及八师的谷类种艺之事，这是我国历史上最初出现的军事屯田制。西周文献中的"六师"，在西周金文中称"六𠂤"。还有"八𠂤"，一般称"殷八𠂤"，或"成周八𠂤"。在西周金文中既有以"六𠂤""八𠂤"并举的，还有以"西六𠂤""殷八𠂤"并举的。甲骨文和金文中都称王室的师旅为"𠂤"，其经常的驻防地称为"某𠂤"。古书上称国都为"京师"，西周金文作"京𠂤"一般认为，"西六𠂤"当即"六𠂤"，因屯于西土的都城丰镐，而称"西六𠂤"。那么，"殷八𠂤"是因屯驻于殷（卫）而得名。"成周八𠂤"该因屯驻于成周而得名。

因此，可以说盠的职司主要是负责为西周丰镐"六师"、成周"八师"培育战马的。

"天子不（丕）叚（祜）不（丕）其（祺）"

白于蓝先生认为，"祜"在典籍中常借"嘏"字来充当。《诗经·小雅·宾之初筵》："锡尔纯嘏。"朱熹集传："嘏，福。"《诗经·大雅·卷阿》："纯嘏尔常矣。"马瑞辰《毛诗传笺通释》："嘏与祜音义并同，嘏亦为大福。"克钟铭文有"用丐屯（纯）叚（嘏）、永令（命）"，学界一般认为"屯叚"即《诗经》等典籍常见之"纯嘏"，此亦"不叚"之"叚"可读作"嘏"，训作"福"之证据。

祺从其声，则其𠂤可读作祺。祺字古有吉祥之义。《说文》："祺，吉也。"《尔雅·释言》："祺，吉也。"《仪礼·士冠礼》："寿考惟祺。"郑玄注："祺，祥也。"因此，白于蓝先生认为，"不（丕）叚（祜）不（丕）其（祺）"，即大福大吉。

◆ 铭文大意

八月上旬一天，王在周庙，穆公引导盠站在大厅中央，面朝北。王册命盠，命尹赏赐给盠大红色的围裙，连同黝黑色的饰带、皮革制的马笼头。说："负责六师、王的出行及三有司（司徒、司马、司空）所需用的马。"王还册命盠说："兼管宗西六师及成殷八师的屯田工作。" 盠跪倒，双手相拱至地，俯首至手，感谢天子的册命，为有文德的先祖益公作了这件宝尊彝。盠说："天子大福大吉，庇护我们万邦。" 盠跪倒，双手相拱至地，俯首至手，说："我定要效法先祖，奉侍君主。"

◆ **相关文献**

李长庆、田野：《祖国历史文物的又一次重要发现——陕西眉县发现出四件周代铜器》，《文物参考资料》1957年第4期；郭沫若：《盠器铭考释》，《考古学报》1957年第2期；罗福颐：《眉县铜器铭文试释》，《文物参考资料》1957年第5期；史树青、石志廉：《盠尊、盠彝和骡驹罍释文》，《文物参考资料》1957年第6期；李学勤：《眉县李家村铜器考》，《文物参考资料》1957年第7期；周萼生：《眉县周代铜器铭文初释》，《文物参考资料》1957年第8期；吴世昌：《对"盠器铭考释"一文的几点意见》，《考古通讯》1958年第1期；陕西省博物馆、陕西省文物管理委员会：《陕西省博物馆、陕西省文物管理委员会藏青铜器图释》，文物出版社，1960年；于省吾：《略论西周金文中"六自"和"八自"及其屯田制》，《考古》1964年第3期；陕西省考古研究所、陕西省博物馆、陕西省文物管理委员会：《陕西出土的商周青铜器》（三），文物出版社，1980年；严一萍编：《金文总集》4890，艺文印书馆，1983年；吴镇烽：《陕西金文汇编》561，三秦出版社，1989年；辛怡华：《殷——周王朝的良马繁殖基地——眉县东李村盠尊（驹尊）组器再研究》，《文博》2003年第2期；韩巍：《眉县盠器群的族姓、年代及相关问题》，《考古与文物》2007年第4期；中国社会科学院考古研究所：《殷周金文集成》06013，中华书局，2007年；陕西省考古研究院、宝鸡市考古研究所、眉县文化馆：《吉金铸华章——宝鸡眉县杨家村单氏青铜器窖藏》，文物出版社，2008年10月第1版；张润棠：《李喜娃挖出的"金马驹"——盠驹尊》，载《宝鸡青铜器》，三秦出版社，2005年；霍彦儒、辛怡华：《商周金文编——宝鸡出土青铜器铭文集成》598，三秦出版社，2009年；白光琦：《惠仲盠父与盠不是一人》，《考古与文物》2012年第3期；吴镇烽：《商周青铜器铭文暨图像集成》11814，上海古籍出版社，2012年；白于蓝：《金文校读三则》，《考古与文物》2013年第6期；张天恩主编：《陕西金文集成（6）·宝鸡卷·麟游千阳陇县眉县凤翔》0673，三秦出版社，2016年。

盠方彝

◆ 器物介绍

西周穆王世，窖藏出土，1955 年 3 月出土于眉县火车站乡东李家村，现藏于国家博物馆。1957 年 1 月 17 日，陕西省眉县马家镇李家村村民李焜给陕西省博物馆送来 3 件青铜器，2 件是彝，1 件是牺尊。陕西省博物馆于次日派人前往了解，并带回 1 件尊和 3 件陶鬲。据李家村的李含章说，这些文物是他哥在 1955 年 3 月挖苜蓿时发现的，出土后取回放在自家楼上，一直没有动，也未让别人知道，后来他侄儿李焜说"文物应该交给政府"，这才把文物送来博物馆。2 月 19 日陕西省博物馆又派员去青铜器出土点进行实地调查，青铜器出土点在李家村北的半塬上。这里是古代人类居住的遗址区，断崖上的一些灰坑中有新石器时代、西周时期的陶片和秦汉时期的砖瓦陶片。青铜器就出土于周秦遗址附近，经钻探后，未发现墓葬。由于遗址情况极复杂，面积很大，短期无法探明。此窖出土 5 件文物，根据铭文内容，为同一人所铸，可分两组，二方彝及尊为一组，牺尊及另一牺尊残盖为另一组。从铭文得知，方彝应是盠为其祖父益公作的宝尊彝，可称此组窖藏器为盠尊组器。

盠方彝共出甲、乙 2 件，形制、纹饰、铭文基本相同，唯盠方彝乙形体较小，且腹内有隔。长方形、圈足、庑殿式四面坡盖，象鼻双耳。满身纹饰，以夔龙纹为主体纹饰，左右对称。器身以三层纹饰装饰，上下两层为夔龙纹两两一组；中间层与盖主纹相同，中间饰以圆形涡纹，两侧各饰一顾首夔龙纹。盠方彝甲，通高22.8厘米，口径11厘米，口横14.4厘米，腹深9.5厘米，足径13.2厘米，重3.6千克。器、盖对铭，各铸有相同铭文10行108字，款式稍异。盠方彝乙，通高18厘米，口径8.4厘米，口横11.6厘米，足径10.8厘米，重2.05千克。器、盖对铭，各铸有相同铭文10行108字，款式稍异。

◆ 铭文释文

唯八月初吉王各（格）于周庙，穆公右盠立于中廷，北卿（向）。王册令（命）尹，易（锡）盠赤市（韍）、幽亢（衡）、攸（鋚）勒，曰：用司六𠂤（师）、王行、参（骏），参有司：司土、司马、司工。王令（命）盠曰：𫩏司六𠂤（师）𦷣八𠂤（师）𢷎（𫖮、艺），盠拜稽首，敢对扬王休，用作朕文且（祖）益公宝尊彝。盠曰：天子不（丕）叚（祜）不（丕）其（祺），万年保我万邦，盠敢拜稽首，曰：剌（烈）朕身，遹（更）朕先宝事。

◆ 铭文注解

从铭文分析，盠方尊、盠方彝制作时间应早于盠驹尊，盠方尊、盠方彝铭文是记述周王对盠职司的册命，盠驹尊记述了周王亲自参加"执驹"礼。如果这组器物铸于同一年，那么可以这样理解：这年的八月，王在周册命了盠，管理西周六师、八师及王行的良马培育及六师、八师的屯田工作，十三月王亲莅"敢"地，参加了一年一度的"执驹"大礼，并赏赐给盠两匹未调习的小马，显然是对盠任职以来工作的肯定。

在"王初执驹于敢（岸）"一句中，"初"，既可以理解为新王第一次参加"执驹"礼，也可以理解为盠上任以来的第一次"执驹"。意义非同寻常，因此盠大加记载。

唐兰先生在《西周青铜器铭文分代史征》中认为"敢"地应与宗周相近，并推测其具体地点在今陕西省凤翔县。卢连成先生在《敢地与昭王十九年南征》一文认为，矢人盘（散氏盘）中"豆（豆）""敢（敢）"与盠尊器组中"豆（豆）""敢（敢）"分别为同一地名。并指出"豆""敢"二地地点的确是在古汧渭之间，汧水与渭水相汇的地方，即今宝鸡、凤翔、眉县交界地。这里北依周原，濒临渭水，有较为开阔的河谷台地，水草丰美，是一处天然的马场。敢地地处汧渭之间，东距丰镐二京，东北距周人故都岐周甚近。盠地居于关中西部，粮草腴集，是西周远征（征伐荆楚）的准备基地。

"执驹"礼与"籍田"礼一样，应该是在现场举行，不可能在京师或王宫举行。

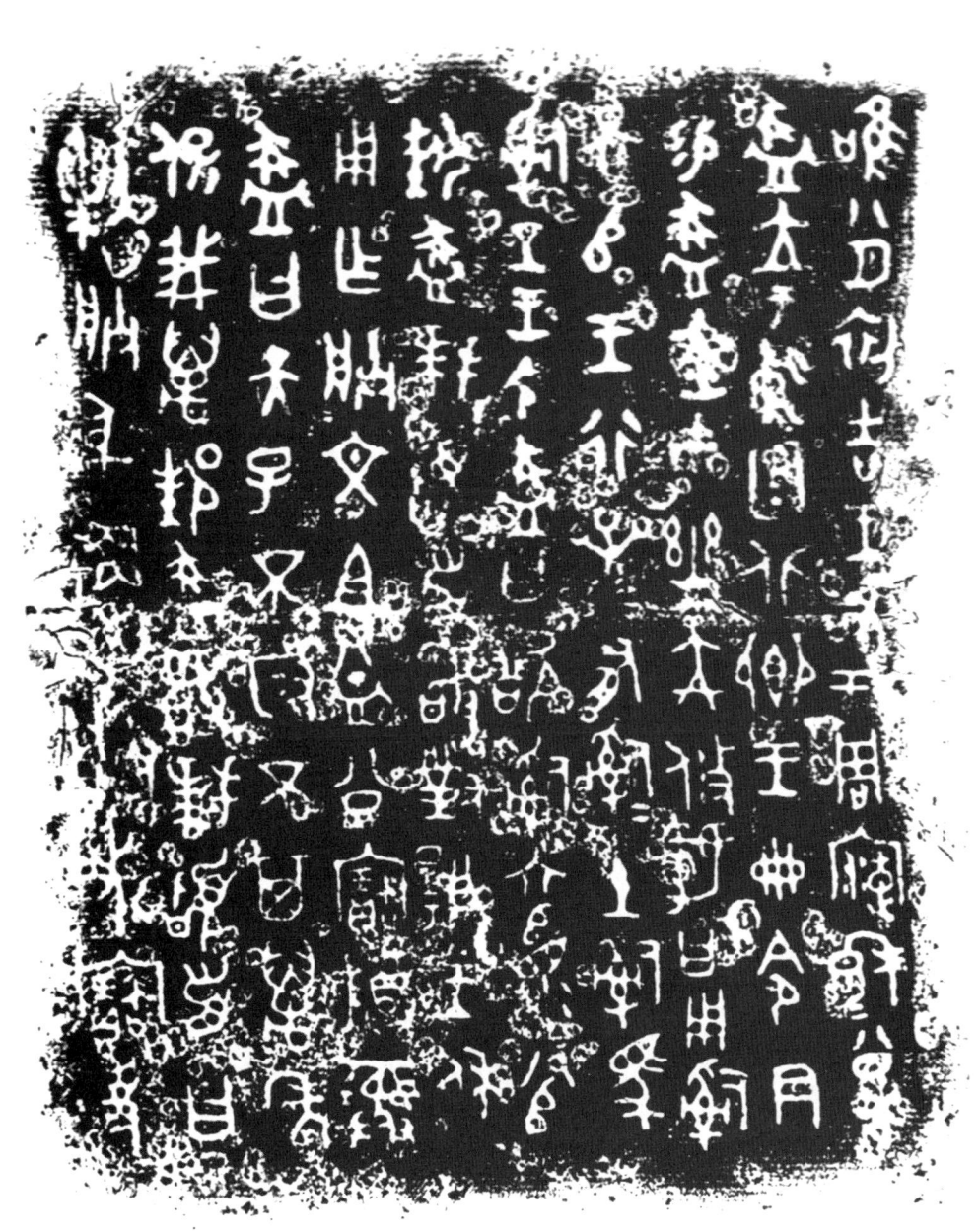

盠方彝盖铭文拓片

盠方彝器铭文拓片

如果说青铜器出土点一带当初是其主人居住地，"斿"地就在青铜器出土点一带，那么可以认为，今天的东李村一带应该是西周王朝的养马基地。

西周时期，东李村一带属于京畿之内，这里北依坡原，南临渭河，地势向阳，川原兼得，水资源丰富，自然条件优越，宜于牧马。周王册命盠管理西周京畿内马政，为西六师、殷八师以及周王出行培育所用之良马，与这里的得天独厚自然条件有一定的关系。《史记·秦本纪》载："非子居犬丘，好马及畜，善养息之。犬丘人言之周孝王，孝王召使主马于汧渭之间，马大蕃息。"东李村一带，属于广义上的"汧渭之间"。可以说，后来孝王把"汧渭之间"作为西周王朝的养马基地，与盠早期的开拓是分不开的。

◆ 铭文大意

八月上旬一天，王在周庙，穆公引导盠站在大厅中央，面朝北。王册命盠，命尹赏赐给盠大红色的围裙，连同黝黑色的饰带、皮革制的马笼头。说："负责六师、王的出行及三有司（司徒、司马、司空）所需用的马。"王还册命盠说："兼管宗西六师及成殷八师的屯田工作。"盠跪倒，双手相拱至地，俯首至手，感谢天子的册命，为有文德的先祖益公作了这件宝尊彝。盠说："天子大福大吉，庇护我们万邦。"盠跪倒，双手相拱至地，俯首至手，说："我定要效法先祖，奉侍君主。"

◆ 相关文献

李长庆、田野：《祖国历史文物的又一次重要发现——陕西眉县发现出四件周代铜器》，《文物参考资料》1957年第4期；郭沫若：《盠器铭考释》，《考古学报》1957年第2期；罗福颐：《眉县铜器铭文试释》，《文物参考资料》1957年第5期；史树青、石志廉：《盠尊、盠彝和騣驹尊释文》，《文物参考资料》1957年第6期；李学勤：《眉县李家村铜器考》，《文物参考资料》1957年第7期；周蕚生：《眉县周代铜器铭文初释》，《文物参考资料》1957年第8期；吴世昌：《对"盠器铭考释"一文的几点意见》，《考古通讯》1958年第1期；陕西省博物馆、陕西省文物管理委员会：《陕西省博物馆、陕西省文物管理委员会藏青铜器图释》，文物出版社，1960年；于省吾：《略论西周金文中"六自"和"八自"及其屯田制》，《考古》1964年第3期；陕西省考古研究所、陕西省博物馆、陕西省文物管理委员会：《陕西出土的商周青铜器》（三），文物出版社，1980年；严一萍编：《金文总集》4979、4980，艺文印书馆，1983年；吴镇烽：《陕西金文汇编》623、624，三秦出版社，1989年；辛怡华：《斿——周王朝的良马繁殖基地——眉县东李村盠尊（驹尊）组器再研究》，《文博》2003年第2期；卢连成：《斿地与昭王十九年南征》，《考古与文物》1984年第6

期；韩巍：《眉县盠器群的族姓、年代及相关问题》，《考古与文物》2007年第4期；中国社会科学院考古研究所：《殷周金文集成》09899、09900，中华书局，2007年；陕西省考古研究院、宝鸡市考古研究所、眉县文化馆：《吉金铸华章——宝鸡眉县杨家村单氏青铜器窖藏》，文物出版社，2008年10月；张润棠：《李喜娃挖出的"金马驹"——盠驹尊》，载《宝鸡青铜器》，三秦出版社，2005年；霍彦儒、辛怡华：《商周金文编——宝鸡出土青铜器铭文集成》599、600，三秦出版社，2009年；白光琦：《惠仲盠父与盠不是一人》，《考古与文物》2012年第3期；吴镇烽：《商周青铜器铭文暨图像集成》13546、13547，上海古籍出版社，2012年；张天恩主编：《陕西金文集成（6）·宝鸡卷·麟游千阳陇县眉县凤翔》0671、0672，三秦出版社，2016年。

小克鼎

◆ 器物介绍

西周晚期，窖藏出土。清光绪十六年（1890）发现于扶风县任家村东南土壕，共出土青铜器 100 多件（一说 70 余件），除少数几件外，大部分已下落不明。1972 年 9 月至 1976 年罗西章先生对此曾进行过两次实地调查，据任家村老者任登肖说，此窖藏青铜器是其祖父任致远在村东南土壕掘土时发现，共出土青铜器 100 多件。从手头资料看，此窖青铜器主要有两组，一组为中义父组青铜器，另一组为克组青铜器。克组青铜器在重见天日后即被拆散，并从此天各一方。晚清的金石大家，如端方、吴大澂等人均曾收藏过小克鼎等克组青铜器。总计小克鼎 7 件为列，克钟 5 枚成组，另有克镈、克盨等多件器物，大克鼎是其中最大的一件。器内壁铸铭文 8 行 72 字。小克鼎甲、丙、丁，流失日本，分别藏于日本京都藤井有邻馆、日本京都黑川古文化研究所、日本东京书道博物馆；小克鼎乙，现收藏于上海博物馆；小克鼎戊，现收藏于故宫博物院；小克鼎己，原藏于丁麟年，后归天津艺术博物馆；小克鼎庚，现收藏于南京大学考古与艺术博物馆。

◆ 铭文释文

唯王廿又三年九月，王在宗周，王命膳夫克舍令于成周，遹正八𠂤（师）之年，克作朕皇祖釐季宝宗彝。克其日用䣋朕辟鲁休，用匄康勔（乐）、纯祐、眉寿、永命、灵终、万年无疆，克其子子孙孙永宝用。

◆ 铭文注解

"宗周"

周为诸侯所宗仰，故王都所在地称宗周，在今陕西西安。《尚书·多方》："王来自奄，至于宗周。"《诗经·小雅·正月》："赫赫宗周。"周自古公亶父居于岐邑，周文王将都城从岐邑迁至丰（今陕西长安西北，沣河西），周武王时又迁都于镐。丰京是宗庙和园囿的所在地，镐京为周王居住和理政的中心。镐京又称宗周，《长安志》卷三引皇甫谧《帝王世纪》解释为："武王自酆居镐，诸侯宗之，是为宗周。"考古发现，镐京遗址位于陕西省长安县（今西安市长安区）西北，沣河中游东岸，北至洛水村，南至斗门镇，东到昆明池故址，西到镐水故道，面积约4平方千米，可能一部分已为昆明池破坏。在洛水村北发现有建筑遗迹，在普渡村发现有西周墓葬群。

"成周"

西周时期的东都，又称洛邑。周成王时，周人兴建东都洛邑，即成周，以此为中心加强对东方的控制。周王虽然经常在成周驻节，但还是以宗周为活动的中心。当时认为成周位于天下中心，四方贡赋、道里均等，又把曾反抗周朝的殷民迁到其东郊，借以控制，所以成周在西周的政治经济中有重要作用。

"遹正"

《尔雅·释诂》："遹，循也。""正"，读作"整"，整顿之义，即考成，考核。师遽簋："王在周，格新宫。王延正师氏。"《周礼·天官·宰夫》："岁终，则令群吏正岁会；月终，则令正月要；旬终，则令正日成，而以考其治。"

"八𠂤（师）"

应是成周八师的简称。周王朝在灭商以后，将其兵力分为三部分：殷八师、成周八师和西六师，以保卫全国。也有学者认为，殷八师就是成周八师。殷八师驻在殷之故地朝歌，主要是对付殷人和东夷。西六师驻守西土，拱卫丰、镐宗周之地。营建东都洛邑后，成周八师驻守在洛邑，以保卫成周，东可以控制东方各诸侯国家，西可以拱卫宗周，南可威服淮夷，北可扼幽燕。洛邑成为周王朝的东都、东方的重镇，对巩

小克鼎丙铭文拓片（日本京都黑川古文化研究所）

小克鼎乙铭文拓片（上海博物馆）

固周王朝的统治起了重要作用。

◆ **铭文大意**

王二十三年九月,王在宗周,王命膳夫克在成周行施政令,巡视、考核、校阅成周八师。这一年克为我伟大的先祖釐季作了这件祭祀宝器。克要每天祭享先君,颂其功德,期望先祖给我心怀宽绰,康和保佑,长寿永命,灵终,万年无疆。克的子子孙孙永远宝用。

◆ **相关文献**

罗振玉:《三代吉金文存》4.30.1,民国二十六年(1937)影印本;郭沫若:《两周金文辞大系图录考释》卷七,科学出版社,1957年;严一萍编:《金文总集》1291-1297,艺文印书馆,1983年;吴镇烽:《陕西金文汇编》传77,三秦出版社,1989年;罗西章:《扶风县文物志》,陕西人民教育出版社,1993年;李学勤:《论克器的区分》,载《夏商周年代学札记》,辽宁大学出版社,1999年;张润棠:《大克鼎——光绪年出土120件中之珍奇》,载《宝鸡青铜器》,三秦出版社,2005年;中国社会科学院考古研究所:《殷周金文集成》02796-02802,中华书局,2007年;霍彦儒、辛怡华:《商周金文编——宝鸡出土青铜器铭文集成》181-187,三秦出版社,2009年;周言:《小克鼎》,《南京大学学报(哲学·人文科学·社会科学版)》2009年9月;吴镇烽:《商周青铜器铭文暨图像集成》02454-02460,上海古籍出版社,2012年;张天恩主编:《陕西金文集成(4)·宝鸡卷·扶风》0377-0383,三秦出版社,2016年。

三、战争

　　伯䜌家族在商代就存在,其祖先曾受到商王赏赐,商周之际,其家族臣服于周王室,遂被迁往周原。到穆王时期,伯䜌本人受周王重用,担任重要的军事统帅职位。伯䜌及其家族的境遇可以反映殷遗民在西周时期的典型境遇。䜌簋铭文记载了一次征伐淮夷的战争,在䜌的指挥下,这场激烈的战役最终取得了胜利。伯䜌首次出征能在一场规模不小的战役中取得这样的成就,显然是受到了长期良好的军事训练,所以虽然年轻,但既勇武又擅长指挥,伯䜌家族可能是以能征惯战著称的武将世家。师同鼎铭首没有纪年,铭文内容记述的是一次战争,由于内容不全,对战争的详细情况无法了解。师同此次从征,鼎铭所谓的"戎",当指居住在西周西北的少数民族,鼎铭所记俘获的戎人青铜器金胄、戎鼎、铺、剑都是北方少数民族使用的青铜器。在一次战争中获取这种青铜器120件,足以说明当时戎人生活中使用青铜器比较普遍,戎人生活不像一些人想象的那么原始。

塱鼎

◆ 器物介绍

西周成王世，传1927年农历腊月出土于宝鸡戴家湾。美国旧金山亚洲美术博物馆藏（布伦戴奇藏品）。通高26.8厘米，口横21.1厘米，口纵16厘米。长方体，窄沿方唇，口沿上一对立耳，深腹平底，四条鸟形扁足支撑鼎体，四壁中部各有一道扉棱，四壁装饰云雷纹衬底的高浮雕凤鸟纹，两两相邻，面向四隅，两鸟共有一个喙，伸出鼎体作为扉棱。铸有铭文5行35字。

斗鸡台是宝鸡十里铺地区和戴家湾一带的泛称。其范围大约北以贾村塬坡为界，南临渭河，西起刘家沟以西的陕棉十二厂，东至杨家沟，为东西略长，南北稍窄的渭河二阶台地。1936年，陇海铁路向宝鸡延伸，为了保护古陈仓城的文化遗迹，杨虎城将军亲笔题写的"斗鸡台隧道"，就从当时戴家湾村子南边凸出的断崖上穿过。因此，在有些相关的文物事件中，斗鸡台和戴家湾往往指的是一个地区。抗日战争爆发后，荣氏家族纺织工厂内迁到了这里，斗鸡台的名字也由于现代工业的崛起而颇具影响。20世纪初以来，宝鸡斗鸡台一带先后发生了三次重大的文物出土事件，从此，宝鸡斗鸡台和戴家湾这两个名字便引起了历史界、考古界和文物界的密切关注。一是清光绪二十七年（1901），戴家湾村农民王奎在村北的坡地上挖地时，挖出了青铜器30多件，其中一件青铜禁属首次发现，后来流失美国。二是1927年秋天至1928年春夏之交，盘踞凤翔的军阀党玉琨，征发宝鸡、凤翔、岐山等县的民众上千人在戴家湾大肆盗掘文物，共挖出青铜器上千件，其中举世罕见的青铜禁再次出土。三是1934年至1937年，由原北平研究院史学研究会和陕西省政府联合组建的考古会，在斗鸡台戴家湾进行了为期4年的考古发掘，开启了现代意义上的陕西考古，堪称陕西考古"第一铲"，宝鸡因而被中国考古界称为"考古圣地"。

◆ 铭文释文

　　唯周公于征伐东尸（夷），丰白（伯）、専（薄）古（姑）咸戈，公归获于周庙，戊辰，酓（饮）秦酓（饮），公赏塱贝百朋，用乍（作）尊鼎。

◆ 铭文注解

"丰白（伯）"

　　"丰"，国名，"白（伯）"，爵名。《左传·僖公二十四年》："管、蔡、郕、霍、鲁、卫、毛、聃、郜、雍、曹、滕、毕、原、丰、郇，文之昭也。"唐兰先生认为，据此铭文，丰原属东夷之国，为周公所灭后，才用来封同姓的。其地望在今江苏省北部的丰县，在曲阜之南。可见，当初周公东征，伐淮夷，实际已到达今江苏省北部。

"専（薄）古（姑）"

　　即蒲姑。《尚书大传》载："奄君、蒲姑谓禄父说：'武王既已死矣，今王尚幼矣，周公见疑矣，此世之乱也，请举事。'"

"酓（饮）秦酓（饮）"

　　唐兰先生认为第一个"饮"是饮酒礼，第二个"饮"字是清酒，秦饮当是秦地的清酒。马承源先生也认为，"酓秦酓"或解释为饮秦酓之酒。前一酓读为饮字，后一酓字指酒浆。酓秦酓是说周公告庙后，举行宴饮，所饮之酒名秦酓。

　　1976年岐山凤雏村西周宫室（宗庙）建筑基址出土的甲骨（H11：132）云："王酓秦……"李学勤、王宇信先生认为此甲骨片虽残，却很重要，所记礼制同于宝鸡戴家沟（湾）旧出的方鼎。"酓秦酓"也许是饮至一类庆祝凯旋的礼仪。

　　凤雏甲骨文"王酓秦……"与戴家湾鼎铭文中"酓秦酓"句，一般认为说的是同一件事，但对于"秦"有不同认识，有学者认为"秦"通"臻"，与地名无关。我们认为"秦"应为地名，不必过多解读。

　　塱鼎和凤雏甲骨文两者时代均为西周早期。西周中期询簋、师酉簋铭文里有"秦

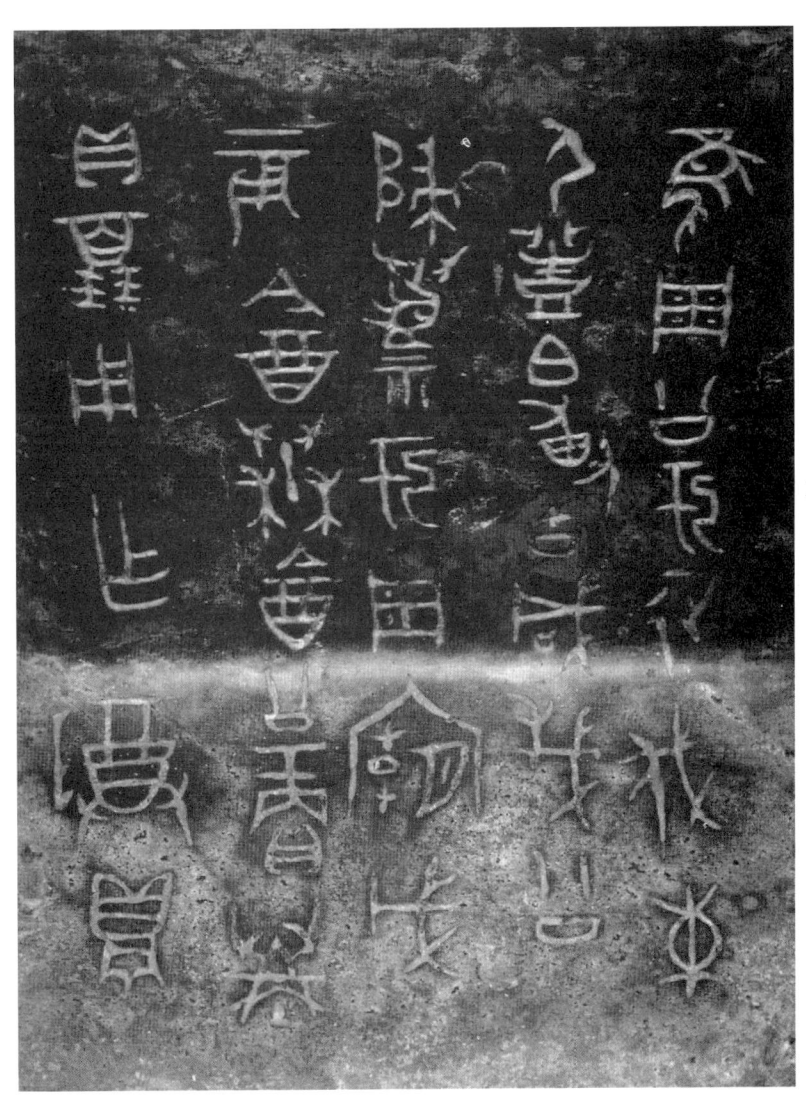

墍鼎铭文

夷""秦人""戍秦人"称呼。《史记·秦本纪》叙述非子被周孝王召之于"汧渭之间"牧马，因成绩突出而封为附庸，"邑之秦"。可见，秦地是一古老的地名，最迟在周初就已存在，一般认为其具体方位在今宝鸡戴家湾一带。

"秦畬"是目前所能见到唯一以酒的产地命名的西周名酒，用在国家重大的祭祀、庆典仪式上。于是我们就会联想到，摆置祭祀酒器的青铜禁为什么只在宝鸡发现？这或许与宝鸡盛产名酒、酒业发达有关吧！由于塱是当地人，自然要情有独钟地在青铜器铭文里特书一把"秦畬"酒。

塱鼎铭文信息主要有（1）周公征伐东夷，灭掉了丰国、薄姑国。（2）凯旋，在周庙举行了向祖先报告的献俘礼。（3）在典礼上饮用的是秦地出产的秦畬酒。（4）公赏塱贝百朋。

献俘礼是西周早期的制度，每逢重大的军事行动胜利后，都要在周庙里举行声势浩大的献俘庆赏活动。如小盂鼎记述了盂征伐鬼方大胜后在周庙举行献俘庆赏之礼的全过程。周公东征凯旋回到故都周原，在周庙举行的盛大献俘礼中，肯定有大量的战利品，只不过鼎铭文强调的是典礼上所用酒的产地，典礼经过及献俘情况没有涉及。

戴家湾（斗鸡台）M16除出土大量青铜礼器外，还有戈、矛等兵器。铍，即"大刀"的异形兵器也出土于该墓。任雪莉博士认为这种造型奇特的兵器应该不是实战用器，可能是仪仗用礼器。不论此随葬仪仗用器是自己的还是被赏赐的，能随葬它，自然显示出了墓主的显赫身份。因此，我们推测M16的主人生前曾在军队中担任过高级职务。

我们认为，之所以塱早年能参加献俘庆赏礼并得到周公奖赏，是因为他当时跟随周公平息了东夷叛乱，是周公手下的一员重要将领。再联系到鲁侯熙鬲能在其墓葬中出土，塱与周公家族应有特殊关系，即联姻关系。

◆ 铭文大意

周公征伐东夷，丰伯、薄姑都被斩灭。周公凯旋，在周庙里向祖先报告战况情况。戊辰这天，饮秦地酿造的清酒。周公赏赐给塱贝一百朋，塱用来铸造了这件祭祀祖先的宝鼎。

◆ 相关文献

严一萍编：《金文总集》1242，艺文印书馆，1983年；唐兰：《西周青铜器铭文分代史征》（卷一下.周公.9），中华书局，1986年；吴镇烽：《陕西金文汇编》传71，三秦出版社，1989年；张润棠：《夔纹禁——戴家沟文物盗掘之余珍》，载《宝鸡青铜器》，三秦出版社，2005年；高次若、刘明科等：《党玉琨盗掘斗鸡台（戴家湾）

文物的调查报告》，载《宝鸡考古撷萃》（陈仓文化丛书第1辑），三秦出版社，2006年；中国社会科学院考古研究所：《殷周金文集成》02739，中华书局，2007年；任雪莉、李翠香、李扬：《有关宝鸡戴家湾铜器族属及墓地性质的推论》，载段德新主编《周秦文明论丛》（第2辑），三秦出版社，2009年；霍彦儒、辛怡华：《商周金文编——宝鸡出土青铜器铭文集成》537，三秦出版社，2009年；吴镇烽：《商周青铜器铭文暨图像集成》02364，上海古籍出版社，2012年；辛怡华：《西周时期的国酒——秦畬》，《秦始皇帝陵博物院》2013年总3辑；辛怡华：《戴家湾M16与周公家族关系初探》，宝鸡戴家湾、石鼓山与安阳出土青铜器及陶范学术研讨会论文，2015年12月，北京（又见《宝鸡考古——纪念宝鸡市考古研究所成立四十周年论文集》，陕西人民美术出版社，2021年）；张天恩主编：《陕西金文集成（7）·宝鸡卷·凤翔陈仓金台》0798，三秦出版社，2016年。

小盂鼎

◆ 器物介绍

又叫二十五祀盂鼎，西周康王世，窖藏出土。清道光初年与大盂鼎（二十三年盂鼎）同出土于陕西省岐山县京当乡礼村沟岸。大盂鼎因归潘祖荫而显，小盂鼎则亡佚。吴式芬先生说："器出陕西岐山县，安徽宣城李文翰令岐山，得之。"陈梦家先生说："传此器亡佚于太平天国之际，而另一说则以为项城袁氏实藏此器，重埋入土，今不知所在。"今据岐山宋家后代宋彦奎说，小盂鼎出土后，与大盂鼎同为宋家所有。宋金鉴的侄子宋世男曾将此鼎送给陕西巡抚，捐官出任山东省东阿县县令。此后就不知下落。

此器之所以称小盂鼎，是因器形较大盂鼎小，若以铭文字数论，则比大盂鼎多。小盂鼎器亡铭存，传世铭文拓本很少，现在所能见到的只有罗振玉的一个影印本，又有陈簠斋所藏拓本，孙壮曾影印，陈梦家《西周铜器断代》附有照片，此外，唯《攈古录金文》有双勾廓填摹本。铭文20行约400字，为西周早期字数最多的一篇金文，惜多为锈掩，未经剔治，以致不能通读，也无从准确译意。一个半世纪以来，学者们在铭文释读上付出了辛勤的劳动，取得了一批研究成果，使铭文大体能够连缀成篇；在铭文礼学研究方面，陈梦家、李学勤、刘雨、高智群、张怀通、丁进等学者均取得了一定的成绩。

学者认为，小盂鼎铭是带有"私人叙事"性质的记叙文，不是真正的礼典，但它记载的大献礼仪式，对于研究西周礼学具有不可多得的参考价值。小盂鼎铭也证明《仪礼》等传世文献的价值不可低估。《仪礼》不是真的"周礼"，不过《仪礼》十七篇中的《乡饮酒礼》《燕礼》《公食大夫礼》和《觐礼》十分接近小盂鼎铭时代的文化背景，他们关于献主、宾、众宾、祝、介的记载对于破解小盂鼎铭中的宾、邦宾具有启示意义。青铜器铭文已经发现不少，但铭文的解读很难取得一致的意见，这是由于今人距离西周的文化背景十分遥远。正确解读青铜器铭文不能完全抛开"三礼"等传世文献。有时候铭文似乎与传世文献"冲突"，那是因为我们没有掌握足够的资料。而小盂鼎铭说明周礼在康王时期已经很规范。那么从西周青铜器铭文中探索西周礼制就是一条可行之路。陈梦家先生在《西周铜器断代》中已经注意从礼典角度把握铭文；

李学勤先生利用小盂鼎铭研究西周献俘庆赏之礼和门朝制度；刘雨先生致力于西周青铜器铭文中"周礼"的研究，都颇有创获。总之，小盂鼎铭所载是周康王时征伐成功、献俘庆赏的事迹，涉及古代军礼的主要内容，也为研究西周职官、宫庙等制度提供了宝贵材料。

◆ **铭文释文**

唯八月既望辰才（在）甲申，昧爽，三左三右多君入，服酉（酒）。明，王各（格）周庙，□□邦宾，延。邦宾尊其旅服，东乡（向）。盂曰（以）多旂佩。鬼方子□□入南门，告曰：王令盂曰（以）□□伐鬼方，□□□馘□。执酋三人，获馘四千八百[又]十二馘，孚人万三千八十一人，孚马□□匹，孚车卅两（辆），孚牛三百五十五牛，羊卅八羊。盂或（又）告曰：□□□。乎蔑我征，执酋一人，获馘百卅七馘，孚人□□，孚马百四匹，孚车百□两（辆）。王若曰："□。"盂拜稽首，曰（以）酋进，即大廷。王令（命）荣（荣）讯酋，荣（荣）即讯厥故。□越白（伯）□□鬼獿，鬼獿曰（以）虐新□从，咸，折酋于□。王令（命）□□□□□，厥馘入门，献西旅，□□入燎周庙，盂曰（以）入三门，即立中廷，北乡（向）。盂告费伯，即立（位），费□□□□于明白（伯）、继白（伯）、□伯，告咸，盂曰（与）诸侯眔侯、田（甸）、男□□从盂征，既咸，宾即立，赞宾。王乎（呼）赞盂，曰（以）□□□进宾，□□大采，三周入服酉（酒）。王各（格）庙，祝延□□□邦宾，丕祼，□□用牲禘（禘）周王、武王、成王。□□卜有臧，王祼，祼述，赞邦宾，王乎（呼）□□□令盂曰（以）区入，凡区曰（以）品。粤（粤）若翌日乙酉，□三事□□入服酉（酒），王各（格）庙，赞邦宾。诞王令（命）赏盂，□□□□□，弓一、矢百、画㚟一、贝冑一、金册一、戚戈二、矢□八。用乍（作）□白（伯）宝尊彝。唯王廿又五祀。

◆ **铭文注解**

"三左三右"

陈梦家先生认为可与《尚书·周书·顾命》中的六卿即大保奭（召公）、芮伯、彤伯、毕公、卫侯、毛公对比，李学勤先生赞同此观点。《顾命》在六人之下提到的"百尹、御事"，即鼎铭的"多君"。孔传已说明，大保奭至毛公是当时的六卿，可见"三左三右"也是六卿，而"多君"指其下面的朝臣。

李学勤先生认为鼎铭三次说"入"和"服酉（酒）"，随之都是王格庙，可知"入"是指进入宗庙。当该日天将明的"昧爽"之时，群臣先进入周庙，然后"服酉（酒）"即事酒，都是为周王的到来做准备。王在天明时来到宗庙。"赞王、邦宾"，"赞"

小盂鼎铭文摹本

字在金文中常用为圭瓒之"瓒",此处是动词。这里的"赞"也可读为"献"。"延",《方言》:"遍也"这一句是说,以酒献给王和邦宾,依次而遍。

"邦宾"

即《周礼·司几筵》《礼记·丧大记》的"国宾"。《司几筵》注引郑众说,以"国宾"为老臣,郑玄自己则认为是"诸侯来朝,孤卿大夫来聘"。但无论如何,"邦宾"的身份是和"三左三右"等朝臣不同的。

"南门"

应为王朝最外的门,文献称之为皋门。盂以多旂负鬼方首级进入南门,以战绩告王,可知此时王已不在宗庙,很可能是在雉门南向而立。

盂向王报告的有两次战役,由斩获数字可见战事的激烈和用兵规模之大。从所俘车马知道鬼方的文化绝非低级的。

"大廷"

也见于文献,《逸周书·大匡》作"大庭",清代朱右曾注释说:"庭当为廷。大廷,外朝之廷,在库门内,雉门外。"李学勤先生认为是非常正确的。盂在向王禀告之后,将鬼方三酋带到王所在的雉门前面。

"咸"

此时,王命荣审讯三酋。"咸"训为终。此字前人多误为"商"。审讯结束后,即将三酋斩杀。至于行刑之地,可惜已经残去。

"献西旅"

《尔雅·释宫》:"旅,途也。"注:"途即道也。"鼎铭说以人、馘入门,献于西方之道上。

"燎"

以玉与牲置于柴上而焚烧的祭祀方法。

"三门"

即雉门。《周礼·阍人》注:"玄谓雉门,三门也。"李学勤先生认为各种活动在雉门外举行,进入三门时是由于对敌人的处置业已完毕。

首先"立中廷"的是盂,故下云"盂告"。"中廷"是廷之中。《释宫》:"中庭之左右谓之位",注:"群臣之列位也。""大廷"特指固定场,所以在很多金文里,不管王在哪个地方,都可以有"中廷"。"北向",即面王而立。盂报告后,费伯等依次报告。李学勤先生认为费伯应为盂在战事中的副手,明伯、继伯等应为从盂出征的将佐。盂在入南门后的报告,限于俘获数目,此时的各人分别禀告,大约是讲述战争的详细过程和有关种种情况。依次报告后，盂还将诸侯出兵支持盂征讨的事迹专门作了禀告。

"令盂吕（以）区入，凡区吕（以）品"

"区"，前人多读为"驱"，以为与"俘'义同。多友鼎铭有"驱"，"驱"，仍是驱赶。李学勤先生认为，假如这里的"区"是指俘获的人畜，其数量甚大，进入宗庙是不大可能的。"凡区以品"，"以"训"有"，文献和金文中用"品"计算的是金、玉。《尔雅·释器》："玉十谓之区。"鼎铭的"区"可能指玉而言。古代征伐，特别重视玉的夺取，如《世俘》所记："凡武王俘商旧宝玉万四千，佩玉亿有八万。"

一、与《世俘》篇比较

小盂鼎铭所记大典活动程序，可以与《世俘》篇比较。武王伐纣，胜利后返周，举行的典礼活动，见于《世俘》。由于篇文有不少错讹脱漏，不能完全理解。李学勤先生进行了排比研究：

四月庚戌，武王朝至，降自车，废于纣矢恶臣百人。"武王乃夹子南门用俘，皆施；佩衣衣，先馘入，武王在祀，大师负商王纣县首白旂、妻二首赤旂，乃以先馘入，燎于周庙"。

次日辛亥，"祀子位，用籥于天位"。

乙卯，"武王乃以庶国祀馘于周庙……断牛六，断羊二"，告于周庙；"以斩纣身告于天于稷，用小牲羊、犬、豕于百神、水、土于誓社……用牛于天于稷五百有四，用小牲羊、豕于百神、水、土、社二千七百有一"。

这是王的亲自征伐，又是推翻商朝的大事，仪节自然有其特色，但还是有些地方可与小盂鼎铭比较。和盂一样，武王也由南门进入。篇中说"夹于南门用俘，皆施"，孔晁注云："陈列俘馘于南门内，夹道以示众也。"顾颉刚先生则取读"施"为"弛"或"褫"，也就是说褫去俘虏的衣服。

小盂鼎铭盂以多旂佩（负）鬼方首级入南门，《世俘》中武王则"佩衣衣"，另由大师负县首之旂入南门。

"先馘入"，说明馘也要进入南门，随后在周庙举行燎祀，这也是和小盂鼎相仿的。燎用玉用牲，不是用馘获的耳，也不是用纣及其二妻的首级。到乙卯日，武王又祀馘于周庙，正说明馘没有用于燎祀。由此推知，小盂鼎的燎祀也与所获人、馘没有直接联系。

武王随后告于周庙，用牛告于天和稷，用小牲于百神、水、土、社。这和鼎铭禘祀先王虽不相同，意义也是相当的。

盂的身份

大盂鼎铭云："今余惟命汝盂绍荣。"下又说："迺绍夹死司戎。"可见盂受命作荣的副手，官司军政，其职相当于小司马。大盂鼎作于康王二十三年，仅早于小盂鼎二年，小盂鼎中的盂应仍为同官。从王命荣审讯三酋看，荣也仍是盂的上级。《周礼·小司马》云所掌之事如大司马之法。《大司马》职载："若大师，则掌其戒令，莅大卜，帅执事莅衅主及军器……若师有功，则左执律、右秉钺以先，恺乐献于社。若师不功，则厌而奉主车。"其在献俘中的位置，正与鼎铭相合。《周礼》所谓"大师"，指王亲征。王出征，要用车载迁庙之主和社主而行，由小宗伯奉主车。载主出征，在很多文献中都有记述。小盂鼎铭记的战事不是王亲征，当然也就没有主车的事。

门朝制度

鼎铭的南门也叫皋门，因其为最外南向的门，故称南门。《世俘》武王"夹于南门用俘"，然后"入"，是入皋门。盂以多旅负鬼方首级"入南门"，也是入皋门。

盂以鬼方三酋"进即大廷"，上文已说明大廷在库门内、雉门外。铭云"进"，可见三酋原在皋门里，库门外，此时才被带进库门。

然后盂将俘虏、馘带"入门"，这个门也指库门。库门里、雉门外，左面即东方是庙门，右面即西方是社门。所谓"西旅"当即社门的道路，"献西旅"就是《周礼·大司马》《大祝》所说的"献于社"。

献、燎之后，盂等进入三门。三门即雉门。以往有些学者主张周王只有三朝三门，那样入三门就到了路寝前面，与小盂鼎的情况是不合的。按照三朝五门、左祖右社的制度，与铭文都能相合。

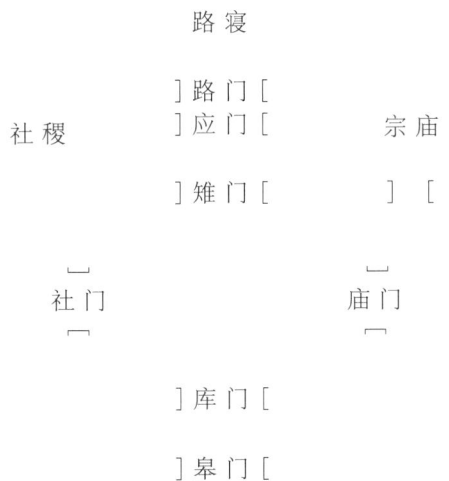

（依据李学勤《小盂鼎与西周制度》绘图）

二、"周庙"在何处

1. 涉及"周庙"的青铜器及铭文

（1）塱鼎

"唯周公于征伐东尸（夷），丰白（伯）、専（薄）古（姑）咸戈，公归获于周庙。戊辰，酓（饮）秦酓（饮），公赏塱贝百朋，用乍（作）尊鼎。"

塱鼎，又叫周公东征鼎，1929年出土于宝鸡戴家湾。其铭文大意是说周公在征伐东夷时，灭了丰国、薄姑国。周公回来，在周庙里，举行了向祖先报告俘获情况的祭祀。戊辰这天，举行了饮酒礼，饮的是秦地出产的清酒（秦酓）。

（2）小盂鼎

"唯八月既望辰才（在）甲申，昧爽，三左三右多君入，服酉（酒）。明，王各（格）周庙，……王令（命）□□□□□，厥酨入门，献西旅，□□入燎周庙……"

小盂鼎清道光初年与大盂鼎同出土于陕西省岐山县京当乡礼村沟岸。小盂鼎已佚，现在有铭文拓本，铭文20行，约400字，记述了康王二十五年征伐大胜后在周庙举行献俘庆赏之礼的全过程。

（3）盠方尊

"唯八月初吉王各（格）于周庙，穆公右盠立于中廷，北卿（向）。王册令（命）尹，易（锡）盠赤市（韍）、幽亢（衡）、攸（鉴）勒，曰：用司六𠂤（师）、王行、参（骖），参有司：司土、司马、司工。王令（命）盠曰：𢻻司六𠂤（师）𣂑八𠂤（师）𢼈（艺、艺）……"

盠方尊，1955年3月出土于眉县火车站乡东李村。铭文记录了周王在周庙对盠掌治京畿内马政职务的册命。

（4）膳夫山鼎

"佳卅又七年正月初吉庚戌，王才周，各图室。南宫乎入佑膳夫山，入门，立中廷，北向……"

膳夫山鼎1949年以前出土于陕西省扶风县北山一带。从无惠鼎可知，"图室"在周庙内。所以，周王对膳夫山的册命是在周庙内。

（5）无叀（惠）鼎

"佳九月既望甲戌，王各于周庙，述（遂）于图室，司徒南中佑无叀（惠）入门，立中廷，王呼史翏册令无叀曰：'官司穆王正侧虎臣，赐汝玄衣、黹纯、戈琱□、厚柲、彤苏、鉴勒、銮旗'。"

无惠鼎又因旧藏于镇江焦山寺的海云堂，故亦称焦山鼎。1937年冬，被侵华日军炮火炸毁。从此器铭文分析，图室是在周庙内。而从《膳夫山鼎》铭文可知，周庙地处周地。

（6）虢季子白盘

"唯十又二年正月初吉丁亥，虢季子白乍（作）宝盘。不（丕）显子白，壮武于戎工，经缏（维）四方。搏伐猃狁，于洛之阳。折首五百，执讯五十，是吕（以）先行。趠趠（桓桓子白），献聝于王，王孔加子白义。王各（格）周庙宣榭爰飨……"

虢季子白盘清道光年间出土于陕西省宝鸡县虢川司，被誉为晚清"四大国宝"之一，内底铸有铭文111字，工整秀丽，铭文有韵，是一首优美的散文诗。内容记述虢季子白奉王命征伐猃狁，斩首500，俘虏50人，在周庙受到周宣王赏赐之事。

从以上涉及"周庙"的青铜器铭文可以看出，凡在周庙举行的仪式，周王几乎都亲自参加，并都是与军事有关的国家大事。虽然在塱鼎铭文中没有出现周王，但当时周公"摄政"，其身份或相当于王的角色。其中小盂鼎、塱鼎铭文涉及了在周庙举行的所谓的献俘礼。

2. 金文中献俘礼与文献中"燎于周庙"的关系

关于西周时期的献俘礼，《逸周书·世俘》与小盂鼎铭文记述得较为集中。除此之外，塱鼎等也都保留了有关献俘礼的一些史实。罗琨、张怀通等先生认为《世俘》的主旨是记述武王时期隆重的献俘礼。

小盂鼎记载的献俘礼，刘雨先生分为十项：（1）告献，两次征战所俘获；（2）讯酋；（3）折酋；（4）献聝；（5）燎祭；（6）告成；（7）饮至；（8）禘祖；（9）献俘获；（10）赏赐。张文通先生对刘雨先生所定献俘礼仪注进行了修正，认为甲申日与乙酉日举行的十项献俘礼议注，如果从整体程序着眼，可归纳为三部分：第一部分是"告俘"，包括第一项议注。第二部分是"献俘"，包括从第二到第九项议注。其中在进献所俘敌酋、人聝（第二、三、四项议注）与"献俘玉"（第九项议注）之间，夹杂着在"周庙"燎祭、告成、饮至、禘祖等多项议注。但从整体来看，献俘仪式到进献所俘宝玉才算结束。第三部分是赏赐，包括第十项议注。这三个部分共同组成了西周献俘礼的三个程序。

翟胜利先生认为，《世俘》之"世"训为大，"世俘"即大俘。并认为该篇所记伐商、俘获等事都是围绕献俘礼仪这一中心来展开的。典礼程序可归纳为：（1）祭于郊，献俘于天；（2）燎于周庙，杀罪俘虏以祭先祖；（3）封纣诸侯；（4）献俘于周庙，告伐纣代商事于列祖、上天；（5）祭祀百神。对比《世俘》与小盂鼎铭文，可以看出二者所载献俘礼的仪礼基本是一致的。不过《世俘》是记载武王克商后的典礼，所以进行时间长，仪式也格外的隆重。所不同者，小盂鼎所记有饮至一项，不见于《世俘》篇。饮至，西周塱鼎亦有记载，铭文记载周公东征胜利归来，"获于周庙"。铭文中"获"从双手从倒"隹"从示，像在神主前杀鸡荐血之形，应是祭名。"获"祭应当也是献俘礼的仪节之一，相对于燎祭，目的在于告慰祖先。

西周时期对淮夷戎狄等边远部族战争之后，出征将领逐级献俘于王，最后由王主持献俘礼。献俘礼的核心仪节包括告俘、献俘于天、燎祭、献俘于周庙、审讯俘酋、告成、禘祖、饮至、封赏将领等诸项内容。文献中"燎于周庙"大抵就是西周献俘礼中的一个重要程序，周王亲自参加，地点在周庙。

3. 凤雏建筑基址应是西周王室"周庙"的所在地

刘士莪、尹盛平先生认为，周人在岐山之阳的居地本来就叫"周"，为先王所居之地，自然不能改动，仍旧叫作"周"，史称岐周。所以，成王五年以后，金文中的"周"是指岐周。刘、尹先生进一步指出，在西周金文中，成周、宗周、周三个都邑，性质有所不同。周初金文中多涉及王臣在成周殷见东方诸侯之事，殷见实际是视察的性质，说明成周只不过是周朝的陪都而已。西周一代，宗周的地位十分重要，西周早期的金文多涉及诸侯在宗周朝见和服事周王之事，说明宗周是国都，金文中的宗周是镐京无疑。岐周是周人老家，是西周许多重要王臣世族聚居之地，成王五年以后金文中的"周"就是岐周，周王室的宗庙始终未废，周王常来这里召见、册命、赏赐岐邑的世族王臣。

王贵生先生认为，记载康王"入寮周庙""用牲啻周王、武王、成王"的小盂鼎以及大盂鼎、天亡簋、毛公鼎等器物都出土于岐山之阳这一地区。岐周为宗庙所在地，故武王"燎于周庙"，就是在岐周故地祭祖告天。这也与武王归周之日即行祭庙的专程行动相吻合。

我们同意刘士莪、尹盛平先生所谓成王五年后，金文中的"周"字专指岐周，王贵生先生认为周庙就在岐周。

凤雏甲骨（H11∶132）云："王酓秦……"李学勤、王宇信先生认为此甲骨片虽残，却很重要，所记礼制同于宝鸡戴家湾旧出的堲鼎，即所谓周公东征鼎。"酓秦酓"也许是饮至一类庆祝凯旋的礼仪。此礼不见于殷墟卜辞，H11本辞中的王很可能是周王，不是商王。

也就是说，凤雏甲骨（H11∶132）中"王酓秦……"之"王"是周天子。周公东征鼎的器主堲，是宝鸡戴家湾M16的墓主，他生前是周公手下的重要将领，曾随周公东征，凯旋后参加了在周庙举行的献俘大典。

因此，我们认为，周公东征鼎铭文"酓秦酓"与凤雏甲骨文（H11∶132）"王酓秦……"说的是西周初年同一件历史事件，即周公东征胜利后，在宗庙里举行献俘礼中的一个重要程序——"饮至"礼。只不过因记录者不同而所叙述的角度不同罢了。周公东征回来在周庙里所举行的盛大献俘礼中，肯定有大量的战利品，因为堲是秦地人，堲鼎铭文中自然强调的是典礼上所用秦酓（饮）酒，典礼经过及献俘情况没有交代。而甲骨文是王室档案文献，自然强调周王，是典礼现场的占卜记录。也就是说，此卜辞诞生在举行献俘礼仪式过程中，仪式结束后作为档案自然要藏于龟室。周公东征鼎的献俘礼是在"周庙"里举行的，那么诞生与收藏卜辞的地方自然是周庙。

塱鼎时代为成王时期，小盂鼎时代为康王时期，盠方尊时代为穆王时期，膳夫山鼎时代为厉王时期，无惠鼎、虢季子白盘时代为宣王时期，它们的铭文都涉及"周庙"，可见从西周初年到西周晚期，"周庙"一直发挥着它的功能。从无惠鼎可知，"图室"在周庙内。而从膳夫山鼎铭文可知，周庙地处周。如前所述，成王五年以后西周金文里出现"周"，均指岐周，那么，康王以后青铜器铭文中的"周庙"，当然在岐周。《世俘》《塱鼎》《小盂鼎》铭文中都涉及"献俘礼"，而举行"献俘礼"的场所均在"周庙"，自然，三器所指的"周庙"应该是同一处宗庙，以保证祭祀制度的连续性和严肃性。塱鼎铭文中的"周庙"就是凤雏建筑群，因此我们认为凤雏建筑基址就是当年周王室宗庙——"周庙"的所在地。从青铜器铭文分析，该宗庙在有周一代一直发挥其功用。发掘简报认为凤雏建筑基址始建于武王灭商以前，使用时间下限当延长到西周晚期，是可能的。

三、关于小盂鼎的时代

大多数学者认为小盂鼎是康王时器，近来张闻玉提出小盂鼎为穆王时器。张先生认为铭末尾记，"佳王廿又五祀"中"廿"应该是"卅"，从历日天象考求，也当是"卅"无疑。铭文中间部分，记叙"辰在甲申"，八月既望这一天主人"盂"参与"王"在祖庙主持的大型祭祀，盂汇报奉命伐鬼方的战况及其辉煌战果，然后"用牲禘周王□王成王□□□□"；第二天庚子日，盂受到王的赏赐。这次禘祀很隆重，"三左三右多君"所有大臣都在场，昧爽就早早进入；天明，"王各（格）周庙"，这个"王"才到场主持。"用牲"当然是三牲齐备的"太牢"，肯定是天子之祭。如果将空缺填补，"禘周王（文王）、武王、成王、康王、昭王"，显然是五世昭穆制的再现。没有疑义，主祭人应该是周穆王。铭文中有"告曰：王令盂（以）□□伐鬼方"的文字。这是"盂"入门之后的述说。"盂"告祭昭王说，当初（昭）王您令我伐鬼方，而今大获全胜，接着献上各种战利品。这时的昭王已经不在人世。此"卅又五祀"，还是昭王的纪年。"盂"是昭王派出去征伐鬼方的统帅，他在昭王死后才班师回朝，并随即参加新王主持的祭祀，以胜利告祭昭王。因为战果辉煌，第二天庚子日穆王又给予赏赐。这时候，周穆王已经继位并主持祭祀，说明当年并不改元。张先生还认为，昭王二十岁得穆王，《史记》载，"穆王即位，春秋已五十矣。"七十余岁的昭王才会有一个五十岁的儿子。《史记》又载，"穆王立五十五年崩。"穆王享年一百零五岁，是真正的长命天子。史籍记载，穆王百寿、耄耋，都有案可稽。

我们同意小盂鼎为康王时器，理由有三：第一，大盂鼎与小盂鼎同出于一个窖藏，那么应是同人同时器物；第二，从小盂鼎铭文书体看，应是西周早期书体作品，"书中肥而首尾出锋"，与穆王时期的（如彧簋、彧鼎）铭文书写风格判然有别；第三，根据《史记》，穆王是一个在位时间长且长寿的君王。2003年陕西省眉县杨家村出土的速盘中，首次看到了当时人记录的西周王室世系，其世系顺序与《史记·周本纪》全然一致。皇高祖惠仲盨父用事昭王、穆王，一般认为昭王在位19年，穆王在位55年，也就是说惠仲盨父供职74年。据《仪礼》和《礼记》，周代男子到了20岁为弱冠之年，须在宗庙里由父亲主持举行一系列仪式，经过冠礼之后，就正式成为成人，贵族则从此可以"治人"，享有统治特权。这样考虑，惠仲盨父应供职到94岁，显然算长寿了，将近百岁的老臣能否胜任其职事，令人生疑。所以，我们认为穆王在位年数应为《纪年》所载的37年。

◆ **铭文大意**

（尽管此鼎铭文不能通读，但内容还是很重要的。以下为大致内容。）

一，在宗庙，向王和邦宾献酒，邦宾尊其旅服。二，盂用斾负鬼方首级，进入南门，向王报告斩获数目。三，盂将鬼方三酋带进大廷，王命荣审讯，斩杀三酋。四，盂带俘虏和聝耳进门，进献于西方道上，在宗庙举行燎祀。五，盂率其部属进入三门，依次向王报告战绩，向邦宾献酒，王命人向盂等献酒。六，在宗庙，禘祀先王；向邦宾献酒，王命人使盂送进所获取的各种玉。七，次日在宗庙，向王和邦宾献酒，对盂进行赏赐。

从铭文得知，盂奉王命两次征伐鬼方，俘获告庙，受到周王赏赐。战争规模很大，一次就捉住鬼方首领三人，割聝（古代战争中割掉敌人的左耳记数献功）四千八百多个，抓获俘虏一万三千多人，获战车三十辆，获牛三百五十五头，羊二十八只。史书所言"成、康之际，天下安宁，刑错四十年不用"，大概有溢美之嫌。鬼方是戎狄的一种，在殷商时就是一个大方国，商高宗武丁伐它用了三年的时间，小屯所出卜辞中也多次见到鬼方。王季伐它时，就曾俘获了二十个翟王。所谓成康之间，刑措四十余年不用的局面，已经一去不返了。

◆ **相关文献**

罗振玉：《三代吉金文存》4.40，民国二十六年影印本；陈梦家：《西周铜器断代》（四），《考古学报》1956年第2期；严一萍编：《金文总集》1329，艺文印书馆，1983年；唐兰：《西周青铜器铭文分代史征》（卷三下.康王.30），中华书局，1986年；李学勤：《小盂鼎与西周制度》，《历史研究》1987年第5期；沈长云：《释〈大盂鼎铭〉"人鬲自驭至于庶人"》，《河北师院学报》（哲学社会科学版）1988年第3期；吴镇烽：《陕西金文汇编》传89，三秦出版社，1989年；庞怀靖：《岐山县文物志》（初稿），岐山县文化局印，1990年；张闻玉：《小盂鼎非康王器》，《人文杂志》1991年第6期；陈昌远：《〈小盂鼎〉"三左三右"的解释问题》，《河南大学学报》（社会科学版）1993年第4期；邓国光：《〈尚书·顾命〉册仪的讨论——关于〈曲礼〉"六大"和〈小盂鼎〉"三左三右"的决疑》，《中国文化》（第八期）1993年7月；中国社会科学院考古研究所：《殷周金文集成》02839，中华书局，2007年；张怀通：《小盂鼎与〈世俘〉新证》，《中国史研究》2008年第1期；景红艳：《小议先秦时期的献捷礼》，《兰台世界》2009年第3期；霍彦儒、辛怡华：《商周金文编——宝鸡出土青铜器铭文集成》422，三秦出版社，2009年；翟胜利：《西周金文与献俘礼》，《文物春秋》2010年第6期；李山、李辉：《大小盂鼎制作年代康王说质疑》，《北京师范大学学报（社会科学版）》2012年第2期；吴镇烽：《商周青铜器铭文暨图像集成》02516，上海古籍出版社，2012年；刘光胜：《〈耆夜〉中的周代饮至礼》，《中国社会科学报》2013年7月3日第A05版；丁进：《从小盂鼎铭看西周大献礼典》，《学术月刊》（第46卷）2014年第10期；孔华、杜勇：《清华简〈皇门〉与五门三朝考异》，《天津师范大学学报（社会科学版）》2015年第2期（总第239期）；张天恩主编：《陕西金文集成（1）·宝鸡卷·岐山》0048，三秦出版社，2016年；辛怡华：《岐山凤雏西周建筑基址为"周庙"说》，《西部考古》（第11辑），2016年；叶先闯：《关于荣簋等五器与西周荣氏家族联系的一点意见》，《文史博览（理论）》2016年11月。罗琨：《从〈世俘〉探索武王伐商日谱》，载《周秦研究》，陕西人民出版社，第140页；张怀通：《小盂鼎与〈世俘〉新证》，《中国历史研究》2008年第1期；刘雨：《西周金文中的"周礼"》，《燕京学报》（第三期），北京大学出版社，1997年；张怀通：《小臣墙刻辞与商末献俘礼》，《河北师范大学学报（哲学社会科学版）》第36卷第6期，2013年11月。；翟胜利：《西周金文与献俘礼》，《文物春秋》2010年第6期。；刘士莪、尹盛平：《微氏家族青铜器群研究》，载《西周微氏家族青铜器群研究》，文物出版社，1992年，第93—108页；王贵生：《周初燎祭仪式考辨》，《中国典籍与文化》2008年01期。；李学勤、王宇信：《周原卜辞选释》，载中山大学古文字研究室编《古文字研究》（第四辑），中华书局，1980年，第253—254页。；辛怡华：《戴家湾M16与周公家族关系初探》，北京，宝鸡戴家湾、石鼓山与安阳出土青铜器及陶范学术研讨会论文，2015年12月。又见《宝鸡考古——纪念宝鸡市考古研究所成立四十周年论文集》，陕西人民美术出版社，2021年。

𢇘簋

◆ 器物介绍

西周穆王世，西周时期墓葬出土。现藏于陕西省扶风县博物馆。1975 年 3 月 15 日（据刘连山先生文说是 3 月 13 日），陕西省扶风县法门公社庄白村村民在村西南约 260 米的"西二台"深翻刚刚平整过的土地时发现一批西周青铜器。扶风县博物馆工作人员于 3 月 18 日前往调查时青铜器已全部取离现场，放在生产队仓库内保管。后在出土地点捡到贝币和蚌泡数枚，并发现棺椁板的痕迹、朱砂及墓的残壁一段，方向为 315°。墓底距地表约 0.5 米。

据社员反映，这块地方原来较高，因长期挖土，被逐渐削平。1974 年冬修水渠时，又下挖 1 米多深。这次犁地时因铧尖碰坏，因而继续挖掘，取得铜盘、小方鼎、圆鼎、盉、爵、觯、饮壶、甗等 14 件青铜器。出土时圆鼎与甗并列，爵与小方鼎放在圆鼎东侧，再东为盉，大饮壶与盘放在圆鼎与小方鼎上。在距离这些青铜器东北约 0.8 米的地方，又挖得壶、大方鼎、簋，附耳簋放在壶侧。器物出土地点虽属庄白村，但西北距刘家村只有约 160 米，水渠西即为刘家村的南土壕。这一带是周原遗址的中南部，分布着许多西周墓葬，过去曾出土过不少青铜器，1972 年陕西省文物管理委员会曾在土壕内发掘西周丰姬墓一座，出土青铜礼器十多件。

　　或簋，器形侈口垂腹，双耳，带盖，矮圈足，盖顶有圈足形捉手。两耳作昂首竖冠的立鸟形，鸟首高出器口，钩喙朝外，挺胸翘尾，垂珥足。簋盖及腹身以雷纹为地，通体饰垂冠大鸟纹。簋身以两耳为界分两面构图：每面以颈部中间突起的兽头状饰及其下延至腹底的一条竖棱纹对称轴，两边对称分布两只垂冠大鸟，鸟首相对。两只大鸟构图完全相同：巨目、钩喙、鹰爪、大卷翅，颈项饰鳞状花羽。冠羽分三条：一条向颈后折垂与鸟身相贴，两条向前垂至地，形成大垂冠；尾羽有三条，与翼身相连，向上折卷下垂。簋盖纹饰除无突饰外，与器身几乎完全相同。圈足饰三道弦纹。此簋将耳作成的圆雕立鸟依形就势，隐身于耳，藏足于珥，栩栩如生而又与全器浑然一体，整个器形生动别致，独具风格。通高21厘米，口径22厘米，腹深12.5厘米，重5千克。器、盖各铸相同铭文10行133字。

◆ **铭文释文**

　　唯六月初吉乙酉，才（在）堂自（师），戎伐䜌。或達（率）有司、师氏奔追，御戎于械林，博（搏）戎獸（胡）。朕文母竞敏启行，休宕厥心，永袭氒（厥）身，卑（俾）克厥啻（敌）。只（获）馘百，执讯二夫，孚（俘）戎兵：盾、矛、戈、弓、备（箙）、矢、裨、胄，凡百又卌又五款（款），孚（俘）戎孚（俘）人百又十又四人。衣（卒）博（搏），无咎（斁）于身。乃子或拜稽首，对扬文母福剌（烈），用乍（作）文母日庚宝尊簋。卑（俾）乃子或万年，用夙夜尊享孝于氒（厥）文母，其子子孙孙永宝。

◆ **铭文注解**

　　据同墓出土的或方鼎乙铭文，或曾"達（率）虎臣伐滩（淮）戎"，一般认为"淮戎"就是或簋铭"御戎于械林，博（搏）戎獸（胡）"中所说的"戎獸"，但学者对淮戎的地望和族属有分歧，而分歧的产生在于对"械林"地点的考释。唐兰先生认为械林在陕西，大概在周原一带，依据是《左传·襄公十四年》记载晋国伐秦，"济泾而次……至于械林"，其地点在陕西泾水之西。《汉书·地理志》载右扶风雍县有"械阳宫，（秦）昭王起"。《大清一统志》载"械阳宫在今扶风县东北"。唐先生认为械阳宫的名称应与械林有关，那么械林旧地当在今宝鸡扶风一带，淮（滩）戎居住地当距械林不远。淮（滩）戎就是居住在焦获的戎，滩可读为淮，也可读为濩。《诗经·小雅·六月》有"猃狁匪茹，整居焦获"，《尔雅·释地·十薮》载"周有焦穫"。焦获是周代大泽，在渭水北，是猃狁所居之所。猃狁居北方称戎，因此，淮（滩）戎是猃狁的前身无疑。戎又称胡，所以或簋铭合称为"戎獸（胡）"，金文和文献记载中的淮夷居南方，自

戣簋器铭文拓片

㭬簋盖铭文拓片

古称"夷",从来不称"戎"。

裘锡圭、黄盛璋等先生认为"滩戎"就是"淮夷","博(搏)戎獣(胡)"的"獣"字是地名,离棫林不远,都在今河南省郾城一带。其根据是《左传·襄公十四年》"夏六月次于棫林,庚寅伐许,次于函氏",杜注"棫林、函氏皆许地",许在今河南叶县古城,棫林当在其东北。淮夷世居淮水流域,常自淮水支流汝水西向成周进犯。李学勤先生以为胡为安徽阜阳归姓胡国,与裘、黄先生观点同。

根据我们研究,戜的父亲录曾跟随伯雍父镇守成周的东南边陲,驻扎在叶自(今河南叶县南之故城)。因此,我们同意裘、黄、李先生的观点,"棫林"地点应在今河南叶县一带。

西周金文中的"师氏"一般认为是"师的领导"或"军队的各级负责人及其所属的士兵"。"成周师氏"只是成周军事力量的一部。"只(获)馘百,执讯二夫,孚(俘)戎兵""孚(将)戎孚(俘)人百又十又四人",这样的战争规模不算大,也不算小,因此派遣军队的规模也不会达到成周八师全部出动的程度。周王室或许会出于防范之心不让殷人担任成周八师的总指挥官,但让殷人指挥成周八师的一部应该是完全有可能的。

刘卓异先生指出,伯戜墓的一些考古学现象显示出了浓厚的非周文化特点。残存的伯戜墓呈西北东南方向,不是周人墓葬典型的南北朝向。出土的4件兵器除了1件戈为西周墓葬中的常见兵器外,其余3件都是周人墓葬中极罕见的。这3件兵器分别是殳、锤斧和有銎锯齿形兵器。在西周早中期,殳是非常罕见的兵器,墓葬出土的殳,除了伯戜墓的这一件之外,只有宝鸡竹园沟M13曾出土1件。锤斧是北方青铜器的典型器物,是由北方地区石质有孔锤斧演变而来,中原地区极为罕见。伯戜墓的这件锤斧基本保留了典型的北方锤斧的形制,而在周人墓葬中几乎见不到这类器物,有銎锯齿形兵器更是仅此一件。3件形制罕见的非中原式青铜兵器,都有銎,具有浓厚的北方青铜文明色彩,殷墟青铜文化受到北方青铜文化的影响,这是比较显著的考古学现象。

另外,庄白村墓葬出土的两件戜方鼎均为"所谓椭方鼎",这类器形是殷人所喜爱的,进入西周后,也是殷遗民使用较多。椭方鼎在成康之后就很少见了,穆王时期距商末已经百年左右,伯戜还在使用椭方鼎,可见殷文化深入其骨髓。

通过对相关铭文梳理可知,伯戜家族可能是一个较重视军事才能的家族。从伯戜墓出土的青铜器铭文所透露的信息看:其一,戜应当是承袭了自己的父亲甲公的职事,其父甲公也是一位武将;其二,戜或初承父职,首次出征,应该还是一个年轻人。戜簋铭文记载了这次征伐淮夷战争的结果,在戜的指挥下,这场激烈的战役取得胜利,戜本人也没有受伤。作为一场追击战,其俘获的战利品不少,说明战斗规模并不算小。伯戜首次出征能在一场规模不小的战役中取得这样的成就,显然是受到了长期良好的军事训练，所以虽然年轻，但既勇武又擅长指挥。如果不是生长在一个以武事为重的家族里，是很难拥有这样的军事才能的。

西周时期文武职官虽未严格分开，但领兵出征尤其是大规模战役，需要将领有娴熟的军事技巧。指挥战役是一项技术性很强的工作，需要长期的训练和积累才能胜任，如同作册和史官一样。伯威继承父职担任军事统帅，年纪轻轻就可以指挥较大规模的防御追击战役，且取得了胜利。刘卓异先生认为，这一时期前后，伯威家族可能是以能征善战著称的武将世家。伯威的家族在商代就存在，其祖先曾受到商王赏赐，应当有一定的地位。商周之际，其家族臣服于周王室，遂被迁往周原。到穆王时期，伯威本人受周王重用，担任重要的军事统帅职位。伯威及其家族的境遇可以反映殷遗民在西周时期的典型境遇。

◆ 铭文大意

六月上旬乙酉这天，威在堂师。戎侵犯鄌地，威率领有司师氏迅速出击，在棫林追上戎胡，并与之发生短兵相搏。我有文德的先母，强干敏捷，长期开导威的胸怀，因其神灵的指引、庇护而大获全胜。斩敌首级一百，抓获俘虏二人，缴获戎人兵器盾、矛、戈、弓、箭袋、箭、甲和盔等一百三十五件，救出被戎人掠去的周人一百一十四人，搏斗完毕，威自身并无损伤。你的儿子威跪倒，双手相拱至地，俯首至手，感谢文母的福佑，并为文母日庚作了这件祭祀宝簋，让你的儿子威一万年用来早晚祭祀有文德的先母，子子孙孙永以为宝。

◆ 相关文献

吴镇烽、罗西章、尚志儒：《陕西省扶风出土西周伯威诸器》，《文物》1976年第6期；陕西省考古研究所、陕西省博物馆、陕西省文物管理委员会：《陕西出土的商周青铜器》（二），文物出版社，1980年；黄盛璋：《录伯威铜器及其相关问题》，《考古与文物》1983年第5期；裘锡圭：《论威簋的两个地点——棫林和胡》，载《古文字论集（一）》（《考古与文物丛刊》第二号），1983年；严一萍编：《金文总集》2836，艺文印书馆，1983年；唐兰：《西周青铜器铭文分代史征》（附件一·穆王·31），中华书局，1986年；吴镇烽：《陕西金文汇编》421，三秦出版社，1989年；罗西章：《扶风县文物志》，陕西人民教育出版社，1993年；辛怡华：《西周对淮夷战争的初步研究》，载《陕西历史博物馆》馆刊7辑，三秦出版社，2000年；辛怡华：《扶风庄白伯威墓族属考》，《考古与文物》2001年第4期；刘连山：《西周伯威青铜器群出土记》，载宝鸡市政协学习与文史资料委员会、宝鸡市文物事业管理局编《宝鸡重大考古文博纪实》（宝鸡文史资料第16

辑），2001年；北京大学考古文博学院、北京大学古代文明研究中心：《吉金铸国史——周原出土西周青铜器精粹》（42），文物出版社，2002年6月；任周方：《伯戜率师战戎胡，孝子祭母作鼎簋》，载《国宝纪事》，陕西人民出版社，2003年；张润棠：《白明科犁地犁出窖藏宝器群——伯戜器》，载《宝鸡青铜器》，三秦出版社，2005年；中国社会科学院考古研究所：《殷周金文集成》04322，中华书局，2007年；张懋镕：《试论商周之际字词的演变》，载文化遗产研究与保护技术教育部重点研究室、西北大学文化遗产与考古学研究中心编著《西部考古》（第四辑），三秦出版社，2009年；霍彦儒、辛怡华：《商周金文编——宝鸡出土青铜器铭文集成》159，三秦出版社，2009年；吴镇烽：《商周青铜器铭文暨图像集成》05379，上海古籍出版社，2012年；赵燕娇：《小议录伯戜、录诸器及伯戜诸器之关系》，《华夏考古》2014年第1期；[日]近藤晴香：《大周原地区铸铜遗存与西周的政体》，《三代考古》（六），2015年；刘卓异：《伯戜族属及家族研究》，《殷都学刊》2016年第1期；张天恩主编：《陕西金文集成（3）·宝鸡卷·扶风》0233，三秦出版社，2016年。

师同鼎

◆ 器物介绍

西周中期后段，窖藏出土。现收藏于宝鸡市周原博物馆。1981年12月，陕西省扶风县黄堆公社下务子村社员王长成在村东南200米处的下旋涡沟平地时发现一处西周铜器窖藏（81FXJ1），内有铜鼎两件，随即报告并将出土器物送交扶风县周原文管所（周原博物馆前身）。为了解青铜器出土情况，文管所派人现场勘察，并清理了窖藏。窖藏口开于耕土之下，打破西周晚期的一个灰坑。窖藏呈直筒形，口部略大，口径120厘米，深150厘米，挖筑草率，内填五花土。窖穴周围有西周大型建筑群基础。

师同鼎，立耳，平沿外折，深腹，圜底呈半球形。蹄形三足，上端粗壮而突起，中部收缩，下部变为蹄掌。口沿下饰一周重环和一周凸弦纹，腹底有较厚的烟炱。本器铸造以一内范、一底范和三外范组成，器底有加强筋。目视可见垫片若干，在重环纹和弦纹之间夹有四垫片；弦纹之下器腹表面可见不平均分布的垫片。通高35厘米，口径34厘米，腹深20.5厘米，重10.5千克。内壁铸有铭文7行54字。先秦青铜器有长篇铭文的并不多，涉及战争的更少。此鼎铭有一些令人费解之处，如起句突兀，"车"字写法前后不一，有的字结体诡异等。但铭文内容有关当时北方民族的历史文化，弥足珍贵。

◆ 铭文释文

羍畀其井，师同从（縱），折首执讯，孚车马五乘，大车廿，羊百，𠛒（割）用徣（遂）王羞于𡰥；孚戎金冑卅，戎鼎廿，铺五十，剑廿，用铸兹尊鼎，子子孙孙其永宝用。

◆ 铭文注解

师同鼎铭首没有纪年月，和当时常见文例不同。鼎铭文起句突兀，各家对"羍畀其井"解释虽有争论，但都赞同铭文内容记述的是一次战争，有关当时北方民族的历史文化，因此，弥足珍贵。

"羍畀其井"

李学勤先生认为，"畀"为"给予"之义，"井"为井田的井，"羍"从"列"从"廾"，从"列"得声的字，大多有分之义，也可能是上一句的末一字。整句可能是说将田地重新授予曾遭掳掠的人民，并认为，还有一半在同形的另一器上。

李零先生认为"羍畀其井（形），师同从（縱）"中，"从"为军事术语，即古书中追击敌人的"縱"字。"羍畀"即敌酋之名。"井"读为"形"，表示出现。本句意思为敌酋一出现，师同就跟踪追击。

李仲操先生认为"羍畀其井"为处以活埋之刑。

陈世辉先生则认为"羍畀其井"意为厉王给予戎人诛杀。从句子的结构看，"羍"当是这句话的主语，再结合全篇铭文来分析，这个羍（厉）字应当就是周厉王的"厉"本字，这里指周厉王。陈先生指出，在金文中的王号，后世有很多是用了假借字的。如金文的龏王，后世作恭王或共王；邵王，后世作昭王，等等。

王雷生先生释"羍"为分裂、破坏之义。"羍畀其井，师同从"意为"在讨伐国法破坏者的战斗中，师同随从作战"。

"师同"

器主名，其官职应为师氏。师氏掌管小学，教育王子和贵胄子弟，同时"使其属帅四夷之隶"，即统帅周朝的一支武装力量。

"车马五乘""大车廿"

是两种车。"大车"是什么样子的车，历来有不同意见。《诗经·国风·王风·大车》："大车槛槛"。《毛传》云："大车，大夫之车。"《易·大有》："大车以载"。《论语正义》："大车，为牛车也。"与《毛传》解释不同。《云梦

师同鼎铭文拓片

睡虎地秦简》有几处提到"大车",其《司空律》有一条记载:"及大车辕不胜任,折轴上。"另一条记载:"官府假公车牛者……假人所。或私用公车牛,及假人食牛不善,牛瘠;不攻间车,车空失,大车轴庆……"李学勤先生根据文献认为,"大车"是一种载重的牛车。铭文以"车马""大车"分举,是由于它们的用途及所驾牲畜都不一样。

"刜"

李学勤先生认为在铭文中应读为"割",意思是杀牲,常见于文献。"㣇"依金文常例读为"遂",《礼记·月令》注:"犹进也。"铭文"割用遂王羞",意即把所俘取的羊杀了进献为王的膳食。

从师同鼎铭文看,它是一篇记述器主师同战功的铭文,由于内容不全,对战争的详细情况无法了解。师同此次从征,其敌即鼎铭所谓的"戎",当指居住在周朝西北的少数民族。西周金文中用战事中获得的青铜器铸造自己的礼器常见。师同从征的战绩"斩首执讯",未记具体数字。鼎铭所记师同俘获的戎人青铜器有四项:金胄30件、戎鼎20件、铺50件、剑20件,共120件。金胄、戎鼎、铺、剑都是北方少数民族使用的青铜器。

"金胄"

是作为军人防卫装备的铜头盔。商代晚期的殷墟大墓已经发现有金胄的实物,数量很多,有的还有铭文。就西周金文记载看,金胄使用相当广泛,但实物出土点多在北方,都和北方民族有关。看来那时北方民族常用金胄,师同所俘获的多达30件不是偶然。

"戎鼎"

"戎鼎"的意思应该是戎人特有的一种鼎,如同胡豆,又称为"戎菽"。

"铺"

西周中期以来的金文中常指一种浅腹平底高圈足的食器,李学勤先生认为此处当读为"䥃"。"䥃"据《说文》记载是"釜"字的另一种写法,系"鍑属"。古代北方民族习用䥃鍑。北方民族青铜器中有一种存在时间很久的烹饪器,立耳深腹,无足或圈足,通称为鍑,从内蒙古到陕西的出土文物中多有发现,鼎铭所说的䥃可能是指这一类器物。

师同在一次战争中获取这种青铜器120件,足以说明当时戎人生活中使用青铜器比较普遍,戎人生活不像一些人想象的那么原始。

师同还见于师永盂铭文中。1969年陕西省蓝田县滨湖镇出土的师永盂,铭文中有一段说:"公乃命奠司徒㝬父、周人司空眉、䵼史、师氏邑人奎父、毕人师同付永厥田，厥率履厥疆宋句。"李学勤先生认为，此师同官职和名都和师同鼎器主一致，应该是同一个人。由此又知道师同是周畿内毕地方人，毕常见于文献，其地在今咸阳北。我们疑在今扶风县黄堆一带。

◆ **铭文大意**

将田地重新授予曾遭掠夺的人民。师同随从追击，斩杀并俘虏了一批敌人，缴获马车五乘，牛车二十辆，羊一百只，把俘取的羊杀了进献为王的膳食。并将俘获戎人的金胄三十、戎鼎二十，鬴（鍑，北方民族存在很久的一种烹饪器）五十，剑二十，用以铸成祭祀用的鼎，子子孙孙永远宝用。

◆ **相关文献**

傅升歧，《周原发现师同鼎》，《文物》1982年第12期；李学勤：《师同鼎试探》，《文物》1983年第6期（又见《新出青铜器研究》，文物出版社，1990年）；王辉：《䙴畀鼎通读及其相关问题》，《考古与文物》1983年第6期；严一萍编：《金文总集》1275，艺文印书馆，1983年；陈世辉：《师同鼎铭文考释》，《史学集刊》1984年第1期；裘锡圭：《"畀"字补释》，《语言学论丛》第5辑；吴镇烽：《陕西金文汇编》160，三秦出版社，1989年；王雷生：《也谈师同鼎断代及其相关问题》，《考古与文物》1990年第2期；李仲操：《〈师同鼎〉"剸畀其井"刍议》，《人文杂志》1990年第6期；罗西章：《扶风县文物志》，陕西人民教育出版社，1993年5月；李零：《"车马"与"大车"——跋师同鼎》，载《李零自选集》，广西师范大学出版社，1998年；北京大学考古文博学院、北京大学古代文明研究中心：《吉金铸国史——周原出土西周青铜器精粹》45，文物出版社，2002年6月；中国社会科学院考古研究所：《殷周金文集成》02799，中华书局，2007年；霍彦儒、辛怡华：《商周金文编——宝鸡出土青铜器铭文集成》13，三秦出版社，2009年；吴镇烽：《商周青铜器铭文暨图像集成》02430，上海古籍出版社，2012年；张天恩主编：《陕西金文集成（5）·宝鸡卷·扶风》0486，三秦出版社，2016年。

禹鼎

◆ 器物介绍

　　西周厉王世，窖藏出土。1951年归于陕西省博物馆，后收藏于中国历史博物馆，现收藏于中国国家博物馆。据罗西章、张润棠先生调查，1940年3月9日，扶风县任家村村民任登肖雇用本家兄任玉、任汉勤、任世云在村西南土壕取土。任玉挖土时，突然一件翠绿的青铜器从土崖中间滚落下来，又挖掘，发现土崖中还有不少宝器。他们用土掩埋了宝器，向主家报告了情况。当天深夜，任登肖联络本家及亲邻9人与任玉、任汉勤、任世云等，前往土壕取宝。窖藏大若窑洞，青铜器整齐叠压置放。任玉从窖穴的上层一件一件，一层一层往下搬取，共有青铜器百余件。他们手抱、肩扛、两人抬，直到后半夜才搬完。任登肖把一部分青铜器分给了参与搬运的人作为酬谢。任玉是发现者，自然分得最多，他后来变卖青铜器，娶妻成家。但从1940年挖宝之日起，就是灾祸降临任家村之始。此后每当夜有狗叫，村人就如坐针毡，仓皇躲避土匪。1941年夏收期间的一天夜晚，土匪包围了任家村，目标是捉拿那些参加过搬运过宝物的人。有的人被迫无奈，只得拿宝换命，任登银就不得已挖出了藏埋的3件器物。凡不交出宝物或逃跑者，土匪就开枪威胁。结果这一次，有1人被枪打死，5人被追打致残。1942年一年内，任家村有4人被土匪打死，2人被吓死，2人举家逃亡山里。从此，村里就有"穷人挖宝遭祸灾，富人抢宝发横财"的民谣。

任家村的这窖青铜器失散后，大部分被军阀倒卖到国外，仅少数几件存至陕西省博物馆或被人秘藏。这批青铜器现知有梁其器13件（壶2件、鼎3件、簋3件、盨2件、钟3件），吉父器6件（鬲1件、簋2件、编钟1件、鼎2件），其他器3件。禹鼎，通高53厘米。铸有铭文20行204字，记载了厉王对南方各国，特别是鄂国的一次重大战争。

◆ 铭文释文

禹曰："不（丕）显趄趄（桓桓）皇且（祖）穆公，克夹绍先王，奠四方，肆武公亦弗假（遐）望（忘）朕圣且（祖）考幽大（太）吊（叔）懿吊（叔），命禹缵朕且（祖）考政于井（邢）邦。肆禹亦弗敢蠢，锡共朕辟之命。"呜呼哀哉！用天降大丧于下或（域），亦唯噩（鄂）侯驭方率南淮尸（夷）、东尸（夷）广伐南或（国）东或（国），至于历、内。王迺命西六自（师）、殷八自（师），曰："扑伐噩（鄂）驭方，勿遗寿幼。"肆自（师）弥怵匌恒，弗克伐噩（鄂）。肆武公乃遣禹率公戎车百乘、斯驭二百、徒千，曰："于匡朕肃慕，唯西六自（师），殷八自（师）伐噩（鄂）侯驭方，勿遗寿幼。"雩禹以武公徒驭至于噩（鄂），敦伐噩（鄂），休，获氒（厥）君驭方。肆禹又（有）成。敢对扬武公不（丕）显耿光。用乍（作）大宝鼎。禹其万年子子孙宝用。

◆ 铭文注解

"夹绍"

夹辅，在左右辅佐。《左传·僖公四年》："昔召康公命我先君大公，曰：'五侯九伯，女实征之，以夹辅周室。'"

"历"

学者认为即《国语·郑语》所言虢、郐八邑之"历"。《国语·郑语》所载八邑加虢、郐二邑为十邑，又见于《史记·郑世家》。《郑世家》载："（郑桓公）东徙其民雒东，而虢、郐果献十邑，竟国之。"集解引虞翻曰："十邑，谓虢、郐、鄢、蔽、补、丹、依、䚣、历、莘也。"《郑世家》载："夏，厉公出居边邑栎。"索隐曰："栎音历，即郑初得十邑之历也。"周博先生疑禹鼎铭文的"历"即郑之栎。栎在今河南省禹州市（原禹县），位于颍水上游，以《左传》来看，由该地可通往郑国与成周。从文献看，栎是楚人北上前往郑国所经之处，当系楚"夏路"上的要地。因此，栎的地理位置、军事价值都较为重要。西周时期的情况可能也大致如此，故淮夷内侵至栎之举才会严

禹鼎铭文拓片

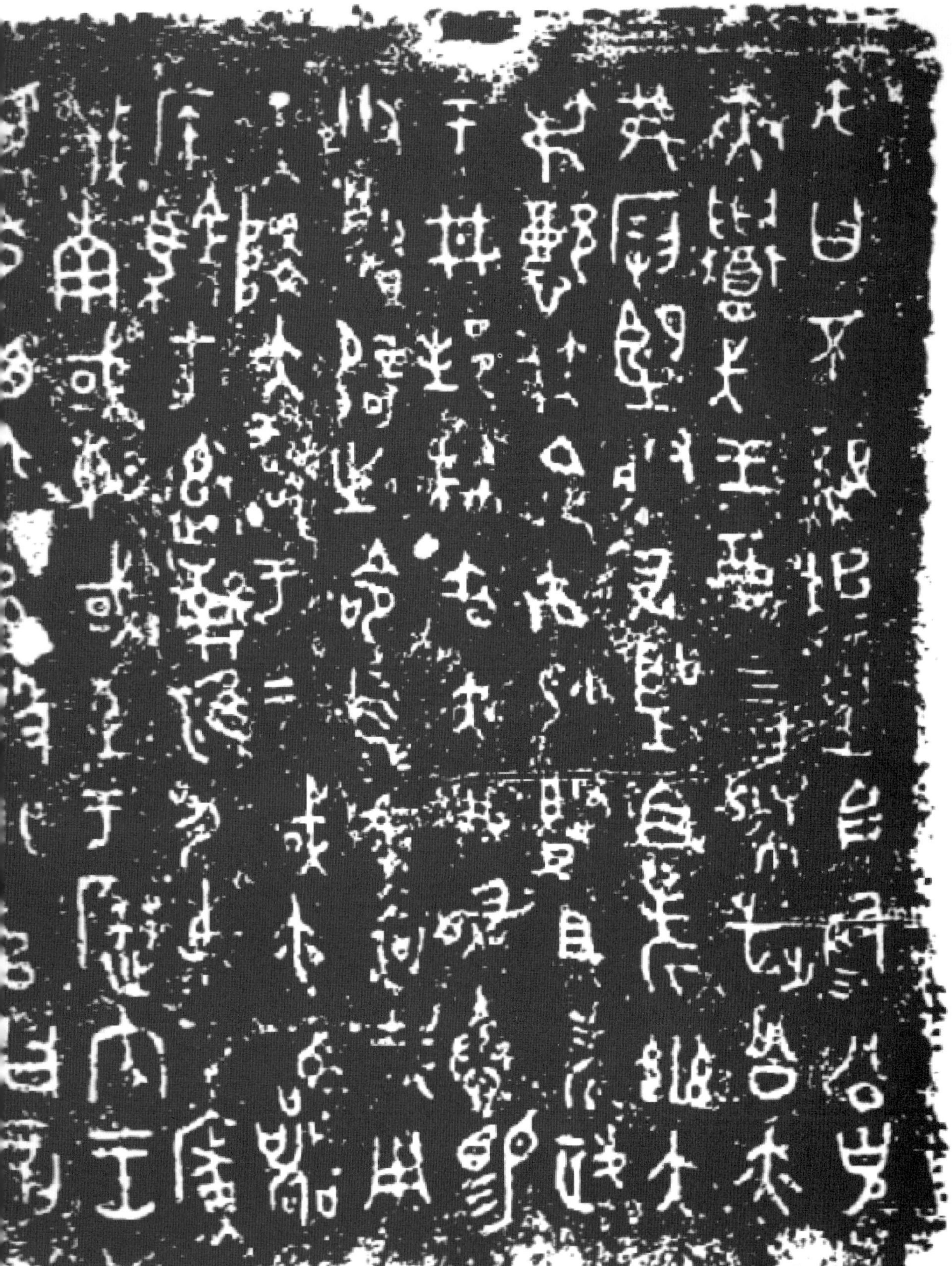

重威胁到成周的安全,被视为"天降大丧于下域"的表征。鉴于"历"(栎)战略地位的重要性,尤其厉王时期屡遭淮夷等入侵,宣王之时,周王朝对该地加强了有效管理。宝鸡市眉县杨家村窖藏出土的四十三年逨鼎铭文记载了宣王册命虞逨:"命汝官司历人,毋敢妄(荒)宁。"关于"历人"一词,学界有不同理解,如"监察一类的职务""刑徒或罪隶""历地之人"等,其中最后一种说法较为可取。据四十二年逨鼎铭文知,虞逨曾立有战功,次年宣王即派他去镇守历地,管理历地之人,当源自对该地军事重要性的认识。

关于"噩侯"

多数学者认为即史书之鄂侯,其地望在今河南省南召县东南,南阳市北。《史记·楚世家》载:"当周夷王之时,王室微,诸侯或不朝,相伐。熊渠甚得江汉民和,乃兴兵伐庸、扬粤,至于鄂。"《殷本纪》以西昌伯、九侯、鄂侯为三公,可见,鄂侯在商周之时有相当影响。鄂侯此次联合南淮夷、东夷广伐南国、东国至于历内(汭),历应为析水。沿析水谷道可以由伊、洛水入侵成周,也可以由丹水出著名之武关入侵宗周丰镐,与敔簋所伐路线大致相同。周王此次是下了决心的,手段也是十分残忍的,竟三令五申不论敌方老幼皆杀无遗。由于在这次军事行动中鄂侯联合了南淮夷、东夷,势力强大,做了充分准备,周王派去的西六师、殷八师伐鄂不克。于是武公又派大将禹率其戎车百乘、斯驭二百、徒千,配合西六师、殷八师联合作战,重申军令。结果周师直捣鄂国,擒其君驭方,伐鄂大捷,彻底征服了鄂侯。

但刘凤桂先生在其《噩国地望考略》一文中指出,关于鄂国,历史学界、考古学界比较一致的传统看法是将金文中出现的"噩"字隶定为"鄂",并认为商末周初古鄂族迁至今湖北的随州和鄂州。经厉王时对鄂国的剿灭,便不再出现于史籍。但2012年河南省南阳市出土的一批西周晚期至春秋早期带"噩"字铭文的青铜器颠覆了这一历史定论。2012年新发现的鄂国贵族墓葬群位于南阳市新区夏饷铺村北1千米处。共清理西周晚期至春秋早期墓20座,出土了青铜器、玉器、漆木器等重要文物数百件。其中百余件青铜器中就有38件带"鄂侯夫人""鄂侯""鄂姜"(以上"鄂"字字形原铭皆作"噩")等铭文,有关专家认为,这处鄂国墓葬群的发现,证明西周晚期至春秋早期,鄂国并没有消亡。刘先生认为,西周厉王时的噩国地望,非南阳之噩地。南阳噩侯之地是被周厉王强迁来南阳的噩国遗族的一支,经百余年的休养生息而成为贵族;噩与鄂历史上从来就既不同地亦不同义,甚至不同族。文献(如《史记》)记载中的鄂,其初是噩,而非鄂。真正的鄂国,应当从《史记·楚世家》楚王熊渠"兴兵伐庸、扬粤(越),至于鄂"。刘文所谓周初古噩国,是商末从黄河以北的今河南沁阳一带迁逃至东夷之地的。西周初被封以侯国,其域境大体上在郯国之南,邳国之东,两汉、魏晋的厚丘之地,即今江苏东海一带。其祖为黄帝所封的二十五姓中的姞姓,与前述东鄂之鄂的古越族的大禹夏后氏姒姓不相及。

杜勇先生在《新出金文与鄂国史地问题考辨》一文中指出，随州安居镇羊子山和南阳夏饷铺两地鄂国墓葬的发掘，出土了一批与鄂侯相关的青铜器铭文，证明了西周早中期鄂国的都邑当在安居镇羊子山一带。由此上溯商代末年，鄂都亦应在此，而非通常所说的河南省沁阳市。西周夷王时，楚君熊渠所伐之鄂非安居羊子山鄂国都邑，亦非南阳西鄂，而是当时鄂国的别邑，即后世所称的东鄂（今湖北省鄂州市）。周厉王早期，鄂侯驭方联合淮夷、东夷发动大规模反叛战争，几经曲折和反复。最后王师伐灭鄂国，少量鄂遗民被迁往河南省南阳市一带，新封鄂侯以续其祀，夏饷铺鄂侯墓地即其遗存。此支鄂国遗民，清华简《系年》称为"小鄂"，后世亦称"西鄂"。鄂国作为西周中央王朝的藩属异姓诸侯，由臣服效忠到发动反叛而被诛灭，反映了当时统一贵族国家的结构形式已无法适应时代需要、将被未来历史发展所淘汰的客观现实。

关于器主"禹"

张平辙先生认为禹鼎铭文是研究西周共和时期历史的重要资料，器主禹是周厉王时代的元老、西六师的统帅，在西周历史上颇有影响，其踪迹在《诗经》中多有反映。禹的皇祖井穆公夹辅周之先王，奠定四方，依据金文和文献推测，当在西周初年成康时期。禹出自穆公，是井国公室。他的圣祖幽太叔、父亲懿叔，都是井国政卿，故在禹率西六师取得征伐鄂侯驭方之役的全胜之后，卫武公共伯和命他继祖考作政卿于井邦，为井国执政。根据多友鼎铭文，张先生认为多友鼎铭文中的反击、追击猃狁的西六师统帅是向父，也就是禹。禹其名，字向父，叔排行，叔向父禹簋中全称作叔向父禹，叔向父禹是多友的上司。《诗经·小雅·采薇》与《诗经·小雅·采芑》就是记述、赞颂那次反击、追击猃狁取得全胜的诗篇。《诗经·小雅·采芑》一诗凡四章，结构别致新颖，文采典雅弘富。诗中方叔"其车三千"，当是西六师统帅无疑。"蠢尔蛮荆，大邦为雠。方叔元老，克壮其犹"，指的是叔向父禹统帅西六师会同卫武公共伯和统帅的殷八师征伐鄂侯驭方大获全胜事；而"显允方叔，征伐猃狁，蛮荆来威"，指的是叔向父禹统帅西六师由京师反击猃狁，西追四战四捷。叔向父禹食邑于方，所以诗中称方叔，他是周厉王时的王室元老，显赫一时。

关于淮夷

淮夷习见于西周中晚期的金文，而且存在多种不同的称谓，如"南淮夷""淮夷""南夷""淮南夷"等，它们实指同一族群。其居处之中心区域位于淮河下游的淮、泗交汇处，即今洪泽湖周边地区。据相关金文知，淮夷在西周中晚期内侵活动频繁。1975年在陕西扶风法门镇庄白村发现了伯㦰之墓，出土了穆王时期的㦰簋1件、㦰方鼎2件。三器铭文的内容、历日都有联系，一般认为属同年所作。其中㦰簋铭记载了㦰率有司、师氏在棫林、䵼等地打败内侵者淮戎（即淮夷）之事。棫林、䵼分别位于今河南叶县东北、郾城，均处在汝水上游。可见沿汝水西上当是淮夷内侵的重要通道。周博先生认为，馘至成周的道路，虽然不排除循汝水西北行而达于伊洛盆地的可能性，但依金文来看，西周时期似乎也存在越汝水循颍水上游直趋成周的道路。与之相关的材料主要是厉王时期的禹鼎、敔簋。

◆ 铭文大意

禹说："伟大勇武的先祖穆公，能够辅佐先王，奠定四方。因此，武公没有疏远、忘记我的圣祖、先父幽太叔、懿叔，命禹继承圣祖、先父之职，执政于邢邦。所以，禹亦不敢懈怠吾君之命。"唉，上天降大灾难于周国，即鄂侯驭方率南淮夷、东夷大规模进犯周的南疆、东疆，一直侵扰到周王室内地（今河南省禹州市一带）。周王于是命令西六师、殷八师道："征伐鄂侯驭方，不留老幼。"鄂方军队据守于匡地（今河南省扶沟县西南），周军未能攻克。于是，武公乃派遣禹亲率其戎车百乘，甲士二百，步卒一千前去作战，命令道："前往匡地！务必协助西六师和殷八师作战，讨伐鄂侯驭方，不留老幼！"禹率武公军兵到达鄂侯所在地，督战军士，征讨鄂侯之师，大获全胜，并活捉了鄂侯驭方。禹作战有功，颂扬武公的英明伟大。为此作了这件大宝鼎，禹期望其万年子子孙孙永远宝用。

◆ 相关文献

郭沫若：《禹鼎跋》，《光明日报》1951年7月7日；陈进宜：《禹鼎考释》，《光明日报》1951年7月7日；张筱衡遗稿：《召禹鼎考释》，《人文杂志》1958年第1期；周勋初、谭优学：《禹鼎考释》，《南京大学学报》（人文科学）1959年第2期；徐仲舒：《禹鼎的年代及其相关问题》，《考古学报》1959年第3期；陈世辉：《禹鼎释文斠》，《人文杂志》1959年第2期；周勋初等：《禹鼎考释》，《南京大学学报》（人文）1959年第2期；陕西省博物馆、陕西省文物管理委员会：《陕西省博物馆陕西省文物管理委员会藏青铜器图释》，文物出版社，1960年；严一萍编：《金文总集》1324，艺文印书馆，1983年；李先登：《禹鼎集释》，《中国历史博物馆馆刊》第6期，1984年；唐兰：《西周青铜器铭文分代史征》（附件一·孝王·2），中华书局，1986年；吴镇烽：《陕西金文汇编》169，三秦出版社，1989年；罗西章：《扶风县文物志》，陕西人民教育出版社，1993年；辛怡华：《西周对淮夷战争的研究》，载《陕西历史博物馆馆刊》（第7辑），三秦出版社，2000年；张平辙：《方叔其人——古史新说之六》，《西北师范大学学报（社会科学版）》第39卷第5期，2002年9月；张润棠：《禹鼎——民国时乱匪劫国宝之遗珍》，载《宝鸡青铜器》，三秦出版社，2005年；中国社会科学院考古研究所：《殷周金文集成》02833，中华书局，2007年；霍彦儒、辛怡华：《商周金文编——宝鸡出土青铜器铭文集成》216，三秦出版社，2009年；吴镇烽：《商周青铜器铭文暨图像集成》02498，上海古籍出版社，2012年；王晖：《西周金文与军制新探——兼说西周到战国车制的演变》，《陕西师范大学学报（哲学社会科学版）》2015年第6期；张天恩主编：《陕西金文集成（4）·宝鸡卷·扶风》0450，三秦出版社，2016年；蔡靖泉：《鄂国史迹与楚人至鄂》，《湖北社会科学》2017年第10期；刘凤桂：《噩国地望考略》，《淮海工学院学报（人文社会科学版）》第15卷第10期，2017年10月；周博：《禹鼎、敔簋与淮夷内侵路线问题》，《历史地理》第34辑，2017年；杜勇：《新出金文与鄂国史地问题考辨》，《宝鸡文理学院学报（社会科学版）》2018年第4期（总182期）。周博：《禹鼎、敔簋与淮夷内侵路线问题》，《历史地理》第34辑，2017年；《淮海工学院学报（人文社会科学版）》第15卷第10期，2017年10月）；《宝鸡文理学院学报（社会科学版）》第38卷第2期。

虢仲盨盖

◆ 器物介绍

西周厉王世,传清代出土于宝鸡县东乡。原藏于孙庄陈梦家,现下落不明。盖面隆起,上有四个矩形扉,盖沿饰窃曲纹,扉上饰夔纹,均以云雷纹填底。盖高 8.35 厘米,口横 24 厘米,口纵 16.8 厘米。铸铭文 4 行 22 字。1993 年河南省三门峡市上村岭墓地出土一件虢仲盨,有铭文 14 字:"虢仲作虢妃宝盨,子子孙孙永宝用。"疑为同一人器。

◆ 铭文释文

虢中(仲)㠯(与)王南征,伐南淮尸(夷),才(在)成周乍(作)旅盨,兹盨友(有)十又二。

◆ 铭文注解

虢仲的事迹古书有载,他就是周厉王时的虢公长父。他是辅佐厉王征伐淮夷的权臣。《后汉书·东夷传》载:"厉王无道,淮夷入寇,王命虢仲征之,不克。宣王复命召公伐之。"今本《竹书纪年》也记载:"(厉王)三年,淮夷侵洛,王命虢公长父征之,不克。"

"南淮尸(夷)"

是淮水流域方国部族的统称。自周初以至厉王、宣王之世,周王朝和东夷、淮夷诸部落间,不断地爆发战争。春秋时期,江淮大地古国有徐、英、蓼、六、皖、宗、巢、桐、群舒、胡、焦、钟离、州来、向、宿等淮夷方国、封国或东夷南下的古国。淮夷中最强大的是徐方。周穆王时,徐偃王曾起兵攻周,一直打到黄河边上。青铜器铭文中也有穆王时周与淮夷作战的记载。厉王时周人和南方又有许多战争。

"成周"

指西周王朝的东都洛邑。虢仲辅佐周厉王在东都洛邑指挥了征伐淮夷的战争。

虢仲盨盖铭文拓片

"兹盨友（有）十又二"

王国维《观堂集林·别集·卷一·虢仲簠跋》："《周礼·掌客职》'上公侯伯及其上介，鼎簠皆十有二'。是十二者，诸侯之礼也……虢中以畿内诸侯为天子三公，正宜用上公及侯伯之礼也。"虢仲是天子三公，执政大臣，所以用十二。

1991年，河南省文物研究所与三门峡市文物工作队联合在上村岭虢国贵族墓地抢救性发掘了一座西周大墓（编号为M2009）。其中有44件青铜器上铸有虢仲自作用器的铭文，唯独4件器形硕大的青铜盨是为他人作器。器盖、器内底有铭文14字："虢中（仲）乍（作）虢改（妃）宝盨，子子孙孙永宝用。""中"即"仲"，为排行，虢仲是作器者。改同妃，虢妃应是嫁到虢国的妃姓女子，是器物的所有者。

M2009是截至目前虢国墓地已发掘清理的形制最大、规格最高、出土器物最为丰富的一座大墓。大多数学者认为M2009墓主虢仲就是西周晚期赫赫有名的人物，时任周厉王的卿士，其字号公长父，死后谥为虢厉公。虢仲的事迹，史书有记载。虢仲还见于金文，除虢仲盨外，虢仲鬲出土于陕西省岐山县京当乡；何簋，铭文计9行53字，记载虢仲参与对何的赏赐，郭沫若先生在《两周金文辞大系图录考释》中认为此虢仲即虢仲盨中征伐淮夷之虢仲，为周厉王时器物；公臣簋，1975年陕西省岐山县董家村青铜器窖藏出土，共4件，器内底铸铭文43字，庞怀清、吴镇烽等发掘者认为公臣簋应属周厉王时器物；柞伯鼎，2005年中国国家博物馆征集入藏，腹内壁铸有铭文12行112字，记载虢仲率领柞伯、蔡侯的车队包围"昏"地，搏杀戎人的一次战争。朱凤瀚先生认为柞伯鼎的年代宜定在西周晚期厉、宣时期，所以此虢仲应是周厉王的卿士。刘社刚认为M2009墓主虢仲与上述器物铭文中的虢仲应是同一个人，他就是周厉王的卿士虢公长父。

◆ 铭文大意

虢仲跟随王南征讨伐南淮夷。在成周，作了陈列用盨，总共十二件。

◆ 相关文献

罗振玉：《三代吉金文存》10.37.2，民国二十六年（1937）影印本；岐山县文化馆：《陕西岐山县董家村西周铜器窖穴发掘简报》，《文物》1976年第5期；王光永：《介绍新出土的两件虢器》，载《古文字研究》第7辑，中华书局，1982年；严一萍编：《金文总集》3055，艺文印书馆，1983年；吴镇烽：《陕西金文汇编》传203，三秦出版社，1989年；蔡运章：《论虢仲其人》，《中原文物》1994年第2期；朱凤瀚：《柞伯鼎与周公南征》，《文物》2006年第5期；彭裕商：《虢国东迁考》，《历史研究》2006年第5期；中国社会科学院考古研究所：《殷周金文集成》04435，中华书局，2007年；霍彦儒、辛怡华：《商周金文编——宝鸡出土青铜器铭文集成》588，三秦出版社，2009年；刘社刚：《虢仲盨及相关问题考》，《文博》2011年第6期；吴镇烽：《商周青铜器铭文暨图像集成》05623，上海古籍出版社，2012年；张天恩主编：《陕西金文集成（7）·宝鸡卷·凤翔陈仓金台》0757，三秦出版社，2016年。

虢季子白盘

◆ 器物介绍

西周宣王世。被誉为晚清"四大国宝"之一，现收藏于中国国家博物馆。该盘清道光年间出土于陕西省宝鸡县虢川司，始为常州人徐燮钧所得。徐燮钧之弟徐星钺《虢季子盘记》云："虢季子盘，傅兼先兄自陕得之也，其时由郿县兼理宝鸡县篆，先君湘渔公偕往，入国问俗访得斯盘，百金相易，兄携以归，名震一时……"后徐燮钧卸任归家藏于常州鸣珂巷"天佑堂"。咸丰十年（1860）四月六日，太平军进据常州，"天佑堂"毁于兵火，该盘被太平天国护王陈坤书收藏在护王府内，成为镇府之宝。同治三年（1864）五月十一日，清淮军攻占常州，陈坤书兵败被杀。常州陷落后，淮军将领刘铭传（1836—1896）坐镇护王府。据传一日半夜，刘铭传正在灯下读书，万籁俱寂当中传来悦耳的金属叩击之声，声音如鸣玉，似叩钟，铿锵悦耳，时断时续，刘顿生好奇之心，转身出去查寻。转到屋后发现是战马吃草时，笼头铁环与马槽碰撞发出的声响，于是举灯查看马槽，惊奇地发现马槽是一件极不寻常的古物，刘铭传蹲下细看，见此马槽硕大，槽壁在烛光中发着深沉的幽光；轻叩之，发声清远玄妙。随即命令马夫用水将其洗刷干净，发现其外壁四边各饰两个兽首衔环，内底具长铭。刘始知是宝物，旋即命人将此宝物秘密押运送回合肥老家肥西刘老圩（现属肥西县南分路乡）。后来，刘铭传回乡休假期间请安徽霍山县一位名叫黄从默的老儒生考证该盘的来历。黄老先生辨认出该盘，并告知刘铭传，虢盘原本在道光年间出土于陕西省宝鸡县的虢川司，为古代西虢国所在地。刘铭传获此国宝，欣喜若狂，就在刘老圩盖了一座盘亭，并作《盘亭小记》记载了建造盘亭的经历、盘子的形状和铭文的内容，并亲笔写下"盘称国宝，亭护家珍"的对联。从此，刘家有宝盘的消息不胫而走。酷爱古物的光绪帝师翁同龢闻知此事后，强欲索要，刘铭传托李鸿章向慈禧太后讨得御赐懿旨，使自己的收藏合法化。至光绪十一年（1885）台湾撤府建省，刘铭传赴任首任台湾巡抚，宝盘仍留在家中。刘铭传去世后，其后人遵照其遗嘱，小心保护这件国宝。1933年至1936年军阀刘镇华担任安徽省主席，一直想把虢季子白盘据为己有，软硬兼施，但刘铭传后人不为所动，始终没有交出宝物。抗日战争爆发后，家乡沦陷之前，刘氏子孙将虢季子白盘隐藏妥当后，举家迁往外地，日寇多次搜索刘家院宅，也未见踪影。抗日战争胜利后，管治安徽的桂系军阀李品仙，也多次威逼刘家交出虢季子白盘，甚至派人在刘家大院掘地三尺，但最终一无所获。1949年1月21日，合肥解放。1949年冬，政务院给皖北行署发电报，指示查明虢盘下落。皖北行署当即派人专程到刘老圩向刘肃曾全家传达政府保护文物的政策。刘肃曾当即表示："保护国宝，责任非轻，个人力薄，盘之安全可虑；现政府如此重视，亟愿献出，从此国宝可以归国，获卸仔肩，亦为幸事乐事。"遂于1950年1月19日带领家人挖开历经十四年的封土，令虢盘重见天日。1950年2月，刘铭传第四代后人刘肃曾专程献宝进京，受到董必武、郭沫若、沈雁冰等领导人的接见，董老为此盘题词："国宝归国，可庆可贺。"郭沫若写诗赠刘肃曾，诗云："虢盘献公家，归诸天下有。独乐易众乐，宝传永不朽。省却常操心，为之几折首。卓卓刘君名，传诵妇孺口。可贺孰逾此，寿君一杯酒。"此后，虢季子白盘曾藏于故宫博物院，现藏于中国国家博物馆，成为镇馆之宝。

　　盘呈长方形，腹下敛，平底，曲尺形四足。四壁各有含环兽首两个，腹上部为窃曲纹，下部为环带纹。器长132.2厘米，宽82.7厘米，高41.3厘米，重215.5千克。内底铸有铭文8行110字，工整秀丽，铭文有韵，是一首优美的散文诗。铭文不仅有史料价值，也是先秦书法代表作。其书法颇具新意，用笔谨饬，圆转周到，一笔不苟，甚有情致。这派圆转书风开秦系文字之先河，对后世影响深远。《王国维遗书·三·秦公敦跋》："字迹雅近石鼓文，金文中与石鼓文相似者惟虢季子白盘及此敦耳。虢盘出今凤翔府眉县礼钝……故其文字体势与宝盘猎碣血脉相通。"石鼓文是集大篆之成，开小篆之先河，在文字演化史上起着承前启后的作用。此铭文对研究西周晚期周王室与北方少数民族关系史以及西北地理沿革变化具有十分重要的史料价值。

◆ 铭文释文

唯十又二年正月初吉丁亥，虢季子白乍（作）宝盘。不（丕）显子白，壮武于戎工，经缵（维）四方。搏伐猃狁，于洛之阳。折首五百，执讯五十，是吕（以）先行。趄趄（桓桓）子白，献聝于王，王孔加子白义。王各（格）周庙宣榭爰飨。王曰："白父，孔显又光。"王赐乘马，是用左王；赐用弓彤矢，其央；赐用戉（钺），用政蛮方。子子孙孙，万年无疆。

◆ 铭文注解

铭文称虢季子白"壮武于戎功，经缵（维）四方"，杨宽认为是西虢之君出任王朝"大师"之职。

"经缵（维）四方"

"经维"，即"经纬"，规划治理。《左传·昭公二十九年》："夫晋国将守唐叔之所受法度，以经纬其民。"《淮南子·要略》："经古今之道，治伦理之序，总万方之指，而归之一本，以经纬治道，纪纲王事。"

刘洪涛先生说，平心而论，把"缵"字释为"维"，读如本字或读为"纬"，都是能够讲得通的。不过讲得通不等于符合事实。从有关资料来看，认为它更有可能是"拥"字的省写。先从字形来说。古文字有从"殳"从"雗"之字，一般释为"拥"字异体。甲骨文"雗"字可以省掉声符"吕"作"淮"，则虢季子白盘铭文"缵"字很可能也是"拥"字省掉声符"吕"的写法。"经""拥"二字有时还会连言，组合成一个近义复词，如"余无康昼夜，经拥先王，用配皇天"（《集成》4317，㝬簋）。学者认为，例中的"经"跟虢季子白盘铭"经缵四方"之"经"是同一个词，但如何解释却存在分歧。《酒诰》"经德"与"秉哲"对言，与"秉德""持德""执德""治德""修德"文例相同，可见"经"应该是秉持、修治一类的意思。古书中"经"有"治""理""营""行""度""法"等训解，都是从治、理的意思引申出来的，治德就是修德，也就是秉德。"经先王（命）"（《集成》2841，毛公鼎）的"经"也当作此解，是先王的继承者，必须以先王为法，秉持遵行先王之命。上面几例都是把所"经"的人或物当作标准，来要求自己遵行、效法。当自己成为标准或自己来制定、执行标准时，就会用这个标准去衡量、整治他人或他物，这也叫"经"。《周礼·天官·大宰》："大宰之职，掌建邦之六典，以佐王治邦国：一曰治典，以经邦国，以治官府，以纪万民。"《诗经·大雅·江汉》："江汉汤汤，武夫洸洸。经营四方，告成于王。"这些"经"字跟虢季子白盘铭"经缵四方"之"经"相同，亦是治、理之义。尤其是《江汉》诗，二者所述基本相同，这是治物。《毛诗序》："先王以是经夫妇，成孝敬，厚人伦，美教化，移风俗。"这是治人。

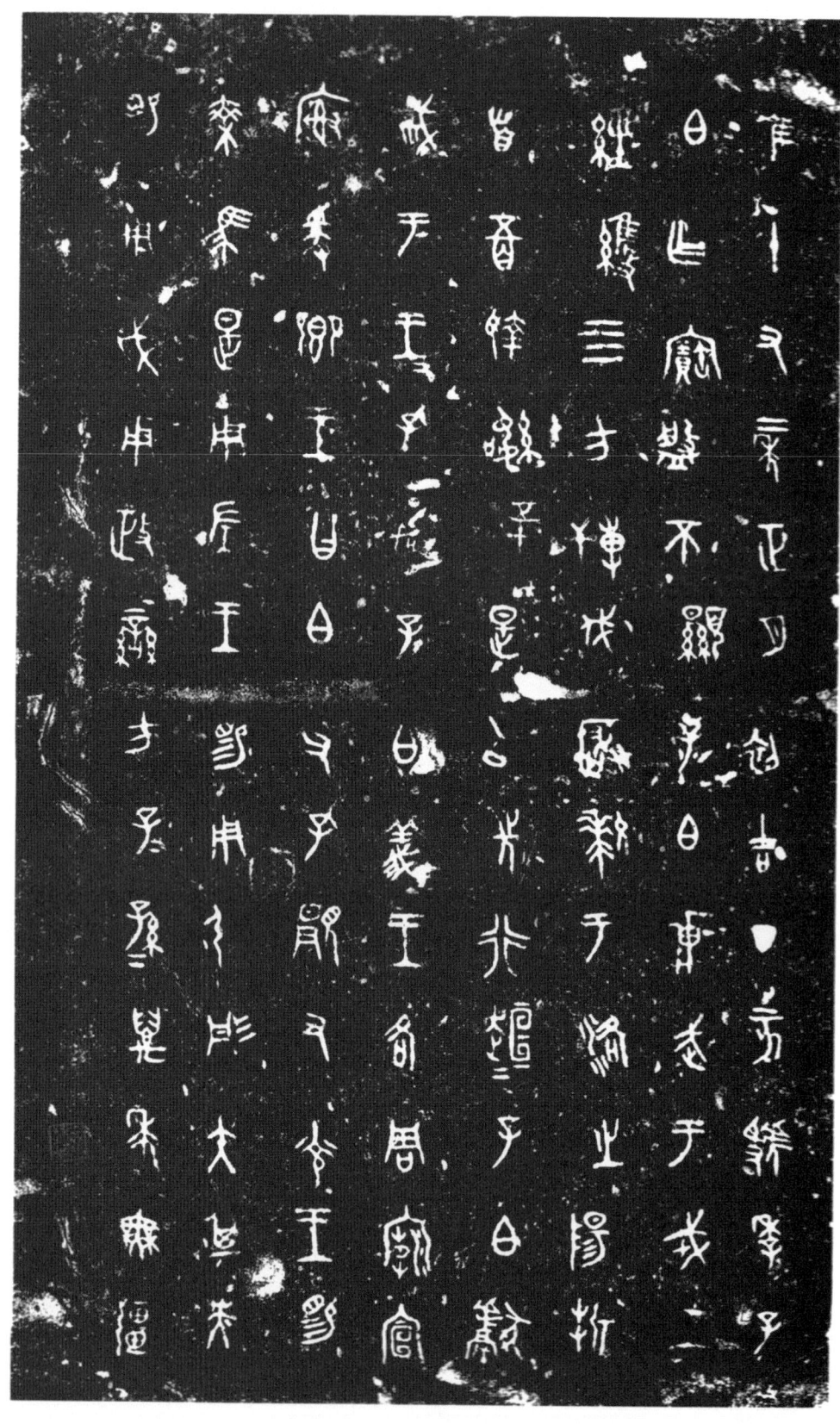

虢季子白盘铭文拓片

"拥"字的本义是抱。《说文·手部》："拥,抱也。"古书中有"抱德"一词。《庄子·徐无鬼》："故无所甚亲,无所甚疏,抱德炀和,以顺天下,此谓真人。"《文子·守静》："养生以经世,抱德以终年,可谓能体道矣。""怀"字亦训为"抱",古书中也有"怀德"一词。《尚书·周书·洛诰》："王伻殷乃承叙,万年其永观朕子怀德。"《论语·里仁》："子曰:君子怀德,小人怀土。"抱的动作跟执持相似,故"拥"又训作"执""持"。古书中有"执德""持德"的说法。因此,"拥德"即"抱德""怀德",亦即"执德""持德",此"拥"字的意思跟保有、秉持相当,"拥我邦小大猷"（毛公鼎）之"拥"也是此义,相当于《诗经·小雅·节南山》"秉国之均""谁秉国成"的"秉",此句意思是秉持、掌握国家的大小政令、谋划。"拥"还有卫护、保护的意思,是抱、保义的引申。《楚辞·九歌·少司命》："登九天兮抚彗星,竦长剑兮拥幼艾。"《后汉书·西域传》："康率傍国拒匈奴,拥卫故都护吏士妻子千余口。""拥"还有遮蔽的意思。《楚辞·九辩》："何泛滥之浮云兮,猋壅蔽此明月!"仔细体味卫护、遮蔽二义,可知它们是同一个意思的正反两方面,都是遮掩的动作。从好的方面来看,是护卫被遮掩者,使之免受伤害,从坏的方面来看,则是蒙蔽被遮掩者,使之远离正道。如同"庇"与"蔽"的关系,从好的方面来看是庇护,从不好的方面来看则是壅蔽。"经拥先王"（猷簋）之"拥"意谓效法、卫护先王,不使先王之国丧,先王之德坠。我们把虢季子白盘铭"经缵四方"之"缵"释为"繈（拥）"字省体,则它也是"经拥"连言。"经拥四方"的意思是治理、卫护国土。四方是相对于国都而言,亦指邦国。虢季子白大概是一位有雄才大略的武将,所以在铭文中夸耀自己"壮武于戎功"（在战争之事上勇武）,"搏伐猃狁,于洛之阳"（击杀猃狁到洛水之北）是"壮武于戎功"的具体表现,把"经拥四方"解释成治理、卫护国土,也是指戎事,三者正好互相照应。

"王各（格）周庙宣榭爰飨"

"周庙",见小盂鼎铭文注解。"射庐""宣榭"为辟雍的异名。"榭"以"射"为声符,可以在文献中称"宣榭"（《春秋·宣公十六年》）,是"讲武堂"。虢季子白盘铭表明,宣榭在周庙之中。从金文看,"射庐""宣榭""宣廨"是周王行飨射礼的场所,且与当时的周庙修在一起,都是西周的"大学",古文献称为"辟雍",西周金文中也有这种"辟雍",或称为"大池""辟池",是贵族子弟学习射艺的武学堂。

虢季子白盘铭文内容记述虢季子白征伐少数民族猃狁,斩首500人,俘虏50人,受到周宣王赏赐之事,为研究西周与北方少数民族关系的重要史料。据兮甲盘铭文,宣王五年曾伐严允（猃狁）于洛水东北（今陕西省白水县东北）。宣王十二年虢季子白又伐严允于洛水之阳。两次伐严允的地点都在洛水之阳,可知当时严允入侵的主要地区是在洛水之阳。

◆ 铭文大意

十二年正月上旬丁亥这天，虢季子白制作了这件宝盘。显赫的子白，在军事行动中勇武有谋，治理有方。进击征伐猃狁，到达洛水之北。斩了五百个敌人的首级，抓获俘虏五十人，成为全军的表率。威武的子白，割下敌人左耳献给了周王，王非常赞赏子白的威仪。王来到周太庙的宣榭，大宴群臣。王说："白父，你的功劳显赫，无比荣耀。"王赐给子白配有四匹马的战车，以此来辅佐君王。赐以朱红色的弓箭，颜色非常鲜明。赐以大钺，用来征伐蛮夷。子子孙孙，万年无疆。

◆ 相关文献

罗振玉：《三代吉金文存》17.19，民国二十六年（1937）影印本；《周代铜器"虢季子白盘"归诸人民》，《文物参考资料》1950 年第 6 期；严一萍编：《金文总集》6790，艺文印书馆，1983 年；吴镇烽：《陕西金文汇编》传 286，三秦出版社，1989 年；马起来：《虢季子白盘》，《江淮文史》1993 年第 3 期；刘桂英：《虢季子白盘历险记》，《金属世界》1995 年第 4 期；吴之光：《虢季子白盘与常州徐氏》，《江苏地方志》1996 年第 4 期；李先登：《虢季子白盘历尽沧桑》，《中华工商时报》2002 年 3 年 1 日；任周方：《洛阳之战伐严允，虢白先行立战功》，载《国宝纪事》，陕西人民出版社，2003 年；李卫：《虢季子白盘背后的故事》，《人民日报海外版》2004 年 1 月 28 日；郭继斌、辛怡华：《秦系文字的鼻祖——虢季子白盘》，《宝鸡社会科学》2006 年第 4 期；梁宁森：《从青铜铭文看虢国贵族姓氏名字结构》，《中原文物》2007 年第 4 期；中国社会科学院考古研究所：《殷周金文集成》10173，中华书局，2007 年；毕庶春：《虢季子白盘铭文及似赋之铭考论》，《辽东学院学报（社会科学版）》2008 年第 10 卷第 3 期；吴杰：《虢季子白盘》，《西部大开发》2008 年第 4 期；霍彦儒、辛怡华：《商周金文编——宝鸡出土青铜器铭文集成》594，三秦出版社，2009 年；柳向春：《上海博物馆馆藏珍本二种述要》，《上海文博论丛》2009 年第 4 辑；莫鞠聪：《从甲骨文到周金文看中国文字发展体现的秩序进程》，《美术教育研究》2011 年第 4 期；杨伟微：《虢季子白盘与刘铭传》，《文物鉴定与鉴赏》2011 年第 6 期；吴镇烽：《商周青铜器铭文暨图像集成》14538，上海古籍出版社，2012 年；田率：《祸福跌宕的宝盘》，《大众考古》2013 年第 2 期；刘玉玲：《盘点"中国青铜盘"》，《收藏》2014 年第 11 期；王学军《〈小雅·六月〉中的燕礼与周宣王时期的西北战争》，《殷都学刊》2014 年第 2 期；孙稼阜：《名家临名帖——吴大澂临〈虢季子白盘〉（上）》，《书法》2014 年第 3 期；孙稼阜：《名家临名帖——吴大澂临〈虢季子白盘〉（下）》，《书法》

2014年第4期；马智全：《饮至礼辑考》，《简牍学研究》，2014年8月；蒋频：《浑厚典雅的金文》，《美术报》2015年5月2日；党玉占：《虢季子白盘》，《山西日报》2015年12月9日第C04版；王友谊：《篆书意抚西周虢季子白盘铭二条屏》，《中国书法》2015年第7期；张天恩主编：《陕西金文集成（7）·宝鸡卷·凤翔陈仓金台》0778，三秦出版社，2016年；刘洪涛：《释虢季子白盘铭的"经缵四方"》，《中国文字研究》第24辑，上海书店出版社，2016年；丛文俊：《吉金夜话（一）·虢季子白盘》，《艺术品》2018年第1期。

四十二年逨鼎

◆ 器物介绍

　　西周晚期。2003 年 1 月 19 日出土于宝鸡市眉县杨家村一西周青铜器窖藏。杨家村位于眉县西北 3.5 千米的马家镇杨家村北侧渭水二级台地上，这里属于杨家村遗址区，遗址因 1953 年盠器群的出土而被发现。杨家村遗址主要以西周文化的内涵为主体，自 1953 年以来，1972 年、1983 年、1985 年、2003 年，相继有多批西周青铜器出土，根据铭文内容看，它们都是一个家族的遗物。特别是 2003 年发现的青铜器窖藏，同出有 27 件青铜器，计有鼎 12 件、鬲 9 件、壶 2 件，盘、匜、盉、盂各 1 件，件件有铭文，其中逨盘铸铭文 372 字，是新中国成立以来发现的西周青铜器铭文最长的一件。四十二年逨鼎，共两件，形制、纹饰基本相同，大小相次。敛口，厚宽沿外斜折，方形立耳微外撇，下腹向外倾垂，阔圜底。三蹄状足，三足内侧扁平。立耳外侧有两道凹弦纹，沿下有一周窃曲纹，其间有六个高凸扉棱将纹饰分成六组，腹部饰一周环带纹，足膝部有一扉棱与两侧图案组成的兽面纹。四十二年逨鼎甲，通高 58 厘米，口径 48 厘米，重 44.5 千克。腹内壁铸有铭文 25 行，行 10—13 字，共 282 字，其中重文符号 4 个。四十二年逨鼎乙，通高 51 厘米，口径 47 厘米，重 35.5 千克。腹内壁铸有铭文 25 行，行10—14字，共280字，其中重文符号4个。

◆ 铭文释文

唯卅又二年五月既生霸乙卯，王在周康穆宫，旦，王各大（太）室，即立（位）。司工散右吴逑入门立中廷，北郷（向）。尹氏受王釐书，王乎（呼）史淢册釐逑。王若曰："逑，丕（丕）显文武，膺受大令（命），匍有四方，则繇唯乃先圣且（祖）考，夹召先王，爵堇（勤）大令（命），奠周邦，余弗叚（遐）望（忘）圣人孙子。余唯闵乃先且（祖）考，有爵于周邦，肆余作[肜]沙。询，余肇建长父侯于杨，余令（命）女（汝）奠长父休，女（汝）克奠于厥师，女（汝）唯克井（型）乃先且（祖）考，扑厥（严）狁[猃]。出，戡（捷）于井，阿于历嵒（岩），女（汝）不麩戎。汝弇（旁）长父，以追搏戎，乃即宕伐于弓谷，汝执讯，获馘，俘器、车马，女（汝）敏于戎工，弗逆。朕亲令釐女（汝）矩鬯一卣，田，于䍙卅田，于徲廿田。"逑拜稽首，受册釐以出，逑敢对天子丕显鲁休扬，用作朕皇用享（享）孝于前文人，其严在上，趩（翼）在下，穆秉明德，丰丰簋簋降余康龢屯又通录，永令，眉寿绰绾。畯臣天子逑其万年无疆子子孙孙永宝用亯（享）。

◆ 铭文注解

铭文年、月、月相、干支四要素齐备，是考订西周年代、金文历谱的重要资料。

"康宫"

是西周金文中常见的一个词，由于该词常与金文断代有关，因此争议也最多。唐兰先生认为"康宫"即康王之庙，并认为，康宫所祭以康王为始祖，继之昭王曰昭，其庙即康昭宫，穆王曰穆，其庙即康穆宫。共王更为昭，懿王为穆；孝王更为昭，夷王为穆；厉王为昭，宣王为穆。我们认为，"周康穆宫"应是宣王居住的宫室。西周青铜器铭文表明，册命礼前一天晚上，周王住在康宫或康某宫，对臣下进行的赏赐或册封的典礼一般待天亮后去庙中的太室举行。

四十二年逑鼎铭文中记载了宣王末年周王朝与猃狁的一次战争，关于这次战争发生的地点，董珊先生考证铭文里"井阿""历岩""弓谷"等地在今山西中南部附近。而彭裕商先生的《周伐猃狁及相关问题》一文推断"邢阿""历岩""弓谷"的地点当在陕西。

"建长父侯于杨"

"建"，"封赐"。"长父"，有学者认为就是周宣王子尚父。"杨"，即周时杨国。《新唐书·宰相世系表》十一下："杨氏，出自姬姓，周宣王子尚父，封为杨侯。"《国

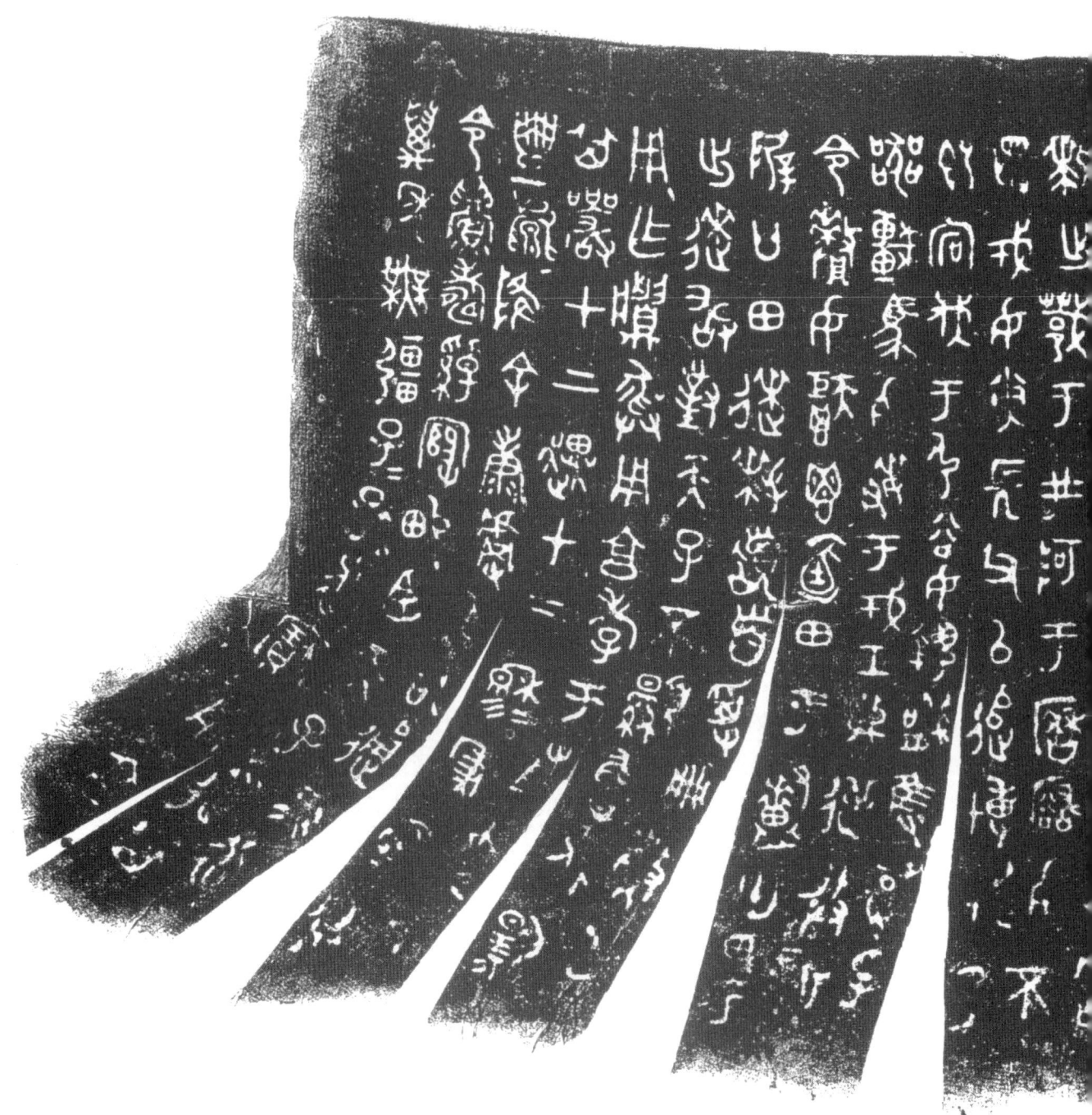

四十二年逨鼎甲铭文拓片

第三章 军事与外交

四十二年逨鼎乙铭文拓片

第三章 军事与外交

语·周语》："（宣王）三十九年，战于千亩，王师败绩姜氏之戎。"

孙庆伟先生认为，杨国在今山西洪洞县东南，处在镐京、成周与姜氏之戎之间。宣王被姜戎所败，乃封其子尚父于杨以屏镐京、成周。孙先生主张没有姞姓杨国。

王辉先生认为，从四十二年逨鼎铭文看，无法排除杨国曾为姞姓的可能性，并认为在宣王四十二年封子尚父于杨之前，肯定有一非姬姓的杨国存在。封子尚父于杨，只是以姬姓封国取代非姬姓国，以为成周藩屏，并不是初建杨国。

田率先生认为宣王时期在今山西中南部地区的杨国不是姬姓国家，而是姞姓诸侯，与四十二年逨鼎中的长父所封之杨并非一处。西周时期，扶风、眉县、岐山一带民族混居，戎、狄、氐、羌各族犬牙交错，与周王朝军事冲突频繁。《国语·周语》载："（宣王）三十九年，战于千亩，王师败绩于姜氏之戎。"所言宣王败于姜氏戎的战役，皆因"宣王不耕籍田，神怒民刚"，"为戎所伐，战于近郊"（《诗经·小雅·祈父》）。据《左传·庄公十一年》云："京师败曰王师败绩于某。"可知宣王与姜戎的这次战争当是在王都镐京以西的周原一带，不可能远战晋地。宣王被姜戎所败，乃封其子长父于周原的千亩，以固边防，以屏镐京，是军事上的需要。另外宣王时期猃狁的威胁也来自宗周的西北，宣王派逨去辅佐长父讨伐猃狁，军情紧急，不可能让他跋山涉水去晋地与猃狁作战。考古发掘的有关单逨家族的青铜器多在眉县附近，单逨家族是畿内周原地区的世家旧臣，居邑就在眉县。逨奉命辅佐长父立国建军，故长父所封之杨地，也就离这批窖藏的出土地不远，正如彭裕商先生所推测的，陕西多有名杨之地，如杨家村有可能就是杨国故地。

"出，戬（捷）于井"

"出"，《说文》云："进也。""出"的用法也见他器，菁簋铭："驭戎大出于楷，菁搏戎"。臣谏簋（《西周晚期集成》4237）铭有："佳戎大出[于]軝，井侯搏戎。""出"疑即"大出"之省，"大出"亦见于卜辞"大出于川（河）"（周原甲骨11.9）。张光裕先生对"大出"的解释为："（驭戎）大举出动，窜乱为祸，对'楷''軝'两国造成滋扰……'大出'亦指有关方国入侵之事。"按照张先生的说法，田率先生认为，这里"出"的意思大概是说猃狁窜乱出动，大肆侵扰进攻周邦。"井"，地名。田先生认为在今陕西省宝鸡市凤翔区附近，古代是井族的活动区域。周代的井氏，系周公之后，其大宗封于邢，次子留居王朝，食采于畿内井邑。作为畿内的井氏族，在西周中期的政治舞台上十分活跃，西周金文中出现的王朝重臣"井伯"家族的青铜器，很多出土于关中平原西部。"戬（捷）"，是到达之义。《小尔雅·广言》："捷，及也。"《汉书·扬雄传》："凤凰翔于蓬陼兮，岂驾鹅之能捷！"颜师古注引晋灼曰："捷，及也。"

"阿于历𡼭（岩），女（汝）不斁戎"

"阿"，田率先生认为在此用作动词为佳，"阿"与"猗"皆为影母歌部字，音近相通。《尚书·商书·太甲上》："惟嗣王不惠于阿衡。"《汉高彪碑》"阿衡"作"猗衡"。"猗"通"掎"，《说文通训定声·随部》："猗假借为掎。"掎是牵引、拉住之义，《说文》："掎，偏引也。"《诗经·小雅·小弁》："伐木掎矣，析薪扡矣。"毛传："伐木者掎其颠。"《国语·鲁语》："掎止晏莱焉。"贾逵注曰："从后牵曰掎。"

"历𡼭"，地名。历，山名，疑即数历山。《尔雅》云："历，数也。"数历山，《水经注》卷十七云："渭水又东南，出石门，度小陇山，迳南由县南，东与楚水合，世所谓长蛇水也。水出汧县之数历山，南流迳长蛇城东，魏和平三年筑，徙诸流民以遏陇寇。"又《山海经·西山经》卷二："又西一百七十里，曰数历之山……楚水出焉，而南流注于渭。"数历山应在今宝鸡市六川河、香泉河一带，从《水经注》的记载来看，此处自古就是军事要冲，直到北魏时期还是重要的边防戍地。"𡼭"，溪谷深貌。"斁，败也。"此句之意是逑率军从后面袭击猃狁以牵制其进攻，并大败猃狁于数历山的深谷中。

"汝𡘗（旁）长父，以追搏戎，乃即宕伐于弓谷"

"𡘗"字释义学者多有分歧，周晓陆先生认为该字是"光""方"上下合体，结构有省借，此字或即"旁"字。田率先生认为"旁"在这里作动词，辅助义。《楚辞·九章·惜诵》："吾使万神占之兮，曰有志极而无旁。"王逸注："旁，辅也……但有劳极心志，终无辅佐。""追搏"也见于多友鼎（《西周晚期集成》2835）："从至追搏于世"，即追赶诛杀之意。"宕伐"即荡伐，大规模的讨伐。"弓谷"，地名。弓字在见母蒸部、共字在群母东部，两字声母皆为见系牙音，韵部蒸、东旁转、古音相通，故弓可假为共。疑即《诗经·大雅·皇矣》中密须所侵犯的共国，周代的共国在今甘肃省泾川县北，所以弓谷疑即古共国境内的山谷，这句话的意思是说逑辅佐杨长父追击猃狁，在弓谷与猃狁进行了一次大规模的战争，取得了决定性的胜利，俘虏了大量的敌人和车马辎重。

纵观这次战事的经过，猃狁首先挑起衅端，冒犯周邦，侵掠畿内井地。逑率军从后路牵制住敌人，断其归路，在数历山深谷中击退敌军。随后逑策应长父出兵，追击猃狁败军，在弓谷激战，取得最终的胜利。田率先生认为，从对"井""历𡼭""弓谷"等地名的考察可以看出，宣王四十二年的周王朝和猃狁的这次战争并不是发生在晋南地区，而是在今陕西省宝鸡市（陈仓区）以北，直至甘肃东部的泾川县。这与文献和其他青铜器铭文所记载的西周时期周朝与猃狁的主要战场——陇东、关中以北——也是相符合的，四十二年逑鼎为我们研究周王朝征伐猃狁的战争提供了新的材料和佐证。

从文献和金文资料看，西周历代王朝和猃狁的战争多发生在陇东、关中地区，集中在泾水、洛水区域。西周中期以后猃狁部族的主要根据地在王畿西北方的太原，即陇上黄土高原，居高临下，对周朝王畿地区构成地理上的进攻优势。猃狁一般从西北方向进攻以宗周为中心的关中平原。周王朝征伐猃狁旨在保卫王畿，抗御强敌，以消除猃狁对周畿的威胁。周王朝和猃狁的战斗力对抗呈此消彼长的状态。周初强盛之时，周人可以主动进攻猃狁，使其臣服；而随着周王朝国力的衰弱，猃狁便聚集实力入侵周土，劫掠财产、人口，在西周晚期逐渐成为周王朝最主要的敌人和最大的威胁。四十二年逨鼎记载的宣王时期周室与猃狁的这次战事，逨随长父征讨猃狁。尽管他们在局部性的战役中取得了胜利，但是却无法彻底地改变周人面对猃狁被动挨打的窘境，更无力挽救周朝濒临覆亡的命运，西周最终还是亡于犬戎的铁蹄之下。

◆ 铭文大意

宣王四十二年五月既生霸乙卯这一天，王在周康穆宫。天刚亮，王就来到太庙，就位。司工散导引逨入中门，立大厅中央，北向而接受册命。尹氏受王命书写册书，王呼史淢册命逨。王说：逨，我的显赫高贵的文王、武王，从皇天那里接受大命，抚佑四方的诸侯方国。从前，你的先人辅佐先王，尽心操劳大命。因此，我没有疏远、忘记圣贤的子孙们。你们先祖有功于周邦，我至为珍惜，永不忘怀。我封长父为侯于杨地，你要辅佐长父奠定国家，训练整饬军队。你要效仿你的先辈，莫要辱没你祖先的名誉，能够率军彻底歼灭猃狁，以绝后患。猃狁窜乱，主动出击进攻周邦，入侵达到了畿内井地（今陕西省宝鸡市凤翔区），你率军从后面袭击猃狁以牵制其进攻，并打败猃狁于数历山（今陕西省宝鸡市六川河、香泉河一带）的深谷中。你又辅佐长父乘胜追击猃狁，在弓谷（今甘肃省泾川县境内）与猃狁进行了一次大规模战争，取得了决定性胜利，俘虏了大量敌人和车马辎重。你勤勉于征伐之事，战斗很顺利。朕（周王）亲自赐给你用黑黍酿造的酒一壶，并赏给毫地卅田、瑬地廿田。

逨跪倒，双手相拱至地，俯首至手，接受了天子的册命，出来。逨感激天子的赏赐，赞美王的鲁休，作了尊鼎，用来追念前世有文德先人的善德。有文德先人的威严英灵在天庭，逨恭恭敬敬在人间，恭敬操持完满的德性。期望先祖蓬蓬勃勃降给逨康和保佑，高官厚禄，长寿，心怀宽绰。天子的贤臣逨子子孙孙永远享用。

◆ 相关文献

陕西省考古研究所、宝鸡市考古工作队、眉县文化馆：《陕西眉县杨家村西周青铜器窖藏》，《考古与文物》2003年第3期；陕西省考古研究所、宝鸡市考古工作队、眉县文化馆：《陕西眉县杨家村西周青铜器窖藏发掘简报》，《文物》2003年第6期；

李学勤：《眉县杨家村新出青铜器研究》，《文物》2003年第6期；裘锡圭：《读逨器铭文札记三则》，《文物》2003年第6期；刘怀君、辛怡华、刘栋：《四十二年、四十三年逨鼎铭文试释》，《文物》2003年第6期；李学勤：《眉县杨家村器铭历日的难题》，《宝鸡文理学院学报》2003年第5期；张培瑜：《逨鼎的月相纪日和西周年代》，《文物》2003年第6期；张培瑜：《逨鼎的王世与西周晚期历法月相纪日》，《中国历史文物》2003年第3期；李学勤：《四十三年佐鼎与牧簋》，《中国史研究》2003年第2期；夏含夷：《四十二年、四十三年两件吴逨鼎的年代》，《中国历史文物》2003年第5期；周晓陆：《西周"徕器"及相关问题探讨》，《南京大学学报》2003年第4期；李零：《读杨家村出土的虞逨诸器》，《中国历史文物》2003年第3期；张天恩：《从逨盘铭文谈西周单氏家族的谱系及相关铜器》，《文物》2003年第7期；董珊：《略论西周单氏家族窖藏青铜器铭文》，《中国历史文物》2003年第4期；周晓陆：《徕鼎读笺》，《西北大学学报》2003年第4期；刘军社、辛怡华：《眉县杨家村逨盘、逨鼎铭文浅析》，《宝鸡社会科学》2003年第2期；黄盛璋：《眉县杨家村逨家窖藏铜器解要》，《中国历史文物》2004年第3期；连劭名：《眉县杨家村窖藏青铜器铭文考述》，《中原文物》2004年第6期；曹玮：《单氏家族青铜考》，载《周原遗址与西周铜器研究》，科学出版社，2004年；周亚：《眉县杨家村青铜器窖藏和四十三年逨鼎》，《上海艺术家》2005年第1期；张润棠：《逨鼎——12件套鼎数量之多为考古之最》，载《宝鸡青铜器》，三秦出版社，2005年；黄盛璋：《眉县杨家村逨家窖藏铜器初论解要》，载宝鸡青铜器博物馆编《周秦文明论丛》（第1辑），陕西人民出版社，2006年；王晖：《从单族铜器铭文看单氏家族族属、分封时间及西周宗族分化问题》，载宝鸡青铜器博物馆编《周秦文明论丛》（第1辑），陕西人民出版社，2006年；常金仓：《眉县青铜器和西周年代学研究的思路调整》，载宝鸡青铜器博物馆编《周秦文明论丛》（第1辑），陕西人民出版社，2006年；李先登：《对眉县杨家村青铜器窖藏的几点认识》，载宝鸡青铜器博物馆编《周秦文明论丛》（第1辑），陕西人民出版社，2006年；王辉：《四十二年逨鼎铭文笺释》，载宝鸡青铜器博物馆编《周秦文明论丛》（第1辑），陕西人民出版社，2006年；白光琦：《单伯世系小议》，载宝鸡青铜器博物馆编《周秦文明论丛》（第1辑），陕西人民出版社，2006年8月；白光琦：《杨家村窖藏铜器与宣幽二世年份》，载宝鸡青铜器博物馆编《周秦文明论丛》（第1辑），陕西人民出版社，2006年；刘少敏：《杨家村出土的逨器所涉及的几个问题》，载宝鸡青铜器博物馆编《周秦文明论丛》（第1辑），陕西人民出版社，2006年；李润乾：《对杨家村重大考古发现的调查与思考》，载宝鸡青铜器博物馆编《周秦文明论丛》（第1辑），陕西人民出版社，2006年；张润棠：《重器鸿宝见证华夏古老文明史》，载宝鸡青铜器博物馆编《周秦文明论丛》（第1辑），陕西人民出版社，2006年；刘士莪：《墙盘、逨盘之对比研究——兼论西周微氏、单氏家族窖藏铜器群的历史意义》，载宝鸡青铜器博物馆编《周秦文明论丛》（第1辑），陕西人民出版社，2006年；高玉平：《2003年眉县杨家村出土窖藏青铜器铭文考述》，《安徽大学》2007年硕士论文；叶正渤：《从历法的角度看逨鼎诸器及晋侯稣钟的时代》，《史学月刊》2007年第12期；陕西省考古研究院、宝鸡市考古研究所、眉县文化馆：《吉金铸华章——宝鸡眉县杨家村单氏青铜器窖藏》，文物出版社，2008年；郑光：《〈逨鼎〉铭的几个问题》，载宝鸡青铜器博物馆编、段德新主编《青铜文明论丛》（第2辑），三秦出版社，2009年；刘军社：《四十二年逨鼎与册命制度》，载宝鸡青铜器博物馆编、段德新主编《青铜文明论丛》（第2辑），三秦出版社，2009年；霍彦儒、辛怡华：《商周金文编——宝鸡出土青铜器铭文集成》621、622，三秦出版社，2009年；田率：《四十二年逨鼎与周伐猃狁问题》，《中原文物》2010年第1期；李建生、王金平：《周伐猃狁与"长父侯于杨"相关问题》，《中原文物》2012年第1期；杨麟：《厉宣时期青铜礼器研究》，陕西师范大学硕士论文，2012年5月；吴镇烽：《商周青铜器铭文暨图像集成》02501、02502，上海古籍出版社，2012年；叶正渤：《逨鼎铭文历法解疑》，《盐城师范学院学报（人文社会科学版）》第32卷第6期，2012年12月；张天恩主编：《陕西金文集成（6）·宝鸡卷·麟游千阳陇县眉县凤县》0644、0645，三秦出版社，2016年；孙庆伟：《试论杨国与杨姞》，《考古与文物》1997年第5期；张光裕：《思源堂新藏两周𦅫簋铭文识小》，载《雪斋学术论文二集》，台湾芝文印书馆，2004年，193页。《历史研究》2004年第3期；周晓陆：《徕鼎读笺》，《西北大学学报》2003年第4期。

第四章 法律与诉讼

"德"和"罚"的思想，早在西周之前就已产生，但是把两者结合在一起称作"明德慎罚"并建立起一套完整的法律思想体系，则是周初完成的。所谓明德，就是道德教化，正面引导；所谓慎罚，就是刑罚适中，不乱罚无罪，不乱杀无辜。把"德"与"刑罚"结合起来，对后世儒家"德主刑辅"思想的形成产生了极大的影响。

西周金文中有关法律诉讼方面的内容，弥足珍贵。西周金文中虽无"慎罚"一词，但在《牧簋》铭文中有"明井（刑）"一词。司土是仅次于司寇的司法官吏。"中刑"的原则要求司法公正、量刑适中及罪刑相适应，这一原则最早见于懿王时器牧簋铭文中。在这篇命辞中，周王反复告诫牧在司法审判中一定要做到"不中不井（刑）"，否则，滥刑无辜必然导致引发"民乱"的严重后果。五年琱生尊铭记载了琱生为了了结因"仆庸土田多刺"而引起的官司，它与传世的五年、六年琱生簋正好完整地反映了西周厉王时期一场旷日持久的"仆庸土田多刺"官司的详细经过，它的出土解决了青铜文化史上的一个千年悬案。㫚匜铭文是迄今出土的第一件能够自始至终直接或间接记载一次诉讼全过程的金文判例，这一判例是一个民事案件，铭文内容是研究中国法律史不可多得的珍贵资料，反映了西周的刑法和狱讼立誓制度。

在西周，王畿内一些大宗族是怎样管理的？关于这一点，散氏盘为我们提供了独特的信息。根据铭文，我们大体可以知道西周时期关于土地赔偿案件的审理程序。此外，散氏盘铭文还告诉我们西周乡村小邑被管理的模式。管理这些邑的一个常规官职可能是"司虞"，由于虞的职责是监管一个邑的农地周边的林和泽，因此该职一定是渭河流域乡村地区广泛存在的常设职官。此外，铭文中还提到豆邑小门人，这一职可能是负责一个邑的大门。它们表明西周时期的许多邑已经具有一个基本的行政机构。每个中心邑都控制着很多小邑，农产品生产、宗族的主要收入便来自于此。西周晚期，在远离渭河流域周邦的乡村地区，邦的政治结构中已经发展出不同层次的行政管理。这个阶梯结构显示出对一个政治组织进行中心整体管理与对地方个体的邑的行政管理的分离。

牧簋

◆ 器物介绍

西周懿王世。出土于扶风,情况不明。首先著录于北宋吕大临《考古图》,据称"得于扶风",为"京兆范氏"收藏,铭文后又见南宋薛尚功《历代钟鼎彝器款式法帖》。这是一件无盖而有方座的双耳簋,形制还保存较早的特点,纹饰则较晚,有窃曲纹、波纹和重环纹,具有过渡转型的意味。"夏商周断代工程"的西周历谱定其时代为懿王时期。铸有铭文 21 行约 221 字(或说 227 字)。眉县杨家村四十三年逨鼎的发现,使我们能够深入理解宋代发现的牧簋铭文。

牧簋铭文是一篇典型的册命金文,记录了朝廷对"牧"的册命仪式。李峰先生认为,其独特之处在于这是目前所见唯一记载周王亲口承认王朝官僚系统缺乏自律的铭文。在周王的措辞中,那些作为西周政府的主体,身居"百僚"的官员已腐化不堪:他们不仅不遵循周初制定的政策,而且还不断虐待百姓。几乎所有同类的西周铭文,不是在歌颂个人功绩,就是在宣扬西周王朝的功德。只有这篇特殊的牧簋铭文则是揭露西周政府的黑暗面,而且这是直接出自周天子之口。它给我们的印象是,西周的官僚政府在西周中期偏晚已变成了一个由腐化官员组成的欺压人民的组织。由于这个原因,作为先王时期司土的牧，被现任周王召回并授予新的职位——以百官之首的地位专门负责执法。

◆ 铭文释文

唯王七年十又三月既生霸甲寅，王才（在）周，才（在）师汙（汤）父宫，各（格）大（太）室，即立（位）。公族组人右牧立中廷。王乎（呼）内史吴册令（命）牧。王若曰："牧，昔先王既令（命）女（汝）乍（作）嗣（司）士；今余唯或（又）叚（升）改，令（命）女（汝）辟百寮（僚），□有内事，囚乃多乱，不用先王乍（作）井（型），亦多虐庶民，氒（厥）讯庶右（有）㕡（遴），不井（刑）不中。囚侯之𢆉（藉）⺍（夗），今𩔰司匐（服）氒（厥）罪召（招）故。"王曰："牧，女（汝）母（毋）敢□□先王乍（作）明井（刑）。用雩（粤）乃讯庶右遴，母（毋）敢不明不中不井（刑）。乃申政吏，母（毋）敢不尹丌（其）不中不井（刑）。今余唯䚄（申）𢠵乃命，易（锡）女（汝）秬鬯一卣、金车、贲较、画𨍰、朱虢（鞹）圆（鞃）靳、虎𢇛熏裏、旂、余（骖）马四匹，取□□锊。苟（敬）夙夕勿废朕令（命）。"牧拜稽首，敢对扬王不（丕）显休，用乍（作）朕皇文考益白（伯）宝尊簋。牧其万年寿考，子子孙孙永宝用。

◆ 铭文注解

"王才（在）周，才（在）师汙（汤）父宫"

"师汙（汤）父宫"地处"周"，即今天的陕西周原。"汙"原为吕大临所释，薛尚功将其释为"保"，而现代学者多从吕大临释。而李峰先生认为，因为所摹铭文中此字形，在其他西周铭文中均不曾见，他强烈怀疑该字可能为宋人误摹，推测其原本可能为"汤"字。从对比中，可以看出师汤父鼎中此字与亦政堂本中此字极为相似。考虑到整篇牧簋铭文缺失了一些字，所以某些字也很可能会缺失一些笔画，故而造成了吕大临的误读。"师汤父"不仅铸造了师汤父鼎，同时也出现于中枏父簋和中枏父鬲的铭文中。后两者中的"中枏父"即为师汤父的下属，这暗示了师汤父的显赫地位。同时，这也解释了为何"牧"的册命在师汤父宫举行，李峰先生认为师汤父宫可能为师汤父管辖的一个行政中心。

"昔先王既令（命）女（汝）乍（作）嗣（司）士"

"司士"，自宋代以来多误释为司土（徒）。

"唯或（又）叚（升）改"

李学勤先生释为又行擢升。

"令（命）女（汝）辟百寮（僚）"

"辟"依《尔雅·释诂》训为"法"，即依法绳治百寮（僚）。

"内事"

指朝内之事。

"囟"

李学勤先生认为字有讹变，旧多释"包"。

"囟侯之䲷（藉）𠂤（夗），今酋司匐（服）氒（厥）罪召（招）故"

"囟"即"思"字所从，这里读为"斯"。"侯"，《尔雅·释训》："乃也"。"䲷（藉）"，旧一般释作"耤"，董珊先生改释作"耕"。李学勤先生释作"措"，义为投、置。"𠂤（夗）"，多数学者释作"以"，属下读。唐兰先生释作"夗"，属上读。李学勤先生释作"死"，属上读。谢文明先生认为应是"夗"字之讹。"乃侯之耤夗（怨）"在文义上与四十三年逨鼎"用作余我一人夗（怨）"相近。只不过前者省略了间接宾语"余我一人"而已。四十三年逨鼎"粤乃讯庶又粦，毋敢不中不井（型），毋龏橐，龏橐，唯又宥纵，迺侮鳏寡，用作余我一人夗（怨）"是周王告诫逨，说讯讼判决之事，举措不要敢"中不井（型）"，不要龏橐。如果龏橐有放纵犯罪之事，就是侮鳏寡，从而导致"作余我一人怨"的后果。而牧簋"氒（厥）讯庶右（有）邻，不井（型）不中，乃侯之耤夗（怨）"是周王告诫器主牧，说讯讼判决之事，如果你的举措"不井（型）不中"的话，那么就会导致"藉（作）（余一人）怨"。谢先生认为，从文义看，我们把"藉"读为"作"也是非常合适的。

在四十三年逨鼎中，逨被册命升官，"官嗣历人"。嗣，司也。历，查看，观察，考察。《尚书》中有三篇诰文提到周成王初年，周公定乱，封康叔于魏。其中《梓材》中王告诫康叔宽厚待人，"往奸究杀人，历人宥"，就是说，以往那些奸人坏人，要一个个地查看，尽可能的宽宥。

宋代发现的"牧簋"铭文中谈到"司士"，任务是监察官员，很多语句和四十三年逨鼎铭文类似。特别是其中的"㛮"，现在看来，李学勤先生认为应该训㛮为遴，贪的意思，而不应该是以往认为的"嫌"。

此铭文还和四十三逨鼎中的铭文中部分语句类似，可以解释"毋龏橐，唯有宥从"，这些语句看来都是王用来要求监察吏治的词语。

西周金文中并无"慎罚"一词，但在《牧簋》铭文中有"明井（刑）"一词，在《班簋》铭文中有"怀刑"一词。据考证，"明、怀与慎三字相通，刑与罚通"，可知"明刑""怀刑"均有慎罚的意思。金文中出现"慎罚"铭文，大约是在春秋战国时期。如春秋时期的叔夷钟有"慎中厥罚"铭文。中，为适中、恰当，不偏不倚，是慎罚的

牧簋铭文摹本

唯王十又一月,眉敖□于王,王若曰:"眉敖!余既令汝更乃祖考,司笺士。今余唯申就乃令,令汝司乃祖旧官小辟、邦君、师氏、虎臣、凡厥侪、属大小从(?)事,毋敢不善;易汝赤巿、幽标准。这可以说是对"慎罚"最明确的表述。

"中刑"的原则要求司法公正、量刑适中及罪刑相适应。这一原则最早见于懿王时器牧簋铭文中。在这篇命辞中，周王反复告诫牧在司法审判中一定要做到"不井（刑）不中"，否则，滥刑无辜必然导致引发"民乱"的严重后果。周王苦口婆心地告诫可谓语重心长。

"今余唯䚋（申）憙乃命，易（锡）女（汝）秬鬯一卣、金车、賁较、画轛、朱虢（䩙）㡆（靳）靳、虎冟熏裏、旂、余（緐）马四匹，取□□鋝。"

这是周王重申对牧的册命及赏赐的物品。"金车"意为装饰有金属材质的战车。"賁较"意为有装饰的"较"，"较"可能指装在车厢两旁横木上的金属套件。根据张长寿先生的研究，"画轛"实质上就是轮舆之间盖住车轴的青铜饰件。"画"表示青铜部件上的图纹，这两个词汇都是形容车的品质。考古中偶尔发现被称之为"车轴饰"的车马器，纹饰极为华丽，出土时位于车舆与车轮之间。

"朱虢（䩙）㡆（靳）靳"，郭沫若将其释为"䩙靳"，现学者多从之。《说文》解释"䩙"，"车轼也"，即车轼上裹上皮革以便人抓扶的部分，而"靳"则是套在辕马胸前的皮革。牧簋中这二者均由朱色的皮革所制。"虎冟熏裏"，由虎皮和棕色的内衬（纁裏）所制的车厢上面的伞盖。"取□□鋝"，该句式在西周铭文中常出现，可以断定两个字是"镃"和一个数字，马承源先生认为是圆形金属币的一种，即与陕西扶风出土的铜饼状物（直径23厘米）相同。李峰先生引松丸道雄先生研究，认为陕西临潼和扶风的另外两件青铜饼即"镃"。"鋝"是金属币的基本计量单位；松丸道雄先生根据这两件青铜饼的实际重量（两个青铜饼分别为4650克和5000克）和"鋝"在战国时期的重量换算（战国时期一鋝等于1220克），推算出西周晚期一"鋝"大致相当于1000克。他认为一"镃"应该相当于五"鋝"。很可能在西周时期，"镃"是用来进行价值交换的铜材的标准形式。在一些铭文材料中，"镃"被用来支付违法的罚款或败诉的赔偿。此外，"镃"被用于奴隶交易。然而在更多的例子中，王室对被册命的贵族也会赏赐若干数量的"镃"，这些"镃"可能取自王室府库。

◆ 铭文大意

王七年十三月既生霸甲寅这天，王在岐周的师汤父宫，来到太室，就位。公族组人引导牧立在大厅中央。王让内史吴册命牧。王说："牧啊！过去先王既命你做司士，现在我要改命你去管理群僚。如果有邪恶的官吏心怀阴谋，就会闹出许多乱子。如果不按先王制定的刑法定罪量刑，就会祸害百姓。一些司法官吏如讯、庶右、邻等就没做到这一点，他们判案不公正、量刑不适中……"周王又说："牧啊！你不能不按先王制定的刑法去断狱，你的属官讯、庶右和邻等也不能不协助你谨慎公正地判案，使刑罚适中。你要熟习政事，不能不整治那些执法不公、量刑不中的官吏。今天我重申命令，赐你一卣香酒、金车、用髹漆装饰过的车较、华丽的车轴饰、画以虎纹的车盖幕、旗子、良马四匹等。你要日夜敬奉你的职事，不可荒废了我对你的信任和任命。"牧跪倒，双手相拱至地，俯首至手，感谢天子的册命。为朕皇文考益伯作了这件宝簋。牧祈求万年长寿，子子孙孙永远宝用。

◆ 相关文献

郭沫若：《两周金文辞大系图录考释》59，科学出版社，1957年；严一萍编：《金文总集》2857，艺文印书馆，1983年；吴镇烽：《陕西金文汇编》传192，三秦出版社，1989年；李学勤：《四十三年佐鼎与牧簋》，《中国史研究》2003年第2期；中国社会科学院考古研究所：《殷周金文集成》04343，中华书局，2007年；霍彦儒、辛怡华：《商周金文编——宝鸡出土青铜器铭文集成》338，三秦出版社，2009年；吴镇烽：《商周青铜器铭文暨图像集成》05403，上海古籍出版社，2012年；张天恩主编：《陕西金文集成（5）·宝鸡卷·扶风》0572，三秦出版社，2016年；谢明文：《牧簋"䊮"字补说》，《中国文字研究》第24辑，2016年12月；李峰：《文献批判和西周青铜器铭文：以牧簋为例》，载《青铜器和金文书体研究》，上海古籍出版社，2018年。胡留元、冯卓慧：《西周法制史》，陕西人民出版社，1988年，第28页、15页、104页、97页、92页、300页。

四十三年逨鼎

◆ 器物介绍

西周晚期。2003年1月19日与逨盘、四十二年逨鼎等出土于宝鸡市眉县杨家村一西周青铜器窖藏。共出10件，形制、纹饰基本相同，唯大小相次。敛口，平沿外折，方形立耳微外撇，下腹向外倾垂，阔圜底。三蹄状足，三足内侧扁平。三足之间有三角形范痕。烟炱较厚。立耳外侧饰重环纹，沿下有一周窃曲纹，其间有6个高凸扉棱将纹饰分成6组，腹部饰一周环带纹，足膝部有一扉棱与两侧图案组成的兽面纹。通高22.5—58.5厘米，口径21.5—49.7厘米，重3.9—46千克。四十三年逨鼎腹内壁铸有铭文约320字，前8件鼎铭文内容相同，约320字，后2件鼎合铸一篇铭文。其中四十三年逨鼎丙10—11行、20—21行之间有间隔，分三段，顺序颠倒，21—29行为第一自然段，11—20行为第二自然段，1—10行为第三自然段，这在鼎铭文中还是首次见到，当是铸范放置有误所致。

四十三年逨鼎铭文可与北宋时发现的牧簋铭文对读。牧簋器主任司士，受王命检察朝臣枉法的行为。四十三年逨鼎记宣王命逨"官司历人"，参照《尚书·梓材》，职能也是对朝臣的监督检察，应即司士一系官职。这对研究当时法制有着重要价值。

◆ 铭文释文

唯王卅又三年六月既生霸丁亥，王在周康宫穆宫，旦，王格周庙，即位。司马寿右吴逨，入门，立中廷，北向。史减受王命书，王乎尹氏册命逨。王若曰："逨，丕显文武，膺受大令（命），匍有四方。则繇唯乃先圣祖考，夹绍先王，功勤大命，奠周邦。肆余弗忘圣人孙子，昔余既命汝疋荣兑，司四方吴（虞）林，用宫御。今余唯巠（经）乃先且（祖）考又（有）功于周邦，申就乃命，命汝官嗣历人。毋敢妄（荒）宁，虔夙夕惠雍我邦小大猷。雩乃専政事，毋敢不规不井（刑），雩乃讯庶又谷（遴）。毋敢不中不井。毋龏橐，龏橐唯又宥从，迺侮鳏寡，用作余我一人怨，不雀（唯）死（尸）。"王曰："逨，易汝矩鬯一卣、玄衮衣、赤舄、驹车、贲较、朱虢鞃靳、虎冟（幎）熏裹、画轉、画輯、金甬、马四匹、攸勒，敬夙夕毋法朕命。"逨拜稽首，受册，佩以出，反入堇圭。逨敢对天子丕显鲁休扬，用作朕皇考龏叔盨彝，皇考其严在上，廙（翼）在下，穆秉明德，丰丰齍齍降康龢屯又通录永令（命），绰绾畯臣天子。逨其万无疆，子子孙孙永宝用亯（享）。

◆ 铭文注解

李零先生通过对杨家村窖藏出土器物的研究，认为作器者以"逨"为氏，行辈为"叔"，字"五父"，是单氏家族的一个分支，即"灵伯"和"懿仲"的后代。这个家族曾历事西周各王（从文王到厉王），共七世。此人继承其先辈的职务，继续担任宣王的虞官，负责管理山林川泽。宣王四十二年，因协助杨侯长父伐猃狁有功，受到周王册赏；四十三年，又被册命加官，兼管"历人"。

从逨盘、鼎、钟铭文知道逨的经历：他是周初单公的裔孙，其首先担任的官职是协助荣兑，管理"四方吴（虞）林，用宫御"，即将各地山林川泽的产物进奉宫廷使用。宣王四十二年，封长父于杨（或认为在今山西洪洞，或认为在今陕西宝鸡）为诸侯，逨受命前往，他继承先世与猃狁作战的精神，率军与北方戎人战斗获胜，立功得赏。可能由于这样的缘故，他在四十三年官职升迁，四十三年逨鼎记录的即这次新的册命。

"肆余弗忘圣人孙子，昔余既命汝疋荣兑，司四方吴（虞）林，用宫御。"

逨的身份是周王室的虞官。"虞"，铭文作"吴"。在西周职官中的"虞"，除掌山林川泽，也掌苑囿和动物的畜养。

逨任虞官，应是世官。逨盘讲周王册命逨时说"今余唯巠（经）厥乃先圣且（祖）考，䇊（申）𢼈乃令，令汝疋（胥）荣兑兼司四方吴（虞）、林，用宫御。""疋（胥）荣兑"，就是辅佐"荣兑"，"荣兑"是以荣为氏的人名（荣氏是西周大贵族）。意思是说，

四十三年逨鼎铭文拓片

佳王令明公遣三族伐東或魯侯又𢆶工用乍旅彝

按他先辈的官职，命他继续担任这类官职。他的职责主要是辅佐荣兑，管虞、林和宫室用度，有点类似后世的少府。但他的权力还不止于此。在此铭文中，宣王在他原有的职务之上，又增加了一条新的任命，命他管"历人"。"官嗣历人"，嗣，司也；历，查看、观察、考察。尚书中有三篇诰文提到周成王初年，周公定乱，封康叔于卫。其中《梓材》中王告诫康叔宽厚待人，"往奸究杀人，历人宥"，就是说，以往那些奸人坏人，要一个个地查看，尽可能地宽宥。

宋代发现的"牧簋"铭文中谈到"司士"，任务是监察官员，很多语句和此鼎铭文类似。特别是其中的"㛃"，现在看来，李学勤认为应该训诂为䜭，贪的意思，而不应该是以往认为的"嫌"。这些语句看来都是王用来要求监察吏治的词语。

◆ **铭文大意**

唯王四十三年六月既生霸丁亥这一天，王在周康宫穆宫。天刚亮，王就来到周庙，就位。司马寿导引逨入中门，立中廷，北向而接受册命。史淢受王命书册书，王呼尹氏册命逨。王说："逨，显赫高贵的文王、武王，从皇天那里接受大命，抚佑四方的诸侯方国。从前，你的先人辅佐先王，尽心操劳大命。因此，我不会疏远、忘记圣贤的子孙们。从前，我曾册命你辅佐荣兑管理四方的林业、农业，专供王宫使用。现在，我考虑到你的先祖对朝廷的贡献，重申册命，增高你的官职、爵秩，册命你官司历人。你施政办事要时刻谨慎，不敢贪图安逸，放纵自己。没有依法就不要处罚（依法施政），审讯庶民要明辨是非。不公道，就不要施政办事。不能贪得无厌，中饱私囊。如果贪得无厌，中饱私囊，那就是宽恕放纵，那就是欺侮那些无依无靠的人。（如果你没有按照我的告诫去施政），那就是我一人的过错，我就没有尽到职守。"

王说："逨，赏赐给你矩鬯一卣，绣有花纹图案的玄色礼服，赤色的鞋子，有装饰的车上曲钩，蒙以兽革的车轼，画以虎纹的车盖幕，彩绘的车饰，四匹马及饰有铜饰的革质马笼头等。你时刻要恭恭敬敬地执事，不要背弃朕命。"

逨拜稽首，接受了天子的册命，出来，又返回周庙觐献了朝觐的圭。逨感激天子的赏赐，赞美王的鲁休，作了祭祀朕皇考龚叔的立鼎，朕皇考龚叔的威严英灵在天，逨恭恭敬敬在人间，恭敬操持完满的德性。期望先人蓬蓬勃勃降给逨康和保祐，高官厚禄，心怀宽绰。天子的贤臣逨子子孙孙永远享用。

◆ **相关文献**

陕西省考古研究所、宝鸡市考古工作队、眉县文化馆：《陕西眉县杨家村西周青铜器窖藏》，《考古与文物》2003年第3期；陕西省考古研究所、宝鸡市考古工作队、眉县文化馆：《陕西眉县杨家村西周青铜器窖藏发掘简报》，《文物》2003年第6期；李学勤：《眉县杨家村新出青铜器研究》，《文物》2003年第6期；裘锡圭：《读逨器铭文札记三则》，《文物》第6期；刘怀君、辛怡华、刘栋：《四十二年、四十三年逨鼎铭文试释》，《文物》第6期；李学勤：《眉县杨家村器铭历日的难题》，《宝鸡文理学院学报》2003年第5期；张培瑜：《逨鼎的月相纪日和西周年代》，《文物》2003年第6期；张培瑜：《逨鼎的王世与西周晚期历法月相纪日》，《中国历史文物》2003年第3期；李学勤：《四十三年佐鼎与牧簋》，《中国史研究》2003年第2期；周晓陆：《西周"逨器"及相关问题探讨》，《南京大学学报》2003年第4期；李零：《读杨家村出土的虞逨诸器》，《中国历史文物》2003年第3期；夏含夷：《四十二年、四十三年两件吴逨鼎的年代》，《中国历史文物》2003年第5期；张天恩：《从逨盘铭文谈西周单氏家族的谱系及相关铜器》，《文物》2003年第7期；董珊：《略论西周单氏家族窖藏青铜器铭文》，《中国历史文物》2003年第4期；刘军社、辛怡华：《眉县杨家村逨盘、逨鼎铭文浅析》，《宝鸡社会科学》2003年第2期；黄盛璋：《眉县杨家村逨家窖藏铜器解要》，《中国历史文物》2004年第3期；周亚：《眉县杨家村青铜器窖藏和四十三年逨鼎》，《上海艺术家》2005年第1期；黄盛璋：《眉县杨家村逨家窖藏铜器初论解要》，《周秦文明论丛》第1辑，宝鸡青铜器博物馆编，陕西人民出版社，2006年8月；王晖：《从单族铜器铭文看单氏家族族属、分封时间及西周宗族分化问题》，载宝鸡青铜器博物馆编《周秦文明论丛》第1辑，陕西人民出版社，2006年8月；常金仓：《眉县青铜器和西周年代学研究的思路调整》，载宝鸡青铜器博物馆编《周秦文明论丛》第1辑，陕西人民出版社，2006年8月；李先登：《对眉县杨家村青铜器窖藏的几点认识》，载宝鸡青铜器博物馆编《周秦文明论丛》第1辑，陕西人民出版社，2006年8月；王辉：《四十二年逨鼎铭文笺释》，载宝鸡青铜器博物馆编《周秦文明论丛》第1辑，陕西人民出版社，2006年8月；白光琦：《单伯世系小议》，载宝鸡青铜器博物馆编《周秦文明论丛》第1辑，陕西人民出版社，2006年8月；白光琦：《杨家村窖藏铜器与宣幽二世年分》，载宝鸡青铜器博物馆编《周秦文明论丛》第1辑，陕西人民出版社，2006年8月；刘少敏：《杨家村出土的逨器所涉及的几个问题》，载宝鸡青铜器博物馆编《周秦文明论丛》第1辑，陕西人民出版社，2006年8月；李润乾：《对杨家村重大考古发现的调查与思考》，载宝鸡青铜器博物馆编《周秦文明论丛》第1辑，陕西人民出版社，2006年8月；张润棠：《重器鸿宝见证华夏古老文明史》，载宝鸡青铜器博物馆编《周秦文明论丛》第1辑，陕西人民出版社，2006年8月；刘士莪：《墙盘、逨盘之对比研究——兼论西周微氏、单氏家族窖藏铜器群的历史意义》，载宝鸡青铜器博物馆编《周秦文明论丛》第1辑，陕西人民出版社，2006年8月；叶正渤：《从历法的角度看逨鼎诸器及晋侯稣钟的时代》，《史学月刊》2007年第12期；陕西省考古研究院、宝鸡市考古研究所、眉县文化馆：《吉金铸华章——宝鸡眉县杨家村单氏青铜器窖藏》，文物出版社，2008年；李学勤：《四十三年佐鼎与牧簋》，《中国史研究》2003年第2期；郑光：《逨鼎铭文的几个问题》，载宝鸡青铜器博物馆编、段德新主编《青铜文明论丛》（第2辑），三秦出版社，2009年；霍彦儒、辛怡华：《商周金文编——宝鸡出土青铜器铭文集成》623—632，三秦出版社，2009年；杨麟：《厉宣时期青铜礼器研究》，陕西师范大学硕士论文，2012年5月；叶正渤：《逨鼎铭文历法解疑》，《盐城师范学院学报（人文社会科学版）》第32卷第6期，2012年12月；吴镇烽：《商周青铜器铭文暨图像集成》02503-02512，上海古籍出版社，2012年；叶正渤：《逨鼎铭文历法解疑》，《盐城师范学院学报(人文社会科学版)》第32卷第6期，2012年12月；张天恩主编：《陕西金文集成（6）·宝鸡卷·麟游千阳陇县眉县凤县》0646-0655，三秦出版社，2016年。

五年雕生簋

◆ 器物介绍

西周厉王世。传清代末年出土于陕西。口径19.5厘米，宽31.7厘米，通高20.8厘米。

2006年11月8日扶风县五郡西村一西周青铜器窖藏出土了两件五年雕生尊，尊内壁铸铭文113字，记载了雕生为了了结因"仆庸土田多刺"而引起的官司，给召姜送礼，召姜以宗君名义，要求从轻处理雕生家族的官司。传世的五年雕生簋、六年雕生簋正好完整地反映了西周厉王时期一场旷日持久的"仆庸土田多刺"官司的详细经过。它的出土解决了青铜器文化史上的一个千年悬案。雕生应是召氏宗族的一员，雕生尊的出土表明，雕生家族就居住在今扶风县五郡村一带。传世的五年琱生簋、六年琱生簋出土地也可能就在五郡村一带。五年雕生簋，现流失在美国耶鲁大学博物馆。

五年雕生尊等器出土后，关于雕生尊和传世的五年雕生簋及六年雕生簋铭文所反映的人物关系在学者间取得了相对一致的意见，但对于这些青铜器的制作年代问题仍然悬而未决。李峰先生认为这些青铜器普遍存在一种器形仿造西周早、中期青铜器特别是陶器，但铭文内容及书体明显较晚的现象，说明铸造年代都应该在西周晚期。这个发现使我们看到在西周青铜器的生产系统中一个以家族为核心的铸造传统的存在，即青铜器的铸造既不是统一的，也不是由王室独占的。处在小宗地位的贵族有一个自我标识和认同的问题，为了和召氏的大宗（召伯虎），特别是和其他的召氏小宗相区别，琱生家族可能有意识地在自己制作的青铜器上保留了一种早期的风格，并借此来表现自己家族历史悠久，能够保持自周初召公以来的文化传统。琱生本人作为召氏宗族中的一个小宗，按照"称名区别原则"以其母家的氏名称呼自己。

◆ **铭文释文**

唯五年正月己丑，琱生有事，召来合事。余献妇氏以壶，告曰："以君氏令（对召伯虎）曰：余老止公仆庸土田多刺，弋伯氏从（纵）许。公宕其三，汝则宕其二；公宕其二，汝则宕其一。"余缭（献）于君氏大璋，报妇氏帛束、璜。召伯虎曰："余既讯，矣（惟）我考我母令（命），余弗敢乱，余或至（致）我考我母令（命）。"琱生则瑾璋。

◆ **铭文注解**

由于五年琱生簋、六年琱生簋铭文文句古奥，行文简约，且所涉及的人物众多，极难通读，因此说法分歧很大。学者的主要贡献及观点有：（1）孙诒让认为"两器所记情事似相牵连"，"皆为土田狱讼之事。"（2）郭沫若先生对琱生、召伯虎人名进行了考释，并认为五年之器是记召伯虎会堪岁贡之事，六年之器是召伯虎平定淮夷，归告成功而作。（3）杨树达先生认为，六年琱生簋是因召伯虎司狱讼，功成而不居，故同宗琱生作器阐扬召伯虎之德。（4）林沄首次将两器铭文连读，此二器铭文记载同一事件之始末，并认为内容是琱生这一支贵族因扩大地盘受到侦讯，却由于召伯虎徇私袒护，而大部分都重新登记予以认可。（5）李学勤先生连读二器铭文，并指出此乃关于琱、召两家之纠纷。（6）陈汉平先生认为召伯虎因仆庸土田诉讼事务太多，请周公帮助处理诉讼纠纷之事，周公夫人命令周公之兄弟琱生代替周公从召伯虎去处理诉讼之事，其担负之责任或获取之报酬可按五比三或二比一分成。（7）刘桓先生在前人研究的基础上，提出"伯氏"应指召伯虎，为涉讼的另一方。"宕其三""宕其二""宕其二""宕其一"恰与《周礼·夏官·大司马》上地、中地计赋办法相合。两铭所反映的琱、召两家之土田纠纷，以琱氏赔偿贝和归还多占的土田（邑）作结。除郭沫若先生外，学者几乎一致认为这是一桩与土地纠纷有关的事件，但在具体关系上显然存在着较大的分歧。李学勤、刘桓认为是琱、召两家之纠纷。

2006年11月扶风五郡出土五年琱生尊后，徐义华先生认为，多年争讼不已的琱生簋大体可以明了，其记录的并不是诉讼，而是家族财产分配的问题。徐先生引用王玉哲观点说，"我认为其中心内容盖为琱生记述召氏宗族对其土田产品之分配问题，是

五年琱生簋铭文拓片

本族内部的事务，并没有扩大到诉讼上去"，是正确的。

林沄先生对其早年的一些观点作了修正，坦诚铭文中的有些地方还有待进一步探讨，但还是主张两件琱生簋说的是狱讼之事。五年琱生簋说"琱生有事"，有人认为"有事"是祭祀，林先生认为这种解释是不合理的。因为后文所述事情与祭祀无关。而且如果顺着这种思路，"有事"还可以理解成战争之事，为什么一定要是"祭祀"呢？把两件器铭文连读，后段铭文有"狱剌"一词，应当就是前面的"有事"。并认为簋文中提到负责案件处理的召伯虎"讯"，而且提到好几次。"讯"和"剌"应该是对应的，应该和《周礼》的解释是一致的。

2010 年，冯时先生著文，认为新出五年琱生尊与传世五年琱生簋、六年琱生簋铭文同记召氏家族内部仆庸土田的分配之事，关乎西周宗法、礼制及土地制度，内容十分重要。他认为琱生三器铭文所记之事分在三时，初于五年正月，次于五年九月，终于六年四月，知三器当分别记述三事，其中两件五年器虽同载琱生分配召氏仆庸土田之议，但属前后两次议事活动，所述并非一时之事。五年正月所定的分配方案为"公宕其三，汝则宕其二；公宕其二，汝则宕其一"，尚在选择之中。而五年九月所确定的最终方案则为"余宕其三，汝宕其二"。可知前后两次之议事明显不同，故不宜将两器铭文的内容视为一时之事而以省文解之。五年两次议事虽然旨在以琱生参与分配召氏之仆庸土田，但所用礼仪则关乎乡饮酒礼，而并非如学者普遍认为的所谓致送礼物。五年琱生簋铭云"妇氏以壶"，五年琱生尊铭云"召姜以琱生蔑五、帅、壶两"，所记皆为召氏行乡饮酒礼而预设之仪具。琱生为行礼议事的主角。三器铭文十分生动地记述了召氏宗族内部关于仆庸土田管理权的重新分配事宜，反映了两年之内召宗因与其附庸的争讼而引发的一系列重大变故，其时琱生因贤能而得擢升，辅弼宗君掌管附庸事务，而召公召姜则由老而亡，新君召伯虎则继为宗主。冯先生进一步指出，通过对三器铭文的分析，西周社会所建立的一套完整的礼仪制度与宗法制度是十分严密的。琱生虽以贤德而在宗族中得到拔擢，分主仆庸土田，但在宗法制度下的小宗的地位却无法改变，这使他在宗族内部的权力受到了极大限制。铭文显示，宗君虽然授予琱生超乎一般宗人的权力，但却时时提醒他不要忘记自己作为小宗的身份，更不要有夺宗之心。正是出于这样的担忧，因此召氏在考虑辅君管理附庸的人选时，具有高尚的德行则是必须的条件。从这个意义上说，道德实际已成为西周时期维系社会与宗族正常秩序的重要手段。

琱生器铭文中出现的人物，主要是四个：君氏、妇氏、琱生、召伯虎。林沄先生认为君氏和妇氏是召伯虎的父母，同时也就是铭文中提到的幽伯、幽姜。宗君，就是幽伯。琱生和召伯虎一样都是召公的后代。琱生的父亲，从其他器铭上可以知道，是宽仲。琱生的母亲是琱氏的女子，在青铜器中又作周氏，是妘姓。这从周棘生簋和函皇父簋可以看出。周棘生簋是琱氏女子嫁给楷氏所作媵器，从器铭可以看出该女子是妘姓的。函皇父簋是函皇父为妻子作的器，其妻称琱妘。女子的氏，可以是婆家的那个氏，也可以是娘家的那个氏。

张亚初先生在《两周铭文所见某生考》（《考古与文物》1983年第5期）一文中认为金文中的"某生"应该读作"某甥"，"某"实际上指某人之母娘家的氏名。在六年琱生簋中，琱生明言为自己的烈祖召公作尝簋，表明他一定是姬姓周人的召氏（召伯虎）一族，并且为其小宗。因此他名字中的"琱"有可能指其母家的氏名。但琱生为什么要称自己"琱生"，而不按自己的本族氏名称自己"召某"？金文中近三十位"某生"为什么甘于按其母家的氏名而称自己为"甥"？就连西周中期一时统领周王室朝政的重臣的"番生"（见番生簋）也不能称自己本族的氏名，却非要称其母家的氏名？李峰认为，简单地讲，它是基于一种我称之为"称名区别原则"（Rule of Name Differentiation）的做法。（李峰：《西周宗族社会下的"称名区别原则"》，《文汇学刊》，2016年2月19日，14—15版。）西周金文中的这种称名原则首先表现在女性的称谓上。譬如说，姬姓的A族嫁女到姜姓的B族，A族的父亲作媵器就取称"B姬"，原因是他可能还有其他女儿嫁到姜姓的E族或F族。因此他要称女儿夫家的氏名以兹区别，分别称她们为"B姬""E姬"和"F姬"。但是，姜姓的B族丈夫为其妻子作器则要按妻子本族的氏名称之为"A姬"，因为他同样可能有其他"姬"姓的妻子来自C族或D族，可以分别称为"C姬"和"D姬"。但是"A姬"的儿子为母亲作器则要按自己的氏名称之为"B姬"，因为他只有一位母亲，是不需要区别的。自然，已婚女子自作之器也是称夫家之氏和本家之姓，即"B姬""E姬"和"F姬"；这和她们的父亲对她们的称谓相一致。就是所谓的"称名区别原则"。西周时期的贵族作器实际上是很严格地遵守了这一制度的。像召氏这样的西周大族历代繁衍，一定有众多的小支族，就像"琱生"家族这样，是召氏宗族的小宗。如果召氏宗族的每一代男子都按"伯、仲、叔、季"的称法，那么几代以后就会有一大堆的"召伯、召仲、召叔、召季"，这是宗族自然繁衍的结果。但是，我们看金文中的情况似乎并不是这样混乱，如说到"井伯"，也就是著名的司马井伯一人；说到"井叔"也就是懿、孝时期的那位井叔，似乎并无混乱不堪的情况。当然，我们知道，在支族从本宗族分裂出来以后，他们可以采用地名+原氏名的称法将小宗成员与原宗族的主系成员相区别，因此金文中才有譬如"郑井""郑虢"的说法。支族也有将其分裂后始祖排行作为氏名的，如"井叔叔采"的称法。但是，这些称法在金文中例子都较少。简而言之，为了和本宗族大宗的"某伯、某仲、某叔、某季"相区别，出身小宗的宗族成员就采用了一种以母家氏名来称名的办法，因此就有了"A生""B生""C生"，其实都是同一个宗族的小宗。

◆ 铭文大意

五年正月己丑这天，琱生有事，召伯虎参与处理此事。我（琱生）献给妇氏（召伯虎之母）壶，并告诉她说："以君氏（召伯虎之父）的名义（对召伯虎）说：'我老了，止公仆墉土田多次被有关部门侦查，这都是弋伯氏纵容（下属）告发的结果。如果止公（仆墉土田）超额三份，你（召伯虎）就按超额两份处理吧；如果止公（仆墉土田）超额二份，你就按一份处理吧。'"我献给君氏大璋，回报给妇氏一束帛、一块璜。召伯虎说："我已经征询过大臣对处理此案的意见了。但是我要听从我父母的命令，我不敢违背父母的意愿，我向大臣们传达了我父母的命令。" 琱生于是向召伯虎送了朝觐用的大璋。

◆ 相关文献

孙诒让：《古籀余论》卷中·召伯虎簋第二器，中华书局，1989年；郭沫若：《两周金文辞大系图录考释》，上海书店出版社，1999年，第142—145页；杨树达：《六年琱生簋跋》，《积微居金文说》，科学出版社，1959年，第268—272页；林沄：《琱生簋新释》，《古文字研究》第3辑，1980年；李学勤：《青铜器与周原遗址》，《西北大学学报》1981年第2期；严一萍编：《金文总集》2801，艺文印书馆，1983年；胡留元、冯卓惠：《西周法制史》，陕西人民出版社，1988年，第284—286页；朱凤瀚：《琱生簋铭新探》，《中华文史论丛》1989年第1期；吴镇烽：《陕西金文汇编》传186，三秦出版社，1989年；陈汉平：《金文编订补》，中国社会科学出版社，1993年，第609页；王人聪：《琱生簋铭"仆墉土田"辨析》，《考古》1994年第5期；方述鑫：《召伯虎簋铭文新释》，《考古与文物》1997年第1期；朱凤瀚：《琱生簋铭新探》，《中华文史论丛》1989年第1期；刘桓：《五年琱生簋、六年琱生簋铭文补释》，《故宫博物院院刊》2003年第3期；徐义华：《新出土〈五年琱生尊〉及琱生器铭试释》，《中国史研究》2007年第2期；陈昭容、内田纯子、林宛蓉、刘彦彬：《新出土青铜器〈琱生尊〉及传世〈琱生簋〉对读——西周时期大宅门土地纠纷协调事件始末》，《古今论衡》第16期；陈英杰：《新出琱生尊补释》，《考古与文物》2007年第5期；王辉：《读扶风县五郡村窖藏铜器铭文小记》，《考古与文物》2007年第4期；李学勤：《琱生诸器铭文联读研究》，《文物》2007年第8期；辛怡华、刘栋：《五年琱生尊铭文考释》，《文物》2007年第8期；吴镇烽：《琱生尊铭文的几点考释》，《考古与文物》2007年第5期；王占奎：《琱生三器铭文考释》，《考古与文物》2007年第5期；中国社会科学院考古研究所：《殷周金文集成》04092，中华书局，2007年；林沄：《琱生三器新释》，复旦大学出土文献与古文字研究中心网页，2008年1月1日；王进锋、邱咏梅：《五年琱生尊与琱生器人物关系新论》，《宝鸡文理学院学报（社会科学版）》2008年第3期；高西省：《简论扶风五郡西周窖藏出土的青铜器》，《中国历史文物》2008年第6期；韩丽：《五年琱生簋关键字词集释》，《安徽文学（下半月）》2008年第12期；王沛：《"狱刺"背景下的西周族产析分——以琱生器及相关器铭为中心的研究》，《法制与社会发展》2009年第5期；霍彦儒、辛怡华：《商周金文编——宝鸡出土青铜器铭文集成》316，三秦出版社，2009年；冯时：《琱生三器铭文研究》，《考古》2010年第1期；吴晔、马亮：《西周的土地贿赂案》，《国土资源导刊》2010年第2期；王晶：《五年琱生簋铭文集释》，《嘉应学院学报》第30卷第3期，2012年3月；费先梅：《试析琱生诸器之人物关系及其他》，《中原文物》2012年第6期；吴镇烽：《商周青铜器铭文暨图像集成》11816、11817，上海古籍出版社，2012年；李峰：《西周宗族社会下的"称名区别原则"》，《文汇学刊》2016年2月19日，14—15版；陈琴：《金文"考"的字词关系研究》，《学术研究》2016年第9期；张天恩主编：《陕西金文集成（5）·宝鸡卷·扶风》0553，三秦出版社，2016年；王晖：《西周召氏仓廪缺贝诉讼案:六年琱生簋新考》，《宝鸡文理学院学报（社会科学版）》第37卷第2期，2017年4月；周忠兵：《释金文中的"廛"》，《出土文献》（第12辑），2018年4月；李峰：《西周青铜器制作中的另类传统：琱生诸器的年代与西周青铜器的生产系统问题》，载《青铜器和金文书体研究》，上海古籍出版社，2018年。 李峰：《西周宗族社会下的"称名区别原则"》，《文汇学刊》，2016年2月19日，14—15版。

五年琱生尊

◆ 器物介绍

　　西周厉王世，窖藏出土。2006年11月8日下午，扶风县五郡村村民刘银科、刘东林、刘邦劳、刘锁乾、刘广后、刘东后6位村民在村北台地上修渠时，发现一青铜器窖藏。他们在守护好现场后，打电话报告宝鸡市文物局。宝鸡市文物局随即组织有关方面专业技术人员连夜赶赴现场，对已暴露出来的文物进行了初步清理。计有青铜编钟5件、簋1件、鼎1件、尊2件、斗3件、矛12件、玉饰1件，青铜车马器一组（103件）。

　　五郡西村位于扶风县城以西5公里的城关镇（原属于新店乡），以往曾发现过两处西周青铜器窖藏。1973年6月19日，该村村民在村北平整土地时，出土两件盨，大小、形制、铭文相同。1973年冬，在1973年窖藏西约30米处又出土一残钟和一残钟趺。五年琱生尊两件，形制、大小、铭文基本相同。五年琱生尊甲，通高32厘米，口径32.4厘米，腹底径13.8厘米。颈下饰重环纹一周，重环纹"U"形口朝左。腹饰三角状折带纹一周，细直线阳纹衬底。腹内壁有铭文113字。五年琱生尊乙，通高31厘米，口径31.8厘米，腹底径13.6厘米。颈下饰重环纹一周，腹饰三角状折带纹一周，重环纹"U"形口朝右。细直线阳纹衬底。腹内壁有铭文113字，部分铭文补铸。现均藏于扶风县博物馆。

◆ 铭文释文

唯五年九月初吉,召姜以琱生盄五、寻(用)壶两,以君氏命曰:余老止我仆庸土田多刺,弋许。勿变散亡。余宕其三,汝宕其二。其兄公其弟。乃余缱(献)大璋报妇氏,帛束、璜一有司及澄(盂)两。犀琱生对扬朕宗君休,用作召公尊簋,用薪通禄得屯需终,子孙永宝用之享。其又敢乱兹命:曰汝事召人公,则明亟。

◆ 铭文注解

琱生器铭文涉及人物众多,五年簋涉及人物有:琱生、召、妇氏、君氏、止公、弋伯氏、伯虎、我考、我母9人。

五年琱生尊涉及的人物有:召姜、琱生、君氏、止[公]、弋[伯氏]、妇氏、有司、朕宗君、召公、召人公10人。

六年琱生簋涉及的人物有:王、召伯虎、公氏、幽伯、幽姜、有司、[弋]伯氏、琱生、宗君、朕烈祖召公10人。

在这件官司中,琱生涉及的利害最大,无疑他是主角。

召伯虎,又简称召。在五年琱生尊中召伯虎没有直接出现,是以召姜为中心,召姜转达君氏令,对象是召伯虎。

妇氏,也叫召姜(五年琱生尊)、幽姜,应是宗君之妻,召伯虎之母。贯穿三件器物。

君氏,也叫朕宗君、幽伯、宗君。没有亲自出现在事件过程中,但事件却是按他的意愿发展的。我们认为宗君是相当有影响的人物。

止公,林沄先生说:"前文中止公仆庸土田多刺,被说成是'琱生有事',由琱生出面向宗君求情。此处则言止公为琱生打官司,是相互吻合的。惟琱生与止公究竟是什么关系,殊难断言。"林沄及李学勤先生已指出,根据琱生鬲,琱生之父为宽仲。我们怀疑,止公可能是琱生之父的别名。是琱生帮助止公打官司,由于某种原因或规定,止公不宜出面,而由其子代替。

弋伯氏,简称弋、伯氏。弋,姓。《诗经·鄘风·桑中》:"美孟姜矣……美孟弋矣……美孟庸矣。"毛传:"弋,姓也。"应是整个官司的挑起者。"余老止公仆庸土田多刺,弋伯氏从(纵)许。"(五年琱生簋)也就是说,止公家仆庸土田多次被指责,被当局侦查,是弋伯氏纵容(下属)告发的结果。

召公,应是大宗君,先祖。既不是召伯虎之父宗君幽伯,也不是召伯虎,而是召氏大家族共同祭拜的偶像,可能是第一代召公,即召公奭。琱生在这场官司圆满结束

五年琱生尊甲铭文拓片

五年琱生尊乙铭文拓片

后"奉扬朕宗君其休，用作朕烈祖召公尝簋"，朕烈祖召公，我们理解应是召公家族的远祖召公奭。

五年琱生簋中"以君氏令曰，余老，止公仆庸土田多刺，弋伯氏從（纵）许"与五年琱生尊中"以君氏令曰，余老，止我仆庸土田多刺，弋许"这两句应是表达同一个意思，五年琱生尊中"止我（公）"之"公"串到"其兄公其弟"行。

◆ 铭文大意

五年九月初吉这一天，召姜（召伯虎之母）赠给琱生彧五个，日常用壶两个。以君氏的名义（对召伯虎）说：我老啦，止公家仆庸土田多次被有关部门侦查，这都是弋伯氏纵容（下属）告发的结果。不要再变更琱生超出规定那部分仆庸土田啦。如果止公（仆庸土田）超额三份，你（召伯虎）就按超额两份处理吧，（因为你们）是兄弟关系嘛。琱生于是献大璋，回报给召姜束帛、璜一块。琱生赞美感激大宗宗君的美德，为召公作了祭祀用的尊器，用来祈求福禄，陶冶道德，善始善终，子孙永远享用。（琱生）又怎敢违背（君氏）这样的命令：说你要侍奉召氏家族德高望重者，这样才可以彰显族规，（使人人）相互敬爱。

◆ 相关文献

宝鸡市考古研究所、扶风县博物馆：《陕西扶风五郡西村西周青铜器窖藏发掘简报》，《文物》2007年第8期；刘宏斌：《吉金现世，三秦增辉——扶风五郡西村青铜器发现保护亲历记》，《文博》2007年第1期；陈昭容、内田纯子、林宛蓉、刘彦彬：《新出土青铜器〈琱生尊〉及传世〈琱生簋〉对读——西周时期大宅门土地纠纷协调事件始末》，《古今论衡》第16期；徐义华：《新出土〈五年琱生尊〉及琱生器铭试释》，《中国史研究》2007年第2期；王辉：《读扶风县五郡村窖藏铜器铭文小记》，《考古与文物》2007年第4期；陈英杰：《新出琱生尊补释》，《考古与文物》2007年第5期；李学勤：《琱生诸器铭文联读研究》，《文物》2007年第8期；辛怡华、刘栋：《五年琱生尊铭文考释》，《文物》2007年第8期；吴镇烽：《琱生尊铭文的几点考释》，《考古与文物》2007年第5期；王占奎：《琱生三器铭文考释》，《考古与文物》2007年第5期；林沄：《琱生三器新释》，复旦大学出土文献与古文字研究中心网页，2008年1月1日；刘桓：《关于〈五年琱生尊〉的释读问题》，《考古与文物》2008年第3期；罗卫东：《读〈五年琱生尊〉铭文札记》，《北京师范大学（社会科学版）》2008年第3期；高西省：《简论扶风五郡西周窖藏出土的青铜器》，《中国历史文物》2008年第6期；王进锋：《新出〈五年琱生尊〉与琱生诸器新释》，《历史教学（高校版）》2008年第6期；王进锋、邱咏梅：《五年琱生尊与琱生器人物关系新论》，《宝鸡文理学院学报（社会科学版）》第28卷第3期，2008年6月；王沛：《"狱刺"背景下的西周族产析分——以琱生器及相关器铭为中心的研究》，《法制与社会发展》2009年第5期；霍彦儒、辛怡华：《商周金文编——宝鸡出土青铜器铭文集成》313、314，三秦出版社，2009年；冯时：《琱生三器铭文研究》，《考古》2010年第1期；吴晔、马亮：《西周的土地贿赂案》，《国土资源导刊》2010年第2期；费先梅：《试析琱生诸器之人物关系及其他》，《中原文物》2012年第6期；吴镇烽：《商周青铜器铭文暨图像集成》05341，上海古籍出版社，2012年；李峰：《西周宗族社会下的"称名区别原则"》，《文汇学刊》，2016年2月19日，14—15版；张天恩主编：《陕西金文集成（5）·宝鸡卷·扶风》0530、0531，三秦出版社，2016年；王沛：《琱生诸器与西周宗族内部诉讼》，《上海师范大学学报（哲学社会科学版）》第46卷第1期，2017年1月；李峰：《西周青铜器制作中的另类传统：琱生诸器的年代与西周青铜器的生产系统问题》，载《青铜器和金文书体研究》，上海古籍出版社，2018年。

六年琱生簋

◆ 器物介绍

西周厉王世。传清代末年出土于陕西。口径 21.9 厘米，高 22.2 厘米。2006 年 11 月 8 日扶风县五郡西村发现了 2 件五年琱生尊，尊内壁铸铭文 103 字，记载了琱生为了了结因"仆庸土田多刺"而引起的官司，给召姜送礼，召姜以宗君名义，要求从轻处理琱生家族的官司。传世的五年琱生簋、六年琱生簋正好完整地反映了西周厉王时期一场旷日持久的"仆庸土田多刺"官司的详细经过。琱生应是召氏宗族的一员，琱生尊的出土表明，琱生家族就居住在今扶风县五郡西村一带。传世的五年琱生簋、六年琱生簋出土地也可能就在五郡村一带。六年琱生簋，现藏于中国历史博物馆。

五年琱生尊等器出土后，关于琱生尊和传世的五年琱生簋及六年琱生簋铭文所反映的人物关系在学者间取得了相对一致的意见，但对于这些青铜器的制作年代问题仍然悬而未决。李峰先生认为这些青铜器普遍存在一种器形仿造西周早、中期铜器特别是陶器，但铭文内容及书体明显较晚的现象，说明铸造年代都应该在西周晚期。这个发现使我们看到在西周青铜器的生产系统中一个以家族为核心的铸造传统的存在，即青铜器的铸造既不是统一的，也不是由王室独占的。处在小宗地位的贵族有一个自我标识和认同的问题，为了和召氏的大宗（召伯虎），特别是和其他的召氏小宗相区别，琱生家族可能有意识地在自己制作的青铜器上保留了一种早期的风格，并借此来表现自己家族历史悠久，能够保持自周初召公以来的文化传统。琱生本人作为召氏宗族中的一个小宗，按照"称名区别原则"以其母家的氏名称呼自己。

◆ **铭文释文**

唯六年四月甲子，王在荼。召伯虎告曰："余告庆，曰公厥禀贝，用狱讼为白，有祇（底）有成，亦我考幽伯幽姜令。余告庆，余以邑讯有司，余典勿敢封。今余既讯有司，曰矣（惟）令。今余既一名典献。"伯氏则报璧。琱生对扬朕宗其君休，用作朕剌（烈）祖召公尝簋，其万年子孙宝用，享于宗。

◆ **铭文注解**

"唯六年四月甲子，王在荼"

朱凤瀚先生说，记明六年四月甲子时王在荼，其用意有两种可能。一是与本铭文内容有关，如李学勤曰："到六年四月周王在荼京，朝臣都在那里。"是交代召伯虎与琱生此次会面之时间与地点。另一种可能，是此属于一种以重要的大事辅助纪时的习惯，与铭文主题无关，西周金文不乏此例。

召伯虎告曰："余告庆"

"庆"，贺也，福也。"告庆"，犹今言"报喜"。这是召伯虎在其帮助琱生胜诉后，向琱生表示祝贺之语。《说文·心部》："庆，行贺人也。"《国语·周语中》："晋既克楚于鄢，使郤至告庆于周。"

"曰公厥禀贝，用狱讼为白"

林沄先生认为"禀"在此当训给纳。"禀贝"盖相当于"入束矢"或"入钧金"，为狱讼之手续。王晶先生认为可商榷，《尚书·说命上》："臣下罔攸禀令。"孔安国传："禀，受也。"禀贝即受贝，指公接受了贝作为经济赔偿。如果是说公交纳贝的意思，就会用"入"字，此其一；在这场讼案中，公是受了损失的，所以"禀贝"应该是接受贝的意思，此其二。

学者们读"白"为"伯"。林沄先生认为"为伯"指琱生。杨树达先生认为"为白"即《周礼》中的"作伯"也。白川静先生认为这个场合，"为伯"只能理解为人名，恐怕是理官的名字。朱凤瀚先生认为是召伯虎自称。王晶先生认为将"白"读为"伯"，使得铭文难解，其实读如本字即可。《汉书·贡禹传》："罪白者伏其诛。"颜师古：

六年琱生簋铭文拓片

"白，明也。""用狱讼为白"的意思是"因此案件调查结果明了"。

"有祇（底）有成"

林沄先生认为"祇"本铭当读作"底"，训定。《三体石经》假嵌为祇，本铭文当读作底，训定。《国语·晋语》："范宣子与和大夫争田，久而无成。"《左传·昭公十四年》："邢侯与雍子争鄐田，久而无成。"注皆云："成，平也。"本铭文"有底有成"当指这场争讼平息，有了结局。朱凤瀚先生引《三体石经》《左传》认为"祇"应训为定也、至也。"有成"见于《诗经·小雅·黍苗》："召伯有成，王心则宁。"成，即成功。王晶先生认为"有底有成"就是指"可以定案了"。

"余以邑讯有司，余典勿敢封"

林沄先生认为"邑"即五年琱生簋中的仆庸土田，当时的土田或以"田"计，或以"邑"计。孙诒让、王国维最早指出琱生簋中的"仆庸土田"，就是《诗经·鲁颂·閟宫》中的"土田附庸"。沈长云认为"附庸"是"土田"的修饰语，"附庸土田"是靠近城垣的土田。朱凤瀚先生说，"有司"，官名，习见于典籍与金文。从西周中晚期金文看，凡涉及土地狱讼或转让之事，在由王或大臣裁决后，进行土田的勘定与封疆时，皆要由具体主管有争议的土田的有司们进行落实。这些有司主要包括司徒、司马、司空，他们是王朝下属的地方官吏，各职掌一块地域上的不同事宜，司徒主管土地上的人口、徒役，司马掌理军赋，司空负责土地的度量。有司中有司徒，正是因为土地的转让总要牵涉到土地上的属民。林沄先生认为，"典"，指记载土田数量、四至的文书，立约剂称"典"（动词），所立之约剂也称"典"（名词）。而约剂又有副本封存于官，以防诈伪。召伯虎在这里是说：因为我要就止公的仆庸土田数额再次征询有司们的意见，所以我虽有记录土田的文书，（因未有定论），不敢封存于官府。"封"是"封存"之义。

"今余既讯有司，曰矣（惟）令。今余既一名典献"

林沄先生对此句连上句的处理是"今余既一名典，献伯氏，则报璧"，朱凤瀚先生对此句连上句的处理也是"今余既一名典，献伯氏，则报璧"，但解释与林沄不同。林先生认为召伯虎是说："（既然有司都听命了，）现在我已经把全部约剂写好，送给您。"则报璧，过去考释者或于"献"字断句。伯氏属下读，亦可通。但解释为召伯虎回赠琱生以璧，似不确。琱生对君氏妇氏行贿，是先献壶，及出命之后，又报以璋、瑵等。则于召伯虎亦应是先觐圭，及事成之后，又报以璧。朱先生认为这个"余"是琱生自称。此句系琱生自述。召伯虎既已助琱生胜诉，并已"典"其田邑，琱生则"一名典"。一，皆也。《诗经·邶风·北门》："政事一埤益我。""名"，郭沫若释为签名画押。"典"在这里是名词，即前文召伯虎所言典录土田之典册。所以，"一名典"即在记录土田疆界的典册上一一签了名。这句话的含义似应承上文所言来理解。上文召伯虎曾言"余典勿敢封"，是说虽已典录于册而尚未封疆，意即请琱生查验后再为之。这里琱生又言"今余既一名典"，说明琱生已将典册所录之土田范围做了验证，最后以在典册上签名的形式表示同意与接受。"献伯氏"，是将经过签押的典册归献于召伯虎，以存于王朝作为档案文书。"则报璧"是召伯虎接到琱生奉还的经过签押的典册后，报之以璧，此是礼仪。

王晶断句与诸家不同。将"今余既一名典"断为一句，这句还是召伯虎说的。名，《广雅·释诂》："成也。"这句的意思是"现在我已经全部写好了文书"。"伯氏"是琱生的哥哥，那么"伯氏则报璧"就是说琱生的哥哥为了表示感谢，送给召伯虎一块璧。那么琱生在胜诉之后是怎样表现的呢？就体现在这个"献"字上，我们把它与前后断开，这个"献"的主语应该是"琱生"。此处之"献"与五年琱生簋中的"献"用法是一样的，都是指宴享活动，只是有事成之前和事成之后的区别。琱生在田界纠纷一案中胜诉后，总之为了对案件的司法官召伯虎表示他的谢意，就举行了一次宴享活动，并由伯氏出面送了一块璧给召伯虎。

召公，应是大宗君，先祖。既不是召伯虎之父宗君幽伯，也不是召伯虎，而是召氏大家族共同祭拜的偶像，可能是第一代召公，即召公奭。琱生在这场官司圆满结束后"对扬朕宗君其休，用作朕剌（烈）祖召公尝簋"。朕烈祖召公，我们理解应是召公家族的远祖召公奭。琱生应是召氏宗族的一员，琱生尊的出土信息表明，琱生家族就居住在今五郡一带，这一带也算召氏家族的势力范围。传世的五年、六年琱生簋出土地也可能就在五郡一带。这为研究西周世族政治提供了极其珍贵的实物资料。

另外，学者认为姬姓周人一般是不用日名的，而该窖藏同出土一凤鸟纹簋，铭有"父辛"二字。如果用家族间器物交换来解释，我们认为未免简单化了，是否另有原因呢？召公在西周时期是很有影响的，其地位也是很高的。《尚书》在述及召公、周公时，一般召公位于周公之前，这是耐人寻味的。有学者认为召公与周公是兄弟，但司马迁在《史记·燕召公世家》中仅云："召公奭与周同姓，姓姬氏。"在传世和出土的燕国早期青铜器中，不乏日名者。故此对于召氏家族的研究，也许我们知道的并不很多，对于召公、召氏家族的研究，应该引起足够的重视。

◆ 铭文大意

六年四月甲子这天，王在旁京。召伯虎告诉（琱生）说："我告诉你好消息。"说："公接受了贝（作为损失赔偿费），因此案件调查结果明了，可以定案了，也正合我父母的意思。我（向你）报喜，（为什么这件事拖了这么久呢，因为）我要就靠近城垣的土田的重新圈定咨询有司，（所以）我的记录土田的文书不敢封存于宫府。现在我已经咨询过了有司，说：'听从幽伯幽姜的意见。'现在我已经全部写好了文书。"琱生（因为诉讼得以圆满解决，很高兴）宴飨了召伯虎，（琱生的哥哥）伯氏就回报了召伯虎一块璧。琱生称赞美扬宗君召伯虎的美德，因为土地诉讼圆满解决而作了我伟大显赫的祖先召公的尝簋，子子孙孙永远宝用，用于宗庙献享。

◆ 相关文献

孙诒让：《古籀余论》卷中·召伯虎簋第二器，中华书局，1989年；郭沫若：《两周金文辞大系图录考释》，上海书店出版社，1999年，第142—145页；杨树达：《六年琱生簋跋》，载《积微居金文说》，科学出版社，1959年，第268—272页；林沄：《琱生簋新释》，《古文字研究》第3辑，1980年；李学勤：《青铜器与周原遗址》，《西北大学学报》1981年第2期；严一萍编：《金文总集》2802，艺文印书馆，1983年；胡留元、冯卓惠：《西周法制史》，陕西人民出版社，1988年，第284—286页；朱凤瀚：《琱生簋铭新探》，《中华文史论丛》1989年第1期；吴镇烽：《陕西金文汇编》传187，三秦出版社，1989年；陈汉平：《金文编订补》，中国社会科学出版社，1993年，第609页；方述鑫：《召伯虎簋铭文新释》，《考古与文物》1997年第1期；刘桓：《五年琱生簋、六年琱生簋铭文补释》，《故宫博物院院刊》2003年第3期；徐义华：《新出土〈五年琱生尊〉及琱生器铭试释》，《中国史研究》2007年第2期；陈昭容、内田纯子、林宛蓉、刘彦彬：《新出土青铜器〈琱生尊〉及传世〈琱生簋〉对读——西周时期大宅门土地纠纷协调事件始末》，《古今论衡》第16期；陈英杰：《新出琱生尊补释》，《考古与文物》2007年第5期；王辉：《读扶风县五郡村窖藏铜器铭文小记》，《考古与文物》2007年第4期；李学勤：《琱生诸器铭文联读研究》，《文物》2007年第8期；辛怡华、刘栋：《五年琱生尊铭文考释》，《文物》2007年第8期；吴镇烽：《琱生尊铭文的几点考释》，《考古与文物》2007年第5期；王占奎：《琱生三器铭文考释》，《考古与文物》2007年第5期；中国社会科学院考古研究所：《殷周金文集成》04293，中华书局，2007年；林沄：《琱生三器新释》，复旦大学出土文献与古文字研究中心网页，2008年1月1日；王进锋、邱咏梅：《五年琱生尊与琱生器人物关系新论》，《宝鸡文理学院学报（社会科学版）》2008年第3期；高西省：《简论扶风五郡西周窖藏出土的青铜器》，《中国历史文物》2008年第6期；王沛：《"狱刺"背景下的西周族产析分——以琱生器及相关器铭为中心的研究》，《法制与社会发展》2009年第5期；霍彦儒、辛怡华：《商周金文编——宝鸡出土青铜器铭文集成》317，三秦出版社，2009年；冯时：《琱生三器铭文研究》，《考古》2010年第1期；吴晔、马亮：《西周的土地贿赂案》，《国土资源导刊》2010年第2期；费先梅：《试析琱生诸器之人物关系及其他》，《中原文物》2012年第6期；王晶：《六年琱生簋铭文集释》,《嘉应学院学报》第 31 卷第 1 期,2013 年 1 月;李峰:《西周宗族社会下的"称名区别原则"》,《文汇学刊》2016 年 2 月 19 日,14—15 版;张天恩主编:《陕西金文集成(5)·宝鸡卷·扶风》0554,三秦出版社,2016 年;王晖:《西周召氏仓廪缺贝诉讼案:六年琱生簋新考》,《宝鸡文理学院学报(社会科学版)》第 37 卷第 2 期,2017 年 4 月;白冰:《金文词"爪牙""簋"补证》,《五邑大学学报(社会科学版)》第 20 卷第 1 期,2018 年 2 月;周忠兵:《释金文中的"廛"》,《出土文献》(第 12 辑),2018 年 4 月;李峰:《西周青铜器制作中的另类传统:琱生诸器的年代与西周青铜器的生产系统问题》,载《青铜器和金文书体研究》,上海古籍出版社,2018 年。李峰:《西周宗族社会下的"称名区别原则"》,《文汇学刊》2016 年 2 月 19 日,14—15 版。

倗匜

◆ 器物介绍

西周晚期。窖藏出土，收藏于岐山县博物馆。1975年2月1日，陕西省岐山县京当乡董家村农民在村西农田基本建设中，发现了青铜器。他们保护好现场，由时任生产队副队长董宏哲报告给陕西省文物管理委员会岐扶考古工作站，考古工作者及时进行了清理发掘。经勘察，这是一个青铜器窖藏，窖藏口距地表约0.35米，窖略呈圆形，器物均按大小相互套置存放。出土青铜器37件，计鼎13件、簋14件、壶2件、鬲2件、豆2件、盘1件、盉1件、匜1件、盨1件。均收藏于岐山县博物馆。这批青铜器中30件铸有铭文，铭文内容非常丰富，涉及问题很多。器主十余人，他们之间的血亲及世代关系，一时虽难以具体排定，但多数人当属于裘卫同一家族的成员无疑。在裘卫家族青铜器中，时代最早的当数裘卫簋，裘卫簋作于穆王二十七年（前950），有明确纪年时代较晚的可能是此鼎类，为宣王十七年（前811）器。裘卫家族主要活动于西周中晚期，时间跨度近一个半世纪，是西周中晚期较有影响力的一个贵族世家。

倗匜造型整体形似牧羊，兽首弧平盖，鋬手为兽首曲舌，四足为羊蹄形，直口，流槽宽短。口沿下饰窃曲纹带，窃曲纹之间又以单卷曲的细长条纹填充。器盖有子口，为一次性浇铸。器底有近方形铸缝，范缝四角都在器物四足中心处转折。通高20.5厘米，口径17.5厘米，腹深12厘米，重3.85千克。腹底铸有铭文6行，盖内铸有铭文7行，共157字。

◆ 铭文释文

唯三月既死霸甲申，王在荥（旁）上宫。白（伯）扬父迺（乃）成赀（劾）曰："牧牛，戯乃可（苛）湛（勘），女（汝）敢以乃师讼，女（汝）上刜（代）先誓。今女（汝）亦既又钊（御）誓，专赶啚睦嗾，周亦兹五夫，亦既钊（御）誓，女（汝）亦既从辞从誓。弋（式）可（苛），我义（宜）鞭女（汝）千，髃黜女（汝）。今我赦女（汝），义（宜）俊（鞭）女（汝）千，黜髃女（汝）。今大赦（注：以上为器铭。）女（汝），俊（鞭）女（汝）五百，罚女（汝）三百孚（锊）。"白（伯）扬父迺（乃）或（又）吏（使）牧牛誓曰："自今余敢扰乃小大事。""乃师或（又）以女（汝）告，则到，乃鞭千，髃黜。"牧牛则誓。乃以告吏觊、吏召于会。牧牛辞誓成，罚金。嗾用作旅盉。（注：以上为盖铭。）

◆ 铭文注解

"荥（旁）"

即荥京，从诸多西周青铜器铭文看，荥京可能是周的京都之一。关于荥京的具体所在，目前主要有三种观点：丰京说、镐京说和岐周说。

"白（伯）扬父"

庞怀靖认为可能是幽王二年论述地震成因的"伯阳父"，故推测嗾匜为幽王时器。《国语·周语》："幽王二年，西周三川皆震。白阳父曰：'周将亡矣！夫天地之失，不失其序；若过其序，民乱之也……夫国必依山川，山崩川竭，亡之征也。'"

"牧牛"

职官名，这里以职官名代替人名。《周礼·地官·司徒》下设有牧人、牛人。牧人掌理牧养六牲并使其繁殖，以便供应祭祀时所需的纯色的牲。牛人掌理国家畜养的公牛，以便供给国家的需要，如祭祀、飨待宾客、慰劳将士、服役引兵车等。铭文中牧牛相当于此类官职。

"戯乃可（苛）湛（勘）"

"湛"读为"扰"，《说文·手部》："告言不正曰扰。"王晶先生认为，牧牛违反誓言，不肯归还师嗾五个奴隶，并且把他的长官师嗾上告到司法官那里，后来师

㑤匜盖铭文拓片　　　㑤匜器铭文拓片

㑤反诉，牧牛被谴责为诬告。经过两次缓刑处理，对牧牛的判罚是罚铜三百锊。这是关于诬告罪及其判刑的最早记录。

"黥䵴" "黜䵴"

从铭词文意判断，"黥䵴"和"黜䵴"是轻重不同的同类刑罚。字皆从黑，显然属于墨刑。据记载，墨刑是肉刑的一种，居于五刑之首，是五刑中最轻的。被判处墨刑的就要刻其面填以墨，使受刑的人永远留有刑罚痕迹，并沦为奴隶。《周礼·司刑》

篇郑注说："墨，黥也，先刻其面，以墨窒之。"《说文解字》说："黥，墨刑在面也。"这在𰯼匜中得到了证实。

古代的鞭刑是用荆条抽打人背。《吕览·直谏》说："王之罪笞……引席王伏，𦵩申束细荆五十，跪而加之于背。"𰯼匜中的"伇（鞭）"字正像人手持鞭抽打人背之形，是鞭字的初文。鞭刑始于何时，文献记载不详。《尚书·周书·吕刑》所载五刑，没有包括鞭刑。𰯼匜铭文中鞭字的出现和关于施行鞭刑的记载，说明至迟在西周中后期，鞭刑已被列入法典。

伯扬父给牧牛判决的刑罚，最初是鞭一千，"䵨䵳"；赦减以后，改为鞭一千，"黜䵳"。很显然，"䵨䵳"和"黜䵳"是两种等级有差异的刑罚。"䵳"，黑巾蒙面，是一种耻辱刑，古人很重视人格的侮辱。据胡留元先生研究，"䵨䵳"，实际上就是将犯人刺面涂墨以后再在面部蒙上一块黑巾。从伯扬父的判词分析，这是墨刑中最重的一个刑罚等级。"黜䵳"，则为墨刑中次于"䵨䵳"的刑罚等级，是既处以墨刑，又罢官的一种刑罚。

《尚书·周书·吕刑》有黥、劓、膑、宫、大辟五刑记载，《周礼·司刑》掌五刑之法为墨、劓、宫、刖、杀，两者基本对应。𰯼匜记录了墨刑以及鞭笞，此外还描述了当时的立誓制度，可佐证西周时确有系统的刑法和诉讼制度。从𰯼匜看，西周的刑法带有强烈的等级性、特权性，官僚贵族犯罪，不仅减刑，甚至可以免刑。

𰯼匜铭文是迄今出土的第一件能够自始至终直接或间接记载一次诉讼全过程的金文判例。这一判例本是一个民事案件，但因诉案是由小贵族牧牛提起的，小贵族控告大贵族，违反了宗法等级制度，本身就构成了诬告罪，因而案件性质发生了变化，由原来的民事变为刑事附带民事案。因此，铭文内容是研究中国法律史不可多得的珍贵资料，反映了西周的刑法和狱讼立誓制度。

◆ 铭文大意

三月下旬甲申这天，周王在旁京的上宫，伯扬父判决如下："你胆子也太大了，竟敢和你的上司打官司，违背了先前的誓言。不过，你这次又重新宣誓，表示要信守前约，服从判决。那么，你应亲自到你的上司那里去，修睦和好，归还这五个人，信守你的誓言，这样你也就遵从了讼词，遵守了你的誓言。按原判，我本应鞭笞你一千下，并给你施以䵨䵳之墨刑。现在我宽赦你，改判为黜䵳之刑，附之以鞭笞一千下。现在，我再大赦你，鞭笞你五百下，罚你铜三百锊。"伯扬父就又叫牧牛立誓说："从今以后，我再也不敢以大事小事来烦扰。"伯扬父说道："如果你的上司再把你告下，就要鞭笞你一千下，处你以黜䵳之墨刑。"牧牛立了誓。于是把这一判决告知官吏蚖和嚣记入册。牧牛的立誓完后，缴了罚铜。𰯼用它作了这件盉（匜）。

◆ 相关文献

庞怀靖、吴镇烽、雒忠儒：《陕西省岐山县董家村西周铜器窖穴发掘简报》，《文物》1976年第5期；盛张：《岐山新出㫚匜若干问题探索》，《文物》1976年第6期；程武：《一篇重要的法律史文献——读㫚匜铭文札记》，《文物》1976年第5期；林甘泉：《对西周土地关系的几点新认识——读岐山董家村出土铜器铭文》，《文物》1976年第5期；唐兰：《陕西省岐山县董家村新出西周重要铜器铭词的释文和注释》，《文物》1976年第5期；陕西省考古研究所、陕西省博物馆、陕西省文物管理委员会：《陕西出土的商周青铜器》（一），文物出版社，1979年；来因：《我国法律史上的一篇重要文献——西周青铜器"朕匜"铭文》，《法学杂志》1981年第2期；严一萍编：《金文总集》6877，艺文印书馆，1983年；刘海年：《㫚匜铭文及其所反映的西周刑制》，《法学研究》1984年第1期；张天禄：《我国最早的法律判决书——"㫚匜"铭文》，《河北法学》1984年第6期；胡留元：《从陕西金文看西周民法规范及民事诉讼制度》，《考古与文物》1984年第6期；刘刚：《〈㫚匜铭文〉简介》，《学习与辅导》1986年第4期；吴镇烽：《陕西金文汇编》655，三秦出版社，1989年；庞怀靖：《岐山县文物志》（初稿），岐山县文化局印，1990年；于少特：《青铜法典朕匜铭文试释》，《文博》1994年第6期；北京大学考古文博学院、北京大学古代文明研究中心：《吉金铸国史——周原出土西周青铜器精粹》39，文物出版社，2002年；任周方：《牧牛状告上司㫚，伯扬判处三千鞭》，载《国宝纪事》，陕西人民出版社，2003年；张润棠：《㫚匜——中国第一部法律判决文书》，载《宝鸡青铜器》，三秦出版社，2005年；王竑：《从㫚匜铭文看西周法律思想的特色》，载宝鸡青铜器博物馆编《周秦文明论丛》（第1辑），陕西人民出版社，2006年；中国社会科学院考古研究所：《殷周金文集成》10285，中华书局，2007年；白晶：《青铜法典——㫚匜》，载宝鸡市文物事业管理局编《听我讲宝鸡》，三秦出版社，2009年；霍彦儒、辛怡华：《商周金文编——宝鸡出土青铜器铭文集成》376，三秦出版社，2009年；吴镇烽：《商周青铜器铭文暨图像集成》15004，上海古籍出版社，2012年；王沛：《西周金文法律资料辑考（上）》，载《中国古代法律文献研究》第7辑，社会科学文献出版社，2013年，第16—65页；王晶：《西周涉法铭文中的罪名考释》，《古籍整理研究学刊》2014年第2期；张天恩主编：《陕西金文集成（1）·宝鸡卷·岐山》0074，三秦出版社，2016年；许满贵：《西周㫚匜：记载中国最早的金文诉讼判决书》，《公民与法（法学版）》2017年第2期。

夨人盘（散氏盘）

◆ 器物介绍

西周晚期。清乾隆中叶（1770年前后）出土于陕西凤翔府，古董商运到扬州，初售给盐商徐氏，后为扬州盐商洪氏所藏。嘉庆十四年（1809），两江总督阿林宝购之，作为嘉庆皇帝50岁寿礼，入贡清内府。因宫中奇珍异宝无数，湮没其中，渐渐没了下落。清晚期民间传闻它已毁于圆明园大火。1924年，清内务府核查养心殿陈设时，意外发现了它。溥仪大喜，下令拓50份拓片，分赠臣属。溥仪被逐后，盘归故宫博物院。1931年（一说1935年）故宫博物院所藏珍贵文物南迁，散氏盘亦在其中，周转十数年，1948年年底被带往台湾，现藏台北"故宫博物院"。

其以长篇铭文著称于世，铭铸于盘内底上，作方形，共19行，行19字。末行仅8字，全篇总计350字。其铭文结构奇古，线条圆润而凝练，字迹草率，字形扁平，体势欹侧，显得奇古生动，已开"草篆"之端。因取横势而重心偏低，故愈显朴厚。其"浇铸"感很强烈，表现了浓重的"金味"，因此在碑学体系中，占有重要的位置。有评论者说："篆体至周而大备，其大器若《盂鼎》《毛公鼎》……结字并取纵势，其尚横者唯《散氏盘》而已。"

自清代晚期出土以来，其铭文书法一直备受艺林推崇。一是手写感极强，接近当时的手写体。西周晚期金文大篆已经完全成熟，呈现模式化的唯美倾向。而矢人盘（散氏盘）铭一反常态，不顾"等长、等曲、等粗、等距"的常态要求，率性而为，别具一格，结构不求端庄匀齐，而是极尽开张变化，既有中原文化的朴质遒劲，又有楚文化的变异逸趣，属于恣肆而放达的风格。二是线条因年代久远、自然再造而形成的残缺和古朴，对它的赏悦，主要来自后人的审美移情。盘铭线条屈曲转引不合法度，灵动震荡，粗放不羁，厚重朴茂，开金文尚意书风之先河。行笔快速而涩劲，有乍行又止、乍止还行的感觉，行笔之际，涩中有畅，畅中有涩。三是一反常见的长方形纵势，而呈扁方形的横势，结体宽扁，创造了欹斜的外形，对结构繁复的字形、线条毫无限制，对结构简单的字形、线条亦不作调节和伸展，一应自然，被誉为金文中的草书。四是字形的横向发展以及不对称现象的出现，结点、线段长短与线距离对比等都包含了"黄金分割率"的应用。同时摒弃了历来金文的纵势而取向横势，宽扁结构，加上书写结构的不对称现象等书写风格上的改变，最终被秦国继承下来，成为新的艺术样式诞生的一个诱因，最终导致战国秦文字隶变的发生。

◆ 铭文释文

　　用矢扑散邑，乃即散用田。履自瀗（汧）涉以南，至于大沽，一弄（封）。以陟，二封，至于边柳。复涉瀗（汧），陟雩厰（徂）邍陕，以西封于樷城楮木。封于刍逨。封于刍道。内，陟刍，登于厂㵎，封剖陎陕陵，刚陎。封于单道。封于原道。封于周道。以东，封于桌东疆。右还，封于眉道。以南，封于溪逨道。以西，至于鸿莫（蓦）。履井（邢）邑田。自根木道左至于井（邢）邑封道，以东一封，还，以西一封。陟刚，三封，降。以南，封于同道。陟州、刚，登陎，降棫二封。矢人有司履田：鲜、且、微、武父、西宫襄。豆人虞丂、录贞、师氏右眚、小门人繇，原人虞芳，淮司工虎、孝䚃、丰父，鸿人有司刑、丂，凡十又五夫。正履，矢舍散田：司土逆寅、司马单䣊，邦人司工駥君、宰德父，散人小子履田：戎、微父、效㰯父，襄之有司橐、州橐，倏从虘，凡散有司十夫。唯王九月，辰才乙卯，矢卑鲜、且、舞、旅誓，曰："我既付散氏田器，有爽，实余有散氏心贼，则爰千罚千，传弃之。"鲜、且、舞、旅则誓。乃卑西宫襄、武父誓，曰："我既付散氏湿田、墙田，余有爽变，爰千罚千。"西宫襄、武父则誓。氒（厥）受图，矢王于豆新宫东廷。氒（厥）左执史正中农。

矢人盘铭文拓片

矢人盘铭文照片

◆ 铭文注解

"用矢扑散邑，乃即散用田"

杨树达认为二"用"字皆当训"以"。我们认为第一个"用"是连词，表原因。第二个"用"是介词，意为"把"。"即散用田"意即"以田即散"。

矢国是西周时期的一个相当活跃的方国，但不见于文献记载。自清乾隆年间陕西凤翔府出土西周晚期散氏盘后，有关矢国事迹才引起学界注意。

1974年5月16日，宝鸡县贾村公社上官村社员交给宝鸡市博物馆3件青铜器，上交者说是在该队饲养室后取土时发现的。其中有"矢王"簋盖一件，其铭曰："矢王作奠姜尊簋，子子孙孙其万年永宝用。"这是有确切出土地点的矢国器物，还是矢国国王为其妻作的器物，意义非同寻常，一下子拉近了寻找矢国地望的坐标。

同年10月，在上官村东约1千米的塬下灵陇村，发现了一批西周车马器，其中一件铜泡背壁上铸有铭文"矢"字，这应该是矢国之器。而在此之前的1963年，贾村公社贾村大队曾出土了一件西周初期重器何尊，有记载成王迁都洛邑的铭文。种种现象引起宝鸡文物工作者的注意，他们先后两次在这一带进行了实地调查与走访，逐步解开了古矢国的神秘面纱。

矢国青铜器屡有发现。据学者统计，经科学发掘或有确切出土地点的矢器14件，传世矢国青铜器和铭文涉及矢国的青铜器17件。这些矢器集中出土于宝鸡地区，从具体出土地点可以大致勾勒出矢国的范围是以汧水流域为中心的陇县、千阳、宝鸡县（今宝鸡市陈仓区）一带。

汧水是流经矢国境内最主要的一条河流。早在商末周初，矢国就活跃在汧陇河谷。这里群山环绕，河流纵横，川原相间，宜于农牧。

汧水自西北流向东南，出冯家山后河道顿时开阔，进入塬区。西岸的贾村塬北倚冯家山，南邻渭水，东有汧河与凤翔塬阻隔，西边又濒金陵河，南北长约20千米，东西宽约10千米，在古代，这里是一处理想的居住之地。

在贾村、上官、灵龙、扶托等地一片南北长约2千米，东西宽约1千米区域，是一处重要的西周遗址区。这里发现了西周居址和墓地，尤其是矢王簋盖及矢王嫁女媵器的发现，说明这里曾是西周时期矢国活动的重要地区。西周窖穴、灰坑、陶窑和较大面积的建筑遗迹与矢王簋的出土联系在一起，有学者认为，这里即矢国都邑所在地，历代矢王应世居于此。

从贾村塬区，退可以入居汧陇山区，出可以逾汧水而争岐雍之地，矢国势力就是顺着汧河向东南发展壮大的。

据史籍记载，散国归附周人是在文王之时。《史记·周本纪》有文王时"太颠、闳夭、散宜生、鬻子、辛甲大夫之徒皆往归之"的记载。散宜生，应是散国先祖，既来归附周人，多为异姓方国，卢连成认为散国可能为姜姓。但从散车父甲乙壶铭文可知，二壶是为其母寿姜而作，可见，散不是姜姓。目前还不能确定散的族姓，不能不说是一大遗憾，只能寄希望于青铜器铭文的新发现。

过去人们大多依据王国维考证，认为散国在今散关一带，但强国墓地的发现，使得这一观点受到质疑。根据学者研究，渭河北岸，汧水以东，包括今千阳县东北、凤翔西北部，陈仓区汧渭之会以东则应为故散国范围。境内旁临汧水、渭水，雍水上游穿境而过。境内北部为浅山丘陵，南部为塬区，西与矢国隔汧河相望。

文王伐纣时，散国也与周人结为同盟，深得周王室信任。成、康以后，散国事迹已很少见诸典籍，矢人盘披露了散国在西周晚期活动的踪迹。夷、厉之际，散国势力还相当强大，矢国向东扩张遭到散国抵制，矢国失败。由散伯簋铭文又可知道，散国娶矢国宗室女子为妻，矢、散两国保持着姻亲关系，这种既有争斗，又有联合的复杂关系，在西周时期各方国之间是屡见不鲜的。

"弄（封）"

旧误释为"表"，《金石萃编》卷二引吴颖芳先生说释为"封"，刘心源先生亦释为"封"。郭沫若先生从之。高鸿缙先生认为"一封""二封""三封"者，意当为起土一道、二道、三道。李学勤先生认为是封土，是古代标识地界的方法，树是另一种标识方式，即在地界上植树，作为封的辅助。曲英杰先生认为所谓"封"只能是指封土。所谓"封而树之"，并不是以树作封，而是在封上栽树。除了封土之外，也有以道和其他可以标识之物来作封的。李仲操先生认为铭文"一弄（封）"就是一个封地区段。在这里"弄"字不能仅作"封土""封树"的封界标志讲。因为从现场看，凡盘铭记封的地方均指可耕地。同时在山区有着比封土、封树更显著、更固定而长久的自然地形作为封界标志，无须另去封土、封树。

"复涉瀗（汧）"

盘铭两次提到"涉瀗"。"瀗"，卢连成先生认为有可能就是流经矢国境内的汧水。故"涉瀗"，即渡过汧水。盘铭所述当时地貌北高南低，瀗水的流向是自北而南，这种地貌正与汧水入渭处相合。

"陟雩㪔（徂）邊陵"

"陟"，从李仲操先生说，《说文·阜部》："陟，登也。"铭文两次向南涉过汧水，两处"陟"，从铭文所涉及的地点看，我们认为第一次"陟"是登今凤翔灵山西向延伸的今临河村一带的山坡，从今灵化村一带南涉汧水；第二次"陟"是登今贾村镇龙尾村一带的小原，小原是贾村塬东北角向汧水延伸的一部分，比贾村塬低。"㪔"即徂，及也。"邊"，王辉先生认为通"原"，我们认为即小原一带。

散氏盘应叫矢人盘

对于散氏盘到底应该叫散氏盘还是矢人盘，最终要看是哪一国器物。

在中国古代，根据学者研究，在双方有契约关系情况下，"执右要"（或者叫"右契、右券"）者，为受方，即权利方、债权方；而"左执要"（或者叫"左契、左券"）者当为付方、债务人一方。盘铭明言矢人"付散氏田"，那么，"左执要"者当为矢方。矢国割地给散而执左要，散执右要。矢王在豆新宫东廷接受了所赔田地的地图后，执了左券，散执了右券。授图质地豆新宫为矢邑。因此，此盘应为矢人所作。

朱其智先生从三个方面可证明作器者为矢人：（1）授图之地豆为矢邑；（2）篇末"氒（厥）受图，矢王于豆新宫东廷。氒（厥）左执史正中农"中代词"厥"字两见，所指均为矢方；（3）此器为"左执要"者所作，"左执要"者当为付方／债务人一方，而非受方／债权人。"左执要"者即"付散氏田"的矢人，而非散氏，即此器为矢人所作。故此器当定名为矢人盘，而不是散氏盘。种种证据都指向矢人，作此盘者当为矢人，根据上古青铜器命名通例，此盘当从刘心源和郭沫若，定为"矢人盘"，全名可为"矢人史正中农盘"。《周礼·秋官·司约》："凡大约剂，书于宗彝；小约剂，书于丹图。"矢人作此器正是把邦国之间的田地授受这个重大事件的契约（大约剂）铸造在青铜礼器上。因此，传统上所谓的散氏盘严格上讲应该叫矢人盘，因为它是矢国之器，为矢人保管。

铭文涉及案件的具体方位

散氏盘自清代出土以来，铭文经诸家诠释，已大体可以通读。铭文记载因矢国侵犯了散国的领地，故付土地给散国以为赔偿。文中对田地所在的位置、四界及地面标志均做了详细记述。在叙述划定田界之后，列记双方参加定界、盟誓的人名。其中矢国参与踏勘划界的政府官员有鲜祖等15人，散国有散小子等10人。紧接着记述了订约的时间和盟誓的内容，具有合约性质。一种观点认为，矢国付与散国的土地共有两块，一块田地位于眉地，另一块田地位于井邑。另一种观点认为，铭文中所载的关于土地划分之事，不是划分所谓的"眉田"和"井邑田"两块田，而是划分整个连在一起的一块田地的疆界。这种观点以曲英杰为代表。曲先生认为，这块田地位于矢、散、井三国之交界处，其面积不会太大，也不会太小。从对西周时期这一带的一些聚落遗址考古调查来看，其规模大致与今天的自然村落相仿或略小。如此，则这块田地，包括四个居民聚落连同其所属的土地在内，总面积可能在方圆十里左右。矢人划归田地给散人，是包括在田地之内的居民的。豆、小门、原、鸿等地之人都是以族的形式长期居住于此从事耕种。当时周王朝中管理司法的王臣也参加盟誓，作为佐证，表明国家认可。该铭文所涉及的事件应发生在今宝鸡市陈仓区、凤翔区一带的千河流域，根据两次从北向南涉过河看，今凤翔长青镇临河村与陈仓区贾村镇小原一带，符合铭文所述的地形。

西周土地赔偿案件的审理程序

根据铭文，我们大体可以知道西周时期关于土地赔偿案件的审理程序：

1. 由于某种原因甲方同意付给乙方一定数量的土地。矢人盘中矢国是甲方，散国是乙方，因为矢国攻伐散国失败，于是用土地赔付散国。2. 有关人员到场付田给乙方（受田方）。田界不清楚的要重新踏勘田界，树立封土。矢人盘中矢散双方首先勘定了田界，因为赔付的土地面积较大，分了两大区，每区又分了若干个封地区段。矢国参加田界勘定的官员有鲜祖等15人。散人参加田界勘定的官员有散小子等10人。西宫襄和武父绘制了付与散方的土地的地图，矢王在豆邑的新宫东廷将地图和契约交与散方。3. 付田方立誓。矢人盘中矢方先让鲜、且、舞、旅四个负责交付农具的人立誓："我们已交付散方农具，如有差错，就是我们对散方有欺瞒之心，就鞭打我们一千下处罚我们一千锊，并拘捕我们把我们流放。"鲜等四人立下誓言。接着又让两个负责交付田地的人西宫襄和武父立誓："我们已交付湿田和原田，如果我们有错乱，就鞭打我们一千下处罚我们一千锊。"西宫襄和武父立下誓言。4. 史官建立文书档案。散氏盘中书写契约的人是史官名仲农的。5. 付田方将约剂内容铸造在青铜器上，矢方将赔付土地的范围和见证人刻铸在青铜器上，以为凭证。

西周中后期，"溥天之下，莫非王土"，"田里不鬻"的原则虽未变化。但由于社会经济的发展，在贵族之间已发生了土地的抵押、典当、赠送、赔偿等关系，并出现了相应的契约，叫作"大约剂"。因只行用于贵族封君之间，所涉及的是封国、采邑疆土之事，所以称为"邦国约"。这种契约也是写在竹简木牍上，再折券为二。双方各执其一。然后再铸于鼎彝上。《周礼·司约》："掌邦国及万民之约剂。治神之约为上，治民之约次之，治地之约次之，治功之约次之，治器之约次之，治挚之约次之。凡大约剂，书于宗彝；小约剂，书于丹图。若有讼者，则珥而辟藏，其不信者服墨刑。若大乱，则六官辟藏，其不信者杀。"可见，西周时期约剂是由司约掌管，大约剂必须铸造在青铜器上，且收藏于府库，如果违反约定的内容，是要受到法律制裁的。

贵族世族控制区的行政结构

在西周，王畿内一些大宗族是怎样管理的以及宗族体系内是否包含了一个行政结构？还有，它们的行政管理是怎样的以及如何与宗教中心和渭河平原上的主要城市进行整合的？关于这一点，散氏盘为我们提供了独特的信息。虽然铭文告诉我们更多的是有关宗族财产的邑的管理，但对我们理解邑的一般行政控制有着重要的意义。除了对散氏宗族和矢国之间土地划分的详细记录外，还有分别代表矢国或散氏宗族的25位官员参与此事。其中矢国官员15位，散氏官员10位。

矢国官员

鲜、且、微、武父、西宫襄；

豆人：虞丂、录贞、师氏右眚、小门人繇；

原人：虞芍；

淮：司工虎、孝䚄、丰父；

鸿人：有司刑、丂。

散氏官员

司土逆寅、司马单䴢；

邦人：司工騔君、宰德父；

散人：小子戎、微父、效㦰父；

襄人：有司橐、州豪、㑴从鬲。

李峰先生认为，对散氏盘两列官员名单的重新整理，为我们了解渭河流域西部乡村地区，尤其是贵族世族控制区的实际行政结构提供了一个重要机会。最重要的是这两个名单都由两部分组成。在第一部分中，官员按名字或按官职列出，但他们名字之前并没有地名，除了我们知道他们或者是夨的官员（如鲜、且、微、武父、西宫襄）或者是散的官员（如逆寅、单䴢）。但在第二部分中，官员也按名字或官衔列出，但其前部都有特定的地名（如淮）或地方社区名称（如豆人、原人）作修饰。名单中这两部分的不同是了解乡村地区行政阶梯结构的关键。两个名单在结构上的对应说明，这可能就是渭河平原宗族望族行政结构的一般模式。

散氏宗族在铭文中称为散邑，显然指散是一个社会、政治整体，而非是个体的邑。一方面，名单中官员名称之前的地名如原、鸿，其实在铭文的前部分就早已出现，是夨转让给散的土地边界经过的地方，换言之，这些地名大部分代表着个体的邑；它们或者受新协约的影响，或属于夨或散，名称中有这些地方的官员实际上是这些乡村的邑的行政官员。另一方面，散氏的邦人可能是居住在散中心族邑的人，由于该盘铸于散，这说明散被称作一个邦。两个名单中第一部分列出的官员很可能是来自夨国或散氏中心行政机构的官员。夨国官员名单中只有第一部分（第一行）提到的官员，包括鲜、且、微、武父、西宫襄被要求代表夨国宣誓；名单中第二部分的官员没有一位宣誓，因为他们作为地方人员，可能没有资格代表夨国签署协约。

通过铭文分析，西周晚期，在远离渭河流域周邦的乡村地区，邦的政治结构中已经发展出不同层次的行政管理。这个阶梯结构显示出对一个政治组织进行中心整体管理与对地方个体的邑的行政管理的分离。以散为例，中心管理包括职官如司土、司马，以及其他可能的职官如司工，虽然铭文中并没有提到他们。我们发现这些行政职位在王廷（卿师寮）和城市行政管理中也都存在。尽管每个贵族宗族组织都是一个相对封闭的系统，但其内部的管理显然都是中心领导的，而且其权威也延伸到小邑之中。

此外，散氏盘铭文还告诉我们乡村小邑被管理的方式。显然，有官员负责管理这些邑及其与周边的关系。管理这些邑的一个常规官职可能是"司虞",属于新边界上两个邑——豆和原。由于虞的职责是监管一个邑的农地周边的林和泽,因此该职一定是渭河流域乡村地区广泛存在的常设职官。淮邑也有司工一职。此外,铭文中还提到豆邑小门人,这一职可能是负责一个邑的大门。不管这些职位是常规性的还是暂时的,它们表明西周时期的许多邑已经具有一个基本的行政机构。因此,李峰先生认为,渭河平原上分布着无数个宗邑,它们是贵族的居住地和政治中心。每个中心邑都控制着很多小邑,农产品生产、宗族的主要收入便来自于此。宗族中心作为地方社会的集结点,通过它们主要的居宅被进一步地——无论从物质角度还是从社会角度——同主要城市联系在一起。而这些居宅为宗族所有,并依靠来自宗族属邑的财政来支持。

1975年,陕西岐山董家出土的五祀卫鼎,铭文记述了邦君厉付给四田的东界、南界都接邻散田。这种散田在周邑以内,表明散氏一支在王室为卿僚,其在岐邑内当有宅居采田。1960年冬,扶风县法门公社庄白大队农民陈志坚在召陈村西南500多米处挖苜蓿根时发现一西周时期青铜器窖藏,共出青铜器19件。其中有散伯车父鼎4件,散伯车父簋5件,散车父壶2件。按照惯例,这是散伯车父家族的器物。

西周时期,周原主要是拥有多个贵族财产的城市,也是贵族集居的都邑。在周原发现众多贵族家庭的青铜器窖藏和居住遗址,这些青铜器无疑是被埋藏在属于贵族家庭的地产之上,有些传统的家族在周原的周边地区可能拥有他们的地产,但贵族家族的收入更普遍依靠的是远离城市的偏远地区的乡村,那里生产出来的各种农产品被送到城市供贵族成员消费。

◆ 铭文大意

由于矢人攻打散国的城邑,(作为处罚)于是付给散国田地作为赔偿。

踏勘和划分田界从湃水涉过,往南,到大沽,作一封土。从大沽登原,一直到湃水边的柳树丛,作二封土。又涉过湃水,登上雩地,穿过小塬,往西,以敝城外楮木(构树,叶似桑,皮可制纸)林为界。以刍地边缘为界。以刍道为界。向内折(北行),走上刍地,登上原来在山石和泉水旁作的封土,砍去其周围的楮林,循此,穿过刚地。以单道为界。以原道为界。以周道为界。往东,以棹地东疆为界。向右边绕过来,以履道为界。往南,以徯地边缘之道为界。往西,到达鸿墓。疆界靠近井邑田。从根木道左,直到井邑封道,往东,作一封土。绕回来,往西,作一封土。走上刚地,接连作三个封土,下来。以南,以同道为界。走上州地、刚地,从生长楮林之处登上,从生长槭林之处下来,作二封土。矢人有司参与踏勘划界者有:鲜、且、微、武父、西宫襄,豆人虞丂、录贞、师氏右昚、小门人繇、原人虞芳、淮司工虎、孝𠭯、丰父,鸿人有司刑、丂,一共15人,划正疆界,矢人交割田地给散人。参与接受者散国有:司土逆寋、司马单麈、邦人司工騣君、宰德父,散人小子戎、微父、效櫑父，襄人有司𢍰、州𢍰、倏从𩊚总共10人。王九月乙卯这天，矢人让鲜、且、𢍰、旅起誓说："我已经付给散氏土地和农具，如果有差错，实在是我对散国怀有二心，那就要赔偿千锊，受到千种刑罚，叫下代人中断在这块田地上生活。"鲜、且、𢍰、旅就照此起誓。又让西宫襄、武父起誓说："我已经付给散氏水田和旱地，如果有差错，那就要赔偿千锊，受到千种刑罚。"西宫襄、武父照此起誓。矢王在豆地的新宫东廷授给散人田地图。此左契约由史正中农保存。

◆ 相关文献

易培基：《散氏盘释文》，《国学丛刊》1卷1期，1923年3月1日；章太炎：《论散氏盘书二札》，《国学丛刊》1卷1期，1923年3月1日；李淑：《吴氏散氏盘释文补正》，《国学丛刊》1卷1期，1923年3月1日；黄葆戉：《散盘今释》，《东方杂志》27卷2期，1930年1月；陈子怡：《散氏盘石鼓文地理考证》，《禹贡》1937年第6期、7期；小川琢治著，汪馥泉译：《散氏盘地名考》，《学术》，1940年4月1日；张筱衡：《散盘考释》，《人文杂志》1958年第3期、4期；唐兰：《怀念毛公鼎、散氏盘和宗周钟——兼论西周社会性质》，《光明日报》1961年2月2日；又见《唐兰先生金文论集》，紫禁城出版社，1995年；杨绍萱：《宗周钟、散氏盘与毛公鼎所记载的西周历史》，《北京师范大学学报》1961年第4期；严一萍编：《金文总集》6793，艺文印书馆，1983年；曲英杰：《散盘图说》，《西周史研究》（人文杂志丛刊第2辑），1984年；卢连成：《西周矢国史迹考略及相关问题》，《西周史研究》（人文杂志丛刊第2辑），1984年；吴镇烽：《陕西金文汇编》288，三秦出版社，1989年；江林昌：《西周金文"履"字探源》，《中国文化研究》秋之卷（总第25卷），1999年8月；王辉：《散氏盘新解》，载《周秦社会与文化研究——纪念中国先秦史学会创立20周年学术研讨会论文集》，2002年；李松：《〈散氏盘〉取法研究》，《中国艺术报》2005年5月6日；胡寄樵：《〈散氏盘铭〉左书考》，《中国文物报》2005年5月25日第7版；霍彦儒、辛怡华：《商周金文编——宝鸡出土青铜器铭文集成》595，三秦出版社，2009年；崔向君：《〈散氏盘〉单字结构形式研究及创作风格借鉴》，《文艺生活（艺术中国）》2009年第2期；顾翔：《金文尚意书风代表之作——〈散氏盘〉》，《青少年书法（青年版）》2007年第2期；中国社会科学院考古研究所：《殷周金文集成》10176，中华书局，2007年；高琛：《散氏盘的魅力之所在》，《美术大观》2009年第1期；王志敏：《〈散氏盘〉赏析》，《书法导报》2010年第5期；张懋镕：《晚清"四大国宝"》，《收藏》2010年第6期；李忠林：《略论甲骨文中的"邦""封"及相关问题》，《考古与文物》2010年第5期；邱才桢：《陶博吾石鼓文、散氏盘书法与明清以来"写意"篆书》，《中国书法》2011年第3期；王振：《浅议商周金文对当下书法创作的借鉴意义——以西周〈散氏盘〉为例》,《剑南文学(经典教苑)》2011年第8期;王晶:《散氏盘铭文集释及西周时期土地赔偿案件审理程序窥探》,《长春工业大学学报(社会科学版)》第20卷第1期,2012年1月;仲屯乡:《〈散氏盘〉地籍资料解读——再谈我国最早的地籍资料》,《浙江国土资源》2012年第2期;朱其智:《散氏盘还是矢人盘?——兼与张振林先生商榷》,《中山大学学报(社会科学版)》2013年第1期;许洪国:《〈散氏盘〉考》,《中国书画》2013年第8期;陈国成:《〈散氏盘铭〉的历史评价及其书法意义》,《大庆师范学院学报》第33卷第5期,2013年9月;孙稼阜:《名家临名帖——吴昌硕临〈散氏盘〉》,《书法》2014年第2期;金洋:《方法敛与散氏盘研究》,《黄河文明与可持续发展(第10辑)》,2014年12月;许华波:《浅析金文书法的演变风格与创作》,《中国新闻出版报》2015年6月5日;施建平:《从〈散氏盘铭〉看西周京畿西部邦国方位变迁》,《档案与建设》2015年第8期;胡启伟:《〈散氏盘〉书法特征与临摹分析》,《艺术品鉴》2015年第10期;李强:《穷源极变,师古开新——李强谈〈散氏盘〉的临摹》,《中国书法》2015年第12期;张天恩主编:《陕西金文集成(7)·宝鸡卷·凤翔陈仓金台》0724,三秦出版社,2016年;陈国成:《经典回顾:西周〈散氏盘〉铭文书法》,《中国书法报》2017年3月21日;丛文俊:《吉金夜话(二)·散氏盘》,《艺术品》2018年第2期。《散氏盘还是矢人盘?——兼与张振林先生商榷》,《中山大学学报(社会科学版)》2013年第1期。

李峰:《西周的政体》,生活·读书·新知三联书店,2010年,第185—190页。

第五章 家谱与国史

参天之树，必有其根；怀山之水，必有其源。炎黄同心，华夏一脉；血浓于水，叶落归根。"夫家有谱、州有志、国有史，其义一也"，清代著名史学家章学诚更是把家谱与国史、方志相提并论。家谱，是同宗共祖的男性血亲集团，以特殊的形式记载本族世系和事迹的历史图籍，内容包括姓氏源流、家族迁徙、世系图录、人物事迹、风俗人情等。中国家谱历史悠久，产生于上古时期，完善于封建时代，数千年来，在不同时代，家谱显示了不同的形态，家谱文献成为我国历史的重要组成部分。

金文中对其祖先的追述，相当于后世的家谱。周原出土的师㝨钟与师虎鼎为同一家族器物，还有传世的师望鼎，这一家族的世系排定为：郭季易父→师虎（亮公）→师望（幽叔）→即（德叔）→师㝨。墙盘铭文前段主要赞颂周文王、武王、成王、康王、昭王、穆王以及当时在位执政的恭王七位周王的光辉业绩。这段铭文除对当时在位的恭王赞颂之词用字较多之外，对其他先王一般则用十余字或七八字的懿美之词颂其功烈。后段则系统陈述微氏家族的历史变迁。自微氏高祖开始，继有剌祖、乙祖、亚祖、乙公丰、丁公墙共计六代。墙盘铭文所述内容，揭示出史书所未载、商周之际武王伐纣克商中的一件重要事迹，可称得上金文档案。墙盘的发现对武王克商这段改朝换代的历史，补充了许多世人无法知晓的史实。尤其关于微氏家族的记载，始由微氏的高祖，下至微史墙。墙盘铭文，不仅填补了微氏家族的历史变迁，而且纠正了《史记》中的一些讹误。微子启投降武王的真实情况，应当如墙盘铭文所载，微子启先派其长子即墙盘铭文中的"剌祖"作为使者拜见武王，武王接受了微子启的投降，则命周公把他的家族安置在周邦畿之内的，即今陕西扶风一带，作为他的采邑，恢复他在商的卿士爵位，并授予一定的官职。2003年眉县杨家村出土的逨盘，盘内底铸有铭文21行372字，人们首次看到了当时人记录的西周王室世系，其世系顺序与《史记·周本纪》全然一致，这是21世纪初的空前考古发现。铭文基本历数了西周诸王，并道出了西周史的大致轮廓。逨盘上实际共提到十二位周王：文王、武王、成王、康王、昭王、穆王、共王、懿王、孝王、夷王、厉王、宣王，仅未及西周的末代周王幽王。逨盘铭文上的西周王世印证了《史记·周本纪》的记载，与殷墟卜辞印证《殷本纪》的商王世系有着同样重大的学术意义。

师㝬钟

◆ 器物介绍

西周夷王世。窖藏出土。1974年12月5日，扶风县黄堆公社云塘大队强家生产队社员平整强家沟西土地时，发现西周青铜器窖藏，陕西省文物管理委员会扶岐考古工作站闻讯后即前往现场进行了调查。窖藏位于强家村西稍北300米处，共出土青铜器7件，计鼎1件、钟1件、簋2件、簋盖2件、镂空豆1件。据社员反映，它们出土于一个窖穴内，窖口上距地表约1.2米，鼎口向上，放在窖穴中部偏北，簋、簋盖和镂空豆放在鼎内，钟放在鼎外南侧。经现场勘查，出土地点没有墓葬痕迹，也无其他遗物发现，窖穴开口在周代地层，没有晚期人为扰动的迹象。出土文物收藏于陕西历史博物馆。师㝬钟，通高76.5厘米，铣间43厘米，鼓间29.5厘米，舞修35.5厘米，舞广25厘米，枚高4.5厘米，甬高25.5厘米，重90千克。鼓部饰云纹和鸟纹，舞上饰大窃曲纹，篆间饰斜角双头兽纹。钲间和鼓部左侧共铸有铭文6行，其中钲间4行，每行10字，鼓部2行，每行4字，共48字。

◆ 铭文释文

师㝨肇作朕剌（烈）且（祖）虢季寽公幽甹（叔）、朕皇考德甹（叔）大𬭚钟，用喜侃［前］文人，用祈屯（纯）鲁永令（命），用匄眉寿无疆。师㝨其迈（万）年，永宝用享。

◆ 铭文注解

关于器主，《简报》释"㝨"，或释为"承"字。黄盛璋先生认为，此字从臼，中象人身，非"㝨"也非"承"字。《说文》"㝨"在申部，不从"臼"。黄盛璋先生认为此字应是"要"，即"腰"字的古文。

师㝨与虢季家族

强家窖藏出土的青铜器主人"师㝨""即"均为虢季子后代，此观点以黄盛璋先生为代表。

师㝨钟"剌（烈）且（祖）虢季寽公幽甹（叔）"，剌祖即烈祖，可以包括一系列祖先，师㝨的始祖为虢季，其子孙皆可称为虢季。青铜器有虢文公子段鬲，与虢季子段鬲为一人所作，又有虢宣公子白鼎与虢季子白盘也当为同一人器，皆属于虢季氏一支，师㝨钟又加一个虢季寽公，时代更早。寽公、幽叔，《简报》以为一人，黄盛璋根据即簋仅称"文考幽叔"，而太师小子师望鼎前后皆称"皇考寽公"，寽公与幽叔皆不连称，

师㝨钟左鼓铭文拓片

师克钟钲间铭文拓片

故认为是两人，既寏公为师要之曾祖，而幽叔为其祖父。如此，"即（即簋器主）"长"师臾"一辈，两人可能是父子关系，而"师望"则长"即"一辈，长"师臾"两辈。"师望"与"幽叔"可能是同一人，也可能是兄弟关系。"师臾"和"即"均为虢季子后代。

青铜器是虢伯、仲、叔、季都有，但文献所记，仅有虢仲、虢叔，他们是王季之子，文王之弟。就地望论就有四虢，至于他们的关系，众说纷纭。

东虢、西虢分歧最大，一说虢仲分东虢，即荥阳之制邑，虢叔分西虢，在今宝鸡；另一说仲、叔分封东、西虢，方位恰相反。平王东迁，西虢也迁往上阳，是为南虢，留在西虢的支庶后称小虢，秦武公十一年（前687）灭小虢（《史记·秦本纪》）。黄盛璋根据《国语·郑语》史伯对郑桓公说"子男之国，虢、郐为大，虢叔恃势，郐仲恃险"，桓公依其建议迁于新郑，二年灭郐，四年灭虢，认为虢叔必为东虢，而虢仲就只能是西虢。虢季子白盘道光年间出土于宝鸡之虢川司，即西虢之故地，而虢季子孙"即"与"师要"之器同出土于扶风强家村，虢仲臣下公臣所作仲簋出自岐山董家村，皆说明虢季、虢仲原来在西，幽王之乱，重器不能尽带，因而藏于西周旧都岐周附近。

南虢是与北虢相对的，西支随平王东迁于上阳，为南虢，所以上村岭虢国墓地出土有虢季氏子段鬲，是完全可以解释的。如此，必先有北虢。但对于其相互关系目前还众说纷纭，莫衷一是，寄希望于出土更多的地下考古资料。

师臾与太公望家族

李学勤先生认为师臾钟与师𩰫鼎为同一家族器物。师𩰫鼎"𩰫"字当读为"郭"，古书中郭、虢通用，因此师𩰫的父亲"郭季易父"就是师臾的"烈祖虢季"。传世青铜器有师望鼎，器主自称"大师小子望"，称其皇考为寏公，而师𩰫鼎铭文也自称是"伯太师"的"小子"。李先生将这一家族的世系排定为：

郭季易父→师𩰫（寏公）→师望（幽叔）→即（德叔）→师臾

1992年9月，扶风县召公镇海家村村民在村南取土时发现一西周青铜器窖藏，出土青铜器4件，其中最重要的有青铜爬龙和师㝬钟。笔者在《扶风海家西周爬龙窖藏与太公望家族》一文中，推测姬寏母与师㝬为母子关系，并认为师㝬钟为姜太公家族之器。其实，李学勤先生在《论西周王朝中的齐太公后裔》一文中，曾指出师㝬钟为姜太公家族之器。

师㝬钟通高64.7厘米，残重35千克。从该钟残存情况看，充其量只是原钟的1/2，完整器物重达70千克。钲间及上部残存铭文4行35字，其中记叙其先世袭文字云：

"师㝬自作朕皇祖大（太）公、墉（郭）公、执公、鲁中（仲）、宪伯、孝公、朕烈考［静］……"北宋熙宁年间出土于扶风的姬寏母豆，铭文记叙的世袭竟然与师㝬钟铭文记叙的世袭完全相同。姬寏母豆铸铭文3行29字，云：

"姬褒母作大（太）公、墉（郭）公、□公、鲁中（仲）、宪伯、孝公、静公豆，用祈眉寿，永命多福，永宝用。"

师𩵪家族的世袭为：

太公、郭（墉）公、献（执）公、鲁仲、宪伯、孝公、静公、师𩵪八代。

李学勤先生指出，把师𩵪钟等世系和师㝨钟等世系并列对比，不难看出其间的关系。前者的第一代是大（太）公，后者的第一代是公上父。按齐太公《史记·三代世表》作"太公尚"，《诗经·大雅·大明》及《逸周书·克殷》作"师尚父"，《战国策·秦策》《荀子·王霸》作"吕尚"，最近发现的清华大学藏战国简《耆夜》则作"邵（吕）上父"。这证明铭文的"公上父"就是太公。师𩵪钟等世系的第二代是郭公，系太公之子，师㝨钟等世系第二代郭季应为郭公之弟，太公的儿子。

按照西周宗法制及分封制惯例，同姓和异姓功臣外封为诸侯者，往往是长子代父赴国就封，世代相继为侯，次子留守王室继承父亲的爵位和国都近畿之采邑。武王灭商后，其母弟周公旦受封于鲁，其长子伯禽赴鲁，子孙相继为鲁侯（公）。周之同姓召公奭受封于燕，长子就封，而次子留周室代为召公。

李学勤先生认为，太公封齐，长子吕伋之后世为齐君，同时还有两子留于朝，封在畿内郭地一支继承太公的大师职位，幼弟郭季一支也在大师属下。这在一定程度上，同周公、召公家族的情形是相似的。幼弟郭季一支其居住地应该在强家窖藏一带。

下表为太公家族世系。

周王	长子	次子	次子
武王		太公（公上父）	
成王			
康王	丁公吕伋	郭公	郭季易父
昭王	乙公得		
穆王		献公	
共王	癸公慈母		竞公（师𪓰）
懿王	哀公不辰	鲁仲	
孝王	胡公静	宪伯	幽叔（师望）
夷王	献公山	孝公	德叔（即）
厉王	武公	静公	师㝨
宣王	《齐太公世家》	师𩵪《师𩵪钟》	强家窖藏及相关器物

"用喜侃前文人"，"喜侃""侃喜""喜乐"等词语表示对某对象的诚意。"喜"，"乐也"，"侃"，"喜乐也"。

◆ **铭文大意**

师㝨为我显赫的始祖虢季、曾祖亮公、祖父幽叔、我的父亲德叔作了这件大林钟，用来祭享有文德的先人，用来祈求福禄永命，用来祈求长寿无疆。师㝨要万年享用。

◆ **相关文献**

吴镇烽、雒忠如：《陕西省扶风县强家村出土的西周铜器》，《文物》1975年第8期；刘启益：《西周夷王时期铜器的初步清理》，《古文字研究》第7辑，中华书局，1982年；陕西省考古研究所、陕西省博物馆、陕西省文物管理委员会：《陕西出土的商周青铜器》（三），文物出版社，1980年；严一萍编：《金文总集》7059，艺文印书馆，1983年；黄盛璋：《扶风强家村新出青铜器与相关史实之研究》，《西周史研究》（人文杂志丛刊第2辑），1984年；吴镇烽：《陕西金文汇编》19，三秦出版社，1989年；罗西章：《扶风县文物志》，陕西人民教育出版社，1993年；韩巍：《周原强家西周铜器群世系问题辨析》，《中国历史文物》2007年第3期；中国社会科学院考古研究所：《殷周金文集成》00141，中华书局，2007年；霍彦儒、辛怡华：《商周金文编——宝鸡出土青铜器铭文集成》7，三秦出版社，2009年；李学勤：《论西周王朝中的齐太公后裔》，《烟台大学学报（哲学社会科学版）》第23卷第4期，2010年10月；耿超：《浅议姬寏母豆与师㝨钟作器者关系及族姓》，《考古与文物》2011年第1期；吴镇烽：《商周青铜器铭文暨图像集成》15350，上海古籍出版社，2012年；辛怡华：《扶风海家西周青铜器爬龙窖藏与太公望家族》，《考古与文物》2016年第2期；张天恩主编：《陕西金文集成（5）·宝鸡卷·扶风》0478，三秦出版社，2016年。

墙盘

◆ 器物介绍

西周恭王世。扶风县法门镇庄白村窖藏出土。现藏宝鸡市周原博物馆。1976 年 12 月 15 日上午 10 时许，陕西周原考古队驻召陈发掘队已布置完全天的工作任务。这时，庄白大队革委会原副主任陈长年来告考古队：早上白家生产队村民白新恩等人在村南平整土地时，偶然发现了一堆青铜器。青铜器一露头，他们立即停工保护好现场，并及时向当地有关部门报告了情况。现已露出的青铜器个体很大，数目不清，希望考古队派人前往处理。听闻这一消息，周原考古队罗西章、刘士莪先生立即随同陈长年赶赴现场，以便弄清真实情况，进行清理保护。

白家村位于召陈村西南约 1 千米，同属法门公社庄白大队。沿田埂小路，他们步行了约一刻钟就到达。途中，他们联想到 1975 年 3 月在白家村西南 250 米处田间出土的伯䟒所属鼎、簋等青铜器共 18 件。他们到达时，平整土地的村民认识到这是国家的重宝，停工待命，围着露出青铜器的坑边谈笑议论。罗西章、刘士莪先生从坑的东侧观察了窖藏青铜器露出的叠压埋藏现状，看到有盘、尊、簋等十余件青铜器横竖叠压在一起。在一坑之内竟显露出如此密集众多的青铜器，这是一次重大考古发现，必须严谨、慎重、一丝不苟地按照科学规程发掘。罗、刘先生对如何抢救发掘交换了意见，并就清理、照相、绘图、编号、记录和安全保护，一一做了精心分工和具体安排。经过他们细心地反复探查，确知这是一座埋藏丰富而完整无损的西周青铜器窖藏，编号为1976年扶风庄白一号青铜器窖藏（76FZHl）。是日（15日）下午，周原考古队抽调了数名亦工亦农的考古培训班学员和西北大学考古专业实习学生，共同组成发掘小组，并在白家村社员群众的热情支持下，按计划开始进行清理工作。窖口距地表0.3—0.45米，直接压在耕土层下，打破了西周晚期文化堆积层。坑穴挖造比较简单，四壁略加修整，窖藏本身及周围没有后代扰动的迹象。从窖穴所在的地形来看，原来地面是比较高的，埋藏较深，长年的土地耕作和水土流失，致使西周晚期之后的地层堆积大部分冲刷掉了，故形成了坑口直接压在现代耕土层下的现象。

窖藏共出土青铜器103件。青铜器造型瑰玮，大小有差，纹饰富丽，种类繁多，主要是生活用器和礼乐器，不见兵器和车马器。依据青铜器的功能和类别可分为6大类：烹煮器19件，盛食器11件，酒器36件，水器3件，挹取器6件，乐器28件。其中有铭文者74件，这是1949年以来出土西周青铜器最多的一次。为了进一步弄清窖藏情况，1977年春，周原考古队在窖藏周围进行了钻探和试掘。在窖藏南面60米处，发现了一排南北走向的石柱础6个，柱础间距3米左右。柱础周围的西周文化层内出土有铜削、骨铲、蚌壳、骨料、绳纹陶片和半瓦片等。这些现象说明，这里是一处西周大型建筑遗址，这批青铜器就埋在当时的房屋附近。

墙盘，通高16.2厘米，口径47.3厘米，重12.45千克。内底有铭文18行284字。全文内容可分为两段。前段主要赞颂周文王、武王、成王、康王、昭王、穆王以及当时在位执政的恭王七位周王的光辉业绩。这段铭文除对当时在位的恭王赞颂之词用字较多之外，对其他先王一般则用十余字或七八字的懿美之词颂其功烈。后段则系统陈述微氏家族的历史变迁。自微氏高祖开始，继有剌祖、乙祖、亚祖、乙公丰、丁公墙共计六代。墙盘铭文所述内容，揭示出史书所未载、商周之际武王伐纣克商中的一件重要事迹。墙盘铭文曾经有多家考释研究，尤其是后段，关于微氏始自高祖乃至第六代传人微史墙的叙述，各家释文分歧不多，只是各自的解释不同。

高明先生认为，墙盘的发现对武王克商这段改朝换代的历史，补充了许多世人无法知晓的史实。尤其关于微氏家族的记载，始由微氏的高祖，下至微史墙。墙盘铭文，不仅填补了微氏家族的历史变迁，而且纠正了《史记》中的一些讹误。商末周初，商纣庶兄微子启，是当时一位重要人物，由于《史记·宋微子世家》关于微子启投降武王的记载与墙盘铭文所述微氏降周的内容大相径庭，虽有学者提出墙盘铭文所载的微氏就是微子启，但人们多崇信《史记》，故被否定。其实这是误解，《史记·宋微子世家》所描述的微子启投降武王时的一些情景，是由于司马迁误信了楚人的传言，故而编造出一些假象。微子启投降武王的真实情况，应当如墙盘铭文所载，微子启先派其长子即墙盘铭文中的"剌祖"作为使者拜见武王，武王接受了微子启的投降，则命周公把他的家族安置在周邦畿之内的，即今陕西扶风一带，作为他的采邑，恢复他在商的卿士爵位，并授予一定的官职。

西周政权自厉王以后已陷入严重的政治危机。厉、宣、幽三代事变相继，王室内部扰攘不已，最终导致宗周政权的覆灭。许多研究者指出，微氏家族窖藏青铜器中时代最晚的已接近厉王时期，整批青铜器的埋藏方式又杂乱无序，所以这批青铜器的埋葬很可能与厉王奔彘事件相关。国人暴动不仅使王室也使许多大族受到冲击，微氏家族即其中之一，事变后该族已被迫迁往他地，从而丧失了世守的作册之职。微氏后代的流散对其家族来说是个悲剧，但对于文化的传播和发展却未尝不是一种幸运和契机：作为一种特殊的文化载体的史官家族，其迁徙与流散必然会扩大其所负载的传统文化的影响。

◆ 铭文释文

曰古文王，初毄龢于政，上帝降懿德大甹（屏），匍有上下，合受万邦。䋣（綣）圉武王，遹征四方，达殷畯民，永不巩（恐）狄（惕），虘𢦏伐夷童。宪圣成王，左右䋣毁刚鯀，用肇啟（徹）周邦。𤔲（睿）哲康王，分尹亿疆。宖（弘）鲁昭王，广能楚荆，隹宴南行。祗覵穆王，型帅宇（訏）诲（谋），䚻（申）寍（宁）天子。天子貊（缵）文、武长剌（烈），天子眉无匃，䚻㠯上下，亟獄（熙）趄（恒）慕，昊照亡斁。上帝司夏尤，保受天子䰜命，厚福丰年，方蛮亡不䫅见。青幽高祖，才（在）微需处，粤武王既𢦏殷，微使剌（烈）祖乃来见武王，武王则令周公舍寓于周俾处。甬（憨）叀乙祖，遹匹氒（厥）辟，远猷腹心子䫅。谷（粦）明亚祖祖辛，縠（娠）毓（育）子孙，繁猶（祓）多釐，栫（齐）角炽光，义（宜）其祼祀。害（胡）犀（夷）文考乙公，遽趱睪屯，无积农嗇（穯），戉（岁）稼隹辟。孝友史墙，夙夜不驰。其日蔑历，墙弗敢取（沮），对扬天子丕显休命，用作宝尊彝，剌（烈）祖文考弋（式）䁵，授墙尔糦，福怀猶（祓）禄，黄耇弥生，宨（堪）事氒（厥）辟，其万年永宝用。

◆ 铭文注解

"䋣（綣）圉武王，遹征四方，达殷畯民，永不巩（恐）狄（惕），虘𢦏伐夷童。"
"䋣"，李零先生认为即"綣"字的古体，这里疑读为"果毅"之"果"。《左传》宣公二年引君子说，谓"戎，昭果毅以听之谓礼。杀敌为果，致果为毅"，"果"有决断之义。第二字，是古代谥法用字，《谥法》说"威德刚武曰圉"。这两个字都与

墙盘铭文拓片

武王称"武"有关。"达殷畯民",与《尚书·多士》"革夏俊民"是类似用法。"达殷",即《尚书·顾命》"用克达殷,集大命"的"达殷",指褫夺殷人的天命而有之。"畯民",指治理人民,大盂鼎有"畯正厥民"一语。"永不巩(恐)狄(惕)",是说人民再也不必为暴政和战争而担惊受怕。"𢼒"音近读为"挥"或"麾"字,"挥伐"是"奋伐"之义。"夷童",这里是对夷人的贱称,犹后世所说"胡虏"。

"宪圣成王,左右𤔲𤔲刚鲧,用肇彻(徹)周邦。"

"宪圣",美称。"宪"有敏义,《谥法》作"献",《史记正义》引作"宪",解释是"博闻多能""聪明叡哲"。"圣"有明义,《谥法》对"圣"字的解释是"敬宾厚礼"。"成王",《谥法》对"成"字的解释是"安民立政",成王是以初定天下而著称,正合这一名号。"左右𤔲𤔲刚鲧",李零先生认为似指左右大臣精明强干。

"𠭰(睿)哲康王,分尹亿疆。"

李零先生认为"睿"作"𠭰"是深刻的意思。"哲",铭文从哲从德,是聪明的意思。"分尹",李先生疑为管理规划之义。

"宖(弘)鲁昭王,广能楚荆,隹狭南行。"

"宖(弘)鲁",美称。"弘"有广大之义,"鲁"有纯美之义。"广能楚荆",毛公鼎有"康能四国",是类似说法。这种用法的"能"应即古书、铭文"柔远能迩"的"能",它是用怀柔的办法使对方感到相互亲近,相互适应。"楚荆",即楚国。"隹狭南行",应指打通通往楚国的道路。

"祗𮗴穆王,型帅宇(訏)诲(谋),鬻(申)𡩜(宁)天子。"

"祗𮗴",美称,李零先生说"祗"字有敬义,但《谥法》无"祗"有"祁",解释是"治典不杀",金文祁姓从女从此,"祁"与"祗"读音相近,原文或相当《谥法》的"祁"字。"型帅",是模仿效法之义。"谋",大谋,当指昭王拓土的宏图大略。"申宁",可能类似《史记·周本纪》的"申诫",这里是反复告诫之义。"天子",指史墙所事之王恭王。

"天子貄(缵)文、武长剌(烈),天子眉无勾,䰙佋上下,丞狱(熙)赳(恒)慕,昊照亡斁。"

"貄",学者多读"𢙎"。吴雪飞先生释作"固"。吴先生说《尔雅·释诂》:"宁,安也。"又:"安、定,止也。"《国语·晋语二》:"夫固国者在亲众而善邻。"韦注:"固,定也。"前半句的"宁"有"安"的意思,下半句"固"有"定"的意思。申也与固常连用。前半句的"申宁"和后半句的"固"意思比较一致,都有安定的意思。李零先生认为"𢙎缵",是小心遵循的意思。"文、武长烈",指文王、武王留下的功德和事业。"天子眉无匄","眉"指秀眉,是老寿之相;"无匄",是不求自得的意思。"龏㡀上下",全句当读为"干主上下"或"管主上下",是管领上下之义。"叿獄(熙)"疑读"缉熙",是光明之义;"恒慕","恒"有大义,"慕"有思义。"昊照亡斁",是光芒四被的意思;"亡斁",是没有穷尽的意思。

"上帝司夏尢,保受天子䌛命,厚福丰年,方蛮亡不䚈见。"

"上帝司","帝司"可能是太祝一类职官;"夏尢",可能是"上帝司"的名字。"保受",保祐和赐降。"保受"是古书固有的说法;"䌛命",即金文常见的"绰䌛永命",是寿命长久之义。"方蛮",指四裔各国。"䚈视",应是前来朝见的意思。

"清幽高祖,才(在)微霝处。"

"高祖",指微氏在商的始祖。"微",即微氏家族原来的居住地。其地点,据学者考证在今山西潞城东北。"霝处",善处。

"粤武王既戋殷,微使剌(烈)祖乃来见武王,武王则令周公舍寓于周俾处。"

"微使",是以原来的居地加官职而称。"烈祖",指微氏在周的始祖。"舍寓",指赐采地。"于周俾处",是"俾处于周"的倒文,"周"即今周原。

"䜌(愍)叀乙祖,逑匹厥(厥)辟,远猷腹心子䵼。"

"愍叀",美称。"䜌"这里读为"愍"(戴),是怜恤之义。"乙祖"是以日名而称。"逑匹厥(厥)辟",是说君臣相得。"远猷",即远谋。㝬簋有"宇(訏)慕(谟)远猷","訏谟"和"远猷"或"訏谋"均见于《诗经·大雅·抑》。"腹心",见《诗经·周南·兔罝》,指心腹之臣。

"嚣(粦)明亚祖祖辛,奠(娠)毓(育)子孙,繁猎(祓)多釐,梊(齐)角炽光,义(宜)其禋祀。"

"粦明",美称,大概是耳目聪明之义。"亚祖","亚"有次义,这里应指次于"高祖"的"祖"。"祖辛",是以日名而称。"娠育",繁育。"繁祓多釐",是福气很多的意思。"梊(齐)角炽光",李零先生疑指祭牲牺角整齐,皮毛鲜亮。"义(宜)其禋祀",指利其祭祀。

"害(胡)犀(夷)文考乙公,遽趯嫠屯,无积农嗇(穑),戉(岁)稼惟辟。"

"胡夷",美称。《谥法》对"胡"字的解释是"保民耆艾""弥年寿考""大也";对"夷"字的解释是"克杀秉正""安心好静"。"文考",指史墙的父亲。古人常以"文"字加于死去的先人,如"文祖"是指死去的祖先(亦称"皇祖");"文考"是指死去的父亲(亦称"皇考")。"遽趯",未详,李零先生从文义推测,说似是勤于奔走的意思。"嫠屯",金文常见"嫠屯无敃"一语,迄无确解,或说"嫠屯"即"混沌"。"无积农嗇（穑）"，"积"，从文义看，似应读为"积"，是滞塞之义，与"辟"正好相反。"穑"，原作"嗇"。"戉（岁）稼惟辟"，指每年的农事都很顺利。

"孝友史墙，夙夜不弛。其日蔑历，墙弗敢沮（沮），对扬天子丕显休命，用作宝尊彝，剌（烈）祖文考弋（式）龏，授墙尔纇，福怀㽙（祓）禄，黄耇弥生，龛（堪）事畢（厥）辟，其万年永宝用。"

"孝友"，《诗经·小雅·六月》"张仲孝友"，毛传："善父母为孝，善兄弟为友。""夙夜不弛"，犹言"夙夜不懈"。"其日"，犹言日日。"蔑历"，疑读"勉懋"，是勉励之义。"沮"，败、坏之义。"对扬"，报答颂扬。"天子"，指时王即恭王。"丕显休命"，指周王的恩宠。"烈祖"，这里泛称指上文的高祖、烈祖、乙祖和亚祖。"文考"，指上文的"文考乙公"。"式"，是劝令之词，若今语"应""当"讲。"尔纇"，文采。"福怀"，意思是祈求福祉的到来。"祓禄"，二字皆有福祉之义。"黄耇弥生"，在金文中是形容长寿的套话。"黄耇"，是对90岁老人的称呼，以其鬓发变黄，故称"弥生"，"弥"有长义，这里是长命的意思。"堪事厥辟"，足以胜任辅佐君王的大任。

墙盘铭文有"微使剌（烈）祖乃来见武王，武王则令周公舍寓，于周卑处"句，一般认为，这句肯定了微使烈祖自武王时就在"周"居住的事实，微氏家族青铜器窖藏出在扶风庄白，因而"周"即周原。

曹玮先生认为，在西周金文中作为具体地名的"周"，是西周王朝宗庙所在地，具体指文王在殷商之丰地建立的都城，金文中被称为"周"，它是西周三京之一，与武王之宗周、成王之成周共同构成了西周时期的政治中心。因此，曹先生认为墙盘铭文中的"周"地与现在的周原似乎无关。

曹先生在其《也谈金文中的"周"》一文中专门提到美国学者罗泰《有关西周晚期礼制改革及庄白微氏青铜器的新假设：从世袭铭文说起》一文。罗泰从墙盘的世袭称谓分析着手，认为墙盘中的"'烈祖'可能是早期数代微氏祖先的统称"。他提出："按照《礼记》一书的理想之辞，每五世就会有一次分宗立氏。小宗仍奉大宗的立族者（先祖或高祖）及小宗的立族者和其直系后代为祖。大宗也仍奉其始祖及五服直系的祖先为祖。尽管《礼记》的这套制度无疑反映着后人的理解，但西周铭文中的世系术语所描写的情况与之类似：'亚祖'一词是指小宗的立族者，或对大宗而言，是指他经常祭祀的地位最高的近祖。"罗泰认为，庄白窖藏中Ⅱ式㝬钟铭文中的"高祖"很可能就是Ⅰ式㝬钟的"高祖"，即墙盘中的"高祖"，应是指该族的命氏立族者；Ⅱ式㝬钟的"亚祖"，就完全可能是指史墙的"亚祖"即祖辛，也就是折。"它说明折的后代是西周中期从微氏大宗分出的庶支。"并引用唐兰之语："此铭说'迁育子孙'当是立新宗"。"这种情况可以解释为什么窖藏中没有早期折的青铜器（尽管铭文提到为更早的祖先作器）"。曹先生由此得出，庄白窖藏青铜器这一支小宗族最早的立族者是折，墙盘铭文对高祖、烈祖的记述只是叙事性质的追述。因而，高祖与乙祖之间有几代祖先，我们不能确知。那么由乙祖以前数代的烈祖所居之地——周，推论其小宗，即折这一支的居住地应当与"周"地没有直接关系。因为，按西周宗法制规定，世子继承家业，庶子就住封邑。

◆ 铭文大意

话说当年的文王，他初步取得了政治上的安定与和谐，上帝把德行高尚的大臣赐给他，让他普遍占有宇内的土地，让他受到所有国家的拥护。果断刚毅的武王，巡征四方，出兵克商，安抚百姓，让他们再也不担惊受怕，并且挥师东进，征伐夷奴。博闻多能的成王，他的左右大臣都精明强干，所以能全面控制我们的国家。睿智聪明的康王，精心规划，治理辽阔的疆土。宽仁厚义的昭王，他使楚国人民无不归顺，因而打通了通往南方的道路。敬法守德的穆王，不但遵循昭王的宏图大略，还反复地告诫当今的天子。当今的天子继承了文、武二王的功业，不用祈求而能长寿，他掌管一切，令所有臣民，思慕其德，如沐春光，恩泽广被，无虑无忧。上帝的祭司夏尤，保佑当今的天子，赐福当今的天子，让他长命、多福、丰收，四方蛮国无不前来朝拜。

文静含蓄的高祖，当年安居在微邑。武王克商以后，微氏家族的远祖前来投奔武王。武王命周公赐采邑给他，让他住在周地。乐善好施的乙祖，善于配合他的君王，深谋远虑，尽心竭力。心明眼亮的亚祖祖辛，他不但繁育子孙，福运昌隆，祭牲也牺角整齐，皮毛鲜亮，利其祭祀，香火不绝。老成持重的文考乙公，兢兢业业，四处奔忙，惟恐耽误农业收成，每年的庄稼都种得好。孝亲爱弟的史墙，日夜不懈，每天都自强自励。墙不敢荒怠政事，拜谢天子隆恩，称扬天子厚宠，为此铸作贵重的祭器。烈祖文考会有求必应，赐墙文采，为他祈降福祉，让他长命百岁，足以胜任辅佐君王的大任，虽劳世积年，也能永远珍藏它们，使用它们。

◆ 相关文献

陕西周原考古队：《陕西扶风庄白一号西周青铜器窖藏发掘简报》，《文物》1978年第3期；唐兰：《略论西周微史家族窖藏铜器群的重要意义——陕西扶风新出墙盘铭文解释》，《文物》1978年第3期；《唐兰先生金文论集》，紫禁城出版社，1995年；裘锡圭：《史墙盘铭文解释》，《文物》1978年第3期；李仲操：《史墙盘铭文试释》，《文物》1978年第3期；洪家义：《墙盘铭文考释》，《南京大学学报》（哲学社会科学版）1978年第1期；段熙仲：《扶风出土"微"器"墙"盘初探》，《南京师院学报》（哲学社会科学版）1978年第1期；徐中舒：《西周墙盘铭文笺释》，《考古学报》1978年第2期；李学勤：《论史墙盘及其意义》，《考古学报》1978年第2期（又见《新出青铜器研究》，文物出版社，1990年）；黄盛璋：《西周微家族窖藏铜器群初步研究》，《社会科学战线》1978年第3期；刘启益：《微氏家族铜器与西周铜器断代》，《考古》1978年第5期；杜廼松：《史墙盘铭文几个字词的解释》，《文物》1978年第7期；李学勤：《西周中期青铜器的重要标尺——周原庄白、强家两处青铜器窖藏的综合研究》，《中国历史博物馆馆刊》第1期，文物出版社；《新出青铜器研究》，文物出版社，1990年；戴家祥：《墙盘铭文通释》，《上海师范大学学报》（社会科学），1979年第2期；周法高：《读〈微氏家族铜器与西周铜器断代〉》，《大陆杂志》第59卷第5期，1979年11月；单周尧：《墙盘"𩁹"字试释》，《文物》，1979年第11期；陕西省考古研究所、陕西省博物馆、陕西省文物管理委员会：《陕西出土的商周青铜器》（二），文物出版社，1980年；陈全方：《西周青铜器〈史墙盘〉铭文拓片》，《人文杂志》1980年第3期；陈世辉：《墙盘铭文解说》，《考古》1980年第5期；于省吾：《墙盘铭文十二解》，载《古文字研究》第5辑，中华书局，1981年；赵诚：《墙盘铭文补释》，载《古文字研究》第5辑，中华书局，1981年；伍士谦：《微氏家族铜器群年代初探》，载《古文字研究》第5辑，中华书局，1981年；李仲操：《再论墙盘年代、微宗国别——兼与黄盛璋同志商榷》，《社会科学战线》1981年第1期；于豪亮：《墙盘铭文考释》，载《古文字研究》第7辑，中华书局，1982年（又见《于豪亮学术文存》，中华书局，1985年）；连劭名：《史墙盘铭文研究》，载《古文字研究》第8辑，中华书局，1983年；马承源：《墙盘铭文别解》，《上海图书馆建馆三十周年纪念论文集（1952—1982）》，上海图书馆编印，1983年；严一萍编：《金文总集》6792，艺文印书馆，1983年；连劭名：《金文所见西周初期的政治思想》，《文物》1992年第3期；麻爱民：《墙盘与文献新证》，《语言研究》2003年第3期；刘楚堂：《墙盘新释》，《殷都学刊》1985年第2期；黄盛璋：《墙盘年代与微族国别辨正》，《文物研究》第2期，黄山书社，1986年；钱伯泉：《从史墙盘铭文谈周武王伐淮夷》，《文物研究》第2期，黄山书社，1986年；黄然伟：《西周〈史墙盘〉铭文释义》，载《池田末利博士古稀纪念东洋学论集》，1989年9月；晁福林：《〈墙盘〉断代再议》，《中原文物》1989年第1期；吴镇烽：《陕西金文汇编》639，三秦出版社，1989年；李零：《文王称王、昭王伐楚及其他——关于史墙盘铭中若干西周史实与文字辞例的考证》，载《华夏文明》第二集，北京大学出版社，1990年；从容：《雍容和穆奇正相生——西周金文〈墙盘铭〉一瞥》，《学会》1991第1期；贾洪波：《西周铜盘——史墙盘》，《历史教学》1992年第8期；陕西周原考古队、尹盛平：《西周微氏家族青铜器群研究》，文物出版社，

1992年；罗西章：《扶风县文物志》，陕西人民教育出版社，1993年；陈秉新：《墙盘铭文集释》，《文物研究》第八期，黄山书社，1993年；曹定云：《古文"夏"字考——夏朝存在的文字见证》，《中原文物》1995年第3期；林沄：《释史墙盘铭文中的"逖虘"》，《陕西历史博物馆馆刊》第1辑，三秦出版社，1994年（又见《林沄学术文集》，中国大百科全书出版社，1998年）；连劭名：《〈史墙盘〉铭文与西周时代的正统史观》，《文博》1997年第4期；王长丰：《西周微氏家族青铜器群及其世系研究中的一个误区》，《文物研究》第11辑，黄山书社，1998年；罗泰：《有关西周晚期礼制改革及庄白微氏青铜器的新假设：从世袭铭文说起》，载《中国考古学与历史学之整合研究》，中央研究院历史语言研究所论文集之四，1998年7月；北京大学考古文博学院、北京大学古代文明研究中心：《吉金铸国史——周原出土西周青铜器精粹》13，文物出版社，2002年；李零：《重读史墙盘》，载北京大学考古文博学院、北京大学古代文明研究中心，《吉金铸国史——周原出土西周青铜器精粹》，文物出版社，2002年；曹玮：《也谈金文中的"周"》，北京大学考古文博学院，载《考古学研究》（五），科学出版社，2002年（又见《周原遗址与西周青铜器研究》，科学出版社，2004年）；麻爱民：《墙盘铭文集释与考证》，东北师范大学硕士论文，2002年5月；麻爱民：《墙盘与文献新证》，《语言研究》2003年第3期；麻爱民：《墙盘的拓本》，《古籍整理研究学刊》2003年第5期；麻爱民：《墙盘补释》，《考古与文物》2003年第6期；曹玮：《"高祖"考》，《文物》2003年第9期；任周方：《青铜史书见墙盘，微氏家族撰周史》，载《国宝纪事》，陕西人民出版社，2003年；刘桓：《墙盘铭文札记》，《故宫博物院院刊》2004年第1期；刘士莪：《墙盘、逨盘之对比研究——兼谈西周微氏、单公家族窖藏铜器群的历史意义》，《文博》2004年第5期；张润棠：《史墙盘——微氏家族七代历经六王的青铜史册》，载《宝鸡青铜器》，三秦出版社，2005年；王晖：《出土文字资料与五帝新证》，《考古学报》2007年第1期；刘影：《两周金文先王先祖修饰语及相关问题研究》，河北大学硕士论文，2007年6月；赵燕姣：《从〈墙盘〉〈逨盘〉看西周世族政治》，陕西师范大学硕士论文，2007年第5期；中国社会科学院考古研究所：《殷周金文集成》10175，中华书局，2007年；赵燕姣：《从微氏墙盘看殷遗民入周后的境遇》，《文博》2009年第1期；吴杰：《墙盘》，《西部大开发》2009年第3期；白小银：《青铜史书——史墙盘》，载宝鸡市文物事业管理局编《听我讲宝鸡》，三秦出版社，2009年；霍彦儒、辛怡华：《商周金文编——宝鸡出土青铜器铭文集成》94，三秦出版社，2009年；吴镇烽：《商周青铜器铭文暨图像集成》14541，上海古籍出版社，2012年；高明：《论墙盘铭文中的微氏家族》，《考古》2013年第3期；陈斯鹏：《西周史墙盘铭新释》，《中山大学学报（社会科学版）》2013年第6期；钱杭：《世系传递中的爵职继承：对西周微氏铜器铭文的系谱学分析》，《史林》2015年第3期；杨锁强：《〈史墙盘〉铭文书法的文化阐释及其艺术特色》，《书法》2015年第4期；武振玉：《周金文"肇"之词义试探》，《中山大学学报（社会科学版）》2016年第6期；俞林波：《上古金文谱牒及其叙事艺术》，《中南民族大学学报（人文社会科学版）》第36卷第6期，2016年11月；付强：《史墙盘铭与商颂殷武互证一则》，《殷都学刊》2017年第3期；张天恩主编：《陕西金文集成（2）·宝鸡卷·岐山扶风》0167，三秦出版社，2016年；宝鸡市周原博物馆：《周原——庄白西周青铜器窖藏考古发掘报告》，科学出版社，2016年；夏娟：《补正史墙盘中的⚌》，《遗产与保护研究》2017年第3期；王肖丹：《浅析〈墙盘〉铭文书法》，《美与时代（下）》2017年第10期；刘颜涛：《〈墙盘〉与〈毛公鼎解析（上）〉》，《书法》2017年第10期；刘颜涛：《〈墙盘〉与〈毛公鼎解析（中）〉》，《书法》2017年第11期；刘颜涛：《〈墙盘〉与〈毛公鼎解析（下）〉》，《书法》2017年第12期。吴雪飞：《金文"貊"字补证》，复旦大学出土文献与古文字研究中心网站论文。

I 式痶钟

◆ 器物介绍

西周孝王世。与墙盘等同出土于扶风县法门镇庄白村一西周窖藏。现藏宝鸡市周原博物馆。1976 年 12 月 15 日上午 10 时许，陕西周原考古队驻召陈发掘队已布置完全天的工作任务。这时，庄白大队革委会原副主任陈长年来告知考古队：早上白家生产队村民白新恩等人在村南平整土地时，偶然发现了一堆青铜器。青铜器一露头，他们立即停工保护好现场，并及时向当地有关部门报告了情况。现已露出的青铜器个体很大，数目不清，希望考古队派人前往处理。听闻这一消息，周原考古队罗西章、刘士莪先生立即随同陈长年赶赴现场，以便弄清真实情况，进行清理保护。

白家村位于召陈村西南约 1 千米，同属法门公社庄白大队。沿田埂小路，他们步行了约一刻钟就到达。途中，他们联想到 1975 年 3 月在白家村西南 250 米处田间出土的伯筏所属鼎、簋等青铜器共 18 件。他们到达时，平整土地的村民认识到这是国家的重宝，停工待命，围着露出青铜器的坑边谈笑议论。罗西章、刘士莪先生从坑的东侧观察了窖藏青铜器露出的叠压埋藏现状，看到有盘、尊、簋等十余件青铜器横竖叠压在一起。在一坑之内竟显露出如此密集众多的青铜器，这是一次重大考古发现，必须严谨、慎重、一丝不苟地按照科学规程发掘。罗、刘先生对如何抢救发掘交换了意见，并就清理、照相、绘图、编号、记录和安全保护，一一做了精心分工和具体安排。经过他们细心地反复探查，确知这是一座埋藏丰富而完整无损的西周青铜器窖藏，编号为1976年扶风庄白一号青铜器窖藏（76FZH1）。当日下午，周原考古队抽调了数名亦工亦农的考古培训班学员和西北大学考古专业实习学生，共同组成发掘小组，并在白家村社员群众的热情支持下，按计划开始进行清理工作。窖口距地表0.3—0.45米，直接压在耕土层下，打破了西周晚期文化堆积层。坑穴挖造比较简单，四壁略加修整，窖藏本身及周围没有后代扰动的迹象。从窖穴所在的地形来看，原来地面是比较高的，埋藏较深，长年的土地耕作和水土流失，致使西周晚期之后的地层堆积大部分冲刷掉了，故形成了坑口直接压在现代耕土层下的现象。

窖藏共出土青铜器103件。铜器造型瑰玮，大小有差，纹饰富丽，种类繁多，主要是生活用器和礼乐器，不见兵器和车马器。现依据青铜器的功能和类别可分为6大类：烹煮器19件，盛食器11件，酒器36件，水器3件，挹取器6件，乐器28件。其中编钟21件，从形制、纹饰和铭文看，可分为7组，各组多不成套。其中有铭文的16件，属于㝬器者14件。各钟皆为异径管状甬，上端细而下端粗，与体腔相连，出土时甬内尚留有泥范。合瓦形体，平舞、平腹、侈铣，曲口。钲部两侧各有3排二叠圆柱状长枚，每排3个，前后两面共计36个。纹饰除舞面外，皆用细阴线。干饰窃曲纹，旋饰重环纹，舞饰云纹，篆间饰窃曲纹，正鼓饰象鼻夔龙纹。Ⅰ式㝬钟1件（76FZH1∶64），通高46.1厘米，甬高13.8厘米，甬径5.2厘米，钲长33.5厘米，铣间长27.5厘米，铣长10.3厘米，鼓间宽20.5厘米，舞修23.5厘米，舞广17.3厘米。重16.4千克。鼓部发音B_3。右侧铸铭文2行31字；钲间铸铭文4行42字；左侧铸铭文2行30字，共103字。

◆ 铭文释文

㝬趄趄（桓桓）夙夕圣趆，追孝于高且（祖）辛公、文且（祖）乙公、皇考丁公龢林钟，用邵（昭）各（格）喜侃乐前文人，用祓寿，匄永令（命），绰绾髭录（禄）屯（纯）鲁，弋皇且（祖）考高对尔剌（烈）严才（在）上，丰丰魕魕，譱妥（绥）厚（厚）多福，广启㝬身，勖（擢）于永令（命），裹受余而䰜福，㝬其万年，梢角炽光，义（宜）文神无彊（疆）显福，用璃光㝬身，永余宝。

◆ 铭文注释

关于西周青铜器铭文中的"高祖"和"亚祖"，李零先生认为，墙盘的"高祖"，

Ⅰ式痶钟左边篆铭文拓片　　Ⅰ式痶钟钲间铭文拓片　　Ⅰ式痶钟右边篆铭文拓片

诚如罗泰教授所说，不一定是指直系先祖，他和"亚祖"之间的世次可以是断开的，而且年代也可以隔得较远，而痹钟铭文中的"高祖"却是和"亚祖"相连。也就是说，"高祖"的概念可远可近。逨盘的发现，是很好的印证。

痹以墙之亚祖祖辛为高祖，不再追述其更远的先代，只追述其所出自的小宗，而不及大宗。罗泰认为，庄白窖藏中Ⅰ式痹钟的"高祖"，即墙盘中的"高祖"，应是指该族的命氏立族者；Ⅱ式痹钟的"亚祖"，就完全可能是指史墙的"亚祖"即祖辛，也就是折。它说明折的后代是西周中期从微氏大宗分出的庶支。并引用唐兰之语："此铭说'迁育子孙'当是立新宗。"

◆ 铭文大意

威武的痹早晚虔诚，追念、践行先人高祖辛公、文祖乙公、皇考丁公的善德。发音和谐的大钟用来使前世有文德的先人快乐，用来祝寿，祈福永命。列祖列宗英灵在上，希望蓬蓬勃勃降赐福祉，广荫痹身，福运昌隆。痹要万年祭牲犄角整齐，皮毛鲜亮，让有文采的祖先神灵显福无疆，宠幸痹身。永远珍藏。

◆ 相关文献

陕西周原考古队：《陕西扶风庄白一号西周青铜器窖藏发掘简报》，《文物》1978年第3期；刘启益：《微氏家族铜器与西周铜器断代》，《考古》1978年第5期；伍仕谦：《微氏家族铜器群年代初探》，载《古文字研究》第5辑，中华书局，1981年；陕西省考古研究所、陕西省博物馆、陕西省文物管理委员会：《陕西出土的商周青铜器》（二），文物出版社，1980年；严一萍编：《金文总集》7158，艺文印书馆，1983年；吴镇烽：《陕西金文汇编》30，三秦出版社，1989年；陕西周原考古队、尹盛平：《西周微氏家族青铜器群研究》，文物出版社，1992年；罗西章：《扶风县文物志》，陕西人民教育出版社，1993年；罗泰：《有关西周晚期礼制改革及庄白微氏青铜器的新假设：从世袭铭文说起》，《中国考古学与历史学之整合研究》，中央研究院历史语言研究所论文集之四，1998年7月；苗永立：《商末周初的微氏家族》，《大连教育学院学报》第23卷，2007年第2期；中国社会科学院考古研究所：《殷周金文集成》00246，中华书局，2007年；霍彦儒、辛怡华：《商周金文编——宝鸡出土青铜器铭文集成》124，三秦出版社，2009年；吴镇烽：《商周青铜器铭文暨图像集成》14541，上海古籍出版社，2012年；钱杭：《世系传递中的爵职继承：对西周微氏铜器铭文的系谱学分析》，《史林》2015年第3期；张天恩主编：《陕西金文集成（2）·宝鸡卷·岐山扶风》0198，三秦出版社，2016年；宝鸡市周原博物馆：《周原——庄白西周青铜器窖藏考古发掘报告》，科学出版社，2016年。

II 式㽽钟

◆ 器物介绍

西周孝王世。与墙盘等出土于扶风县法门镇庄白村一西周窖藏。现藏宝鸡市周原博物馆。1976年12月15日上午10时许，陕西周原考古队驻召陈发掘队已布置完全天的工作任务。这时，庄白大队革委会原副主任陈长年来告知考古队：早上白家生产队村民白新恩等人在村南平整土地时，偶然发现了一堆青铜器。青铜器一露头，他们立即停工保护好现场，并及时向当地有关部门报告了情况。现已露出的青铜器个体很大，数目不清，希望考古队派人前往处理。听闻这一消息，周原考古队罗西章、刘士莪先生立即随同陈长年赶赴现场，以便弄清真实情况，进行清理保护。

白家村位于召陈村西南约1千米，同属法门公社庄白大队。沿田埂小路，他们步行了约1刻钟就到达。途中，他们联想到1975年3月在白家村西南250米处田间出土的伯㦰所属鼎、簋等青铜器共18件。他们到达时，平整土地的村民认识到这是国家的重宝，停工待命，围着露出青铜器的坑边谈笑议论。罗西章、刘士莪先生从坑的东侧观察了窖藏青铜器露出的叠压埋藏现状，看到有盘、尊、簋等十余件青铜器横竖叠压在一起。在一坑之内竟显露出如此密集众多的青铜器，这是一次重大考古发现，必须严谨、慎重、一丝不苟地按照科学规程发掘。罗、刘先生对如何抢救发掘交换了意见，并就清理、照相、绘图、编号、记录和安全保护，一一做了精心分工和具体安排。经过他们细心地反复探查，确知这是一座埋藏丰富而完整无损的西周青铜器窖藏，编号为1976年扶风庄白一号青铜器窖藏（76FZHl）。当日下午，周原考古队抽调了数名亦工亦农的考古培训班学员和西北大学考古专业实习学生，共同组成发掘小组，并在白家村社员群众的热情支持下，按计划开始进行清理工作。窖口距地表0.3—0.45米，直接压在耕土层下，打破了西周晚期文化堆积层。坑穴挖造比较简单，四壁略加修整，窖藏本身及周围没有后代扰动的迹象。从窖穴所在的地形来看，原来地面是比较高的，埋藏较深，长年的土地耕作和水土流失，致使西周晚期之后的地层堆积大部分冲刷掉了，故形成了坑口直接压在现代耕土层下的现象。

扶风庄白第一号西周窖藏共出土青铜器103件。铜器造型瑰玮，大小有差，纹饰富丽，种类繁多，主要是生活用器和礼乐器，不见兵器和车马器。现依据青铜器的功能和类别可分为6大类：烹煮器19件，盛食器11件，酒器36件，水器3件，把取器6件，乐器28件。其中编钟21件，从形制、纹饰和铭文看，可分为7组，各组多不成套。其中有铭文的16件，属于癋器者14件。各钟皆为异径管状甬，上端细而下端粗，与体腔相连，出土时甬内尚留有泥范。合瓦形体，平舞，平腹，侈铣，曲口。钲部两侧各有3排二叠圆柱状长枚，每排3个，前后两面共计36个。纹饰除舞面外，皆用细阴线。干饰窃曲纹，旋饰重环纹，舞饰云纹，篆间饰窃曲纹，正鼓饰象鼻夔龙纹。II式癋钟4件，其中此件（76FZH1∶9）通高63厘米，甬高22厘米，甬径7.5厘米，钲长41.3厘米，铣间长36.7厘米，铣长13厘米，鼓间宽25.6厘米，舞修31.5厘米，舞广20.9厘米，重40.7千克。鼓部发音D4，铣部发音F4。钲与鼓部左右共铸铭文8行104字（含合文4）。

◆ 铭文释文

癋曰："不（丕）显高且（祖）、亚且（祖）、文考，克明氒（厥）心，疋（胥）尹叔氒（厥）威义（仪），用辟先王。癋不敢弗帅且（祖）考秉明德，貐（恪）夙夕左（佐）尹氏，皇王对癋身楙（懋），易（锡）佩。敢乍（作）文人大宝协龢钟，用追孝享祀卲（昭）各乐大神，大神其陟降严祜，业妥（绥）厚（厚）多福，其丰丰䰬䰬，受（授）余屯（纯）鲁（鲁）、通录（禄）、永令（命），眉寿霝（令）冬（终），癋其万年，永宝日鼓。"

◆ 铭文注释

庄白铜器窖藏青铜铭文反映的微氏家族共有七世，第一世"高祖"，第二世"烈祖"，

Ⅱ式痦钟左边篆铭文拓片

Ⅱ式痦钟钲间铭文拓片

Ⅱ式痦钟右边篆铭文拓片

第三世"乙祖"，第四世"折"，第五世"丰"，第六世"墙"，第七世"痶"。李学勤先生认为"高祖"相当于殷末，"烈祖"相当于成王时，"乙祖"相当于成康时，"折"相当于昭王时，"丰"相当于穆王时，"墙"相当于恭懿时期，"痶"相当于孝夷时期。此说是目前流行观点。

在墙盘铭文中，"折"又叫"亚祖祖辛"，"丰"又叫"文考乙公"。Ⅰ式痶钟提到"高祖辛公""文祖乙公""皇考丁公"。Ⅱ式痶钟则提到"高祖""亚祖""文考"。唐兰先生认为痶组青铜器里的"高祖祖辛"是墙盘中的"亚祖祖辛"，因为他从祖庙里分开，自立新宗，并开始使用"木羊册"的徽号。而罗泰先生认为"烈祖"是早期微氏祖先的统称，当然也包括"高祖"在内，故"高祖"和"烈祖"可以合二为一。痶钟中的"高祖""亚祖"就是墙的"高祖""亚祖"，而"高祖"和"亚祖"之间只提到一位"乙祖"（墙盘），中间缺了数代，微氏家族青铜器的年代应适当后推。

"貊（恪）夙夕左（佐）尹氏"

尹氏，在商周时期担任史官。文王即位后"仿于辛、尹"，其中与"辛"并列的"尹"是指尹佚。尹佚在其他文献中又被称为作册逸或史佚、史逸。作册即作册内史，所以尹佚的职位是内史或内史尹。与辛氏相似，尹氏最早也在商朝任职，商代晚期尹光鼎，铭文记载商王征伐井方之年，尹光因侍宴敬恪无怠受到商王赏赐，《逸周书》等说周武王时有"尹氏八士"，学者认为这些尹氏贵族与尹佚当属同一个家族。武王入殷第二日举行隆重的代殷受命仪式，尹佚在仪式中负责宣读受命文书；此后尹佚又与南宫百达共同主持"迁九鼎三巫"之礼（《逸周书·克殷》）。武王克殷后返回宗周举行燎祭，"乃俾史佚繇书于天号"，以示"荐俘于天"之意（《逸周书·世俘》）。周公建成东都洛邑后返政成王，成王在"新邑"祭祀文王武王，"命左册逸祝"；继之"王命周公后，作册逸诰"（《尚书·洛诰》）。尹佚经常参与主持周初重大典礼，其地位之高不言而喻。

尹佚之后尹氏家族仍世守史职。1966年岐山县贺家村西周墓出土的青铜器中有5件带铭文青铜器，分属史䇂、史逨、尹丞三人。史䇂簋年代最早。学者推断属康王时期。史逨方鼎比史䇂簋略晚。尹丞鼎铭文虽只有"尹丞"二字，却可以把三位器主联系起来。这些青铜器出自一墓，史䇂、史逨又世袭史职，学者认为三位器主必同属尹氏家族。

从痶钟铭文看，痶家族世代为史官，协助尹氏。而痶是尹叙的助手，尹叙是尹氏家族的一员。

◆ 铭文大意

痶说："我那功绩显赫的高祖、亚祖和我有文采的父亲，聪慧明达，辅佐史官掌管威仪，并为先王效力。痶不能不以他们为榜样，秉承他们的美德，日夜勤劳协助尹氏（史官）。圣明的王勉励我，赐给我佩饰。我为贤德的祖先们制作了这套发音和谐的编钟，用来追念他们，祭祀他们，虔诚地希望他们听了快乐。祖先的神灵来往与天上人间，期望赐给我好运连连，使我事业蓬蓬勃勃，赐给我无穷的福禄和长久的生命，让我长命百岁，善始善终。子孙万代，永宝使用。"

◆ 相关文献

陕西周原考古队：《陕西扶风庄白一号西周青铜器窖藏发掘简报》，《文物》1978年第3期；陕西省考古研究所、陕西省博物馆、陕西省文物管理委员会：《陕西出土的商周青铜器》（二），文物出版社，1980年；伍士谦：《微氏家族铜器群年代初探》，载《古文字研究》第5辑，中华书局，1981年；吴镇烽：《陕西金文汇编》31，三秦出版社，1989年；陕西周原考古队、尹盛平：《西周微氏家族青铜器群研究》，文物出版社，1992年；罗西章：《扶风县文物志》，陕西人民教育出版社，1993年；严一萍编：《金文总集》7159—7162，艺文印书馆，1983年；胡新生：《异姓史官与周代文化》，《历史研究》1994年第3期；罗泰：《有关西周晚期礼制改革及庄白微氏青铜器的新假设：从世袭铭文说起》，载《中国考古学与历史学之整合研究》，中央研究院历史语言研究所论文集之四，1998年7月；北京大学考古文博学院、北京大学古代文明研究中心：《吉金铸国史——周原出土西周青铜器精粹》21，文物出版社，2002年；苗永立：《商末周初的微氏家族》，《大连教育学院学报》第23卷第2期，2007年6月；中国社会科学院考古研究所：《殷周金文集成》00247—00250，中华书局，2007年；霍彦儒、辛怡华：《商周金文编——宝鸡出土青铜器铭文集成》125—128，三秦出版社，2009年；吴镇烽：《商周青铜器铭文暨图像集成》15593—15596，上海古籍出版社，2012年；钱杭：《世系传递中的爵职继承：对西周微氏铜器铭文的系谱学分析》，《史林》2015年第3期；张天恩主编：《陕西金文集成（2）·宝鸡卷·岐山扶风》0199-0202，三秦出版社，2016年；宝鸡市周原博物馆：《周原——庄白西周青铜器窖藏考古发掘报告》，科学出版社，2016年。

梁其钟

◆ 器物介绍

西周晚期。窖藏出土。现藏于上海博物馆。1940年3月9日,扶风县任家村村民任登肖和本家兄任玉等人在村西南土壕取土时发现一青铜器窖藏,窖大若窑洞。青铜器整齐叠压置放,共出土青铜器百余件。这些青铜器大部分被军阀倒卖国外,仅少数几件存陕西省博物馆或被人秘藏。这批青铜器现知有45件,其中梁其器19件(鼎3件、簋5件、盨3件、壶2件、钟6件),吉父器18件(鼎2件、簋1件、鬲10件、其他5件),其他器8件。6件梁其钟,传世共5件,其中3件在上海博物馆,1件在南京市博物馆,1件在法国巴黎吉美博物馆。此钟钲间和左鼓铸铭文10行77字(含重文4)。

◆ 铭文释文

(梁)其曰:"不(丕)显皇且(祖)考,穆穆翼翼,克哲氒(厥)德,农臣先王,得屯(纯)亡敃(愍)。汈(梁)其肈帅井(型)皇且(祖)考,秉明德,虔夙夕辟天子。天子肩(注:以上为钲间。)事汈(梁)其身邦君大正,用天子宠,蔑汈(梁)其历。(梁)其敢对天子不(丕)显休扬,用乍(作)朕皇且(祖)考龢(和)钟。"(注:

以上为鼓部。）

◆ 铭文注释

"邦君大正"

王畿采邑之君长，是畿内诸侯，主管诸邦君之正长，即管邦君之官。

"邦君"一词见于《尚书》之《大诰》《酒诰》《梓材》《顾命》，《诗·小雅·雨无正》等，故训均以为诸侯。由金文来看，《雨无正》"三事大夫，莫肯夙夜；邦君诸侯，莫肯朝夕"之"邦君"大概跟"诸侯"并非同指。

由邦君、诸侯连言看，邦君可能跟"诸侯"地位相近。周代在疆土上有畿服内外的分别，畿内是周王直接管理的区域，畿外则是广大的被征服地区。西周初期周王朝在王畿之外大规模地分封诸侯的同时，在王畿之内也大批地分封采邑，畿外设立诸侯，

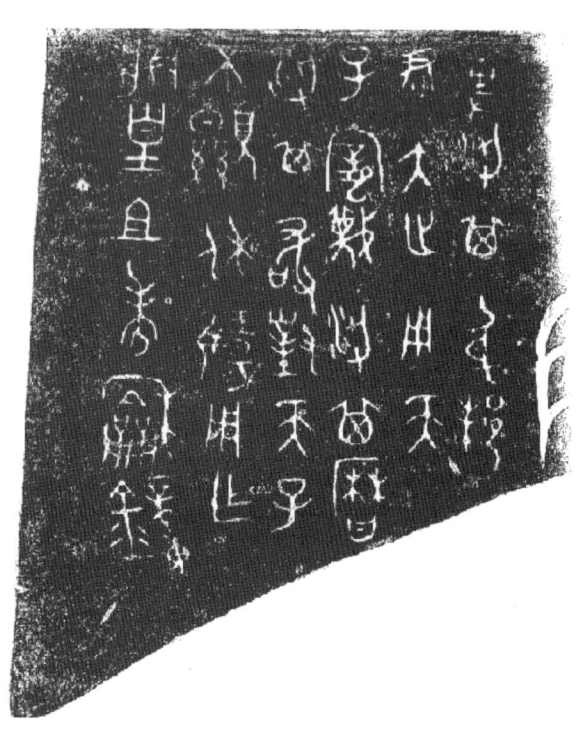

梁其钟左鼓铭文拓片

梁其钟钲间铭文拓片

畿内则设邦君。陈英杰认为，综合诸家意见，"邦君"应是王畿采邑之君主。由静簋看，周王朝在一些军事驻地也设有邦君。很可能，畿内采邑的军事防务另有一套不同于"某师"的系统，"某师"直属于周王朝，而采邑本身有自己的地方军备，邦君之属官由周王亲命，这也应该是畿内封君与畿外诸侯的差别。

◆ 铭文大意

梁其说："我的功绩显赫的祖父、父亲，端庄恭敬，知人善任，是个有德行的人，作为先王时掌管农业的大臣，兢兢业业，没有过失。梁其以他们为榜样，秉承他们的美德，日夜虔诚地效力天子。天子宠幸梁其，出任邦君大正要职，勉励梁其。梁其拜谢天子隆恩，称扬天子厚爱，为我的祖父、父亲铸作了这件音律和谐的大钟。"

◆ 相关文献

上海博物馆：《上海博物馆藏青铜器》六〇，上海人民出版社，1964年；孔德成：《梁其钟铭释文》，《人文学报》第1期，1970年9月；陈佩芬：《繁卣、趩鼎及梁其钟铭文诠释》，《上海博物馆集刊》第2期，上海古籍出版社，1982年；严一萍编：《金文总集》7122，艺文印书馆，1983年；吴镇烽：《陕西金文汇编》传10，三秦出版社，1989年；罗西章：《扶风县文物志》，陕西人民教育出版社，1993年；方建军：《商周礼乐制度中的乐器器主及演奏者》，《音乐研究》2006年第2期；陈英杰：《金文中"君"字之意义及其相关问题探析》，《中国文字》新33期，艺文印书馆，2007年；中国社会科学院考古研究所：《殷周金文集成》00189，中华书局，2007年；霍彦儒、辛怡华：《商周金文编——宝鸡出土青铜器铭文集成》202、203，三秦出版社，2009年；吴镇烽：《商周青铜器铭文暨图像集成》15522-15527，上海古籍出版社，2012年；张天恩主编：《陕西金文集成（4）·宝鸡卷·扶风》0424，三秦出版社，2016年。

南宫乎钟

◆ 器物介绍

西周宣王世。窖藏出土。现藏于扶风县博物馆。1975年5月5日,扶风县城关镇民工在南阳五岭村豹子沟修公路时,用炸药炸掉了大山一角,从中出土了完整无损的甬钟一件。经扶风县博物馆工作人员现场勘察为窖藏所出。南宫乎钟,通高52厘米,甬长20厘米,鼓间20厘米,铣间28.7厘米,重28.75千克。高枚长甬,干做夔龙状,旋和篆间饰窃曲纹,甬上饰环带纹,鼓部饰夔鸟纹,右鼓有一鸾鸟作为基音点标志。甬、钲间、左鼓三处铸铭文三段,共68字,但不能连读。经北京音乐学院蒋定穗测定,鼓音为b-14,鼓旁为d2+29。

◆ 铭文释文

嗣(司)土(徒)南宫乎乍(作)大林协钟,兹钟名曰无敄钟。(注:以上为甬部铭文。)先且(祖)南公、亚且(祖)公中(仲)必父之家,天子其万年眉寿,畎(注:以上为钲间铭文。)永保四方,配皇天。乎拜手稽首,敢对扬天子不(丕)显鲁休,用乍(作)朕皇且(祖)南公,亚且(祖)公中(仲)。(注:以上为鼓部铭文。)

◆ 铭文注解

关于南宫家族

据文献，南宫氏最早在文王之时已出现。文王图治，谋于南宫，武王革商，伯达迁鼎，这些重大的历史事件都与南宫氏家族有关。其家族在周代非常活跃，是姬周王朝重要的家族之一。

南宫氏，其始祖称"南公"。《周语·晋语》："文王在母不忧，在傅勤弗，处事不烦，事王不怒……及其既位也，询于八虞，而资于二虢，度于闳夭，而谋于南宫……"

1976年出土于陕西临潼的利簋记述的是武王克殷之事，铭文中有"用作檀公宝尊彝"语。《左传·成公十一年》云："昔周克商，使诸侯抚封，苏忿生以温为司寇，与檀伯达封于河。"《逸周书·克殷解》："乃命南宫忽振鹿台之财，巨桥之粟，乃命南宫百达、史佚迁九鼎三巫……"又《史记·周本纪》："命南宫括散鹿台之财，发巨桥之粟，以振贫弱萌隶；命南宫括，史佚展九鼎保玉。"唐兰先生认为，檀伯达与苏忿生同时被封，苏是司寇，比司徒、司马、司空的地位略低，檀伯达可能是三卿之类的有司，与利的身份正合。利簋铭中"越鼎"列在"克昏"之前，利被赐还在戎马倥偬之际，显然是武王身边的重要人物之一。利可能就是檀伯达，利为名，伯达是字，为檀公之长子，因受赐铜而作簋，檀是封国之名。因此，利可能就是史书中的"文王谋于南宫"的南宫，这个南宫也就是后来金文中所称的"南公"，即南宫氏的始祖。

扶风县南阳乡五岭村豹子沟发现的南宫乎钟钲间铭曰："先祖南公，亚祖公仲必父之家……"左鼓曰："用作朕皇祖南公，亚祖公仲……"令人惋惜的是铭文不全，南宫乎钟是一套编钟中的其中一件。从这篇铭文分析，南宫家族第二代即公仲必父。但按照罗泰的观点，"亚祖"一词是指小宗的立族者，或对大宗而言，是指他经常祭祀的地位最高的近祖，似乎"乎"的"先祖南宫"与"亚祖公仲必父"没有必然的父子关系。

大盂鼎铭曰："王曰：而命汝盂，刑乃祖南公……盂用对王休，用作祖南公宝鼎。"周王册命盂世袭其祖父南公的官职，勉励盂要终身管理诸戎（司马）、罚讼（司寇）之事，其权力不小。清人陈介祺认为，盂的祖父南公，即周初之南宫括其人，盂乃南宫括之孙。大盂鼎为康王二十三年器，小盂鼎为康王二十五年器。康王在大盂鼎铭文中阐述了商人纵酒是周兴起和商灭亡的原因，赞扬了周代文武二王的盛德，其内容可同《尚书·酒诰》对照。小盂鼎则记述了盂两次征伐西北强族鬼方，俘获告庙，受到周王的赏赐。与盂有关的还有一件盂爵，其铭曰："唯王初祓于成周，王命盂宁登白，宾贝，用作父宝尊。"此铭大意是那时周王第一次在成周举行除灾求福的大礼，王命令盂去问候登伯，并赠送盂贝，用来作父亲的宝器。唐兰先生说，初祓应是周王即位不久，盂当与铸造二十三祀和二十五祀盂鼎之盂为一人，但这里的周王不可能是昭王，因为，盂在康王

南宫乎钟甬部铭文拓片

南宫乎钟钲间铭文拓片

南宫乎钟左鼓铭文拓片

二十三祀和二十五祀已任要职，不可能反而被派去做问候的工作。如此说不误，那么，盂爵作于康王初年，盂爵是盂给其父亲铸造的宝器，其父亲应是公仲必父。

从以上分析可知，南公活跃于文王武王之世，公仲必父生活在成王之世，盂活跃于康王之世。

厉王时期的南宫乎见于南宫乎钟与善夫山鼎。南宫乎钟是时任司徒的南宫乎自作的大钟，名曰"无射"，乎无不自豪地称"先祖南宫、亚祖公仲必父之家"。乎为南宫几代孙，已不可考。1949年前出土于陕西永寿好畤一带的善夫山鼎是厉王三十七年（前842）器。善夫山鼎曰："……王在周，格图室。南宫乎入右善夫山，入门，立中廷，北向……"

西周册命礼是当时册命官职的重要制度，"右"者是引导受命者的朝廷大臣，"右"者和受命者之间有着上下级的组织关系。从金文来看，作为"右"者都是公卿大臣，有称为"公""伯"的，有官为司马、司徒、司工的。司马、司徒、司工等"三有司"，是西周朝廷的重要大臣，仅次于称"工"的大师或卿士。司徒主管征发徒役，也管劳役和田地耕作。南宫乎身为司徒，可谓西周重臣。

厉王三十七年（前842），这年正月厉王到周原册命大臣山主管宪地商贾事务，告诫山"毋敢不善"。但就在这一年爆发了中国古代史上有名的"国人暴动"，厉王也被赶下台。

南仲，即南宫仲。李学勤先生说，"南"揣系"南宫"的省称，宣王时期的司徒南仲，或许与厉王末司徒南宫乎是一家。南仲见于宣王时期的无叀鼎和驹父盨，驹父盨1974年出土于陕西武功回龙。无叀鼎云："隹九月既望甲戌，壬各于周庙，述于图室。司徒南仲右无叀内门，立中廷，壬乎史翏册令无叀……"宣王时期有卿士南仲，见《诗·大雅·常武》，驹父盨云："唯王十又八年正月，南仲邦父命驹父鸠南诸侯，率高父见南淮夷厥取厥服，谨夷俗（欲）遂不敢不敬畏王命，逆见我厥献厥服……"

宣王十八年淮夷已服，《常武》命南仲伐淮夷自在其前，无叀鼎中南仲仅称司徒，应为任卿士以前事，时间当在宣王早年。南仲司徒一职显系南宫乎司徒一职的世袭，乎为厉王时人，在厉王三十七年还任司徒，那么，宣王时南仲很可能就是乎之子。

南宫家族重要家族成员

湖北随州叶家山墓地M111出土的兽面纹方座簋铭文为"犺作烈考南公宝尊彝"，表明墓主犺铸器目的是祭祀其父南公。张天恩先生根据西周宗法制和分封制的惯例，即同姓和异姓功臣分封为诸侯者，往往是长子代父赴国就封，世代相继为侯，次子留守王室继承父亲的爵位和国都近畿之采邑，认为曾侯犺必是南公之子，曾是南公的封国，代其就封的第一代曾侯必为其长子，犺既称南公为烈考，可知其应是代南宫括就封的嫡长子。犺赴就封国的时间有可能在周公东征大封诸侯之后，主政缯国的时间约为成王中后期至康王前期。

从大盂鼎铭文可知，盂受康王册命而作为荣伯的副手，官司军政大事，深受周王信任。小盂鼎铭文记述了征伐鬼方大胜后在周庙举行献俘庆赏之礼的全过程。

从宝鸡茹家庄强国墓地出土的青铜器分析，昭穆之世强国贵族与南宫家族存在婚姻关系。昭王时期的中方鼎铭有"唯王命南宫伐虎方之年"语作为时间概念，表明伐虎方是当时的一件大事，大事的主要参与者自然是重要的人物，在当时只需要提他的家族氏，时人就知道他是谁。

岐山董家窖藏出土裘卫簋铭文记述穆王二十七年三月戊戌这天，在周的大室册命裘卫，当时的右者为南伯。

夷王时期的南宫柳鼎，出土于宝鸡虢镇。南宫柳系南宫氏，名柳，所司之职与西六师有关。王册命柳负责掌管这些管理六师牧场、羲夷田耕的小吏。"羲夷阳（场）佃史（吏）"，可能是管理"羲夷场"田耕的小吏。"羲夷"即在"羲"地从事田耕的夷人。

厉宣时期，南宫氏家族依然活跃于政治舞台，南仲见于宣王时期的无虫鼎和驹父盨，驹父盨1974年出土于陕西武功回龙，铭文表明，驹父出使南方各诸侯国是南仲邦父直接命令的，并交代了民族政策，而无虫鼎中周王对军队将领任命现场，南仲作为右者，表明南仲是无虫的上司。

厉王时期的南宫乎钟中的南宫乎，官居司徒。宣王时期的司徒南仲可能是南宫乎的先辈。

金文中所见的重要南宫家族成员

周王	家族成员	出处	备注
文、武	南宫括	《尚书·君奭》	
成	曾侯犺（南公犺）	叶家山M111方座簋	曾侯犺为南宫括之子
康	盂	大盂鼎	盂为南宫括之孙
昭	南宫	中方鼎	
穆	南伯	裘卫簋	
共			
懿	南季		
孝	南宫柳	南宫柳鼎	
夷			
厉	南宫乎	南宫乎钟	
共和			
宣	南仲邦父	驹父盨	
幽			

总之，从商末周初到西周末年，在文献或出土的金文资料里，我们都能看到南宫家族成员的影子，该家族自然是西周具有重要影响力的家族。南宫家族青铜器出土地点比较明确的有湖北随州叶家山，陕西岐山礼村、扶风豹子沟、宝鸡虢镇，在京畿之地主要在今周原一带，大小盂鼎出土于贺家以南的礼村，礼村一带无疑是最重要的南宫家族活动据点。

南宫家族在周原地区的地位

大盂鼎铭文中有"易（赐）女（汝）邦司四白（伯），人鬲，自驭至于庶人，六百又五十又九夫。易夷司王臣十又三白（伯），人鬲千又五十夫"。

从铭文看，康王赏赐给盂的人分两类：一是"王臣"，一是"人鬲"。学者认为"王臣"称伯，"人鬲"称夫，他们虽然都是周王赏赐给盂的人，但二者身份不同。王臣是人鬲的管理者，人鬲是接受王臣直接管理的奴隶；王臣虽被奴隶主贵族从奴隶中选拔上来，但已经不再属于奴隶阶级的成员，甘心情愿依附主子，完全成了替统治阶级站岗放哨、管理事务，或监督奴隶生产的服务者。

在西周赏赐制度中，一般或人随土地转移，或土地随人转移，康王把"王臣""人鬲"连同"疆土"一起赐予盂，所有权和人的归属转移了，但"王臣""人鬲"的身份仍未改变。

"邦司"和"夷司"是管理"人鬲（奴隶）"的两个机构名称。具体说，"邦司"分管周族奴隶，"夷司"分管外族奴隶。渭河谷地的王畿地区地方群体的领袖是不同宗族的宗主，他们通常被称作"伯"。"伯"是家族中最年长者，不同于那些位于东方被称为"侯"的西周地方封国的国君。周王一次赏赐给盂 17 个伯（17 个宗族）以及 1709 名奴隶。其中 4 位伯是周的同姓，另外 13 位伯是异族，这些人员从王族的财产中直接转入了南宫家族。

在西周，世族由于与世官制相应，故一般情况下其族长只要能守住世袭的官职，其家族土田、民人即不会被无故剥夺。南宫家族在西周晚期，其政治地位还是很高的，出土的金文资料表明其成员主管着西周王朝的军事、外交及民族政策。如驹父盨铭文说周宣王十八年正月，南仲邦父命驹父出使南方诸侯小国，率领高父往南淮夷催纳贡赋。并告诫驹父，要谦敬淮夷风俗习惯。于是淮夷不敢不对王命表示敬畏，恭迎驹父，献纳贡赋。而在无曩鼎中，周王对军队将领任命时，南仲作为右者，表明南仲是一位主管军队的高级官员。

从大盂鼎铭文我们大致可以了解到，西周时期的一个宗族的平均人数大约为 100 人，姬姓宗族人数可能多一些，约 160 人，异姓少一些，约 80 人。康王赏赐给南宫家族的 17 伯（宗族），不可能全在周原地区的贺家一带，但他们当中的一部分居住于贺家则是可能的，南宫家族自然是这一带的管理者。

南宫家族的族姓

杨亚长与呼林贵先生认为该家族非姬姓的可能性最大。其文引用《周金文存·补遗》中收录有一件南宫史叔鼎，铭文曰："吴王姬作南宫史叔鼎。"认为依西周青铜器铭文的称谓惯例推之，此鼎当为妻子为丈夫所作之器，即吴王姬应系南宫史叔之妻，而且其系姬姓之女。若上述推测不误，既然南宫史叔之妻为姬姓，那么南宫家族则极可能为非姬姓。在传世青铜器中还有一件南姬鬲，其铭文曰："南姬作叔媿尊鬲，其永宝用。"吴其昌《金文氏族谱·媿姓谱》依此鬲确定南为媿姓。杨亚长与呼林贵先生认为此鬲铭文仍存在多种可能性：其一，依青铜器铭文女子称姓与国的惯例推之，此南姬极有可能为南氏夫人，那么南氏则极可能为非姬姓。其二，若作器者南姬为南氏夫人，鬲又为其女儿所作媵器，那么则可证明南氏即为媿姓。其三，若此鬲为南氏夫人为其家母或公婆所作，则尚不能肯定南氏为媿姓。其四，若南姬非南氏夫人，而为南氏本族之姬姓女子，那么则可证明南氏为姬姓。不过，在上述几种可能性中，看来第四种可能性并不大，而以第一和第三种可能性最大，若此则可证明南宫家族确为非姬姓。

曹玮先生在其《周原的非姬姓家族与虢氏家族》一文中并未涉及南宫家族，这样重要的家族不可能是被忽略了，有可能暗示南宫家族不是非姬姓家族。

白川静先生认为大盂鼎铭末纪年用"祀"，属东方氏族之传统形式，故疑盂之族本是东方系统之氏族，很早即归服于周王朝，而受封于关中之地。

朱凤瀚先生举例周厉王𫖮簋铭末仍记"唯王十又二祀"，表明用祀纪年虽然可能始于商人，但周族未必不可使用。再者，从大盂鼎铭文内容看，康王在训诰盂时，回顾周开国之初文武先王之政绩，明是以周人圣王之德行来教育同姓之弟之意，而且以殷人酗酒以至于亡国之例来告诫盂，其情类似于《尚书·周书·酒诰》周王诫唐叔，亦不像是对殷人的口气。所以朱先生怀疑盂是周王姓贵族，南宫氏似为姬姓。

叶家山西周墓地发现后，有关其族属成为学界最为关注的话题，除发掘者及部分学者认为是姬姓外，也有学者从墓葬头向、铜器日名、腰坑等方面否定叶家山缯国墓葬为姬姓。

黄凤春、胡刚先生在《说西周金文中的"南宫"——兼论随州叶家山西周曾国墓地的族属》一文中认为，判断叶家山墓地的族属应着眼于墓地本身的出土文字资料及相关的历史背景，而不应以在典型周墓中都有的墓葬头向、铜器日名、腰坑等一些具有高风险的不定因素作为否定的依据。指出叶家山M111所见铭文"南公"与大盂鼎所见铭文中"南公"应当是解开随州叶家山西周墓葬族属的突破口。叶家山出现的南公与大盂鼎里的南公是同一人，该文推测大约在周公平定三监之乱后，因冉季载有功于周室且又是周王室的宗亲而被分封到了南土，其受封的年代大约应在成康之际。因此，他们认定冉季载被封于南土的缯国而称为"南公"，就如同召公被封于燕、周公被封于鲁，而本人并未到其采地，而是以其子赴任一样，曾侯谏和曾侯犺等曾侯则成了南土的实际统属者。黄、胡二先生认为叶家山墓地主人是冉季载的后代，冉季载是周室宗亲，其墓地族属自然姓姬。

南宫家族为姬姓

在所发现的明确是南宫家族青铜器中，从未发现有用日名称呼的习惯。在几个大姓中，子姓是以日名称呼的，嬴姓有用日名的现象，姜姓也有用日名的现象。因此，在几个显赫的大姓中，南宫家族不可能是子姓，也不可能是嬴姓或姜姓。

杨亚长与呼林贵先生得出南公家族非姬姓结论是依据南宫史叔鼎（集成2600）、南姬鬲（集成640）铭文。南宫史叔鼎铭文曰："吴王姬作南宫史叔鼎。"南姬鬲其铭文曰："南姬作叔媿尊鬲，其永宝用。"诚如杨、呼二先生所言，依西周青铜器铭文的称谓惯例推之，南宫史叔鼎当为妻子为丈夫所作之器，即吴王姬应系南宫史叔之妻，如果吴国为姬姓，自然南公史叔非姬姓。而对于南姬鬲铭文，杨、呼先生有四种解读，"不过，在上述几种可能性中，看来第四种可能性并不大，而以第一种、第三种可能性最大，若此则可证明南确为非姬姓。"可见，依据南姬鬲铭文，得出南宫非姬姓的结论是建立在推测基础上的，况且南姬鬲铭文中是"南姬"还是"庚姬"有不同的释字，从拓片看，应为"庚姬"。

根据青铜器结亲内容铭文来确定相互族属前提是知道对方的族属。吴国在中国历史中，算不上什么很特别的国家，但《史记》却把《吴太伯世家》列为世家第一。可见在西周时期，吴国的地位非别国可比，为什么？这与其始祖吴太伯有直接关系。据《史记》，太伯本为古公之长子，因古公欲立其弟季历以传昌，太伯与虞仲主动让贤，逃离周原。因此，西周历代统治者，对太伯的后裔另眼相看也在常理。吴国之始祖太伯是古公之嫡长子，自然是嫡传，其所建之国自然是姬姓。

然而，只有一个姬姓吴国，却有矛盾解释不了。

西周晚期的作吴姬匜铭文中有"自作吴姬媵匜"，李峰先生认为这明显是为吴姬所作的媵器；按照上述媵器中父亲称女儿的原则，吴应该是这位姬姓女子嫁入的夫家。再按照同姓不婚的原则，这个吴国就不应该是姬姓。无独有偶，寿县蔡侯墓出土的蔡侯申盘说："（蔡侯）用作大孟姬媵彝盘，祓享是以……康谐龢好，敬配吴王。"这是姬姓的蔡国嫁女给吴王的媵器，它说明吴国可能不是姬姓。也就是说在西周时期，应还有一个非姬姓的吴国存在。

如果西周时期还有一个非姬姓吴国存在，那么一切疑问即可迎刃而解。在西周时期，的确存在国名相同而族姓不同情况，如缯国、郑国等。

董珊先生认为，历史上曾存在过姒姓的缯国和姬姓的缯国。姒姓缯国有三个：第一支，即山东之鄫，在今山东枣庄东。《春秋》僖公十九年、襄公五年经传写作"鄫"。

第二支，是西周早期存在于湖北随州的曾。2011年在湖北叶家山发掘的西周早期的曾侯墓地，"曾"写作"鄫"，其年代大约在成康前后。从墓地有东西墓葬、有腰坑等情况看，这个曾国不会是姬姓。第三支曾，是与西申、犬戎等势力共同攻灭幽王的缯。董先生还认为，文献中西周晚期以来的姬姓随国就是同时期青铜器铭文的缯国，该地既控扼淮夷，又位于铜、锡的运输线上，对于周王朝有重要的作用。

李峰先生在《西周金文中的郑地、郑国东迁及其相关问题》一文中指出，在西周时期，有两个郑，即姜姓郑和姬姓郑，姜姓郑在今宝鸡凤翔一带；姬姓郑始于郑桓公友，周宣王封其庶出弟于郑，今陕西华县，即（《史记·郑世家》）"郑桓公友者，周厉王少子而宣王庶弟也。宣王立二十二年，友初封于郑。封三十三岁，百姓皆便爱之。幽王以为司徒"。

出土于山东的西周晚期司马南叔匜，其铭曰："司马南叔作媵姬媵匜，子子孙孙永宝用享。"依金文惯例，这件青铜匜是司马南叔为出嫁的女儿作的媵器，按照"婿家国氏（媵）+自家的姓（姬）"原则，则南叔则为姬姓。这是南宫家族为姬姓的金文直接证据。

◆ 铭文大意

司徒南宫乎铸作了发音和谐的大钟，这个钟取名为"无斁"钟。先祖南宫、亚祖公仲必父之家。天子万寿无疆，永保四方，践行皇天帝王之道。乎跪倒，双手相拱至地，俯首至手，感谢天子隆恩。为我的皇祖南公、亚祖公仲作了（这件和谐钟）。

◆ 相关文献

罗西章：《扶风出土的商周青铜器》，《考古与文物》1980年第4期；陕西省考古研究所、陕西省博物馆、陕西省文物管理委员会：《陕西出土的商周青铜器》三，文物出版社，1980年；严一萍编：《金文总集》7116，艺文印书馆，1983年；吴镇烽：《陕西金文汇编》二七，三秦出版社，1989年；罗泰：《曾侯乙以前的中国古代乐论——从南宫乎钟的甬部铭文说起》，《考古》1992年第9期；罗西章：《扶风县文物志》，陕西人民教育出版社，1993年；牛龙菲：《释"大镛鏒钟"》，《西安音乐学院学报》1995年第2期；杨亚长、呼林贵：《南宫家族事迹初探》，载宝鸡青铜器博物馆编《周秦文明论丛》（第1辑），陕西人民出版社，2006年；中国社会科学院考古研究所：《殷周金文集成》00181，中华书局，2007年；沈长云、何艳杰《谈南宫氏的族姓及相关关系》，《寻根》2008年第2期；霍彦儒、辛怡华：《商周金文编——宝鸡出土青铜器铭文集成》301，三秦出版社，2009年；杨升南：《叶家山曾侯家族墓地曾国的族属问题》，

《中国文物报》2011年11月2日第3版；李学勤、李伯谦、朱凤瀚等：《湖北随州叶家山西周墓地笔谈》，《文物》2011年第11期；张懋镕：《谈随州叶家山西周曾国墓地》，《出土文献》，2012年第3期；刘绪：《近年发现的重要两周墓葬述评》，载《梁代村里的墓葬——一份公共考古报告》，北京大学出版社，2012年5月；吴镇烽：《商周青铜器铭文暨图像集成》15495，上海古籍出版社，2012年；曲艳秋：《论陕西金文中的诗乐批评思想》，《甘肃联合大学学报（社会科学版）》第29卷第4期，2013年7月；黄凤春、黄建勋：《论叶家山西周曾国墓地》，载《随州叶家山西周早期曾国墓地》，文物出版社，2013年12月；黄凤春、胡刚：《说西周金文中的"南公"——兼论随州叶家山西周曾国墓地的族属》，《江汉考古》2014年第2期（总第131期）；黄益飞：《曾侯钟铭文研究》，《南方文物》2015年第4期；张天恩主编：《陕西金文集成（5）·宝鸡卷·扶风》0518，三秦出版社，2016年；张天恩：《试论随州叶家山墓地曾侯墓的年代和序列》，《文物》2016年第10期。李学勤：《膳夫山鼎年世的问题》，《文物》1999年6月。唐兰：《西周青铜器铭文分代史征》（卷一上·武王·一），中华书局，1986年12月。高明：《论商周时代的臣》，《容庚先生百年诞辰纪念文集》，广州人民出版社，1998年，第103页。白冰：《青铜器铭文研究——白川静金文著作的成就与疏失》，学林出版社，2007年，第261页。辛怡华：《岐山贺家出土铜器铭文研究》，《文博》2017年第1期。李峰：《再论周代女性的称名原则：答吴镇烽先生质疑》，《简帛》，武汉大学简帛研究中心网站，2017-10-06。董珊：《从出土文献谈曾分为三》，载《出土文献与古文字研究》（第5辑），上海古籍出版社，2013年，第154—161页。李峰：《西周金文中的郑地、郑国东迁及其相关问题》，"周原考古与西周文化研究"国际学术研讨会论文，宝鸡，2005年。

师宬钟

◆ **器物介绍**

　　西周晚期。窖藏出土。现收藏于扶风县博物馆。1992年9月扶风县召公镇巨良海家村农民在村东取土时发现青铜器4件，扶风县文化局、扶风县博物馆闻讯派工作人员前往调查，连夜将文物征集回博物馆。据当事人海军万、海有娃讲，出土器物原在距地表约1米处分两组埋藏，首先发现甬钟残件及青铜爬龙，又在相距0.8米处发现两件甬钟，小钟套在大钟内。爬龙长60厘米，重19千克。头较大，双角硕长，方形大口，弓身，腰部下垂，尾上卷，龙体饰斜方格纹、云纹、折线纹。根据其四足甚短且有铸接痕迹判断，可能是饰于大型铜鼎耳上的附件。甬钟一件为师宬钟，另一件有铭文2行11字。师宬钟，通高64.7厘米，甬长21.7厘米，舞广22.5厘米，舞修30厘米，残重35千克。钲间及上部残存铭文4行35字。

◆ **铭文释文**

　　师宬自作朕皇祖大（太）公、塘公、执公、鲁中（仲）宪伯、孝公、朕烈考［静］……

师蒾钟钲间铭文拓片

◆ 铭文注解

青铜爬龙和师㝬钟

海家村位于陕西省扶风县东北约 20 千米的漆水河西岸台原上,隔沟与武功游风相望。游风是一处内涵极为丰富的商周时期遗址,20 世纪 50 年代这里曾出土过青铜重器。海家一带地势北高南低,呈缓坡状,这里为一古代遗址。北起海家村南,南抵龙王沟,面积约 2 万平方米。在遗址南部田埂断面上暴露多处文化层,文化层含有仰韶文化的陶钵、尖底瓶器物残片及西周时期泥质和夹砂灰陶绳纹罐、豆、盆、尊、鬲、甗等残片。

该西周青铜器窖藏出土青铜器 4 件,其中最重要的有青铜爬龙和师㝬钟。从该窖藏出土的爬龙四足残断处仍可见焊接的痕迹看,腿原来就很短。高西省认为,爬龙很可能是铜鼎耳上的附件。天津艺术博物馆收藏的西周早期太保鼎,其双耳上的两对爬龙与海家大型圆雕爬龙极似,从耳上痕迹看,应是分铸后焊接的,此器高 57.6 厘米,口径 35.8 厘米。美国纳尔逊美术馆藏的西周早期成王方鼎,双耳各爬一对龙,从纹饰、体态、角型看,与海家爬龙几乎没有区别,而此器高仅 28.5 厘米,口径 18.1 厘米。目前发现的西周青铜鼎最大的是陕西淳化兽面纹大鼎,爬龙平雕在二侧旁,其通高 1.22 米,重 226 千克,耳高 28.6 厘米。海家爬龙高达 60 厘米,重 19 千克,前腿至尾最宽达 38 厘米,高先生认为,如果每耳上有两条爬龙,四条爬龙共重达 72 千克,其器重量将远远超过淳化大鼎。

从爬龙的形制、纹饰看,其年代在西周早期。师㝬钟为西周晚期之物,至于该器组的主人是否是师㝬,高先生表示不敢妄推,不过,这一窖藏应是某种重大事变所致,但主人有此巨大的青铜器,其地位是非常显赫的。

师㝬钟铭文中的世系

师㝬钟通高 64.7 厘米,残重 35 千克。从该钟残存情况看,充其量只是原钟的 1/2,完整器物重可达 70 千克。钲间及上部残存铭文 4 行 35 字,其中记叙其先世袭文字云:

"师㝬自作朕皇祖大(太)公、墉公、执公、鲁中(仲)宪伯、孝公、朕烈考[静]……"

北宋熙宁年间出土于扶风的姬寏母豆,铭文记叙的世系竟然与师㝬钟铭文记叙的世系完全相同。姬寏母豆铸铭文 3 行 29 字,云:

"姬寏母作大(太)公、墉公、□公、鲁中(仲)宪伯、孝公、静公豆,用祈眉寿,永命多福,永宝用。"

姬寏母豆铭文为手描摹,见于宋人吕大临的《考古图》(五·一五)。其中□公,根据师㝬钟铭文,应为执公。同样,师㝬钟中师㝬的父亲应为静公。从师㝬钟铭文拓片可以清楚辨认考字下残存的字应为"静"字。

李学勤先生排列的师㝬家族的世袭为:太公、郭(墉)公、献(执)公、鲁仲、宪伯、孝公、静公、师酉八代。

姬寏母与师酉之关系

学者认为，两器铭文一致，应是同一家族的世系，但对两器作器者之关系尚有不同看法。刘雨先生在《师酉钟与姬寏母豆》一文中推断二人为兄妹或姐弟关系，同为姬姓，分别作器，祭祀同一系祖先。李学勤先生在《论西周王朝中的齐太公后裔》一文中认为，姬寏母是姬姓女子，字寏母，她应该是师酉的夫人。由此可知，师酉一家并非姬姓。耿超先生在《浅议姬寏母豆与师酉钟作器者关系》一文中认为姬寏母作此器时，应已出嫁，器铭中所列祖考并非为姬姓祖先，而是器夫家的祖先。并认为师酉与姬寏母二人为兄妹或姐弟难以成立，应为夫妻关系。笔者在《扶风海家西周爬龙窖藏与太公望家族》一文中认为根据金文取名惯例，"寏母"应是作器者名，为女性，"姬"是其姓，其夫家为非姬姓，推测姬寏母与师酉为母子关系，并认为师酉钟为姜太公家族之器。

由金文与文献资料可知，西周时期女性出嫁前后在家族中的祭祀地位不同，只有妇女出嫁后才有可能参与夫家家族的祭祀活动。贵族家族祭祀祖先仪式上，家族中参加这种祭祀的女性只有宗妇，即家族长妻子才有资格。根据金文取名特点，姬寏母，"寏母"应是作器者名，为女性，"姬"是其姓，其夫家必为非姬姓。

姬寏母豆与师酉钟两件器物，应该都是陈设在家族宗庙里的重器，是为重大祭祀仪式而专门制作的，上面铭铸着家族祖先的世系，其铭文相当于后世的祭文。自然作器者应是此次祭祀活动的"主角"，能制作祭器的女性，必然是祭祀活动的核心，而每次重大的祭祀活动只能有一个核心。因此，我们认为姬寏母豆与师酉钟铭文虽然所反映的家族世系相同，但不是同一次祭祀活动的祭文。我们推测，静公（谥号）是姬寏母的丈夫，为宗子，姬寏母为宗妇，姬寏母豆的背景可能是静公死后，其妻子姬寏母代行家族长之权，作为主祭者。而师酉钟的背景是师酉成为宗子以后的另一次重要的祭祀活动，师酉是此次活动的主祭者。也就是说两器的制作是有时间差的，姬寏母豆所反映的祭祀活动应该早于师酉钟所反映的祭祀活动。从铭文内容看，姬寏母与静公是平辈关系，师酉称静公为朕烈考静公，因此，姬寏母与师酉只能是母子关系。

"师酉"的先祖"太公"，就是西周初年执政大臣之一的吕尚（姜太公）

如果"寏母"是"静公"之妻之推论不谬的话，则"师酉"应是寏母之子。姬寏母豆是寏母为纪念亡夫静公而作的祭祀其夫家族先祖先公的祭器，师酉钟是师酉成为宗子后为纪念死去的父亲而作的祭祀家族先祖列宗的祭器。"姬寏母"为姬姓，根据周代同姓不婚原则，师酉家族必为非姬姓。在周代，姬、姜二姓长期联盟，世通婚姻，关系最为密切。在非姬姓的异姓中，姜姓地位最高，因此，师酉家族最有可能是姜姓。

爬龙的时代为西周早期，也就是说"师酉"的先祖"太公"应是西周早期人，其地位应与太保召公地位相当，且非姬姓，而最有可能是姜姓。那么，铭文中的"太公"

只有一种可能,即师寰的"朕皇祖太公"就是"吕尚",即"姜太公"。也只有像姜太公这样的家族,才配有像爬龙这样规格的青铜器。李学勤先生在《论西周王朝中的齐太公后裔》一文中,早已指出师寰钟等世系的第二代郭（墉）公,系姜太公之子。

参考传世的姬寏母豆铭文,师寰家族的世系顺序可排为:太公、郭（墉）公、献（执）公、鲁中宪伯、孝公、静公、师寰七代。

岐山孔头沟遗址与姜太公家族

孔头沟,位于岐山县城以东约8.5千米,源于岐山之阳,为沣水支流之一。种建荣、张敏、雷兴山先生在《岐山孔头沟遗址商周时期聚落性质初探》一文中认为,20世纪80年代全国文物大普查时,将孔头沟两岸的文化遗存人为割裂为赵家台、张家村、宋家、画东、沟底和前庄6个遗址,而这些遗址文化内涵均以商周时期遗存为主,空间位置上紧邻分布,实为同一个遗址,遂暂称为"孔头沟遗址"。遗址东距周原遗址11千米,西距周公庙遗址8千米。种建荣等先生认为,孔头沟遗址与周公庙遗址墓地墓葬数量几乎相同,说明两聚落的人数量可能相近。孔头沟宋家墓地所见墓葬均无腰坑、无殉牲、无殉人,此特征异于周原遗址而同于周公庙遗址,表明孔头沟西周时期聚落居民并非殷遗民。但是,孔头沟墓葬与周公庙墓葬尚有明显区别:孔头沟所有墓葬的墓向均为东西向,而周公庙墓葬基本为南北向。周公庙大墓的族别为姬姓周人,西周时期其他区域姬姓周人的墓向亦均为南北向。由此推测,孔头沟商周时期墓葬的族别并非姬姓周人。孔头沟商周时期聚落与周原遗址同期聚落特征差异甚大,而与周公庙遗址基本相同,既然周公庙遗址商周时期聚落的性质为采邑,那么,孔头沟遗址商周时期聚落的性质亦应为采邑。在聚落功用及其"主人"归属上,至少在西周时期,它应是某一非姬姓高级贵族的采邑。

尽管宋家墓地M10早年被盗非常严重,但还是出土了许多青铜器、玉器等重要文物。其中有一件青铜尚爵（M10:234）及一件册觯（M10:360）。尚爵,槽状流,口沿近流部位置伞状柱,尖尾上翘,深腹较直,一侧有半环状兽鋬,圜底,刀形三足外撇。腹饰云雷纹组成的兽面（上部）和对夔纹（下部）。颈内壁铸铭文2行7字:"尚作墉（郭）公宝尊彝。"

从孔头沟遗址规模、遗址功能区的划分、大型墓地及高等级墓葬的发现以及空心砖建筑材料的发现,学者普遍认为该遗址在聚落功用及其"主人"归属上,至少在西周时期,它应是某一非姬姓高级贵族的采邑。因此,其墓地最大的双墓道M10出土的尚爵铭文中的墉公,具备公一级高等级贵族的环境背景。从器形及铭文风格看,尚爵时代与师寰钟中墉公时代相当,故我们认为两器物中相同的"墉公"是同一个人,尚爵铭文中的墉公就是姜太公之子。依次推理,宋家墓地就是姜太公家族的墓地,孔头沟遗址聚落就是姜太公家族的采邑。

按照西周宗法制及分封制惯例，同姓和异姓功臣外封为诸侯者，往往是长子代父赴国就封，世代相继为侯，次子留守王室继承父亲的爵位和国都近畿之采邑。武王灭商后，其母弟周公旦受封于鲁，其长子伯禽赴鲁，子孙相继为鲁侯（公）。周之同姓召公奭受封于燕，长子就封，而次子留周室代为召公。李学勤先生认为，太公封齐，长子吕伋之后世为齐君，同时还有两子留于朝，封在畿内郭地一支继承太公的大师职位，幼弟郭季一支也在大师属下。这在一定程度上，同周公、召公家族的情形是相似的。

如此，孔头沟遗址聚落就是姜太公次子的封地。根据金文，其家族世系为：太公、郭（墉）公、献（执）公、鲁仲、宪伯、孝公、静公、师𫷷八代。由此推测，尚爵中的尚，其谥号就是献（执）公。如果这支一直生活在孔头沟一带，那么目前宋家墓地所发现的大墓个数还不够，这一带应该还有大墓有待发现。这样又会产生另一个问题，太公家族的爬龙、师𫷷钟为什么会出现在孔头沟以东30千米以外的扶风海家呢？

◆ 铭文大意

师𫷷亲自为我的皇祖太公、庸公、执公、鲁中宪伯、孝公以及我的功绩显赫的先父静公作了发音和谐的大钟，使先祖快乐，子子孙孙永远宝用。

◆ 相关文献

高西省：《扶风巨良海家村出土大型爬龙等青铜器》，《文物》1994年第2期；辛怡华：《征集青铜龙的经过》，载宝鸡市政协文史委《宝鸡重大考古文博纪实》（第16辑），2001年；高西省：《扶风出土的爬龙及研究》，《文博》1993年第6期（又见《西周青铜器研究》，陕西人民出版社，2005年。）；刘雨：《师𫷷钟与姬𡩺母豆》，载《古文字研究》第26辑，中华书局，2006年；种建荣、张敏、雷兴山：《岐山孔头沟遗址商周时期聚落性质初探》，《文博》2007年第5期；霍彦儒、辛怡华：《商周金文编——宝鸡出土青铜器铭文集成》305，三秦出版社，2009年；李学勤：《论西周王朝中的齐太公后裔》，《烟台大学学报（哲学社会科学版）》第23卷第4期，2010年10月；耿超：《浅议姬𡩺母豆与师𫷷钟作器者关系》，《考古与文物》2011年第1期；吴镇烽：《商周青铜器铭文暨图像集成》15266，上海古籍出版社，2012年；辛怡华：《扶风海家西周爬龙窖藏与太公望家族》，《考古与文物》2016年第1期；张天恩主编：《陕西金文集成（5）·宝鸡卷·扶风》0522，三秦出版社，2016年。

姬寏母豆

◆ 器物介绍

西周中期后段。传宋熙宁年间出土于扶风。通高约 19.3 厘米，腹深约 5 厘米，口径约 16 厘米。铸有铭文 3 行 29 字。

◆ 铭文释文

姬寏母作大（太）公、墉公、□公、鲁中（仲）宪伯、孝公、静公豆，用祈眉寿，永命多福，永宝用。

◆ 铭文注解

根据扶风召公巨良海家出土的师訇钟铭文，姬寏母豆与师訇钟叙述的祖先世系、人名几乎一致，我们认为应属同一个家族世系。不同的是师訇钟先祖世系前有"皇祖"二字，姬寏母豆世系前无"皇祖"二字。根据金文取名特点，姬寏母豆器中，"寏母"应是作器者字，为女性，"姬"是其姓。我们推测，"寏母"可能是"静

姬寏母豆铭文摹本

公"之妻，如果此推论成立，"师𩵦"应是其子辈，也就是说"奂母"是"师𩵦"母辈，从"奂母"作器祭祀夫家先祖先公和"师𩵦"作器祭祀其先祖列宗看，"奂母"应是"师𩵦"的母亲。"奂母"为姬姓，那么"师𩵦"肯定非姬姓。爬龙的时代为西周早期，也就是说"师𩵦"的先祖"太公"应是西周早期人，那么有一种可能铭文中的"太公"很可能就是"吕尚"，即"姜太公"。也只有像姜太公的家族才有可能拥有像爬龙这样大的青铜器。此说不谬的话，姬奂母豆出土地很可能也在扶风巨良海家，这一带应是姜尚家族的居住地。

参见师𩵦钟注解。

◆ **铭文大意**

姬奂母作太公、庸公、执公、鲁中宪伯、孝公、静公豆，用来祈求长寿百岁，永命多福，永远宝用。

◆ **相关文献**

吕大临：《考古图》5.12，万历二十九年刻本；吴镇烽：《陕西金文汇编》303，三秦出版社，1989年；刘雨：《师𩵦钟与姬奂母豆》，载《古文字研究》第26辑，中华书局，2006年；中国社会科学院考古研究所：《殷周金文集成》04693，中华书局，2007年；霍彦儒、辛怡华：《商周金文编——宝鸡出土青铜器铭文集成》331，三秦出版社，2009年；李学勤：《论西周王朝中的齐太公后裔》，《烟台大学学报（哲学社会科学版）》第23卷第4期，2010年10月；耿超：《浅议姬奂母豆与师𩵦钟作器者关系》，《考古与文物》2011年第1期；辛怡华：《扶风海家西周爬龙窖藏与太公望家族》，《考古与文物》2016年第1期；张天恩主编：《陕西金文集成（5）·宝鸡卷·扶风》0577，三秦出版社，2016年。

逨盘

◆ 器物介绍

西周晚期。2003年1月19日出土于宝鸡市眉县杨家村一西周青铜器窖藏。杨家村位于眉县西北3.5千米的马家镇杨家村北侧渭水二级台地上,这里属于杨家村遗址区,遗址因1953年盠器群的出土而被发现。杨家村遗址主要以西周文化的内涵为主体,1953年、1972年、1983年、1985年、2003年有多批西周青铜器出土,根据铭文内容看,它们都是一个家族的遗物。特别是2003年发现的青铜器窖藏,同出有27件青铜器,计有鼎12件,鬲9件,壶2件,盘、匜、盉、盂各1件,件件有铭文。其中四十二年逨鼎、四十三年逨鼎、逨盘为逨三次册命所作。四十二年、四十三年逨鼎皆为宣王纪年,逨盘铭文交代是宣王第一次册命,应为宣王前期。逨盉与逨盘同时作,互配用于祭祀,铭文很短,与盘铭皆祭祀始祖先公与圣考,是逨第一次被册命后告于宗庙而作祭器。逨盘,通高20.5厘米,口径53.4厘米,腹深9.8厘米,重18.5千克。盘内底铸有铭文21行372字。在逨盘铭文中首次看到了当时人记录的西周王室世系,其世系顺序与《史记·周本纪》全然一致,这是21世纪初的空前发现。

关于杨家村窖藏的性质,张懋镕先生认为,是"礼制祭祀说"的一个最好例子。

第一，据报道，此次窖藏形式特别，迥异于以往窖藏。先挖好一个竖坑，然后在底部向南壁掏洞，形成窖坑。竖坑底部四角各有一个柱洞，地面有火烧痕迹。这里存在两种可能：一是竖坑与窖坑没有内容上的关联，竖坑在挖成之后又改变初衷，顺势掏洞，作铜器窖藏之用；二是两者意义相关，那么此竖坑与窖坑用于祭祀青铜器，性质就很清楚。再说竖坑上部为一西周晚期灰坑所打破，青铜器窖藏的时间并未迟至幽王末年，恐怕与"社会变动说"不合。第二，三处铜器窖藏可证杨家村一带是单氏一支的居住地，从西周早期至晚期家族兴旺。从盘铭可知，这一支第八代是惠仲盠父，他是1956年出土的盠驹尊诸器的主人。此窖藏年代不晚于穆王时期，埋藏时间也应与之相近。此时既未发生重大社会动乱，单氏家族又未遭难，窖藏原因显然与"社会变动说"不符。第三，逨盘诸器与1985年出土的逨钟诸器，这两个窖藏时间即使不是同时，也相距不远。如果是同时埋藏的，试想在西周末年的骤变中，时间仓促，没有必要挖两个坑。如果相距几年，则稍早一次的窖藏必然与"社会变动说"无关。

◆ 铭文释文

逨曰："不（丕）显朕皇高且（祖）单公，桓桓（桓桓）克明懋（哲）氒（厥）德，夹诏文王、武王，达（挞）殷，膺受天鲁命，匍（溥）有四方，竝宅氒（厥）堇（勤）疆土，用配上帝。雩朕皇高且（祖）公叔，克逨（仇）匹成王，成受大命，方狄不亯（享），用奠四或（域）万邦。朕皇高且（祖）新室仲，克幽明氒（厥）心，柔远能迩，会诏康王。方褱（怀）不廷。雩朕皇高且（祖）惠仲盠父，盭（戾）龢于政，又（有）成于猷，用会邵（昭）王、穆王，盜政（征）四方，扑伐楚荆。雩朕皇高且（祖）零伯，粦明厥心，不坠口服，用辟龚王、懿王。雩朕皇亚且（祖）懿仲，致（匡）諫＝克匍，保氒（厥）辟考（孝）王、（夷）王，又（有）成于周邦。朕皇考龚叔，穆穆趩趩，龢訇（询）于政，明栖于德，亯（享）辟剌（厉）王。逨肈厉（肖）朕皇且（祖）考服，虔夙夕敬朕死事，肆天子多易（锡）逨休。天子其万年无疆，耆黄耇，保奠周邦，諫辟四方。"王若曰："逨，丕显文武，膺受大令（命），匍（溥）有四方，则繇唯乃先圣且（祖）考，夹诏先王，爵堇大令（命）。今余唯䌛（经）氒（厥）乃先圣且（祖）考，毊（申）𩁹乃令，令汝疋（胥）荣兑兼司四方吴（虞）、䣙（林），用宫御。易（锡）汝赤市被、幽黄、攸勒。"逨敢对天子丕显鲁休扬，用作朕皇且（祖）考宝尊盘，用追亯（享）孝于前文人，前文人严在上，廙（翼）在下，數數豐豐，降逨鲁多福，眉寿繛（绰）绾，受余康龢屯又（祐）通录（禄）永令（命），需（灵）冬（终）。逨臣天子子孙孙永宝用亯（享）。

逨盘铭文拓片

◆ 铭文注解

逨，最早吴大澂释作"遬"。学者或释作"逐"，读为佐，或释作"逑"，读为弼。陈剑先生《据郭店简释读西周金文一例》认为"逨"应读为"仇"。《诗经·秦风·无衣》："与子同仇。"毛传："仇，匹也。"王辉先生同意陈剑先生的解释，但他将此字隶作"迷"。由于此铭为人名，为了习惯，本文仍按简报释作"逨"。

"竝宅氒（厥）堇（勤）疆土"

李学勤先生认为"竝"读为"旁"，义为广大。高玉平先生认为"竝"为副词，"宅"应用作动词。《庄子·大宗师》"有旦宅而无情死"，疏："宅者，神之舍也。"由此，"宅"指"建筑宫室宗庙"，"竝宅"即"广泛地建筑宗庙"，意即拥有了四方领土。

"方狄不高（享）"

李零先生读作"方狄不享"，认为这里的"方"与下文"四方"的"方"写法不同，用法有别。此句与下句"方裹（怀）不廷"是类似表达，两处的"方"写法相同，含义也一样，都是表示方始之义，而不是广大之义。王辉先生认为"方"为时间副词，《广雅·释诂》："方，始也。"何琳仪先生释为"旁"，训"溥"（《说文》），训"广"（《广雅·释诂》）。彭曦先生认为"方""方国""方狄"即"狄方"。亦是《诗经》多次提到的猃狁。

"方裹（怀）不廷"

"怀"为"使之来"即"安抚"之义，"不廷"即"不肯归顺朝廷者"。

"滥政（征）四方"

刘怀君等先生认为大概为经营四方之义；董珊先生认为即"施政四方"；李学勤先生认为即"延政四方"，意思是将其德政普及四方诸侯；彭曦先生认为是连续施政治理四方；李零先生读作"调正四方"；王辉先生认为，"滥政"读为"劓证"，即"征讨"；何琳仪先生认为"滥"，应读作"濯"，"滥政"即"濯征"，"濯"，大也，"滥政四方"，即"大伐四方"。

"敌（匡）谏=克匍"

李学勤先生认为，"谏"下的"="似应理解为合文符号，即"谏="为"谏言"之合文，"匡谏言"指向周王进谏良言。

厃（肖）朕皇且（祖）考服

黄盛璋先生认为"厃"，少声，古少、小同声，与"肖、俏、屑"等皆从小即少声，音读皆同"少""小"。《说文》："肖，骨肉相似也，从肉，小声，不似其先，故曰不肖也。""肖"，就是似其祖先，引申为承袭，所以"厃（肖）朕皇且（祖）考服"

就是袭祖考之世官。只是古文献、汉碑所用，并通行至今的"屑"，而实际上，"厃、尽"才是真正的"屑"。

当前学术界对逨器所属的王世有：厉王说，以马承源、陈佩芬先生为代表；周晓陆先生持"共和行政时期"；多数学者持宣王说。

逨盘铭文是以逨家族的八代成员世系为主线，并穿插以西周王室与其时代相对应的诸王，这样逨家族的八代成员世系就有了时间坐标，这是以往青铜器铭文不能比拟的。其八代计"皇高祖"或"先高祖"5人，"亚祖"1人，下来是他的"皇考"以及他本人。

"不（丕）显朕皇且（祖）单公"为逨家族第一代，用事于文王、武王。李学勤先生根据澳大利亚维多利亚美术馆藏的一件方鼎铭文"叔作单公宝尊彝"，认为单公是成王封在甸内侯的少子臻。

"朕皇高且（祖）公弔（叔）"为逨家族第二代，用事于成王。

"朕皇高且（祖）新室仲"为逨家族第三代，用事于康王。

"朕皇高且（祖）惠仲盠父"为逨家族第四代，用事于邵（昭）王、穆王。

"朕皇高且（祖）零伯"为逨家族第五代，用事于龏（恭）王、懿王。

"朕皇亚且（祖）懿仲"为逨家族第六代，用事于孝王、夷王。

"朕皇考龏叔"为逨家族第七代，用事于刺（厉）王。

"逨"为逨家族第八代，用事于宣王。

逨在记述亚祖之前的祖先时，都采用了"皇高祖"或"先高祖"这个称谓。西周金文在呼天、王或祖先时，前边往往冠以"皇"，说明"皇"字在表现身份的用词中，是地位至高者使用的词汇。曹玮先生认为，逨的前五代先祖都是"高祖"，至第六代为"亚祖"，即逨的祖父，第七代"皇考"，即逨的父亲。在墙盘铭文中，墙在叙述祖先时，第一代是高祖，其次是烈祖、乙祖，至其祖父一代时称为"亚祖"，然后是父亲"文考"。结合墙盘铭文，曹先生认为，逨盘铭文昭示了这样一个内容：高祖是始祖的称谓，但直系的若干代先祖也可以称为高祖。在祭祀时，追述先祖只称直系的若干代先祖，如逨盘和墙盘对本家族的追述。或者在追述第一代高祖后，再称本分支的立族者亚祖，最后称父考。有时甚至省略本分支的立族者亚祖，只提及始祖与父考。这些都是祭祀者根据当时的需要而定的。

李零先生认为，这些祖考名，"单公"，是单氏之祖，"公"是长者之称，多用称王朝卿士，铭文未著其名、字，这是第一代单公。"公叔"，应是单公下面分出的公叔氏。"新室仲"，可能是从公叔氏分出的属于仲这一行辈的新支，不一定是人名。他们是逨的先辈中，年代相当周初的几个重要人物。西周中期以来（昭王以下）。庙制开始发达，不但分昭、穆，谥法也非常流行，如这里的"惠""零""懿""恭"，都是谥法用字。其人名前面所加的"伯""仲""叔"都是行辈字。这里面，只有"惠仲盨父"是以字称，"逨"是以名称，其他都不著名、字。逨的四世祖考，包括惠仲盨父（高祖）、零伯（曾祖）、懿仲（祖父）和龚叔（父亲）。零伯是惠仲的长子，还属于惠仲这一支，但他的儿子是次子，必须分出为另一支，所以称为"亚祖"。"亚祖"以上，一律称为"高祖"。这些"高祖"，只是单氏家族中与逨有关也比较著名者。其中公叔、新室仲和惠仲都是小宗。对于西周铜器铭文中的"高祖"和"亚祖"，学者做过讨论。李零先生认为，史墙盘的"高祖"，诚如罗泰教授所说，不一定是指直系先祖，他和"亚祖"之间的世次可以是断开的，而且年代也可以隔得较远，但痶钟铭文中的"高祖"却是和"亚祖"相连。也就是说，"高祖"的概念可远可近。逨盘的发现，是很好的印证。

"方狄不盲（享）……方襄（怀）不廷"似乎给我们给出了这样一个信息，即成王、康王时期北方的戎狄始终是周王朝的大患。史书所言"成、康之际，天下安宁，刑错四十年不用"，大概有溢美之嫌。

逨皇高祖惠仲盨父用事昭王、穆王，一般认为昭王在位19年，穆王在位55年，也就是说惠仲盨父供职74年。据《仪礼》和《礼记》，周代男子到了20岁就为"弱冠之年"，须在宗庙里由父亲主持举行一系列仪式，经过冠礼之后，就正式成为成人，贵族则从此可以"治人"，享有统治特权。这样考虑，惠仲盨父应供职到94岁，显然算长寿了，将近百岁的老臣能否胜任其职事，令人生疑。

◆ 铭文大意

逨说：我的赫赫有名的皇高祖单公，威武英明，知人善任，是一个有智慧有德行的人。他辅弼文王、武王，讨伐殷商，接受皇天大命，抚佑四方的诸侯国，建立了周王朝，操劳国家，顺应天意。我的皇高祖公叔，能辅佐成王，为王所使，接受大命。（当时）北方的戎狄不来奉献天子，（成王）安定了四边万国。我的皇高祖新室仲，沉稳英明，安远善近，四方诸侯都来朝见康王。但鬼方背叛朝廷。我的皇高祖惠仲盨父，善和于政，成于谋略，奉侍昭王、穆王，经营四方，讨伐楚荆。我的皇高祖零伯，耳聪心明，尽职尽责，侍奉龚王、懿王。我的皇亚祖懿仲，直言规劝（四方左右庶民），（协助）孝王、夷王治理国家，有成就于周邦。我的已故父亲龚叔，端庄恭敬，严肃谨慎，和询于政，德行显著，辅佐厉王。逨继承我的祖父、父亲的职事，夙夕恭敬自己的职责，故天子多赐逨休。天子万年长寿无疆，保佑周邦，治理四方。

王说：我的显赫高贵的文王、武王，从皇天那里接受大命，抚佑四方的诸侯方国。从前，你的先人辅佐先王，尽心操劳大命。现在我遵循你的先祖，重申册命，增高你的官职、爵秩，命你辅佐荣兑管理四方的林业、农业，专供王宫使用。赐给你赤色的围裙、黑色的佩玉绶带以及饰有铜饰的革质马笼头。

逑感激天子的赏赐，赞美王的鲁休，作了祭奠皇祖考的宝盘，用来追念前世有文德先人的善德。有文德先人的威严英灵在天，逑恭恭敬敬在人间，期望先祖蓬蓬勃勃降给逑多福长寿，心怀宽绰，并给我康和保佑，高官厚禄，灵终。天子的贤臣逑子子孙孙永远享用。

◆ **相关文献**

陕西省考古研究所、宝鸡市考古工作队、眉县文化馆：《陕西眉县杨家村西周青铜器窖藏》，《考古与文物》2003年第3期；陕西省考古研究所、宝鸡市考古工作队、眉县文化馆：《陕西眉县杨家村西周青铜器窖藏发掘简报》，《文物》2003年第6期；李学勤：《眉县杨家村新出青铜器研究》，《文物》2003年第6期；裘锡圭：《读逑器铭文札记三则》，《文物》第6期；刘怀君、辛怡华、刘栋：《四十二年、四十三年逑鼎铭文试释》，《文物》第6期；刘怀君、辛怡华、刘栋：《逑盘铭文试释》，《文物》第6期；李学勤：《眉县杨家村器铭历日的难题》，《宝鸡文理学院学报》2003年第5期；张培瑜：《逑鼎的月相纪日和西周年代》，《文物》2003年第6期；张培瑜：《逑鼎的王世与西周晚期历法月相纪日》，《中国历史文物》2003年第3期；李学勤：《四十三年佐鼎与牧簋》，《中国史研究》2003年第2期；周晓陆：《〈徕盘〉读笺》，《北京师范大学学报》2003年第5期；周晓陆：《西周"徕器"及相关问题探讨》，《南京大学学报》2003年第4期；何琳仪：《逑盘古辞探微》，《安徽大学学报》2003年第4期；李零《读杨家村出土的虞逑诸器》，《中国历史文物》2003年第3期；曹玮：《"高祖"考》，《文物》2003年第9期；刘源《逑盘铭文考释》，《中国史研究》2003年第4期；曹玮：《单氏家族青铜考》，《文物》2003年第6期（又见《周原遗址与西周铜器研究》，科学出版社，2004年）；刘军社：《逑盘的史学价值》，《宝鸡文理学院学报（社会科学版）》2003年第5期；张天恩《从逑盘铭文谈西周单氏家族的谱系及相关铜器》，《文物》2003年第7期；董珊《略论西周单氏家族窖藏青铜器铭文》，《中国历史文物》2003年第4期；王辉：《逑盘铭文笺释》，《考古与文物》2003年第3期；曹玮：《"高祖"考》，《文物》2003年第6期（又见《周原遗址与西周铜器研究》，科学出版社，2004年）；刘军社、辛怡华：《眉县杨家村逑盘、逑鼎铭文浅析》，《宝鸡社会科学》2003年第2期；黄盛璋：《眉县杨家村逑家窖藏铜器解要》，《中国历史文物》2004年第3期；刘士莪：《墙盘、逑盘之对比研究——兼谈西周微氏、单公家族窖藏铜器群的历史意义》，《文博》2004年第5期；周亚：《眉县杨家村青铜器窖藏和四十三年逑鼎》，《上海艺术家》2005年第1期；彭裕商：《逑盘的启示》，载陕西师范大学、宝鸡青铜器博物馆编《黄盛璋先生八秩华诞纪念文集》，中国教育文化出版社，2005年；刘军社：《逑盘的发现及其史学意义》，载陕西师范大学、宝鸡青铜器博物馆编《黄盛璋先生八秩华诞纪念文集》，中国教育文化出版社，2005年；张润棠：《逨鼎——12件套鼎数量之多为考古之最》，《宝鸡青铜器》，三秦出版社，2005年；张懋镕：《逨盘与西周王年》，《齐鲁学刊》2006年第6期；黄盛璋：《眉县杨家村逨家窖藏铜器初论解要》，载宝鸡青铜器博物馆编《周秦文明论丛》（第1辑），陕西人民出版社，2006年；彭曦：《〈逨盘铭〉注译、简析》，载宝鸡青铜器博物馆编《周秦文明论丛》（第1辑），陕西人民出版社，2006年；王晖：《从单族铜器铭文看单氏家族族属、分封时间及西周宗族分化问题》，载宝鸡青铜器博物馆编《周秦文明论丛》（第1辑），陕西人民出版社，2006年；常金仓：《眉县青铜器和西周年代学研究的思路调整》，载宝鸡青铜器博物馆编《周秦文明论丛》（第1辑），陕西人民出版社，2006年；李先登：《对眉县杨家村青铜器窖藏的几点认识》，载宝鸡青铜器博物馆编《周秦文明论丛》（第1辑），陕西人民出版社，2006年；王辉：《四十二年逨鼎铭文笺释》，载宝鸡青铜器博物馆编《周秦文明论丛》（第1辑），陕西人民出版社，2006年；李仲操：《西周"共和"之名，器名无证——据逨盘铭文谈周王世系》，载宝鸡青铜器博物馆编《周秦文明论丛》（第1辑），陕西人民出版社，2006年；白光琦：《单伯世系小议》，载宝鸡青铜器博物馆编《周秦文明论丛》（第1辑），陕西人民出版社，2006年；白光琦：《杨家村窖藏铜器与宣幽二世年分》，载宝鸡青铜器博物馆编《周秦文明论丛》（第1辑），陕西人民出版社，2006年8月；刘少敏：《杨家村出土的逨器所涉及的几个问题》，载宝鸡青铜器博物馆编《周秦文明论丛》（第1辑），陕西人民出版社，2006年；李润乾：《对杨家村重大考古发现的调查与思考》，载宝鸡青铜器博物馆编《周秦文明论丛》（第1辑），陕西人民出版社，2006年；张润棠：《重器鸿宝见证华夏古老文明史》，载宝鸡青铜器博物馆编《周秦文明论丛》（第1辑），陕西人民出版社，2006年；刘士莪：《墙盘、逨盘之对比研究——兼论西周微氏、单氏家族窖藏铜器群的历史意义》，载宝鸡青铜器博物馆编《周秦文明论丛》（第1辑），陕西人民出版社，2006年；刘军社：《逨盘与墙盘的比较》，载宝鸡青铜器博物馆编《周秦文明论丛》（第1辑），陕西人民出版社，2006年；赵燕姣：《从〈墙盘〉〈逨盘〉看西周世族政治》，陕西师范大学硕士论文2007年第5期；高玉平：《2003年眉县杨家村出土窖藏青铜器铭文考述》，安徽大学硕士论文，2007年5月；陕西省考古研究院、宝鸡市考古研究所、眉县文化馆：《吉金铸华章——宝鸡眉县杨家村单氏青铜器窖藏》，文物出版社，2008年；霍彦儒、辛怡华：《商周金文编——宝鸡出土青铜器铭文集成》618，三秦出版社，2009年；麻爱民：《逨盘补释》，《古籍整理研究学刊》2011年第2期；吴镇烽：《商周青铜器铭文暨图像集成》14543，上海古籍出版社，2012年；张天恩：《陕西金文集成（6）·宝鸡卷·麟游千阳陇县眉县凤翔》0668，三秦出版社，2016年。李学勤：《论美澳收藏的几件商周文物》，《文物》1979年第12期。

秦公钟

◆ 器物介绍

春秋早期。1975年1月出土于宝鸡县阳平乡太公庙。现收藏于宝鸡青铜器博物院。据简报，1975年1月下旬，宝鸡县杨家沟公社太公庙大队社员在村中取土时，于一窖穴内发现青铜器8件，计有甬钟5件，镈3件，均保存完好。窖穴距地表3米。5件铜钟在窖内呈一字排列，3件铜镈围绕铜钟做半圆状，坑内尚有炭灰及少量兽骨。卢连成先生当年在太公庙村进行调查时，还发现附近断崖上暴露有不少灰坑和烧土层，地表上散布有春秋时期的陶片，认为是一个春秋时期的遗址所在。

2004年10月、2005年1月时任宝鸡市文物局局长张润棠、文物科科长刘宏斌两次前往太公庙村，据他们调查。这批青铜器中首先发现秦公镈的是王福让，其后太公庙村社员集体劳动时挖出了另外7件珍贵文物。不久，县上在村里的大舞台召开表彰大会，杨家沟公社的干部和太公庙大队10个生产队社员1000多人参加大会。大队长张科主持会议，县长刘殿奎讲话赞扬6队群众保护文物有功。除奖给太公庙村人民币1700元，同时县上给太公庙村下达购买一台手扶拖拉机的指标，以示表彰。为庆功，县文化馆组织戏校来慰问演出，电影放了两晚上。表彰大会开完后，社员们高兴地送"宝"到市上。大家说，这是国家的东西，交给博物馆对着哩！文物拉走前，宝鸡市博物馆胡智生同志拍摄了村上干部和市县同志在8件青铜重器前的合影。

甬钟5件，甲乙两件合铸铭文1篇，135字。丙丁戊3件的铭文相连，从文字未完看还缺1件，这套编钟至少在6件以上。5件甬钟形制相同，唯大小有所差异。秦公钟甲通高48厘米，甬高17厘米，舞宽18厘米×22厘米，两铣间距27厘米，重24千克。钲部、鼓部、篆部铸有铭文86字。秦公钟乙通高47厘米，甬高17厘米，舞宽16厘米×22厘米，两铣间距26.4厘米，重21.5千克。钲部、鼓部、篆部铸有铭文49字。

在青铜乐器铭文中，其诗乐功能主要体现在娱人、娱心、娱神等方面。钟为众乐器之首，它在青铜乐器中的地位与鼎在青铜礼器中的地位相仿。在青铜乐器中，它流行的年代最久、地域最广，既可在欢娱喜庆的场合宴乐父兄宾朋，也可在庄严肃穆的宗庙祭祀先祖神灵，同时还是统治阶级财富、身份、等级、地位的象征。

◆ 铭文释文

秦公曰："我先且（祖）受天令（命），赏宅受或（国），剌剌（烈烈）邵（昭）文公、静公、宪公，不豕（坠）于上，邵（昭）合皇天，以虩事蠻（蛮）方。"公及（注：秦公钟甲钲间铭）王姬曰："余小子，余夙夕虔敬朕祀，以受多福，克明又（有）心，𢼸（戾）（注：左鼓铭）龢（和）胤士，咸蓄左右，趩趩允义，翼受（注：顶篆铭）明德，以康奠协朕或（国），盗百蠻（蛮）俱即其（注：左边篆铭）服，乍（作）𢼸（厥）龢（和）钟，灵音锗锗雍雍，以宴皇公，以受大（注：秦公钟乙钲间铭）福，屯（纯）鲁多厘，大寿万年。"秦公其𬬱畯才（在）立（位），雁（膺）（注：左鼓铭）受大令（命），眉寿无彊（疆），匍（敷）有（佑）三（四）方，其康宝（注：左边篆铭）。

◆ 铭文注解

"赏宅受或（国）"

"赏宅受或（国）"是谓公元前771年，秦襄公率兵救周，护送平王东迁洛邑，平王封襄公为诸侯，并赐给岐西之地。

"剌剌（烈烈）邵（昭）文公、静公、宪公"

"剌剌"，即烈烈。金文中烈字均作"剌"或"剌"，烈为后起字。《尔雅·释训》："烈烈，威也。"《诗经·小雅·黍苗》："烈烈征师。"笺："烈烈，威武貌。""邵"，即"昭"，显也，明也。文公，即襄公的儿子。公元前765年即位，享国50年。静公，文公太子。《秦本纪》写作竫公，于文公四十八年卒，未享国。《史记·秦始皇本纪》写作静公，与钟铭相同。宪公，静公的儿子。《秦始皇本纪》

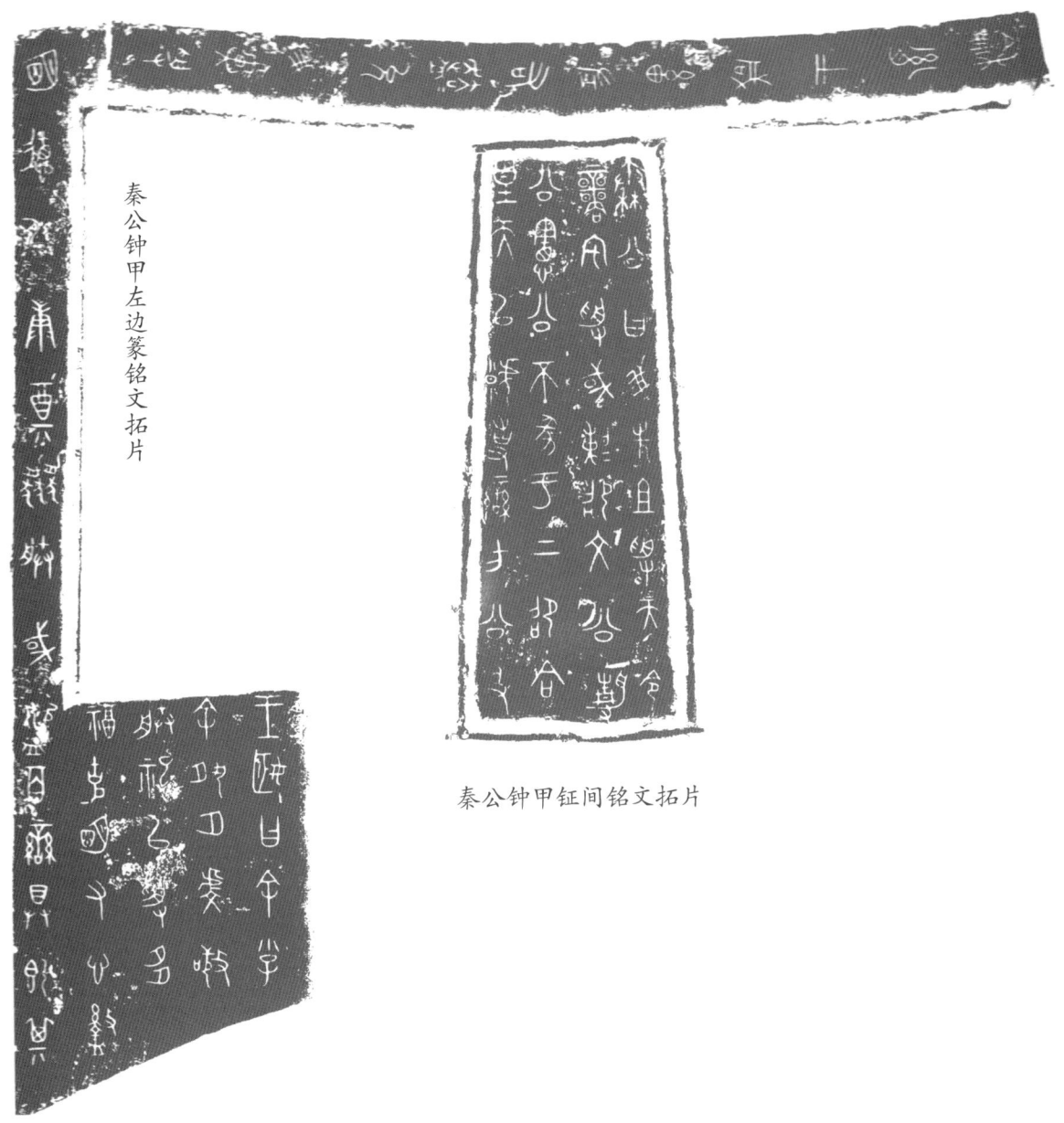

秦公钟乙钲间铭文拓片

秦公钟乙左边篆铭文拓片

秦公钟乙左鼓铭文拓片

写作宪公，而《秦本纪》作宁公，云："五十年文公卒，葬西山，竫公子立，是为宁公。"又云："宁公生十岁立，立十二年卒。"吴镇烽先生说，《秦会要》注说："徐广曰：宁，一作曼。而始皇本纪作宪公。按谥法，博文多能曰宪，无谥宁与曼者，则作宪为是。"今得太公庙秦公钟，可知《秦会要》注的考证是对的。宪、宁、曼三字在金文和小篆中均形体相近，故相讹误。

"不豕（坠）于上"

"豕"借为"坠"，金文习见，意思是不致从君位上坠落。

"卲（昭）合皇天"

皇天即天。

"以虩事䜌（蛮）方"

《说文解字》训虩为恐惧，与文意不合。吴镇烽先生说，叔夷钟有"虩虩成唐"，杨树达先生谓虩古音与赫同，赫有光义、显义。"虩虩成唐"即"赫赫成唐。""事"通司，金文"参有司"，《诗经》作"三有事"，司训治。"䜌"借为"蛮"。蛮方，泛指秦国周围的部族方国。

"公及王姬"

"王姬"即秦公夫人。周天子的女儿，姬姓，适秦公，故称王姬。春秋时期周秦通婚史书未载，铭文可补其不足。

"龏（戾）龢（和）胤士，咸畜左右"

有"龏龢于政"。"龏"当读为"戾"。戾有至、止之义。"龢"即和字的繁文，戾和在这句中似有搜罗、招纳人才的含义。"胤士"读为"俊士"，有杰出才智的人。"咸畜"即兼畜，也就是统统任用的意思。传世秦公钟有"咸畜百辟胤士"，均与此语意相同。全句的意思是：搜罗、团结天下的优秀人才，统统置之左右以为辅佐。

"趱趱允义"

郭沫若先生认为"趱趱"当读为肃肃。《说文解字》："肃，持事振敬也。"《尔雅·释训》注："肃肃皆容仪谨敬。"又《诗经·小雅·黍苗》："肃肃谢功，召伯营之。"笺："肃肃，严正貌。"吴镇烽先生认为，此铭的"肃肃允义"即形容容仪严谨整饬。

"翼受明德"

《诗经·小雅·六月》"有严有翼"，毛传："翼，敬也。"明德即光明之德。

"以康奠协朕或（国）"

《尔雅·释诂》训康为安。奠有定的意思。协有和义。全句是说：以安定协和我的国家。

"盗百蠻（蛮）俱即其服"

"盗百蠻（蛮）"是秦国奴隶主阶级对周围部族方国带侮辱性的称呼。"百"泛指其多。"即"是就、当的意思。"服"当事或职讲。服事天子的邦国亦称服。《论语·泰伯》有："三分天下有其二，以服事殷。"《四书·逸笺》引《丛说》说："禹贡五服之内所封诸侯朝贡皆有时，各依服数，以事天子，故曰服事。"可能当时秦国奴隶主阶级对周围被征服的方国部族仍采用商周奴隶主阶级的剥削方式，规定一定的服数，按期交纳贡赋。全句的意思是：周围的部族方国都安分守己，遵照规定的服数，以事秦国。

秦公钟铭文在叙述先祖接受天命建立国家后，连述文公、静公和宪公，可知铸钟的秦公在宪公之后。《史记·秦本纪》记载宪公生子三人，长子武公立为太子，次子德公，少子出子。武公和德公为鲁姬所生。宪公死后，大庶长弗忌、威垒和三父废太子而立出子为君。出子立六年又被三父等所杀，随后武公即位。

对于太公庙出土的钟铭文中的秦公，有学者认为是武公，有学者认为是出子。

太公庙秦公钟："秦公曰：'我先祖受天命，赏宅受国。烈烈昭文公、静公、先公、不坠于上，昭合皇天，以虩蛮方。'"

传世秦公钟："秦公曰：'丕显朕皇祖受天命，造有下国。十有二公，不坠在上……虩事蛮夏。'"

传世秦公簋："秦公曰：'丕显朕皇祖受天命，鼎宅禹迹。十有二公，在帝之墟……虩事蛮夏。'"

传世秦公两器都有秦"十有二公"之语。伍仕谦先生认为，十二公始自非子，作器者为德公，十二为非子、秦侯、公伯、秦仲、襄公、文公、靖公、宪公、出子、武公、德公等。李零先生以文献明确记载的庄公为依据，认为十二公自庄公起。吴镇烽认为，十二公应从文公算起，襄公是受命立国之君，不应包括在十二公之内，文公以后即位享国的十二公是：文公、宁公（应为宪公）、出子、武公、德公、宣公、成公、穆公、康公、共公、桓公、景公。吴先生认为铸造传世秦公钟和秦公簋的秦公应该是第十三公，即毕公。聂新民认为，秦公诸器铭文前段所追述的先公均由始国的襄公算起，并认为秦国史官所记的公或子有严格的名分观念，太公庙秦公钟、镈的作器秦公为武公，传世的秦公钟、秦公簋作器的秦公为景公。是景公初年的告庙受命之器，其年代是景公二年（前575）前后。

◆ 铭文大意

秦公说："我的先祖接受了天命，得到了土地和臣民，建立了国家。功业显赫的文公、静公、宪公，辛勤于政，践行皇天帝王之道，故镇守西陲，以和西戎。"秦公和王姬说："我们这些后辈，也是早晚虔诚地祭祀祖先和上帝，以便得到多福、精明聪明，安定和谐世袭卿僚，全部收罗在身边。容仪恭敬，敬受光明的德行，以安定协和我们的国家。周围的方国部族都安分守国，遵照规定，事服秦国。作这套和钟，动听的钟声鍨鍨雍雍，用来使先公先祖快乐，用来祈福降祉，长寿万年。"秦公高履君位，承受大命，万寿无疆，抚佑四方。和钟永远宝用。

◆ **相关文献**

宝鸡市博物馆等：《陕西宝鸡县太公庙村发现秦公钟、秦公镈》，《文物》1978年第11期；李零：《春秋秦器试探——新出秦公钟、镈铭与过去著录秦公钟、簋铭的对读》，《考古》1979年第6期；吴镇烽：《新出秦公钟铭考释与有关问题》，《考古与文物》1980年第1期（又见《考古文选》，科学出版社，2002年。）；伍仕谦：《秦公钟考释》，《四川大学学报（哲学社会科学版）》1980年第2期；张天恩：《对"秦公钟考释"中有关问题的一些看法》，《四川大学学报（哲学社会科学版）》1980年第4期；伍仕谦：《读秦本纪札记》，《四川大学学报（哲学社会科学版）》1981年第2期；严一萍：《金文总集》7177-7181，艺文印书馆，1983年；吴镇烽：《陕西金文汇编》44，三秦出版社，1989年；方建军：《续论秦公编钟的音阶与组合》，《交响（西安音乐学院学报）》1992年第3期；何宏：《秦公镈钟铭文的考释与研究》，《秦文化论丛》（第7辑）；任周方：《赏宅受国秦襄公，先祖训诫蓄贤士》，载《国宝纪事》，陕西人民出版社，2003年；张润棠：《太公庙村民挖出秦国青铜重宝——秦公镈》，载《宝鸡青铜器》，三秦出版社，2005年；中国社会科学院考古研究所：《殷周金文集成》00262-00266，中华书局，2007年；吴杰：《秦公钟》，《西部大开发》2007年第7期；霍彦儒、辛怡华：《商周金文编——宝鸡出土青铜器铭文集成》573、574，三秦出版社，2009年；吴镇烽：《商周青铜器铭文暨图像集成》15565-15569，上海古籍出版社，2012年；刘雁翔：《冯国瑞与〈天水出土秦器汇考〉》，《档案》2015年第3期；张天恩主编：《陕西金文集成（7）·宝鸡卷·凤翔陈仓金台》0762-0766，三秦出版社，2016年；谢明文：《说秦公器"高引有庆"及"高阳有灵"》，《中国国家博物馆馆刊》2017年第3期；史党社：《从文字资料略谈秦早期政治》，《陕西师范大学学报（哲学社会科学版）》2017年第1期。

秦公镈

◆ 器物介绍

春秋早期。1975 年 1 月与秦公钟同出土于宝鸡县阳平乡太公庙一春秋窖藏。现藏于宝鸡青铜器博物院。据简报，1975 年 1 月下旬，宝鸡县杨家沟公社太公庙大队社员在村中取土时，于一窖穴内发现青铜器 8 件，计有甬钟 5 件，镈 3 件，均保存完好。窖穴距地表 3 米。5 件铜钟在窖内呈一字排列，3 件铜镈围绕铜钟做半圆状，坑内尚有炭灰及少量兽骨。卢连成先生当年在太公庙村进行调查时，还发现附近断崖上暴露有不少灰坑和烧土层，地表上散布有春秋时期的陶片，认为是一个春秋时期的遗址所在。

2004 年 10 月、2005 年 1 月时任宝鸡市文物局局长张润棠、文物科科长刘宏斌两次前往太公庙村。据他们调查，秦公镈等器出土于 1975 年冬天。这批青铜器中首先被发现的是秦公镈，其后太公庙村社员集体劳动时挖出了另外 7 件珍贵文物。不久，县上在村里的大舞台召开表彰大会，杨家沟公社的干部和太公庙大队 10 个生产队社员 1000 多人参加大会。大队长张科主持会议，县长刘殿奎讲话赞扬 6 队群众保护文物有功。除奖给太公庙村人民币 1700 元，同时县上给太公庙村下达购买一台手扶拖拉机的指标，以示表彰。为庆功，县文化馆组织戏校来慰问演出，电影放了两晚上。表彰大会开完后，社员们高兴地送"宝"到市上。大家说，这是国家的东西，交给博物馆对着哩！文物拉走前，宝鸡市博物馆胡智生同志拍摄了村上干部和市县同志在8件青铜重器前的合影。

秦公镈甲通高75.1厘米，镈身高53厘米，舞宽30.4厘米×26厘米，重62.5千克。秦公镈乙通高69.6厘米，镈身高50.8厘米，舞宽28.4厘米×24厘米，重56.25千克。秦公镈丙通高64.2厘米，镈身高46厘米，舞宽26.6厘米×22.4厘米，重46.5千克。现收藏于宝鸡青铜器博物院。

3件编镈形制纹饰完全相同，大小相次。它们体量庞大、雄伟，造型优美。镈身鼓起成合瓦形，下端为略内收的平齐口。钲部有四道上下走向的扉棱：侧旁两道扉棱由九条飞龙盘曲组成，上延至舞部，连接为纽，纽上有环前后两道扉棱由五条飞龙和一只凤鸟盘曲组成，舞部各有一龙一凤，相背回首。飞龙盘屈纠结，给人以灵动鲜活的感觉。钲部上下各有一条带状花纹，条纹中间纹饰分为四个区段，每一区段内由变形的蝉纹与窃曲纹组成，并有突起的四角星形枚钉。舞部可分四个区段，每区段内有蟠龙纹，旁有一凤鸟。内壁有四道调音槽。秦公镈铭文长达136个字，内容与秦公钟铭文完全相同。字体大小一致，笔画纤细，布局疏朗，劲秀隽美，同周金文截然不同，是春秋时期秦国早期具有代表性的书体。记述了先祖襄公被周王"赏宅受国"，以及文公、静公、宪公治国兴邦的业绩，是研究秦国早期历史的原始资料，具有重要的史料价值。

◆ 铭文释文

秦公曰："我先且（祖）受天令（命），赏宅受或（国），剌剌（烈烈）邵（昭）文公、静公、宪公，不豕（坠）于上，邵（昭）合皇天，以虩事蠻（蛮）方。"公及王姬曰："余小子，余夙夕虔敬朕祀，以受多福，克明又（厥、厥）心，憼（戾）龢（和）胤士，咸蓄左右，趣趣允义，翼受明德，以康奠协朕或（国），盗百蠻（蛮）俱即其服，乍（作）氒（厥）龢（和）钟，灵音锗锗雝雝雍雍，以宴皇公，以受大（左鼓铭）福，屯（纯）鲁多釐，大寿万年。"秦公其紒畯才（在）立（位），雁（膺）受大令（命），眉寿无疆（疆），匐（敷）有（佑）三（四）方，其康宝。

◆ 铭文注解

"赏宅受或（国）"

"赏宅受或（国）"是谓公元前771年，秦襄公率兵救周，护送平王东迁洛邑，平王封襄公为诸侯，并赐给岐西之地。

秦公镈铭文拓片

"剌剌（烈烈）卲（昭）文公、静公、宪公"

"剌剌"，即烈烈。金文中烈字均作"剌"或"剌"，烈为后起字。《尔雅·释训》："烈烈，威也。"《诗经·小雅·黍苗》："烈烈征师。"笺："烈烈，威武貌。""卲"，即"昭"，显也，明也。文公，即襄公的儿子。公元前765年即位，享国50年。静公，文公太子。《秦本纪》写作竫公，于文公四十八年卒，未享国。《史记·秦始皇本纪》写作静公，与钟铭相同。宪公，静公的儿子。《秦始皇本纪》写作宪公，而《秦本纪》作宁公。云："五十年文公卒，葬西山，竫公子立，是为宁公。"又云："宁公生十岁立，立十二年卒。"吴镇烽先生说，《秦会要》注说："徐广曰：宁，一作曼。而始皇本纪作宪公。按谥法，博文多能曰宪，无谥宁与曼者，则作宪为是。"今得太公庙秦公钟，可知《秦会要》注的考证是对的。宪、宁、曼三字在金文和小篆中均形体相近，故相讹误。

"不豕（坠）于上"

"豕"借为"坠"，金文习见，意思是不致从君位上坠落。

"卲（昭）合皇天"

皇天即天。

"以虩事戀（蛮）方"

《说文解字》训虩为恐惧，与文意不合。吴镇烽先生说，叔夷钟有"虩虩成唐"，杨树达先生谓虩古音与赫同，赫有光义、显义。"虩虩成唐"即"赫赫成唐。""事"通司，金文"参有司"，《诗》作"三有事"，司训治。"戀"借为"蛮"。蛮方，泛指秦国周围的部族方国。

"公及王姬"

"王姬"即秦公夫人。周天子的女儿，姬姓，适秦公，故称王姬。春秋时期周秦通婚史书未载，铭文可补其不足。

"盭（戾）龢（和）胤士，咸蓄左右"

有"敳龢于政"。"敳"当读为"戾"。戾有至、止之义。"龢"即和字的繁文，戾和在这句中似有搜罗、招纳人才的含义。"胤士"读为"俊士"，有杰出才智的人。"咸蓄"即兼蓄，也就是统统任用的意思。传世秦公钟有"咸蓄百辟胤士"，均与此语意相同。全句的意思是：搜罗、团结天下的优秀人才，统统置之左右以为辅佐。

"趩趩允义"

郭沫若先生认为"趩趩"当读为肃肃。《说文》："肃，持事振敬也。"《尔雅·释训》注："肃肃皆容仪谨敬。"又《诗经·小雅·黍苗》："肃肃谢功，召伯营之。"

笺："肃肃，严正貌。"吴镇烽先生认为，此铭的"肃肃允义"即形容容仪严谨整饬。

"翼受明德"

《诗经·小雅·六月》"有严有翼"，毛传："翼，敬也。"明德即光明之德。

"以康奠协朕或（国）"

《尔雅·释诂》训康为安。奠有定的意思。协有和义。全句是说：以安定协和我的国家。

"盗百巒（蛮）俱即其服"

"盗百巒（蛮）"是秦国奴隶主阶级对周围部族方国带侮辱性的称呼。"百"泛指其多。"即"是就、当的意思。"服"当事或职讲。服事天子的邦国亦称服。《论语·泰伯》有："三分天下有其二，以服事殷。"《四书·逸笺》引《丛说》说："禹贡五服之内所封诸侯朝贡皆有时，各依服数，以事天子，故曰服事。"可能当时秦国奴隶主阶级对周围被征服的方国部族仍采用商周奴隶主阶级的剥削方式，规定一定的服数，按期交纳贡赋。全句的意思是：周围的部族方国都安分守己，遵照规定的服数，以事秦国。

秦公镈铭文在叙述先祖接受天命建立国家后，连述文公、静公和宪公，可知铸镈的秦公在宪公之后。《史记·秦本纪》记载宪公生子三人，长子武公立为太子，次子德公，少子出自。武公和德公为鲁姬所生。宪公死后，大庶长弗忌、威垒和三父废太子而立出子为君。出子立六年又被三父等所杀，随后武公即位。

对于太公庙出土的镈铭文中的秦公，有学者认为是武公，有学者认为是出子。

太公庙秦公钟："秦公曰：'我先祖受天命，赏宅受国。烈烈昭文公、静公、先公、不坠于上，昭合皇天，以虩蛮方。'"

传世秦公钟："秦公曰：'丕显朕皇祖受天命，造有下国。十有二公，不坠在上……虩事蛮夏。'"

传世秦公簋："秦公曰：'丕显朕皇祖受天命，鼎宅禹迹。十有二公，在帝之墟……虩事蛮夏。'"

传世秦公两器都有秦"十有二公"之语。伍仕谦认为，十二公始自非子，作器者为德公，十二分别为：非子、秦侯、公伯、秦仲、襄公、文公、靖公、宪公、出子、武公、德公。李零以文献明确记载的庄公为依据，认为十二公自庄公起。吴镇烽认为，十二公应从文公算起，襄公是受命立国之君，不应包括在十二公之内，文公以后即位享国的十二公是：文公、宁公（应为宪公）、出子、武公、德公、宣公、成公、穆公、康公、共公、桓公、景公。吴先生认为铸造传世秦公钟和秦公簋的秦公应该是第十三公，即毕公。聂新民认为，秦公诸器铭文前段所追述的先公均由始国的襄公算起，并认为秦国史官所记的公或子有严格的名分观念，太公庙秦公钟、镈的作器秦公为武公，传世的秦公钟、秦公簋作器的秦公为景公。是景公初年的告庙受命之器，其年代是景公二年（前575）前后。

◆ 铭文大意

秦公说："我的先祖接受了天命，得到了土地和臣民，建立了国家。功业显赫的文公、静公、宪公，辛勤于政，践行皇天帝王之道，故镇守西陲，以和西戎。"秦公和王姬说："我们这些后辈，也是早晚虔诚地祭祀祖先和上帝，以便得到多福、精明聪明，安定和谐世袭卿僚，全部收罗在身边。容仪恭敬，敬受光明的德行，以安定协和我们的国家。周围的方国部族都安分守国，遵照规定，事服秦国。作这套和钟，动听的钟声鋠鋠雍雍，用来使先公先祖快乐，用来祈福降祉，长寿万年。"秦公高履君位，承受大命，万寿无疆，抚佑四方。和钟永远宝用。

◆ 相关文献

宝鸡市博物馆、宝鸡县文化馆：《陕西宝鸡县太公庙村发现秦公钟、秦公镈》，《文物》1978年第11期；孙常叙：《秦公及王姬钟、镈铭文考释》，《吉松辽学刊》（哲学社会科学版）1978年第4期；李零：《春秋秦器试探——新出秦公钟镈铭与过去著录的秦公钟簋铭对读》，《考古》1979年第6期；吴镇烽：《新出秦公钟铭文考释与有关问题》，《考古与文物》1980年第1期；林剑鸣：《秦公钟镈铭文释读中的一个问题》，《考古与文物》1980年第2期；伍仕谦：《读秦本纪札记》，《四川大学学报（哲学社会科学版）》1981年第2期；严一萍：《金文总集》7209-7211，艺文印书馆，1983年；吴镇烽：《陕西金文汇编》四九，三秦出版社，1989年；何宏：《秦公镈钟铭文的考释与研究》，《秦文化论丛》（第7辑），西北大学出版社，1999年；聂新民：《秦公镈钟铭文的考释与研究》，《秦文化论丛》（第8辑），陕西人民美术出版社，2001年；徐宝贵、孙臣：《古文字考释四则》，《考古与文物》2001年第1期；臧知非：《秦人的"受命"意识与秦国的发展——秦公钟铭文探微》，《秦文化论丛》（第10辑），三秦出版社，2003年；李朝远：《上海博物馆新藏秦器研究》，《上海博物馆集刊》2002年；任周方：《赏宅受国秦襄公，先祖训诫蓄贤士》，载《国宝纪事》，陕西人民出版社，2003年；傅汝明：《浅谈〈秦公钟〉〈秦公镈〉〈秦公簋〉及其书法艺术特点》，《书法》2004年第11期；张润棠：《太公庙村民挖出秦国青铜重宝——秦公镈》，载《宝鸡青铜器》，三秦出版社，2005年；陈亮：《关中西部先秦铜镈相关问题探讨》，载宝鸡青铜器博物馆编《周秦文明论丛》（第

1辑），陕西人民出版社，2006年；中国社会科学院考古研究所：《殷周金文集成》00267—00269，中华书局，2007年；林丽萍：《铜铸的秦国史——秦公镈》，载宝鸡市文物事业管理局编《听我讲宝鸡》，三秦出版社，2009年；霍彦儒、辛怡华：《商周金文编——宝鸡出土青铜器铭文集成》578—560，三秦出版社，2009年；吴杰：《秦公镈》，《西部大开发》2009年第3期；谭德睿：《秦公镈——华丽的击奏体鸣乐器——〈中国古代艺术铸造系列图说〉之三十五》，《特种铸造及有色合金》2009年第11期；吴镇烽：《商周青铜器铭文暨图像集成》15824—15826，上海古籍出版社，2012年；程平山：《秦子器主考》，《文物》2014年第10期；刘雁翔：《冯国瑞与〈天水出土秦器汇考〉》，《档案》2015年第3期；连劭名：《东周青铜器铭文与传统思想》，《中原文化研究》2016年第5期；张天恩主编：《陕西金文集成（7）·宝鸡卷·凤翔陈仓金台》0767—0769，三秦出版社，2016年；谢明文：《说秦公器"高引有夒"及"高阳有靈"》，《中国国家博物馆馆刊》2017年第3期。

第六章 婚姻与姓氏

西周的婚姻制度对后世影响极大。西周的婚姻制度有两个重要原则，一是"同姓不婚"，可以从大量的金文资料得以证实。"同姓不婚"是当时缔结婚姻的一个前提，首先，长期经验证明，同姓通婚会影响整个家庭、民族的发展；其次，禁止同姓通婚，多与异姓结好，可以"附远厚别"，即通过联姻加强与异姓贵族的联系，巩固自己的统治。"父母之命，媒妁之言"是西周缔结婚姻的又一原则。《诗经》即说："娶妻如之何，必告父母""娶妻如之何，非媒不得"。在宗教法制下，必然要求由父母家长决定子女的婚姻大事，并通过媒氏的中介来完成，否则即非法，称为"淫奔"，不为宗教和社会承认。

一夫一妻制是西周婚姻制度的基本要求。虽然古代男子可以有妾有婢，但法定的妻子只能是一个，而且只有正妻所生子女为嫡系，其他皆为庶出，在家庭中处于较低的地位。按照西周宗法制度的要求，正妻只有一个，正妻所生的叫"嫡系"，其他妾所生的叫"庶出"，正妻与其所生的子女在家庭的地位与妾以及妾所生的子女的地位截然不同，而这种嫡庶之分，正是为了保证家族延续和维持正常家庭关系的需要，对于维护和延续宗法制有重要意义。

两周时期的婚姻在人们的心中一直蒙着神秘的面纱，在出土的众多青铜器中，有一小部分是专为婚嫁而铸造的媵器，媵器上极其简短的铭文为我们揭示了当时的婚姻制度。同时，从青铜器铭文可以看出当时的婚姻关系：明言婚娶，载明夫方信息，铭文本身表明夫妇关系、子母关系、器铭之间互证可明确的婚姻关系。金文结合传世文献可看出：女性称谓首字所标示的父方信息、夫方信息，判断夫妇婚姻关系。

一、父为女作器

　　西周时期，媵器是为出嫁女所作的标志。有些器铭虽无"媵"字，但从内容上基本可以推定为媵器。当时的媵器，基本上是一器铭一女，这说明西周时期以两国通婚为主；与春秋时期一器兼铭两女、三国通婚相对比，反映出西周时期列国结成婚姻政治联盟的必要性尚不迫切。以父的名义为出嫁女作媵器居绝大多数，这说明此时期父权特别强大。传世文献当中有关西周王室及姬姓封国的婚姻资料较为稀少，而西周金文中丰富的女性称谓为研究姬姓婚姻提供了重要补充。相关史料说明西周时期姬姓贵族频繁地与姜姓联姻，周王室和姬姓侯国的通婚对象基本以异姓诸侯为主。夷狄族群为融入华夏，积极地与姬姓联姻，而姬周贵族也将嫁娶异姓看作是发展对外关系的重要手段，姬姓与异族间的联姻也促进了民族融合。

荣有司再鼎

◆ 器物介绍

　　西周中期前段。墓葬出土。岐山县贺家村西，北至董家村，是一片商周时期墓地，曾多次出土青铜器。1973年冬，陕西省博物馆、陕西省文物管理委员会配合农田基本建设，在岐山县京当乡贺家村西壕清理发掘商周时期墓葬10座。贺家村三号周墓就是其中一座出土，为长方形土圹竖穴墓，方向330°，墓四周有熟土二层台。西北隅有一盗洞。在距墓口3.32米的填土中出土鼎1件、簋6件。墓底发现石贝6枚。今均收藏于陕西省博物馆。荣有司再鼎，高17厘米，口径20.2厘米，腹深9.7厘米，重1.5千克。鼎沿置流，较为罕见。三足呈柱足向蹄足过渡的式样，颈饰重环纹，下有一道弦纹。腹内壁铸有铭文3行12字。

◆ 铭文释文

　　妓（荣）又（有）嗣（司）再乍（作）齍鼎，用𠆎嬴鞭母。

荣有司再鼎铭文拓片

◆ **铭文注释**

这是荣地有司叫再者为其女嬴鞭母所作的媵器（陪嫁器）。董家村窖藏出土一件荣有司再鬲，是典型的西周晚期铜鬲式样，口内铸铭文12字："燮（荣）又（有）嗣（司）再乍（作）齍鬲，用媵嬴鞭母。"1973年贺家村三号周墓出土了一件荣有司再鼎，铭曰："荣有司再作齍鼎，用媵嬴鞭母。"两件器物虽出自两处，但应是有联系的，都是荣有司再为其女儿所作的媵器。另外，扶风沟原亦出有一镦状物，正反两面有铭文，正面"叔赵父作旅再，其宝用"，背面"荣监"。再为荣有司之名，嬴姓，鼎乃其作媵女器。荣之地望，学者推测在扶风岐山之交界处。荣监为再之官名，再既为荣之有司，又为荣监。

◆ **铭文大意**

荣有司再作了这件鼎，用来作为女儿嬴鞭母的陪嫁器。

◆ **相关文献**

陕西省博物馆、陕西省文物管理委员会：《陕西岐山贺家村西周墓葬》，《考古》1976年第1期；陕西省考古研究所、陕西省博物馆、陕西省文物管理委员会：《陕西出土的商周青铜器》（一），文物出版社，1979年；严一萍：《金文总集》1010，艺文印书馆，1983年；吴镇烽：《陕西金文汇编》123，三秦出版社，1989年；庞怀靖：《岐山县文物志》（初稿），岐山县文化局印，1990年；辛怡华：《西周时期的嬴姓显祖——裘卫家族》，载宝鸡青铜器博物馆编《周秦文明论丛》（第1辑），陕西人民出版社，2006年；中国社会科学院考古研究所：《殷周金文集成》02470，中华书局，2007年；霍彦儒、辛怡华：《商周金文编——宝鸡出土青铜器铭文集成》387，三秦出版社，2009年；吴镇烽：《商周青铜器铭文暨图像集成》01971，上海古籍出版社，2012年；张天恩主编：《陕西金文集成（1）·宝鸡卷·岐山》0015，三秦出版社，2016年。

荣有司再鬲

◆ 器物介绍

西周晚期。窖藏出土。与裘卫诸器等同出土于岐山县京当乡董家村一西周青铜器窖藏。1975年2月1日，陕西省岐山县京当乡董家村农民在村西农田基本建设中，发现了西周青铜器，他们保护好现场，由时任生产队副队长董宏哲报告给陕西省文物管理委员会岐扶考古工作站，考古工作者及时进行了清理发掘。经勘察，这是一个青铜器窖藏，窖口距地表约0.35米，窖略呈圆形，器物均按大小相互套置存放。出土青铜器37件，计鼎13件、簋14件、壶2件、鬲2件、豆2件、盘1件、盉1件、匜1件、盠1件。均收藏于岐山县博物馆。这批青铜器中30件铸有铭文，铭文内容非常丰富，涉及问题很多。器主十余人，他们之间的血亲及世代关系，虽一时难以具体排定，但多数人当属于裘卫同一家族的成员无疑。在裘卫家族青铜器中，时代最早的当数裘卫簋，裘卫簋作于穆王二十七年，即公元前950年，有明确纪年时代较晚的可能是此鼎类，为宣王十七年器，即公元前811年。裘卫家族主要活动于西周中晚期，时间跨度近一个半世纪，是西周中晚期较有影响力的一个贵族世家。

荣有司再鬲宽平沿外折，足半实，下部略呈蹄形。三足之上各有一道扉棱。肩部饰重环纹，腹饰直线纹。此器高 11.2 厘米，口径 16.3 厘米，腹深 6.9 厘米，重 1.3 千克。口内铸铭文 12 字。

◆ 铭文释文

焚（荣）又（有）嗣（司）爯乍（作）齍鼒，用媵嬴鞭母。

◆ 铭文大意

荣有司爯作了这件鼎，用来作为女儿嬴鞭母的陪嫁器。

◆ 相关文献

庞怀靖、吴镇烽、雒忠儒：《陕西省岐山县董家村西周铜器窖穴发掘简报》，《文物》1976年第 5 期；陕西省考古研究所、陕西省博物馆、陕西省文物管理委员会：《陕西出土的商周青铜器》（一），文物出版社，1979 年；严一萍：《金文总集》1462，艺文印书馆，1983 年；吴镇烽：《陕西金文汇编》203，三秦出版社，1989 年；庞怀靖：《岐山县文物志》（初稿），岐山县文化局印，1990 年；辛怡华：《西周时期的嬴姓显祖——裘卫家族》，载宝鸡青铜器博物馆编《周秦文明论丛》（第 1 辑），陕西人民出版社，2006 年；中国社会科学院考古研究所：《殷周金文集成》00679，中华书局，2007 年；霍彦儒、辛怡华：《商周金文编——宝鸡出土青铜器铭文集成》354，三秦出版社，2009 年；吴镇烽：《商周青铜器铭文暨图像集成》02873，上海古籍出版社，2012 年；张天恩主编：《陕西金文集成（1）·宝鸡卷·岐山》0075，三秦出版社，2016 年。

荣有司爯鼒铭文拓片

王作仲姬方鼎

◆ 器物介绍

西周早期前段。窖藏出土。1947年岐山京当乡刘家队刘万清在给礼村某地主拉长工时，于土窑挖得。1958年交给国家，原藏于岐山县博物馆，现藏陕西历史博物馆。通高20厘米，口纵14厘米，横18厘米，腹深10.2厘米，重3.27千克。长方体，平沿方唇，口沿上一对立耳，体的四角起扉，上部稍大，向下渐收。口下饰双身共首龙纹，龙身曲折处增饰圆涡纹，其下饰三排乳钉纹，呈"凹"形排列，足上部饰兽面和两道弦纹。腹内壁铸铭文2行6字。

◆ 铭文释文

王作中（仲）姬宝彝。

◆ 铭文注释

王应为周王，从器物时代看大概在康王时期。

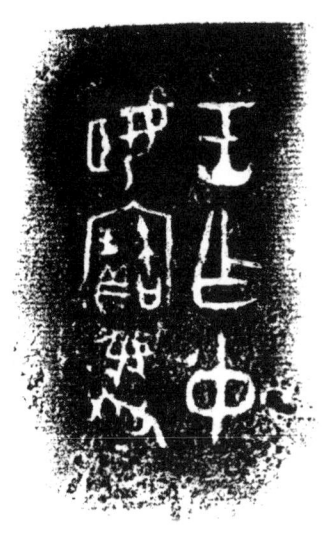

王作仲姬方鼎铭文拓片

"中（仲）姬"

"中"即"仲"，行第老二。金文女子称谓有一种组合即由行第与姓两个成分组成。如伯姬、孟妊、仲姜、叔姞、季嬴等。这种女名在平辈之间、长辈对幼辈以及自称都可以使用。"姬"为娘家姓，周王室为姬姓，故称仲姬。应该是康王为其二女而作器。

◆ **铭文大意**

王为二女儿仲姬作了这件宝器。

◆ **相关文献**

陕西省考古研究所、陕西省博物馆、陕西省文物管习理委员会：《陕西出土的商周青铜器》（一），文物出版社，1979 年；严一萍：《金文总集》0820，艺文印书馆，1983 年；吴镇烽：《陕西金文汇编》102，三秦出版社，1989 年；庞怀靖：《岐山县文物志》（初稿），岐山县文化局印，1990 年；中国社会科学院考古研究所：《殷周金文集成》02147，中华书局，2007 年；霍彦儒、辛怡华：《商周金文编——宝鸡出土青铜器铭文集成》412，三秦出版社，2009 年；吴镇烽：《商周青铜器铭文暨图像集成》01519，上海古籍出版社，2012 年；张天恩主编：《陕西金文集成（1）·宝鸡卷·岐山》0042，三秦出版社，2016 年。

二、夫为妻作器

周代对于父系宗亲间通婚的禁止，集中体现在周人的"同姓不婚"这个戒律上。礼书关于同姓不婚的记述很多。如《礼记·大传》云："系之以姓而弗别，缀之以食而弗殊，虽百世而婚姻不通者，周道然也。"《曲礼》云："取妻不取同姓，买妾不知其姓，则卜之。"周代同姓不婚，是周代强化父系宗亲间的共同体自觉意识的反映，目的是强调父系宗亲集团（其实是很松散的集团），即同姓集团的存在。

散国是周代一诸侯国，传世散器不少。散伯车父鼎是伯车父为其亡妻作的祭器，说明其妻当时已死。而散车父壶是伯车父为"用逆姞氏"，将此事在宗庙里告诉已故的母亲姜，以求得她的福佑；散车父簠则是为继室姞所作之器。

伯公父壶盖

◆ 器物介绍

西周晚期。窖藏出土，现藏于宝鸡市周原博物馆。1976年1月，扶风县黄堆公社云塘生产队农民史选民等在村南何家沟断崖搜肥时发现，窖口距地表50厘米左右，旁边放一块石头，共出土青铜器9件。计有盨6件（其一为盨盖）、勺2件、壶盖1件（器佚）。伯公父壶盖，高10.9厘米，口径10.7厘米，重1.4千克。子口较长，盖面微隆，上有圈状捉手。顶饰卷夔纹，捉手饰鳞纹，沿饰窃曲纹。盖铸有铭文6行15字。

◆ 铭文释文

白（伯）公父作弔（叔）姬醴壶，万年子孙永宝用。

◆ 铭文注解

伯公父与伯多父器同出一座窖藏。1977年又在此窖藏之南20多米处何家沟崖边发现另一窖藏，出土伯公父瑚，铭文有"伯大师小子伯公父"语，可见伯公父是伯大师

伯公父壶盖铭文拓片

家族的小宗，自然与伯大师出自同一个家族。1974年强家出土的师𩛥鼎铭文表明，师𩛥也是伯大师的小子，强家位于云塘西北约1.5千米处。

何尊铭文说："王诰宗小子于京室，曰：'昔在尔考公氏……'。""宗小子"一词曾见于陕西眉县李家村所出盠驹尊铭。木村秀海认为这里所言的"宗小子"显然是指周王本宗之小子，是指周王本宗分化出来的小宗分支。在西周，各贵族家族亦有"小子"。如陕西岐山董家村出土的共王九年卫鼎，其铭记录了裘卫与矩进行交易，裘卫给矩车、车器、车饰，给矩的妻子以帛，矩则付给裘卫一片林地。铭文末尾记录了当双方交接林地时，"卫小子家逆，者其朕"。逆，迎也。朕，唐兰以为即媵字，送也。这里是指送礼物。这是说，卫小子家去迎接矩派来履付土地的人，由卫小子者其负责送礼。朱凤瀚先生认为，西周金文中"某小子"是表示以前一"某"作为本宗而独立出去另立家户者的称谓。"卫小子"不同于一般家臣，所以这种"小子"不是官职名称。以商、西周家族形态看，此类"小子"虽在宗法关系上相对于整个家族之长（即大宗）是为小宗，在亲属组织上各有其分族，可以说是另立家户，但在居住形式上以及经济、政治生活中未必皆独立出去。这种称谓本身亦体现了浓厚的宗法等级关系。因此，伯公父家族、师𩛥家族应为同一个家族。

伯公父、伯多父器过去都曾见于著录，但出土时间、地点均不详，彼此关系不明，现在两人之器同出一窖藏，黄盛璋先生认为必为同时代同族之器，两人有亲属关系。黄先生认为，此壶是伯公父为其四女儿叔姬作的，可能是伯公父为其即将出嫁的女儿作的陪嫁器，伯公父应为姬姓。

伯多父盂见于《攈古录》2·2，伯多父簋见于《小校》9·31·1，误为簠，铭为："伯多父作成姬多母□须（盨），其永宝用享"（《集成》04419），黄盛璋先生认为是媵器，伯多父家族应为姬姓。伯公父家族是否为姬姓，我们认为还有商榷余地。

1975年，岐山董家村窖藏出土成伯孙父鬲口沿铸铭文16字云："成伯孙父作浸嬴尊鬲，子子孙孙永宝用。"学者认为是成伯孙父为其亡妻浸嬴所作的祭器。

成，经传作郕，周武王弟叔武之封国。《左传·僖公二十四年》："管、蔡、郕、霍……文之昭也。"郕，国名，故城在今山东省汶上县西北10千米处，学者推测，郕国最初应在畿内，平王东迁后，迁封于山东。郕是姬姓国，成伯娶的是嬴姓女子。

黄盛璋先生认为伯多父盨是媵器，此器是伯多父为其女儿出嫁作的媵器，那么，只能理解"成姬"嫁到了姬姓成（郕）国，这与"同姓不婚"原则相矛盾。事实上，黄先生根据伯多父盨铭"伯多父作成姬多母□盨，其永宝用享"，认定伯多父簠（瑚）是媵器，理由不充分，因为铭文中没有明确的"媵"字。

伯公父与师𫗦同为伯大师的小子，自然为同一家族，师𫗦家族为姜太公家族的后裔，伯公父家族也应为姜姓。伯公父壶是伯公父为其妻叔姬作的日用器。我们推出，伯多父盨是伯多父为其母作的祭器，若是，伯公父则是伯多父之父。

◆ 铭文大意

伯公父为叔姬作盛酒的铜壶，希望万年子子孙孙永远宝用。

◆ 相关文献

陕西周原考古队：《陕西扶风云塘庄白二号西周铜器窖藏》，《文物》1978年第11期；陕西省考古研究所、陕西省博物馆、陕西省文物管理委员会：《陕西出土的商周青铜器》（二），文物出版社，1980年；严一萍：《金文总集》5751，艺文印书馆，1983年；黄盛璋：《新出伯公父、伯多父铜器群及其相关问题》，《人文杂志》1986年第1期；吴镇烽：《陕西金文汇编》598，三秦出版社，1989年；罗西章：《扶风县文物志》，陕西人民教育出版社，1993年；中国社会科学院考古研究所：《殷周金文集成》09656，中华书局，2007年；霍彦儒、辛怡华：《商周金文编——宝鸡出土青铜器铭文集成》21，三秦出版社，2009年；吴镇烽：《商周青铜器铭文暨图像集成》12348，上海古籍出版社，2012年；张天恩主编：《陕西金文集成（5）·宝鸡卷·扶风》0472，三秦出版社，2016年。

散伯车父鼎

◆ 器物介绍

西周中期后段。窖藏出土。1960年春,扶风县法门公社庄白大队农民陈志坚在召陈村西南500多米处挖苜蓿根时发现一西周时期青铜器窖藏,共出土青铜器19件,计有弦纹鼎1件、散伯车父鼎4件、散车父簋5件、散车父壶2件、叔山父簋3件、瓦纹匜1件、重环纹盘1件、勺2件。1971年6月交给国家,现藏于陕西历史博物馆。

散伯车父鼎共4件,形制、纹饰相同,大小相次。立耳,浅腹,腹底近平,蹄形足,足根饰兽面,口沿下饰一周带目窃曲纹。通高47.2—25.7厘米,口径42.2—25厘米,腹深21.8—12.2厘米,重24.65—6千克。内壁各有铭文4行27字。

◆ 铭文释文

唯王四年八月初吉丁亥,椒(散)白(伯)车父作郊姞尊鼎,其万年子子孙永保。

散伯车父鼎铭文拓片

◆ 铭文注解

周代对于父系宗亲间通婚的禁止，集中体现在周人的"同姓不婚"这个戒律上。礼书关于同姓不婚的记述很多。如《礼记·大传》云："系之以姓而弗别，缀之以食而弗殊，虽百世而婚姻不通者，周道然也。"《曲礼》云："取妻不取同姓，买妾不知其姓，则卜之。"

同姓不婚的理由何在呢？周人自己的解释有这样几种：第一是为了优生，即排除近亲通婚。这是最为流行的一种解释。如《左传》载叔詹云："男女同姓，其生不繁。"《晋语》则云："同姓不婚，惧不殖也。"多数学者相信这一点。第二是保持伦常，即同姓男女相别嫌可以防淫逸。子产在批评晋平公"有四姬焉"时，也援引了这条理由，云："美先尽矣，则相生疾，君子是以恶之。"意思是如果同姓男女可以通婚，那么女子都要被同姓男子抢先占有了，这必然会助长淫逸，导致疾病。第三是强调厚别，这个说法见之于《礼记·坊记》："取妻不取同姓，以厚别也。"《郊特牲》："取于异姓，所以附远、厚别也。"什么是"厚别"呢？谢维扬先生认为这可以从《晋语》司空季子的一段话中得其要旨："异姓异德，异德则异类矣。异类虽近，男女相及，以生民也。同姓则同德，同德则同心，同心则同志，同志虽远，男女不相及，畏黩乱也。黩则生怨，怨则毓灾，灾毓灭性，是故取妻避其同姓，畏乱灾也。"厚别，就是强调异性、异德、异类的区别。从司空季子的话中看出：异姓必是异德，异德必是异类，因此能够通婚；同姓则是同德，同德必是同类（因而同心），所以不可通婚。谢先生指出，所谓德，不是道德，而是古人认为决定某个共同体或个人生存的一种专属该共同体或个人的属性。它与原始社会中的氏族图腾的性质相似有关，实际上相当于我们今天所说的共同体成员资格。《晋语》云："黄帝以姬水成，炎帝以姜水成。成而异德，故黄帝为姬，炎帝为姜。"所谓"成而异德"，就是说黄、炎两个氏族形成后，各自成员的资格也便区分开来了，姬、姜二姓亦由此产生。就周代而言，德指的自然不是氏族成员的资格，而是由父系单系世系（尽管已不完全）认准的父系宗亲集团的成员资格。周代同姓不婚，正是周代强化父系宗亲间的共同体自觉意识的反映，目的是强调父系宗亲集团（其实是很松散的集团），即同姓集团的存在。因此周人对同姓不婚的几种解释中，谢维扬先生认为厚别说是最可取的。

散国是周代一诸侯国，传世散器不少。由于散国与矢国之间有婚姻关系，所以关于散国的族姓讨论总是和矢国族姓联系在一起。

关于散国族姓，有姬姓、非姬姓两种观点。"散国姬姓论"主要以张政烺和黄盛璋为代表，"散国非姬姓论"以李仲操、沈长云、曹定云为代表。"散国姬姓论"与"散国非姬姓论"之争，观点在于对散伯簋铭文的理解上。散伯簋铭文曰："散伯作矢姬宝簋。""散国姬姓论"者认为，散伯簋是散伯为其女儿作的媵器，故散为姬姓；而"散国非姬姓论"者则认为，散伯簋是散伯为其妻作器，故矢为姬姓，散非姬姓。曹定云指出，"散国姬姓论"是欠妥的，因为在散与矢两国姓氏都不明确的情况下，将此器视为"媵器"缺乏根据，故其结论自不可靠。而"散国非姬姓论"则先从散伯鼎铭文推出散伯非姬姓，再根据散伯簋铭文断定此物是其夫为妻作器，故矢为姬姓，散为非姬姓。曹先生认为，从历史文献看，散宜生与周不同姓，故散不是姬姓。根据庄白二号窖藏出土的密姒簋，我的推测，散氏家族有可能是姒姓。

"椒（散）白（伯）车父作邢姞尊鼎"

在西周，尊器一般常用于祭祀或祭祀之器。所以散伯车父鼎是散伯车父为其亡妻邢姞作的祭祀之器。由此可知，散伯妻子为邢国人，该国为姞姓，自然散国也就是非姞姓。邞姞是姞姓邞国的女子，嫁于散伯车父，由此可知邞为姞姓国。一般认为姞姓在商周时期分布于今甘肃灵台一带。

曹玮先生认为，散伯车父鼎是伯车父为其亡妻作的祭器，说明邞姞当时已死；而散车父壶是伯车父为"用逆姞氏"，将此事在宗庙里告诉已故的母亲嬴姜，以求得她的福佑；散车父簋则是为继室邞姞所作之器。这一组礼器反映了一个贵族续弦婚姻的全部过程。

◆ **铭文大意**

王四年八月上旬丁亥这天，散伯车父为邞姞作尊鼎，期望子子孙孙永远宝用。

◆ **相关文献**

史言：《扶风庄白大队出土的一批西周铜器》，《文物》1972年第6期；刘启益：《西周夷王时期铜器的初步清理》，《古文字研究》第7辑，中华书局，1982年；陕西省考古研究所、陕西省博物馆、陕西省文物管理委员会：《陕西出土的商周青铜器》（三），文物出版社，1980年；严一萍：《金文总集》1200-1203，艺文印书馆，1983年；吴镇烽：《陕西金文汇编》146-149，三秦出版社，1989年；罗西章：《扶风县文物志》，陕西人民教育出版社，1993年；曹定云：《周代金文中女子称谓类型研究》，《考古》1999年第6期；曹玮：《散伯车父器与西周婚姻制度》，《文物》2000年第3期；《周原遗址与西周青铜器研究》，科学出版社，2004年；中国社会科学院考古研究所：《殷周金文集成》02697-02700，中华书局，2007年；霍彦儒、辛怡华：《商周金文编——宝鸡出土青铜器铭文集成》43-46，三秦出版社，2009年；王海兵：《先秦散国初探》，《传奇·传记文学选刊（理论研究）》2010年第10期；吴镇烽：《商周青铜器铭文暨图像集成》02297-02300，上海古籍出版社，2012年；张天恩主编：《陕西金文集成（3）·宝鸡卷·扶风》0251-0254，三秦出版社，2016年。谢维扬：《周代家庭形态》，中国社会科学院出版社，1990年，第58—61页。

散车父簋

◆ 器物介绍

西周中期后段。窖藏出土。1960年春与散伯车父鼎等器出土于扶风县法门庄白召陈村。散车父簋共出5件，根据形制不同，可分二式，Ⅰ式3件，形制、纹饰、铭文相同，敛口，鼓腹，兽首形耳，耳下有珥，圈足下饰三扁足。有盖，盖沿与口沿下饰窃曲纹。Ⅱ式2件，一件失盖，形制相同，鼓腹，敛口，兽首形耳，耳下有珥，圈足下饰三扁足。另一件有盖，盖沿和口沿下饰重环纹，两件簋重环纹的弧形口左右相对。通高21—16.8厘米，口径19.6—19.1厘米，腹深11.7—11厘米，重6.4—5.5千克。器、盖各铸相同铭文3行17字。现均收藏于陕西历史博物馆。

◆ 铭文释文

㪔（散）车父乍（作）郢姞餗（馈）簋，其万年子子孙孙永宝。

散车父簋铭文拓片

◆ 铭文注解

"柀（散）车父乍（作）郻姞馎（馈）簋"

"馎"商承祚释为"饭"之本字，杨树达认为是宴飨之意。"馎"当是宴飨在世之人词汇，是在世之人为自己作器。散车父簋是散伯为其郻姞作的日常用器。

散是国名，伯车父、车父是其字，因此，散伯车父鼎和散车父簋当是一人所作之器。曹玮认为，在散伯车器中，鼎是为亡妻作的祭祀之鼎，簋是为在世之人作的饭器，故"䣢姞"与"郻姞"绝不是同一人。

◆ 铭文大意

散车父为其妻郻姞铸作了日常宴飨用簋，希望万年子子孙孙永远宝用。

◆ 相关文献

史言：《扶风庄白大队出土的一批西周铜器》，《文物》1972年第6期；陕西省考古研究所、陕西省博物馆、陕西省文物管理委员会：《陕西出土的商周青铜器》（三），文物出版社，1980年；严一萍：《金文总集》2435-2438，艺文印书馆，1983年；吴镇烽：《陕西金文汇编》338-341，三秦出版社，1989年；罗西章：《扶风县文物志》，陕西人民教育出版社，1993年；曹定云：《周代金文中女子称谓类型研究》，《考古》1999年第6期；曹玮：《散伯车父器与西周婚姻制度》，《文物》2000年第3期；《周原遗址与西周青铜器研究》，科学出版社，2004年；中国社会科学院考古研究所：《殷周金文集成》03881-03886，中华书局，2007年；霍彦儒、辛怡华：《商周金文编——宝鸡出土青铜器铭文集成》47-50，三秦出版社，2009年；吴镇烽：《商周青铜器铭文暨图像集成》04838-04843，上海古籍出版社，2012年；张天恩主编：《陕西金文集成（3）·宝鸡卷·扶风》0255-0259，三秦出版社，2016年。

𠭰叔山父簋

◆ **器物介绍**

西周晚期。窖藏出土。其中 3 件 1960 年春与散伯车父鼎等器出土于扶风县法门庄白召陈村。1971 年 6 月由农民陈志坚交给国家，现藏于陕西历史博物馆。通高 20.5 厘米，口径 18 厘米，腹深 10.6 厘米，重 4.8 千克。两耳作兽首形，有珥，兽首的两只角扭转成螺状，圈足下有三小足，腹饰瓦纹，口沿、圈足和盖沿饰回纹，盖顶为一展翅欲飞的凤鸟，器底和器盖均有铭文，各铸 3 行 13 字。形制、纹饰、铭文相同。后来陈志坚又交出 2 件簋盖，现收藏于宝鸡市周原博物馆。

◆ **铭文释文**

𠭰弔（叔）山父作作（叠）姬尊簋，其永宝用。

◆ **铭文注解**

该器铭文中的"𠭰"，也见于𠭰父丁鼎、𠭰祖壬鼎等器，此字《说文》无，学者

歸叔山父簋器銘文拓片

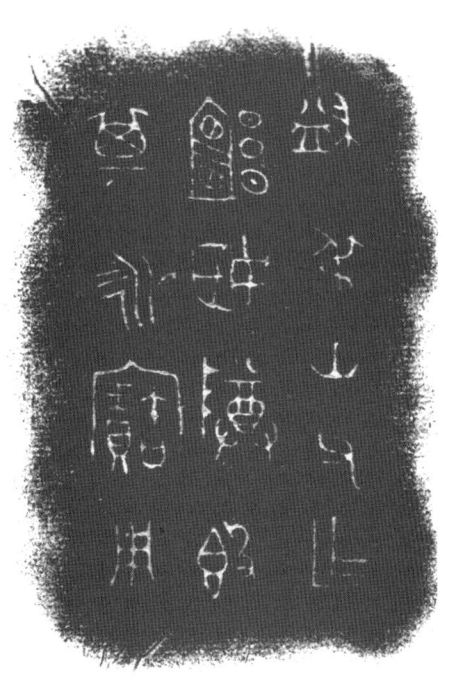

歸叔山父簋蓋銘文拓片

疑为国名，叔山父为作器者。⿰字为"曡"字，即"曡（疊）"字。《说文·七上·八》："曡，扬雄说以为古理官决罪，三日得其宜乃行之，从晶从宜。亡新以为曡从三日太盛，改为三田。"曡姬，姬姓女子。尊簋，应是祭祀用器。㳍叔山父为曡姬作的祭祀用簋，作器时曡姬应已亡故。此器为什么与散氏之器埋在一起，学者推测，或是散氏兼并㳍时得来，或是㳍与散有婚姻关系，或者尚有其他原因，尚难断定。

从铭文分析，此簋应是㳍叔山父为其亡妻曡姬铸作的祭器。学者一般认为散非姬姓，按照商周金文名字规律，"曡姬"之"曡"应为国名，也就是说"曡国"为姬姓。如果㳍为国名的话，"㳍国"肯定不是姬姓。也许"㳍国"是"散国"同姓附属国，娶姬姓女子为妻。

◆ 铭文大意

㳍叔山父为亡妻曡姬作了这件祭祀用簋，期望永远宝用。

◆ 相关文献

史言：《扶风庄白大队出土的一批西周铜器》，《文物》1972年第6期；陕西省考古研究所、陕西省博物馆、陕西省文物管理委员会：《陕西出土的商周青铜器》（三），文物出版社，1980年；严一萍：《金文总集》2398-2400，艺文印书馆，1983年；吴镇烽：《陕西金文汇编》318-320，三秦出版社，1989年；罗西章：《扶风县文物志》，陕西人民教育出版社，1993年；中国社会科学院考古研究所：《殷周金文集成》03797-03799，中华书局，2007年；霍彦儒、辛怡华：《商周金文编——宝鸡出土青铜器铭文集成》53-56，三秦出版社，2009年；吴镇烽：《商周青铜器铭文暨图像集成》04687-04691，上海古籍出版社，2012年；张天恩主编：《陕西金文集成（3）·宝鸡卷·扶风》0262-0264，三秦出版社，2016年。

函皇父鼎

甲　　　乙

◆ 器物介绍

西周厉王世。窖藏出土。1933年的雷雨过后，扶风县上康村农民康克勤父子，在村东百米处的土壕边取土，发现一处西周时期青铜器窖藏，出土的青铜器主要有2组，即"函皇父"和"白鲜父"器组。他们便把这批青铜器卖掉一部分，埋掉一部分。后来土匪为抢劫这批青铜器，将康克勤父子逼杀，故所埋之器物至今不知所在。函皇父组青铜器先后发现2次，第一次在清代，计簋1件、匜1件，《攈古录》卷三十一，器、盖同铭，36字，陈介祺藏。第二次则在1933年夏季出土，一器与《攈古录》函皇父簋同铭，又一器铭17字。函皇父鼎甲，通高58厘米，口径49厘米，腹围148厘米。铸有铭文3行17字。函皇父鼎乙，通高29.5厘米，口径32厘米，腹围90.5厘米。铸有铭文5行38字。现均藏于陕西历史博物馆。

◆ 铭文释文

函皇父乍琱娟（妘）尊兔鼎，子子孙孙其永宝用。（注：函皇父鼎甲）

函皇父作琱娟（妘）盘盉尊器，鼎簋一具，自豕鼎降十又[一]、簋八、两罍、两壶。琱妘其万年子子孙孙永宝用。（注：函皇父鼎乙）

◆ 铭文注解

函皇父为琱妘所作的一组青铜器迄今见有7件，铭文有3种，鼎及盘铭最复杂，作："函皇父作琱（匜铭作周）娟（妘）盘盉尊器，鼎簋一具，自豕鼎降十又[一]、簋八、两罍、两壶。琱妘其万年子子孙孙永宝用。"因为铭文没有媵嫁青铜器常见的"媵"字，所以学者对函皇父与琱妘的关系有些不同的看法。后来扶风康家沟又发现会妘鼎。会即妘姓之郐，《国语·周语中》称："郐由叔妘。"据罗西章先生调查，函皇父器与会妘鼎本应该是同一窖藏之物，1933年出土以后分散。罗先生认为，琱妘之琱读为周，周为夫家之氏，妘则是母族之姓，又据会妘鼎认为琱妘即会妘，为郐国女子嫁于周人。董珊认为，从周代女子的称谓方式来看，函皇父与琱妘的关系可能有两种解释：第一，函皇父与琱妘是父女，这是函皇父为出嫁于琱族的女儿所作的媵器。这样看来，函皇

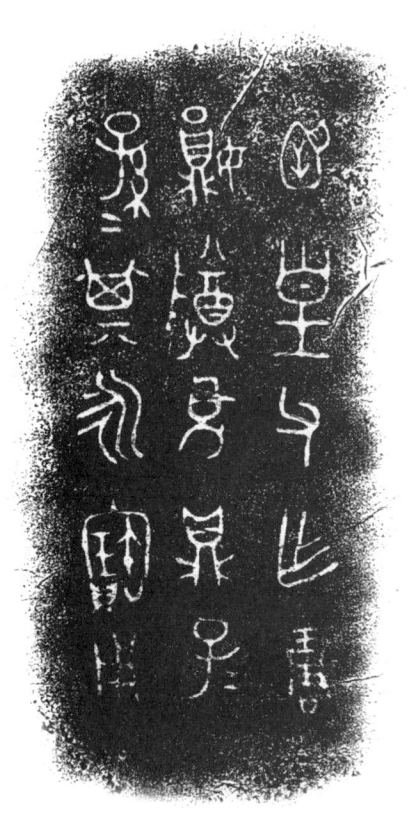

函皇父鼎甲铭文拓片

函皇父鼎乙铭文拓片

父为妘姓族人。第二，函皇父与琱妘是夫妻，这是函皇父为自己来自琱族的妘姓夫人所作的一组器物。不管照哪一种讲法，会妘鼎都可能是妘琱的同姓邻国以其女儿来媵而作鼎，即《左传·成公八年》所谓的"凡诸侯嫁女，同姓媵之，异姓则否"的情况。

从"函皇父作琱娟（妘）尊兔鼎""函皇父作琱娟（妘）盘盉尊器"等铭文看，这一组器具都为"尊器"，"尊器"在金文中常为宗庙里的祭祀用器。如果这些尊器果真是祭祀器，那么只能理解"函皇父"与"琱娟（妘）"为夫妻关系，此组器物是函皇父为其亡妻作的祭器。函皇父一族自然非妘姓。李峰先生认为函皇父就是宣王六年（前822）伐淮河地区的徐戎时，担任军事将领的皇父，到幽王时重新册命他为"太师尹氏"。全文资料表明，西周中晚期的尹氏是一个姞姓大族，函皇父家族有可能是姞姓家族。

◆ **铭文大意**

函皇父为亡妻琱妘铸作了祭祀鼎，子子孙孙永远宝用。（注：函皇父鼎甲）

函皇父为亡妻琱妘铸作了祭祀用的盘、盉等尊器，鼎、簋并具。其中鼎11件，簋8件，罍2件，壶2件。期望琱妘万年。子子孙孙永远宝用。（注：函皇父鼎乙）

◆ **相关文献**

卫聚贤：《函皇父诸器考释》，《说文月刊》第2卷第3期，1940年6月；卫聚贤：《论函皇父》，《说文月刊》第2卷第10期，1941年1月；杨树达：《说函皇父》，《说文月刊》第2卷第10期，1941年1月；傅斯年：《再释函皇父》，《说文月刊》第2卷第10期，1941年1月；董作宾：《函皇父诸器之年代》，《真理世界》第45期，1953年；陕西省博物馆、陕西省文物管理委员会：《陕西省博物馆、陕西省文物管理委员会藏青铜器图释》，文物出版社，1960年；严一萍：《金文总集》1095、1247，艺文印书馆，1983年；吴镇烽：《陕西金文汇编》129、156，三秦出版社，1989年；罗西章：《扶风县文物志》，陕西人民教育出版社，1993年；罗西章、罗红侠：《郤妘鼎与上康村挖宝惨案》，载《周原寻宝记》，三秦出版社，2005年；中国社会科学院考古研究所：《殷周金文集成》02548、02745，中华书局，2007年；董珊：《试论殷墟卜辞之"周"为金文中的妘姓之琱》，复旦大学出土文献与古文字研究中心网页，2009年4月26日；霍彦儒、辛怡华：《商周金文编——宝鸡出土青铜器铭文集成》237、238，三秦出版社，2009年；吴镇烽：《商周青铜器铭文暨图像集成》02380，上海古籍出版社，2012年；张天恩主编：《陕西金文集成（3）·宝鸡卷·扶风》0278、0279，三秦出版社，2016年。李峰：《西周的灭亡》，上海古籍出版社，2007年，第233—235页。

函皇父簋

◆ 器物介绍

西周厉王世。窖藏出土。1933年与函皇父鼎等同出土于扶风县上康村。目前所知有4件，各铸铭文4行39字。其中一件现藏于日本奈良天理参考馆，一件现藏于陕西历史博物馆，一件现藏于美国旧金山亚洲艺术博物馆，一件只有拓片传世。此器现藏于日本奈良天理参考馆。

◆ 铭文释文

函皇父作琱娟（妘）盘盉尊器，簋鼎一具，自豕鼎降十又[一]、簋八、两罍、两壶。琱娟（妘）其万年子子孙孙永宝用。

◆ 铭文注解

根据文献，周幽王掌权后的最初5年间，周王室的政治牵涉到一位叫"皇父"的重要历史人物。幽王元年（前781），"王锡太师尹氏、皇父命"（《今本竹书纪

函皇父簋盖铭文拓片　　　　　　　函皇父簋器铭文拓片

年》)。这段记载显示皇父可能同时对周朝军队和王室行政拥有权威。皇父的权力和威望可能早在幽王继位之前即已建立，因为在宣王二年（前826）时，他就已经被册命为"太师"，44年后，他再次被授以同样的职位。宣王六年（前822），《今本竹书纪年》记载，在宣王帅师伐淮河地区的徐戎时，皇父担任了军事将领。这场战役也是《诗经·大雅·常武》的主题。李峰先生认为，皇父非比寻常的地位我们亦可从"皇"这个头衔中窥见，在整个西周金文中，除皇父外，只有在成康时期地位已极为显贵的召公被赋予过这个称号。（在作册大方鼎铭文中，召公被称作"皇天尹太保"）并认为皇父这个人物的历史真实性在西周金文中可以得到充分的证实，他显然是1933年在岐邑地区发现的一批青铜器的作器者，鉴于他在宣王时期长期任职以及显赫的地位，到幽王重新册命他为"太师尹氏"时，皇父可能至少已近古稀之年。并且根据他长达44年担当"太师"的资历和早先的荣誉，毋庸置疑，皇父是幽王继位时西周王室的一位核心人物。

◆ **铭文大意**

函皇父为亡妻琱妘铸作了祭祀用的盘、盉等尊器，簋、鼎并具。其中鼎11件，簋8件，甗2件，壶2件。期望琱妘万年。子子孙孙永远宝用。

◆ **相关文献**

罗振玉：《三代吉金文存录》8.40.2，民国二十六年影印本；卫聚贤：《函皇父诸器考释》，《说文月刊》第2卷第3期，1940年6月；卫聚贤：《论函皇父》，《说文月刊》第2卷第10期，1941年1月；杨树达：《说函皇父》，《说文月刊》第2卷第10期，1941年1月；傅斯年：《再释函皇父》，《说文月刊》第2卷第10期，1941年1月；董作宾：《函皇父诸器之年代》，《真理世界》第45期，1953年；陕西省博物馆、陕西省文物管理委员会：《陕西省博物馆、陕西省文物管理委员会藏青铜器图释》，文物出版社，1960年；严一萍：《金文总集》2678-2680，艺文印书馆，1983年；吴镇烽：《陕西金文汇编》365、传174、传175，三秦出版社，1989年；罗西章：《扶风县文物志》，陕西人民教育出版社，1993年；罗西章、罗红侠：《邻妘鼎与上康村挖宝惨案》，载《周原寻宝记》，三秦出版社，2005年；中国社会科学院考古研究所：《殷周金文集成》04141-04143，中华书局，2007年；董珊：《试论殷墟卜辞之"周"为金文中的妘姓之琱》，复旦大学出土文献与古文字研究中心网页，2009年4月26日；霍彦儒、辛怡华：《商周金文编——宝鸡出土青铜器铭文集成》239-241，三秦出版社，2009年；张天恩主编：《陕西金文集成（3）·宝鸡卷·扶风》0280-0283，三秦出版社，2016年。李峰：《西周的灭亡》，上海古籍出版社，2007年，第233—235页。

函皇父匜

◆ 器物介绍

西周厉王世。窖藏出土。现藏于上海博物馆。1933年与函皇父鼎等同出土于扶风县上康村。长瓢形，长流槽，龙首鋬，龙口衔匜的边缘，圜底下有四条兽蹄形扁足。口沿饰重环纹，腹饰瓦纹。函皇父匜流至鋬长26厘米，高13.2厘米，重1.14千克。铸有铭文3行14字。

◆ 铭文释文

函皇父作琱娟（妘）也（匜），其子孙孙永宝用。

◆ 铭文注解

这是函皇父为其妻作的日用器，从铭文分析，其妻此时还在世。

函皇父匜铭文拓片

◆ 铭文大意

函皇父为其妻琱妘作了这件匜，希望子子孙孙永远宝用。

◆ 相关文献

罗振玉：《三代吉金文存录》17.31.3；民国二十六年影印本；卫聚贤：《函皇父诸器考释》，《说文月刊》第2卷第3期，1940年6月；卫聚贤：《论函皇父》，《说文月刊》第2卷第10期，1941年1月；杨树达：《说函皇父》，《说文月刊》第2卷第10期，1941年1月；傅斯年：《再释函皇父》，《说文月刊》第2卷第10期，1941年1月；董作宾：《函皇父诸器之年代》，《真理世界》第45期，1953年；严一萍：《金文总集》6839，艺文印书馆，1983年；吴镇烽：《陕西金文汇编》传297，三秦出版社，1989年；罗西章：《扶风县文物志》，陕西人民教育出版社，1993年；罗西章、罗红侠：《邰妘鼎与上康村挖宝惨案》，载《周原寻宝记》，三秦出版社，2005年；中国社会科学院考古研究所：《殷周金文集成》10225，中华书局，2007年；董珊：《试论殷墟卜辞之"周"为金文中的妘姓之琱》，复旦大学出土文献与古文字研究中心网页，2009年4月26日；霍彦儒、辛怡华：《商周金文编——宝鸡出土青铜器铭文集成》242，三秦出版社，2009年；吴镇烽：《商周青铜器铭文暨图像集成》05290，上海古籍出版社，2012年；张天恩主编：《陕西金文集成（3）·宝鸡卷·扶风》0285，三秦出版社，2016年。

函皇父盘

◆ 器物介绍

西周厉王世。窖藏出土。原藏陈介祺处，现藏上海博物馆。1933年与函皇父鼎等同出土于扶风县上康村。函皇父盘，窄沿方唇，浅腹附耳，圈足下沿有边圈。口下饰大小相间的重环纹，圈足饰重环纹。铸有铭文5行39字。

◆ 铭文释文

函皇父作琱娟（妘）盘盉尊器，鼎簋一具，自豕鼎降十又［一］、簋八、两罍、两壶。琱娟（妘）其万年子子孙孙永宝用。

◆ 铭文注解

函皇父为其妻作的日用器，从铭文分析，其妻此时还在世。详见函皇父鼎。

第六章 婚姻与姓氏

函皇父盘铭文拓片

◆ 铭文大意

函皇父为亡妻琱妘铸作了祭祀用的盘、盉等尊器，鼎、簋并具。其中鼎11件，簋8件，罍2件，壶2件。期望琱妘万年。子子孙孙永远宝用。

◆ 相关文献

卫聚贤：《函皇父诸器考释》，《说文月刊》第2卷第3期，1940年6月；卫聚贤：《论函皇父》，《说文月刊》第2卷第10期，1941年1月；杨树达：《说函皇父》，《说文月刊》第2卷第10期，1941年1月；傅斯年：《再释函皇父》，《说文月刊》第2卷第10期，1941年1月；董作宾：《函皇父诸器之年代》，《真理世界》第45期，1953年；陕西省博物馆、陕西省文物管理委员会：《陕西省博物馆、陕西省文物管理委员会藏青铜器图释》，文物出版社，1960年；严一萍：《金文总集》6783，艺文印书馆，1983年；吴镇烽：《陕西金文汇编》637，三秦出版社，1989年；罗西章：《扶风县文物志》，陕西人民教育出版社，1993年；罗西章、罗红侠：《邰妘鼎与上康村挖宝惨案》，载《周原寻宝记》，三秦出版社，2005年；中国社会科学院考古研究所：《殷周金文集成》10164，中华书局，2007年；董珊：《试论殷墟卜辞之"周"为金文中的妘姓之琱》，复旦大学出土文献与古文字研究中心网页，2009年4月26日；霍彦儒、辛怡华：《商周金文编——宝鸡出土青铜器铭文集成》243，三秦出版社，2009年；吴镇烽：《商周青铜器铭文暨图像集成》14523，上海古籍出版社，2012年；张天恩主编：《陕西金文集成（3）·宝鸡卷·扶风》0284，三秦出版社，2016年。

亶季遽父尊

◆ 器物介绍

西周早期后段。墓葬出土。现藏于陕西历史博物馆。1972年4月15日陕西省文物管理委员会在扶风县法门镇刘家村进行发掘,其中墓1(丰姬墓)共出青铜器16件,铅器3件,还有一组玉器。主要是装饰品和葬玉两大类,其中包括一套组玉佩、一对鹦鹉佩、玉鱼等。此器高24厘米,口径19厘米,腹深18.8厘米,重2.4千克。底内铸有铭文2行10字。

◆ 铭文释文

亶(亶)季遽父作丰姬宝尊彝。

◆ 铭文注解

丰姬墓出土16件青铜礼器中有铭器8件,其中二卣一尊皆铭:"亶(亶)季遽父作丰姬宝尊彝",说明此墓可能是丰姬墓。这3件器物应是亶季遽父为其亡妻丰姬作

憻季遽父尊铭文拓片

的祭器，从铭文分析，其妻为丰国之女，姬姓。那么憻季遽父家族一定是非姬姓家族。从此墓同出的虘簋铭文"虘作父辛尊彝"看，其采用日名，也证明憻季遽父非姬姓。

丰，国名，《左传·僖公二十四年》："管、蔡、郕、霍、鲁、卫、毛、聃、郜、雍、曹、滕、毕、原、丰、郇，文之昭也。"唐兰先生认为，鼎铭文提到的丰原属东夷之国，为周公所灭后，才用来封同姓的。其地望在今江苏省北部的丰县，在曲阜之南。

朱凤瀚先生认为檀（憻）季氏有可能是《左传·成公十一年》周初克商时的诸侯檀伯达之后，檀季氏是檀氏分支。

从青铜礼器来看，丰姬墓出土铜圆鼎3件、簋2件等。西周是一个等级制度森严的宗法礼制社会，按周礼，贵族使用鼎和簋的种类、数量都有严格的规定。孙庆伟先生把西周墓葬分为四个等级，第一等级为列国诸侯、王朝大夫及其配偶，丰姬墓被列为第一等级。

从出土玉器的材质看，丰姬墓出土玉器以青玉为主，还有玛瑙、绿松石、料器等，尤其是组玉佩，质地温润细腻，玉质较好。刘云辉先生认为，周原地区出土的大多数玉器都是来自新疆的上乘软玉。部分玉器来自周原北界岐山。故墓中玉质较好的玉器应是和田软玉。从制作工艺来看，周原是周族发祥地，也是西周王朝的都邑，这里高级贵族墓葬多，深受西周传统文化的影响，出土的玉器多数造型精美，纹饰流畅，工艺精湛，说明当时的玉工已具有高超的治玉技艺。丰姬墓出土的玉器非常精美，墓中出土玉器几乎都有孔，多数都是双面对钻。墓中出土的玉兔、梯形玉等玉器表面光洁度高，手感细腻，说明当时的抛光技术已达到很高的水平。西周时玛瑙制品数量很多、种类齐全，且造型多样化，玛瑙硬度为摩氏七度，比软玉硬度要高，制作难度也更大。从此墓出土的玛瑙管、珠来看，形状规整、打磨光滑，可见当时的治玉水平已经很高。

从墓葬的年代来看，丰姬墓属西周中期偏早时期，这只是墓葬的下限，董洁先生认为墓中的玉器不能笼统地都定为此时玉器，多数都具有早期玉器的特征。鹦鹉佩就是典型的商代玉器，鸮形佩则是商晚期至西周早期的，玉兔佩与墓葬年代相当。墓中早期玉器质地温润、雕工精美，这也说明丰姬是一个爱好收藏且鉴赏能力很高的贵族女性。

◆ 铭文大意

憴季遽父为亡妻丰姬作了这件祭祀用尊。

◆ 相关文献

陕西省考古研究所、陕西省博物馆、陕西省文物管理委员会：《陕西出土的商周青铜器》（三），文物出版社，1980年；严一萍：《金文总集》4823，艺文印书馆，1983年；吴镇烽：《陕西金文汇编》553，三秦出版社，1989年；罗西章：《扶风县文物志》，陕西人民教育出版社，1993年；中国社会科学院考古研究所：《殷周金文集成》05947，中华书局，2007年；霍彦儒、辛怡华：《商周金文编——宝鸡出土青铜器铭文集成》258，三秦出版社，2009年；张天恩主编：《陕西金文集成（5）·宝鸡卷·扶风》0498，三秦出版社，2016年；董洁：《西周丰姬墓出土玉器初探》，《文博》2016年第4期。朱凤瀚：《商周家族形态研究》，天津古籍出版社，1990年，第359页。孙庆伟：《周代用玉制度研究》，上海古籍出版社，2008年，第7页。刘云辉：《周原玉器》，台湾中华文物学会，1996年，第23页。

亶季遽父卣

◆ 器物介绍

西周早期后段。1972年4月15日与亶季遽父尊等器出土于扶风县法门镇刘家村一座西周墓。亶季遽父卣共2件,形制、纹饰、铭文相同。器、盖各铸有相同铭文2行10字。横截面呈椭圆形,长子口,鼓腹,圈足外侈,颈两侧有环钮,套接貘头扁提梁,盖面隆起,沿下折作束腰形,两端有一对犄角,顶部有圈状捉手。盖上和圈足各饰两道弦纹,器颈饰三道弦纹,前后增饰浮雕貘头。亶季遽父卣甲(上图),通高29.5厘米,口径11厘米×14.4厘米,腹深16厘米,重4千克。亶季遽父卣乙,通高21厘米,口径8.5厘米×11厘米,腹深12.5厘米,重2.1千克。现均藏于陕西历史博物馆。

◆ 铭文释文

亶(亶)季遽父作丰姬宝尊彝。

憪季遽父卣盖铭文拓片　　憪季遽父卣器铭文拓片

◆ 铭文大意

憪季遽父为亡妻丰姬作了这件祭祀用卣。

◆ 相关文献

陕西省考古研究所、陕西省博物馆、陕西省文物管理委员会：《陕西出土的商周青铜器》（三），文物出版社，1980 年；严一萍：《金文总集》5441、5442，艺文印书馆，1983 年；吴镇烽：《陕西金文汇编》553，三秦出版社，1989 年；罗西章：《扶风县文物志》，陕西人民教育出版社，1993 年；中国社会科学院考古研究所：《殷周金文集成》05357，中华书局，2007 年；霍彦儒、辛怡华：《商周金文编——宝鸡出土青铜器铭文集成》259、260，三秦出版社，2009 年；吴镇烽：《商周青铜器铭文暨图像集成》13248、13249，上海古籍出版社，2012 年；吴镇烽：《商周青铜器铭文暨图像集成》13249，上海古籍出版社，2012 年；张天恩主编：《陕西金文集成（5）·宝鸡卷·扶风》0499、0500，三秦出版社，2016 年；董洁：《西周丰姬墓出土玉器初探》，《文博》2016 年第 4 期。

成伯孙父鬲

◆ 器物介绍

西周晚期。窖藏出土。现藏岐山县博物馆。与裘卫诸器等同出土于岐山县京当乡董家村一西周青铜器窖藏。

1975年2月1日，陕西省岐山县京当乡董家村农民在村西农田基本建设中，发现了青铜器，他们保护好现场，由时任生产队副队长的董宏哲报告给陕西省文物管理委员会岐扶考古工作站，考古工作者及时进行了清理发掘。经勘察，这是一个青铜器窖藏，窖口距地表约0.35米，窖略呈圆形，器物均按大小相互套置存放。出土青铜器37件，计：鼎13件、簋14件、壶2件、鬲2件、豆2件、盘1件、盉1件、匜1件、盨1件。均收藏于岐山县博物馆。这批青铜器中30件铸有铭文，铭文内容非常丰富，涉及问题很多。器主十余人，他们之间的血亲及世代关系，一时虽难于具体排定，但多数人当属于裘卫同一家族的成员无疑。在裘卫家族青铜器中，时代最早的当数裘卫簋，裘卫簋作于穆王二十七年（前950），有明确纪年时代较晚的可能是此鼎类，为宣王十七年器，即公元前811年。裘卫家族主要活动于西周中晚期，时间跨度近一个半世纪，是西周中晚期较有影响力的一个贵族世家。

此器宽平沿外折，束颈，平裆，鬲足半实，下端略呈蹄形，三足之上各有一道扉棱，肩饰大小相间的重环纹，腹饰直线纹，裆部积结一层烟炱，应为实用之器。高11.2厘米，口径16.5厘米，腹深7.3厘米，重1.06千克。口沿铸铭文16字。

◆ 铭文释文

成（郕）白（伯）孙父乍（作）浸（浸）嬴尊鬲，子子孙孙永宝用。

◆ 铭文注解

此鬲是成伯孙父为其亡妻浸嬴所作的祭祀之器。成，文献作郕，周武王弟叔武的封国。《左传·僖公二十四年》："管、蔡、郕、霍、鲁、卫、毛……文之昭也。"庞怀靖认为，成伯孙父其人盖是叔武后裔之以国为氏者。成国的史料，《左传》有见，其地望在今山东省汶上县西北二十里。此鬲在周原地区发现，庞先生推测郕国最初封国应在畿内，平王东迁后，迁封于山东。

由荣有司再鬲知再为嬴姓，由成伯孙父鬲知成伯孙父之妻为嬴姓之女，前者为媵器，后者为祭器，两器同出一坑，荣有司再与成伯孙父可能是岳婿关系，嬴龙母与浸

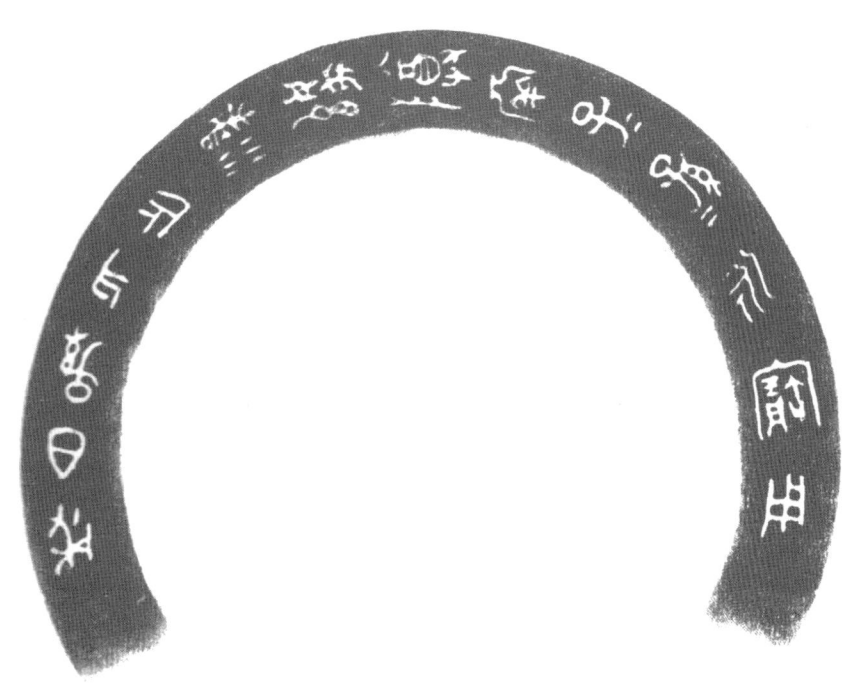

成伯孙父鬲铭文拓片

嬴可能就是一人。从铭文分析,成伯孙父鬲是姬姓成伯孙父为其亡妻浸嬴所作的祭器,其妻乃嬴姓之女。膳夫旅伯鼎铭文记膳夫旅伯为亡妻毛仲姬作祭器,这说明裘卫家族的成员膳夫旅伯娶姬姓毛国某代的次女为妻。嬴姬结姻一方面是裘卫家族攀附周王室,另一方面是姬周通过结姻巩固其统治基础。

伯多父簠(瑚)铭云:"伯多父作成姬多母□□,其永宝用享。"黄盛璋先生认为是媵器,也就是说,此器是伯多父为其女儿出嫁作的媵器。"成姬"表明这个媵器的女子来自姬姓的成(郕)国。黄盛璋先生认为伯公父、伯多父为同一个姬家族,云塘所出的青铜器为一家窖藏之器,这些情况最合理的解释就是:伯公父、伯多父所属之国为成(郕)国。

从荣有司再鬲、成伯孙父鬲两器器铭分析,姬姓成(郕)国与嬴姓家族联姻,而根据我们研究,这个嬴姓家族很可能就是董家窖藏的裘卫家族。

◆ 铭文大意

成伯孙父为亡妻浸嬴作了这件祭祀用鬲,子子孙孙永远宝用。

◆ 相关文献

庞怀靖、吴镇烽、雒忠儒:《陕西省岐山县董家村西周铜器窖穴发掘简报》,《文物》1976年第5期;陕西省考古研究所、陕西省博物馆、陕西省文物管理委员会:《陕西出土的商周青铜器》(一),文物出版社,1979年;严一萍:《金文总集》1502,艺文印书馆,1983年;吴镇烽:《陕西金文汇编》215,三秦出版社,1989年;庞怀靖:《岐山县文物志》(初稿),岐山县文化局印,1990年;李学勤:《试论董家村青铜器群》,载《新出土青铜器研究》,文物出版社,1990年;辛怡华:《西周时期的嬴姓显祖——裘卫家族》,载宝鸡青铜器博物馆编《周秦文明论丛》(第一辑),陕西人民出版社,2006年;中国社会科学院考古研究所:《殷周金文集成》00680,中华书局,2007年;霍彦儒、辛怡华:《商周金文编——宝鸡出土青铜器铭文集成》355,三秦出版社,2009年;吴镇烽:《商周青铜器铭文暨图像集成》02933,上海古籍出版社,2012年;辛怡华:《西周裘卫家族初步研究》,《秦始皇帝陵博物院2015》,陕西师范大学出版总社,2015年;张天恩主编:《陕西金文集成(1)·宝鸡卷·岐山》0062,三秦出版社,2016年。

伯夏父鼎

◆ 器物介绍

西周晚期。窖藏出土。现藏于陕西历史博物馆。1974年12月出土于岐山县京当乡贺家村。立耳，口沿平向外折。口下饰重环纹及弦纹各一周。通高38厘米，口径34.5厘米，腹深21厘米，重10.7千克。腹内壁铸有铭文3行18字。

◆ 铭文释文

白（伯）夏父乍（作）毕尊鼎，其万年子子孙孙永宝用享。

◆ 铭文注解

铭文记载伯夏父为其亡妻毕姬作祭器。由此可知伯夏父非姬姓，其娶姬姓毕国之女。毕国始祖为毕公高，文王第十五子，被封于毕，一般认为其地望在今陕西咸阳西北。

1966年岐山贺家村西周墓出土的史皉簋器底有铭文4行23字："乙亥，王诰毕公，迺易（锡）史皉（皉）贝十朋。皉（皉）占于彝，其于之朝夕监（鉴）。"大意说乙亥

伯夏父鼎铭文拓片

这天，王告毕公，赐给毕公之属吏史官臨贝币十朋，臨用此赏赐之币作器，并经常鉴赏勉励。

毕公为文王之子毕公高，为周初权要。康王时曾任作册之官。王国维考证"史为掌书之官，自古为要职"，而"秩以内史为尊……此官周初之作册"。（《观堂集林》卷六《释史》）依次，作册为内史之别名，是史官之最尊者，史官臨为毕公之属吏，当然在毕公任作册官职之时。

史臨曾为毕公的僚属，而伯夏父鼎铭记伯夏父为毕姬作器。毕姬无疑是姬姓女子，毕公家族之人，伯夏父当是毕姬的丈夫，非姬姓。传世的伯夏父鬲大约有10件，伯夏父一次为其妻子制作至少10件鬲，一方面表明伯夏父经济实力较强，另一方面也显示毕姬身份的显赫。我们推测伯夏父很有可能是史臨的后人，他们家族的墓葬在这里，自然他们的青铜器窖藏会在这里发现。

胡新生先生认为，1966年岐山贺家村出土的史臨簋等器主必同属尹氏家族。尹氏，与辛氏相似，在商周时期担任史官。西周时期经常参与主持周初重大典礼，其地位之高不言而喻。金文资料表明，西周中晚期的尹氏是一个姞姓大族。

◆ **铭文大意**

伯夏父为亡妻毕姬作了这件祭祀用鼎，期望万年子子孙孙永远祭祀。

◆ **相关文献**

陕西省考古研究所、陕西省博物馆、陕西省文物管理委员会：《陕西出土的商周青铜器》（三），文物出版社，1980年；严一萍：《金文总集》1123，艺文印书馆，1983年；吴镇烽：《陕西金文汇编》135，三秦出版社，1989年；庞怀靖：《岐山县文物志》（初稿），岐山县文化局印，1990年；胡新生：《异姓史官与周代文化》，《历史研究》1994年第3期；中国社会科学院考古研究所：《殷周金文集成》02584，中华书局，2007年；霍彦儒、辛怡华：《商周金文编——宝鸡出土青铜器铭文集成》391，三秦出版社，2009年；吴镇烽：《商周青铜器铭文暨图像集成》2170，上海古籍出版社，2012年；张天恩主编：《陕西金文集成（1）·宝鸡卷·岐山》0036，三秦出版社，2016年。

矢王簋盖

◆ 器物介绍

西周中期后段。1974年5月出土于宝鸡县贾村公社上官村。现藏于宝鸡青铜器博物院。1974年5月16日，陕西省宝鸡县贾村塬上官村生产队农民交给宝鸡市博物馆3件青铜器，据告是在该队饲养室后边取土时发现的。宝鸡市博物馆派人多次到出土地点调查，收集到同一处出土完整石磬和一些石磬碎块。在生产队附近和新开渠道两岸发现很多西周及春秋时代的绳纹陶鬲足碎片。所出的3件青铜器为矢王簋盖、蕤其簋、窃曲纹簋。矢王簋盖，出土时无器身。盖形正圆，中央有捉手。盖外面内区饰瓦沟纹，外区饰窃曲纹，捉手内有重环纹。高7.2厘米，口径22.2厘米，重1.3千克。盖内铸有铭文3行17字。

◆ 铭文释文

矢王作奠（郑）姜尊簋，子子孙孙其迈（万）年永宝用。

◆ 铭文注解

这是夨王为其亡妻郑姜作的祭祀用器。郑姜是被封在郑地的姜姓氏族的女子，应是夨王的后妃。关于郑地，陈梦家曾做过考证，他认为："郑可能最初在雍县。"此簋的出土地在贾村塬，贾村塬隔汧水与凤翔县相望，今凤翔县即古雍县，古雍县应包括今贾村塬。

考古发现的夨国遗存已经早到商代晚期。无论传世还是出土器物，夨器多已在西周早期出现。出现夨器较集中分布在陇县、宝鸡（市区附近）、千阳的汧河流域，说明夨族活跃于此。夨器亦见于宝鸡渭河两岸的𢀖国墓地，如发掘的纸坊头、竹园沟、茹家庄墓地。自商代已经建国的夨人，文王时发展已具规模，康、昭王时期达到鼎盛，西周中期，夨国与周边来往频繁并可能向外扩张，平王东迁夨国忽然销声匿迹。

王国维、卢连成、尹盛平等先生曾撰文对夨国地望进行了论述。目前一般认为，夨国地望在千（汧）河流域的今千阳、陇县、陈仓区一带。根据遗址调查和墓葬发掘，结合有关夨国有铭青铜器研究，夨人在西周早期或更早时已经建国，夨国一直延续到西周晚期，汧河是流经古夨国境内最主要的一条河流。汧河下游的宝鸡县贾村、上官、灵龙、扶托等地曾是西周夨国活动的中心区域，即夨国都邑所在地，历代夨王应世居于此。学者将夨王家族世系排定如下：

夨伯（夨伯鬲、夨伯甗，文王晚年—武、成王间）→夨王（夨王方鼎、夨王尊，康、昭王间）→夨王（同卣，穆王）→夨王（夨人盘、夨王簋，夷、厉王间）

各期青铜器夨王世系可能不能连贯，中有间断。根据传世青铜器，夨国应该为姬姓，有学者认为夨为姬姓之戎。

关于夨国的姓氏问题，至今争论不休。卢连成、刘启益、沈长云、李仲操、曹定云、李峰、陈昭容等先生认为夨为姬姓；黄盛璋、尹盛平、张政烺、王明珂、杨亚长等先生倾向其为姜姓。引用同样的金文资料，却得出相反的结论。其中有一则金文资料，见仁见智。夨王簋盖铭曰："夨王作奠（郑）姜尊簋。"主张夨为姬姓说者，认为此簋是夨王为其妻郑姜作器，主张夨为姜姓说者，认为此簋是夨王为其女作的媵器，此说的前提是郑为姬姓。暂不论此处之郑是否为姬姓，就是器物铭文本身也不能直接反映此簋是夨王为出嫁女而作的媵器。

李峰先生认为，西周时期，有两个郑，姜姓郑和姬姓郑，姜姓郑在今凤翔一带；姬姓郑始于郑桓公友，周宣王封其庶出弟于郑，今陕西华县，即"郑桓公友者，周厉王少子而宣王庶弟也。宣王立二十二年，友初封于郑。封三十三岁，百姓皆便爱之。幽王以为司徒"（《史记·郑世家》）。

陈昭容先生指出，关于女性称谓涉及自作器、媵器、为妻作器、作为姒母受器等内容，

矢王簋盖铭文拓片

女子出嫁前后或去世后的身份不同，过去探讨夨国姓产生的大部分原因是错误的套用了女性称名规律。陈先生从四个方面探讨"散"与"夨"的族姓：女性自作器多母家姓前冠于夫家氏，铭文"散姬"是嫁到散国的姬姓女子的可能性更大，散国非姬姓；在出土夨国青铜器的地域范围内，"夨王作郑姜簋盖"出土地贾村为夨国活动的重要区域，"郑姜"应为嫁到夨国的郑国姜姓女子，夨非姜姓；出土在散国区域的散伯簋和散伯匜表明，"散姬"是嫁到散国的姬姓女子；彊国墓地出土了夨国邢姬等器物表明彊国可能喜好与夨国通婚，彊国有与姬姓通婚之俗是对夨国姬姓的暗示；出土灵台的"欮王作夨姬宝尊彝"出现了"夨姬"，欮氏非姬姓周族群，与"夨姬"为夨国来的姬姓女子之推断暗合。

还有学者认为，西周时姬姓诸侯不能称王，金文中凡自称王者，必不是姬姓宗亲，均为异姓国君。王明珂认为，西周称王邦君主，主要在周的西方，某些称王之族大多为周同盟，称王可能与渭水流域的政治状态和民族因素有关。夨君可能沿袭戎人之俗而称王，但其仍在周政治文化体系之内。

张筱衡先生20世纪50年代曾提出夨就是吴字，夨国就是吴国。刘启益认为夨就是虞，夨国就是太伯所建的虞国。这些观点，值得重视。

吴国在中国古代史中，实在算不上什么很特别的国家，但《史记》却把《吴太伯世家》列为世家第一，耐人寻味。可见在西周时期，吴国的地位非别国可比，为什么？我们认为与其始祖吴太伯有直接关系。据《史记》，太伯本古公之长子，因古公欲立其弟季历以传昌，太伯与虞仲主动让贤，逃离周原。因此，西周历代统治者，对太伯的后裔另眼相看，对于其后人建立的夨国称王，网开一面，也在常理。至于后来为什么把太伯部分后人封到长江下游一带，可以理解为，这一部分是姬姓周人中最可靠的中坚力量，便于姬周的安全；也可以理解为，为了削弱太伯这支在周京畿内的势力，便于当政集团的稳定。夨国的淹没不排除当政者的有意为之。从中国几千年嫡长子继位传统看，古公传位季历是有违这一原则的。因此，我们认为，夨为姬姓，夨王簋是夨王为其妻郑姜所作，这里，郑为姜姓，其地望在今陕西凤翔一带。

◆ 铭文大意

夨王为其亡妻郑姜作了这件祭祀用簋，期望子子孙孙永远宝用。

◆ 相关文献

卢连成、尹盛平：《古夨国遗址墓地调查记》，《文物》1982年第2期；刘启益：《西周夨国铜器的新发现和有关的历史地理问题》，《考古与文物》1982年第2期；

黄盛璋：《铜器铭文宜、虞、夨的地望及其与吴国的关系》，《考古学报》1983年第3期；严一萍：《金文总集》2511，艺文印书馆，1983年；王光永：《宝鸡县贾村塬发现夨王簋盖等青铜器》，《文物》1984年第6期；陕西省考古研究所、陕西省博物馆、陕西省文物管理委员会：《陕西出土的商周青铜器》（四），文物出版社，1984年；高次若：《宝鸡贾村再次发现夨国铜器》，《考古与文物》1984年第4期；卢连成：《西周夨国史迹考略及相关问题》，《人文杂志丛刊》第2辑，1984年；王明珂：《西周夨国考》，《大陆杂志》第75卷第2期，1987年；吴镇烽：《陕西金文汇编》335，三秦出版社，1989年；李仲操：《两周金文中的妇女称谓》，《古文字研究》（第18辑），1992年；曹定云：《西周夨国考》，《出土文献研究》（第5辑），1999年；中国社会科学院考古研究所：《殷周金文集成》03871，中华书局，2007年；霍彦儒、辛怡华：《商周金文编——宝鸡出土青铜器铭文集成》568，三秦出版社，2009年；陈昭容：《夨姬与散姬——从女性称名规律谈夨国族姓及其相关问题》，《古代字与古代史》（第3辑），2012年；吴镇烽：《商周青铜器铭文暨图像集成》04823，上海古籍出版社，2012年；张天恩主编：《陕西金文集成（7）·宝鸡卷·凤翔陈仓金台》0746，三秦出版社，2016年；孙元成：《夨国有铭铜器整理与研究》，吉林大学硕士论文，2017年5月。卢连成、尹盛平：《古夨国遗址、墓地调查记》，《文物》1982年第2期。李峰：《西周金文中的郑地、郑国东迁及其相关问题》，"周原考古与西周文化研究"国际学术研讨会论文（2005年，宝鸡）。张筱衡：《散盘考释》，《人文杂志》1958年第3、4期。刘启益：《西周夨国铜器的新发现与有关历史地理问题》，《考古与文物》1982年第2期。

散伯簋

◆ 器物介绍

西周中期后段。传凤翔县出土，共5件。一件原藏美国哈佛大学福格美术博物馆，后为纽约大都会博物馆所藏；一件藏美国哈佛大学福格美术博物馆；一件藏上海博物馆；一件原藏于省吾，1982年6月，出现在英国伦敦佳士得拍卖行。敛口鼓腹，一对兽首衔环耳，圈足外撇，下有3个兽面扁足，隆起的盖上有侈口圈状捉手。通体饰瓦沟纹，圈足饰两道弦纹。器、盖同铭，各铸铭文3行12字。盖铭从左到右读，疑铭文反铸。

◆ 铭文释文

散白（伯）乍（作）矢姬宝簋，其厉（万）年永用。

◆ 铭文注解

这是散伯为其妻矢姬作的日用簋。长期以来，散氏其姓不可知，娶矢国女子为妻。

散伯簋铭文拓片

矢国在渭河以北今陈仓区贾村塬一带，两国世代联姻。

史籍记载，散国归附周人是在文王之时。《史记·周本纪》有文王时"太颠、闳夭、散宜生、鬻子、辛甲大夫之徒皆往归之"的记载。散宜生，应是散国先祖，既来归附周人，多为异姓方国，卢连成先生认为散国可能为姜姓。但从散车父甲乙壶铭文可知，二壶是为其母寿姜而作，可见，散不是姜姓。目前还不能确定散的族姓，不能不说是一大遗憾，只能寄希望于新的青铜器铭文的发现。

过去人们大多依据王国维考证，认为散国在今散关一带，但由于强国墓地的发现，使得这一观点受到质疑。根据学者研究，渭河北岸，汧水以东，包括今千阳县东北、凤翔西北部，陈仓区汧渭之会以东则应为故散国范围。境内旁临汧水、渭水，雍水上游穿境而过。境内北部为浅山丘陵，南部为原区，西与矢国隔汧河相望。

文王伐纣时，散国也与周人结为同盟，深得周王室信任。成、康以后，散国事迹已很少见诸典籍，矢人盘披露了散国在西周晚期活动的踪迹。夷、厉之际，散国势力还相当强大，矢国向东扩张遭到散国抵制，矢国失败。由散伯簋铭文又可知道，散国娶矢国宗室女子为妻，矢、散两国保持着姻亲关系，这种既有争斗，又有联合的复杂关系，在西周时期各方国之间是屡见不鲜的。

◆ 铭文大意

散伯为其妻矢姬作了这件日用宝簋，期望万年永用。

◆ 相关文献

罗振玉：《三代吉金文存》7.25.4、7.25.5，民国二十六年（1937）影印本；刘体智：《小校经阁金文拓本》7.81.1，民国二十四年石印本；严一萍：《金文总集》2367-2371，艺文印书馆，1983年；吴镇烽：《陕西金文汇编》传149-153，三秦出版社，1989年；中国社会科学院考古研究所：《殷周金文集成》03777-03780，中华书局，2007年；霍彦儒、辛怡华：《商周金文编——宝鸡出土青铜器铭文集成》663-667，三秦出版社，2009年；张天恩主编：《陕西金文集成（7）·宝鸡卷·凤翔陈仓金台》0720-0723，三秦出版社，2016年。

丰邢叔簋

◆ 器物介绍

西周晚期。窖藏出土。1978 年 5 月 20 日，在法门镇齐村㝬簋出土处西南方向 25 米处的灰坑中，发现西周时期青铜器 2 件，计有鼎 1 件、簋 1 件。均藏于扶风县博物馆。丰邢叔簋，通高 18 厘米，口径 21 厘米，腹深 12 厘米，重 5.85 千克。鼓腹弇口，圈足下有三附足，双耳作卷鼻兽首形。口下饰窃曲纹，腹饰瓦棱纹。腹底铸有铭文 3 行 18 字。原收藏于扶风县博物馆，1984 年 11 月 5 日被盗，去向不明。

◆ 铭文释文

丰井（邢）弔（叔）乍（作）白（伯）姬尊簋，其万年子子孙孙永宝用。

◆ 铭文注解

罗西章先生认为，"丰"为国名，邢叔是作器人名，伯姬为邢叔之妻，此簋当是邢叔为其妻所作器。从此器的形制、字体和纹饰看，为西周晚期器。丰邢叔簋与㝬簋

丰邢叔簋铭文拓片

分别出自两个相邻的窖藏中，窖藏周围有不少红烧土和西周陶片，还有踩踏过的地面，它们与窖藏之间有什么关系，是个值得注意的问题。

但是，蔡运章、陈长安则认为，"伯姬"之伯，当为伯仲叔季之伯，《说文》："黄帝居姬水""以姬为氏，周人嗣其姓"。可见，"伯姬"当是邢叔之长女，并非邢叔之妻。既然邢叔之长女为姬姓，可知邢叔亦为姬姓，这个丰国当是姬姓丰国。

古文献及西周金文有"丰公""丰伯""丰王"等称谓。尚志儒认为，殷周时期以"丰"为国名的方国部族，除姬姓丰国外，尚有两个"丰"国，一为姜姓丰国，另一为戎族丰国。

西周初年周公东征方鼎铭中提到"隹（唯）周公于征伐东尸（夷），丰白（伯）、尃（蒲）古（姑）咸戈"。陈梦家认为"丰伯"与东夷、蒲姑并列，是周公东征时"残灭"的东方小国。谭戒甫认为"因逢、丰二字同属钟部、傍纽，声韵全同"，故"丰伯"当即《左传·昭公二十四年》和《国语·周语》所载的"逢伯陵之后"。《左传》和《国语》记载，逢伯乃殷周时期的姜姓诸侯，世居齐地，在今山东临淄一带。殷代末期，逢国故地被蒲姑氏侵占。在西周初年，逢伯、蒲姑二族的君统尚存，还能联合武庚发动叛乱，因而都遭到周公的诛伐。

蔡运章等先生认为，还有戎狄丰国的青铜器，《三代吉金文存》卷二十·四九·四所载的丰王斧上有铭文"丰王"二字。《路史·国名纪》云："秦襄公以弟穆嬴为丰王妻。地盖丰水之西，一作酆。"清人周广业《史记会注考证》指出："丰王疑是戎王之号，荐居岐丰，因称丰王，与亳王一例。"蔡运章先生推测，大概在周幽王初年，因周室衰微，周人的旧邑丰邑遂被戎人占领，并作为其国都。故戎狄之国遂称为丰国，戎狄之王即以"丰王"号之。直到秦文公十六年（前750），秦人始战败戎狄，收回岐、丰之地。从此，戎狄之王就不能再称"丰王"了。

周文王众子之中有一位在西周初年的分封中被封为丰国之君。《左传·僖公二十四年》："管、蔡、郕、霍、鲁、卫、毛、聃、郜、雍、曹、滕、毕、原、丰（酆）、郇，文之昭也。"《世本·姓氏篇》曰："酆氏，文王第十七子酆侯之后，氏于国，潞有酆舒"。一般认为姬姓丰国是文王第十七子的封国。

西周时期有姬姓丰国，在考古与文物资料中亦得以证明。丰国在周初是一个较重要的侯国。姬姓丰国的封地，学者多以为即文王所作的丰邑。但唐兰先生反驳说："丰为旧都，如何能别封？"尚志儒先生认为，丰邢叔簋铭文中丰邢叔是姜姓奠（郑）邢国的贵族，而簋是邢叔为其亡妻作的祭器。并认为西周中后期今关中西都确有一处"丰"地，虽然现在还不能确指这一丰地的确切地点及大体范围，但根据丰地与奠邢为邻，又距周原不远，推测其地应在凤翔东部，岐山、扶风南部一带地区之内。此丰所以名"丰"，似与文王子的丰国有关，它很有可能就是姬姓丰国的最初封地，虽然丰国受封后不久国被废除，但"丰"名仍存，族氏也仍居旧地。所以今天发现的青铜器中，既有地名的"丰邢"，又有氏名的"丰姬"，从而向人们揭示了这一被湮没近三千年的秘密。

◆ **铭文大意**

丰邢叔为亡妻伯姬作了这件祭器，其万年子子孙孙永宝用。

◆ **相关文献**

罗西章：《陕西扶风发现西周厉王㝬簋》，《文物》1979年第4期；陕西省考古研究所、陕西省博物馆、陕西省文物管理委员会：《陕西出土的商周青铜器》，文物出版社，1980年；蔡运章、陈长安：《丰国铜器及相关问题》，《考古与文物》1983年第6期；严一萍：《金文总集》2529，艺文印书馆，1983年；吴镇烽：《陕西金文汇编》343，三秦出版社，1989年；尚志儒：《西周金文中的丰国》，《文博》1991年第4期；罗西章：《扶风县文物志》，陕西人民教育出版社，1993年；中国社会科学院考古研究所：《殷周金文集成》03923，中华书局，2007年；霍彦儒、辛怡华：《商周金文编——宝鸡出土青铜器铭文集成》266，三秦出版社，2009年；吴镇烽：《商周青铜器铭文暨图像集成》04879，上海古籍出版社，2012年；张天恩主编：《陕西金文集成（5）·宝鸡卷·扶风》0507，三秦出版社，2016年。

兮吉父簋

◆ 器物介绍

西周宣王世。原藏清宫,后藏故宫博物院。腹深3.8寸,口径6寸,重7.4375斤(西清)。弇口鼓腹,圈足沿外侈,连铸3条兽面扁足,兽首双耳,下有方垂珥。口下饰窃曲纹,腹饰3排垂鳞纹,圈足饰1排垂鳞纹。传清道光戊戌年(1838)出土于宝鸡县。铸铭文4行22字。

◆ 铭文释文

兮吉父乍(作)中(仲)姜宝尊簋,其万年无疆,子子孙孙永宝用享。

◆ 铭文注解

学者认为,西周宣王时期的名臣尹吉甫也出自尹氏家族。王国维在其《观堂别集·兮甲盘跋》一文考证兮甲与文献中的尹吉甫为一人。尹吉甫又称兮甲、兮伯吉父,曾多次率师征伐𤞷狁,又曾奉命征办"成周四方"之委积,并特别责令南淮夷交纳贡物。

兮吉父簋铭文拓片

胡新生先生认为这个论断合理可信，但他认为该文提出的尹吉甫的"尹"只是官职而"兮"才是氏称的说法是错误的。他认为，作为官名的"尹"和作为氏称的"尹"确实常常混淆在一起，但不能因此否认西周春秋时期周王朝中一直存在一个尹氏家族。西周中期的尹叔鼎铭云："尹叔作䢵姞媵（䕈）鼎"；西周晚期的蔡姞鼎铭云："蔡姞作皇兄尹叔尊䵼彝"；西周中晚期的尹姞鼎、宗仲盘、宗仲匜铭文中都提到称为"尹姞"的贵族妇女。这些材料有力地证明，西周中晚期的尹氏是一个姞姓大族。《诗经·都人士》有"彼君子女，谓之尹吉"之句，参照有关金文可以断定这里的"尹吉"是"尹姞"的异写。金文、《诗经》所反映的姞姓尹氏与宣王时地位显赫的尹吉甫时代相近或相同，尹吉甫显然就是这一姞姓尹氏家族的成员或首领。尹氏、兮氏都属姞姓。

《诗经》中至少《崧高》《烝民》两篇可以指实为尹吉甫的作品。春秋时期尹氏家族一直在王朝中世袭内史尹一类官职。城濮之战后，周襄王亲至践土，"命尹氏及王子虎、内史叔兴父策命晋侯为侯伯"（《左传·僖公二十八年》）。这里的尹氏即一位正任内史的尹氏贵族。周景王死后，尹氏首领尹固支持王子朝争夺王位，失败后与王子朝及其党羽一起"奉周之典籍以奔楚"（《左传·昭公二十六年》），尹氏家族世为王朝史官的历史至此才告一段落。

1966年岐山贺家发现的一座西周墓葬，出土6件带铭青铜器，分属史𦉢、史速、尹丞3人。史𦉢簋年代最早，学者推断属康王时期。报告认为史速方鼎和史速角的时代较史𦉢簋稍晚，但这批青铜器的下限，不会晚于穆王时期。尹丞鼎铭虽只有"尹丞"二字，却可以把三位器主联系起来。史速方鼎铭曰："史速作宝方鼎"。速与𦉢均为史，古者史官传袭，史速可能是史𦉢之嫡族，史𦉢、史速又世袭史职，胡新生先生认为三位器主必同属尹氏家族。从庄白一号窖藏出土的㝬钟铭文看，㝬家族世代为史官，协助尹氏。而㝬是尹叙的助手，尹叙是尹氏家族的一员。

尹氏，在商周时期担任史官。文王即位后"仿于辛、尹"，其中与"辛"并列的"尹"是指尹佚。尹佚在其他文献中又被称为作册逸或史佚、史逸。作册即作册内史，所以尹佚的职位是内史或内史尹。

兮吉父簋器主与兮伯吉父应为同一人，至少是同一家族，姓姞姓。

◆ 铭文大意

兮吉父为亡妻仲姜作了这件祭器簋，其万年无疆子子孙孙永宝用。

◆ 相关文献

于省吾：《商周金文录遗》155，科学出版社，1957年；严一萍：《金文总集》2578，艺文印书馆，1983年；吴镇烽：《陕西金文汇编》传161，三秦出版社，1989年；中国社会科学院考古研究所：《殷周金文集成》04008，中华书局，2007年；霍彦儒、辛怡华：《商周金文编——宝鸡出土青铜器铭文集成》0775，三秦出版社，2009年；吴镇烽：《商周青铜器铭文暨图像集成》04968，上海古籍出版社，2012年；张天恩主编：《陕西金文集成（7）·宝鸡卷·凤翔陈仓金台》0775，三秦出版社，2016年。

三、妻为夫作器

在西周金文中，夫为妻作器较多，反映了当时的男权社会特点。妻为夫作器少见，特别是为亡夫作器更少见。庄白一号窖藏出土的商尊和商卣是庚姬为亡夫所作的祭器。"辟"为女性称丈夫的文献见于《礼记·区礼下》："祭王父曰'皇祖考'，王母曰'皇祖妣'，父曰'皇考'，母曰'皇妣'，夫曰'皇辟'。"按此，妻子在祭祀死去的丈夫时称之为"皇辟"。

商尊、商卣是庚姬为亡故的丈夫作的祭器，庚姬是姬姓女子，由此可知其丈夫日丁非姬姓。从其丈夫采用日名习惯看，也非姬姓家族。

商尊（庚姬尊）

◆ **器物介绍**

　　西周早期前段。扶风县法门镇庄白村窖藏出土。现藏于周原博物馆。1976 年 12 月 15 日，庄白村村民在村南 100 米的坡地上平整土地时发现一西周时期青铜器窖藏。同日周原考古队对其进行了清理发掘，共出土青铜器 103 件，其中有铭文者 74 件，其中铭文最长者 284 字，这是 1949 年以来出土西周青铜器最多的一次。窖藏平面呈长方形，南北长 1.95 米，东西宽 1.1 米，深 1.12 米。窖藏挖得比较草率，四壁略加修整。为了进一步弄清窖藏情况，1977 年春，周原考古队在窖藏周围进行了钻探和试掘。在窖藏南面 60 米处，发现了一排南北走向的石柱础 6 个，柱础间距 3 米左右。柱础周围的西周文化层内出土有铜削、骨铲、蚌壳、骨料、绳纹陶片和半瓦片等。这些现象说明，这里是一处西周大型建筑遗址，这批青铜器就埋在当时的房屋附近。由于坑小器多，为了充分利用空间，器物的放置是先大后小，先重后轻，大小相套，立卧不一。窖穴的底部、四周和器物之间空隙处，都用草木灰填灌，防止器物损坏，这对青铜器起了一定的保护作用。

　　商尊（庚姬尊），整体造型为筒状三段式，侈口，腹部微鼓，四壁铸有四道扉棱。

器身采用通体浮雕的方法，口外壁饰八道蕉叶形龙纹，龙头向下，身尾沿叶边布局，其下饰冠羽分尾小鸟纹，腹部饰展体式外卷角大兽面，圈足则饰曲折角兽面纹。通高30.4厘米，腹围53厘米，口径23.6厘米，腹深22.9厘米，重5.85千克。腹底有铭文5行30字。

◆ 铭文释文

唯五月，辰才（在）丁亥，帝后赏庚姬贝卅朋，兹甘孚商，用乍（作）文辟日丁宝尊彝。𩱜。

◆ 铭文注解

庄白一号窖藏出土的尊和卣被称作商尊、商卣，也就是将第二个"商"与"用作……"一句连用，而以"商"为人名。刘士莪、尹盛平等先生认为，"司"乃是"后"的反作，司是嗣的初文，"帝嗣"之"帝"指死去的武王，"嗣"则指尚未即位的储君成王，"帝

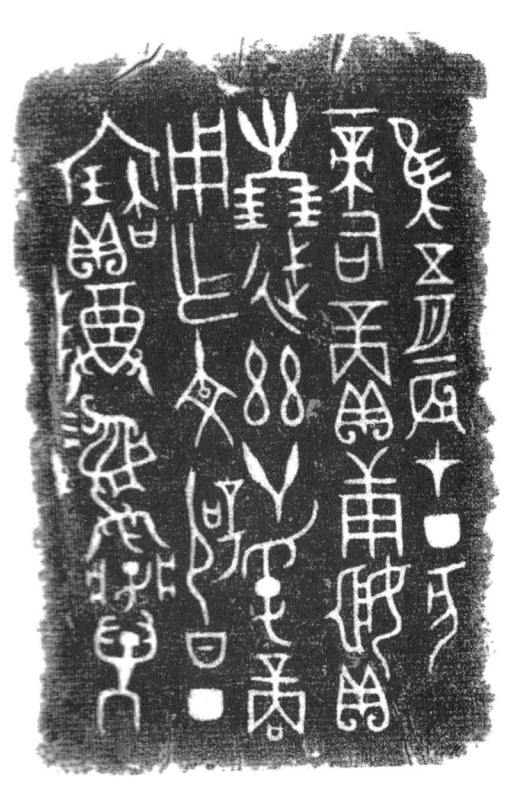

商尊（庚姬尊）铭文拓片

嗣"当指周公摄政时的成王。

以杜正胜先生为代表的学者认为作器者"商"是受赏者庚姬的丈夫，而"文辟日丁"则是她的主君。黄铭崇先生则认为，首先，从所谓的"商"名字看，应该是男性。庚姬从名字"系姓"推断必然是一个女性，这两个一个接受"帝后"的赏赐，另一个作器，两者必然有密切的关系，夫妻似乎是个合理的推断。然而此铭在文辞中，并没有任何内部证据显示"商"为庚姬丈夫。其次，尊和卣明显属于"祭器类型"。所谓"祭器类型"金文指的是作器者（庚姬）因某种原因，获得上司（帝后）的赏赐（卅朋），作器者用此一赏赐的全部或一部分（甘孚），来制作这批祭器，用来作为"受祭者（文辟日丁）"祭祀的宝尊彝。在"祭器类型"金文中，所有受祭者都是作器者已去世的亲属，没有例外。最后，针对尊卣类与"十日"命名有关的铭文，更可以发现此类铭文中"受祭者"的姓名有明显的规律性，即"（文）+（亲属称谓）+（日）+（十干，即甲、乙、丙、丁……壬、癸）"的基本形式，其中"文"与"日"是可以省略的。如"祖丁""父乙""兄辛""子癸""匕庚""母己"等，或"兄日辛""父日己"等，或"文母日庚""文匕日戊"等。这样的名号出现，表明受祭者已经去世，与作器者有某种特定亲属关系，并且是作器者作宝尊彝祭祀的对象。

因此，"文辟日丁"中的"辟"应该是一个亲属称谓，以"辟"为"君"的传统解释，在此例中难以成立。

以"辟"为"君"解释的学者认为，"文辟日丁"就是商的父亲，黄先生反问为何不用"文父日丁"这个既简单、清楚又合乎惯例的称谓。

李学勤先生认为作器者庚姬名（商），以调和受祭者与作器者不同的冲突，根据金文旁证，认定"文辟日丁"是庚姬（商）已去世的丈夫。黄先生赞同李先生以"文辟日丁"为庚姬丈夫的说法，但对于庚姬就是商的看法则有保留。

"过兹甘孚商"，即"取（或用）此甘孚之商，用作……"，意思是"庚姬受赏三十朋贝，取赏赐品中二十锊，用来为文辟日丁作宝尊彝。"

"辟"为女性称丈夫的文献见于《礼记·区礼下》："祭王父曰'皇祖考'，王母曰'皇祖妣'，父曰'皇考'，母曰'皇妣'，夫曰'皇辟'。"按此，妻子在祭祀死去的丈夫时称之为"皇辟"，"皇"字应与"文辟"之"文"字类似，为修饰词。

至于"辟"为什么会有丈夫殁称的意思，黄先生认为刘熙《释名·释亲属》中有一段与"辟"的意思相关的描述，可供参考，云："匹，辟也。往相辟耦也。耦，遇也，二人相对，遇也。"辟字当作匹配的"匹"，却不需要加以定义，可见古代"匹"字，的确有配偶的意思，属于语言文字中的最底层，不需要界定即可明白。

由于此器是庚姬为亡故的丈夫作的祭器，庚姬是姬姓女子，由此可知其丈夫日丁非姬姓。从其丈夫采用日名习惯看，也非姬姓家族。

◆ 铭文大意

五月丁亥这一天，武王之后邑姜赏赐给庚姬（姬姓女子）贝三十朋，庚姬取出赐品中的二十锊，为亡夫文辟日丁制作了这件祭祀用的宝尊彝。

◆ 相关文献

陕西周原考古队：《陕西扶风庄白一号西周青铜器窖藏发掘简报》，《文物》1978年第3期；于省吾：《释𣪘》，《考古》1979年第4期；陕西省考古研究所、陕西省博物馆、陕西省文物管理委员会：《陕西出土的商周青铜器》（三），文物出版社，1980年；唐兰：《略论西周微史家族窖藏铜器群的重要意义——陕西扶风新出墙盘铭文解释》，《文物》1978年第3期；《唐兰先生金文论集》，紫禁城出版社，1995年；严一萍：《金文总集》4870，艺文印书馆，1983年；吴镇烽：《陕西金文汇编》556，三秦出版社，1989年；陕西周原考古队、尹盛平：《西周微氏家族青铜器群研究》，文物出版社，1992年6月；罗西章：《扶风县文物志》，陕西人民教育出版社，1993年5月；黄铭崇：《论殷周金文中以"辟"为丈夫殁称的用法》，《中央研究院历史语言研究所集刊》72·2（2001）：393-441；北京大学考古文博学院、北京大学古代文明研究中心：《吉金铸国史——周原出土西周青铜器精粹》，文物出版社，2002年6月；任周方：《武丁惑言放子死，商器兼得秘史明》，载《国宝纪事》，陕西人民出版社，2003；中国社会科学院考古研究所：《殷周金文集成》05997，中华书局，2007年；霍彦儒、辛怡华：《商周金文编——宝鸡出土青铜器铭文集成》79，三秦出版社，2009年；吴镇烽：《商周青铜器铭文暨图像集成》11791，上海古籍出版社，2012年；张天恩主编：《陕西金文集成（2）·宝鸡卷·岐山扶风》0152，三秦出版社，2016年；宝鸡市周原博物馆：《周原——庄白西周青铜器窖藏考古发掘报告》，科学出版社，2016年。

商卣（庚姬卣）

◆ 器物介绍

西周早期前段。1976年12月扶风县法门镇庄白村窖藏出土。现藏于周原博物馆。1976年12月15日，庄白村村民在村南100米的坡地上平整土地时发现一西周时期青铜器窖藏。同日周原考古队对其进行了清理发掘，共出土青铜器103件，其中有铭文者74件，其中铭文最长者284字，这是1949年以来出土西周青铜器最多的一次。窖藏平面呈长方形，南北长1.95米，东西宽1.1米，深1.12米。窖藏挖的比较草率，四壁略加修整。为了进一步弄清窖藏情况，1977年春，周原考古队在窖藏周围进行了钻探和试掘。在窖藏南面60米处，发现了一排南北走向的石柱础6个，柱础间距3米左右。柱础周围的西周文化层内出土有铜削、骨铲、蚌壳、骨料、绳纹陶片和半瓦片等。这些现象说明，这里是一处西周大型建筑遗址，这批青铜器就埋在当时的房屋附近。由于坑小器多，为了充分利用空间，器物的放置是先大后小，先重后轻，大小相套，立卧不一。窖穴的底部、四周和器物之间空隙处，都用草木灰填灌，防止器物损坏，这对青铜器起了一定的保护作用。

与商尊（庚姬尊）同窖藏出土，为同一人作器。整体呈椭圆形，腹部外鼓，盖纽做花苞状，饰蝉纹，提梁两端饰圆雕龙头，巨角圆目。器身采用通体浮雕的装饰手法，以扉棱为中线对称分布。腹部及盖顶饰卷角凸目大兽面，盖沿、颈部和圈足各饰一周夔龙纹。该器呈黑漆古色，器身范痕不甚明显，唯器盖、器身与提梁平行方向的扉棱上缘有细微范痕，提梁中泥芯未去。通高 38.6 厘米，口纵 13.1 厘米，口横 16.7 厘米，腹深 20.6 厘米，圈足高 5.5 厘米，重 8.2 千克。器、盖同铭，铭文内容与商尊相同，唯行款稍异。盖铸铭文 6 行 30 字，器铸铭文 5 行 30 字。

◆ 铭文释文

唯五月，辰才（在）丁亥，帝后赏庚姬贝卅朋，氒兹甘孚商，用乍（作）文辟日丁宝尊彝。𣪘。

商卣（庚姬卣）器铭文拓片

商卣（庚姬卣）盖铭文拓片

◆ 铭文注解

可参见商尊（庚姬尊）。

🉂，历来说法不一，宋代释为"析子孙"。王国维认为是一个字，像大人抱子置几之形。于省吾释为"举"，认为商代金文之所以附有🉂字，当系他们祖先有过如何举子的故事，或者有弃子复举的故事，所以后世子孙才造出象形文字，以为氏族的标志。

于省吾先生根据形音以求义，🉂字像举子于床上，不外乎抚育幼稚之义。并对典籍中关于生子言举、不举的事例，进行了推论。汉代生子以举、不举为言者习见。《左传·桓六年》："九月丁卯子同生，以太子生之礼举之，接以太牢。"《大戴礼记·保傅》："古之王者，太子乃生，固举以礼。"《史记·孟尝君列传》："初田婴有子四十余人，其妾有子名文，文以五月五日生。婴告其母曰，勿举也，其母窃举生之。"其言举者，为收养之义，其言不举者，指抛弃言之，也叫弃。

我们以为"𤔔"表示一则民俗传说，记录了子姓殷民族的诞生故事，即《诗经·商颂·玄鸟》："天命玄鸟，降而生商"这一神话。关于中国文字起源，唐兰先生有"文字画"的理论。还有学者认为，文字起源与原始巫术有关，岩画即一种神画或神符。这种画或符开始是通过形表意的，民间至今盛行的贴符挂画即此古风之遗孑。因此，汉字不仅是古代语言的形象化，有时神话式传说也被原封不动地字形化，殷高祖王亥便是以鸟形神化的形式表示的。从这个意义上说，古代文字就是民俗语，一个字可能就是一则传说故事。商的始祖契，生活在原始社会末期。关于他的事迹，在《诗》《楚辞》《吕氏春秋》《史记》《淮南子》等书中，都有记载，内容大体相同。

《诗经·商颂·玄鸟》云："天命玄鸟，降而生商，宅殷土茫茫。"

《商颂》是春秋时宋人在宗庙祭祀其祖先时的乐歌。这两首诗是以歌颂商人祖先的故事而流传下来的，尽管叙述有些模糊，但它们应该还存在着一定的真相。前一首诗只有"天命玄鸟"，而在后一首里，指出其先妣是有娀氏的女儿简狄，先妣、上帝和图腾构成了中国古代降生故事的"三位一体"。金文中就有玄鸟在上，"𤔔"在下的例子，恰好就是这则神话故事的注解。（见《金文总集·2334》）

在"𤔔"字中，"H"是一个关键字形。一般认为，"H"像床形，为床之初文，本应横写作"⊓"，上像床板，下像足桄之形，为适应竖行排列，遂写作"H"。

我们认为，"H"乃甲骨文中"申（神）"字。在甲骨文中，"神"字作"⟨"（邺三下·四二·五）或"⟩"（佚五七），像闪电屈折形，因为神的威灵最显著的就是雷电，古人认为闪电是天神威灵的显现。故在"𤔔"（父辛觯）字中，"H"即申、神字之变化，代表上天；"𡿨"即商始祖契；"𡿩"为契之母简狄。契是上天赐予的，商族诞生来自神意，"𤔔"形象地说明了"天命玄鸟，降而生商"这一则神话故事。

关于闪电与生育的传说不少，如黄帝的诞生是由于"母附宝之郊野，见大电绕北斗枢星，感而孕，二十四月生黄帝于寿丘"（《史记·五帝本纪·正义》）。

古代著名大姓中"姬、姒、姜、嬴"都带有女字旁，唯独殷商"子"姓没有女字旁，颇值寻味。殷周青铜器中，凡带"𤔔"字铭文者，均属子姓商族人彝器。

商王利用鬼神迷信加强其统治是出了名的。奴隶主们宣称：王是上帝所生，受命于天，代表上帝到人间来管理土地和人民。商代统治者对人民发号施令，往往借助上帝，处理各种事务也常常向上帝请示，一切大小事都要通过龟甲兽骨的占卜以请示于上帝。假托解释和传达上帝的旨意来执行统治阶级的意志，这在宗教信仰盛行的古代社会，是极具欺骗性和威慑力的。

王亥之亥的写法与鸟神有关，出现于祖庚、祖甲之后，说明是后人编造出的可能性很大。"♳"字出现的时代比"契"诞生的时代晚，同样是出于某种目的由后人编造出的。那么，这则神话是在什么样的社会背景下产生的呢？

我们推测，商从中丁时开始衰弱，武丁时贵族已经腐化了，为了加强子姓贵族统治基础，增强子姓贵族内部的凝聚力，麻痹广大人民，商统治者编造了"天命玄鸟生商"的神话。"♳"是这个神话的形象化、文字化的表述。"♳"字后来自然成为子姓商族的护身符。

◆ 铭文大意

五月丁亥这一天，武王之后邑姜赏赐给庚姬（姬姓女子）贝三十朋，庚姬取出赐品中的二十锊，为亡夫文辟日丁制作了这件祭祀用的宝尊彝。

◆ 相关文献

陕西周原考古队：《陕西扶风庄白一号西周青铜器窖藏发掘简报》，《文物》1978年第3期；唐兰：《略论西周微史家族窖藏铜器群的重要意义——陕西扶风新出墙盘铭文解释》，《文物》1978年第3期；《唐兰先生金文论集》，紫禁城出版社1995年；陕西省考古研究所、陕西省博物馆、陕西省文物管理委员会：《陕西出土的商周青铜器》（三），文物出版社，1980年；严一萍：《金文总集》5479，艺文印书馆，1983年；吴镇烽：《陕西金文汇编》（五五八），三秦出版社，1989年；陕西周原考古队、尹盛平：《西周微氏家族青铜器群研究》，文物出版社，1992年6月；罗西章：《扶风县文物志》，陕西人民教育出版社，1993年5月；北京大学考古文博学院、北京大学古代文明研究中心：《吉金铸国史——周原出土西周青铜器精粹》2，文物出版社，2002年6月；中国社会科学院考古研究所：《殷周金文集成》05404，中华书局，2007年；霍彦儒、辛怡华：《商周金文编——宝鸡出土青铜器铭文集成》80，三秦出版社，2009年；吴镇烽：《商周青铜器铭文暨图像集成》13313，上海古籍出版社，2012年；张天恩主编：《陕西金文集成（2）·宝鸡卷·岐山扶风》0153，三秦出版社，2016年；宝鸡市周原博物馆：《周原——庄白西周青铜器窖藏考古发掘报告》，科学出版社，2016年。

四、子为母作器

散车父及散氏车父壶是散车父为其母姜而作，反映了一个贵族续弦婚姻的全部过程，它的意义在于这一过程是在西周宗法制规定下、按照礼的要求进行的。婚娶是维护宗族的一件大事，因此，散伯车父将娶妻续弦的过程用铭文的形式铸在青铜器上，告祭先祖先妣；也为今人研究当时的礼俗提供了最可靠的材料。先秦时婚姻绝非只是男女婚配之事，对国家来说，通过联姻以加强联盟，故"凡君即位，好舅甥，修婚姻，娶元妃以奉盛，孝也，礼之始也"（《左传·文公二年》）。对家族来说，婚姻是上承宗庙，下继后代的大事。《礼记·婚义》云："婚礼者，将合二姓之好，上以事宗庙，下以继后代也，故君子重之。"凡娶妻，必要告庙，祈求祖宗的福佑。整个婚礼的过程，也是在宗庙举行。散伯车父器当是西周时期贵族婚姻的真实写照，同时也印证了文献记载是可靠的。

散车父壶

◆ 器物介绍

西周中期后段。窖藏出土。1960年春与散伯车父鼎等同出土于扶风县法门庄白召陈村。散车父壶共出2件，形制、纹饰相同。圆角方体，长颈，贯耳，垂腹，圈足。腹与圈足饰垂鳞纹，口径和颈部饰垂冠顾首鸟纹。铭文略有不同。散车父壶，通高41厘米，口径11.1厘米×14.6厘米，腹深28.2厘米，重8千克。盖榫铸有铭文6行26字。[散]氏车父壶，通高41.5厘米，口径11.3厘米×15.1厘米，腹深28.4厘米，重9.8千克。盖榫铸有铭文6行19字。现均藏于陕西历史博物馆。

◆ 铭文释文

散车父作皇母齍姜宝壶，用逆姞氏，白（伯）车父其万年，子子孙孙永宝。（注：散车父壶铭文）

[散]氏车父作齍姜尊壶，其万年子子孙孙永宝用。（注：散氏车父壶铭文）

◆ 铭文注解

由散车父及[散]氏车父壶铭文可知，此二壶是散车父为其母虢姜而作。

"用逆姞氏"

"逆"，迎娶。《说文》："关东曰逆，关西曰迎。"引申为迎亲。《左传·桓公三年》："公子翚如齐迎女。"杨伯峻注："旧礼，除天子外，娶亲必自迎。"《左传·庄公十一年》："冬，齐侯来逆共姬。""用逆姞氏"，即用来迎娶姞氏。

谢维扬先生认为，在先秦时期，就是异姓诸侯和一般贵族之间，也不存在固定与某一姓诸侯贵族通婚的约束。散伯车父之父娶虢姜为妻，但散伯车父却娶姞氏为妻，这表明，散伯不娶舅家人。

先秦时婚姻绝非只是男女婚配之事，对国家来说，通过联姻以加强联盟，故"凡君即位，好舅甥，修婚姻，娶元妃以奉盛，孝也，礼之始也。"（《左传·文公二年》）对家族来说，婚姻是上承宗庙，下继后代的大事。《礼记·婚义》云："婚礼

散车父壶铭文拓片

[散]氏车父壶铭文拓片

者，将合二姓之好，上以事宗庙，下以继后代也，故君子重之。"凡娶妻，必要告庙，祈求祖宗的福佑。整个婚礼的过程，也是在宗庙举行。"是以婚礼纳采、问名、纳吉、纳徵、请期，皆主人筵几于庙，而拜迎于门外，入揖让而升，听命于庙，所以敬慎、重正婚礼也。"（《仪礼·婚义》）

曹玮先生认为，散伯车父器当是西周时期贵族婚姻的真实写照，同时也印证了文献记载是可靠的。散伯车父鼎是伯车父为其亡妻作的祭器，说明姞当时已死；而散车父壶是伯车父为"用逆姞氏"，将此事在宗庙里告诉已故的母亲䚪姜，以求得她的福佑；散车父簋则是为继室姞所作之器。这一批礼器反映了一个贵族续弦婚姻的全部过程。它的意义在于这一过程是在西周宗法制规定下、按照礼的要求进行的。婚娶是维护宗族的一件大事，因此，散伯车父将娶妻续弦的过程用铭文的形式铸在青铜器上，告祭先祖先妣；也为今人研究当时的礼俗提供了最可靠的材料。

◆ 铭文大意

散车父为皇母䚪姜铸作了这件宝壶，把迎娶姞氏的大事告诉给母亲，祈求伯车父万年，子子孙孙永远宝用。（注：以上为散车父壶铭文）

散车父作祭祀䚪姜的尊壶，期望子子孙孙永远宝用。（注：以上为[散]氏车父壶铭文）

◆ 相关文献

史言：《扶风庄白大队出土的一批西周铜器》，《文物》1972年第6期；陕西省考古研究所、陕西省博物馆、陕西省文物管理委员会：《陕西出土的商周青铜器》（三），文物出版社，1980年；严一萍：《金文总集》5774，艺文印书馆，1983年；吴镇烽：《陕西金文汇编》600，三秦出版社，1989年；罗西章：《扶风县文物志》，陕西人民教育出版社，1993年；曹定云：《周代金文中女子称谓类型研究》，《考古》1999年第6期；曹玮：《散伯车父器与西周婚姻制度》，《文物》2000年第3期；《周原遗址与西周青铜器研究》，科学出版社，2004年；中国社会科学院考古研究所：《殷周金文集成》09697，中华书局，2007年；霍彦儒、辛怡华：《商周金文编——宝鸡出土青铜器铭文集成》51，三秦出版社，2009年；吴镇烽：《商周青铜器铭文暨图像集成》12404，上海古籍出版社，2012年；吴镇烽：《商周青铜器铭文暨图像集成》12404，上海古籍出版社，2012年；张天恩主编：《陕西金文集成（3）·宝鸡卷·扶风》0260，三秦出版社，2016年。谢维扬：《周代家庭形态》，中国社会科学院出版社，1990年，第68页。

后 记

七八年前，陕西人民美术出版社约我写一部宝鸡青铜器铭文研究方面的书，由出版社负责出版，在时下个人出版专业方面书很难的情况下，令人感动。宝鸡被誉为青铜器之乡，宝鸡出土的商周金文资料，是当时的原始记录，也是留存至今的历史档案，这些金文资料的产生年代是中华文明发展非常重要的历史阶段，青铜器铭文记载也反映了大量的重大历史事件，极大地弥补了古文献的不足，是不可取代的重要文献。

"中华民族有着深厚文化传统，形成了富有特色的思想体系，体现了中国人几千年来积累的知识智慧和理性思辨。这是我国的独特优势。中华文明延续着我们国家和民族的精神血脉，既需要薪火相传、代代守护，也需要与时俱进、推陈出新。要加强对中华优秀传统文化的挖掘和阐发，使中华民族最基本的文化基因与当代文化相适应、与现代社会相协调，把跨越时空、超越国界、富有永恒魅力、具有当代价值的文化精神弘扬起来。"（——习近平总书记2016年5月17日在哲学社会科学工作座谈会上的讲话。）陕西人民美术出版社自觉担当起弘扬中华优秀传统文化的责任，难能可贵。

俗语有"士为知己者死，女为悦己者容"，除了感动之外就该是行动了。好在2009年我与霍彦儒先生合作出版了《商周金文编——宝鸡出土青铜器铭文集成》一书。该书是宝鸡地区第一部按出土地点、出土单位著录的有铭文青铜器的工具书，荣获了中国出版工作者协会"2009年度优秀古籍图书二等奖"及陕西省新闻出版局"首届陕西图书奖"。受水平所限，该书遗憾较多，故我不分严寒酷暑，利用晚上和节假日，把多年来对青铜器铭文研究的一些心得作以归纳总结，于2019年年底将《宝鸡出土商周青铜器铭文研究》交给了出版社。接下来就是艰辛的编辑和校对工作了。说实话，古文字、考古方面的书籍专业性强，受众面窄，很难创造什么经济效益。同时也是最难编辑的，最麻烦的是生僻字和造字，而且是大量造字，其次有关古文字方面的研究文章要统一体例和字形，这是一件出力不讨好的事。几年来，陕西人民美术出版社的总编辑雷波先生和编辑韩宏伟、周佳星付出了艰辛的劳动，他们一丝不苟的敬业精神着实令人敬佩，在此表示感谢。

本书算是《商周金文编——宝鸡出土青铜器铭文集成》一书的姊妹篇，对宝鸡出土的商周重要青铜器铭文作了分类，每一篇铭文有一个侧重点，讲述主要观点，并有本书的观点，不面面俱到。铭文大意是针对非专业的读者，以便有更广的受众，以此抛砖引玉。参考文献截至2018年，个别重要的文献在校对时补到2022年。

由于个人的能力有限，错误与疏漏在所难免，恳请读者批评指正。

辛怡华

2023年4月10日